Ihr Vorteil als Käufer dieses Buches

Auf der Bonus-Webseite zu diesem Buch finden Sie zusätzliche Informationen und Services. Dazu gehört auch ein kostenloser **Testzugang** zur Online-Fassung Ihres Buches Und der besondere Vorteil: Wenn Sie Ihr **Online-Buch** auch weiterhin nutzen wollen, erhalten Sie den vollen Zugang zum **Vorzugspreis**

So nutzen Sie Ihren Vorteil

Halten Sie den unten abgedruckten Zugangscode bereit und gehen Sie auf **www.sap-press.de** Dort finden Sie den Kasten **Die Bonus-Seite für Buchkäufer**. Klicken Sie auf **Zur Bonus-Seite/ Buch registrieren**, und geben Sie Ihren **Zugangscode** ein. Schon stehen Ihnen die Bonus-Angebote zur Verfugung

Ihr persönlicher **Zugangscode**   cf49-685m-jnza-dpyg

Praxishandbuch Kundenservice mit SAP®

SAP® PRESS

SAP PRESS ist eine gemeinschaftliche Initiative von SAP und Galileo Press. Ziel ist es, Anwendern qualifiziertes SAP-Wissen zur Verfügung zu stellen. SAP PRESS vereint das fachliche Know-how der SAP und die verlegerische Kompetenz von Galileo Press. Die Bücher bieten Expertenwissen zu technischen wie auch zu betriebswirtschaftlichen SAP-Themen.

Jochen Scheibler, Tanja Maurer
Praxishandbuch Vertrieb mit SAP
656 S., 3., aktualisierte und erweiterte Auflage 2010,
geb., mit Referenzkarte

Karl Liebstückel
Instandhaltung mit SAP
599 S., 2., aktualisierte und erweiterte Auflage 2010,
geb., mit DVD-Gutschein
ISBN 978-3-8362-1557-2

Torsten Hellberg
Praxishandbuch Einkauf mit SAP ERP
432 S., 3., aktualisierte und erweiterte Auflage 2012,
geb., mit Referenzkarte
ISBN 978-3-8362-1742-2

Markus Kirchler, Dirk Manhart, Jörg Unger
Service mit SAP CRM
376 S., 2009, geb.
ISBN 978-3-8362-1060-7

Aktuelle Angaben zum gesamten SAP PRESS-Programm finden Sie unter *www.sap-press.de*.

Sabine Weber

Praxishandbuch Kundenservice mit SAP®

Bonn • Boston

Liebe Leserin, lieber Leser,

vielen Dank, dass Sie sich für ein Buch von SAP PRESS entschieden haben.

Die Waschmaschine ist kaputt, die Spülmaschine gibt seltsame Geräusche von sich, der PC funktioniert nicht mehr: Meldet sich ein Kunde nun bei Ihrem Kundenservice, bietet sich Ihnen eine einzigartige Möglichkeit, für Ihr Unternehmen zu werben – indem Sie das Problem Ihres Kunden gut, schnell und kostengünstig beheben.

Wie Sie die SAP ERP-Komponente Customer Service voll ausschöpfen können, um dieses Ziel zu erreichen, zeigt Ihnen dieses Buch! Unsere Autorin Sabine Weber macht Sie mit den verschiedenen Bereichen des SAP ERP-Kundenservice vertraut und erläutert Ihnen anhand detaillierter Beispiele und zahlreicher Screenshots, wie Sie Ersatzteillieferungen, Reparaturen und vieles mehr bestmöglich mit CS abwickeln. Ich bin sicher, dass Ihnen dieses Buch hilft, Ihren Kunden ein große Hilfe zu sein.

Wir freuen uns stets über Lob, aber auch über kritische Anmerkungen, die uns helfen, unsere Bücher zu verbessern. Am Ende dieses Buches finden Sie daher eine Postkarte, mit der Sie uns Ihre Meinung mitteilen können. Als Dankeschön verlosen wir unter den Einsendern regelmäßig Gutscheine für SAP PRESS-Bücher.

Ihre Patricia Kremer
Lektorat SAP PRESS

Galileo Press
Rheinwerkallee 4
53227 Bonn

patricia.kremer@galileo-press.de
www.sap-press.de

Auf einen Blick

TEIL I Grundlagen des Kundenservice mit der SAP ERP-Komponente Customer Service

1 Organisationseinheiten 23

2 Stammdaten 35

3 Serviceverträge 87

4 Servicemeldungen 109

5 Serviceaufträge 141

6 Retouren und Reparaturen 229

7 Geplanter Kundenservice 245

8 Controlling von Serviceleistungen 275

9 SAP NetWeaver Business Warehouse und SAP BusinessObjects 319

10 Mobile Serviceabwicklung 343

TEIL II Prozessbeispiele

11 Vorabversand mit Kundenkonsignation 353

12 Ersatzteillieferung 373

13 Reparaturabwicklung 387

14 Serviceauftrag aus einem Kundenauftrag heraus erzeugen 417

15 Serviceabwicklung mit aufwandsbezogener Fakturierung und Servicevertrag 441

16 Wartungsplanung mit Servicevertrag 469

Der Name Galileo Press geht auf den italienischen Mathematiker und Philosophen Galileo Galilei (1564–1642) zurück. Er gilt als Gründungsfigur der neuzeitlichen Wissenschaft und wurde berühmt als Verfechter des modernen, heliozentrischen Weltbilds. Legendär ist sein Ausspruch *Eppur si muove* (Und sie bewegt sich doch). Das Emblem von Galileo Press ist der Jupiter, umkreist von den vier Galileischen Monden. Galilei entdeckte die nach ihm benannten Monde 1610.

Lektorat Patricia Kremer
Korrektorat Alexandra Müller, Olfen
Einbandgestaltung Daniel Kratzke
Titelbild iStockphoto: Yuri_Arcurs, Kohlerphoto, totalpics
Typografie und Layout Vera Brauner
Herstellung Lissy Hamann
Satz Typographie & Layout, Krefeld
Druck und Bindung Beltz Druckpartner, Hemsbach

Gerne stehen wir Ihnen mit Rat und Tat zur Seite:
patricia.kremer@galileo-press.de bei Fragen und Anmerkungen zum Inhalt des Buches
service@galileo-press.de für versandkostenfreie Bestellungen und Reklamationen
thomas.losch@galileo-press.de für Rezensionsexemplare

Bibliografische Information der Deutschen Nationalbibliothek
Die Deutsche Nationalbibliothek verzeichnet diese Publikation in der Deutschen Nationalbibliografie; detaillierte bibliografische Daten sind im Internet über *http://dnb.d-nb.de* abrufbar.

ISBN 978-3-8362-1720-2

© Galileo Press, Bonn 2012
1. Auflage 2012

Das vorliegende Werk ist in all seinen Teilen urheberrechtlich geschützt. Alle Rechte vorbehalten, insbesondere das Recht der Übersetzung, des Vortrags, der Reproduktion, der Vervielfältigung auf fotomechanischen oder anderen Wegen und der Speicherung in elektronischen Medien. Ungeachtet der Sorgfalt, die auf die Erstellung von Text, Abbildungen und Programmen verwendet wurde, können weder Verlag noch Autor, Herausgeber oder Übersetzer für mögliche Fehler und deren Folgen eine juristische Verantwortung oder irgendeine Haftung übernehmen.

Die in diesem Werk wiedergegebenen Gebrauchsnamen, Handelsnamen, Warenbezeichnungen usw. können auch ohne besondere Kennzeichnung Marken sein und als solche den gesetzlichen Bestimmungen unterliegen.
Sämtliche in diesem Werk abgedruckten Bildschirmabzüge unterliegen dem Urheberrecht © der SAP AG, Dietmar-Hopp-Allee 16, D-69190 Walldorf.

SAP, das SAP-Logo, mySAP, mySAP.com, mySAP Business Suite, SAP NetWeaver, SAP R/3, SAP R/2, SAP B2B, SAPtronic, SAPscript, SAP BW, SAP CRM, SAP EarlyWatch, SAP ArchiveLink, SAP GUI, SAP Business Workflow, SAP Business Engineer, SAP Business Navigator, SAP Business Framework, SAP Business Information Warehouse, SAP interenterprise solutions, SAP APO, AcceleratedSAP, InterSAP, SAPoffice, SAPfind, SAPfile, SAPtime, SAPmail, SAPaccess, SAP-EDI, R/3 Retail, Accelerated HR, Accelerated HiTech, Accelerated Consumer Products, ABAP, ABAP/4, ALE/WEB, Alloy, BAPI, Business Framework, BW Explorer, Duet, Enjoy-SAP, mySAP.com e-business platform, mySAP Enterprise Portals, RIVA, SAPPHIRE, TeamSAP, Webflow und SAP PRESS sind Marken oder eingetragene Marken der SAP AG, Walldorf.

Inhalt

Einleitung 15

TEIL I Grundlagen des Kundenservice mit der SAP ERP-Komponente Customer Service

1 Organisationseinheiten 23

1.1	Mandant	24
1.2	Buchungskreis	24
1.3	Werk	25
1.4	Lagerort	25
1.5	Organisationseinheiten im Kundenservice	26
1.6	Organisationseinheiten im Vertrieb	29
1.7	Organisationseinheiten im Versand	32
1.8	Organisationseinheiten im Einkauf	32
1.9	Organisationsstrukturen im Controlling	33

2 Stammdaten 35

2.1	Materialstamm		35
2.2	Arbeitsplatz		40
2.3	Technische Objekte		42
	2.3.1	Technischer Platz	42
	2.3.2	Equipments	49
2.4	Serialnummern und Equipments		55
	2.4.1	Betriebswirtschaftliche Grundlagen	55
	2.4.2	Serialnummern in SAP ERP	57
	2.4.3	Equipment-Ein- und -Ausbau	61
2.5	Stücklisten und Bautypen		62
	2.5.1	Stücklisten	62
	2.5.2	Bautypen	63
2.6	Klassifizierung		63
2.7	Messpunkte, Zähler und Garantien		68
	2.7.1	Messpunkte, Zähler und Messbelege	68
	2.7.2	Garantien	73
2.8	Dokumente		77
	2.8.1	Dokumentenstammsätze	77
	2.8.2	Objektverknüpfungen	78

2.9	Kundenstamm	79
2.10	Kreditorenstamm	83
2.11	Zusammenfassung	86

3 Serviceverträge ... 87

3.1	Serviceleistungen	87
3.2	Serviceprodukte	88
	3.2.1 Nicht konfigurierbare Serviceprodukte	88
	3.2.2 Konfigurierbare Serviceprodukte	88
	3.2.3 Konfigurierte Serviceprodukte	90
3.3	Preisfindung in Serviceverträgen	91
	3.3.1 Preisfindung	91
	3.3.2 Variantenkondition	92
	3.3.3 Preisvereinbarungen	96
3.4	Serviceverträge	97
	3.4.1 Belegstruktur	98
	3.4.2 Kontraktdaten	99
	3.4.3 Vertragsdaten	100
3.5	Ausprägungen von Serviceverträgen	101
	3.5.1 Support-Verträge	102
	3.5.2 Wartungsverträge	102
	3.5.3 Wert- und Mengenkontrakte	102
3.6	Fakturierung von Serviceverträgen	103
3.7	Abrechnung von Serviceverträgen	106
3.8	Zusammenfassung	107

4 Servicemeldungen ... 109

4.1	Servicemeldung und Serviceauftrag	109
4.2	Meldungsarten im Service	110
	4.2.1 Kundenmeldung	110
	4.2.2 Tätigkeitsmeldung	111
	4.2.3 Serviceanforderung	112
	4.2.4 Benutzereigene Meldungsart	112
	4.2.5 Nummernvergabe für die Servicemeldung	112
4.3	Bildaufbau der Servicemeldung	113
4.4	Inhalt der Servicemeldung	114
	4.4.1 Kopfdaten der Servicemeldung	115
	4.4.2 Positionsdaten der Servicemeldung	117
	4.4.3 Berichtsschema	117
	4.4.4 Registerkarten der Servicemeldung	122
	4.4.5 Aktivitätenleiste und Lösungsdatenbank	123

		4.4.6 Weiter gehende Funktionen	129

	4.4.6	Weiter gehende Funktionen	129
4.5	Arbeitsschritte der Servicemeldung		131
	4.5.1	Meldungserfassung	132
	4.5.2	Servicemeldung anlegen	132
	4.5.3	Meldungsbearbeitung	133
	4.5.4	Meldungsabschluss	136
4.6	Auswertungen zur Meldung		138
4.7	Zusammenfassung		139

5 Serviceaufträge 141

5.1	Allgemeines zum Serviceauftrag		141
5.2	Auftragsarten im Service		142
	5.2.1	Steuerungsfunktionen der Auftragsart	144
	5.2.2	Vorschlagswerte pro Auftragsart	145
5.3	Prozess der Serviceauftragsbearbeitung		146
5.4	Inhalt des Serviceauftrags		148
	5.4.1	Kopfdaten des Serviceauftrags	149
	5.4.2	Serviceprodukt und Berechnungsmotiv	152
	5.4.3	Positionsdaten im Serviceauftrag	155
5.5	Serviceauftrag anlegen		157
5.6	Vorgangsplanung im Serviceauftrag		158
	5.6.1	Steuerschlüssel zur Vorgangsplanung	158
	5.6.2	Planung von Eigenleistungen	160
	5.6.3	Materialplanung und Verfügbarkeitsprüfung	161
	5.6.4	Terminierung und Kapazitätsplanung	164
	5.6.5	Planung von Fremdleistungen	166
5.7	Angebotserstellung im Service		190
	5.7.1	Dynamischer Postenprozessor (DPP)	190
	5.7.2	Angebotserstellung über den DPP	195
	5.7.3	Manuelle Angebotserstellung	196
5.8	Auftragsfreigabe und Auftragspapiere		198
	5.8.1	Auftragsfreigabe	198
	5.8.2	Auftragspapiere	200
	5.8.3	Exkurs: SAP Interactive Forms by Adobe	203
	5.8.4	Durchführung eines Serviceauftrags	209
5.9	Rückmeldung zum Serviceauftrag		210
5.10	Technischer Abschluss des Serviceauftrags		215
5.11	Fakturierung		216
	5.11.1	Periodische Fakturierung	217
	5.11.2	Pauschale Fakturierung	217
	5.11.3	Aufwandsbezogene Fakturierung	218

5.12	Serviceauftrag abrechnen	221
5.13	Kaufmännischer Abschluss des Serviceauftrags	223
	5.13.1 Einzelbearbeitung: Status »Abgeschlossen« setzen	223
	5.13.2 Sammelverarbeitung: Status »Abgeschlossen« setzen	224
	5.13.3 Listbearbeitung: Status »Abgeschlossen« setzen	224
5.14	Änderungen im Auftrag	225
	5.14.1 Belege zum Auftrag: Action Log	225
	5.14.2 Belege zum Auftrag: Änderungen	225
5.15	Listen und Belege zum Auftrag	225
5.16	Zusammenfassung	228

6 Retouren und Reparaturen ... 229

6.1	Gerätematerial und Serviceprodukt	229
6.2	Prozessbeschreibung	230
	6.2.1 Retouren- und Reparaturabwicklung	231
	6.2.2 Alternative Schritte in der Retouren- und Reparaturabwicklung	235
	6.2.3 Status des Kundenauftrags	235
6.3	Customizing-Einstellungen	236
	6.3.1 Reparaturbelegarten	237
	6.3.2 Reparaturschema	238
	6.3.3 Positionstypen und Ermittlung	240
	6.3.4 Fakturierung	243
6.4	Zusammenfassung	243

7 Geplanter Kundenservice ... 245

7.1	Stammdaten im geplanten Kundenservice	246
	7.1.1 Arbeitspläne im Service	246
	7.1.2 Serviceverträge in der Wartung	249
7.2	Prozessablauf im geplanten Service	251
	7.2.1 Prozessschritte	251
	7.2.2 Wartungsplantyp und Wartungsplanart	253
7.3	Wartungsplan: Serviceauftrag und Rahmenvertrag	255
	7.3.1 Aufbau eines Wartungsplans	256
	7.3.2 Wartungsplan mit Serviceauftrag und Rahmenvertrag anlegen	257
	7.3.3 Wartungsplan mit Serviceauftrag und Rahmenvertrag anlegen – Positionsdaten	261
7.4	Wartungsplan: Servicemeldung und Rahmenvertrag	262
7.5	Wartungspläne terminieren	265
	7.5.1 Terminierung	266

		7.5.2	Terminüberwachung	269
	7.6		Wartungsplankalkulation	271
	7.7		Listanzeigen	273
	7.8		Zusammenfassung	274

8   Controlling von Serviceleistungen ... 275

	8.1		Betriebswirtschaftliche Grundlagen	275
	8.2		Kosten im Serviceprozess	277
		8.2.1	Schätzkosten	277
		8.2.2	Plankosten	280
		8.2.3	Istkosten	289
	8.3		Erlöse im Serviceprozess	292
	8.4		Abrechnung	299
	8.5		Ergebnis-Controlling	308
		8.5.1	Ergebnis-Controlling in CO-PA	308
		8.5.2	Ergebnis-Controlling in PCA	313
	8.6		Zusammenfassung	317

9   SAP NetWeaver Business Warehouse und SAP BusinessObjects ... 319

	9.1	Überblick	320
	9.2	Informationsstrukturen in SAP NetWeaver BW	324
	9.3	Informationsstrukturen in SAP BusinessObjects	328
	9.4	Beispiel: Business Explorer Analyzer/Web Reporting	329
	9.5	Beispiel: SAP Crystal Reports	338
	9.6	Zusammenfassung	342

10   Mobile Serviceabwicklung ... 343

	10.1	Serviceabwicklung ohne mobile Integration	343
	10.2	Serviceabwicklung mit mobiler Integration	345
	10.3	Vorteile und Nutzen einer mobilen Lösung	346
	10.4	Mobile Infrastruktur	347
	10.5	Zusammenfassung	349

TEIL II   Prozessbeispiele

11   Vorabversand mit Kundenkonsignation ... 353

	11.1	Betriebswirtschaftliche Grundlagen	353

11.2	Beispiel		354
	11.2.1	Einstellungen zum Prozess	354
	11.2.2	Prozessablauf	355
11.3	Zusammenfassung		371

12 Ersatzteillieferung ... 373

12.1	Betriebswirtschaftliche Grundlagen		373
12.2	Beispiel		374
	12.2.1	Einstellungen im Customizing	374
	12.2.2	Prozessablauf	375
12.3	Zusammenfassung		385

13 Reparaturabwicklung ... 387

13.1	Betriebswirtschaftliche Grundlagen		387
13.2	Beispiel		387
	13.2.1	Verkauf von Wasserpumpen	390
	13.2.2	Reparaturabwicklung	394
13.3	Zusammenfassung		415

14 Serviceauftrag aus einem Kundenauftrag heraus erzeugen ... 417

14.1	Betriebswirtschaftliche Grundlagen		417
14.2	Beispiel		417
	14.2.1	Voraussetzungen	418
	14.2.2	Prozessablauf	422
14.3	Zusammenfassung		439

15 Serviceabwicklung mit aufwandsbezogener Fakturierung und Servicevertrag ... 441

15.1	Betriebswirtschaftliche Grundlagen	441
15.2	Beispiel	442
15.3	Zusammenfassung	467

16 Wartungsplanung mit Servicevertrag ... 469

16.1	Betriebswirtschaftliche Grundlagen	469
16.2	Beispiel	470
16.3	Zusammenfassung	495

Fazit ... 497

Anhang 501

A Transaktionen und Menüpfade 503
B Literaturhinweise 527
C Die Autorin 529

Index 531

Einleitung

Welche Kosten und Erlöse sind im Rahmen von Servicearbeiten angefallen? Wie kann ich eine Servicemaßnahme sinnvoll planen, bzw. welche Kapazitäten stehen mir dafür zur Verfügung? Besteht eine Möglichkeit, meine mit Excel verwalteten Serviceverträge irgendwie im SAP-System unterzubringen?

Diese und andere Fragen sollen in diesem Buch beantwortet werden. Es gibt Ihnen einen Überblick über den Funktionsumfang der SAP ERP-Komponente »Customer Service« (CS). Welche einzelnen Funktionen Sie davon in Ihrem Unternehmen einsetzen, ist von Ihren Geschäftsprozessen abhängig.

Ziel dieses Buches ist es neben der Erläuterung der Funktionen und Prozesse auch, Ihnen einen Überblick über wichtige Customizing-Einstellungen zu geben. Ebenso erfahren Sie, was in den angrenzenden Modulen geschieht. Wie sieht die Schnittstelle, die Integration zu diesen Modulen aus? Was muss z. B. getan werden, wenn Sie eine Servicemaßnahme nicht durch eigenes Personal ausführen lassen können? Welche Folgeaktivitäten müssen Sie anstoßen?

Sie werden so z. B. während der Lektüre immer wieder feststellen, dass zwischen den beiden Modulen »Kundenservice« und »Vertrieb« eine enge Verbindung besteht. Im Allgemeinen werden Sie einem Kunden das Produkt, mit dem er ein Problem hat, auch verkauft haben und dieses eventuell sogar warten.

Die Erläuterungen in diesem Buch basieren auf Releasestand SAP ERP 6.0, Erweiterungspaket 4 (EHP4).

An welchen Leserkreis richtet sich dieses Buch?

Dieses Buch richtet sich an all diejenigen, die das Modul CS kennenlernen oder auch näher kennenlernen möchten. Es ist als Grundlage gedacht, um CS einzuführen oder auch im Tagesgeschäft damit zu arbeiten.

Im Besonderen aber sollen die folgenden Lesergruppen angesprochen werden:

▸ IT-Leiter
▸ Projektleiter und Projektmitarbeiter

- Key-User und Anwender des Moduls »Servicemanagement«
- Servicemitarbeiter im Allgemeinen

Die einzelnen Kapitel dieses Buches werden, je nach Tätigkeit und Hintergrund, von jedem Leser anders bewertet und gewichtet werden.

Damit Sie sich ein besseres Bild von den Inhalten machen können, finden Sie im Folgenden jeweils kurze Erläuterungen zu den einzelnen Kapiteln.

Aufbau und Inhalt dieses Buches

Das Buch gliedert sich in zwei Teile. Im ersten Teil finden Sie Informationen zu Organisationsstrukturen und Stammdaten im Service sowie Erläuterungen zu Funktionen, Customizing-Einstellungen und einzelnen Prozessschritten.

Im zweiten Teil schließen sich dann die Praxisbeispiele an. Jedes Kapitel beginnt mit wichtigen Voraussetzungen zu Customizing-Einstellungen oder Stammdaten. Danach folgt eine Übersicht zu den jeweils anstehenden Prozessschritten, bevor auf jeden einzelnen Schritt näher eingegangen wird.

Teil I beinhaltet die folgenden Theoriekapitel:

- **Kapitel 1**, »Organisationseinheiten«, beschreibt die zum Service gehörenden Organisationseinheiten. Dazu zählen unter anderem der Buchungskreis, das Instandhaltungsplanungswerk oder das Standortwerk. Stammsätze und Servicebelege werden innerhalb der Organisationseinheiten angelegt.
- **Kapitel 2**, »Stammdaten«, gibt Ihnen einen Überblick über die im Service genutzten Stammdaten und deren Verwendung. Zu den Stammdaten gehören unter anderem die technischen Objekte, also Technische Plätze und Equipments, sowie Arbeitsplätze und Materialien. Einige Stammdaten, wie z. B. Materialstammsätze, werden zentral angelegt und sind in mehreren Modulen nutzbar.
- In **Kapitel 3**, »Serviceverträge«, erfahren Sie, wie Sie Leistungen, die Sie für Ihren Kunden über einen längeren Zeitraum hinweg erbringen, als Serviceverträge im System hinterlegen können. In diesem Zusammenhang gehen wir auch auf konfigurierte bzw. konfigurierbare Serviceprodukte ein und erläutern die Preisfindung und die Fakturierung von Serviceverträgen näher.
- In **Kapitel 4**, »Servicemeldungen«, erhalten Sie einen Einblick in die verschiedenen Meldungsarten des Services. Inhalt und Aufbau von Servicemeldungen werden ebenso vorgestellt wie der Meldungsabschluss.

- **Kapitel 5**, »Serviceaufträge«, ist das Kernkapitel des Buches. Es werden nicht nur Inhalt und Aufbau von Serviceaufträgen beschrieben, sondern es geht auch um die Planung und Ausführung einzelner Servicearbeiten. Servicearbeiten können dabei sowohl von internem Servicepersonal als auch von externen Mitarbeitern ausgeführt werden. Der Serviceauftrag dient generell als Planungselement und übernimmt die Funktion des Kostensammlers.

  Darüber hinaus erhalten Sie unter anderem Einblicke in folgende Themen:
  - Nutzung der Dienstleistungsabwicklung im Kundenservice
  - Funktionen des Lohnbearbeitungsmonitors
  - Einstellungen und Funktionen des Dynamischen Postenprozessors (DPP)
  - Funktionsweise von SAP Interactive Forms by Adobe

- **Kapitel 6**, »Retouren und Reparaturen«, erläutert Ihnen, wie Sie mithilfe von SD-Kundenaufträgen in Kombination mit CS-Serviceaufträgen Reparaturen für Ihre Kunden durchführen können. Dabei gehen wir auch explizit auf die Einstellungen im Customizing ein.

- In **Kapitel 7**, »Geplanter Kundenservice«, wird dargestellt, welche Möglichkeiten das System hinsichtlich Wartung im Kundenservice bietet. Bei Ausführung und Einsatz des Wartungsprozesses spielen der Servicevertrag und der Serviceauftrag eine wichtige Rolle.

- **Kapitel 8**, »Controlling von Serviceleistungen«, zeigt Ihnen, wann welche Kosten und Erlöse im Service anfallen. Das Kapitel beschäftigt sich mit den Fragestellungen: Wie und von wem werden Kosten und Erlöse verursacht? Wie lassen sich diese am besten auswerten?

- **Kapitel 9**, »SAP NetWeaver Business Warehouse und SAP BusinessObjects«, zeigt Ihnen, wie Sie Serviceleistungen mithilfe von SAP NetWeaver BW auswerten können. Wir stellen Ihnen die einzelnen Planungskomponenten und weitere Alternativen (z. B. SAP BusinessObjects Planning and Consolidation) vor. Das Web Reporting rundet das Kapitel ab.

- **Kapitel 10**, »Mobile Serviceabwicklung«, zeigt in einem kurzen Abriss die Serviceabwicklung mit und ohne mobile Integration.

Mit Kapitel 11 beginnen die Beispiele im System und damit Teil II des Buches. Wir erklären Ihnen Schritt für Schritt, wie die Abwicklung der verschiedenen Prozesse im SAP-System aussieht.

- In **Kapitel 11** wird der Prozess »Vorabversand mit Kundenkonsignation« erläutert. Der Kunde erhält, wenn es z. B. um den Austausch von Komponenten geht, diese vorab aufs Lager geliefert. Der Eigentumsübergang erfolgt erst dann, wenn die Komponenten beim Kunden vor Ort entweder durch einen Servicetechniker oder direkt vom Kunden entnommen werden.

- In **Kapitel 12**, »Ersatzteillieferung«, geht es um Ersatzteile, die der Kunde selbst einbaut. Geliefert und in Rechnung gestellt werden nur die georderten Ersatzteile, weitere Serviceaktivitäten sind nicht notwendig.

- In **Kapitel 13**, »Reparaturabwicklung«, erläutern wir Ihnen, wie die Reparatur mit Gerätematerial und Serviceprodukt vonstatten geht. Aus dem Kundenauftrag heraus wird ein Serviceauftrag angelegt und somit der Serviceprozess angestoßen. Das technische Bezugsobjekt ist seriennummernpflichtig.

- In **Kapitel 14**, »Serviceauftrag aus einem Kundenauftrag heraus erzeugen«, geht es um den Einsatz der Variantenkonfiguration im Service. Sie sehen, wie aufgrund der Konfiguration im Kundenauftrag der Verkaufspreis beeinflusst wird bzw. wie die Planung im Service aus dem Vertrieb heraus angestoßen werden kann.

- **Kapitel 15**, »Serviceabwicklung mit aufwandsbezogener Fakturierung und Servicevertrag«, beinhaltet die Abwicklung einer Servicemaßnahme, angefangen bei der Erfassung einer Servicemeldung über das Anlegen eines Serviceauftrags bis hin zur Rückmeldung. Die gesammelten Istkosten des Serviceauftrags werden auf einen Servicevertrag abgerechnet, der selbst wiederum periodisch abgerechnet wird.

- **Kapitel 16**, »Wartungsplanung mit Servicevertrag«, enthält ein Beispiel zur Wartungsplanung im Service. Wichtig für diesen Prozess ist das Vorhandensein eines Servicevertrags. Darin werden Vereinbarungen mit dem Kunden über einen bestimmten Zeitraum hinweg festgehalten. Darüber hinaus werden auf den Vertriebsbeleg die einzelnen Wartungsarbeiten abgerechnet. Unser Beispiel arbeitet mit einer sogenannten *Wartungsstrategie*.

Neben einer kurzen **Zusammenfassung** finden Sie im **Anhang** eine Übersicht der wichtigsten Transaktions- und Customizing-Pfade im Kundenservice. Im ganzen Buch werden zudem die Transaktionscodes, die Sie aufrufen müssen, um zu einer bestimmten Ansicht zu gelangen, in der Bildunterschrift der jeweiligen Abbildung genannt, die diese Ansicht zeigt. Mithilfe des Anhangs können Sie dann den passenden Menü- oder Customizing-Pfad ermitteln. Anwendungen und Einstellungen benachbarter Module, die für den Kundenservice von Belang sind, werden hier ebenfalls berücksichtigt.

Hinweise zur Lektüre

In diesem Buch finden Sie mehrere Orientierungshilfen, die Ihnen die Arbeit erleichtern sollen. In grauen Informationskästen sind Inhalte zu finden, die wissenswert und hilfreich sind, aber etwas außerhalb der eigentlichen Erläuterung stehen. Damit Sie die Informationen in den Kästen sofort einordnen können, haben wir die Kästen mit Symbolen gekennzeichnet:

Die mit diesem Symbol gekennzeichneten *Tipps* und *Hinweise* geben Ihnen spezielle Empfehlungen, die Ihnen die Arbeit erleichtern können. Sie finden in diesen Kästen auch Informationen zu weiterführenden Themen oder wichtigen Inhalten, die Sie sich merken sollten. [+]

Das Symbol *Achtung* macht Sie auf Themen oder Bereiche aufmerksam, bei denen Sie besonders achtsam sein sollten. [!]

Beispiele, durch dieses Symbol kenntlich gemacht, weisen auf Szenarien aus der Praxis hin und veranschaulichen die dargestellten Funktionen. [zB]

Danksagung

Ohne Hilfe, Anregungen und Unterstützung ist das Verfassen eines Fachbuches nicht ohne Weiteres möglich. Man sieht sich plötzlich mit Herausforderungen konfrontiert, mit denen man nicht im Mindesten gerechnet hat.

Umso wichtiger ist es, ein verlässliches Team im Hintergrund zu wissen, das einem mit Rat und Tat zur Seite steht und wichtige Tipps bereithält.

Daher möchte ich mich an dieser Stelle zunächst aufs Herzlichste bei Frau Tanja Maurer bedanken. Frau Maurer war zu Beginn dieses Buchprojekts meine Co-Autorin und ist unter anderem für die Erstellung der Kapitel 3, 6 und 13 verantwortlich.

Darüber hinaus gilt mein Dank Frau Sarah Burlefinger, die die Serviceabwicklung aus allen möglichen Blickwinkeln des Controllings in Kapitel 8 beleuchtet hat, um Licht ins Dunkel der Kosten und Erlöse zu bringen.

Herr Marc Lübeck hat durch die Integration der *SAP Interactive Forms by Adobe* einen wesentlichen Beitrag zum Kapitel über die Serviceabwicklung geleistet. Ebenso unermüdlich war der Einsatz von Herrn Heiko Breitenstein, Herrn Sebastian Broschart und Frau Anna Zeller. Alle drei sind Experten in Sachen SAP NetWeaver Business Warehouse und SAP BusinessObjects und haben dazu beigetragen, dass Kapitel 9 Bestandteil dieses Buches ist. Auch ihnen möchte ich an dieser Stelle herzlich danken.

Was aber nützt der schönste Text ohne die nötigen Korrekturen und ohne fachkundiges Gegenlesen? Im Grunde genommen nicht viel. Daher sei an dieser Stelle all meinen Kolleginnen und Kollegen und dem Vorstand der PIKON Deutschland AG gedankt, die Kapitel um Kapitel und Abschnitt um Abschnitt dieses Buches gegengelesen und somit einen wertvollen Beitrag zur Qualitätssteigerung geleistet haben!

Zuletzt möchte ich mich noch ganz herzlich bei Frau Patricia Kremer, meiner Lektorin bei SAP PRESS, für die gute Zusammenarbeit bedanken.

TEIL I

Grundlagen des Kundenservice mit der SAP ERP-Komponente Customer Service

In diesem Kapitel geben wir Ihnen einen Überblick über die verschiedenen Organisationseinheiten in SAP ERP. Das Modul »Kundenservice« hat Schnittstellen zu vielen anderen Modulen, sodass auch diese Organisationseinheiten für das Verständnis wichtig sind.

1 Organisationseinheiten

Mithilfe von *Organisationseinheiten* wird die Aufbauorganisation des Unternehmens im SAP-System abgebildet – dies erfolgt im Customizing. Die Einrichtung dieser Strukturen ist von großer Bedeutung, da hier der Rahmen für den Ablauf der Prozesse und die Gestaltung des Rechnungswesens definiert wird. Schon an dieser Stelle wird die Bedeutung der Integration deutlich, ein Aspekt, der sich wie ein roter Faden durch dieses Buch ziehen wird.

Im Folgenden werden wir die wesentlichen Elemente zur Abbildung der Unternehmensstruktur beschreiben. Dabei werden neben den Strukturen im Kundenservice auch die wichtigsten übergreifenden Organisationseinheiten des Vertriebs, der Materialwirtschaft, der Produktion, der Finanzbuchhaltung und des Controllings erklärt.

Die entsprechenden Zuordnungen und Verknüpfungen der Organisationseinheiten im System zeigen die umfangreiche Integration der Software SAP ERP ein erstes Mal auf. Diese wird an verschiedenen Stellen des Buches immer wieder deutlich betont und aus unterschiedlichen Perspektiven beleuchtet.

Hinweis zu Kapitel 1 und 2	[+]
Dieses und das folgende Kapitel basieren auf Kapitel 1 des Buches »Vertrieb mit SAP« (SAP PRESS 2010), das ebenfalls von Mitarbeitern der Firma PIKON verfasst wurde. Die beiden Kapitel behandeln Grundlagen, die für den Vertrieb wie für den Kundenservice gelten und kaum zeitlichen Änderungen unterworfen sind. Der Text wurde überarbeitet und dem übergreifenden Buchthema angepasst, stellenweise wurden Formulierungen jedoch unverändert übernommen.	

1.1 Mandant

Ein *Mandant* ist ein eigener abgegrenzter Bereich in einem SAP-System. Innerhalb eines Mandanten werden die weiteren Organisationsstrukturen sowie die Stamm- und Bewegungsdaten angelegt und verwaltet. Er kann in etwa als Konzern verstanden werden, innerhalb dessen mehrere rechtlich selbstständige Unternehmenseinheiten existieren. Jedes System kann aus mehreren Mandanten bestehen. Der Benutzer meldet sich im SAP-System mit seiner Benutzerkennung in einem bestimmten Mandanten an. Abbildung 1.1 zeigt den Bildschirm beim *Login*.

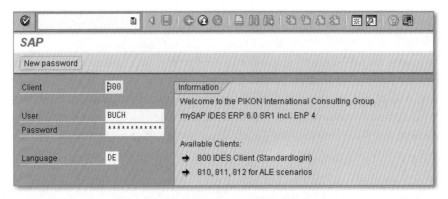

Abbildung 1.1 Anmeldebildschirm in der Software SAP ERP

Der Benutzer meldet sich mit der Kennung BUCH im Mandanten (hier wird der englische Begriff CLIENT verwendet) 800 in der Sprache DE (Deutsch) an. Wir haben es bei einem Mandanten mit einem eigenen Systembereich zu tun. Die meisten Daten im SAP-System sind mandantenabhängig. Auch die überwiegende Zahl der Customizing-Einstellungen ist mandantenabhängig. Es gibt darüber hinaus aber auch mandantenübergreifende Einstellungen, die in allen Mandanten wirksam werden.

1.2 Buchungskreis

Innerhalb eines Mandanten können mehrere *Buchungskreise* angelegt werden. Ein Buchungskreis repräsentiert eine selbstständig bilanzierende Einheit, z. B. eine Firma innerhalb eines Konzerns. Auf der Buchungskreisebene werden die vom Gesetzgeber geforderten Jahresabschlüsse erstellt. Das heißt, es werden alle buchungspflichtigen Ereignisse erfasst. Für jede rechtlich selbstständige Einheit (Einzelunternehmen, Personengesellschaft, Kapitalgesellschaft) muss ein Buchungskreis angelegt werden.

Damit können über Buchungskreise die Tochtergesellschaften eines Konzerns abgebildet werden. Innerhalb eines Mandanten kann über die Komponente »Konsolidierung« ein Konzernabschluss erstellt werden.

1.3 Werk

Über *Werke* werden in SAP ERP Produktionsstandorte des Unternehmens abgebildet. Auf der Ebene eines Werkes erfolgen unter anderem:

- die Bestandsführung
- die Bewertung und die Inventur der Bestände
- die Programm- und Produktionsplanung
- die Produktionssteuerung
- die Bedarfsplanung (Disposition)

Ein Werk ist immer genau einem Buchungskreis zugeordnet. Einem Buchungskreis können mehrere Werke zugeordnet werden (siehe Abbildung 1.2).

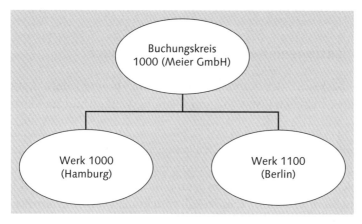

Abbildung 1.2 Zuordnung von Buchungskreis und Werk

1.4 Lagerort

Wie im vorangegangenen Abschnitt erwähnt, erfolgt die Bestandsführung in SAP ERP auf Werksebene. Eine weitere Differenzierung der Materialbestände kann über *Lagerorte* vorgenommen werden. Mehrere räumlich nahe beieinanderliegende Orte mit Materialbestand innerhalb eines Werkes werden somit in einem Lagerort abgebildet. Die Bestände werden dann unterhalb des Werkes auf der Ebene des Lagerorts geführt. Ein Lagerort ist damit immer eindeutig einem Werk zugeordnet.

Zu einem Werk können mehrere Lagerorte angelegt werden (siehe Abbildung 1.3). Dabei ist die Nummer des Lagerorts nur innerhalb eines Werkes eindeutig; d.h., der Lagerort 0001 kann sowohl in Werk 1000 als auch in Werk 2000 vorkommen.

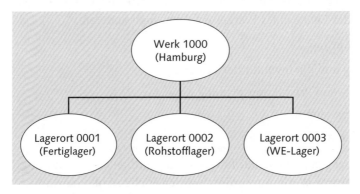

Abbildung 1.3 Zuordnung von Werk und Lagerort

1.5 Organisationseinheiten im Kundenservice

Werke werden aus Sicht des Kundenservices weiter untergliedert. Man unterscheidet dabei zwischen Instandhaltungsplanungswerken und Standortwerken.

Über ein *Instandhaltungsplanungswerk* (IH-Planungswerk) wird das Werk, in dem die Planung und die Disposition der Serviceleistung stattfinden, abgebildet. In einem solchen Planungswerk kann zentral für mehrere weitere Werke geplant und disponiert werden. In diesem Fall spricht man von *zentraler Planung*. Von *dezentraler Planung* spricht man, wenn jedes Werk für sich seine eigene Planung und Disposition der Serviceleistungen übernimmt (siehe Abbildung 1.4).

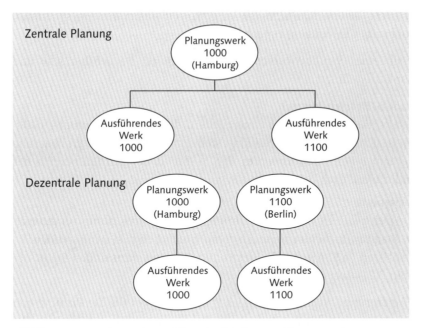

Abbildung 1.4 Zuordnung des ausführenden Werkes zum Planungswerk

In einem IH-Planungswerk können Sie folgende Aktivitäten durchführen:

- Ausarbeitung von Arbeitsplänen unter Zuordnung von verantwortlichen Arbeitsplätzen
- Erfassung eingehender Störungen in Form von Meldungen
- Bearbeiten der Meldungen und Umsetzung dieser Meldungen in Aufträge
- Durchführung und Abschluss von Aufträgen unter Berücksichtigung auszuführender Serviceleistungen mithilfe von Servicetechnikern
- Durchführung von Aufträgen unter Berücksichtigung benötigter Ersatzteile
- Ausarbeitung von Wartungsplänen und Festlegung vordefinierter Wartungszyklen
- Terminierung, Durchführung und Abschluss von Wartungsplänen

Innerhalb eines Instandhaltungsplanungswerkes werden Planergruppen und Arbeitsplätze angelegt.

Werden einem Werk technische Objekte zugeordnet (Technische Plätze und/oder Equipments, siehe Kapitel 2, »Stammdaten«), wird es zu einem

Standortwerk. Jedem Standortwerk ist genau ein Instandhaltungsplanungswerk über das Customizing zugeordnet.

Innerhalb eines Standortwerkes werden Standorte, Betriebsbereiche und Arbeitsplätze definiert.

- **Standort/Betriebsbereich**
  Standort und Betriebsbereich untergliedern das Werk nach unterschiedlichen Gesichtspunkten. Der Standort stellt eine räumliche Untergliederung innerhalb eines Standortwerkes dar, während der Betriebsbereich das Standortwerk nach betrieblichen Belangen unterteilt.

- **Arbeitsplatz**
  Ein *Arbeitsplatz* ist für die Ausführung einer Serviceleistung verantwortlich. Man unterscheidet zwischen verantwortlichen und ausführenden Arbeitsplätzen (z. B. Mechanik, Elektronik). Näheres dazu finden Sie in Abschnitt 2.2, »Arbeitsplatz«.

Eine Planergruppe ist innerhalb eines Planungswerkes für die Planung von Serviceleistungen und Instandhaltungsmaßnahmen verantwortlich. Eine Planergruppe kann für Auswertungszwecke (welche bzw. wie viele Meldungen sind einer Planergruppe zugeordnet) herangezogen werden. Es besteht die Möglichkeit, einem technischen Objekt bereits eine Planergruppe zuzuordnen, die bei Störungen in die Meldung bzw. den Auftrag übernommen wird. Da es sich hier aber lediglich um einen Vorschlagswert handelt, kann die Planergruppe jederzeit geändert werden (siehe Abbildung 1.5).

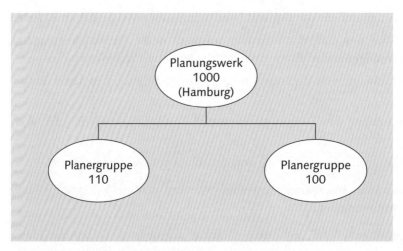

Abbildung 1.5 Zuordnung der Planergruppe zum Planungswerk

1.6 Organisationseinheiten im Vertrieb

Die zentrale Organisationseinheit im Vertrieb ist der *Vertriebsbereich*. Ein Vertriebsbereich ist keine eigene Organisationseinheit, sondern stellt eine Kombination aus den Einheiten *Verkaufsorganisation*, *Vertriebsweg* und *Sparte* dar. Im Customizing werden diese drei, im Folgenden erläuterten Einheiten zunächst getrennt voneinander angelegt. Über die Zuordnung der Einheiten zueinander entsteht dann der Vertriebsbereich.

- **Verkaufsorganisation**
  Die Aufbauorganisation der Vertriebsabteilung kann im System über einzelne *Verkaufsorganisationen* abgebildet werden. Denkbar wäre z. B. eine regionale Untergliederung innerhalb eines Landes. In der Praxis wird häufig auch die Untergliederung in Inlands- und Exportvertrieb über die Verkaufsorganisationen vorgenommen. Jede Verkaufsorganisation ist genau einem Buchungskreis zugeordnet. Einem Buchungskreis können mehrere Verkaufsorganisationen zugeordnet werden.

- **Vertriebsweg**
  Über *Vertriebswege* werden die Absatzkanäle des Unternehmens abgebildet. Der Vertriebsweg ist der Weg, auf dem Waren bzw. verkaufsfähige Materialien oder Dienstleistungen zum Kunden gelangen. Um eine möglichst reibungslose Bedienung des Marktes zu gewährleisten, arbeitet der Vertrieb auf verschiedenen Vertriebswegen. Großhandel, Einzelhandel, Industriekunden oder Direktverkauf ab Werk sind typische Vertriebswege. Ein Kunde kann innerhalb einer Verkaufsorganisation über mehrere Vertriebswege beliefert werden. Vertriebsrelevante Materialstammdaten, wie z. B. Preise oder Auslieferwerk, können sich je nach Verkaufsorganisation und Vertriebsweg unterscheiden. Ein Vertriebsweg kann einer oder mehreren Verkaufsorganisationen zugeordnet werden.

- **Sparte**
  Eine *Sparte* stellt eine Produktlinie oder eine Produktgruppe dar (z. B. Haushaltsgeräte, Spielwaren, Pumpen). Der Definition von Sparten kommt eine besondere Bedeutung zu. Da jeder Materialstamm (siehe Abschnitt 2.1, »Materialstamm«) eindeutig einer Sparte zugeordnet werden kann, sollten Sparten stets so definiert werden, dass eine eindeutige Zuordnung von Materialien möglich ist.

Vertriebsbelege (Angebote, Aufträge) werden immer innerhalb eines Vertriebsbereichs erfasst. Auch die vertriebsbezogenen Stammdaten für Debitoren und die Konditionen der Preisfindung (Preise, Rabatte, Zuschläge) werden für einen Vertriebsbereich gepflegt. Vertriebsstatistiken werden in der Praxis häufig auf Vertriebsbereichsebene fortgeschrieben und ausgewertet. In der Ergebnisrechnung (Komponente CO-PA) können Ergebnisse differenziert nach Vertriebsbereichen dargestellt werden.

Wie bereits erwähnt, ist der Vertriebsbereich keine eigenständige Organisationseinheit, sondern eine Kombination aus Verkaufsorganisation, Vertriebsweg und Sparte. Über die Verkaufsorganisation ist der Vertriebsbereich eindeutig einem Buchungskreis zugeordnet.

Abbildung 1.6 veranschaulicht die Bildung von Vertriebsbereichen. Die Abbildung zeigt die Zuordnung der Verkaufsorganisation zum Buchungskreis. Durch die Kombinationen von Verkaufsorganisation, Vertriebsweg und Sparte entstehen drei Vertriebsbereiche.

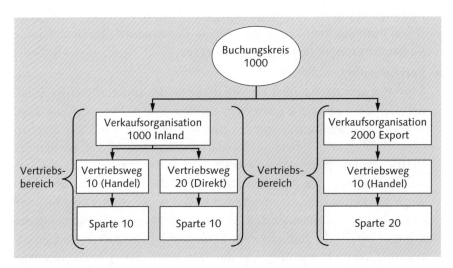

Abbildung 1.6 Vertriebsbereiche

Jeder Kombination aus Verkaufsorganisation und Vertriebsweg können mehrere Werke zugeordnet werden. Über diese Zuordnung wird für den jeweiligen Vertriebsbereich festgelegt, aus welchen Werken dieser Vertriebsbereich seine Produkte verkaufen kann. Vertriebsbereiche (Verkaufsorganisation/Vertriebsweg/Sparte) dienen zur Abbildung der Organisationsstrukturen im Vertrieb. Zur weiteren Untergliederung dieser Bereiche können *Verkaufsbüros* und *Verkäufergruppen* definiert werden:

▶ **Verkaufsbüro**
Verkaufsbüros dienen häufig zur Abbildung der Strukturen im Innen- und Außendienst. So kann eine Vertriebsniederlassung als Verkaufsbüro ange-

legt werden. Vertriebsstatistiken können auf dieser Ebene fortgeschrieben werden, und auch die Konditionsgestaltung kann abhängig von Verkaufsbüros erfolgen. Auf den Formularen (Auftragsbestätigungen, Lieferscheine, Rechnungen) können die zuständigen Verkaufsbüros mit Adresse und Ansprechpartner angedruckt werden.

Verkaufsbüros sind den Vertriebsbereichen zugeordnet. Dabei können einem Vertriebsbereich mehrere Verkaufsbüros zugeordnet werden. Ebenso kann auch ein Verkaufsbüro für unterschiedliche Vertriebsbereiche tätig sein. Abbildung 1.7 zeigt die Zuordnung der Verkaufsbüros zu den Vertriebsbereichen.

▶ **Verkäufergruppe**
Verkaufsbüros lassen sich in einzelne Personengruppen (Verkäufergruppen) untergliedern. Auch für Verkäufergruppen können Statistiken fortgeschrieben werden. Die Zuständigkeit für einen Vertriebsbeleg (Anfrage, Auftrag) lässt sich über die Verkäufergruppen ermitteln, dazu stehen entsprechende Listen zur Verfügung. Jedem Verkaufsbüro können mehrere Verkäufergruppen zugeordnet werden; ebenso ist es möglich, eine Verkäufergruppe mehreren Verkaufsbüros zuzuordnen.

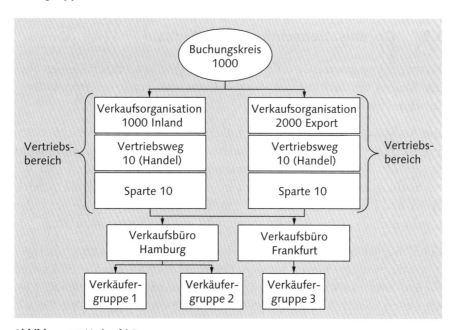

Abbildung 1.7 Verkaufsbüros

1.7 Organisationseinheiten im Versand

Einplanung und Bearbeitung von Lieferungen an Kunden werden über *Versandstellen* abgewickelt. Eine Versandstelle ist ein Ort, an dem Versandaktivitäten (Kommissionierung, Versanddisposition, Verpacken, Verladen, Transport) stattfinden. Jede Lieferung wird von einer Versandstelle bearbeitet und geht von dieser aus. Die Lieferbelege im System werden immer für eine Versandstelle erfasst.

Versandstellen können werksübergreifend definiert werden, d.h., sie sind nicht an die Organisationseinheiten *Werk* und *Lagerort* gebunden. Eine werksübergreifende Einrichtung von Versandstellen ist allerdings nur dann sinnvoll, wenn die Werke räumlich nahe beieinanderliegen, z.B. rechts und links einer Straße. Es können aber auch mehrere Versandstellen für ein Werk zuständig sein, die sich z.B. in den Ladestellen bzw. Ladehilfsmitteln oder in der Bearbeitungsdauer unterscheiden.

Der *Kommissionierlagerort* ist der Lagerort, aus dem die Ware für den Versand entnommen wird.

1.8 Organisationseinheiten im Einkauf

Ersatzteile und externe Dienstleistungen (z. B. Servicetechniker) können über den Einkauf beschafft werden. Hierbei spielen verschiedene Organisationsstrukturen im Einkauf eine Rolle.

Die Aufbauorganisation einer Einkaufsabteilung kann im System über einzelne *Einkaufsorganisationen* abgebildet werden. Eine Einkaufsorganisation ist für die Beschaffung von Materialien verantwortlich, ebenso für die Beschaffung externer Dienstleistungen. Eine Einkaufsorganisation handelt Preise und besondere Konditionen mit dem Lieferanten aus, die entweder für ein einzelnes Werk oder für mehrere Werke gleichzeitig gültig sind.

Generell muss zwischen einem werksbezogenen und einem konzernbezogenen Einkauf unterschieden werden. Bei einem werksbezogenen Einkauf ist die Einkaufsorganisation für genau ein Werk zuständig (siehe Abbildung 1.8). Bei einem konzernbezogenen Einkauf ist die Einkaufsorganisation für alle Werke eines Buchungskreises zuständig.

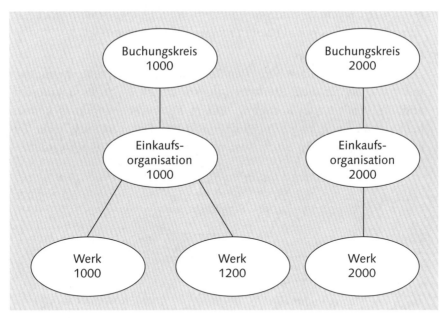

Abbildung 1.8 Zuordnung des Werkes zur Einkaufsorganisation

Jede Einkaufsorganisation ist genau einem Buchungskreis zugeordnet. Einem Buchungskreis können mehrere Einkaufsorganisationen zugeordnet werden.

Als *Einkäufergruppen* werden einzelne Personen des Einkaufs im System abgebildet. Diese dienen gleichzeitig als Verhandlungs- und Ansprechpartner der Lieferanten. Eine Einkäufergruppe wird unabhängig von einer Organisationsstruktur definiert.

1.9 Organisationsstrukturen im Controlling

Die wichtigsten Organisationseinheiten im Controlling sind der Ergebnisbereich und der Kostenrechnungskreis.

▸ **Ergebnisbereich**
Der *Ergebnisbereich* ist die Organisationseinheit der Ergebnis- und Marktsegmentrechnung. Diese wird uns an mehreren Stellen in diesem Buch beschäftigen. Innerhalb eines Ergebnisbereichs werden die Strukturen der Betriebsergebnisrechnung definiert. Einem Ergebnisbereich können meh-

rere Kostenrechnungskreise zugeordnet werden. Dagegen wird jeder Kostenrechnungskreis genau einem Ergebnisbereich zugeordnet.

▶ **Kostenrechnungskreis**
Der *Kostenrechnungskreis* bildet den Rahmen für das interne Rechnungswesen. Dazu gehören die Kostenarten-, die Kostenstellen-, die Produktkosten- und die Profit-Center-Rechnung. Einem Kostenrechnungskreis können mehrere Buchungskreise zugeordnet werden. Dagegen muss jeder Buchungskreis mit genau einem Kostenrechnungskreis verknüpft werden.

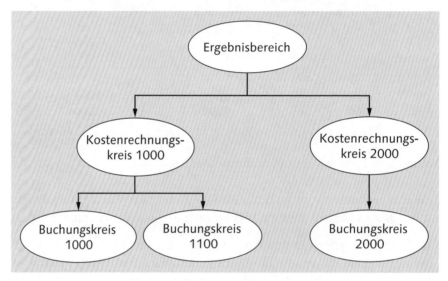

Abbildung 1.9 Organisationsstrukturen im Controlling

Abbildung 1.9 zeigt die Organisationsstrukturen im Controlling.

Lieferantenstammsätze, Materialstammsätze oder technische Objekte: In diesem Kapitel lernen Sie den Aufbau der im Modul »Kundenservice« benötigten Stammdaten und ihre Verwendung kennen.

2 Stammdaten

Stammdaten werden als Stammsätze im System abgebildet. Sie enthalten wichtige Informationen, spielen aufgrund ihres hohen Informationsgehalts eine wichtige Rolle für die im System abzubildenden Geschäftsprozesse und versorgen diese mit relevanten Informationen. Zu den Stammdaten zählen z. B. Lieferanten- oder Kundenstammsätze, Materialstammsätze oder allgemein die im Service benötigten sogenannten *technischen Objekte*. Es ist zu empfehlen, Stammdaten konsequent zu pflegen und aktuell zu halten, denn gut und ausführlich gepflegte Stammdaten beschleunigen die Prozessabläufe und verringern Erfassungsfehler.

In der Serviceabwicklung sind Stammdaten aus mehreren Modulen involviert. So werden z. B. Stammdaten sowohl aus dem Modul »Vertrieb« (SD) als auch Daten aus dem Modul »Materialwirtschaft« (MM) benötigt. Im Service selbst gibt es Technische Plätze und Equipments (die sogenannten *technischen Objekte*), die als Stammdaten im System abgebildet werden können.

2.1 Materialstamm

Der *Materialstamm* ist ein zentraler Stammsatz, um die Informationen bezüglich der Artikel, Teile und Dienstleistungen zu speichern, die ein Unternehmen beschafft, fertigt, lagert und verkauft. Durch die Integration aller materialspezifischen Informationen in einen einzigen zentralen Stammsatz entfällt eine redundante Datenhaltung. Die gespeicherten Informationen der Materialstammsätze sind die Grundlage für die unterschiedlichen Belege (z. B. Kundenaufträge, Bestellungen, Fertigungsaufträge) in SAP ERP.

Der Materialstamm wird von sämtlichen Abteilungen (wie z. B. Einkauf, Verkauf, Produktion, Buchhaltung oder Service) genutzt, und die materialspezifischen Daten dieser Abteilungen werden im Materialstammsatz gespeichert.

Aus diesem Grund gibt es einen engen Zusammenhang mit den Organisationsstrukturen. Die einzelnen Bereiche des Materialstamms werden in Abhängigkeit von den Organisationsstrukturen gepflegt. Konkret bedeutet dies, dass der Materialstamm mit der Nummer 0815 im Werk 1000 einen anderen Bewertungspreis haben kann als im Werk 2000! Allerdings gibt es auch allgemeingültige Daten, die für alle Fachbereiche gelten. Dazu gehört an erster Stelle die Materialnummer, die den Artikel eindeutig identifiziert.

Man unterscheidet im Materialstamm Haupt- und Nebendaten.

▶ **Hauptdaten**
Die *Hauptdaten* enthalten die eigentlichen Informationen zum Produkt aus Sicht der unterschiedlichen Unternehmensbereiche.

▶ **Nebendaten**
Zusätzlich werden in sogenannten *Nebendaten* Informationen zu mehrsprachigen Texten, Umrechnungsfaktoren von Mengeneinheiten und auch Verwaltungsdaten hinterlegt.

Abbildung 2.1 zeigt die Struktur der Materialstammdaten im Überblick.

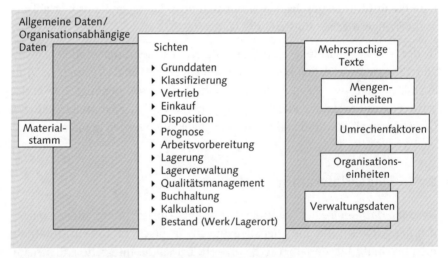

Abbildung 2.1 Struktur der Materialstammdaten (Quelle: SAP AG)

Abbildung 2.1 zeigt zudem die verschiedenen Sichten (Hauptdaten) des Materialstamms. Diese sind zum Teil abhängig von der Organisationsstruktur (organisationsabhängige Daten). Einige Sichten (z. B. Grunddaten) sind mandantenweit gültig und werden deshalb als *allgemeine Daten* bezeichnet.

Im Folgenden stellen wir Ihnen die unterschiedlichen *Sichten des Materialstamms* vor und geben jeweils eine kurze Erläuterung:

- **Grunddaten**
  Dieser Bereich enthält Informationen, die von allen Fachbereichen benötigt werden. Deshalb werden die Grunddaten auf Mandantenebene gepflegt. Zu den Grunddaten gehören z. B. die Materialnummer, die Beschreibung des Materials oder die Basismengeneinheit. Außerdem wird jeder Materialstamm im Grunddatenbild einer Sparte zugeordnet, wodurch diese Zuordnung ebenfalls mandantenweit gültig ist.

- **Klassifizierung**
  Die Klassifizierung dient dazu, Materialien (oder auch andere Objekte wie z. B. Lieferanten) in Klassen zu gruppieren, um diese anschließend leichter wiederzufinden. Die Klassen enthalten Merkmale, über die die Materialien beschrieben werden können. Auch die Klassifizierung von Materialstämmen wird auf der Mandantenebene vorgenommen.

- **Vertrieb**
  Vertriebsdaten (z. B. Verkaufsmengeneinheiten, Mengenvereinbarungen, Versanddaten und Außenhandelsdaten) des Materialstammsatzes werden in Kundenaufträge übernommen und steuern unter anderem die Funktion *Preisfindung*. Insgesamt gibt es drei Vertriebssichten im Materialstamm. Die ersten beiden werden auf den Ebenen »Verkaufsorganisation« und »Vertriebsweg« definiert. Die dritte Sicht enthält die Vertriebs-/Werksdaten und wird abhängig vom Werk gepflegt.

- **Einkauf**
  In den Einkaufssichten werden Daten hinterlegt, die für die externe Beschaffung relevant sind. Dies sind z. B. die Beschaffungszeiten, die zuständige Einkäufergruppe und die Bestellmengeneinheit. Einkaufsdaten werden auf der Werksebene festgelegt.

- **Disposition**
  In den Dispositionssichten werden die relevanten Daten für die Materialbedarfsplanung hinterlegt. Das sind z. B. Daten für die Dispositionsverfahren, für die Losgrößenermittlung, für die Beschaffung (Fremd- oder Eigenbeschaffung) und für die Terminierung. Die Dispositionsdaten werden werksabhängig gepflegt.

- **Prognose**
  In der Prognosesicht werden Daten zur Ermittlung des zukünftigen Materialbedarfs hinterlegt, wie z. B. Prognosemodelle, Glättungsfaktoren oder zu berechnende Prognoseperioden. Auch die Prognosedaten sind abhängig vom Werk.

- **Arbeitsvorbereitung**
  In der Arbeitsvorbereitungssicht werden die benötigten Daten für die Fertigungssteuerung hinterlegt. Dies sind z. B. losgrößenabhängige Fertigungszeiten, der zuständige Fertigungssteuerer oder Toleranzen in der Fertigung. Die Pflege der Arbeitsvorbereitungsdaten erfolgt auf der Werksebene.

- **Lagerung**
  Die Lagersicht enthält Informationen zur Lagerung des Materials, z. B. Lagerungsvorschriften, Haltbarkeitsdaten und Chargenpflicht. Hier wird definiert, in welchen Lagerorten das Material gelagert werden kann. Demzufolge sind diese Daten abhängig von den Organisationseinheiten Werk und Lagerort.

- **Lagerverwaltung**
  Die Lagerverwaltungssichten werden genutzt, wenn mit der SAP-Lagerwirtschaftssoftware, der Komponente WM (*Warehouse Management*), gearbeitet wird. Es werden Daten für Lagerungsstrategien und Palettierung hinterlegt. Für die Komponente »Warehouse Management« gibt es eigene Organisationsstrukturen.

- **Qualitätsmanagement**
  Wird mit der Komponente »Qualitätsmanagement« (QM, *Quality Management*) von SAP ERP gearbeitet, werden in dieser Sicht Informationen zur Beschaffung und zur Qualitätsprüfung hinterlegt. Die Qualitätsdaten werden auf der Werksebene gepflegt.

- **Buchhaltung**
  Hier werden Daten für die Bewertung des Materials hinterlegt. Dazu gehört vor allem die Bewertungssteuerung. Materialien können mit einem Standardpreis oder mit einem gleitenden Durchschnittspreis bewertet werden. Ebenfalls im Buchhaltungsbild wird das Material einer Bewertungsklasse zugeordnet: Über die Bewertungsklasse werden bei Warenbewegungen die Konten der Finanzbuchhaltung ermittelt. Da die Bewertung auf der Werksebene erfolgt, sind auch die Buchhaltungsdaten werksabhängig. Über das Werk sind die Buchhaltungsdaten dann immer auch einem Buchungskreis zugeordnet.

- **Kalkulation**
  Es werden hier Informationen zur Kalkulation und zur Plankalkulation gespeichert, z. B. Daten zur Gemeinkostenbezuschlagung oder zur Abweichungsermittlung. Wie die Buchhaltungsdaten werden auch die Kalkulationsdaten werksabhängig gepflegt.

- **Bestand (Werk/Lagerort)**
  In diesen Sichten werden die Bestandsinformationen auf Werks- und Lagerortebene gezeigt.

Materialien mit gleichen Eigenschaften lassen sich einheitlich verwalten, indem sie in *Materialarten* zusammengefasst werden. Jeder Materialstammsatz wird bei der Erfassung einer Materialart zugeordnet, wodurch bestimmte Eigenschaften des Materials festgelegt werden. Dazu gehören die *Feldauswahl*, die *Bildfolgesteuerung* (Auswahl der Sichten) und die *Nummernvergabe* (intern durch das System und/oder extern durch den Benutzer). Die Einstellung einer Materialart erfolgt im Customizing.

Im Standardsystem werden vorkonfigurierte Materialarten ausgeliefert, die im Customizing durch eigene Materialarten ergänzt werden können. Im Folgenden beschreiben wir kurz einige Standardmaterialarten:

- **Fertigerzeugnisse (FERT)**
  Fertigerzeugnisse stellt ein Unternehmen selbst her. Da sie vom Einkauf nicht bestellt werden können, enthält ein Materialstammsatz der Materialart mit dem Schlüssel FERT keine Einkaufsdaten.
- **Rohstoffe (ROH)**
  Rohstoffe werden ausschließlich fremdbeschafft und anschließend weiterverarbeitet. Da Rohstoffe nicht verkauft werden können, enthält ein Materialstammsatz dieser Materialart zwar Einkaufsdaten, jedoch (zumindest in der Standardauslieferung) keine Vertriebsdaten.
- **Halbfabrikate (HALB)**
  Halbfabrikate können fremdbeschafft oder in Eigenfertigung hergestellt werden. Anschließend werden sie im Unternehmen weiterverarbeitet. Ein Materialstammsatz dieser Materialart kann Einkaufs- und Arbeitsvorbereitungsdaten enthalten.
- **Handelswaren (HAWA)**
  Handelswaren werden immer fremdbeschafft und anschließend gelagert und verkauft. Ein Materialstammsatz dieser Materialart kann Einkaufs- und Vertriebsdaten enthalten.

Materialstämme können einer *Produkthierarchie* zugeordnet werden. Diese Zuordnung kann sowohl auf dem Grunddatenbild (mandantenabhängig) als auch in den Vertriebsdaten (abhängig von Verkaufsorganisation und Vertriebsweg) erfolgen. Erfolgt eine Zuordnung auf dem Grunddatenbild, wird die gleiche Produkthierarchie bei der Erfassung der Vertriebsdaten vorgeschlagen.

Produkthierarchien können im Customizing definiert werden. Es handelt sich dabei um eine hierarchische Gliederung des Produktprogramms. Die maximale Gliederungstiefe ist auf neun Stufen begrenzt. In der Praxis sind Produkthierarchien jedoch meist nur auf drei oder vier Stufen angelegt.

Die Produkthierarchie wird z. B. in der Preisfindung verwendet. Dort können für eine Produkthierarchie Konditionen (Preise, Zu- und Abschläge) definiert werden, die nicht nur für ein Produkt, sondern für einen ganzen Teilbereich des Produktspektrums gelten. Außerdem wird die Produkthierarchie in Auswertestrukturen genutzt. Weitere Informationen finden Sie im »Praxishandbuch Vertrieb mit SAP« (SAP PRESS 2010).

Der Kundenservice verwendet Materialien aus verschiedenen Gründen. Serviceprodukte dienen zur Beschreibung der Leistungen, die für einen Kunden erbracht werden. Man unterscheidet zwischen nicht konfigurierbaren, konfigurierbaren und vorkonfigurierten Materialien. Die Details dazu werden in Kapitel 3, »Serviceverträge«, erläutert.

2.2 Arbeitsplatz

Der *Arbeitsplatz* ist ein wichtiger Teil der Stammdaten im Kundenservice. Über den Arbeitsplatz wird festgelegt, an welchem Ort ein Servicevorgang durchgeführt wird. Die für einen Arbeitsplatz hinterlegten Daten sind relevant für die automatische Übernahme von Vorschlagswerten in Vorgängen von Arbeitsplänen und Serviceaufträgen, die Terminierung der Vorgänge, die Kalkulation der Kosten eines Vorgangs und die Kapazitätsplanung.

Der Arbeitsplatz enthält eine Verknüpfung zum Personalsystem. Damit können in den Vorgängen von Serviceaufträgen Personen über ihren Personalstammsatz zugeordnet und Qualifikationsanforderungsprofile verwendet werden, um Mitarbeiter mit der passenden Eignung einem Arbeitsplatz zuzuordnen.

Arbeitsplätze werden werksabhängig angelegt. Dabei wird dem Arbeitsplatz eine Arbeitsplatzart zugeordnet. Durch die zugeordnete Arbeitsplatzart werden der Aufbau der Bildfolge, die Felder, die Plananwendung und die Änderungsbelege eines Arbeitsplatzes gesteuert. Über die Plananwendung wird festgelegt, in welchen Typen von Arbeitsplänen der Arbeitsplatz verwendet werden kann.

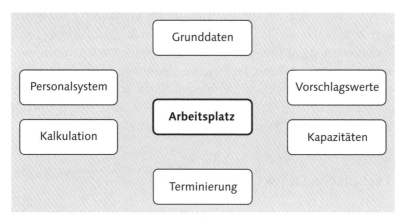

Abbildung 2.2 Sichten des Arbeitsplatzes

Die Daten eines Arbeitsplatzes sind in verschiedene Sichten untergliedert (siehe Abbildung 2.2):

- **Grunddaten**
  Die Grunddaten enthalten die Daten zur Organisation wie die Bezeichnung des Arbeitsplatzes und den Verantwortlichen.

- **Vorschlagswerte**
  Die in den Vorschlagswerten hinterlegten Daten werden automatisch in einen Vorgang übernommen, wenn der Arbeitsplatz dem Vorgang im Arbeitsplan oder im Serviceauftrag zugeordnet wird.

- **Kapazitäten**
  Jeder Arbeitsplatz stellt ein bestimmtes Kapazitätsangebot zur Verfügung. Man unterscheidet innerhalb des Arbeitsplatzes zwischen den Kapazitätsarten *Maschine* und *Person*. Die im Arbeitsplatz hinterlegten Arbeitszeiten oder Schichten werden zur Terminierung des Serviceauftrags herangezogen.

- **Terminierung**
  In den Terminierungsdaten ist hinterlegt, nach welcher Formel sich die Dauer eines Vorgangs errechnet.

- **Kalkulation**
  Über die Kalkulationsdaten werden dem Arbeitsplatz eine Kostenstelle und eine Leistungsart zugeordnet. Anhand der hinterlegten Daten werden die Kosten für die vom Arbeitsplatz erbrachten Leistungen berechnet.

- **Verknüpfung mit dem Personalsystem**
  Einem Arbeitsplatz können Personen über ihre *Personalnummer* zugeord-

net werden. Diese Personen können dann in den Vorgängen von Serviceaufträgen ausgewählt werden. Diese Funktionalität ermöglicht es, eine Kapazitätsauswertung nicht nur auf Arbeitsplatzebene vorzunehmen, sondern auch auf Personenebene. Eine zweite Verbindung zum Personalsystem stellt das *Qualifikationsanforderungsprofil* dar. Über das Qualifikationsanforderungsprofil wird festgelegt, welche Kenntnisse eine Person für die Zuordnung zu einem Arbeitsplatz haben muss.

2.3 Technische Objekte

Zu den *technischen Objekten* zählen Technische Plätze und Equipments. Im Folgenden werden beide Arten des Stammsatzes aus Sicht des Kundenservices näher beschrieben, und es wird erläutert, welche Daten Sie im jeweiligen Stammsatz hinterlegen können.

Darüber hinaus lernen Sie die wichtigsten Funktionalitäten der beiden Stammsätze kennen. Abschließend werden wir Ihnen zeigen, wie Sie technische Objekte im System mithilfe der Einzel- bzw. Sammelerfassung anlegen können.

2.3.1 Technischer Platz

Unter *Technischen Plätzen* versteht man aus Sicht des Kundenservices eine Einheit innerhalb der Logistik, die einen einzelnen Bereich, eine Anlage oder gar ein Gebäude bzw. einen Gebäudekomplex beim Kunden repräsentiert. Wartungs- und Reparaturarbeiten können an einem oder mehreren Technischen Plätzen durch Servicetechniker erledigt werden.

Bevor Sie Technische Plätze im System abbilden, sollten Sie sich Gedanken darüber machen, wie Sie z. B. ein größeres Gebäude bzw. einen gesamten Gebäudekomplex oder gar eine Anlage im System abbilden möchten:

- Gibt es Gründe, nur einen einzigen Technischen Platz für den gesamten Komplex bzw. die Anlage anzulegen?
- Wäre es sinnvoll, den Gebäudekomplex bzw. die Anlage nach funktionalen (z. B. Verwaltungsgebäude oder Produktionshalle), technischen (z. B. Geräte einer Produktionsstraße) oder räumlichen Aspekten (z. B. einzelne Bereiche der Produktion) zu unterteilen, um eine bessere Strukturierung und Transparenz zu gewährleisten?

Durch das zuletzt skizzierte Vorgehen eröffnet sich gleichzeitig die Möglichkeit, eine sogenannte *Technische-Platz-Hierarchie* im System abzubilden. Innerhalb einer Hierarchie werden die einzelnen Technischen Plätze in Beziehung zueinander gesetzt, und es wird festgelegt, welche Technischen Plätze auf einer gleichen oder einer höheren bzw. niedrigeren Stufe einzuordnen sind. Somit können Sie eine Hierarchie über mehrere Ebenen aufbauen.

Der Vorteil einer Technischen-Platz-Hierarchie liegt darin, dass ein untergeordneter Technischer Platz die Daten von einem übergeordneten Technischen Platz erbt (siehe auch Abschnitt »Hierarchische Datenweitergabe innerhalb einer Struktur« in Abschnitt 2.3.1). Die Datenpflege lässt sich somit auf ein Minimum reduzieren.

Die Daten zum Technischen Platz werden auf verschiedenen Registerkarten im Stammsatz angezeigt (siehe Abbildung 2.3). Im Abschnitt »Technischen Platz anlegen – Einzelerfassung (Transaktion IL01)« auf Seite 45 wird der gängigste Aufbau eines Technischen Platzes, der in der Regel auch im SAP-Standard ausgeliefert wird, beschrieben.

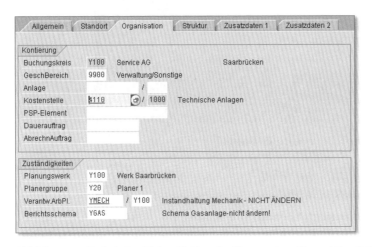

Abbildung 2.3 Technischer Platz – Sichten des Stammsatzes (Transaktion IL01)

| Customizing | [+] |

Im Customizing können Sie bestimmen, wie der Aufbau des Stammsatzes TECHNISCHER PLATZ für die einzelnen Typen eines Technischen Platzes aussehen soll. Das heißt, Sie definieren im Customizing die Anzahl und die Titel der einzelnen Registerkarten. Darüber hinaus legen Sie fest, welche Subscreens (in Abbildung 2.3 die Subscreens KONTIERUNG und ZUSTÄNDIGKEITEN) generell eingeblendet werden bzw. auf welchen Registerkarten diese dann erscheinen sollen.

Technischer Referenzplatz

Zusätzlich zu den Technischen Plätzen gibt es die sogenannten *Technischen Referenzplätze*. Über sie werden keine »echten«, also real existierenden, Technischen Plätze abgebildet; Technische Referenzplätze dienen lediglich als Erfassungshilfe und Kopiervorlage für Technische Plätze.

Die Daten, die Sie in Technischen Referenzplätzen pflegen, werden an alle zugeordneten Technischen Plätze vererbt. Dies gilt auch für Änderungen im Technischen Referenzplatz. Das heißt, ein Technischer Platz ist einem Technischen Referenzplatz zugeordnet und erbt die allgemeingültigen Daten von diesem (siehe Abbildung 2.4). Zu pflegen sind dann lediglich noch die platzspezifischen Daten des jeweiligen Technischen Platzes.

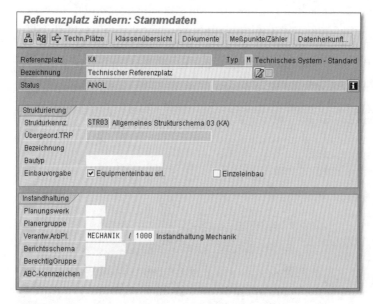

Abbildung 2.4 Technischer Referenzplatz (Transaktion IL11)

Zu den Daten, die im Technischen Referenzplatz gepflegt werden können, gehören die folgenden:

- Daten zur Strukturierung; z. B. Equipmenteinbau erlaubt (ja/nein?)
- Daten für die auszuführende Servicemaßnahme, z. B. verantwortlicher Arbeitsplatz
- Hinterlegung und Zuordnung von Dokumenten
- Zuordnung einer Klasse zu einem Technischen Referenzplatz
- Hinterlegung von mehrsprachigen Langtexten

Technischen Platz anlegen: Einzelerfassung (Transaktion IL01)

Einen Technischen Platz legen Sie mit der Transaktion IL01 (Techn. Platz anlegen) an. Sie gelangen zunächst auf einen Einstiegsbildschirm. Hier legen Sie das Strukturkennzeichen und den Typ des Technischen Platzes fest. Das System leitet aus dem Strukturkennzeichen die sogenannte *Editionsmaske* und die damit verbundenen Hierarchieebenen des Technischen Platzes ab. Geben Sie die Kennung des Technischen Platzes ein, und bestätigen Sie Ihre Eingaben (siehe Abbildung 2.5).

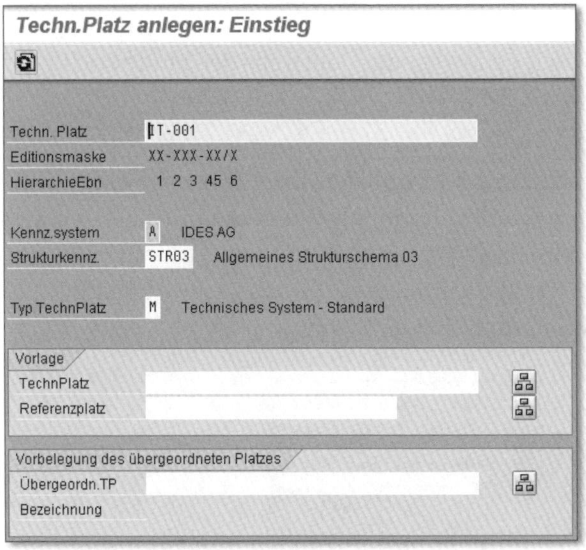

Abbildung 2.5 Technischer Platz – Einstiegsbild (Transaktion IL01)

Sie gelangen auf den Bildschirm TECHN. PLATZ ANLEGEN: STAMMDATEN, der Ihnen die verschiedenen Registerkarten des Stammsatzes anzeigt. Pflegen Sie alle Daten, die Sie benötigen.

- **Strukturkennzeichen**

    Das *Strukturkennzeichen* legt den Aufbau des Technischen Platzes fest. Zum Strukturkennzeichen gehören die Editionsmaske und die an die Editionsmaske gekoppelten Hierarchieebenen, die einen Technischen Platz identifizieren und die ein Technischer Platz maximal besitzen kann.

    Die *Editionsmaske* (hier XX-XXX-XX/X) definiert den Schlüssel eines Technischen Platzes. Sie legt fest, welche und wie viele Zeichen für den Aufbau verwendet werden dürfen. Darüber hinaus definiert sie einzelne Blöcke innerhalb des Schlüssels und legt die jeweiligen Hierarchiestufen fest. Die Editionsmaske muss mindestens ein Zeichen beinhalten.

Generell können folgenden Zeichen für die Definition der Editionsmaske verwendet werden:

- *A*: Eingegeben werden dürfen nur Buchstaben und das Leerzeichen.
- *N*: Eingegeben werden dürfen nur Zahlen und das Leerzeichen.
- *X*: Eingegeben werden dürfen Buchstaben, Zahlen und das Leerzeichen. Ein Bindestrich darf ebenfalls verwendet werden (siehe Abbildung 2.5).
- *S*: Eingegeben werden dürfen Buchstaben, Zahlen und Sonderzeichen wie z. B. & oder ( ).

Namensblöcke können durch Trennzeichen voneinander getrennt werden. Zu den Trennzeichen gehören unter anderem der Bindestrich oder der Unterstrich und Leerzeichen.

- **Typzuordnung**
Der Typ des Technischen Platzes identifiziert die Technische-Platz-Struktur. Das heißt, der Typ weist darauf hin, ob eine Kundenstruktur im System abgebildet wird wird oder eine eigene, interne Struktur aufgrund Wartungszwecken. Der Typ des Technischen Platzes (siehe Abbildung 2.6) besitzt auch eine Steuerungsfunktion im System.

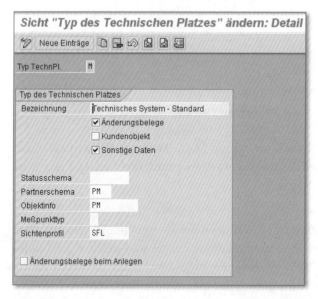

Abbildung 2.6 Typ des Technischen Platzes (Transaktion SPRO)

Der Typ des Technischen Platzes steuert unter anderem:

- ob Änderungen im Stammsatz in Form von Änderungsbelegen dokumentiert werden
- ob im Stammsatz die SONSTIGEN DATEN mit zur Anzeige gebracht werden
- welches definierte Sichtenprofil aktiv dem Typ zugeordnet und für die Anzeige des Stammsatzes genutzt wird

Sichten des Technischen Platzes

Die Daten eines Technischen Platzes verteilen sich auf die folgenden Sichten:

- **Allgemein**
  Bei den allgemeinen Daten können Sie Informationen zur Herstellung oder zur Anschaffung hinterlegen. Die Hinterlegung von Abmessungen ist ebenso möglich wie die Zuordnung einer Berechtigungsgruppe, über die gesteuert wird, wer Änderungen am Stammsatz vornehmen darf.

- **Standort**
  Bei den Standortdaten ist das Einpflegen der Adresse am gängigsten. Darüber hinaus finden Sie hier die Daten zum Standortwerk oder zum Standort.

- **Organisation**
  Die Organisationsdaten geben Auskunft über die Kontierung des Stammsatzes. Möchten Sie anfallende Kosten auf einen CO-Innenauftrag abrechnen, hinterlegen Sie hier die CO-Auftragsnummer, werden die Kosten auf einen sogenannten *Dauerauftrag* abgerechnet (ein Dauerauftrag kann ein Serviceauftrag sein), können Sie auch hier die Auftragsnummer hinterlegen. Die Kontierungsinformationen gelten pro Buchungskreis.

  Die Daten für die Zuständigkeiten werden als Vorschlagswerte in Meldungen und Aufträge übernommen. Sie beschreiben hierüber, wer für die Ausführung einer Servicemaßnahme verantwortlich ist und an welchem Standort die anstehenden Servicemaßnahmen geplant werden. Da es sich hier lediglich um Vorschlagswerte handelt, können Sie die Daten in der Meldung oder im Auftrag anpassen.

- **Struktur**
  Die Struktur gibt Ihnen Auskunft darüber, ob der Technische Platz, den Sie sich gerade anzeigen lassen, Teil einer größeren Struktur ist. Ist dies der Fall, wird Ihnen der übergeordnete Technische Platz mit angezeigt. Darü-

ber hinaus wird über die Struktur festgelegt, ob ein Equipmenteinbau am Technischen Platz erlaubt ist oder nicht.

▶ **Zusatzdaten 1, Zusatzdaten 2**
Zusatzdaten blenden Sie über das Customizing ein (Punkt SICHTENPROFILE FÜR TECHNISCHE OBJEKTE EINSTELLEN). Pro Zusatzdatenregisterkarte können Sie festlegen, welche Subscreens Sie sehen möchten. In unserem Beispiel sind auf der Registerkarte ZUSATZDATEN 2 die Subscreens für VERKNÜPFTE DOKUMENTE und LANGTEXT eingeblendet (siehe Abbildung 2.7).

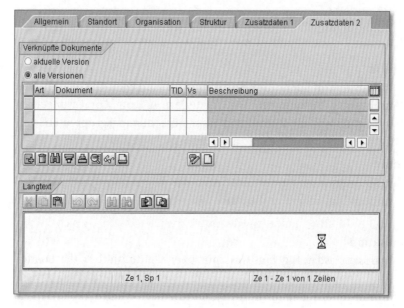

Abbildung 2.7 Technischer Platz – Zusatzdaten (Transaktion IL01)

Technischen Platz anlegen: Listbearbeitung

Technische Plätze können Sie auch über die Listbearbeitung pflegen. Im Gegensatz zur Einzelerfassung haben Sie hier die Möglichkeit, per »Sammelerfassung« komplette Platzstrukturen mit allen wesentlichen Daten anzulegen. Das System bietet Ihnen ebenso die Möglichkeit, sich auf bereits bestehende Platzstrukturen zu beziehen oder mit Technischen Referenzplätzen als Vorlage zu arbeiten. Setzen Sie die Transaktion IL04 (Techn. Platz anlegen: Listerfassung) ein, wenn Sie Technische Plätze per Listbearbeitung anlegen möchten. Achten Sie darauf, dass Sie das richtige Strukturkennzeichen und den richtigen Platztyp zugeordnet haben (siehe Abbildung 2.8).

Abbildung 2.8 Listerfassung Technischer Platz (Transaktion IL04)

Hierarchische Datenweitergabe innerhalb einer Struktur

Innerhalb von technischen Platzhierarchien und technischen Referenzplatzhierarchien können Daten automatisch weitergegeben – also vererbt – werden. Von einer *hierarchischen Datenweitergabe* spricht man, wenn die Daten von einem hierarchisch höher eingestuften Platz an hierarchisch tiefer liegende Plätze innerhalb einer Struktur weitergegeben werden. Dieses Systemverhalten ist relevant für das Anlegen sowie für das Ändern der oben angeführten Hierarchien. Ändern Sie z. B. auf einer hohen Ebene das Berichtsschema, wird die Datenänderung automatisch vom System an alle darunterliegenden Ebenen übertragen. Das gleiche Verhalten gilt für Equipmenthierarchien.

Bei einer hierarchischen Datenweitergabe handelt es sich also um eine Datenweitergabe innerhalb einer Hierarchie *gleicher* Objekte.

2.3.2 Equipments

Unter einem *Equipment* versteht man aus Sicht des Kundenservices ein eindeutiges, individuelles Objekt, für das es möglich ist, auch Wartungen vorzunehmen. Dabei kann es sich um ein eigenes technisches Gerät oder eine eigene Anlage bzw. um ein Kundengerät oder eine Kundenanlage handeln. Kundenequipments sind Objekte, die sich bei Ihrem Kunden befinden. Als Equipments können z. B. PCs, Anlagen oder Produktionsmaschinen im System abgebildet werden.

Equipments können in Technischen Plätzen oder in anderen Equipments als höher oder niedriger eingestuftes Equipment eingebaut werden. Auf diese Weise können Sie *Equipmenthierarchien* aufbauen. Der Vorteil einer Equipmenthierarchie besteht darin, dass ein untergeordnetes Equipment die Daten von einem übergeordneten Equipment erbt (hierarchische Datenweitergabe). Auch hier reduzieren Sie, wie beim Technischen Platz, die Datenpflege auf ein Minimum.

Im folgenden Abschnitt wird der gängigste Aufbau eines Equipmentstammsatzes, der auch im SAP-Standard ausgeliefert wird, beschrieben (siehe Abbildung 2.9).

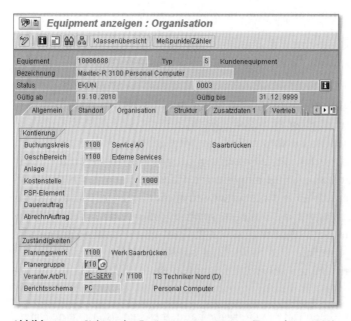

Abbildung 2.9 Sichten des Equipmentstammsatzes (Transaktion IE03)

[+] **Customizing**

Im Customizing können Sie bestimmen, wie der Aufbau des Stammsatzes EQUIPMENT aussehen soll. Das heißt, Sie definieren im Customizing ein Sichtenprofil, das Anzahl und Titel der einzelnen Registerkarten festlegt.

Darüber hinaus legt das Profil fest, welche Subscreens (in Abbildung 2.9 die Subscreens KONTIERUNG und ZUSTÄNDIGKEITEN) generell eingeblendet werden bzw. auf welchen Registerkarten diese erscheinen sollen.

Equipment anlegen: Einzelerfassung (Transaktion IE01)

Ein Equipment legen Sie mit der Transaktion IE01 (Equipment anlegen) an. Sie gelangen zunächst auf einen Einstiegsbildschirm. Geben Sie den Equipmenttyp sowie das Datum ein, ab dem das Equipment aktiv im System gültig ist. Bestätigen Sie Ihre Eingaben, wenn die interne Nummernvergabe aktiv ist (siehe Abbildung 2.10).

Abbildung 2.10 Equipmentstammsatz – Einstiegsbild (Transaktion IE01)

Ist die externe Nummernvergabe aktiv, müssen Sie eine Kennung für das anzulegende Equipment eingeben. Eine interne oder externe Nummernvergabe stellen Sie pro Equipmenttyp ein.

Haben Sie Ihre Eingaben mit der ⏎-Taste bestätigt, gelangen Sie auf den Bildschirm EQUIPMENT ANLEGEN, der Ihnen die verschiedenen Registerkarten des Stammsatzes anzeigt. Hinterlegen Sie alle Daten, die Sie benötigen.

Der *Equipmenttyp* besitzt eine Steuerungsfunktion im System. Er steuert unter anderem Folgendes:

- ob Änderungen im Stammsatz in Form von Änderungsbelegen dokumentiert werden
- die Zuordnung des Sichtenprofils und somit den Aufbau des Stammsatzes

- welche zusätzlichen Registerkarten, die nicht über das Sichtenprofil abgedeckt sind, im Equipmentstammsatz sichtbar sein sollen
- ob eine interne oder externe Nummernvergabe für das anzulegende Equipment erfolgen soll

Bei der *internen Nummernvergabe* vergibt das System automatisch die Equipmentnummer aus einem vorher fest definierten Nummernkreisintervall. Bei der *externen Nummernvergabe* vergeben Sie als Anwender die Equipmentnummer. Darüber hinaus wird bei der externen Nummernvergabe durch das Customizing festgelegt, ob nur rein numerische oder auch alphanumerische Nummern erlaubt sind.

Die Daten eines Equipmentstammsatzes sind auf verschiedenen Registerkarten verteilt (siehe auch Abbildung 2.9).

- **Allgemein**
  Bei den allgemeinen Daten können Sie Informationen zur Herstellung oder zur Anschaffung hinterlegen. Die Hinterlegung von Abmessungen ist ebenso möglich wie die Zuordnung einer Berechtigungsgruppe, über die gesteuert wird, wer Änderungen am Stammsatz vornehmen darf.

- **Standort**
  Bei den Standortdaten ist das Einpflegen der Adresse am gängigsten. Sie finden hier auch die Daten zum Standortwerk bzw. zum Standort.

- **Organisation**
  Die Organisationsdaten geben Auskunft über die Kontierung des Stammsatzes. Möchten Sie anfallende Kosten auf einen CO-Innenauftrag abrechnen, hinterlegen Sie hier die CO-Auftragsnummer, werden die Kosten auf einen sogenannten *Dauerauftrag* abgerechnet (ein Dauerauftrag kann ein Serviceauftrag sein), können Sie auch hier die Auftragsnummer hinterlegen. Die Kontierungsinformationen gelten pro Buchungskreis.

  Die Daten für die Zuständigkeiten werden als Vorschlagswerte in Meldungen und Aufträge übernommen. Sie beschreiben hierüber, wer für die Ausführung einer Servicemaßnahme verantwortlich ist und in welchem Standort die anstehenden Servicemaßnahmen geplant werden. Da es sich hier lediglich um Vorschlagswerte handelt, können Sie die Daten in der Meldung oder im Auftrag anpassen und ändern.

- **Struktur**
  Die Struktur gibt Ihnen Auskunft über das Equipment und darüber, ob das Objekt Teil einer größeren Struktur ist. Das Equipment kann einem Technischen Platz zugeordnet oder in einem anderen Equipment – als soge-

nanntes *Unterequipment* – eingebaut sein. Über diverse Buttons können Sie aus dem Stammsatz heraus den Einbauort eines Equipments ändern bzw. weitere Unterequipments hinzufügen.

- **Zusatzdaten 1, Zusatzdaten 2, Zusatzdaten 3**
  Zusatzdaten blenden Sie über das Customizing ein. Pro Registerkarte können Sie festlegen, welche Subscreens Sie sehen möchten. In unserem Beispiel ist auf der Registerkarte ZUSATZDATEN 3 der Subscreen VERKNÜPFTE DOKUMENTE eingeblendet (siehe Abbildung 2.11).

Abbildung 2.11 Zusatzdaten zum Equipmentstammsatz (Transaktion IE02)

- **Vertrieb**
  Im Equipmentstammsatz können Sie auch Vertriebsbereichsdaten hinterlegen. Diese spielen eine wichtige Rolle für die Abwicklung eines Serviceauftrags. Übernehmen Sie das Equipment in einen Serviceauftrag, werden die im Stammsatz gepflegten Vertriebsbereichsdaten ebenfalls in den Auftrag übernommen. Im weiteren Prozessablauf werden die Vertriebsbereichsdaten für die Fakturierung des Auftrags herangezogen.

- **Serialdaten**
  Wenn Sie ein Equipment bestandsmäßig führen möchten – quasi als Einzelstück –, müssen Sie es serialisieren. Dabei können Sie, zusätzlich zur Vergabe einer Serialnummer, Bestands- und Kundeninformationen hinterlegen.

- **Partnerdaten**
  Zugeordnete Partnerdaten und Partnerrollen beschreiben die Zuständigkeiten für ein Equipment. Sie können z. B. den Ansprechpartner beim Kunden oder den zuständigen internen Mitarbeiter für das Equipment festhalten.

▶ **Klassifizierung**
Sie können Equipments klassifizieren. Durch die Zuordnung einer Klasse können Sie über Merkmale und Merkmalswerte die Ausprägungen und Eigenschaften eines Equipments bestimmen.

Action Log
Über das sogenannte *Action Log* werden pro Equipmentstammsatz Änderungen festgehalten. Pro SAP-Anwender werden – mit Datum und Uhrzeit – die geänderten Felder dokumentiert sowie neue und alte Feldinhalte aufgelistet. Das Action Log rufen Sie im Equipmentstammsatz im Menü über ZUSÄTZE – ACTION-LOG auf.

Einsatzhistorie
Über die Einsatzhistorie wird der »Lebenslauf« eines Equipments dokumentiert. Es wird festgehalten, in welchen Technischen Plätzen das Equipment eingebaut war oder ob es sich im Lager oder bei einem Kunden befunden hat. Jedem Einsatz sind Zeitsegmente (von … bis …) zugeordnet.

Equipment anlegen – Listerfassung (Transaktion IE10)
Mithilfe der Transaktion IE10 (Listerfassung Equipments) können Sie mehrere Equipments gleichzeitig über die Listerfassung anlegen (siehe Abbildung 2.12).

Abbildung 2.12 Listerfassung Equipments (Transaktion IE10)

Bestimmen Sie den Equipmenttyp und das Standortwerk. Geben Sie darüber hinaus das Equipment, das Sie als Vorlage nutzen möchten, in dem dafür vorgesehenen Feld ein, und legen Sie die Anzahl der neu anzulegenden Equipments fest (alternativ zur Equipmentnummer können Sie auch eine Materialnummer eingeben).

Wenn Sie Ihre Eingaben sichern, werden die Equipments mit den Daten aus dem Vorlageequipment angelegt, und die Equipmentnummer wird gemäß dem Nummernkreis des Equipmenttyps vergeben.

Horizontale Datenweitergabe innerhalb einer Struktur

Equipments können in Technischen Plätzen eingebaut werden. Auch hier ist es möglich, Daten von einem Technischen Platz an die eingebauten Equipments zu vererben. Gleiches gilt für die Datenweitergabe von Technischen Referenzplätzen an Technische Plätze. Bei einer horizontalen Datenweitergabe handelt es sich also um eine Datenweitergabe innerhalb einer Hierarchie *verschiedener* Objekte.

2.4 Serialnummern und Equipments

Serialnummern dienen der Individualisierung von Materialien. Damit wird eine Unterscheidung von Materialien mit der gleichen Materialnummer möglich. Serialnummern werden vor allem im Maschinen- und Anlagenbau sowie im Gerätebau eingesetzt. Dort geht es darum, jedes Einzelstück eindeutig identifizieren zu können.

2.4.1 Betriebswirtschaftliche Grundlagen

In Abschnitt 2.1, »Materialstamm«, haben wir die Bedeutung des Materialstammsatzes erläutert. Gleiche Materialien werden über eine gemeinsame Materialnummer zusammengefasst. Mithilfe von Serialnummern lässt sich nun zusätzlich jedes einzelne Stück innerhalb eines Materialstamms identifizieren. Man spricht in diesem Zusammenhang auch von der *Individualisierung* eines Materials. In der Praxis wird über die Serialnummer z. B. die Gerätenummer einer Maschine abgebildet. Dabei ist die Serialnummer immer nur in Verbindung mit der Materialnummer eindeutig. Wurde im Materialstamm die Serialnummernpflicht für das Material festgelegt, muss innerhalb der Prozesse darauf Bezug genommen werden. Bei einem Wareneingang zu einem Material ist die jeweilige Serialnummer zu erfassen. Das Gleiche gilt in Kundenaufträgen und bei Auslieferungen. Dadurch entsteht eine Historie, die den »Lebenslauf« des individuellen Einzelstücks nachvollziehbar macht.

[zB] **Identifizierung über Serialnummern**

Wir verdeutlichen den Zusammenhang an einem Beispiel: Als Hersteller von Computerhardware verkaufen Sie z. B. Flachbildschirme an Ihre Kunden. Außerdem erbringen Sie Kundendienstleistungen, die entweder in der Garantie enthalten sind oder gesondert in Rechnung gestellt werden. Sie möchten wissen, an welchen Kunden welche Bildschirme geliefert wurden, welche Garantiebedingungen je Bildschirm vereinbart sind und welche Kundendiensteinsätze erfolgt sind. Falls der Kunde einen Bildschirm zur Reparatur zurückschickt, möchten Sie auch wissen, was weiterhin in Ihrem Unternehmen damit geschieht. Es ist also notwendig, stets ein Gerät eindeutig identifizieren und alle relevanten Daten zusammenhängend analysieren zu können. Jeder Bildschirm wird deshalb über eine Gerätenummer – die sogenannte Serialnummer – identifiziert.

Serialnummern identifizieren ein Objekt eindeutig. Voraussetzung dafür ist, dass sie in allen relevanten logistischen Vorgängen (z. B. in Aufträgen, bei der Lieferung oder der Retoure) eingegeben werden. Über die Serialnummernverwendung im Customizing kann pro Vorgang Folgendes festgelegt werden (siehe Abbildung 2.13):

- ob die Eingabe der Serialnummer ein *Muss* ist (Verwendung 03)
- ob die Serialnummer eingegeben werden *kann* (Verwendung 02)
- ob die Vergabe der Serialnummer *automatisch* erfolgt (Verwendung 04)

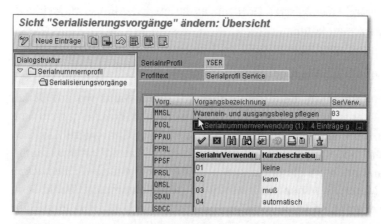

Abbildung 2.13 Festlegung der Serialnummernverwendung (Transaktion OIS2)

Bei der automatischen Vergabe der Serialnummer vergibt das System eine interne, fortlaufende Nummer beginnend bei »1«.

Soll ein selbst definiertes Nummernkreisintervall zum Einsatz kommen (z. B. 100000–199999), muss die SAP-Erweiterung IQSM0001: EXIT_SAPLIPW1_001 (Automatische Serialnummernvergabe) genutzt werden. Hier kann ein eigenes Nummernkreisintervall pro Serialnummernprofil definiert und zugeordnet werden.

Die Serialnummer besitzt darüber hinaus folgende Eigenschaften:

- Die Serialnummer stellt in Verbindung mit der Materialnummer genau ein eindeutiges Element (Equipment) dar.
- Serialnummern können bei Bedarf zu vollständigen Equipmentstammsätzen in den Komponenten »Instandhaltung« (*Enterprise Asset Management* EAM; früher *Plant Maintenance* PM) und »Customer Service« erweitert werden.
- In einem Serialnummernstammsatz werden automatisch Bestands- und Kundeninformationen festgehalten. Damit kann exakt festgestellt werden, wo sich die Serialnummer (das entsprechende Gerät) zurzeit befindet.
- Zu einer Serialnummer können zusätzliche Informationen wie Dokumente (z. B. Gebrauchsanweisungen, technische Dokumentationen) oder Garantieinformationen hinterlegt werden.
- Serialnummern besitzen keine eigene Bewertung.

Kombination von Serial- und Chargennummern	[+]
Serialnummern können auch in Kombination mit Chargennummern eingesetzt werden. Während eine Charge der Abgrenzung einer Herstellungsserie dient, identifiziert die Serialnummer dagegen ein Einzelobjekt eindeutig.	

2.4.2 Serialnummern in SAP ERP

In diesem Abschnitt behandeln wir das Konzept der Serialnummernverwaltung innerhalb von SAP ERP. Von besonderer Bedeutung sind dabei die Schnittstellen zur Servicekomponente. Wir werden zunächst betrachten, wie im Materialstammsatz die Serialnummernpflicht festgelegt wird. Im zweiten Schritt lernen Sie die wesentlichen Customizing-Einstellungen zur Vergabe von Serialnummern kennen. Auf Basis dieser Erkenntnisse erarbeiten wir die Zusammenhänge von Materialstammsätzen, Serialnummern und Equipments in der Servicekomponente. Im letzten Schritt betrachten wir die Daten, die zu einem Serialnummernstammsatz gepflegt werden können.

Damit Materialien mit gleicher Materialnummer über die Serialnummer unterschieden (und damit individualisiert) werden können, muss im Materialstamm ein *Serialnummernprofil* zugeordnet werden. Das Serialnummernprofil wird auf Werksebene definiert. Es ist daher auch möglich, dass ein Material in einem Werk serialnummernpflichtig ist und in einem anderen Werk keine Serialnummernpflicht besitzt.

Für ein Serialnummernprofil werden im Customizing die Eigenschaften der Serialnummernverwaltung gesteuert. Die wichtigsten Einstellungen stellen wir Ihnen kurz vor:

- **Existenzpflicht für Serialnummern (ExistPfl.)**
  Hier wird festgelegt, ob die Serialnummer vor der Verwendung in einem betriebswirtschaftlichen Vorgang (z. B. einem Kundenauftrag, einer Lieferung oder einer Retoure) bereits vorhanden sein muss. Ist dies nicht der Fall, kann die Serialnummer während der verschiedenen Vorgänge angelegt werden.

- **Bestandsverprobung (BstVp)**
  Über diese Prüfung wird festgelegt, ob der Bestand bei der Durchführung einer Warenbewegung geprüft wird. Befindet sich ein bestimmtes Gerät z. B. beim Kunden, kann dafür kein Warenausgang aus dem Lager gebucht werden.

  Die möglichen Reaktionen bei der Bestandsverprobung sind folgende:
  - *keine Reaktion*
    Das bedeutet, dass keine Bestandsverprobung stattfindet.
  - *Warnmeldung*
    Eine Warnmeldung kann vom Anwender übergangen werden.
  - *Fehlermeldung*
    Eine Fehlermeldung führt dazu, dass dieser Vorgang nicht durchgeführt werden kann.

Außerdem werden im Customizing für jedes Serialnummernprofil die erlaubten Vorgänge definiert. Abbildung 2.14 zeigt die Vorgänge zum Profil YSER. Grundsätzlich werden für jeden zugeordneten Vorgang folgende Einstellungen gewählt:

- **Serialnummernverwaltung (SerVerw.)**
  In dieser Option wird festgelegt, ob innerhalb dieses Vorgangs eine Serialnummernvergabe stattfindet. Folgende Auswahlmöglichkeiten stehen zur Verfügung:
  - keine Serialnummernvergabe (Option »01«)
  - Serialnummernvergabe kann erfolgen (Option »02«)

- Serialnummernvergabe muss erfolgen (Option »03«)
- Serialnummernvergabe wird durch das System automatisch durchgeführt (Option »04«)

▶ **Equipmentpflicht (EqPfl.)**
Hier wird eingestellt, ob mit der Vergabe der Serialnummer automatisch der Serialnummernstammsatz zu einem Equipmentstammsatz erweitert werden soll.

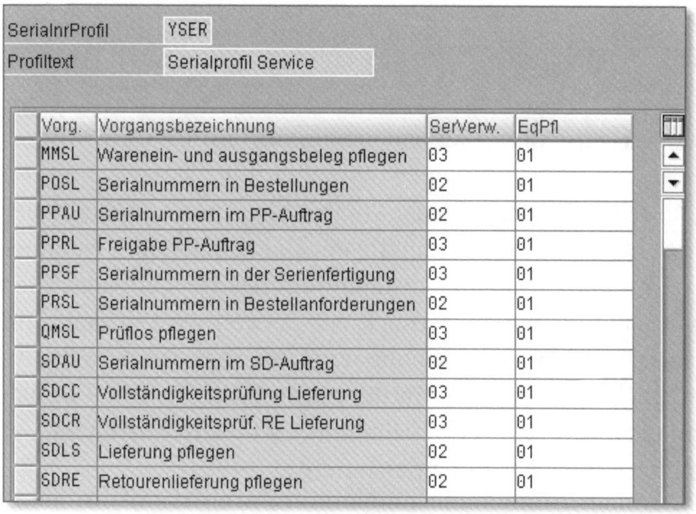

SerialnrProfil	YSER
Profiltext	Serialprofil Service

Vorg.	Vorgangsbezeichnung	SerVerw.	EqPfl
MMSL	Warenein- und ausgangsbeleg pflegen	03	01
POSL	Serialnummern in Bestellungen	02	01
PPAU	Serialnummern im PP-Auftrag	02	01
PPRL	Freigabe PP-Auftrag	03	01
PPSF	Serialnummern in der Serienfertigung	03	01
PRSL	Serialnummern in Bestellanforderungen	02	01
QMSL	Prüflos pflegen	03	01
SDAU	Serialnummern im SD-Auftrag	02	01
SDCC	Vollständigkeitsprüfung Lieferung	03	01
SDCR	Vollständigkeitsprüf. RE Lieferung	03	01
SDLS	Lieferung pflegen	02	01
SDRE	Retourenlieferung pflegen	02	01

Abbildung 2.14 Serialnummernprofil (Transaktion OIS2)

Mit der letzten Option, dem Zusammenhang zwischen Serialnummer und Equipment, beschäftigen Sie sich jetzt näher. Die Serialnummer identifiziert ein Objekt nur zusammen mit einer Materialnummer eindeutig. Die Serialnummer allein reicht also nicht aus.

Mit dem Anlegen einer Serialnummer über einen Vorgang wird ein Serialnummernstammsatz im System erzeugt. Dieser Stammsatz kann anschließend durch einen Anwender manuell zu einem Equipmentstammsatz erweitert werden. Für ein solches Equipment können dann in der Servicekomponente eine Wartungsplanung und eine Durchführung der Wartung über Aufträge angestoßen werden. Abhängig von der Customizing-Einstellung zur Equipmentpflicht im Serialnummernprofil kann der Equipmentstammsatz auch automatisch im System angelegt werden. Abbildung 2.15 zeigt den Zusammenhang zwischen den Objekten »Materialstamm«, »Serialnummer« und »Equipment«.

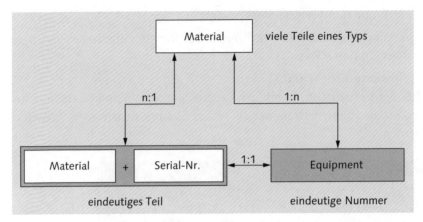

Abbildung 2.15 Zusammenhang zwischen Material, Serialnummer und Equipment

In Abbildung 2.15 sehen Sie, dass zu jeder Kombination aus Materialnummer und Serialnummer ein Equipmentstammsatz mit einer eindeutigen Nummer angelegt werden kann. Ein Equipmentstammsatz repräsentiert genau *ein* Objekt und damit *ein* physisches Einzelstück. Auf der anderen Seite kann ein Equipmentstammsatz auch ohne Serialnummerndaten angelegt und verwendet werden. Lediglich die Integration in die Materialwirtschaft und in den Vertrieb ist dann nicht gegeben. Die Serialnummer wird also verwendet, um den Objektstammsatz in die Logistik zu integrieren.

Im *Serialnummernstammsatz* sind unter anderem folgende Teilbereiche enthalten:

- **Logistikinformationen**
  Innerhalb der Logistikinformationen werden vor allem Informationen über den aktuellen Ort und Zustand des Einzelstücks mit dieser Serialnummer festgehalten. Falls das Objekt sich noch im Lager befindet, erkennt man hier, in welchem Werk und Lagerort das Gerät eingelagert ist.

- **Partnerinformationen**
  Im Serialnummernstammsatz können verschiedene Partnerinformationen hinterlegt werden. Dies sind z. B. der aktuelle Kunde, der Lieferant und der Auftraggeber. Die Felder werden zum Teil automatisch bei Materialbuchungen gefüllt.

- **Statusinformationen**
  Über den Status wird zum einen der aktuelle Zustand der Serialnummer dokumentiert, zum anderen wird damit die Verwendbarkeit gesteuert. Eine Serialnummer, die sich zurzeit beim Kunden befindet, besitzt den Status EKUN.

2.4.3 Equipment-Ein- und -Ausbau

Um mithilfe der Transaktion IE4N (Ausbau/Einbau mit Warenbewegung) ein Equipment ein- bzw. ausbauen zu können, muss im Equipmentstammsatz die Kombination aus Material- und Serialnummer auf der Registerkarte SER. DATEN (Serialdaten) gepflegt sein (siehe Abbildung 2.16).

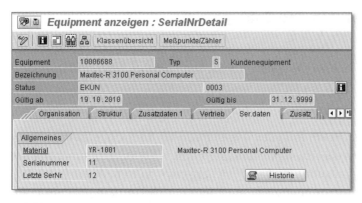

Abbildung 2.16 Serialnummerndetail im Equipmentstammsatz (Transaktion IE03)

Generell bietet Ihnen die Transaktion IE4N folgende Funktionalitäten (siehe Abbildung 2.17):

- Ausbau eines Equipments aus einem Technischen Platz/übergeordneten Equipment mit gleichzeitiger Einlagerung
- Einbau eines Equipments in einen Technischen Platz bzw. eine Equipmenthierarchie mit gleichzeitiger Auslagerung

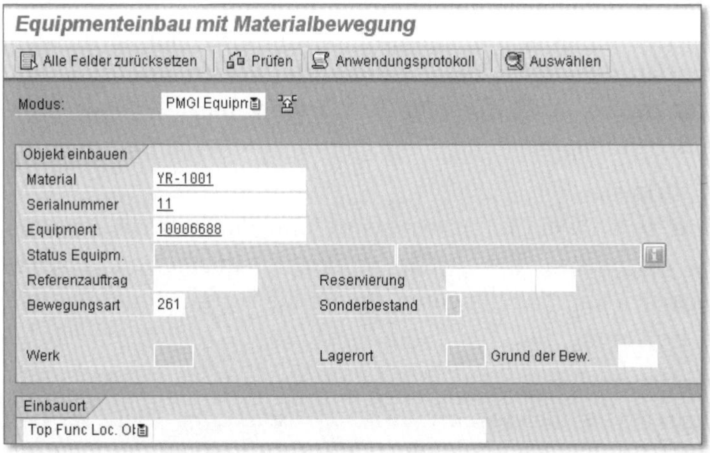

Abbildung 2.17 Equipmenteinbau (Transaktion IE4N)

Über die Modusauswahl legen Sie fest, ob es sich um einen Equipmenteinbau oder -ausbau handelt. Tragen Sie die Material- und Serialnummer sowie die Equipmentnummer ein. Prüfen Sie die Bewegungsart, und bestimmen Sie den Einbau- bzw. Ausbauort.

2.5 Stücklisten und Bautypen

Im Servicemanagement können Stücklisten und Bautypen zum Einsatz kommen. Im Folgenden werden beide Komponenten näher beschrieben.

2.5.1 Stücklisten

Eine *Stückliste* stellt ein formales Verzeichnis aller Komponenten dar, die zu einem Material gehören. Eine Stückliste enthält die Materialnummern der einzelnen Komponenten und die dazugehörigen Mengen und Mengeneinheiten. Eine Komponente kann als Lager- oder als Nichtlagerkomponente in die Stückliste eingehen. Gesteuert wird dies über den Positionstyp. Positionstyp L bedeutet Lagermaterial, Positionstyp N steht für Nichtlagermaterial. Eine in der Stückliste enthaltene Komponente kann wiederum Teil einer Baugruppe sein. Eine Baugruppe bildet einen Teil des Materials ab und besteht aus einer weiteren Gruppe von Materialien. Für diese Gruppe von Materialien kann ebenfalls eine Stückliste im System angelegt sein.

Im Service unterscheiden Sie zwischen der *Technischen-Platz-Stückliste* und der *Equipmentstückliste*.

- **Technische-Platz-Stückliste**
  Eine Stückliste zum Objekt TECHNISCHER PLATZ wird individuell für einen Technischen Platz angelegt. Über die Stückliste werden Ersatzteile und Komponenten zugeordnet. Dies ist für die Wartung und anstehende Reparaturen von Bedeutung.

- **Equipmentstückliste**
  Eine Stückliste zum Objekt EQUIPMENT wird individuell für ein einzelnes Equipment angelegt. Auch diese Art der Stückliste beinhaltet ein Verzeichnis mit Ersatzteilen und Komponenten, die für die Wartung oder Instandhaltung von Bedeutung sind.

- **Materialstücklisten**
  Darüber hinaus gibt es noch sogenannte *Materialstücklisten*. Diese besitzen keine Zuordnung zum technischen Objekt und sind somit universell in der Serviceabwicklung einsetzbar. Auch über Materialstücklisten können Er-

satzteile und sonstige Komponenten abgebildet werden, die für die Wartung oder Reparaturen von Belang sind.

2.5.2 Bautypen

Der *Bautyp* entspricht der Nummer eines Materialstammsatzes, die im Stammsatz des technischen Objekts (Technischer Platz oder Equipment) zugeordnet wird. Eine gleiche Eintragung kann in mehreren Stammsätzen erfolgen, um dadurch die technischen Objekte als baugleiche Teile zu identifizieren (siehe Abbildung 2.18). Ist der gleiche Bautyp mehreren technischen Objekten zugeordnet, können diese Objekte auch auf die gleichen Stücklisten zugreifen.

Abbildung 2.18 Equipmentstammsatz – Bautyp (Transaktion IE02)

2.6 Klassifizierung

Mithilfe der *Klassifizierung* lassen sich Objekte wie z. B. Materialstämme oder Equipments über Merkmale näher beschreiben. Die Merkmale eines Objekts stellen die Eigenschaften des Objekts dar. Die Merkmale, die ein Objekt haben kann, werden in Klassen zusammengefasst. Das Objekt wird einer oder mehreren Klassen zugeordnet.

Über die Zuordnung zur selben Klasse lassen sich ähnliche Objekte zu Gruppen zusammenfassen. Das SAP-System stellt verschiedene Suchhilfen bereit, die es dem Anwender ermöglichen, Objekte abhängig von Klassen und Merkmalen zu finden.

2 | Stammdaten

> **[zB] Klassifizierung**
>
> Ein Notebook setzt sich aus verschiedenen Komponenten zusammen. Der Käufer kann sich sein Wunschnotebook zusammenstellen. Dazu wählt er aus verschiedenen Möglichkeiten z. B. seinen Wunschprozessor, die Speichergröße und den Bildschirm aus. Die möglichen Prozessoren sind als Werte im Merkmal PROZESSOR hinterlegt.
>
> Ein Notebook kann z. B. über folgende Merkmale beschrieben werden:
>
> - Prozessor
> - Arbeitsspeicher
> - Festplatte
> - Optisches Laufwerk
> - Bildschirm
> - Grafikkarte
> - Betriebssystem
>
> Für jedes dieser Merkmale ist im System hinterlegt, welche Werte es annehmen kann. Die sieben Merkmale werden in der Klasse NOTEBOOK mit der Klassenart 002 (Equipment) zusammengefasst. Über Beziehungswissen wird für die Klasse NOTEBOOK festgelegt, welche Kombinationen von Merkmalsbewertungen erlaubt sind. Ein bestimmtes Betriebssystem kann z. B. nur verwendet werden, wenn der Arbeitsspeicher eine bestimmte Mindestgröße hat.
>
> In Abbildung 2.19 sehen Sie die Klasse NOTEBOOK mit ihren sieben Merkmalen (Transaktion CL02, Klasse ändern).

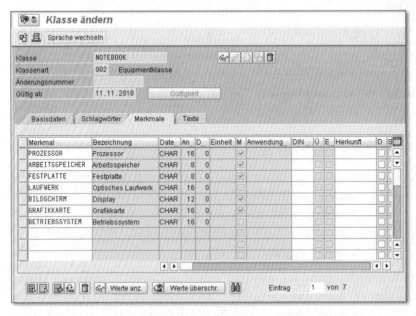

Abbildung 2.19 Klasse »NOTEBOOK« mit Merkmalen (Transaktion CL02)

2.6 Klassifizierung

Die Einrichtung einer Klassifizierung erfolgt in drei Schritten:
1. Merkmale anlegen
2. Klasse anlegen
3. Objekte zur Klasse zuweisen

Merkmale

Mit den *Merkmalen* werden die Eigenschaften eines Objekts beschrieben. Merkmale zählen zu den Stammdaten und werden unabhängig von Organisationsstrukturen im System hinterlegt. Für jedes Merkmal wird festgelegt, welchen Datentyp es hat, ob es genau einen oder mehrere Werte annehmen kann und ob die Eingabe von Intervallen möglich ist. Abbildung 2.20 zeigt das Merkmal PROZESSOR.

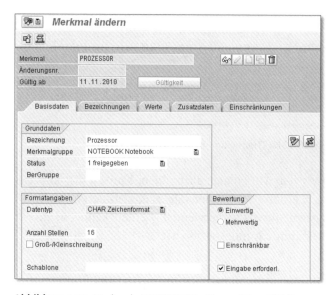

Abbildung 2.20 Merkmal »PROZESSOR« (Transaktion CT04)

Klassenart und Klasse

Die *Klassenart* legt fest, welche Klassen einem Objekt zugeordnet werden können. Die Definition von Klassenarten ist Teil des Customizings. Im SAP-Standard finden Sie z. B. Klassenarten für Equipments (002), Technische Plätze (003) und Varianten (300).

In *Klassen* werden Merkmale zusammengefasst. Beim Anlegen wird der Klasse eine Klassenart zugewiesen. Die Objekte, die Sie klassifizieren möchten, ordnen Sie einer oder mehreren Klassen zu.

In den Basisdaten einer Klasse (siehe Abbildung 2.21, Registerkarte BASISDATEN) finden Sie die Bezeichnung, den Status und den Gültigkeitszeitraum der Klasse. Hier können Sie auch festlegen, dass das System prüft, ob einer Klasse Objekte mit derselben Merkmalsbewertung zugeordnet sind.

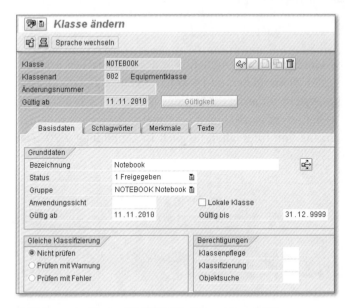

Abbildung 2.21 Klasse »NOTEBOOK« (Transaktion CL02)

Um Abhängigkeiten zwischen Merkmalen abzubilden, kann zu diesen *Beziehungswissen* hinterlegt werden. So können Sie z. B. definieren, dass ein bestimmtes Betriebssystem nur dann verwendet werden kann, wenn der Arbeitsspeicher eine bestimmte Mindestgröße hat.

Klassifizierung

Die Zuweisung eines Objekts zu einer Klasse bezeichnet man als *Klassifizierung des Objekts*. Das Objekt wird durch die Merkmale der Klasse beschrieben.

Es gibt mehrere Möglichkeiten, um ein Objekt zu klassifizieren. Zum einen kann die Klassifizierung direkt über den Stammsatz des Objekts (z. B. für Materialien über die Transaktion MM02 bzw. für Equipments über die Transaktion IE02) erfolgen, zum anderen über die Transaktion CL20N (Objekt zur Klasse zuordnen). In Abbildung 2.22 sehen Sie die Klassifizierung eines Equipments.

Klassifizierung | 2.6

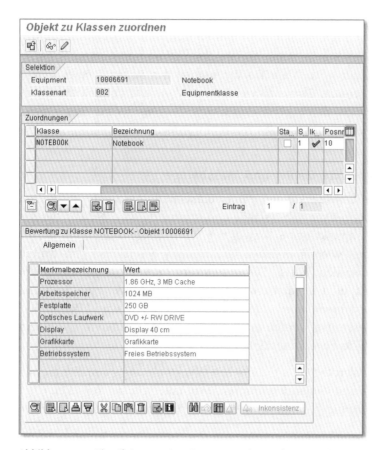

Abbildung 2.22 Klassifizierung eines Equipments (Transaktion IE02)

Weitere Daten zur Klasse finden Sie auf folgenden Karteikartenreitern (siehe auch Abbildung 2.21):

- **Registerkarte »Schlagwörter«**
  Auf der Registerkarte SCHLAGWÖRTER haben Sie die Möglichkeit, Begriffe zu hinterlegen, die Sie später bei der Suche nach der Klasse verwenden können.

- **Registerkarte »Merkmale«**
  Die möglichen Werte eines Merkmals können Sie über die Registerkarte MERKMALE vorgeben.

- **Registerkarte »Texte«**
  Die Registerkarte TEXTE bietet Ihnen die Möglichkeit, verschiedene Texte zur Klasse zu hinterlegen.

2.7 Messpunkte, Zähler und Garantien

In diesem Abschnitt geht es um Messpunkte, Zähler und Garantien. Messpunkte und Zähler werden zur Dokumentation des Zustands eines technischen Objekts genutzt. Garantien werden zur Abbildung der Zeiträume verwendet, innerhalb derer Serviceleistungen für ein technisches Objekt kostenlos oder zum Teil kostenlos erbracht werden.

2.7.1 Messpunkte, Zähler und Messbelege

Für technische Objekte können Zählerstände und Messwerte im System erfasst werden. Über die Zählerstände und Messwerte wird der Zustand des Objekts zum Zeitpunkt der Erfassung der Werte festgehalten. Dies ist vor allem in Bereichen wichtig, in denen die Einhaltung gesetzlicher Vorschriften dokumentiert werden muss. Die Abgaswerte einer Anlage zu einem bestimmten Zeitpunkt werden z. B. über Messwerte festgehalten, während ihre Gesamtbetriebszeit über einen Zählerstand erfasst wird. Die Zählerstände und Messwerte werden zu sogenannten Messpunkten, die einem technischen Objekt zugeordnet sind, erfasst.

Sie können die Wartung eines technischen Objekts abhängig von den Werten der Messbelege und Zähler durchführen. Man unterscheidet zwischen einer zählerstandsabhängigen und einer zustandsabhängigen Wartung:

- **Zählerstandsabhängige Wartung**
  Bei einer zählerstandsabhängigen Wartung führen Sie eine Wartung immer dann durch, wenn der Zähler des technischen Objekts einen bestimmten Wert erreicht hat. Zum Beispiel soll ein Fahrzeug alle 20.000 km zur Inspektion.

- **Zustandsabhängige Wartung**
  Im Gegensatz dazu führen Sie eine zustandsabhängige Wartung dann aus, wenn ein Messwert unter- oder überschritten wird. Wenn die Abgaswerte Ihres Fahrzeugs die zulässigen Werte überschreiten, veranlassen Sie eine Wartung.

Messpunkte beschreiben die Orte, über die der Zustand eines technischen Objekts beschrieben wird. Sie werden im Kundenservice genutzt, um den Zustand technischer Objekte über Zähler und Messbelege zu dokumentieren. Ein Messpunkt des technischen Objekts *Wasserwerk* kann z. B. der Wasserspeicher sein, in dem regelmäßig die Temperatur des Wassers überprüft wird. Ein weiterer Messpunkt könnte die Wasserpumpe sein, mit der der Behälter befüllt wird. Für die Wasserpumpe können die Temperatur des

Motors und die Anzahl der Betriebsstunden gemessen werden. Abbildung 2.23 zeigt die Meßpunkte des Equipments WASSERPUMPE.

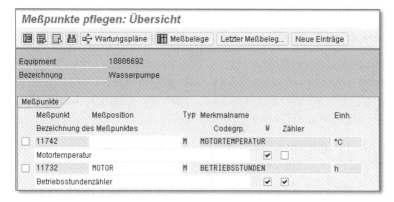

Abbildung 2.23 Meßpunkte der Wasserpumpe (Transaktion IK01)

Je Meßpunkt wird festgelegt, ob es sich um einen Zähler handelt (siehe Abbildung 2.23). Im Meßpunkt können Sie einen Sollwert angeben. Außerdem haben Sie die Möglichkeit, für den Meßbereich des Meßpunkts eine Ober- und eine Untergrenze zu definieren (über den Button ZUSATZDATEN, siehe Abbildung 2.24).

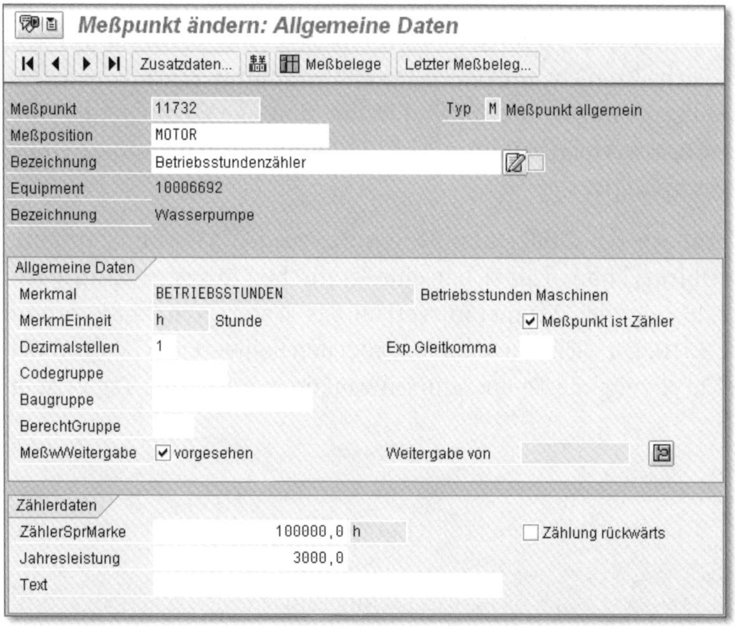

Abbildung 2.24 Zähler für die Betriebsstunden (Transaktion IK02)

Um den Stand eines Zählers oder eines Messwertes zu einem Messpunkt zu erfassen, legen Sie einen *Messbeleg* an, in dem der Zeitpunkt, zu dem der Zähler abgelesen bzw. der Wert gemessen wurde, erfasst wird. Der Anwender kann zusätzliche Informationen als Text erfassen und über einen Schlüssel festlegen, ob weitere Maßnahmen, wie z. B. eine Wartung, notwendig sind.

Je Messpunkt wird definiert, ob er einen Zähler darstellt. Ein Zähler zeigt die Nutzung eines technischen Objekts an. Mit einem Zähler können z. B. Betriebsstunden, die produzierte Stückzahl oder die Kilometerlaufleistung eines Objekts dokumentiert werden.

Den *Zähler* für die Betriebsstunden der Wasserpumpe sehen Sie in Abbildung 2.24. Ein Zähler kann entweder nur vorwärts oder nur rückwärts laufen. Dies wird über die Einstellung ZÄHLUNG RÜCKWÄRTS festgelegt. Der Zähler in Abbildung 2.24 läuft vorwärts (da dieses Kennzeichen nicht gesetzt ist), d. h., seine Werte steigen stetig an.

Im Feld ZÄHLERSPRMARKE (für Zählersprungmarke) wird der erste Wert eingetragen, der durch den Zähler nicht mehr dargestellt werden kann. Dieser Zähler hat fünf Vorkommastellen, dadurch kann der Wert 100.000 h nicht mehr angezeigt werden. Im Feld JAHRESLEISTUNG wird die geschätzte Jahresleistung hinterlegt. Das Feld wird verwendet, um die zählerstandsabhängigen Wartungstermine zu ermitteln.

Messwerte werden genutzt, wenn die Werte eines Messpunkts zu- und abnehmen können, sich also nicht wie bei einem Zähler kontinuierlich in eine festgelegte Richtung bewegen. Beispiele hierfür sind die Temperatur eines Motors oder Abgaswerte. Abbildung 2.25 zeigt als Beispiel die Motortemperatur der Wasserpumpe.

Die Veränderungen der Zähler und Messwerte zu den Messpunkten eines technischen Objekts können Sie sich in einer grafischen Auswertung ansehen. Abbildung 2.26 zeigt den Temperaturverlauf des Wasserpumpenmotors am 1. Dezember 2010. Die dicke Linie bildet dabei den Sollwert von 60 Grad Celsius ab. Die Kurve zeigt die Temperaturschwankungen über den Tag verteilt.

Messpunkte, Zähler und Garantien | 2.7

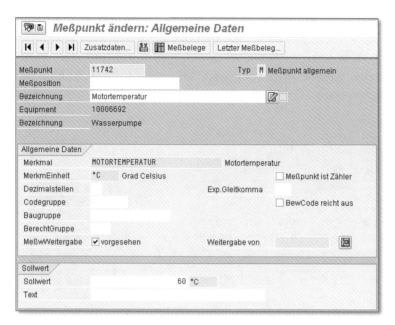

Abbildung 2.25 Messpunkt der Motortemperatur (Transaktion IK02)

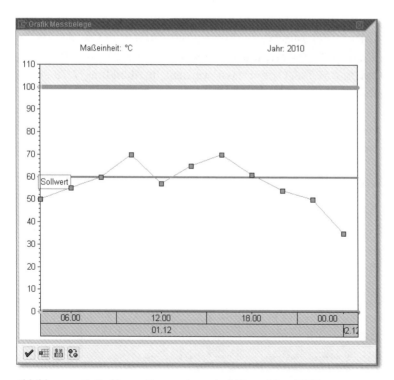

Abbildung 2.26 Grafik zum Temperaturverlauf (Transaktion IK03)

2 | Stammdaten

Um dem Ableser von Messwerten und Zählern die Arbeit zu erleichtern, können *Messwerterfassungslisten* im System angelegt werden. In der Liste hinterlegen Sie alle Messpunke, zu denen Werte eingegeben werden sollen. Abbildung 2.27 zeigt, wie die Messwerterfassungsliste für die Messpunkte der Wasserpumpe über die Transaktion IK31 (Messwerterfassungsliste) angelegt wird.

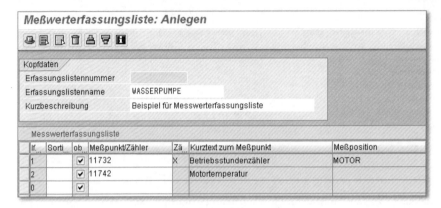

Abbildung 2.27 Messwerterfassungsliste (Transaktion IK31)

Nach dem Anlegen der Messwerterfassungsliste können die zu den Messpunkten gehörenden Messwerte und Zählerstände über die Transaktion IK34 (SAMMELERFASSUNG MESSBELEGE) erfasst werden. In Abbildung 2.28 sehen Sie die Eingabe der Daten über die Liste.

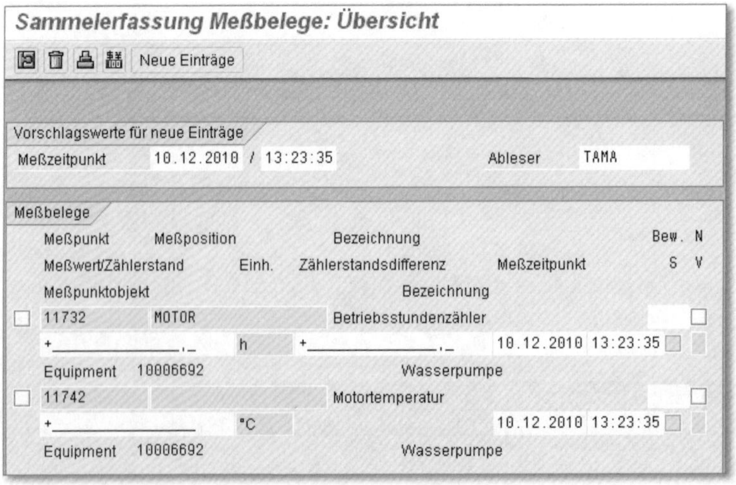

Abbildung 2.28 Sammelerfassung der Messbelege (Transaktion IK34)

Die abgelesenen Werte werden im Feld MESSWERT/ZÄHLERSTAND eingegeben. Dann wird der Beleg gesichert.

Messwerte und Zählerstände können von einem Messpunkt bzw. einem Zähler zu einem oder mehreren anderen Messpunkten bzw. Zählern weitergegeben werden. Voraussetzung ist, dass die Messpunkte dasselbe Merkmal enthalten.

Je Messpunkt bzw. Zähler wird festgelegt, ob eine Werteweitergabe vorgesehen ist (siehe Abbildung 2.25, Feld MESSWWEITERGABE). Zudem wird der Messpunkt bzw. Zähler hinterlegt, der seine Werte an den Messpunkt bzw. Zähler weitergibt.

Werden Messwerte in einem Messbeleg erfasst, werden diese als absolute Werte weitergegeben. Handelt es sich um die Erfassung von Zählerständen, wird die Zählerdifferenz weitergereicht.

Ein Wasserwerk stellt einen Technischen Platz dar. In diesem Wasserwerk ist eine Pumpe als Equipment installiert. In der Zuleitung zur Pumpe gibt es einen Wasserfilter als Equipment, der regelmäßig gewechselt werden muss. Das Wechselintervall des Filters hängt von den Betriebsstunden der Pumpe ab. Zu jedem der beiden Equipments PUMPE und FILTER wird je ein Zähler mit dem Merkmal BETRIEBSSTUNDEN angelegt. Im Zähler des Filters wird der Zähler der Pumpe als Messpunkt hinterlegt, von dem die Zählerstandsweitergabe erfolgt. Bei der Erfassung eines neuen Messbelegs zu den Betriebsstunden der Pumpe wird mit der Zählerdifferenz vom System ein Messbeleg zum Filter angelegt.

In Technischen Referenzplätzen können *Referenzmesspunkte* hinterlegt werden. Legt man einen neuen Technischen Platz mit Bezug zu einem Technischen Referenzplatz an, werden automatisch auch die entsprechenden Messpunkte für den Technischen Platz angelegt.

2.7.2 Garantien

Bei *Garantien* unterscheidet man zwischen Lieferanten-, Hersteller- und Kundengarantien. Der Lieferant, Hersteller oder Verkäufer gibt dem Kunden die Zusage, dass er innerhalb eines festgelegten Zeitraums für ein technisches Objekt Serviceleistungen kostenlos oder zum Teil kostenlos erbringt. Die Garantie gilt für ein bestimmtes technisches Objekt. Dabei kann es sich um einen Technischen Platz, ein Equipment oder eine Serialnummer handeln.

Um Garantien im System zu hinterlegen, muss das Sichtenprofil der technischen Objekte die Bildgruppe GARANTIEN enthalten.

Der *Garantietyp* dient zur Unterscheidung der beiden möglichen Sichten auf eine Garantie. Man unterscheidet zwischen den beiden Garantietypen *inbound* (Sicht des Garantienehmers) und *outbound* (Sicht des Garantiegebers).

Die *Garantiearten* bestimmen die Verwendung der Garantie. Jeder Garantieart ist einer der beiden Garantietypen zugeordnet. Es gibt drei unterschiedliche Garantiearten: Kunden-, Hersteller- und Lieferantengarantie.

- Die *Kundengarantie* hat den Garantietyp *outbound*: Aus Systemsicht ist man gegenüber dem Kunden Garantiegeber.
- *Hersteller- und Lieferantengarantie* haben den Garantietyp *inbound*: Aus Systemsicht ist man Garantienehmer des Herstellers bzw. Lieferanten.

Eine Garantie kann für einen festgelegten Zeitraum oder bis zum Erreichen eines bestimmten nutzungsabhängigen Werts gelten. Bei einem Auto kann die Garantie z. B. lauten: drei Jahre (Zeitraum), aber maximal 100.000 km Fahrleistung (Nutzung). Diese Garantiebeschränkungen werden über *Garantiezähler* abgebildet. Dabei unterscheidet man zwischen leistungs- und zeitabhängigen Zählern.

Für das Beispiel der Wasserpumpe könnten die Garantiezähler zum einen die Betriebsstunden der Pumpe als leistungsabhängiger Garantiezähler und zum anderen eine Beschränkung der Garantie auf fünf Jahre als zeitabhängiger Zähler sein.

Garantiezähler werden über das Stammdaten-Customizing der Instandhaltung und des Kundenservices angelegt. Abbildung 2.29 zeigt zwei Garantiezähler für unsere Beispielpumpe. Der Garantiezähler BETRIEBSSTUNDEN steht für die Betriebsstunden, er stellt einen leistungsabhängigen Garantiezähler dar. Der Garantiezähler GARANTIEZEIT ist als zeitabhängiger Garantiezähler eingestellt.

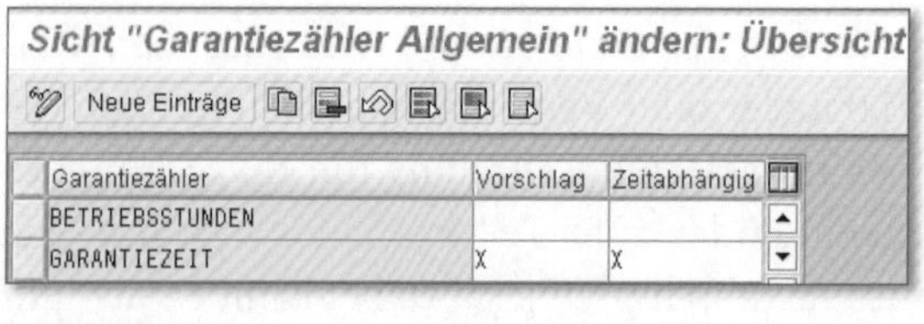

Garantiezähler	Vorschlag	Zeitabhängig
BETRIEBSSTUNDEN		
GARANTIEZEIT	X	X

Abbildung 2.29 Garantiezähler allgemein (Transaktion GM04)

Die Garantiezähler werden als Merkmale im SAP-System angelegt und dann im Customizing hinterlegt.

- **Leistungsabhängiger Garantiezähler**
  Leistungsabhängige Garantiezähler müssen als Zähler dem technischen Objekt, für das die Garantie besteht, zugeordnet sein.

- **Zeitabhängiger Garantiezähler**
  Zeitabhängige Garantiezähler werden zu einem Merkmal mit der Dimension *Zeit* angelegt. Aus dem für das technische Objekt hinterlegten Garantiedatum ermittelt das SAP-System, ob der Garantiezähler noch gültig ist.

Das SAP-System stellt die Funktion einer automatischen Garantieprüfung bereit. Zur Nutzung dieser Funktion müssen sogenannte *Mustergarantien* im System angelegt werden. In einer *Mustergarantie* wird hinterlegt, welche Leistungen die Garantie beinhaltet oder auch ausschließt. Den einzelnen Leistungen werden die Garantiezähler zugeordnet, die für die Garantieprüfung eines Objekts relevant sind.

Zum Beispiel soll die Leistung REPARATUR abhängig von den beiden Garantiezählern GARANTIEZEIT und BETRIEBSSTUNDEN erfolgen. Ob alle Zähler oder nur einer der beiden Zähler für eine Garantiegewährung im zugelassenen Bereich liegen muss, wird über die Zählerverknüpfung (UND oder ODER) festgelegt.

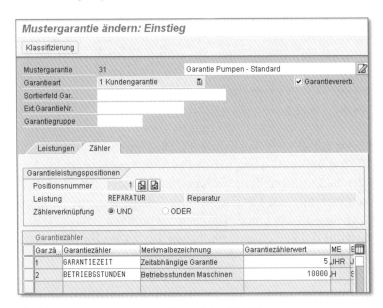

Abbildung 2.30 Mustergarantie (Transaktion BGM2)

Je Garantiezähler wird hinterlegt, bis zu welchem Garantiezählerwert die Garantie gelten soll. In den einzelnen technischen Objekten wird die entsprechende Mustergarantie auf der Garantiesicht zugeordnet. Abbildung 2.30 zeigt die Mustergarantie, die für die das Equipment WASSERPUMPE gilt. Die Garantie gilt fünf Jahre und solange der Wert des Betriebsstundenzählers kleiner als 10.000 h ist.

Garantien werden im technischen Objekt hinterlegt. Voraussetzung hierfür ist, wie bereits oben erwähnt, dass im Sichtprofil die Bildgruppe GARANTIEN zugeordnet ist. In unserem Beispiel ist die Garantie auf der Registerkarte ZUSATZDATEN 2 zu sehen. Abbildung 2.31 zeigt die Garantie für das Equipment 10006692 (WASSERPUMPE) aus Sicht des Garantiegebers. Für den Garantiegeber ist die Garantieart eine Kundengarantie.

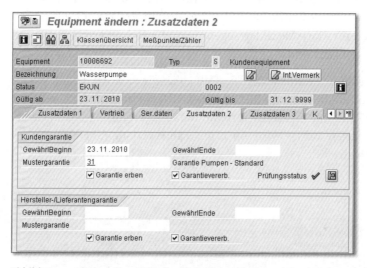

Abbildung 2.31 Kundengarantie für ein Equipment (Transaktion IE02)

Für das Equipment gilt die Mustergarantie 31. Die Gewährleistung begann am 23.11.2010. Das grüne Häkchen neben PRÜFUNGSSTATUS zeigt an, dass entsprechend den Bedingungen der Mustergarantie und den aktuellen Werten für den Garantiezähler des Equipments eine gültige Garantie existiert. Über den Button neben diesem grünen Häkchen ( ) können Sie sich die Einzelheiten zur Garantie des Equipments anschauen. Diese Details finden Sie in Abbildung 2.32.

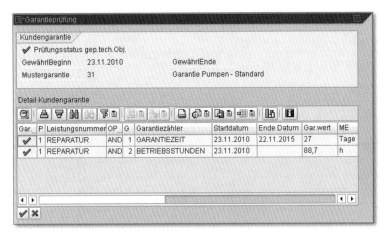

Abbildung 2.32 Garantieprüfung (Transaktion IE02)

2.8 Dokumente

Zu Objekten existieren im Allgemeinen weitere Informationen wie technische Zeichnungen oder Beschreibungen. Diese Zusatzinformationen sollen zu jedem Objekt auf direktem Wege abrufbar sein. Objekte können im SAP-System mit Dokumenten verknüpft werden.

Es gibt zwei verschiedene Möglichkeiten, um Objekte mit Dokumenten zu verknüpfen: Dokumentenstammsätze und Objektverknüpfungen.

2.8.1 Dokumentenstammsätze

Die zu einem Objekt vorhandenen Dateien, wie Zeichnungen oder Dokumentationen, können als Dokumentenstammsätze im System hinterlegt werden. Die mit einem Objekt verknüpften Dokumente können im Stammsatz des technischen Objekts angezeigt werden. Voraussetzung für diese Anzeige ist, dass im Sichtprofil des Objekts die Bildgruppe VERKNÜPFTE DOKUMENTE eingetragen ist.

Abbildung 2.33 zeigt die Verknüpfung des Equipments mit seiner technischen Beschreibung mittels eines Dokumentenstammsatzes. In unserem Beispiel werden die verknüpften Dokumente auf der Registerkarte ZUSATZDATEN 3 angezeigt. Die Daten können je nach Kundenwunsch auch auf einer anderen Registerkarte eingeblendet werden. Die Benennung der Registerkarte kann ebenfalls geändert werden.

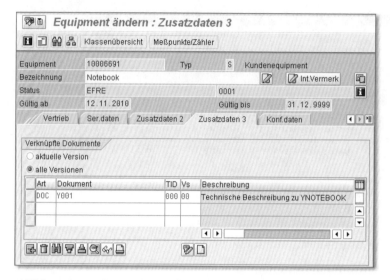

Abbildung 2.33 Dokumente eines Equipmentstamms (Transaktion IE02)

Ein Dokumentenstammsatz wird über die Transaktion CV01N (Dokument anlegen) angelegt. Es werden ein Schlüssel für den Stammsatz (externe oder interne Nummernvergabe) und die Art des Dokuments (technische Dokumentation, Konstruktionszeichnung u. a.) festgelegt. Im Dokumentenstammsatz werden eine oder mehrere Dateien unter Angabe ihrer Applikation und ihres Speicherorts zugeordnet. Diese Zuordnung stellt einen reinen Link dar, daher muss der Speicherort der Dateien zentral für alle Anwender zugänglich sein. Ein Dokumentenstammsatz kann mehr als einem Objekt zugeordnet werden. Ein Objekt wiederum kann mit mehr als einem Dokumentenstammsatz verknüpft werden.

2.8.2 Objektverknüpfungen

Dienste zum Objekt sind die zweite Möglichkeit, Dokumente mit einem Objekt zu verknüpfen. Mit dieser Funktionalität kann der Anwender direkt in der Pflegetransaktion eines Objekts Dokumente mit dem Objekt verknüpfen.

Abbildung 2.34 zeigt die über die Objektverknüpfung an das Equipment angehängte Anwenderdokumentation. Den Button 📝 für die Funktion DIENSTE ZUM OBJEKT finden Sie links neben der Transaktionsbezeichnung.

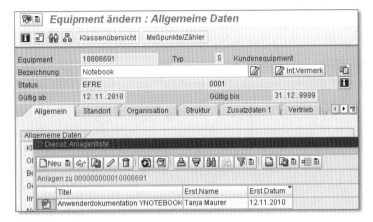

Abbildung 2.34 Dienste zum Objekt (Transaktion IE02)

Wenn Sie die Verknüpfung zwischen Objekt und Datei über den Button DIENSTE ZUM OBJEKT ( ) erstellen, wird das Dokument ins SAP-System kopiert und steht dort zentral zur Verfügung. An ein Objekt können mehrere Dokumente angehängt werden. Jedes einzelne Dokument steht aber nur für das Objekt, mit dem es verknüpft wurde, zur Verfügung. Soll das Dokument auch mit weiteren Objekten verknüpft werden, muss es für jedes dieser Objekte neu ins System übertragen werden.

2.9 Kundenstamm

Im *Kundenstamm* pflegen die unterschiedlichen Bereiche des Unternehmens (z. B. Vertrieb und Finanzbuchhaltung) unterschiedliche Sichten auf einen zentralen Kundenstammsatz. Aus dem Kundenstamm geht auch hervor, welche Rolle der jeweilige Geschäftspartner haben kann.

Im Kundenstamm werden sämtliche Informationen über die Kunden gespeichert. Von entscheidender Bedeutung ist, dass sämtliche Bereiche des Unternehmens auf einen zentralen Stammsatz zugreifen. Dies verhindert Redundanz und stellt sicher, dass ein Kunde in der Debitorenbuchhaltung unter der gleichen Kundennummer verwaltet wird wie im Vertrieb. In Kapitel 1, »Organisationseinheiten«, haben Sie erfahren, dass die Aufbauorganisation des Unternehmens mithilfe der Organisationseinheiten im SAP-System abgebildet wird. Wie im Materialstamm werden auch die Informationen des Kundenstamms abhängig von dieser Organisationsstruktur gepflegt.

Im Einzelnen unterscheiden wir die folgenden Sichten:

- allgemeine Daten (auf Mandantenebene)
- Buchhaltungsdaten (auf Buchungskreisebene)
- Vertriebsdaten (auf Vertriebsbereichsebene)

Zu den *allgemeinen Daten* gehören zunächst die Kundennummer und die Adresse. Sie sind mandantenweit gültig. Damit ist auch die Kundennummer innerhalb eines Mandanten eindeutig. Zu den Adressdaten gehören Landes- und Sprachkennzeichen. Über das Sprachkennzeichen wird die Sprache ermittelt, in der die Vertriebsbelege (Auftragsbestätigungen, Lieferscheine, Rechnungen) gedruckt werden. Darüber hinaus gliedern sich die allgemeinen Daten in folgende Sichten:

- **Steuerungsdaten**
  Zu den Steuerungsdaten gehören z. B. die Kreditorennummer beim Kunden, die Zuordnung zu einer Transportzone, über die in den Vertriebsbelegen Informationen für den Versand ermittelt werden, und die Umsatzsteuer-Identnummer für die Abwicklung von Geschäften innerhalb der Europäischen Union.

- **Zahlungsverkehr**
  Im Bereich ZAHLUNGSVERKEHR werden vor allem die Bankverbindungen des Kunden hinterlegt.

- **Marketing**
  Zu den Marketinginformationen gehören die Zuordnung zu einem Nielsenbezirk (regionale Gliederung von Märkten, benannt nach dem Marktforschungsinstitut Nielsen), der Jahresumsatz des Kunden, ein Branchenschlüssel und die Anzahl der Mitarbeiter des Kunden.

- **Abladestellen**
  Hier werden die Abladestellen des Kunden mit den entsprechenden Warenannahmezeiten hinterlegt. Diese Informationen werden in der Versandsteuerung benötigt.

- **Exportdaten**
  Hier werden Kennzeichen für kritische Exportabwicklungen vergeben (dass z. B. bestimmte Technologien an diesen Kunden nicht geliefert werden dürfen).

- **Ansprechpartner**
  Die unterschiedlichen Ansprechpartner des Kunden können an dieser Stelle mit detaillierten Informationen gepflegt werden.

Die *Buchhaltungsdaten* werden auch als *Buchungskreisdaten* bezeichnet, weil sie auf der Buchungskreisebene gepflegt werden. Die Buchhaltungsdaten sind gleichzeitig das Debitorenkonto in der Debitorenbuchhaltung. Sie gliedern sich in folgende Sichten:

- **Kontoführung**
  Im Bereich KONTOFÜHRUNG wird vor allem das Abstimmkonto hinterlegt. Das Abstimmkonto ist ein Bilanzkonto (Forderungen), auf dem sämtliche debitorischen Buchungen »mitgebucht« werden. Man spricht in diesem Zusammenhang deshalb auch von einem *Mitbuchkonto*.

- **Zahlungsverkehr**
  Im Bereich ZAHLUNGSVERKEHR werden z. B. die Hausbank und die Zahlungswege des Kunden hinterlegt.

- **Korrespondenz**
  Über die Sicht KORRESPONDENZ wird unter anderem das Mahnverfahren festgelegt. Außerdem werden die für den Kunden zuständigen Mitarbeiter in der Finanzbuchhaltung gespeichert.

- **Versicherungen**
  Zu den Versicherungsdaten gehören vor allem Informationen zu Warenkreditversicherungen.

Die *Vertriebsdaten* zum Debitor werden auf der Vertriebsbereichsebene gepflegt und deshalb auch als *Vertriebsbereichsdaten* bezeichnet. Sie untergliedern sich in folgende Sichten:

- **Verkauf**
  In den Verkaufsdaten werden Informationen zur Steuerung der Vertriebsprozesse hinterlegt. Dazu gehört z. B. die Zuordnung zu einer Kundengruppe, zu einem Verkaufsbüro oder zu einer Verkäufergruppe. All diese Zuordnungen können z. B. in der Preisfindung zur differenzierten Verkaufspreisermittlung genutzt werden. Darüber hinaus wird die Währung festgelegt, in der die Vertriebsbelege für diesen Kunden abgewickelt werden.

- **Versand**
  Hier werden Informationen für die Versandsteuerung hinterlegt. Dazu gehören unter anderem das Auslieferwerk, das in die Vertriebsbelege übernommen wird, die Lieferpriorität, ein Kennzeichen, ob mehrere Aufträge zu einem Lieferbeleg zusammengefasst werden dürfen, ein Teillieferkennzeichen und Toleranzwerte für die Unter- bzw. Überlieferung.

▶ **Faktura**
In den Fakturadaten wird z. B. die Erlöskontengruppe definiert. Hierüber wird das Erlöskonto in der Fakturierung ermittelt. Darüber hinaus werden Lieferungs- und Zahlungsbedingungen, die Rechnungstermine und eine Steuerklasse für die korrekte Ermittlung der Umsatzsteuer in Vertriebsbelegen festgelegt.

Zu den wichtigsten Informationen im Kundenstamm gehört die Definition der *Partnerrollen*. An dieser Stelle wird festgelegt, welche Rollen ein Kundenstamm einnehmen kann. Die wichtigsten Partnerrollen sind:

▶ Auftraggeber
▶ Warenempfänger
▶ Rechnungsempfänger
▶ Regulierer

Welche Partnerrollen jeweils grundsätzlich erlaubt sind, legt der Anwender beim Anlegen des Kundenstammsatzes durch die Vorgabe einer Kontengruppe fest. Dabei kann ein Kundenstamm durchaus mehrere Rollen einnehmen. Wird z. B. ein Kundenstamm mit der Kontengruppe *Auftraggeber* angelegt, werden die Rollen *Warenempfänger*, *Regulierer* und *Rechnungsempfänger* automatisch erlaubt. Es ist im Kundenstamm aber auch möglich, zusätzliche abweichende Warenempfänger, Regulierer und Rechnungsempfänger zu definieren.

Bereits bei der Erläuterung der Partnerrollen wurde erwähnt, dass beim Anlegen eines Kundenstammsatzes immer die *Kontengruppe* mitgegeben wird. Die Kontengruppe wird im Customizing angelegt. Sie steuert unter anderem Folgendes:

▶ **Nummernvergabe beim Anlegen eines Kundenstammsatzes**
Dabei wird festgelegt, aus welchem Nummernkreis die Debitorennummer vergeben wird. Außerdem wird hier definiert, ob eine interne oder externe Nummernvergabe erfolgt: Bei der internen Nummernvergabe wird die Kundennummer automatisch vom System vergeben, bei der externen Nummernvergabe legt der Anwender die Debitorennummern fest.

▶ **welche Partnerrollen in einem Kundenstamm gepflegt werden können**
Für die Kontengruppe wird festgelegt, welche Partnerrollen erlaubt sind. Außerdem wird definiert, welche Rollen obligatorisch sind und welche Partnerrollen im Kundenstamm eindeutig sein müssen.

Obligatorische Rollen sind Pflichtrollen, sie müssen im Kundenstamm vorhanden sein. Eindeutige Rollen kommen in jedem Kundenstamm nur genau einmal vor.

▸ **Bildsteuerung**
Im Customizing wird die Feldsteuerung für die Kontengruppe hinterlegt. Felder können den Status MUSSEINGABE, KANNEINGABE, AUSBLENDEN oder ANZEIGEN haben.

2.10 Kreditorenstamm

Im *Kreditorenstamm* pflegen die unterschiedlichen Bereiche des Unternehmens (z. B. Einkauf und Finanzbuchhaltung) unterschiedliche Sichten auf einen zentralen Kreditorenstammsatz. Aus dem Kreditorenstamm geht auch hervor, welche Rolle der jeweilige Partner einnehmen kann.

Im Kreditorenstamm werden sämtliche Informationen über den Lieferanten gespeichert. Von entscheidender Bedeutung ist, dass sämtliche Bereiche des Unternehmens auf einen zentralen Stammsatz zugreifen. Dies verhindert Redundanz und stellt sicher, dass ein Lieferant in der Kreditorenbuchhaltung unter der gleichen Lieferantennummer verwaltet wird wie im Einkauf. In Kapitel 1, »Organisationseinheiten«, haben Sie erfahren, dass die Aufbauorganisation des Unternehmens mithilfe der Organisationseinheiten im SAP-System abgebildet wird. Wie im Materialstamm werden auch die Informationen des Lieferantenstamms abhängig von dieser Organisationsstruktur gepflegt. Im Einzelnen werden die folgenden Sichten unterschieden:

▸ allgemeine Daten (auf Mandantenebene)
▸ Buchhaltungsdaten (auf Buchungskreisebene)
▸ Einkaufsdaten (auf Einkaufsorganisationsebene)

Zu den allgemeinen Daten gehören zunächst die Kreditorennummer und die Adresse. Sie sind mandantenweit gültig. Damit ist auch die Lieferantennummer innerhalb eines Mandanten eindeutig. Zu den Adressdaten gehören Landes- und Sprachkennzeichen. Über das Sprachkennzeichen wird die Sprache ermittelt, in der die Einkaufsbelege (z. B. Bestellung oder Rahmenvertrag) gedruckt werden.

Darüber hinaus gibt es zu den allgemeinen Daten noch die folgenden Sichten:

- **Steuerungsdaten**
  Zu den Steuerungsdaten gehören z. B. die Zuordnung der Debitorennummer für Versandvorgänge oder die Zuordnung einer Umsatzsteuer-Identnummer.
- **Zahlungsverkehr**
  Im Bereich ZAHLUNGSVERKEHR werden vor allem die Bankverbindungen des Lieferanten hinterlegt.
- **Ansprechpartner**
  Die unterschiedlichen Ansprechpartner beim Lieferanten können an dieser Stelle mit detaillierten Informationen gepflegt werden.

Die *Buchhaltungsdaten* werden auch als *Buchungskreisdaten* bezeichnet, weil sie auf der Buchungskreisebene gepflegt werden. Die Buchhaltungsdaten sind gleichzeitig das Kreditorenkonto in der Kreditorenbuchhaltung. Sie gliedern sich in die folgenden Sichten:

- **Kontoführung**
  Im Bereich KONTOFÜHRUNG wird vor allem das Abstimmkonto hinterlegt. Das Abstimmkonto ist ein Konto in der Hauptbuchhaltung, auf dem sämtliche kreditorischen Buchungen »mitgebucht« werden.
- **Zahlungsverkehr**
  Im Bereich ZAHLUNGSVERKEHR werden z. B. die Zahlungsbedingungen und die Zahlungswege hinterlegt.
- **Korrespondenz**
  Über die Sicht KORRESPONDENZ wird unter anderem das Mahnverfahren festgelegt. Außerdem werden die für den Lieferanten zuständigen Mitarbeiter in der Finanzbuchhaltung gespeichert.

Die *Einkaufsdaten* werden auf Einkaufsorganisationsebene gepflegt. Sie untergliedern sich in folgende Sichten:

- **Einkauf**
  Bei den Einkaufsdaten werden Informationen zur Steuerung der Einkaufsprozesse hinterlegt. Dazu gehört z. B. die Aktivierung der Bestätigungspflicht, die Festlegung der wareneingangsbezogenen Rechnungsprüfung oder der automatischen Wareneingangsabrechnung zum Lieferanten. Darüber hinaus wird die Währung festgelegt, in der die Einkaufsbelege für den Lieferanten abgewickelt werden, und die Festlegung der Zahlungsbedingungen oder der Incoterms ist ebenfalls von Bedeutung.

- **Partnerrollen**
 An dieser Stelle wird festgelegt, welche Rollen ein Lieferantenstamm einnehmen kann. Die wichtigsten Partnerrollen sind:
 - Bestelladresse
 - Lieferant
 - Rechnungssteller

Welche Partnerrollen jeweils grundsätzlich erlaubt sind, legt der Anwender beim Anlegen des Lieferantenstammsatzes durch die Vorgabe einer Kontengruppe fest. Dabei kann ein Lieferantenstamm durchaus mehrere Rollen einnehmen. Es ist im Lieferantenstamm aber auch möglich, z. B. abweichende Rechnungssteller zu definieren.

> **Pflege abweichender Einkaufsdaten** [+]
> Zusätzlich zur Ebene der Einkaufsorganisation können auf der Ebene des Werks oder des Lieferantenteilsortiments abweichende Einkaufsdaten hinterlegt werden. Voraussetzung hierfür ist, dass im Customizing die abweichende Datenhaltungsebene für den Einkauf aktiviert ist.

Beim Anlegen eines Kreditorenstammsatzes muss auch immer eine *Kontengruppe* mitgegeben werden. Die Kontengruppe wird im Customizing angelegt und steuert unter anderem Folgendes:

- **Nummernvergabe beim Anlegen eines Kreditorenstammsatzes**
 Dabei wird festgelegt, aus welchem Nummernkreisintervall die Kreditorennummer vergeben wird. Außerdem wird darüber zusätzlich definiert, ob eine interne oder externe Nummernvergabe erfolgen soll: Bei der internen Nummernvergabe wird die Kreditorennummer automatisch vom System vergeben, bei der externen Nummernvergabe legt der Anwender die Kreditorennummer fest.
- **welches Partnerschema im Kreditorenstamm gepflegt werden kann**
 Für die Kontengruppe wird festgelegt, welche Partnerrollen erlaubt sind. Außerdem ist dadurch definiert, welche Rollen obligatorisch sind.
- **Bildsteuerung**
 Im Customizing wird die Feldsteuerung für die Kontengruppe hinterlegt. Felder können den Status MUSSEINGABE, KANNEINGABE, AUSBLENDEN oder ANZEIGEN haben.

2.11 Zusammenfassung

Sie haben in diesem Kapitel die wichtigsten Stammdaten im Kundenservice kennengelernt. Dazu zählen zum einen die technischen Objekte wie Technischer Platz oder Equipment, die hauptsächlich im Kundenservice – aber auch in der Instandhaltung – zum Einsatz kommen. Zum anderen gehören zu den Stammdaten aber auch die Debitoren- oder Kreditorenstammsätze, die ebenso in den angrenzenden Modulen wie Vertrieb oder Materialwirtschaft eingesetzt werden.

Den Einsatz der hier vorgestellten Stammdaten können Sie in den Beispielkapiteln dieses Buches nachvollziehen.

In diesem Kapitel erklären wir zunächst den Begriff des Serviceprodukts. Danach werden die Grundlagen von Serviceverträgen für Servicevereinbarungen und ihre Abbildung im SAP-System erläutert.

3 Serviceverträge

Unternehmen bieten ihren Kunden unterschiedliche Dienstleistungen über ihren Kundenservice an. Die dabei verwendeten *Servicevereinbarungen* können unterschiedliche Ausprägungen haben. Für eine einmalige Dienstleistung wird für die zu erbringende Serviceleistung lediglich ein Kunden- oder Serviceauftrag angelegt. Vereinbart man Leistungen mit einem Kunden, die über einen längeren Zeitraum erbracht werden, hinterlegt man diese Vereinbarungen als Serviceverträge im System. Serviceverträge werden mit dem Vertriebsbelegtyp *Kontrakt* im SAP-System gepflegt. In den Serviceverträgen werden die vereinbarten Leistungen über Serviceprodukte eingetragen. Serviceprodukte sind Dienstleistungsmaterialien mit unterschiedlichen Ausprägungen, die zur Abbildung der vom Unternehmen angebotenen Serviceleistungen verwendet werden. Die Fakturierung der Leistungen kann über Fakturierungspläne oder aufwandsbezogen erfolgen.

Garantien für technische Objekte (also für Technische Plätze oder Equipments) stellen ebenfalls eine Servicevereinbarung dar. Diese werden über die Zuordnung von Mustergarantien zum technischen Objekt im System gepflegt (siehe Kapitel 2, »Stammdaten«).

3.1 Serviceleistungen

Zu *Serviceleistungen* zählt man Leistungen wie die Installation, Wartung und Reparatur von technischen Objekten, Beratung oder Vermietung. Einige dieser Leistungen werden regelmäßig, andere nur einmal erbracht.

Serviceleistungen können von einem Unternehmen selbst erbracht oder fremdbeschafft werden. Daraus ergeben sich verschiedene Möglichkeiten, wie Serviceleistungen im SAP-System hinterlegt werden können. Zum einen verwendet man Materialstämme, wenn eine Serviceleistung an Kunden verkauft und über den Einkauf beschafft wird. Zum anderen kann man Serviceleistungen, die nur eingekauft, aber nicht verkauft werden, als Leistungsstämme in der Dienstleistungsabwicklung oder über Textpositionen in der Bestellung im System pflegen.

3.2 Serviceprodukte

Über Serviceprodukte werden die im Kundenservice angebotenen Leistungen im System hinterlegt. Serviceprodukte werden als Materialstammsätze angelegt. Man unterscheidet zwischen nicht konfigurierbaren (oder festen), konfigurierbaren und konfigurierten Serviceprodukten.

3.2.1 Nicht konfigurierbare Serviceprodukte

Bei *nicht konfigurierbaren* Serviceprodukten benötigt man für jede angebotene Leistung einen eigenen Materialstamm. Der Materialtext dient zur Beschreibung der Leistung. Nicht konfigurierbare Serviceprodukte werden für Standarddienstleistungen (z. B. vierteljährliche Wartung zum Festpreis) verwendet. Die Preise werden über die Standardpreisfindung ermittelt.

3.2.2 Konfigurierbare Serviceprodukte

Den *konfigurierbaren* oder *konfigurierten* Materialen (die auch als *Materialvarianten* bezeichnet werden) sind Merkmalswerte zugeordnet, wodurch sich eine hohe Flexibilität bei der Abbildung der Serviceleistungen ergibt. Merkmale eines konfigurierbaren Serviceprodukts, die sich im Kundenservice anbieten, sind das Bereitschafts- und Reaktionsschema.

> **Konfiguration von Materialstammsätzen**
>
> Die Konfiguration von Materialstammsätzen wird über die in Kapitel 2, »Stammdaten«, dargestellte Klassifizierung abgebildet.
>
> Für die konfigurierbaren Materialstammsätze wird eine Klassifizierungssicht der Klassenart 300 (Varianten) angelegt und eine Klasse mit den Merkmalen, die das Material haben soll, zugeordnet. Im Servicevertrag werden dann die einzelnen Merkmale bewertet. Die Preisfindung kann in Abhängigkeit von den Merkmalswerten, über sogenannte *Variantenkonditionen*, gestaltet werden.

Über das *Bereitschaftsschema* wird festgelegt, zu welchen Zeiten Sie Leistungen für Ihren Kunden erbringen – d. h., ob Sie ihm Leistungen rund um die

Uhr anbieten oder nur zu den Bürozeiten von beispielsweise 8 bis 17 Uhr. Nähere Details dazu finden Sie in Kapitel 4, »Servicemeldungen«.

Über das *Reaktionsschema* vereinbaren Sie mit dem Kunden z. B., innerhalb welcher Zeit Sie einen Techniker zu ihm schicken. Im Servicevertrag mit dem Kunden hinterlegen Sie das vereinbarte Bereitschafts- und Reaktionsschema über einen Merkmalswert im konfigurierbaren Serviceprodukt. Die beiden Merkmale für das Bereitschafts- und Reaktionsschema müssen dazu unter Zuordnung der Felder T355R-SERWI und T355E-ESCAL angelegt werden. Die Merkmalswerte müssen den im Customizing hinterlegten Schlüsseln für die Bereitschafts- und Reaktionsschemata entsprechen.

Erfassen Sie später eine Meldung Ihres Kunden, werden Bereitschafts- und Reaktionsschema aus dem Servicevertrag in die Meldung übernommen und bei der Ermittlung der Maßnahmen als Grundlage herangezogen. Zur Darstellung der konfigurierbaren Serviceprodukte wurde die in Abbildung 3.1 verwendete Klasse SERVICEVERTRAG angelegt.

Abbildung 3.1 Klasse »SERVICEVERTRAG« (Transaktion CL02)

Transaktionen in den Bildunterschriften [+]

In den Bildunterschriften sind die jeweiligen Transaktionen aufgeführt, die Sie aufrufen müssen, um zu dieser Ansicht zu gelangen. Die zu den Transaktionscodes passenden Menüpfade finden Sie im Anhang.

In der Position des Servicevertrags bewertet der Anwender die Merkmale für das vereinbarte Bereitschafts- und Reaktionsschema sowie die Entfernung zum Kunden. Durch die Bewertung wird die Ausprägung der Serviceleistung definiert.

Die Preisfindung für konfigurierbare Serviceprodukte kann über Variantenkonditionen abhängig von den Merkmalswerten erfolgen.

3.2.3 Konfigurierte Serviceprodukte

Konfigurierte Serviceprodukte sind Varianten von konfigurierbaren Serviceprodukten. Sie werden verwendet, um häufiger vorkommende Kombinationen von Merkmalsbewertungen eines konfigurierbaren Produkts über eine eigene Materialnummer abzubilden. Die Merkmalsbewertung erfolgt im Materialstamm des konfigurierten Produkts. Über die Sicht DISPOSITION 3 werden das konfigurierbare Material und die feste Bewertung zugeordnet. Diese feste Bewertung wird bei der Eingabe des konfigurierten Materials in den Verkaufsbeleg übernommen und kann dort nicht geändert werden.

Wenn Sie Serviceverträge für Kunden, die bis zu 50 km entfernt sind, standardmäßig so anbieten wollen, dass Sie die Meldungen dieser Kunden zu den Bürozeiten an Werktagen entgegennehmen und innerhalb von acht Arbeitsstunden einen Techniker schicken, dann könnten Sie dafür ein Material anlegen, wie in Abbildung 3.2 dargestellt.

Abbildung 3.2 Vorkonfiguriertes Serviceprodukt (Transaktion MM02)

Die Preisfindung für das konfigurierte Serviceprodukt kann abhängig von den hinterlegten Merkmalswerten erfolgen, wenn das konfigurierbare Serviceprodukt als Preismaterial zugeordnet wird.

3.3 Preisfindung in Serviceverträgen

Serviceverträge werden als Verkaufsbelege im Modul »Sales and Distribution« gepflegt. Die Preisfindung in Serviceverträgen entspricht der Preisfindung im Vertrieb. Daher geben wir Ihnen hier nur eine kurze Einführung in die Preisfindung. Umfassendere Informationen dazu finden Sie in den Büchern »Preisfindung und Konditionstechnik in SAP ERP« (SAP PRESS 2010) und »Praxishandbuch Vertrieb mit SAP« (SAP PRESS 2010).

Beim Erfassen eines Vertriebsbelegs ermittelt das System Preise, Zu- und Abschläge und Steuern anhand von im System hinterlegten Konditionssätzen. Der Anwender kann je nach Systemeinstellung die gefundenen Konditionssätze ändern oder weitere Konditionen manuell erfassen.

3.3.1 Preisfindung

Die *Preisfindung* beruht auf der Konditionstechnik. Beim Erfassen von Vertriebsbelegen ermittelt das System aus dem gewählten Vertriebsbereich, der Auftragsart und dem Kundenschema des Kunden das Kalkulationsschema. Im Kalkulationsschema sind alle relevanten Konditionsarten für die Preisfindung enthalten. Zu den einzelnen Konditionsarten kann eine Zugriffsfolge hinterlegt sein. Die Zugriffsfolge besteht aus Zugriffsschlüsseln, unter denen Konditionssätze abgelegt sind. Diese Konditionssätze werden im Vertriebsbeleg ermittelt und übernommen.

In der SD-Standardauftragsart wird der Preis in der Konditionsart PR00 gepflegt. Die Fakturierung von Serviceverträgen erfolgt periodisch, d. h., der Kunde muss in festen zeitlichen Abständen jeweils einen festen Betrag zahlen, damit er die Serviceleistungen in Anspruch nehmen kann. In Serviceverträgen wird im SAP-Standard mit der Konditionsart PPSV für die monatlich zu zahlende Servicegebühr gearbeitet. Abbildung 3.3 zeigt ein Beispiel für die Preisfindung über Konditionstechnik in einem Servicevertrag.

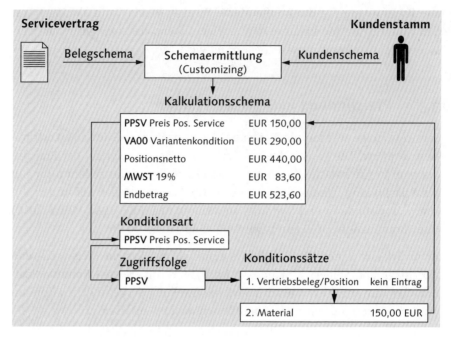

Abbildung 3.3 Preisfindung im Servicevertrag

3.3.2 Variantenkondition

Bei konfigurierbaren Materialien wird die Bewertung der einzelnen Merkmale erst im Verkaufsbeleg festgelegt. Ein konfigurierbares Material kann in verschiedenen Verkaufsbelegpositionen unterschiedliche Bewertungen haben, die sich auch auf die Verkaufspreisgestaltung auswirken können. Über Variantenkonditionen ist eine Preisfindung abhängig von Merkmalswerten möglich. Voraussetzung ist allerdings, dass die Merkmale mit dem Datentyp CHAR angelegt werden. Für das konfigurierbare Material wird ein Grundpreis hinterlegt. Für die einzelnen möglichen Merkmalswerte werden Zu- bzw. Abschläge zu diesem Grundpreis über eine Variantenkonditionsart hinterlegt. Im Standard werden die Variantenkonditionsarten VA00 als mengenmäßiger Zu- oder Abschlag und VA01 als prozentualer Zu- oder Abschlag verwendet.

Damit für ein konfigurierbares Material die Preisfindung über Variantenkonditionen genutzt werden kann, muss ein zusätzliches Merkmal in die Klasse des Materials aufgenommen werden. Dieses Merkmal muss mit Bezug zum Feld SDCOM-VKOND angelegt werden.

Abbildung 3.4 zeigt das Merkmal VARIANTENKONDITION, das in die Klasse SERVICEVERTRAG aufgenommen wird, um merkmalsabhängige Zu- und Abschläge zu ermitteln.

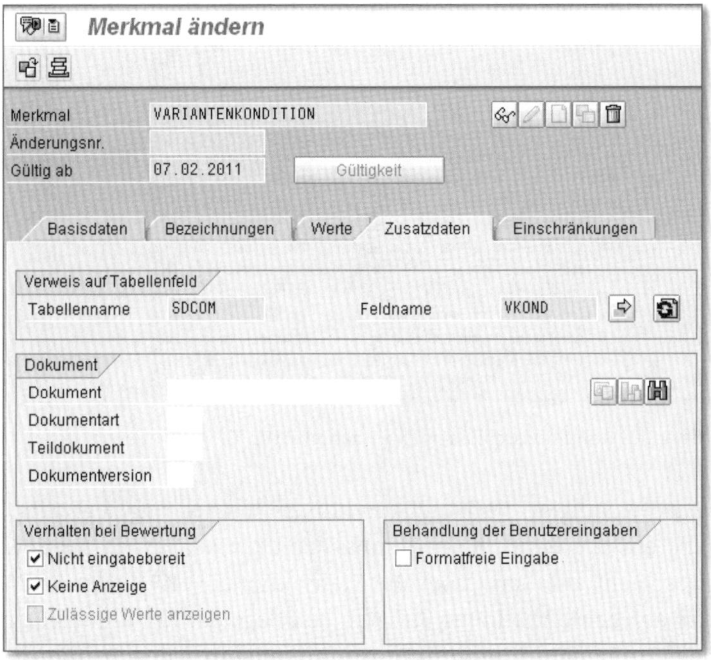

Abbildung 3.4 Merkmal für die Preisfindung (Transaktion CT04)

Die Zu- und Abschläge werden abhängig von den Merkmalswerten in Konditionssätzen hinterlegt. Dazu wird je Kombination aus Merkmal und Merkmalswert ein *Variantenkonditionsschlüssel* benötigt. Die Konditionsschlüssel können abhängig von der konfigurierbaren Materialnummer über die Modellierungsumgebung der Variantenkonfiguration (Transaktion PMEVC) zusammen mit einer sprechenden Bezeichnung angelegt werden. Abbildung 3.5 zeigt ein Beispiel.

Für den Merkmalswert Y2STUNDEN des Merkmals REAKTIONSSCHEMA wurde der Konditionsschlüssel COND_2STD mit der Bezeichnung TECHNIKER IN 2 STUNDEN angelegt. Die Bezeichnung wird dem Anwender später im Verkaufsbeleg auf dem Konditionsbild angezeigt und für den Kunden angedruckt, sofern die Variantenkondition als druckrelevant gekennzeichnet ist.

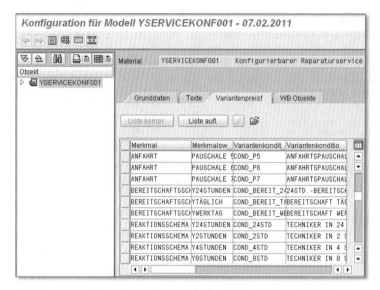

Abbildung 3.5 Pflege des Konditionsschlüssels (Transaktion PMEVC)

Nachdem alle notwendigen Variantenkonditionsschlüssel angelegt sind, müssen noch die entsprechenden Konditionssätze dazu im System gepflegt werden. Dies geschieht alternativ über die Transaktionen VK11 oder VK31 (Konditionssätze anlegen). Abbildung 3.6 gibt die Pflege der Konditionssätze für Zuschläge abhängig vom konfigurierbaren Material und den Merkmalswerten des Merkmals REAKTIONSSCHEMA wieder.

Abbildung 3.6 Pflege der Konditionssätze (Transaktion VK11)

Beim Erfassen des Servicevertrags werden abhängig von der in der Vertragsposition gewählten Konfiguration der Preis PPSV und die Zu- und Abschläge als Konditionsart VA00 ermittelt. In Abbildung 3.7 sehen Sie die für das Serviceprodukt gewählte Konfiguration.

Abbildung 3.7 Konfiguration im Servicevertrag (Transaktion VA42)

Abbildung 3.8 zeigt das Konditionsbild der Vertragsposition zur obigen Konfiguration. Der vom Kunden für die Vertragsposition zu zahlende Wert ergibt sich aus der Summe der Konditionsarten PPSV und VA00 plus Steuer.

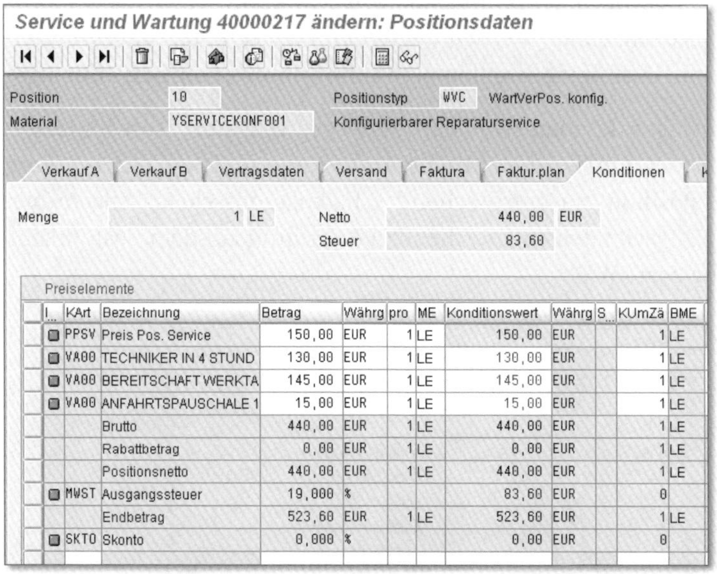

KArt	Bezeichnung	Betrag	Währg	pro	ME	Konditionswert	Währg	S	KUmZä	BME
PPSV	Preis Pos. Service	150,00	EUR	1	LE	150,00	EUR		1	LE
VA00	TECHNIKER IN 4 STUND	130,00	EUR	1	LE	130,00	EUR		1	LE
VA00	BEREITSCHAFT WERKTA	145,00	EUR	1	LE	145,00	EUR		1	LE
VA00	ANFAHRTSPAUSCHALE 1	15,00	EUR	1	LE	15,00	EUR		1	LE
	Brutto	440,00	EUR	1	LE	440,00	EUR		1	LE
	Rabattbetrag	0,00	EUR	1	LE	0,00	EUR		1	LE
	Positionsnetto	440,00	EUR	1	LE	440,00	EUR		1	LE
MWST	Ausgangssteuer	19,000	%			83,60	EUR		0	
	Endbetrag	523,60	EUR	1	LE	523,60	EUR		1	LE
SKTO	Skonto	0,000	%			0,00	EUR		0	

Abbildung 3.8 Preiskonditionen im Servicevertrag (Transaktion VA42)

3.3.3 Preisvereinbarungen

Die im Servicevertrag vereinbarte Servicegebühr wird dem Kunden periodisch (z. B. monatlich, quartalsweise oder jährlich) in Rechnung gestellt. Dazu wird für die Serviceposition ein Fakturierungsplan hinterlegt.

Über *Preisvereinbarungen* können vertragsspezifische Preise für Leistungen, die durch die Servicegebühr nicht abgedeckt sind, im Servicevertrag hinterlegt werden. Beispiele für Preisvereinbarungen sind Sonderpreise für Ersatzteile oder Rabatte beim Kauf von Ersatzteilen oder Serviceleistungen. Preisvereinbarungen können abhängig vom Customizing der Verkaufsbelegart des Servicevertrags über Konditionen auf Kopf- und Positionsebene des Vertrags gepflegt werden.

Im SAP-Standard werden drei folgenden Konditionsarten zur Pflege von Preisvereinbarungen ausgeliefert.

1. Die Konditionsart PKAR ermöglicht eine materialabhängige Preispflege auf Kopfebene des Servicevertrags.
2. Mit der Konditionsart PPAG können Preise abhängig von der Materialgruppe auf Positionsebene des Servicevertrags hinterlegt werden.
3. Über die Konditionsart PPAR lassen sich materialabhängige Preise auf Positionsebene des Servicevertrags eingeben.

Bei der aufwandsbezogenen Fakturierung von Serviceaufträgen, die dem Servicevertrag zugeordnet sind, werden die in den Preisvereinbarungen hinterlegten Konditionssätze beim Erstellen der Fakturaanforderung berücksichtigt.

Preisvereinbarungen können in einem Servicevertrag nur dann hinterlegt werden, wenn der Verkaufsbelegart über die Kontraktdaten für den Kopf und/oder die Position ein entsprechendes Kalkulationsschema zugeordnet ist. Abbildung 3.9 zeigt den entsprechenden Ausschnitt aus dem Customizing der Verkaufsbelegart WV.

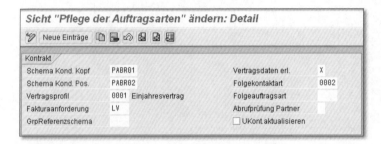

Abbildung 3.9 Customizing der Kontraktdaten (Transaktion SPRO)

Der Auftragsart WV ist auf Kopfebene das Kalkulationsschema PABR01 und auf Positionsebene das Schema PABR02 zugeordnet. Nur für Konditionsarten, die in einem dieser beiden Kalkulationsschemata oder dem Kalkulationsschema des Servicevertrags enthalten sind, können Preisvereinbarungen im Servicevertrag hinterlegt werden. Als Beispiel zeigt Abbildung 3.10 das den Vertragspositionen zugeordnete Schema PABR02.

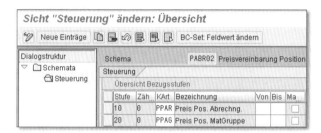

Abbildung 3.10 Kalkulationsschema der Vertragspositionen (Transaktion SPRO)

Die Zugriffsfolgen der für Preisvereinbarungen genutzten Konditionsarten müssen, wenn es sich um eine Preisvereinbarung auf Kopfebene handelt, die Vertriebsbelegnummer enthalten. Bei Preisvereinbarungen auf Positionsebene müssen die Vertriebsbelegnummer und die Positionsnummer Teil der Zugriffsfolge sein.

3.4 Serviceverträge

In diesem Abschnitt erläutern wir die Struktur von Serviceverträgen, insbesondere die darin enthaltenen Vertragsdaten und die verschiedenen Anwendungsbereiche.

Serviceverträge bilden längerfristige Servicevereinbarungen mit einem Kunden im System ab. Ein Servicevertrag ist eine Vereinbarung, in der festgeschrieben wird, wer innerhalb eines fest definierten Gültigkeitszeitraums für ein oder mehrere zugeordnete technische Objekte bestimmte Leistungen zu festgelegten Preiskonditionen in Anspruch nehmen kann. Der Gültigkeitszeitraum wird dabei über die hinterlegte Vertragslaufzeit und das Kündigungsschema bestimmt. Die vereinbarten Leistungen werden über die oben beschriebenen Serviceprodukte definiert.

In den Konditionen des Servicevertrags sind die vom Kunden periodisch zu zahlende Vertragsgebühr als Fakturierungsplan sowie Preisvereinbarungen für eine zusätzliche aufwandsbezogene Fakturierung hinterlegt.

3.4.1 Belegstruktur

Ein Servicevertrag ist ein im Vertrieb eingesetzter Verkaufsbeleg mit dem Vertriebsbelegtyp G (Kontrakt). Der Servicevertrag ist unterteilt in die Daten des Vertragskopfes und Positionsdaten. Der Hauptunterschied zu anderen Verkaufsbelegen, wie z. B. dem Standardterminauftrag, ergibt sich durch die Möglichkeit, Vertragsdaten, Preisvereinbarungen und die durch den Vertrag abgedeckten technischen Objekte zu hinterlegen. Abbildung 3.11 zeigt den schematischen Aufbau eines Servicevertrags.

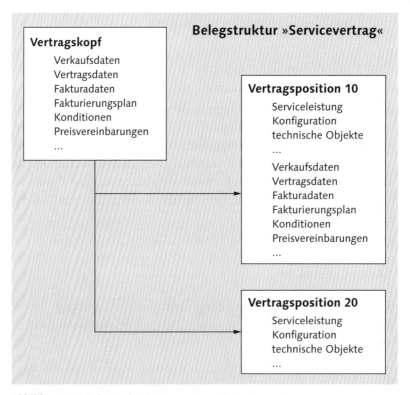

Abbildung 3.11 Belegstruktur eines Servicevertrags

Im Vertragskopf finden Sie die Informationen, die für den kompletten Vertrag gelten. Dies sind z. B. die Servicevertragsnummer, der Auftraggeber und die Vertragsdaten. In den Vertragsdaten sind die Vertragslaufzeit und die Kündigungsbedingungen hinterlegt. Die Kopfdaten des Servicevertrags gelten auch für die Positionen, sofern dort keine abweichenden Einträge vorgenommen werden. Die vereinbarten Leistungen werden als Positionen im Servicevertrag hinterlegt. Zur Beschreibung der Leistungen werden Serviceprodukte genutzt. Der Vertragsposition werden genau die technischen Objekte zugeordnet, für die sie gelten soll.

Wird beispielsweise eine Servicemeldung zu einem technischen Objekt erfasst, kann man automatisch vom System nach gültigen Serviceverträgen für das Objekt suchen lassen.

Die Funktionen zur Suche nach Partnern, Preisen, Texten, Konten und Nachrichten können genutzt werden, wie im Vertrieb üblich. Details zu den einzelnen Funktionen finden Sie im »Praxishandbuch Vertrieb mit SAP« (SAP PRESS 2010).

3.4.2 Kontraktdaten

Für Serviceverträge werden im Customizing der Auftragsart spezielle Einstellungen im Bereich KONTRAKT vorgenommen. Abbildung 3.12 zeigt einen Ausschnitt des Customizings der Auftragsart WV (SERVICE UND WARTUNG). Die einzelnen Einstellungen werden in diesem Abschnitt erläutert.

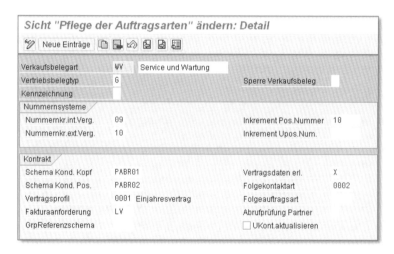

Abbildung 3.12 Ausschnitt der Auftragsart des Servicevertrags (Transaktion SPRO)

Über die beiden Felder für das Kopf- und Positionsschema wird festgelegt, welche Konditionsarten für Preisvereinbarungen im Servicevertrag zur Verfügung stehen.

Der Eintrag im Feld VERTRAGSDATEN ERL. bestimmt, ob überhaupt Vertragsdaten für eine Verkaufsbelegart erfasst werden können und ob Änderungen an den Kopfvertragsdaten an die Positionsvertragsdaten weitergegeben werden. Das Vertragsprofil enthält Vorschlagswerte zu den Vertragsdaten des Profils, z. B. die Vertragslaufzeit.

Der im Feld FOLGEKONTAKTART hinterlegte Eintrag bestimmt, welche Kontaktart vorgeschlagen wird, wenn als Folgeaktivität für den Kontrakt KONTAKT ANLEGEN gewählt wird. Der Eintrag im Feld FOLGEAUFTRAGSART bestimmt, welche Auftragsart vorgeschlagen wird, wenn als Folgeaktivität ein Folgeauftrag für den Kontrakt angelegt wird.

3.4.3 Vertragsdaten

Die Vertragsdaten werden aus dem im Customizing hinterlegten Vertragsprofil in den Servicevertrag übernommen. Sie können im Vertrag geändert werden. Das Vertragsprofil enthält neben Regeln zur Ableitung von Vertragsbeginn und -ende auch einen Eintrag zur Laufzeitkategorie des Vertrags sowie das Kündigungsschema und Einträge zur Steuerung von Folgeaktivitäten beim Auslaufen des Vertrags. In Abbildung 3.13 sehen Sie ein Beispiel für ein Vertragsprofil.

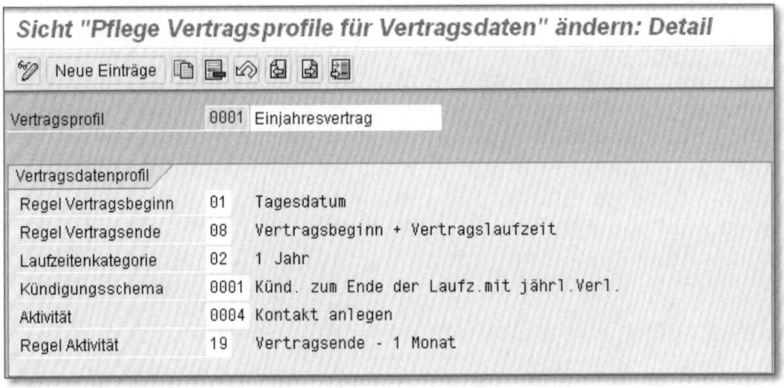

Abbildung 3.13 Customizing des Vertragsprofils (Transaktion SPRO)

Die Laufzeitenkategorie, die Sie auch in Abbildung 3.13 sehen, wird nicht zur Bestimmung von Vertragsbeginn oder -ende verwendet, sondern sie wird lediglich zu Auswertungszwecken genutzt.

Das Kündigungsschema enthält die Kündigungsregeln für einen Vertrag. In der Kündigungsregel werden für einen Kündigungstermin die einzuhaltende Kündigungsfrist sowie der Zeitabstand (z. B. jährlich, monatlich), in dem gekündigt werden kann, hinterlegt. Ein Beispiel finden Sie in Abbildung 3.14.

Die Kündigungsregel Y100 (Ein Monat zum Jahresende) enthält einen Kündigungstermin jährlich zum Jahresende. Die Kündigung muss einen Monat im Voraus erfolgen.

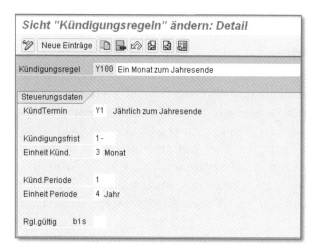

Abbildung 3.14 Customizing der Kündigungsregel (Transaktion SPRO)

Es besteht die Möglichkeit, im Vertragsprofil folgende datumsabhängige Folgeaktivitäten für auslaufende Verträge zu definieren:

- Anlegen eines Folgekontrakts
- Versenden einer Mail an den Sachbearbeiter
- Erstellen eines Angebots
- Anlegen eines Kontakts, z. B. Besuch oder Telefonat

Das System stellt über die Transaktion VA46 (Liste Kontrakte) eine Liste der für die Ausführung von Folgeaktivitäten relevanten Serviceverträge bereit. Der Anwender kann die Folgeaktivität aus der Liste heraus ausführen.

3.5 Ausprägungen von Serviceverträgen

Man unterscheidet verschiedene Arten von Serviceverträgen. Zum einen kann es Verträge geben, bei denen alle vom Kunden angeforderten Serviceleistungen in der regelmäßig gezahlten Servicegebühr enthalten sind. Zum anderen kann aber auch nur ein gewisser Teil der Leistungen vom Vertrag abgedeckt sein, und alle anderen Leistungen werden dem Kunden über die aufwandsbezogene Fakturierung zusätzlich in Rechnung gestellt. Eine weitere Ausprägung sind Wartungsverträge, bei denen regelmäßig beim Kunden Wartungsmaßnahmen durchgeführt werden. Außerdem gibt es Serviceleistungen mit Bezug zu Wert- oder Mengenkontrakten. Hier zahlt der Kunde nicht regelmäßig eine feste Gebühr, sondern nur den angefallenen Aufwand.

3.5.1 Support-Verträge

Der Kunde hat einen Servicevertrag abgeschlossen. Über einen Fakturierungsplan wird ihm regelmäßig eine Servicegebühr in Rechnung gestellt. Tritt beim Kunden ein Problem auf, wird dieses über eine Meldung im System des Serviceanbieters erfasst. Je nach Ausprägung des Vertrags ist die Beseitigung des Problems komplett über den Support-Vertrag abgedeckt, oder Teile der angefallenen Aufwände werden ihm über einen Serviceauftrag und die im Servicevertrag hinterlegten Preisvereinbarungen zusätzlich in Rechnung gestellt. Alternativ sind auch rein aufwandsbezogene Support-Verträge möglich.

3.5.2 Wartungsverträge

In festgelegten Abständen werden Wartungen an den technischen Objekten, die beim Kunden installiert sind, durchgeführt. Zum technischen Objekt wird eine Wartungsvertragsposition angelegt. Danach muss für das technische Objekt ein Wartungsplan mit einer Wartungsposition angelegt werden. Der Wartungsplanposition wird die Wartungsvertragsposition zugeordnet. Über die Wartungsplanterminierung werden dann abhängig von den Einstellungen des Wartungsplans Servicemeldungen oder Serviceaufträge für das technische Objekt über die Vertragslaufzeit erzeugt. Details zur Wartung finden Sie in Kapitel 7, »Geplanter Kundenservice«.

3.5.3 Wert- und Mengenkontrakte

Wert- und Mengenkontrakte stellen Rahmenvereinbarungen mit Kunden dar. Der Kunde nimmt innerhalb des festgelegten Zeitraums einen bestimmten Wert bzw. eine bestimmte Menge einer Leistung oder eines Materials ab.

Meldet der Kunde ein Problem, wird eine Servicemeldung erfasst. Zu dieser Meldung wird ein sogenannter *Abrufauftrag* mit Bezug zum bestehenden Wert- oder Mengenkontrakt angelegt. Dadurch wird der offene Wert bzw. die offene Menge des Vertrags reduziert. Die einzelnen Kontraktabrufe werden dem Kunden in Rechnung gestellt.

3.6 Fakturierung von Serviceverträgen

Für die in einem Servicevertrag vereinbarten Leistungen erhält der Kunde in bestimmten Abständen eine Rechnung über die Servicegebühr. Die zu entrichtende Servicegebühr kann entweder aus im System hinterlegten Konditionssätzen ermittelt oder für jeden Servicevertrag individuell gepflegt werden.

Neben dieser periodischen Fakturierung kann es zusätzlich eine aufwandsbezogene Fakturierung geben, bei der dem Kunden der Aufwand in Rechnung gestellt wird, der mit Bezug zu einem Servicevertrag erbracht wurde. Fakturierungspläne für einen Servicevertrag enthalten die Termine, zu denen der Kunde eine Rechnung über eine zum jeweiligen Termin hinterlegte Servicegebühr erhalten soll. Man unterscheidet zwischen den Fakturierungsplanarten *periodische Fakturierung* und *Teilfakturierung*. Bei der periodischen Fakturierung haben die einzelnen Fakturierungstermine einen gleichbleibenden Abstand, und zu jedem Termin wird derselbe Betrag in Rechnung gestellt. Teilfakturierung hingegen bedeutet, dass die Zeitabstände zwischen den einzelnen Fakturierungsterminen unterschiedlich sein können und auch die in Rechnung gestellten Beträge sich je nach Termin unterscheiden können.

Ob ein Fakturierungsplan für einen Servicevertrag oder eine Vertragsposition gepflegt werden kann und welche Fakturierungsplanart er hat, wird im Customizing des Servicevertrags bzw. des Positionstyps über die Einstellungen für die Fakturierungsrelevanz und die Fakturierungsplanart festgelegt. Umfassendere Angaben zu Fakturierungsplänen finden Sie im »Praxishandbuch Vertrieb mit SAP« (SAP PRESS 2010).

Zur periodischen Fakturierung wird im Servicevertrag ein Fakturierungsplan hinterlegt, der die vereinbarten Zahlungstermine und Zahlungsbeträge enthält. Beginn- und Endedatum des Servicevertrags können für die Bestimmung der Laufzeit des Fakturierungsplans herangezogen werden.

In den Abbildungen 3.15 und 3.16 sehen Sie ein Beispiel für einen periodischen Fakturierungsplan, an dem die einzelnen Einstellungen im Folgenden näher erläutert werden. Die erste Abbildung zeigt das Customizing der Fakturierungsplanart, die zweite den Fakturierungsplan im Servicevertrag.

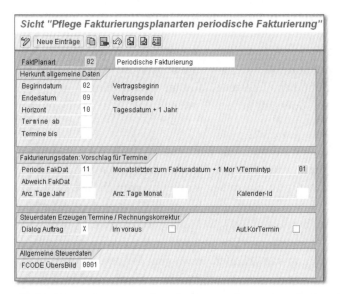

Abbildung 3.15 Customizing der Fakturierungsplanart »Periodische Fakturierung« (Transaktion SPRO)

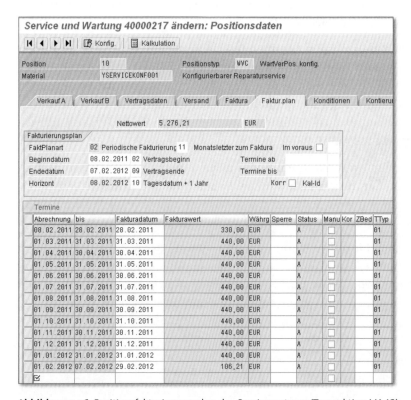

Abbildung 3.16 Positionsfakturierungsplan des Servicevertrags (Transaktion VA42)

Der Fakturierungsplan hat die Planart PERIODISCHE FAKTURIERUNG. Für diese ist im Customizing hinterlegt, dass Beginn- und Endedatum des Fakturierungsplans aus dem Beginn- und Endedatum des Servicevertrags übernommen werden. Der Horizont gibt den Zeitraum an, über den Fakturierungstermine im Voraus erstellt werden. Die Fakturierung soll jeweils am Monatsletzten erfolgen.

Im Fakturierungsplan können Fakturierungstermine durch einen Eintrag in der Spalte SPERRE für eine Fakturierung gesperrt werden (wie auch in Abbildung 3.16 gezeigt). Diese Funktion wird vor allem im Zusammenhang mit dem Projektsystem genutzt. Hier wird die Freigabe von Fakturierungsterminen über die Rückmeldung von Meilensteinen gesteuert. Die Spalte STATUS zeigt an, ob zu einem Termin bereits eine Faktura erstellt wurde.

> **Fakturierungsplan** [zB]
>
> Sie sehen, dass für die Monate Februar 2011 und Februar 2012 jeweils nur ein entsprechender Anteil der vereinbarten Servicegebühr erhoben wird. Damit in Monaten, die nicht vollständig zur Vertragslaufzeit gehören, nur ein Teil der Servicegebühr in Rechnung gestellt wird, muss in den Konditionssätzen, die für die Berechnung der Servicegebühr relevant sind, die Rechenregel *Menge – Monatspreis* angewandt werden. Diese Einstellung gilt unter der Voraussetzung, dass es sich um einen Fakturierungsplan mit monatlichen Terminen handelt. Wird in anderen Intervallen fakturiert, muss eine entsprechend zum Intervall passende Rechenregel angewandt werden.

Die Termine aus dem Fakturierungsplan werden im Fakturaindex fortgeschrieben. Die Rechnung zu einem Termin kann über die im Vertrieb genutzten Wege (Einzelfaktura, Sammellauf, Batch-Job) beim Erreichen des Fakturierungstermins erstellt werden.

Bei der aufwandsbezogenen Fakturierung stellen Sie dem Kunden neben den regelmäßig zu leistenden Zahlungen zusätzlich die aufgrund eines Serviceauftrags angefallenen Aufwände in Rechnung. Die Konditionen zu diesen Aufwänden können über Preisvereinbarungen im Servicevertrag hinterlegt sein.

Die technischen Details zur aufwandsbezogenen Fakturierung werden näher in Kapitel 5, »Serviceaufträge«, erläutert. An dieser Stelle werden wir uns auf eine kurze Beschreibung beschränken. Bei der aufwandsbezogenen Fakturierung selektiert das System alle auf einen Serviceauftrag rückgemeldeten Aufwände (Material und Personal) als sogenannte *dynamische Posten*. Der Anwender kann entscheiden, was er dem Kunden in Rechnung stellen will. Anhand dieser Informationen erstellt das System dann eine Fakturaanforderung. Eine Fakturaanforderung ist nichts anderes als ein Kundenauftrag mit einer speziellen Auftragsart, über dessen Fakturierung dem Kunden dann die durch den Serviceauftrag entstandenen Aufwände in Rechnung gestellt werden.

3.7 Abrechnung von Serviceverträgen

An dieser Stelle wird die Abrechnung von Serviceverträgen nur skizziert. Umfassendere Details zum Controlling von Serviceleistungen finden Sie in Kapitel 8, »Controlling von Serviceleistungen«.

Das Standardabrechnungsprofil für den Kundenservice ist das Profil SDSM (Servicevertrag, SM). Sie finden das Profil in Abbildung 3.17.

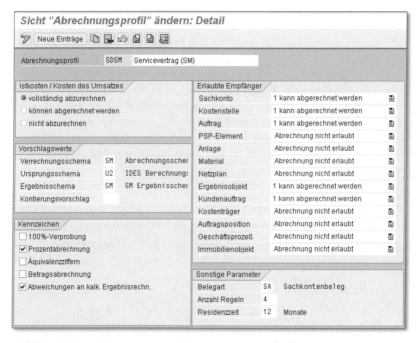

Abbildung 3.17 Abrechnungsprofil SDSM (Transaktion SPRO)

Beim Anlegen des Servicevertrags ermittelt das System zu jeder Vertragsposition eine Bedarfsart. Diese steht für die verschiedenen Bedarfe wie Auftragsbedarf oder Kundeneinzelbedarf. Jeder Bedarfsart wird eine Bedarfsklasse zugeordnet. Eine Bedarfsklasse kann ein Abrechnungsprofil enthalten, das die für die Abrechnung relevanten Informationen beinhaltet.

Im Abrechnungsprofil werden ein Verrechnungsschema und ein Ergebnisschema sowie die erlaubten Abrechnungsempfänger hinterlegt. Die Abrechnung der auf dem Sender angefallenen Kosten auf verschiedene Empfänger wird über das Verrechnungsschema gesteuert. Das Ergebnisschema definiert die Zuordnung der Kosten und Erlöse zu Mengen- und Wertfeldern in CO-PA (Ergebnis- und Marktsegmentrechnung).

Neben dem Abrechnungsprofil kann in der Bedarfsklasse das Kalkulationsschema für die Berechnung der Gemeinkostenzuschläge hinterlegt werden.

Bei der periodischen Fakturierung des Servicevertrags und der aufwandsbezogenen Fakturierung eines dem Servicevertrag zugeordneten Serviceauftrags werden die Erlöse auf den Servicevertrag gebucht.

Bei der Rückmeldung der Serviceaufträge werden Kosten auf den Serviceaufträgen gesammelt. Diese Kosten werden auf die Servicevertragspositionen abgerechnet.

Das Ergebnis des Servicevertrags ergibt sich also aus der Summe der Erlöse aus der periodischen Fakturierung des Servicevertrags und der aufwandsbezogenen Fakturierung der Serviceaufträge, vermindert um die Kosten der Serviceaufträge. Details dazu finden Sie in Kapitel 8, »Controlling von Serviceleistungen«.

3.8 Zusammenfassung

In diesem Kapitel haben Sie den Begriff des Serviceproduktes kennengelernt. Weiterhin haben wir Ihnen Inhalt und Aufbau von Serviceverträgen erläutert und Ihnen näher gebracht, wie diese im Zusammenhang mit Serviceaufträgen zu sehen sind. Bei der Abrechnung von Serviceverträgen spielt die periodische sowie die aufwandsbezogene Fakturierung von Serviceaufträgen eine Rolle. Auf das zuletzt vorgestellte Abrechnungsprofil werden wir im Controlling nochmals näher eingehen (siehe Kapitel 8).

Ob Sie Ihre eigenen Arbeitsschritte dokumentieren, eine vom Kunden gemeldete Störung weitergeben oder eine größere Festplatte für Ihren Rechner anfordern – in Ihrem Arbeitsalltag haben Sie häufig mit Servicemeldungen zu tun. Dieses Kapitel widmet sich diesem Thema.

4 Servicemeldungen

Im vorliegenden Kapitel gewinnen Sie einen Einblick in die Serviceabwicklung mithilfe von Servicemeldungen im SAP-System. Sie erfahren in diesem Kapitel, was man unter einer Servicemeldung versteht und welche verschiedenen Arten es gibt. Anschließend stellen wir Ihnen den Bildaufbau, Inhalte und Arbeitsschritte einer Servicemeldung im Detail vor. Schließlich erfahren Sie, wie Sie eine Servicemeldung auswerten können.

4.1 Servicemeldung und Serviceauftrag

Mit Servicemeldungen können Sie auftretende Kundenprobleme oder Störungen an Geräten und Anlagen erfassen. Der Kunde ruft bei Ihnen an, schildert Ihnen sein Problem, und Sie erfassen das Problem und die aufgetretenen Störungen in der Servicemeldung. Kann der Mitarbeiter das geschilderte Problem direkt am Telefon lösen, dient die Servicemeldung lediglich Dokumentations- und Auswertungszwecken. Ist das Problem nicht direkt lösbar, wird es zur weiteren Servicebearbeitung weitergeleitet.

Servicemeldungen beinhalten generell folgende Bestandteile:

- Informationen zum Kunden
- Informationen zu einem technischen Objekt sowie den dazugehörigen Serviceverträgen
- Informationen zu laufenden Garantien zu einem technischen Objekt

Mit Servicemeldungen können Sie den Zustand eines technischen Objekts (Technischer Platz oder Equipment) beschreiben und erfassen. Auf dieser Grundlage können Sie dann die Maßnahmen einleiten, die notwendig sind, um das Problem zu beheben und den Ursprungszustand sowie die einwandfreie Funktion des technischen Objekts wiederherzustellen. Ist die Funktion eines technischen Objekts wiederhergestellt, bietet Ihnen die Servicemeldung die Möglichkeit, Maßnahmen bzw. Aktionen zurückzumelden. Anhand solcher Rückmeldungen können Sie über einen längeren Zeitraum hinweg verfolgen, welche Probleme oder Störungen konkret an einem technischen Objekt aufgetreten sind und ob es sich dabei immer um das gleiche Problem oder um verschiedenartige Probleme gehandelt hat.

Zusätzlich zu Servicemeldungen stellt Ihnen das SAP-System auch *Serviceaufträge* zur Verfügung. Während Servicemeldungen mehr zu Dokumentationszwecken genutzt werden, sollten Sie Serviceaufträge dann einsetzen, wenn Sie konkret Zeiten oder Ressourcen zur Planung und Durchführung einer Servicemaßnahme benötigen. Unter die Planung von Servicemaßnahmen fallen unter anderem die Ressourcenplanung von eigenen und externen Mitarbeitern oder die Festlegung konkreter Ausführungstermine. Zur Durchführung von Servicemaßnahmen zählen z. B. das Ausdrucken relevanter Auftragspapiere oder das Rückmelden von Zeiten und Ressourcen.

Damit wird ein bedeutender Unterschied zwischen einer Servicemeldung und einem Serviceauftrag sichtbar: Während auf einem Serviceauftrag Kosten geplant und zurückgemeldet werden können (sogenannte *Plan- und Istkosten*), kann eine Servicemeldung aufgrund ihres Dokumentationscharakters nie Kosten sammeln und ausweisen. Dieser Unterschied spiegelt sich auch in Aufbau und Inhalt der Servicemeldung wider. Im folgenden Abschnitt möchten wir Ihnen daher nicht nur den Aufbau und Inhalt einer Servicemeldung erläutern, sondern auch auf die verschiedenen Meldungsarten im Service eingehen.

4.2 Meldungsarten im Service

Im SAP-Standard werden in der Regel drei Meldungsarten im Service ausgeliefert (siehe Abbildung 4.1): Kundenmeldung, Serviceanforderung und Tätigkeitsrückmeldung. Diese drei Arten sowie die benutzereigene Meldungsart und die Nummernvergabe für Servicemeldungen werden im Folgenden erläutert.

4.2.1 Kundenmeldung

Mit einer *Kundenmeldung* dokumentieren Sie eine Störung oder einen Defekt an einem technischen Gerät. Der Kunde ruft bei Ihnen an oder meldet sich per Fax oder E-Mail und schildert Ihnen das aufgetretene Problem. Sie erfassen alle wichtigen Informationen über die Kundenmeldung im System und legen das weitere Vorgehen sowie notwendige Maßnahmen zur Beseitigung des Problems fest.

> **Kundenmeldung**
> - vom Kunden gemeldete Störung
> - Funktionalität eines technischen Objektes ist gestört oder beeinträchtigt
>
> **Serviceanforderung**
> - unabhängig von der Störungsbehebung zu sehen
> - Verwendung für Umrüstungen
>
> **Tätigkeitsrückmeldung**
> - nachträgliche Doumentation bereits durchgeführter Servicetätigkeiten
> - Wartungscharakter, Beibehaltung Sollzustand eines technischen Objektes

Abbildung 4.1 Meldungsarten im Service – SAP-Standard

Kundenmeldung: Störung an einem Notebook beheben [zB]

Der Kunde hat ein Problem mit seinem Notebook. Beim Bewegen des Laptops zeigt der Bildschirm Verzerrungen und Streifen. Als erforderliche Maßnahme zur Beseitigung des Defekts legen Sie fest, dass die Grafikkarte des Notebooks ausgetauscht werden muss. Zu Dokumentationszwecken geben Sie alle erforderlichen Informationen in der Kundenmeldung ein (siehe auch Abschnitt 4.4.3, »Berichtsschema«).

4.2.2 Tätigkeitsmeldung

Mit einer *Tätigkeitsmeldung* dokumentieren Sie nachträglich bereits durchgeführte Servicearbeiten. Tätigkeitsmeldungen dienen nicht der Erfassung von Problemen oder Defekten. Sie besitzen eher Wartungs- bzw. Inspektionscharakter, um den reibungslosen Sollzustand eines technischen Objekts zu gewährleisten. Die durchgeführten Servicearbeiten hinterlegen Sie in Form sogenannter *Aktionen* (siehe auch Abschnitt 4.4.1, »Kopfdaten der Servicemeldung«).

Tätigkeitsmeldung: Inspektion eines Fahrzeugs [zB]

Sie bringen Ihren Wagen bei einem bestimmten Kilometerstand zur Inspektion. Bei der Inspektion werden standardmäßig die Bremsbeläge geprüft, der Ölstand kontrolliert oder die Scheinwerfer auf volle Funktionalität getestet.

4.2.3 Serviceanforderung

Mit einer *Serviceanforderung* dokumentieren Sie keine Störung, die behoben werden muss, sondern fordern einen Service zum Umbau oder zur Aufrüstung eines technischen Objekts an. Den angeforderten Service dokumentieren Sie mithilfe von Codes (siehe auch Abschnitt 4.4.3, »Berichtsschema«).

[zB] **Serviceanforderung: Umbau oder Aufrüstung eines technischen Objekts**
Ihr Notebook benötigt mehr Speicher (RAM), weil ein Upgrade des Betriebssystems von Windows XP auf Windows 7 ansteht. Oder Ihr Notebook benötigt mehr Festplattenplatz, da die neue Software, die installiert werden soll, dies erfordert.

4.2.4 Benutzereigene Meldungsart

Sie können die im Standard ausgelieferten Meldungsarten als Vorlage kopieren, um so Ihre eigene Meldungsart anzulegen. Dieses Vorgehen hat den Vorteil, dass Sie zum einen die im Standard ausgelieferten Einstellungen nicht verändern und zum anderen die Möglichkeit haben, die neu angelegte Meldungsart getrennt auszuwerten. Den Aufbau der Meldung sowie den Meldungsinhalt können Sie auf diese Weise selbst definieren. Sie legen z. B. fest, welche Felder in der Meldung Mussfelder sind.

4.2.5 Nummernvergabe für die Servicemeldung

Bei der Nummernvergabe für Servicemeldungen müssen Sie zwischen der internen und der externen Nummernvergabe unterscheiden. Bei der *internen Nummernvergabe* vergibt das System beim Anlegen einer Meldung aus einem vordefinierten Nummernkreisintervall die nächste fortlaufende, freie Nummer. Diese Nummer ist sofort im Meldungskopf ersichtlich (sogenannte *frühe Nummernvergabe*). Ruft also ein Kunde bei Ihnen an und Sie legen eine Meldung an, können Sie dem Kunden direkt im Gespräch die Meldungsnummer mitteilen, unter der er sich nach dem Meldungsstand erkundigen kann. Brechen Sie das Anlegen einer Meldung ab, ohne zu sichern, ist die angezeigte Nummer verloren. Beim nächsten Aufruf der Transaktion wird die nächste freie Nummer vergeben. Somit kann es vorkommen, dass »Lücken« bei der internen Nummernvergabe entstehen.

Bei der *externen Nummernvergabe* vergibt der Anwender selbst die Meldungsnummer aus einem im Customizing festgelegten Nummernkreisintervall. Abhängig davon kann die Meldungsnummer sowohl numerisch als auch alphanumerisch aufgebaut sein.

Nummernvergabe [+]

Legen Sie aus einem Serviceauftrag heraus eine Servicemeldung an, ist die interne Nummernvergabe zu empfehlen, da die Meldung vom System im Hintergrund erzeugt wird.

Beachten Sie, dass neben dem Modul CS auch noch weitere Anwendungen, wie z. B. die Instandhaltung oder Qualitätssicherung, auf dieselben Tabelleneinträge für Meldungsarten oder Nummernkreise zugreifen. Öffnen Sie z. B. beim Anlegen einer Servicemeldung die F4 -Hilfe, zeigt Ihnen das System weitere Meldungsarten aus anderen Modulen an.

4.3 Bildaufbau der Servicemeldung

Abbildung 4.2 zeigt den Bildaufbau der Servicemeldung im Überblick und wird nun von unten nach oben erläutert.

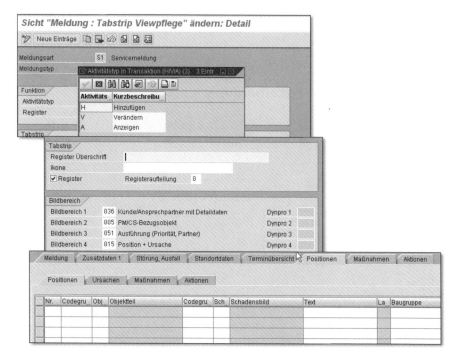

Abbildung 4.2 Steuerung des Bildaufbaus

Meldungen bestehen generell aus Kopf- und Positionsdaten. Es können eine oder mehrere Positionen eingebunden sein. Die Daten zum Kopf bzw. zur Position befinden sich auf verschiedenen Registerkarten in der Meldung, wobei auf einer Registerkarte auch weitere »Unterregister« vorhanden sein können.

Abhängig ist dies von der Einstellung im Customizing zur Meldungsart. Sie legen pro Meldungsart fest, welche Registerkarten Sie in der Meldung verwenden wollen. Sie können die Benennung der jeweiligen Registerkarte selbst bestimmen oder auch einzelne Bildbereiche beeinflussen.

Möchten Sie definieren, dass der Bildschirmaufbau der Meldung beim Anlegen, Ändern bzw. beim Anzeigen jeweils unterschiedlich aufgebaut ist, müssen Sie diese Einstellungen im Customizing pro Aktivitätstyp und Meldungsart vornehmen. Folgende Aktivitätstypen stehen hierbei zur Verfügung: HINZUFÜGEN (Typ H), VERÄNDERN (Typ V) oder ANZEIGEN (Typ A).

Dieses Vorgehen kann unter Umständen dann sinnvoll sein, wenn ein Mitarbeiter der Hotline eine Servicemeldung erfasst, die wichtigsten Daten wie z. B. Kunde, technisches Objekt oder Sachverhalt hinterlegt und die Meldung im weiteren Bearbeitungsverlauf von einem Sachbearbeiter oder Techniker weiterbearbeitet wird.

4.4 Inhalt der Servicemeldung

Im Folgenden erhalten Sie einen Überblick darüber, welche Daten in der Servicemeldung hinterlegt sind (siehe Abbildung 4.3).

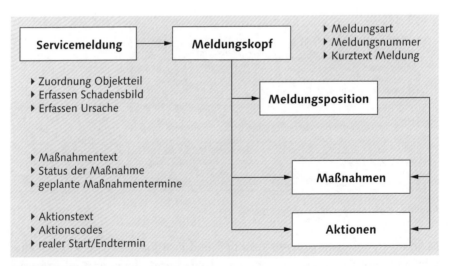

Abbildung 4.3 Inhalt der Servicemeldung

4.4.1 Kopfdaten der Servicemeldung

Im Kopf der Servicemeldung finden Sie die Informationen, die für die gesamte Meldung gültig sind. Dazu gehören u. a. die Meldungsart, die Meldungsnummer, ein beschreibender Kurztext, das technische Bezugsobjekt (z. B. ein Equipment) oder Kunden- und Ansprechpartnerdaten. Der Systemstatus ist hier genauso zu finden wie der Anwenderstatus.

Um sich einen Überblick über das in der Meldung eingegebene technische Bezugsobjekt verschaffen zu können, gibt es den sogenannten *Objektinformationsschlüssel* (siehe Abbildung 4.4). Der Objektinformationsschlüssel wird im Customizing definiert und ist der Meldungsart zugeordnet. Er selektiert Daten zum Bezugsobjekt bzw. je nach Einstellung auch Daten zum Objekt und über- oder untergeordneten Objekten.

Abbildung 4.4 Objektinformationsschlüssel (Transaktion IW52)

Je nach Definition kann der Objektinformationsschlüssel unter anderem über Folgendes Auskunft geben:

- erfasste und abgeschlossene Meldungen zum Objekt
- erfasste und abgeschlossene Serviceaufträge zum Objekt
- zum Objekt vorhandene, gültige Serviceverträge
- Anzahl von Bearbeitungstagen bei bereits aufgetretenen Störungen zum Objekt

Über einen Zeitraum wird festgelegt, wie weit die Selektion der Belege in die Vergangenheit reichen soll. Sie können auch bestimmen, ob der Objektinformationsschlüssel beim Anlegen der Meldung, nach Eingabe und Prüfung des technischen Objekts, automatisch auf Ihrem Bildschirm erscheinen soll oder ob Sie das Pop-up manuell über den entsprechenden Button aufrufen möchten.

Aus dem Objektinformationsschlüssel heraus können Sie in alle verknüpften Dokumente, Belege oder Strukturen zum Objekt – sowie in den Stammsatz des technischen Objekts – verzweigen.

Systemstatus

Der *Systemstatus* ist ein Status, der vom System automatisch gesetzt wird, wenn vom Anwender bestimmte Tätigkeiten in der Servicemeldung durchgeführt werden. Der Systemstatus spiegelt zugleich den Zustand der Servicemeldung wider. Er ist nicht manuell änderbar und auch nicht durch Einstellungen im Customizing zu beeinflussen.

[zB] **Systemstatus bei einer Servicemeldung**

Legen Sie eine Servicemeldung neu an und sichern Sie diese, erhält die Meldung den Systemstatus OFFEN (Status MOFN: Meldung offen). Ein weiterer Status kann durch das System gesetzt werden, wenn Sie z. B. automatisch Maßnahmen in der Meldung erzeugen lassen (Status OFMA: Offene Maßnahme(n) vorhanden).

Anwenderstatus

Der Anwenderstatus dagegen ist ein Status, der vom Anwender gesetzt und über das Customizing definiert werden kann (alternativ kann der Anwenderstatus durch betriebswirtschaftliche Vorgänge beeinflusst werden). Dazu ist es notwendig, im Customizing ein Anwenderstatusschema zu definieren. Das Statusschema wird sprachabhängig definiert und der Meldungsart zugeordnet. Gleichzeitig muss das Schema einem Objekttyp zugeordnet werden (in unserem Fall Objekttyp QMI (Instandhaltungsmeldung)). Über den Objekttyp wird generell festgelegt, für welche Anwendung oder für welche Stammdaten im System das neu definierte Anwenderstatusschema verwendet werden darf.

Innerhalb des Statusschemas kann für die verschiedenen Status eine Ordnungsnummer vergeben werden. Diese regelt die Abfolge der einzelnen Status. Der Status selbst besteht aus einem maximal vierstelligen Kürzel. Darüber hinaus ist zu definieren, welche niedrigste bzw. höchste Ordnungsnummer ein Status haben darf. Über den Anwenderstatus können Sie genau spezifizieren, welche betriebswirtschaftlichen Vorgänge erlaubt bzw. nicht erlaubt sind.

Maßnahmen und Aktionen

Maßnahmen und Aktionen finden Sie sowohl im Meldungskopf als auch auf der Meldungsposition:

- *Maßnahmen* können über Maßnahmencodes und Maßnahmentexte definiert werden. Sie besitzen sowohl einen System- als auch Anwenderstatus. Zu einer Maßnahme können geplante Start- und Endtermine hinterlegt werden.
- *Aktionen* können ebenfalls über Codes und Texte charakterisiert werden. Sie besitzen keine Status, aber Sie können reale Start- und Endtermine pro Aktion festhalten.

4.4.2 Positionsdaten der Servicemeldung

In einer Servicemeldung können Sie zum betroffenen Bezugsobjekt eine oder mehrere Positionen hinterlegen. Über die Position können Sie eine aufgetretene Störung näher beschreiben. Die Beschreibung erfolgt über Objektteile, Schadensbilder, Ursachencodes oder Maßnahmen (und später ausgeführte Aktionen zur Beseitigung der Störung). Alle diese Daten werden in Form von Codes und weiterführenden Texten erfasst. Positionen können auf einer eigenen Registerkarte ausgewiesen werden, ebenso Maßnahmen und Aktionen.

Die erwähnten Daten können ausgewertet werden, um zu sehen, wie häufig eine Störung auftritt. Beim Anlegen eines nachfolgenden Serviceauftrags ist es wichtig zu wissen, dass die in der Meldung gepflegten Codes nicht mit in den Auftrag übernommen werden.

Die oben angesprochenen Codes werden in Codegruppen zusammengefasst, die wiederum einem Berichtsschema zugeordnet sind. Nähere Informationen hierzu finden Sie in Abschnitt 4.4.3, »Berichtsschema«.

4.4.3 Berichtsschema

Mithilfe des Berichtsschemas können Sie Schäden oder Störungen an einem technischen Objekt genauer spezifizieren und beschreiben. Sie können ein Berichtsschema nutzen, um bereits ausgeführte Arbeiten im Nachhinein in einer Tätigkeitsmeldung zu dokumentieren.

4 | Servicemeldungen

Im Folgenden möchten wir Ihnen den Aufbau und Inhalt des Berichtsschemas (siehe Abbildung 4.5) vorstellen und Ihnen erläutern, welche Möglichkeiten es generell gibt, das Schema zuzuordnen. Außerdem möchten wir Ihnen zeigen, welche Auswertungsmöglichkeiten Ihnen an dieser Stelle zur Verfügung stehen.

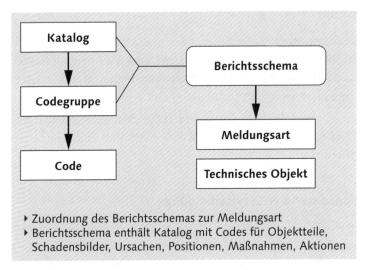

- Zuordnung des Berichtsschemas zur Meldungsart
- Berichtsschema enthält Katalog mit Codes für Objektteile, Schadensbilder, Ursachen, Positionen, Maßnahmen, Aktionen

Abbildung 4.5 Aufbau des Berichtsschemas

Aufbau des Berichtsschemas

Ein Berichtsschema hat einen dreistufigen Aufbau und setzt sich zusammen aus Katalog, Codegruppe und Code.

Ein *Katalog* fasst inhaltlich zusammengehörende Codegruppen zusammen. Der Katalog wird im SAP-Standard über die Zahlen 0 bis 9 bzw. über die Ziffern A bis O definiert. Zahlen und Ziffern stehen dabei stellvertretend für verschiedene Kategorien, die benötigt werden, um detaillierte Informationen zu einer Position (bzw. einem technischen Objekt) in der Servicemeldung zu hinterlegen. Die gängigsten Kataloge sind die folgenden:

- **B: Objektteile**
  Über das Objektteil wird der Teil des technischen Objekts, zu dem die Servicemeldung erfasst wird, genauer festgelegt.

- **C: Schadensbild**
  Das Schadensbild beschreibt die aufgetretene Störung oder Funktionsbeeinträchtigung des ausgewählten Objektteils.

- **5: Ursachencode**
  Mögliche Ursachen für Störungen und Beeinträchtigungen hinterlegen Sie über Ursachencodes.
- **2: Maßnahmen**
  Um Störungen und Beeinträchtigungen zu beseitigen, definieren Sie Maßnahmen. Sie legen also fest, was Sie tun möchten.
- **8: Aktionen**
  Aktionen beschreiben letztlich, was wirklich getan wurde, um Störungen und Beeinträchtigungen zu beseitigen.

Jeder Katalog enthält *Codegruppen*. Codegruppen beinhalten inhaltlich zusammengehörende Codes. Eine Codegruppe ist maximal achtstellig und kann sprechend aufgebaut sein. Codegruppen müssen den Status FREIGEGEBEN besitzen, um in der Anwendung ausgewählt werden zu können.

Der *Code* ist ein maximal vierstelliger Schlüssel, der innerhalb einer Codegruppe angelegt wird. Auch der Code kann sprechend aufgebaut sein. Er steht stellvertretend für aufgetretene Schäden, durchgeführte Aktionen oder einzelne Objektteile. Der Code kann für Auswertungszwecke herangezogen werden und stellt sicher, dass Störungen oder Defekte immer in der gleichen Art und Weise beschrieben werden, was auch von Vorteil ist.

Codegruppe und Code [zB]

Um Störungen oder Defekte an Ihrem PC besser abbilden zu können, definieren Sie einen Katalog für Schadensbilder. Dieser enthält die Codegruppe PC, die über Codes die einzelnen Teile des PCs beschreibt, wie z. B. Festplatte oder Netzteil.

Zuordnung des Berichtsschemas

In der Regel können Sie das Berichtsschema im Stammsatz des technischen Objekts oder über die Meldungsart im Customizing zuordnen. Dabei hat das Berichtsschema des Stammsatzes Priorität vor dem Berichtsschema der Meldungsart. Der Stammsatz des Equipments hat eine höhere Priorität als der Stammsatz des Technischen Platzes, sofern das Equipment einem Technischen Platz zugeordnet ist und beide Stammsätze ein abweichendes Berichtsschema besitzen.

In der Servicemeldung selbst bietet Ihnen das System nochmals die Möglichkeit, ein aus dem Stammsatz oder der Meldungsart übernommenes Berichtsschema individuell zu ändern (siehe Abbildung 4.6). Wählen Sie dazu in der Meldung ZUSÄTZE • EINSTELLUNG • BERICHTSSCHEMA • AUSWAHL.

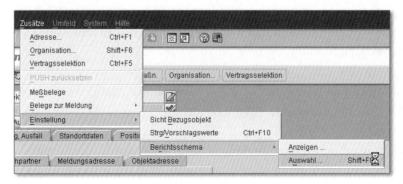

Abbildung 4.6 Aufruf des Berichtsschemas der Servicemeldung

In Abbildung 4.7 sehen Sie, dass das in der Servicemeldung verwendete Berichtsschema (PC) aus dem Equipmentstammsatz stammt. Dieses hat Priorität vor dem ALLGEMEINEN BERICHTSSCHEMA, das der Meldungsart zugeordnet ist.

Abbildung 4.7 Berichtsschema in der Servicemeldung

Selektieren Sie nun ein INDIVIDUELLES BERICHTSSCHEMA (INDBERSCHEMA), und bestätigen Sie dies mit dem Button ÜNAHME INDIVIDUELL, wird das AKTUELLE BERICHTSSCHEMA durch das INDIVIDUELLE BERICHTSSCHEMA ersetzt.

Listanzeige von Meldungen über Berichtsschema bzw. Codes

Das System stellt Ihnen verschiedene Möglichkeiten zur Verfügung, um Servicemeldungen anhand von Codes bzw. anhand eines Berichtsschemas auszuwerten. Die so gewonnenen Listen vermitteln Ihnen einen Eindruck davon, wie viele Meldungen in einem bestimmten Zeitraum zu einem

Berichtsschema aufgelaufen sind. Darüber hinaus geben Ihnen die Listen anhand der verwendeten Codes folgende Informationen:

- welche Schadensbilder aufgetreten sind
- welche Objektteile im Laufe der Zeit betroffen bzw. besonders häufig betroffen waren
- welche Maßnahmen und Aktionen ergriffen wurden

Die im Standard angebotenen Listen beinhalten Maßnahmen, Positionen und Aktionen. Das System bietet Ihnen hier jeweils eine Anzeige- und eine Änderungsfunktion an. Wählen Sie die Änderungsfunktion zur jeweiligen Liste, haben Sie folgende Möglichkeiten:

- die Position der ausgewählten Servicemeldung zu bearbeiten
- die Maßnahme einer ausgewählten Servicemeldung zu bearbeiten, indem Sie einen Langtext zur Maßnahme erfassen, Plandaten zur Maßnahmenausführung pflegen, eine Maßnahme freigeben oder abschließen (siehe Abbildung 4.8)
- ausgeführte Aktionen zu einer Position zu erfassen

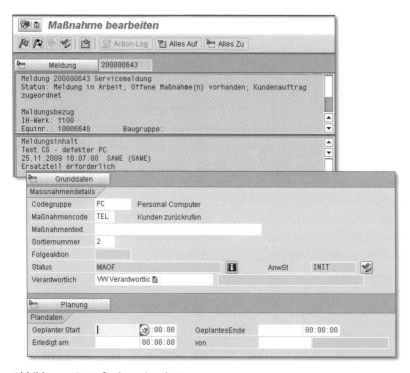

Abbildung 4.8 Maßnahmenbearbeitung

Alle Listen können um zusätzliche Spalten erweitert und als Download nach Excel bereitgestellt werden.

> **[+] Klassifizierung von Servicemeldungen**
>
> Servicemeldungen lassen sich mithilfe der Klassenart 015 (Fehlersätze) klassifizieren. Ordnen Sie – wenn Sie Meldungen klassifizieren möchten – die Klassenart 015 im Customizing dem jeweiligen Berichtsschema zu, und aktivieren Sie das Klassifizierungsbild. Die Merkmalsbewertung ist auf dem Detailbild zur Position möglich.
>
> Eine Klassifizierung der Servicemeldung ist dann zu empfehlen, wenn Sie umfassendere Daten zum Meldungsinhalt pflegen möchten, die mit den angebotenen möglichen Eingabefeldern nicht abgedeckt werden können.

4.4.4 Registerkarten der Servicemeldung

Zum Aufbau einer Servicemeldung zählen noch weitere Registerkarten (zusätzlich zu den in Abbildung 4.2 gezeigten). Beachten Sie hierbei, dass der Bildaufbau jeder einzelnen Registerkarte über das Customizing variabel gestaltet werden kann. Zu den weiteren Registerkarten zählen unter anderem:

- **Meldung**
  Hier findet man in der Regel Daten zum Kunden (wie z. B. die Kundennummer und Kundenadresse) oder die Nummer des technischen Bezugsobjekts.

- **Standortdaten**
  Hier finden Sie die Standort- und Kontierungsdaten zum Bezugsobjekt. Standort- und Kontierungsdaten werden aus dem Stammsatz des eingebundenen technischen Bezugsobjekts als Vorschlagswerte in die Servicemeldung übernommen. Bei Bedarf können diese Daten geändert und angepasst werden. Eine Änderung dieser Daten in der Servicemeldung bedingt aber nicht eine Änderung und Anpassung im zugrunde liegenden Stammsatz! Weitere Daten, die aus dem Stammsatz des Bezugsobjekts übernommen werden, sind die Vertriebsbereichsdaten. Dazu gehören Verkaufsorganisation, Vertriebsweg und Sparte.

- **Terminübersicht**
  In der Terminübersicht können Sie z. B. den gewünschten Beginn der Meldungsbearbeitung hinterlegen. Darüber hinaus wird u. a. das Bezugsdatum mit Uhrzeit, also wann die Meldung genau angelegt wurde, festgehalten. Termine können über die Prioritäten automatisch berechnet werden.

▶ **Störung, Ausfall**
Kommt es aufgrund von Problemen oder Störungen zu einem Anlagenausfall, können Sie auf der Registerkarte STÖRUNG, AUSFALL die Störungsdauer bzw. die Dauer des Ausfalls hinterlegen. Diese Daten können in Listbearbeitungen zur Servicemeldung selektiert und angezeigt werden.

▶ **Partnerdaten**
Haben Sie der Meldungsart im Customizing ein Partnerschema zugeordnet, können Sie beim Anlegen einer Servicemeldung Partnerdaten erfassen. Das heißt, über das Partnerschema legen Sie fest, welche Partnerrollen in einer Servicemeldung verwendet werden dürfen. Dabei kann eine Rolle als Pflichtrolle, also als Muss-Eingabe, gekennzeichnet sein, oder es wird festgelegt, dass eine Partnerrolle eindeutig sein muss. Eindeutig bedeutet, dass jeweils nur ein Partner der Rolle zugeordnet werden kann.

Sie können ebenfalls definieren, welche Ihrer Partnerrollen automatisch aus einem Stammsatz in einen Servicebeleg kopiert werden (z. B. Kopie der Partnerdaten aus einem Equipmentstammsatz in eine Servicemeldung). Kennzeichnen Sie hierfür im Customizing der Partnerdaten die jeweilige Partnerrolle – in Abhängigkeit vom Partnerschema – als »kopierrelevant«. So können Sie den manuellen Pflegeaufwand reduzieren.

4.4.5 Aktivitätenleiste und Lösungsdatenbank

In einer Servicemeldung stehen Ihnen zusätzliche Funktionalitäten in Form der *Aktivitätenleiste* zur Verfügung. Mithilfe der Aktivitätenleiste können Sie aus einer Servicemeldung heraus Maßnahmen oder Aktionen – sogenannte *Folgeaktivitäten* – auslösen (siehe Abbildung 4.9). Um die Aktivitätenleiste aktiv nutzen zu können, muss die entsprechende Einstellung im Customizing zur Servicemeldungsart vorhanden sein (im Customizing unter MELDUNGSBEARBEITUNG • ZUSÄTZLICHE FUNKTIONEN).

Eine Funktionalität, die Sie in dieser Art und Weise über die Aktivitätenleiste einbinden können, ist die sogenannte Lösungsdatenbank. Mithilfe einer Lösungsdatenbank können Sie bei auftretenden Problemen (sogenannten *Symptomen*) oder Störungen konkret nach einer Lösung suchen. Sie geben das aufgetretene Symptom als Suchgrundlage ein und führen die Suche aus (siehe Abbildung 4.10).

4 | Servicemeldungen

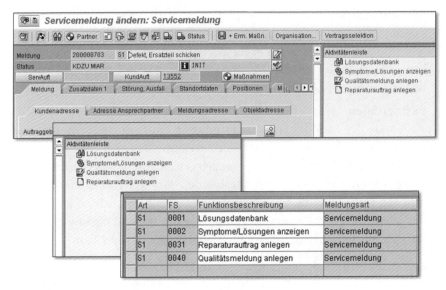

Abbildung 4.9 Aktivitätenleiste in der Servicemeldung

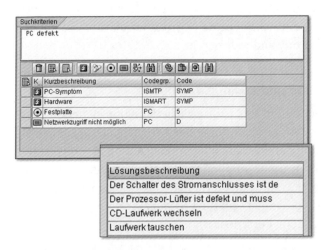

Abbildung 4.10 Lösungsdatenbank

In den beiden folgenden Abschnitten möchten wir Ihnen die Funktionalitäten der Aktivitätenleiste sowie den Umgang mit der Lösungsdatenbank etwas näher erläutern.

Aktivitätenleiste

Die Definition der Aktivitätenleiste findet pro Meldungsart im Customizing statt. Über die Aktivitätenleiste können Sie sowohl Maßnahmen als auch

Aktionen zu einer Servicemeldung durch das System generieren lassen. Diese sogenannten Folgeaktivitäten werden dann in der Servicemeldung auf den Registerkarten MASSNAHMEN oder AKTIONEN dokumentiert. Zum Beispiel können Sie so veranlassen, dass Ihr Kunde von einem Techniker zur weiteren Problemlösung zurückgerufen wird (siehe Abbildung 4.11).

Abbildung 4.11 Maßnahmenermittlung

Weitere im SAP-Standard vorhandene Folgeaktivitäten, die Sie über die Aktivitätenleiste aufrufen können, sind z. B.:

- Reparaturauftrag anlegen
- Warenbewegung erfassen
- Lösungsdatenbank aufrufen

Folgeaktivitäten werden im Customizing über einen Schlüssel und eine Kennung definiert, zusätzlich können Icons mit einer erläuternden QuickInfo festgelegt werden.

Folgeaktivitäten rufen Funktionsbausteine auf, die während des Aufrufs prozessiert werden. Dabei kann es sich um von SAP vordefinierte Funktionsbausteine handeln oder um selbst programmierte Funktionsbausteine. Über eine Einstellung im Customizing können Sie steuern, ob eine Folgeaktivität ein- oder mehrmals ausgeführt werden darf. Unter Umständen ist es sogar sinnvoll, einen betriebswirtschaftlichen Vorgang mit der Folgeaktivität zu verknüpfen. Das heißt, eine Folgeaktivität darf nur dann ausgeführt werden, wenn der aktuelle Status der Meldung dies erlaubt.

Lassen Sie als Folgeaktivität Maßnahmen ermitteln (siehe Abbildung 4.11), können Sie für diese verschiedene Status in der Servicemeldung setzen. Mögliche Status für eine Maßnahme können FREIGEGEBEN oder ERLEDIGT sein. Das heißt, eine Maßnahme wird erst dann ausgeführt, wenn sie freigegeben ist. Erledigt ist eine Maßnahme, wenn sie den Status MAER (Maßnahme erledigt) besitzt. Beim Meldungsabschluss müssen Sie darauf achten, dass der Status eingebundener Maßnahmen auf ERLEDIGT steht. Ansonsten können Sie die Meldung nicht abschließen.

Zusätzlich zu den hier beschriebenen Folgeaktivitäten, die automatisch Maßnahmen erzeugen können, gibt es noch sogenannte *maßnahmenbezogene Folgeaktionen*. Zwar rufen diese Folgeaktionen auch Funktionsbausteine auf, sie werden aber erst dann prozessiert, wenn Sie die Meldung sichern. Damit eine Folgeaktion zur Maßnahme prozessiert werden kann, muss im zugrunde liegenden Maßnahmenkatalog im Customizing (siehe Abschnitt »Aufbau Berichtsschema«) das Kennzeichen FOLGEAKTION MÖGLICH gesetzt sein (siehe Abbildung 4.12).

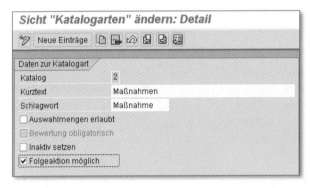

Abbildung 4.12 Folgeaktion zur Maßnahmenermittlung

[+] **Aktivitätenleiste: Bedeutung der farblichen Darstellung**

Die Aktivitätenleiste wird in der Standardauslieferung als Baum im System dargestellt. Dabei können die einzelnen Folgeaktivitäten in unterschiedlichen Farben dargestellt sein.
Im Einzelnen bedeuten diese Farben:
- Blau: aktive Folgeaktivität, die ausgeführt werden kann
- Schwarz: inaktive Folgeaktivität, die nicht ausgeführt werden kann
- Grau: Folgeaktivität, die bereits ausgeführt wurde (nur einmalige Ausführung möglich)

Lösungsdatenbank

Bei einer Lösungsdatenbank handelt es sich um eine mit Wissen angereicherte Informationsquelle, mit deren Hilfe Sie gezielt nach einer Lösung bei auftretenden Problemen und Störungen suchen können. Dabei sind Probleme (auch Symptome genannt) sowie Lösungen mit allen beschreibenden

Daten gleichermaßen in der Datenbank abgelegt. Symptome und Lösungen werden über Verweise miteinander verbunden (siehe Abbildung 4.13).

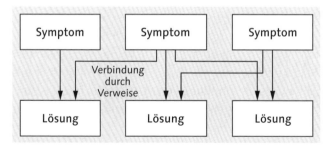

Abbildung 4.13 Zuordnung Symptome – Lösungen

Bevor Sie eine Lösungsdatenbank aktiv nutzen können, müssen Symptome und Lösungen zunächst erfasst, gepflegt und indiziert worden sein. Hierbei handelt es sich im Prinzip um eine laufende und fortdauernde Datenpflege. Der Aufbau der Lösungsdatenbank kann sukzessive erfolgen. Je mehr Daten hinterlegt sind, desto effektiver ist deren Nutzung.

Symptome können als Freitext im System hinterlegt werden. Sie können Symptome aber auch detaillierter mithilfe von Codekatalogen für folgende Fälle beschreiben:

- Problemschäden (Welcher Schaden wurde festgestellt?)
- Problemursachen (Wie ist der festgestellte Schaden aufgetreten?)
- Problemlokation (An welchen Teilen oder in welchen Bereichen wurde das Problem festgestellt?)

Welchen Codekatalog Sie dabei verwenden können, hängt von der Symptomart ab, die Sie jedem Symptom zuordnen (z. B.: PC bootet nicht, Symptomart PC). Darüber hinaus ist es möglich, Symptome mit Business-Objekten, wie z. B. Equipments, zu verbinden. Dies steuern Sie über den Objekttyp. Über ein Statusschema legen Sie mögliche Anwenderstatus für ein Symptom fest. Sie bestimmen, ob das Symptom bereits freigegeben ist oder ob es sich noch im Status der Eröffnung befindet. Sie können einem Symptom sowohl eine Priorität über die Prioritätsart zuweisen als auch eine Gültigkeitsdauer und Gültigkeitskategorie bestimmen.

Eine *Lösung* ist eine Aktion, durch die ein Symptom »aus dem Weg geräumt« wird. Lösungen können, wie Symptome auch, als Freitext im System angelegt werden. Sie können aber auch durch auszuführende Maßnahmen bzw. Maßnahmenkataloge näher spezifiziert sein.

Auch beim Anlegen einer Lösung müssen Sie darauf achten, dass eine adäquate Lösungsart zugeordnet ist. Jede Lösungsart kann weiter in Lösungskategorien untergegliedert sein (z. B.: Lösungsart PC, Lösungskategorie Hardware). Dieses Vorgehen hat den Vorteil, dass Sie so jede Lösungsart genauer klassifizieren können. Über ein Statusschema wird auch hier gesteuert, welche Anwenderstatus möglich sind und ob die Lösung bereits freigegeben ist oder sie sich noch im Status der Eröffnung befindet. Die Zuweisung einer Priorität ist ebenso möglich wie die Bestimmung einer Gültigkeitsdauer. Lösungen werden als Struktur in einem sogenannten *Navigationsbaum* dargestellt (siehe Abbildung 4.14).

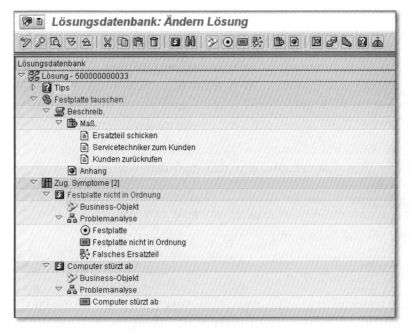

Abbildung 4.14 Navigationsbaum der Lösungsdatenbank

Symptome und Lösungen werden, wie bereits oben erwähnt, durch Verweise einander zugeordnet. Dabei spielt es keine Rolle, ob Sie zuerst ein Symptom oder eine Lösung neu anlegen oder mit bereits bestehenden Symptomen und Lösungen arbeiten. Sie können ein Symptom anlegen, um dieses anschließend einer bereits bestehenden Lösung zuzuordnen. Sie können aber genauso gut ein Symptom neu anlegen und dieses einer ebenfalls neu angelegten Lösung zuweisen.

4.4.6 Weiter gehende Funktionen

In diesem Abschnitt möchten wir Ihnen weiter gehende Funktionalitäten zur Servicemeldung vorstellen. Welche dieser Funktionalitäten Sie produktiv nutzen, ist abhängig von Ihren Geschäftsprozessen und davon, welche dieser Prozesse Sie im SAP-System umsetzen möchten.

Serviceauftrag anlegen

Handelt es sich um ein schwerwiegenderes Kundenproblem, das Ihnen gemeldet wird und das nicht direkt lösbar ist, müssen Sie umfassendere Serviceschritte einleiten. Das können z. B. die Planung und Entsendung eines Servicetechnikers zu einem Vor-Ort-Einsatz oder die Aufstellung einer detaillierten Materialeinsatzliste sein.

Dieses Vorgehen können Sie über einen Serviceauftrag im System festhalten. Einen Serviceauftrag können Sie direkt aus der Servicemeldung heraus anlegen. Weitere Details zum Serviceauftrag und zur Serviceplanung finden Sie in Kapitel 5, »Serviceaufträge«.

Kundenauftrag anlegen

Ist es für die Lösung eines Kundenproblems notwendig, Ersatzteile zum Kunden zu schicken, können Sie auch diesen Prozess aus der Servicemeldung heraus anstoßen.

Im Meldungskopf befindet sich der Button KUNDENAUFTRAG. Über diesen Button verzweigen Sie direkt in die Vertriebskomponente und können dort einen Auftrag zur Lieferung von Ersatzteilen anlegen (weitere Details zum Prozessablauf siehe Kapitel 12, »Ersatzteillieferung«).

Vertragsselektion (Servicevertrag)

In Kapitel 3, »Serviceverträge«, haben wir Ihnen den Aufbau und die Funktion von Serviceverträgen näher erläutert. Eine weitere Funktion, die Ihnen bei der Bearbeitung von Servicemeldungen zur Verfügung steht, ist die *automatische Vertragsselektion* von Serviceverträgen. Das heißt, in Servicemeldungen kann auf einen Servicevertrag Bezug genommen werden. Damit die automatische Selektion funktioniert, muss für die entsprechende Meldungsart das Kennzeichen für die Aktivierung der automatischen Vertragsselektion gesetzt sein. Im Customizing finden Sie diese Einstellung bei den SPEZIELLEN MELDUNGSPARAMETERN der Instandhaltungs- und Servicemeldungen (siehe Abbildung 4.15).

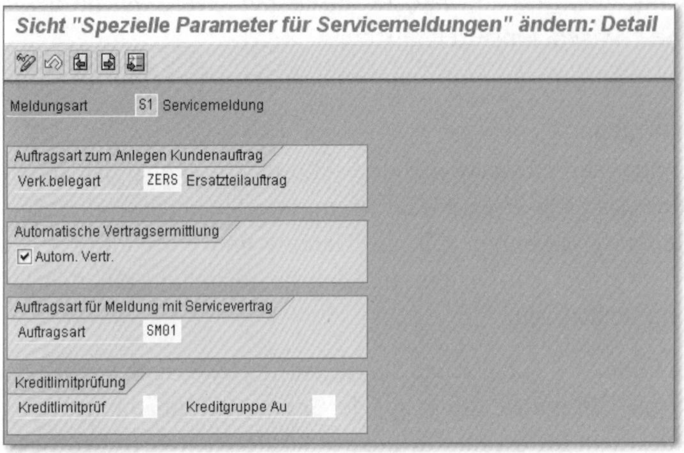

Abbildung 4.15 Automatische Servicevertragsermittlung aktiv

Wenn das Kennzeichen für AUTOM. VERTR. (automatische Vertragsermittlung) gesetzt ist, prüft das System automatisch beim Anlegen einer Servicemeldung, ob es einen gültigen Servicevertrag zum eingegebenen Bezugsobjekt oder zum hinterlegten Kunden gibt. Fällt die Prüfung positiv aus, werden Servicemeldung und Servicevertrag mit der Servicevertragsposition einander zugeordnet. Servicevertragspositionen können im weiteren Prozessverlauf fakturiert werden.

Kreditlimitprüfung

Innerhalb der Serviceabwicklung können Sie auf eine Funktionalität des Vertriebs – nämlich auf die *Kreditlimitprüfung* – zugreifen. Sie gibt Ihnen Auskunft über den aktuellen Kreditstatus Ihres Kunden (Partnerrolle *Regulierer*).

Ist die Kreditlimitprüfung im Customizing für die entsprechende Meldungsart eingerichtet (siehe Abbildung 4.15), stehen Ihnen Auskünfte zum Kreditstatus Ihres Kunden zur Verfügung. Möchten Sie eine manuelle Kreditprüfung vornehmen, müssen Sie in der Servicemeldung den Pfad SERVICEMELDUNG • FUNKTIONEN • KREDITLIMITPRÜFUNG wählen.

Ist das Kreditlimit überschritten, gibt das System eine Warnung aus. Zeitpunkt der Meldungsausgabe ist entweder die Meldungsfreigabe oder die Eingabe und Bestätigung des Auftraggebers. Auf jeden Fall wird nach erfolgter

Kreditlimitprüfung vom System automatisch ein Systemstatus gesetzt (KPOK: Kreditlimitprüfung erfolgreich, KNOK: Kreditlimitprüfung nicht erfolgreich), der keinen Einfluss auf die weitere Meldungsbearbeitung hat. Eine weitere Meldungsbearbeitung kann über den Anwenderstatus beeinflusst werden (siehe auch Abschnitt »Anwenderstatus«).

Für eine Kreditlimitprüfung sind folgende Customizing- und Stammdateneinstellungen notwendig:

- Definition des Kreditkontrollbereichs
- Zuordnung Buchungskreis – Kreditkontrollbereich
- Aktivierung der Kreditlimitprüfung im Customizing zur Meldungsart
- Zuordnung einer Kreditgruppe im Customizing zur Meldungsart
- Hinterlegung einer Risikoklasse in den Kreditmanagementdaten des Kundenstammsatzes

Kreditlimitprüfung in einem Serviceauftrag [+]

Eine Kreditlimitprüfung kann auch in einem Serviceauftrag durchgeführt werden. Die Customizing-Einstellungen müssen dann entsprechend für die Serviceauftragsart vorgenommen werden.

Messbeleg

Aufbau und Funktionalität von Messbelegen wurden bereits in Abschnitt 2.7, »Messpunkte, Zähler und Garantien«, näher erläutert.

Beim Bearbeiten von Servicemeldungen offeriert Ihnen das System die Möglichkeit, zu dem eingebundenen technischen Objekt (z. B. zu einem Gas- oder Wasserzähler, hinterlegt als Equipment) direkt aus dem Servicebeleg heraus Messbelege mittels Sammelerfassung anzulegen. Dabei können Sie Belegdaten wie z. B. Messzeitpunkt oder Zählerstand oder auch Zusatzdaten wie Ableser oder Verarbeitungsstatus erfassen.

4.5 Arbeitsschritte der Servicemeldung

Die Arbeit mit Servicemeldungen lässt sich grob wie folgt unterteilen: Meldungserfassung, Meldungsbearbeitung und Meldungsabschluss (siehe Abbildung 4.16).

4 | Servicemeldungen

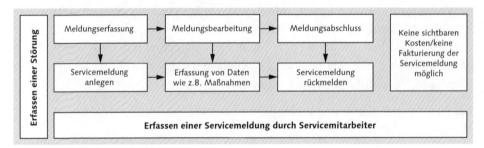

Abbildung 4.16 Überblick über die Arbeitsschritte einer Servicemeldung

4.5.1 Meldungserfassung

Bei der *Meldungserfassung* hinterlegen Sie ein technisches Objekt. Aus dem Stammsatz des technischen Objekts wird der Auftraggeber über die Partnerrolle *AG* abgeleitet. Weiterhin nehmen Sie auf das vom Kunden geschilderte Problem Bezug. Zur Problemaufnahme bzw. Problembeschreibung werden in der Meldung eine oder mehrere Meldungspositionen eröffnet. Diese beschreiben das Problem mithilfe von Texten oder mithilfe von Codes für betroffene Objektteile, Schadensbildern oder schon zu diesem Zeitpunkt möglicherweise erkennbaren Ursachen (Zuordnung des Berichtsschemas zum technischen Objekt über den Stammsatz oder die Meldungsart). Sie können darüber hinaus beschreibende Langtexte zum Sachverhalt einfügen oder nähere Angaben zum Störungsbeginn machen. Sichern Sie die Servicemeldung, erhalten Sie eine Meldungsnummer, über die jede weitere Bearbeitung und jeder weitere Aufruf der Meldung erfolgen.

4.5.2 Servicemeldung anlegen

Servicemeldungen können zum einen mit der Transaktion IW51 (Anlegen Servicemeldung – Allgemein) angelegt werden. Allgemein bedeutet, dass Sie nach dem Aufruf der Transaktion die Meldungsart manuell im Einstiegsbild eingeben oder über die F4-Hilfe auswählen müssen, um mit der Meldungsbearbeitung fortfahren zu können.

Zum anderen können Servicemeldungen auch mit eigenen Transaktionen pro Meldungsart angelegt werden. Dazu gehören die Transaktionen IW54 (Anlegen Servicemeldung – Störung), IW55 (Anlegen Tätigkeitsmeldung) und IW56 (Anlegen Serviceanforderung). Im SAP-Menü werden diese Transaktionen als SPEZIELL ausgewiesen. Speziell bedeutet in diesem Fall, dass das Einstiegsbild übersprungen wird und Sie direkt mit der Meldungsbearbeitung beginnen können, denn die Meldungsart wurde bereits im Customizing dem Transaktionscode zugeordnet.

Prozessieren des Einstiegsbild	[+]
Das sichtbare oder nicht sichtbare Prozessieren des Einstiegsbildes wird über das Customizing pro Transaktionscode gesteuert. Ist dem Transaktionscode keine Meldungsart zugeordnet, muss die Meldungsart im Einstiegsbild hinterlegt werden. Ist eine Meldungsart mit dem Transaktionscode verknüpft, kann das Einstiegsbild ausgelassen und direkt mit der Meldungsbearbeitung begonnen werden. Im Customizing können Sie zudem festlegen, auf welches Bild Sie beim Aufruf der Transaktion gelangen.	

4.5.3 Meldungsbearbeitung

Bei der Bearbeitung der Servicemeldung können Sie Ausführungsdaten festlegen. Dazu gehören unter anderem die Meldungspriorität, mögliche Termine zur Ausführung oder die für die weitere Meldungsbearbeitung zuständige Abteilung (siehe auch Abbildung 4.17). Über Maßnahmen können Sie die Tätigkeiten beschreiben und festlegen, die notwendig sind, um beim Kunden aufgetretene Probleme zu lösen. Maßnahmen können entweder dem Meldungskopf direkt oder den einzelnen Meldungspositionen zugeordnet sein.

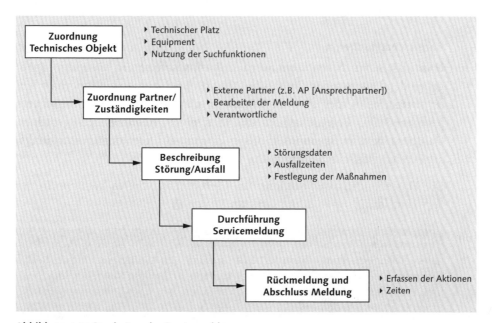

Abbildung 4.17 Bearbeiten der Servicemeldung

Maßnahmenermittlung in der Servicemeldung

Bei der Meldungsbearbeitung können Sie das System so einstellen, dass es Ihnen automatisch Maßnahmen zur Störungs- bzw. Problembeseitigung vorschlägt. Welche Maßnahmen dabei genau vorgeschlagen werden, hängt von den Customizing-Einstellungen zum sogenannten *Reaktions-* und *Bereitschaftsschema* ab und davon, ob ein Maßnahmenkatalog zugeordnet ist. Die automatische Maßnahmenermittlung erfolgt pro Meldungsart auf Kopfebene.

Reaktionsschema

Über das *Reaktionsschema* können Sie für eine Meldung eine Folge von Standardmaßnahmen definieren, die je nach Priorität vorgeschlagen werden. Dazu ordnen Sie im Customizing des Reaktionsschemas aus einem zuvor angelegten Maßnahmenkatalog Codegruppen und Maßnahmen in Form von Codes zu (siehe ❶ in Abbildung 4.18). Gleichzeitig können Sie einen Zeitabstand pro Maßnahme hinterlegen. Der Zeitabstand gibt die Zeit, z. B. in Stunden, an, innerhalb der die Maßnahme im Idealfall erledigt sein sollte. Sie können im Customizing auch einen Vorschlag für den Maßnahmenverantwortlichen hinterlegen. Ordnen Sie hierfür eine entsprechende Partnerrolle zu. Ist das Reaktionsschema definiert, muss zusätzlich noch ein Bereitschaftsschema angelegt werden ❷, denn die Reaktionszeiten werden innerhalb der Zeiträume ermittelt, die über das Bereitschaftsschema vereinbart wurden.

Bereitschaftsschema

Über das *Bereitschaftsschema* werden Bereitschaftszeiten hinterlegt. Diese geben den Zeitraum für die Bearbeitung von Maßnahmen an. Innerhalb dieser Zeiträume werden auch die Reaktionszeiten aus einem Reaktionsschema berechnet. Das Bereitschaftsschema wird einer Meldungsart zugeordnet. Darüber hinaus muss ein Reaktionsschema mit der Kombination Meldungsart/Bereitschaftsschema verbunden sein ❸.

Die Einstellungen aus Reaktions- und Bereitschaftsschema kommen in der Servicemeldung pro Meldungsart zum Tragen ❹.

> [zB] **Maßnahmenermittlung**
>
> Eine Servicemeldung wurde um 12.00 Uhr angelegt. Zur Meldungsart gibt das Reaktionsschema einen Zeitabstand von drei Stunden an, um den Kunden zurückzurufen. Um einen Techniker zum Kunden zu schicken, gibt das Schema einen Zeitabstand von acht Stunden vor.

Die im Bereitschaftsschema hinterlegten Bereitschaftszeiten sind von Montag bis Freitag jeweils von 8.00 bis 12.00 Uhr und von 13:00 bis 17.00 Uhr. Das heißt, bis 16.00 Uhr sollte der Kunde zurückgerufen worden sein, der Techniker sollte bis 12.00 Uhr am kommenden Tag beim Kunden gewesen sein.

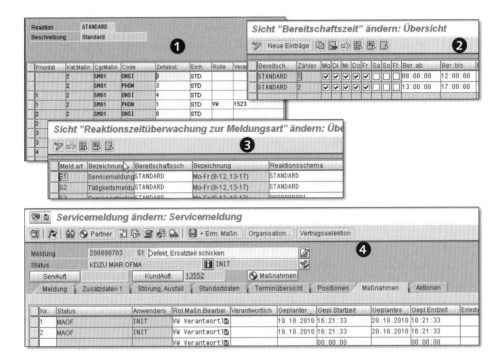

Abbildung 4.18 Reaktions- und Bereitschaftsschema

Servicemeldung in Arbeit geben und Rückmeldung

Geben Sie eine Servicemeldung IN ARBEIT, kann dies zweierlei bedeuten:

- **Zur Servicemeldung wird ein Serviceauftrag angelegt**
  Im Serviceauftrag werden die in der Meldung definierten Maßnahmen genauer spezifiziert und detailliert zur Ausführung geplant. Zum Serviceauftrag wird eine Rückmeldung angelegt. Es können sowohl geplante Techniker- und Materialeinsätze zum Serviceauftrag als auch Aktionen oder Ursachen zur Servicemeldung (sogenannte technische Rückmeldung) – um nur zwei Beispiele zu nennen – zurückgemeldet werden. Wird ein Serviceauftrag aus der Servicemeldung heraus angelegt, wird die Servicemeldung automatisch in Arbeit gegeben (Systemstatus MIAR: Meldung in Arbeit; Systemstatus MAUF: Auftrag zugeordnet).

▶ **Zur Servicemeldung wird kein Serviceauftrag angelegt**
Das heißt, Sie legen direkt in der Meldung über den Maßnahmenstatus fest, dass die Maßnahmen ausgeführt werden sollen. Durchgeführte Maßnahmen müssen manuell abgeschlossen werden. Genauso müssen, um auch hier zwei Beispiele zu nennen, durchgeführte Aktionen oder festgestellte Ursachen manuell in der Meldung eingegeben werden. Ohne Serviceauftrag geben Sie die Meldung manuell in Arbeit (Systemstatus MIAR: Meldung in Arbeit) und melden z. B. Aktionen manuell zurück.

Generell können Sie Aktionen – wie Maßnahmen auch – dem Meldungskopf oder der Meldungsposition zuordnen. Über Aktionen werden bereits durchgeführte Aktivitäten zur Problem- oder Störungsbeseitigung erfasst und beschrieben.

Druck der Meldungspapiere
Über die Drucksteuerung können Sie pro Meldungsart festlegen, welche Meldungspapiere beim Meldungsdruck vorgeschlagen und auf welchem Drucker diese ausgedruckt werden sollen. Für Servicemeldungen stehen die folgenden Arbeitspapiere im Standard zur Verfügung: Meldungsübersicht (der gesamte Inhalt einer Meldung wird gedruckt), Tätigkeitsbericht (z. B. werden geplante Maßnahmen angedruckt) oder Ausfallbericht (die Daten zu den Ausfallzeiten eines technischen Objekts werden gedruckt).

4.5.4 Meldungsabschluss

Wenn eine Meldung vollständig bearbeitet und alle erforderlichen Daten, wie z. B. Daten zum Anlagenausfall oder zur Meldungsposition, vorhanden sind, kann die Meldung abgeschlossen werden. Meldungen können generell wie folgt abgeschlossen werden:

▶ Sie schließen die Meldung direkt aus der Meldungstransaktion heraus ab (es existiert kein zugehöriger Serviceauftrag).

▶ Sie schließen die Meldung, sofern ein Serviceauftrag existiert, aus dem Auftrag heraus ab. Auftrag und Meldung werden zum gleichen Zeitpunkt abgeschlossen.

▶ Sie schließen die Meldung, sofern ein Serviceauftrag existiert, unabhängig vom Auftrag ab. Auftrag und Meldung haben unterschiedliche Abschlusszeitpunkte.

Unabhängig von der von Ihnen gewählten Vorgehensweise geschieht beim Meldungsabschluss Folgendes:

▶ Der Bezugszeitpunkt des Abschlusses wird mit Datum und Uhrzeit festgehalten. Das System wird Ihnen zunächst grundsätzlich das aktuelle Tagesdatum mit Uhrzeit vorschlagen. Sie können beide Vorschläge aber bei Bedarf ändern und anpassen (siehe Abbildung 4.19).

▶ Die Meldung kann nach dem Abschluss nicht mehr geändert werden. Der Status der Meldung wechselt auf MMAB (Meldung abgeschlossen).

▶ Die Meldung geht in die sogenannte *Meldungshistorie* ein und die Daten stehen zu Auswertungszwecken zur Verfügung.

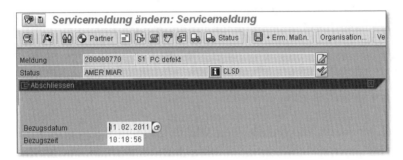

Abbildung 4.19 Servicemeldung abschließen

Beachten Sie, dass eine Meldung nur dann abgeschlossen werden kann, wenn alle Meldungsmaßnahmen ebenfalls abgeschlossen sind.

Status »Abgeschlossen« zurücknehmen	[+]
Wenn Sie eine Meldung zu früh abgeschlossen haben, können Sie den Status ABGESCHLOSSEN auch wieder zurücknehmen. Nach Rücknahme des Status sind die Meldungsfelder wieder eingabebereit.	

Mehrere Meldungen gleichzeitig abschließen

Möchten Sie mehrere Servicemeldungen gleichzeitig abschließen, bietet Ihnen das System hierfür eine Möglichkeit über die Listbearbeitung zur Meldung an.

Rufen Sie die Listbearbeitung über die Transaktion IW58 auf. Selektieren Sie die betroffenen Meldungen mindestens über die Kriterien MELDUNGSART und MELDUNGSDATUM sowie über den Meldungsstatus IN ARBEIT (siehe Abbildung 4.20).

4 | Servicemeldungen

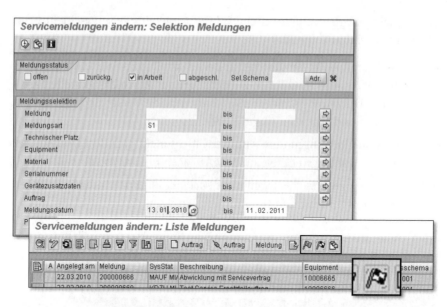

Abbildung 4.20 Listbearbeitung der Meldungen

Sie erhalten eine Liste, die gemäß Ihren Selektionskriterien angezeigt wird. Markieren Sie nun die Meldungen, die Sie abschließen möchten, und wählen Sie den Button ABSCHLIESSEN. Ist der Meldungsabschluss erfolgreich, werden die entsprechend markierten Zeilen mit einem Häkchen versehen.

4.6 Auswertungen zur Meldung

Sie haben verschiedene Möglichkeiten, sich Änderungen zur Servicemeldung anzeigen zu lassen. Das System stellt Ihnen verschiedene Listanzeigen zur Verfügung, um bestimmte Daten zu Meldungen gezielt selektieren zu können. Im Folgenden möchten wir Ihnen hierzu einen kurzen Überblick geben.

Wird eine Meldung abgeschlossen, geht sie in die sogenannte *Meldungshistorie* ein. Diese bietet Ihnen pro technischem Bezugsobjekt und Meldung Daten wie z. B. Ursachen, Störungen, ausgeführte Tätigkeiten oder Folgebelege an. Die Meldungshistorie können Sie als einstufige Listanzeige (Transaktion IW59) oder als mehrstufige Listanzeige (Transaktion IW30) aufrufen. Aus jeder Listanzeige heraus können Sie in die entsprechenden Belege verzweigen.

Änderungen an einer Servicemeldung werden in einem Änderungsprotokoll festgehalten. Diese Änderungen können Sie mithilfe des Menüeintrags BELEGE ZUR MELDUNG aufrufen. Protokolliert werden Datum und Uhrzeit der Änderung, eine Kurzbeschreibung zur Änderung sowie der Name bzw. SAP-User der Person, durch die die Änderung an der Meldung vorgenommen wurde.

Änderungen an einer Servicemeldung werden auch im *Action Log* dokumentiert. Allerdings zeigt das Action Log einer Servicemeldung nicht alle Änderungen an. Unterstützt wird nur die begrenzte Auswahl von Feldern, die auch in der DDIC-Struktur ALMELD (Änderungsbelegrelevante Felder – Meldungen) zu finden sind. Zu diesen Feldern gehören zum Beispiel Priorität oder Berichtsschema (siehe auch SAP-Hinweis 119767 und 530071). Änderungen werden mit Datum und Uhrzeit zum jeweiligen Feld protokolliert. Ferner wird festgehalten, wie der Feldinhalt vor der Änderung aussah und mit welchem neuen Wert das Feld nach der Änderung gefüllt ist (siehe Abbildung 4.21).

Abbildung 4.21 Action Log

4.7 Zusammenfassung

Sie haben die einzelnen Arbeitsschritte sowie den Inhalt und Aufbau von Servicemeldungen kennengelernt. Welche Registerkarten mit welchen Bildbereichen Ihnen in der Servicemeldung zur Bearbeitung angeboten werden, hängt von den Customizing-Einstellungen zur Meldungsart ab. In einer Servicemeldung halten Sie mithilfe von Codes das vom Kunden geschilderte Problem fest. Sie entscheiden, welche Maßnahmen in die Wege geleitet werden müssen, um das Problem zu beheben. Hier kann Ihnen das Reaktions- und Bereitschaftsschema von Nutzen sein, denn aufgrund der in der Meldung hinterlegten Priorität können Sie notwendige Maßnahmen erzeugen lassen. Schließlich haben Sie verschiedene Möglichkeiten zum Meldungsabschluss sowie Auswertungen zur Meldung kennengelernt.

Dieses Kapitel erläutert Ihnen den Aufbau und die einzelnen Funktionen des Serviceauftrags. Die Integration mit weiteren Modulen, wie z. B. dem Einkauf oder dem Controlling, werden wir Ihnen ebenfalls vorstellen.

5 Serviceaufträge

In diesem Kapitel gewinnen Sie einen Einblick in die Serviceabwicklung mithilfe von Serviceaufträgen im SAP-System. In den folgenden Abschnitten möchten wir auf die einzelnen Funktionen im Serviceauftrag sowie auf dessen Aufbau und Inhalt eingehen. Beginnen möchten wir mit den Auftragsarten, die Sie dabei unterscheiden müssen. Zuvor stellen wir einige allgemeine Informationen zum Serviceauftrag zusammen.

5.1 Allgemeines zum Serviceauftrag

Mit Serviceaufträgen können Sie detailliert Maßnahmen planen, die bei Ihren Kunden vor Ort durch einen oder mehrere Techniker ausgeführt werden müssen, um ein Kundenproblem zu lösen bzw. einen Defekt zu beheben. Der Serviceauftrag als zentrales Planungstool prüft dabei nicht nur die verfügbaren Kapazitäten und benötigten Materialien, sondern gibt Ihnen auch noch gleichzeitig Auskunft über die kalkulierten Plankosten, die bei einem Einsatz anfallen. Alle zum Auftrag gehörenden Belege werden dokumentiert. Mittels der Istkosten, die den Plankosten gegenübergestellt werden, können Sie die tatsächlich angefallenen Kosten auf dem Auftrag auswerten.

Generell beinhalten Serviceaufträge folgende Informationen:

- Kundeninformationen
- Standortinformationen
- Objektinformationen
- Informationen zur Planung und Durchführung von Vorgängen
- Informationen zu Plan- und Istkosten
- Informationen zur Abrechnung der angefallenen Istkosten

Bei dieser Vielzahl von Informationen bleibt es nicht aus, dass einige davon identisch mit den Informationen sind, die Sie auch in der Servicemeldung finden. Dazu gehören etwa die Informationen zum Objekt sowie Objektinformationsschlüssel, Partnerdaten oder auch die Adressdaten zum Bezugsobjekt. Aus diesem Grund kann ein Serviceauftrag auch gemeinsam mit einer Meldung oder mit Bezug zu einer Meldung angelegt werden.

Wenn ein Serviceauftrag für eine einzelne Servicemaßnahme angelegt wird, besitzt er eine zeitliche Gültigkeit. Im Gegensatz dazu gibt es noch die sogenannten *Daueraufträge*. Ein Dauerauftrag wird für eine bestimmte Laufzeit angelegt, mehrere verschiedene Maßnahmen werden in diesem Zeitraum auf den Dauerauftrag rückgemeldet und abgerechnet. Eine Unterscheidung zwischen den einzelnen Maßnahmen erfolgt nicht. Der Einsatz von Daueraufträgen ist dann zu empfehlen, wenn es sich bei den Servicemaßnahmen um kleinere Maßnahmen, etwa um kleinere Reparaturen, handelt.

Bei der Rückmeldung zum Serviceauftrag können Sie gleichzeitig Rückmeldedaten zur Servicemeldung unter der Voraussetzung erfassen, dass zum Serviceauftrag auch eine Meldung existiert. In der Meldung werden Maßnahmen und Aktionen dokumentiert, im Auftrag dagegen die Kosten gesammelt, um sie dann abzurechnen. Hierin liegt auch, um diesen Punkt nochmals hervorzuheben, ein bedeutender Unterschied zwischen einer Servicemeldung und einem Serviceauftrag.

5.2 Auftragsarten im Service

Generell müssen Sie im Service zwischen *erlöstragenden* und *nicht erlöstragenden Serviceaufträgen* unterscheiden. Ein Serviceauftrag ist in folgenden Fällen erlöstragend:

- wenn es keinen Bezug zu einem Servicevertrag gibt und der Serviceauftrag als Kontierungsobjekt verwendet wird
- wenn die Einstellungen zur Auftragsart dies zulassen

Setzen Sie hierfür das entsprechende Häkchen im Customizing der Auftragsart, das ERLÖSBUCHUNGEN ERLAUBT (siehe Abbildung 5.1). Diese Einstellung wird beim Anlegen neuer Serviceaufträge übernommen. Setzen Sie das Kennzeichen nachträglich, ist es für bereits existierende Aufträge nicht mehr relevant. Erlöstragende Serviceaufträge besitzen im SAP-Standard die Auftragsart SM02.

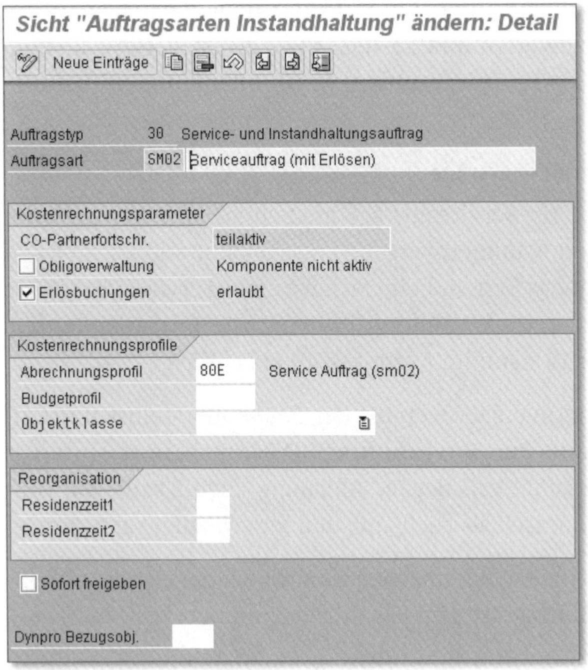

5.2 Auftragsarten im Service

Abbildung 5.1 Customizing der Auftragsart (Transaktion OIOA)

Existiert im Gegensatz dazu ein Servicevertrag für auszuführende Leistungen im System, kann der Serviceauftrag mit Bezug zum Servicevertrag angelegt werden (im SAP-Standard Auftragsart SM01). In diesem Fall stellt der Servicevertrag das Kontierungsobjekt dar, auf das alle anfallenden Erlöse gebucht werden. Der Serviceauftrag trägt lediglich die Istkosten. Genauere Informationen zur Integration des Services ins Controlling erhalten Sie in Kapitel 8, »Controlling von Serviceleistungen«.

In der SAP-Standardauslieferung finden Sie auch die Auftragsart SM03 (Serviceauftrag Reparaturabwicklung). Diese wird genutzt, wenn Sie aus einem Kundenauftrag im Vertriebsmodul automatisch einen Serviceauftrag für die Retouren und Reparaturabwicklung nutzen (siehe auch Kapitel 6, »Retouren und Reparaturen«).

Benutzereigene Serviceauftragsart

Sie können die im Standard ausgelieferten Auftragsarten als Vorlage kopieren, um so Ihre eigene Auftragsart zu konfigurieren und individuell auszuprägen. Dieses Vorgehen hat den Vorteil, dass Sie die im Standard ausgelieferten

Einstellungen nicht verändern und die Möglichkeit haben, die neu angelegte Auftragsart getrennt auszuwerten und abweichend einzustellen. So können Sie z. B. bestimmen, welche Felder im Auftrag Muss- oder Kannfelder sind.

Nummernvergabe für Serviceaufträge

Bei der Nummernvergabe für Serviceaufträge müssen Sie sich zwischen der internen und der externen Nummernvergabe entscheiden. Bei der internen Nummernvergabe vergibt das System beim Sichern eines Serviceauftrags aus einem vordefinierten Nummernkreisintervall die nächste fortlaufende freie Nummer. Diese Nummer ist dann im Auftragskopf ersichtlich.

Bei der externen Nummernvergabe vergibt der Anwender selbst die Auftragsnummer beim Anlegen eines Serviceauftrags. Diese muss in einem zuvor definierten Nummernkreisintervall liegen. Abhängig davon kann die Auftragsnummer sowohl numerisch als auch alphanumerisch aufgebaut sein.

In beiden Fällen, also sowohl bei der internen als auch bei der externen Nummernvergabe, muss die Auftragsart dem jeweiligen Nummernkreis im Customizing zugeordnet sein.

5.2.1 Steuerungsfunktionen der Auftragsart

Wie Sie in Abbildung 5.1 sehen können, gehören zur Auftragsart noch weitere Steuerungsfunktionen. Dazu zählen unter anderem folgende:

- **Obligoverwaltung**
  Aktivieren Sie die Obligoverwaltung, wird für Fremdleistungen sowie für Nichtlagerkomponenten eines Auftrags ein Obligo aufgebaut.

- **Abrechnungsprofil**
  Über die Zuweisung eines Abrechnungsprofils wird die Abrechnung der Kosten und Erlöse eines Serviceauftrags gesteuert. Nähere Informationen zum Abrechnungsprofil erhalten Sie in Kapitel 8, »Controlling von Serviceleistungen«.

- **Residenzzeit1**
  Die Residenzzeit1 ist ausschlaggebend für die Archivierung von Serviceaufträgen der gewählten Auftragsart. Sie gibt die Anzahl von Tagen an, die zwischen dem Setzen der Löschvormerkung im Serviceauftrag und dem Setzen des Löschkennzeichens liegen muss, bevor ein Auftrag archiviert werden kann.

- **Residenzzeit2**
  Die Residenzzeit2 gibt die Anzahl von Tagen an, die zwischen dem Setzen des Löschkennzeichens im Serviceauftrag und der Reorganisation liegen muss.

- **Sofort freigeben**
  Setzen Sie dieses Kennzeichen werden Serviceaufträge sofort freigegeben, wenn sie beispielsweise aus der Wartungsplanung heraus erzeugt werden (Status FREI).

- **Dynpro Bezugsobjekt**
  Über das Feld DYNPRO BEZUGSOBJ. können Sie festlegen, welche Bezugsobjekte Sie bei der Auftragserfassung selektieren bzw. hinterlegen können (z. B. nur Equipment oder nur Technischer Platz oder Technischer Platz, Equipment und Baugruppe).

5.2.2 Vorschlagswerte pro Auftragsart

Pro Auftragsart bietet Ihnen das System die Möglichkeit, Vorschlagswerte im Customizing zu hinterlegen. Diese Vorschlagswerte werden zwar zum Zeitpunkt der Auftragserfassung automatisch in den Beleg übernommen, Sie können die Daten jedoch jederzeit ändern und anpassen. Zu den Vorschlagswerten gehört z. B. der Steuerschlüssel pro Werk und Auftragsart (siehe Abbildung 5.2 und Abschnitt 5.6.1) oder die Festlegung der Kalkulationsparameter pro Werk und Auftragsart (Transaktion OIOF: Kalkulationsparameter für IH-Aufträge). Über die Kalkulationsparameter legen Sie fest, wie das System die Plan- und Istkosten im Serviceauftrag ermittelt.

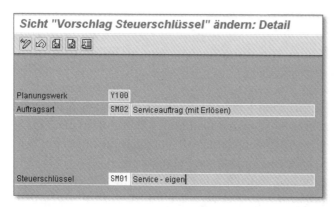

Abbildung 5.2 Vorschlag Steuerschlüssel pro Auftragsart (Transaktion OIO6)

5.3 Prozess der Serviceauftragsbearbeitung

Mit dem in Abbildung 5.3 dargestellten Prozessablauf zur Serviceauftragsbearbeitung möchten wir Ihnen einen ersten Überblick über die im Service zu durchlaufenden Schritte vermitteln. Im Serviceauftrag ist das Bezugsobjekt eingebunden, das sich bei Ihrem Kunden befindet. Sie legen Termine und Zuständigkeiten fest.

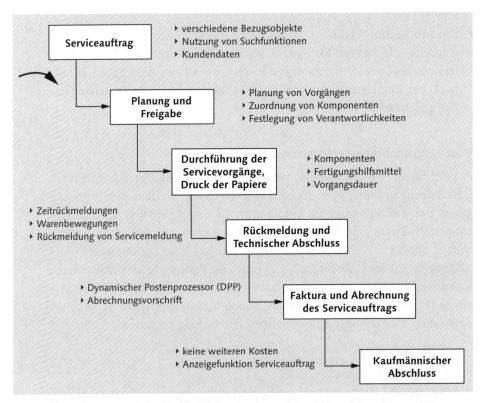

Abbildung 5.3 Serviceauftragsbearbeitung

Die durchzuführenden Arbeiten können Sie mittels *Vorgängen* planen; Sie entscheiden, wer die Servicemaßnahme ausführen soll. Auf Basis der Kapazitätssituation in Ihrem Unternehmen können Sie Vorgänge durch eigene Techniker ausführen lassen oder den Einsatz von Fremdpersonal veranlassen. Die für die Servicemaßnahme benötigten Ersatzteile können mit Mengenangaben dem entsprechenden Vorgang im Auftrag zugeordnet werden. Außerdem können Sie benötigte Hilfsmittel, wie z. B. spezielle Werkzeuge, als Fertigungshilfsmittel (FHM) zuweisen und verwalten.

Ist die Vorgangsplanung abgeschlossen, steht die Durchführung des Serviceauftrags und der einzelnen Servicevorgänge an. Um die Durchführung anzustoßen, sollten Sie den Serviceauftrag entweder freigeben oder in Arbeit geben. Der Systemstatus im Auftrag ändert sich von EROF (eröffnet) auf FREI (freigegeben). Die Auftragspapiere können nun gedruckt oder elektronisch an den Techniker übermittelt werden.

Nach der Vorgangsausführung melden Ihre Techniker oder das eingesetzte Fremdpersonal geleistete Arbeiten, Zeiten sowie verbrauchte Komponenten zurück. Wurde der Serviceauftrag mit Bezug zu einer Servicemeldung angelegt, können Aktionen, Maßnahmen oder auch Ursachen gleichzeitig mit rückgemeldet werden. Sind alle Rückmeldungen vollständig erfasst, können Sie den technischen Abschluss im Auftrag setzen (Status TABG). Dieser lässt sich gleichzeitig für Serviceauftrag und Servicemeldung setzen, oder Sie schließen beide Dokumente unabhängig voneinander ab.

Um die angefallenen Kosten im Serviceauftrag abrechnen zu können, bedarf es einer Abrechnungsvorschrift. Die Abrechnungsvorschrift legt fest, ob und wohin die Istkosten und Erlöse abgerechnet werden. Bei Serviceaufträgen, die über die Periodengrenzen hinweg laufen, können sie entweder *periodisch*, das heißt, so wie sie angefallen sind, oder gesamt, das heißt einmal am Ende der Maßnahme, abgerechnet werden (Näheres hierzu erfahren Sie in Kapitel 8, »Controlling von Serviceleistungen«). Die Rechnungsstellung gegenüber dem Kunden erfolgt entweder *aufwandsgerecht* oder *pauschal*.

- Pauschal heißt, Sie rechnen die erbrachten Leistungen und benötigten Materialien als Festpreis ab.
- Aufwandsgerecht hingegen bedeutet, Sie stellen jede erbrachte Leistung sowie alle benötigten Ersatzteile Ihrem Kunden gegenüber in Rechnung. Die aufwandsgerechte Fakturierung können Sie mithilfe des *Dynamischen Postenprozessors* (DPP) im SAP-System durchführen (nähere Infos zum DPP finden Sie in Abschnitt 5.7.1).

Fallen zu einem Serviceauftrag keine weiteren Kosten mehr an, kann in einem letzten Schritt der Status KAUFMÄNNISCH ABGESCHLOSSEN gesetzt werden (Status ABGS). Ist dieser Status gesetzt, besitzt ein Serviceauftrag lediglich noch Anzeigefunktionalität im System. Der Status kann entweder pro Auftrag oder per Sammelverarbeitung für mehrere Aufträge gleichzeitig gesetzt werden. Der Prozess der Serviceauftragsbearbeitung ist somit vollständig durchlaufen.

Die hier grob beschriebenen Prozessschritte werden nun in den folgenden Abschnitten detaillierter erläutert. Zunächst aber möchten wir Ihnen den Aufbau und die Struktur sowie die einzelnen Funktionen des Serviceauftrags vorstellen.

Funktionen des Serviceauftrags

Der Serviceauftrag bietet Ihnen, wie Sie grob auch schon dem vorangegangenen Abschnitt entnehmen konnten, den folgenden Funktionsumfang an. Dieser gliedert den Serviceauftrag gewissermaßen in einzelne Phasen:

1. **Planungsfunktion**
Im Serviceauftrag planen Sie konkret Servicemaßnahmen wie z. B. Reparaturen oder Wartungsvorgänge. Sie beschreiben konkret auszuführende Tätigkeiten und planen dabei Art und Umfang der jeweiligen Leistung. Sie legen Ausführungstermine pro Vorgang fest und bestimmen den internen und den externen Ressourceneinsatz.

2. **Durchführungs- und Überwachungsfunktion**
Drucken Sie die Auftragspapiere zum Serviceauftrag aus, ist dies ein Indiz dafür, dass die Vorgangsplanung abgeschlossen ist. Sie befinden sich nun in der Phase der Auftragsdurchführung. Die einzelnen sorgfältig geplanten Vorgänge werden nach deren Ausführung durch Ihre Techniker hinsichtlich Zeiten und auch Materialentnahmen zurückgemeldet und somit nacheinander abgeschlossen. Dadurch können Sie sowohl den technischen Auftragsfortschritt als auch die Kostenentwicklung im Auge behalten.

3. **Abrechnungsfunktion**
Mithilfe der Abrechnungsfunktion können Sie eine Abrechnung der entstandenen Kosten zum Serviceauftrag veranlassen. Dabei müssen Sie zwischen einer internen und einer externen Abrechnung unterscheiden. Bei der externen Abrechnung stellen Sie die angefallenen Kosten Ihrem Kunden in Rechnung. Bei der internen Abrechnung entlasten Sie den jeweiligen Serviceauftrag und rechnen die entstandenen Kosten und Erlöse auf ein Controlling-Objekt oder auf einen Servicevertrag ab.

5.4 Inhalt des Serviceauftrags

Abbildung 5.4 gibt Ihnen einen Einblick in die Struktur und den Aufbau des Serviceauftrags. Im Serviceauftrag gibt es verschiedene Datengruppen, die auf mehreren Registerkarten untergebracht sind. Zu diesen Datengruppen gehören z. B. die KOPFDATEN, VORGÄNGE oder auch PARTNER- und OBJEKTDATEN. Diese Daten möchten wir Ihnen im Folgenden nun vorstellen.

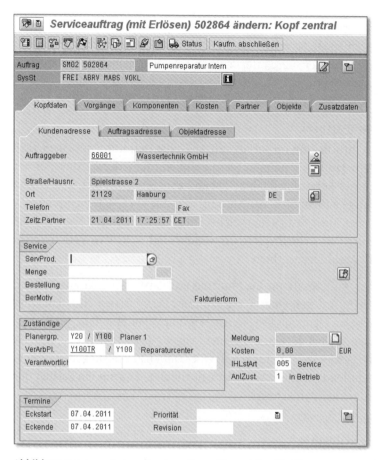

Abbildung 5.4 Layout eines Serviceauftrags (Transaktion IW32)

5.4.1 Kopfdaten des Serviceauftrags

Im Kopf des Serviceauftrags finden Sie die Informationen, die für den gesamten Auftrag gültig sind. Dazu gehören u. a. die Auftragsart, die bestimmt, ob der Serviceauftrag erlöstragend ist oder nicht, eine Beschreibung des Sachverhalts mittels Kurz- oder Langtext, Kunden- und Servicedaten, Zuständigkeiten, Termine (Eckstart- und Eckendtermin des Auftrags) sowie das technische Bezugsobjekt (z. B. Technischer Platz oder Equipment).

Zu den Kopfdaten gehören aber auch die Übersicht der Kosten und Erlöse des jeweiligen Auftrags sowie die Partnerdaten und die Objektliste. Für all diese Daten finden Sie separate Registerkarten im Serviceauftrag.

Registerkarte »Kosten«

Die Registerkarte KOSTEN gibt Ihnen Auskunft über die Schätz-, Plan- und Istkosten eines Serviceauftrags. Hier werden die Kosten und Erlöse in verschiedenen Wertkategorien oder Kostenarten ausgewiesen. Sie können erkennen, welche Kennzahlen an das Informationssystem zu Auswertungszwecken weitergegeben werden. Genauere Informationen hierzu erhalten Sie in Kapitel 8, »Controlling von Serviceleistungen«.

Registerkarte »Partner«

Eine wichtige Information im Serviceauftrag ist die Definition der *Partnerrollen*. Über Partnerrollen definieren Sie die Rollen, die jeder Partner bei der Abwicklung einer Servicemaßnahme haben kann. Sie legen fest, in welchen Rollen Ihr Kunde auftritt (z. B. AG Auftraggeber oder WE Warenempfänger). Sie können aber auch festlegen, welche Rollen bei Ihnen im Haus für die Bearbeitung der Servicemaßnahme notwendig sind (z. B. VW Verantwortlicher oder MB Meldungsbearbeiter).

Haben Sie der Auftragsart im Customizing ein Partnerschema zugeordnet, können Sie beim Anlegen eines Serviceauftrags Partnerdaten erfassen. Über das Partnerschema legen Sie fest, welche Partnerrollen in einem Serviceauftrag verwendet werden dürfen. Dabei kann eine Rolle als Pflichtrolle, d. h. als Muss-Eingabe, gekennzeichnet sein, oder Sie können z. B. festlegen, dass eine Partnerrolle eindeutig sein muss. Eindeutig bedeutet, dass nur ein Partner der Rolle zugeordnet werden kann.

Registerkarte »Objekte«

Die Registerkarte OBJEKTE bietet Ihnen eine Übersicht über alle im Auftrag eingebundenen Bezugsobjekte. Aus einem Bezugsobjekt werden z. B. die Partnerdaten abgeleitet. Weiterhin gehen Bezugsobjekte mit in die Statistik ein. Ein Bezugsobjekt kann dabei ein Technischer Platz und/oder ein Equipment und/oder eine Baugruppe sein.

Objektinformationsschlüssel

Um sich einen Überblick über das im Auftrag eingegebene technische Bezugsobjekt zu verschaffen, steht Ihnen der sogenannte *Objektinformationsschlüssel* zur Verfügung. Dieser wird im Customizing definiert und ist der Auftragsart oder dem technischen Objekt im Stammsatz zugeordnet (analog der Meldungsart). Er selektiert Daten zum Bezugsobjekt bzw. je nach Einstellung auch Daten zum Objekt und über- oder untergeordneten Objekten.

Je nach Definition kann auch hier der Objektinformationsschlüssel unter anderem über Folgendes Auskunft geben:

- erfasste und abgeschlossene Meldungen zum Objekt
- erfasste und abgeschlossene Serviceaufträge zum Objekt
- zum Objekt vorhandene, gültige Serviceverträge
- die Anzahl von Bearbeitungstagen bei bereits aufgetretenen Störungen zum Objekt

Über einen Zeitraum wird festgelegt, wie weit die Selektion der Belege in die Vergangenheit reichen soll. Sie können auch bestimmen, ob der Objektinformationsschlüssel beim Anlegen des Auftrags nach Eingabe und Prüfung des technischen Objekts automatisch auf Ihrem Bildschirm erscheinen soll oder ob Sie das Pop-up manuell über den entsprechenden Button ( ) aufrufen.

Aus dem Objektinformationsschlüssel heraus können Sie in alle verknüpften Dokumente, Belege oder Strukturen zum Objekt – sowie in den Stammsatz des technischen Bezugsobjekts – verzweigen.

System- und Anwenderstatus im Serviceauftrag

Der *Systemstatus* ist ein Status, der vom System automatisch gesetzt wird, wenn vom Anwender bestimmte Funktionen im Serviceauftrag durchgeführt werden. Der Systemstatus spiegelt zugleich den Zustand des Serviceauftrags wider. Er kann nicht direkt manuell geändert werden und ist auch nicht durch Einstellungen im Customizing zu beeinflussen.

Systemstatus [zB]

Legen Sie einen Serviceauftrag neu an, erhält der Auftrag den Systemstatus ERÖFFNET (Status EROF). Ein weiterer Status kommt automatisch durch das System hinzu, wenn Sie z. B. die Kosten im Auftrag ermitteln lassen (Status VOKL: vorkalkuliert).

Der *Anwenderstatus* dagegen ist ein Status, der in der Regel vom Anwender gesetzt und über das Customizing definiert wird. Er ist ein allgemeines Werkzeug, das auch in anderen SAP-Anwendungen verwendet wird. Über den Anwenderstatus können Sie genauer spezifizieren, welche betriebswirtschaftlichen Vorgänge erlaubt bzw. nicht erlaubt sind (z. B. ist es erlaubt, einen freigegebenen Auftrag zurückzumelden, aber gleichzeitig ist es nicht mehr erlaubt, die Kosten zum Auftrag zu schätzen).

Dazu ist es notwendig, im Customizing ein Anwenderstatusschema für Aufträge zu definieren. Das Anwenderstatusschema wird sprachabhängig festgelegt und der Auftragsart zugeordnet. Gleichzeitig muss das Statusschema einem Objekttyp zugeordnet werden (hier Objekttyp QRI: PM/SM-AUFTRAG). Über den Objekttyp wird definiert, für welche Anwendung oder für welche Stammdaten das Anwenderstatusschema generell verwendet werden darf.

Innerhalb des Statusschemas können Sie für die verschiedenen Status eine Ordnungsnummer vergeben. Diese regelt sozusagen die Reihenfolge der einzelnen Status innerhalb des Schemas. Der Status selbst besteht aus einem maximal vierstelligen Kürzel. Darüber hinaus müssen Sie definieren, welche Status-Ordnungsnummer ein Status haben darf, welche also die niedrigste bzw. höchste Ordnungsnummer innerhalb des Schemas ist.

Zu den Kopfdaten des Serviceauftrags zählen auch das sogenannte *Serviceprodukt* und das *Berechnungsmotiv*, zu finden innerhalb der Datengruppe SERVICE. Auf diese wollen wir in den nächsten Abschnitten genauer eingehen.

5.4.2 Serviceprodukt und Berechnungsmotiv

Ein *Serviceprodukt* beschreibt eine für den Kunden zu erbringende Leistung, die mithilfe eines Materialstammsatzes im System abgebildet wird. Der Materialstammsatz besitzt die Materialart DIEN (Dienstleistung). Wird ein Serviceprodukt im Serviceauftrag zugeordnet, bedeutet dies, dass eine Fakturierung von anfallenden Leistungen zu einem Festpreis möglich ist. Soll der Serviceauftrag aber nach Aufwand fakturiert werden, werden die tatsächlich erbrachten Leistungen in Rechnung gestellt. Das Serviceprodukt wird dann lediglich als statistische Position in Fakturaanforderung und Faktura ausgewiesen.

Hinterlegen Sie ein Serviceprodukt im Serviceauftrag, kann zu diesem automatisch eine Anleitung mitsamt Vorgängen und Komponenten ermittelt und in den Auftrag übernommen werden. Voraussetzung hierfür ist, dass Tabelle T399A, die Sie in Abbildung 5.5 sehen, entsprechend gepflegt ist.

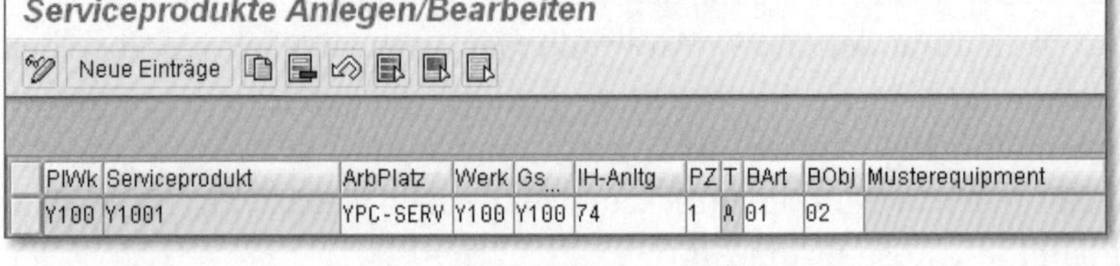

PlWk	Serviceprodukt	ArbPlatz	Werk	Gs	IH-Anltg	PZ	T	BArt	BObj	Musterequipment
Y100	Y1001	YPC-SERV	Y100	Y100	74	1	A	01	02	

Abbildung 5.5 Tabelle T399A – Serviceprodukte (Transaktion OISD)

In der Tabelle T399A hinterlegen Sie in Abhängigkeit vom Planungswerk das Serviceprodukt. Dem Serviceprodukt ordnen Sie einen verantwortlichen Arbeitsplatz im Werk und Geschäftsbereich sowie eine gültige Instandhaltungsanleitung für Servicemaßnahmen mit gültigem Plangruppenzähler zu. Mögliche Einträge zu Bezugsart und Bezugsobjekttyp runden die Daten ab.

Die *Bezugsart* gibt an, ob ein technisches Bezugsobjekt im Auftrag angegeben werden kann (Bezugsart 01), angegeben werden muss (Bezugsart 02), automatisch angelegt wird (Bezugsart 03) oder ob überhaupt kein Bezug zu einem technischen Objekt vorhanden sein muss. Über den Bezugsobjekttyp wird das technische Bezugsobjekt genau spezifiziert. Als mögliche Bezugsobjekte kommen Technische Plätze (Objekttyp 01), Equipments (Objekttyp 02), Serialnummern (Objekttyp 03) und Baugruppen (Objekttyp 04) infrage.

Serviceprodukte können auch im sogenannten Retouren- und Reparaturprozess eingesetzt werden. Nähere Informationen hierzu finden Sie in Kapitel 6.

Ein *Berechnungsmotiv* können Sie bereits im Serviceauftragskopf hinterlegen. Über ein Berechnungsmotiv können Sie ausweisen, wie mit angefallenen Kosten umgegangen werden soll, ob diese z. B. nach Garantie oder nach Kulanz abgerechnet werden sollen.

Berechnungsmotiv [zB]

Sie haben bei Ihrem Kunden eine Inspektion der Heizungsanlage durchgeführt. Ein Teil der Arbeiten wurde auf Kulanzbasis erbracht. Die gewährte Kulanz wird über ein Berechnungsmotiv bei der Preisfindung berücksichtigt.

Ein Berechnungsmotiv definieren Sie im Customizing über einen zweistelligen Schlüssel. Dieser kann sowohl numerisch als auch alphanumerisch aufgebaut sein (z. B. K1, Kulanz 100 % Abschlag). Darüber hinaus muss, neben dem Vorhandensein eines gültigen Konditionssatzes, die Steuerung der Preisfindung im Vertrieb so eingestellt sein, dass das Berechungsmotiv gefunden wird. Erst dann kann es in die Preisfindung mit einfließen. Um welche Einstellungen es sich dabei handelt, stellen wir Ihnen nun in den folgenden Abschnitten vor.

Abbildung 5.6 verdeutlicht die erforderlichen Einstellungen zum Berechnungsmotiv in der Preisfindung des Vertriebs. Die in der Abbildung hinterlegten Angaben zu Konditionsart, Zugriffsfolge oder Konditionstabelle entsprechen dabei der Standardauslieferung des SAP-Systems.

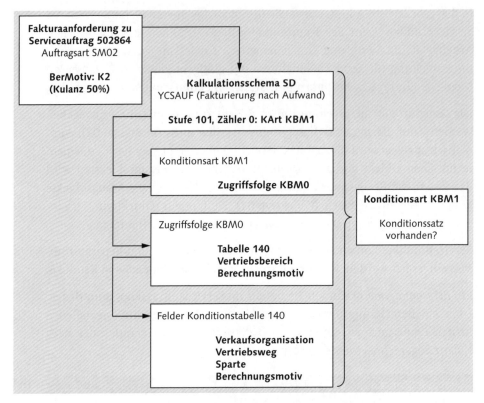

Abbildung 5.6 Berechnungsmotiv in der Preisfindung

In unserem Beispiel wird zu dem erlöstragenden Serviceauftrag 502864 eine Fakturaanforderung erzeugt. Dabei wird das Berechnungsmotiv mit K2, Kulanz zu 50 %, im Vertriebsbeleg ausgewiesen. Das heißt, dem Kunden gegenüber gewähren wir auf die anfallenden Kosten eine Kulanz von 50 %.

Für die Preisfindung in der Fakturaanforderung wird das Kalkulationsschema YCSAUF (Fakturierung nach Aufwand) ermittelt. Dieses enthält die Konditionsart KBM1, der in ihren Detaildaten die Konditionsklasse A (Zu- oder Abschläge) und die Rechenregel A (Prozentual) zugeordnet sind. Darüber hinaus ist die Kontierungsrelevanz in der Konditionsart mit B (Kontierung mit Berechnungsmotiv) festgelegt, die Zugriffsfolge lautet KBM0 (Berechnungsmotiv).

Eine Zugriffsfolge legt generell fest, mit welchen Konditionstabellen auf Konditionssätze in welcher Reihenfolge zugegriffen wird. In unserem Beispiel enthält die Zugriffsfolge KBM0 die Konditionstabelle 140. Diese wiederum beinhaltet den Vertriebsbereich, also die Felder VERKAUFSORGANI-

SATION, VERTRIEBSWEG und SPARTE, sowie das Feld BERECHNUNGSMOTIV zum Zugriff.

Sind nun alle zum Zugriff definierten Felder vorhanden und existiert zum Datum ein gültiger Konditionssatz, werden die Daten des Konditionssatzes in den Vertriebsbeleg übernommen. Der über das Berechnungsmotiv definierte Abschlag fließt in die Preisfindung mit ein. Konditionssätze im Vertrieb können Sie entweder über die Transaktion VK11 (Konditionssätze anlegen) oder VK31 (Konditionssätze anlegen) anlegen.

Berechnungsmotive können Sie, außer im Serviceauftragskopf und der Fakturaanforderung, auch in der Einzelzeitrückmeldung (Transaktion IW41), der Sammelrückmeldung (Transaktion IW44) oder der Gesamtrückmeldung (Transaktion IW42) hinterlegen. Bei der Rückmeldung von Materialbewegungen müssen Sie pro Zeile und somit pro Material bestimmen, ob ein Berechnungsmotiv eingegeben werden soll. Werden Zeitdaten per CATS (*Cross Application Time Sheet*, Transaktion CAT2) zurückgemeldet, muss pro Berechnungsmotiv ebenfalls eine eigene Zeile eröffnet werden. Ist die Komponente »Ergebnis- und Marktsegmentrechnung« (CO-PA) aktiv, kann ein Auftrag an ein Ergebnisobjekt abgerechnet und ein Berechnungsmotiv für die Auftragsabrechnung zugeordnet werden.

5.4.3 Positionsdaten im Serviceauftrag

In einem Serviceauftrag planen Sie die durchzuführenden Arbeiten. Sie legen die internen und eventuell benötigten externen Ressourcen fest und beziehen benötigte Komponenten oder Fertigungshilfsmittel in Ihre Planungen mit ein. Relevante Daten geben Sie auf verschiedenen Registerkarten ein, bzw. je nach Bezugsobjekt wird eine Vielzahl von Daten aus dem zugrunde liegenden Stammsatz des eingebundenen Bezugsobjekts in den Serviceauftrag übernommen. Im Serviceauftrag finden Sie auf den einzelnen Registerkarten die folgenden Informationen (siehe Abbildung 5.4):

- **Registerkarte »Vorgänge«**
  Vorgänge helfen Ihnen, die Arbeiten zu beschreiben, die bei der Ausführung des Serviceauftrags anstehen. Dabei ordnen Sie Steuerschlüssel, Arbeitsplatz, die Anzahl der benötigten Kapazitäten oder die Dauer pro einzelnem Vorgang zu.

- **Registerkarte »Komponenten«**
  Pro Vorgang können Sie im Serviceauftrag Komponenten zuordnen, die Sie zur Ausführung benötigen. Dabei müssen Sie neben Menge und Men-

geneinheit auch den Lagerort des Materials oder den Positionstyp angeben. Über den Positionstyp steuern Sie, ob es sich um eine Lager- oder Nichtlagerkomponente handelt. Die im Serviceauftrag aufgeführten Komponenten werden in der Regel auf den Serviceauftrag verbraucht. Dabei werden sie mit dem Bewertungspreis aus dem Materialstammsatz bewertet (entweder Standardpreis oder gleitender Durchschnittspreis).

- **Registerkarte »Zusatzdaten«**
  Auf der Registerkarte ZUSATZDATEN werden die dem Serviceauftrag zugrunde liegenden Organisationsdaten abgebildet. Hierzu zählen Buchungskreis, Kostenrechnungskreis oder Funktionsbereich.

- **Registerkarte »Standort«**
  Standort- und Kontierungsdaten werden als Vorschlagswerte aus dem Stammsatz des Bezugsobjekts in den Serviceauftrag übernommen. Bei Bedarf können die Daten geändert und angepasst werden. Eine Änderung der Daten im Serviceauftrag bedingt aber nicht automatisch eine Änderung und Anpassung der Daten im Stammsatz des Bezugsobjekts. Weitere Daten, die aus dem Stammsatz übernommen werden, sind die Vertriebsbereichsdaten.

- **Registerkarte »Planung«**
  Auf der Registerkarte PLANUNG wird automatisch durch das System festgehalten, ob ein Arbeitsplan im Serviceauftrag eingebunden wurde und, wenn ja, um welchen Arbeitsplan es sich dabei handelt. Das System weist den Plantyp (z. B. A für Anleitung), den Plangruppenzähler sowie die Plangruppe aus. Wurde der Serviceauftrag automatisch aus einem Wartungsplan heraus erzeugt, können Sie z. B. die Wartungsplannummer oder Wartungsposition ablesen. Ebenso wird die Belegnummer des letzten Serviceauftrags anzeigt, der auf Basis der Wartungsposition erzeugt wurde.

- **Registerkarte »Steuerung«**
  Die Steuerungsdaten halten unter anderem fest, wer der Erfasser oder der letzte Änderer eines Serviceauftrags ist. Die Parameter für die Plan- und Istkostenkalkulation eines Auftrags sind hier ebenso abzulesen wie das Profil für die Steuerung der aufwandsbezogenen Fakturierung und Angebotserstellung (siehe auch Abschnitt 5.7.1, »Dynamischer Postenprozessor (DPP)«).

5.5 Serviceauftrag anlegen

Das System bietet Ihnen verschiedene Möglichkeiten, um einen Serviceauftrag zu eröffnen. Im Einzelnen haben Sie folgende Alternativen:

1. **Anlegen eines Serviceauftrags ohne Bezug zur Servicemeldung**
   Sie legen direkt einen Auftrag an und geben manuell alle benötigten Daten, wie z. B. Bezugsobjekt oder Vorgangsdaten, ein.

2. **Anlegen eines Serviceauftrags mit direkter Eröffnung einer Servicemeldung**
   Der Serviceauftrag bietet Ihnen die Möglichkeit, direkt aus der Auftragserfassung heraus zusätzlich eine Servicemeldung anzulegen. Sie müssen lediglich auf den Button ANLEGEN klicken und im folgenden Pop-up die Meldungsart mitgeben. Alle Daten, die zu diesem Zeitpunkt bereits im Serviceauftrag vorhanden sind, wie z. B. Bezugsobjekt oder Auftraggeber, werden in die Meldung übernommen. Gehen Sie zurück in den Serviceauftrag, sehen Sie, dass die Meldungsnummer mit angezeigt wird (bei früher Nummernvergabe). So gehen Sie vor, wenn Sie die Meldung zusätzlich zu Dokumentationszwecken nutzen möchten.

3. **Anlegen eines Serviceauftrags mit nachträglicher Eröffnung einer Servicemeldung**
   Sie legen zunächst einen Serviceauftrag an und geben diesen frei. Nach der Ausführung der einzelnen Vorgänge sollen bei der Rückmeldung aber noch zusätzlich Informationen wie betroffene Objektteile oder Ursachen detailliert mitgegeben werden, um diese zu einem späteren Zeitpunkt auswerten zu können. Hier können Sie dann vorgehen, wie bereits im vorangegangenen Punkt beschrieben. Sie gehen zurück in den Serviceauftrag und legen nachträglich eine Servicemeldung über den Button ANLEGEN an.

4. **Anlegen eines Serviceauftrags auf Basis einer vorhandenen Servicemeldung**
   Wenn das in einer bereits vorhandenen Servicemeldung dokumentierte Kundenproblem beseitigt werden soll, wählen Sie diese Variante. Dafür ist es erforderlich, den bevorstehenden Technikereinsatz detailliert zu planen. Sie legen daher zur Servicemeldung einen Serviceauftrag an. Auch hierbei werden die schon in der Meldung vorhandenen Informationen in den Serviceauftrag übertragen.

5. **Anlegen eines Serviceauftrags auf Basis mehrerer Servicemeldungen**
   Gibt es zu einem einzelnen Bezugsobjekt mehrere Störfälle und wurden diese in mehreren Meldungen festgehalten, können Sie einen Serviceauf-

trag anlegen und mehrere Meldungen bündeln. Dazu empfiehlt es sich, über die Listbearbeitung von Servicemeldungen einzusteigen (Transaktion IW58: Servicemeldung ändern: Selektion Meldungen). Im Auftrag selbst können Sie dann auf der Registerkarte OBJEKTE erkennen, welche bzw. wie viele Meldungen eingebunden wurden (siehe auch Abbildung 5.7).

6. **Anlegen eines Serviceauftrags auf Basis der Wartungsplanung**
Aus der Wartungsplanung heraus werden in regelmäßigen Abständen Serviceaufträge erzeugt. (Genauere Informationen dazu finden Sie in Kapitel 7, »Geplanter Kundenservice«.)

Abbildung 5.7 Objektübersicht im Serviceauftrag (Transaktion IW32)

In den folgenden Abschnitten möchten wir uns der Vorgangsplanung im Serviceauftrag zuwenden.

5.6 Vorgangsplanung im Serviceauftrag

Im Serviceauftrag planen und hinterlegen Sie auszuführende Aufgaben für Ihre Kunden. Dabei können Sie zwischen zwei Arten von Vorgängen unterscheiden: Eigenbearbeitungsvorgänge und Fremdbearbeitungsvorgänge. Bei *Eigenbearbeitungsvorgängen* greifen Sie auf interne Ressourcen zur Ausführung von Aufgaben zu. Dabei ordnen Sie einem Vorgang einen ausführenden Arbeitsplatz zu. Bei *Fremdbearbeitungsvorgängen* nehmen Sie gezielt externe Ressourcen zur Ausführung von Leistungen in Anspruch. Nähere Informationen zu Fremdleistungen im Serviceauftrag finden Sie in Abschnitt 5.6.4, »Terminierung und Kapazitätsplanung«.

5.6.1 Steuerschlüssel zur Vorgangsplanung

Ob ein Vorgang intern oder extern ausgeführt wird, wird durch den Steuerschlüssel des Auftragsvorgangs bestimmt. Im SAP-Standard werden die folgenden Vorgangssteuerschlüssel im Service ausgeliefert: SM01 (Service –

Eigen), SM02 (Service – Fremd) und SM03 (Service – Fremd Dienstleistung) (siehe auch Abbildung 5.11). Mit jedem Vorgangssteuerschlüssel sind die folgenden Steuerungsparameter verbunden:

- **Kennzeichen »Terminieren«**
  Ist das Häkchen für die Terminierung gesetzt, bedeutet dies, dass Eckstart- und Eckendtermin zum Vorgang ermittelt werden. Das System zieht dabei die im Vorgang hinterlegte Vorgangsdauer heran und setzt diese in Relation zu den Terminangaben im Serviceauftragskopf.

- **Kennzeichen »Kapazitätsbedarfe ermitteln«**
  Ist dieses Häkchen gesetzt, hat dies zur Folge, dass das System die verfügbaren Kapazitäten eines Arbeitsplatzes innerhalb der im Stammsatz hinterlegten Planarbeitszeiten ermittelt. Kapazitätsbedarfe sollten Sie nur dann vom System ermitteln lassen, wenn ein Vorgang auch terminiert wird.

- **Kennzeichen »Kalkulieren«**
  Ist das Häkchen gesetzt, heißt das für den Serviceauftrag, dass Plankosten kalkuliert und anfallenden Istkosten gegenübergestellt werden.

- **Kennzeichen »Drucken«**
  Ist das Häkchen gesetzt, können zum Vorgang relevante Auftragspapiere gedruckt werden.

- **Kennzeichen »Lohnscheine drucken«**
  Ist das Häkchen gesetzt, können Lohnscheine zum Vorgang gedruckt werden.

- **Kennzeichen »Rückmeldescheine drucken«**
  Ist das Häkchen gesetzt, können Rückmeldescheine zum Vorgang gedruckt werden.

- **Rückmeldung**
  Sie legen hierüber fest, ob eine Rückmeldung zum Vorgang vorgesehen ist bzw. möglich oder nicht möglich sein soll.

- **Fremdbearbeitung**
  Hier bestimmen Sie, ob es sich um einen Steuerschlüssel für Eigen- oder Fremdbearbeitung handelt. Wird der Steuerschlüssel als Fremdbearbeitung deklariert, können Sie zusätzlich noch kennzeichnen, ob zum Vorgang Dienstleistungen geplant werden können.

Damit ein Steuerschlüssel in der Vorgangsübersicht eines Serviceauftrags automatisch vorgeschlagen werden kann, haben Sie folgende Möglichkeiten:

- Sie können im Customizing pro Werk und Auftragsart einen Steuerschlüssel als Vorschlagswert hinterlegen.

▶ Sie können im Stammsatz des ausführenden Arbeitsplatzes auf der Registerkarte VORSCHLAGSWERTE einen Steuerschlüssel als Vorschlagswert hinterlegen.

Ist im Customizing und im Stammsatz des Arbeitsplatzes je ein Steuerschlüssel als Vorschlagswert hinterlegt, wird beim Anlegen eines Serviceauftrags für den ersten Vorgang in der Vorgangsübersicht der Vorschlagswert des Customizing-Eintrags herangezogen, für alle weiteren Vorgänge der Vorschlagswert des Stammsatzes.

[+] **Anordnungsbeziehungen im Serviceauftrag**

Im Serviceauftrag können Sie auf Vorgangsebene sogenannte Anordnungsbeziehungen hinterlegen (AOB). Anordnungsbeziehungen beschreiben die Abhängigkeiten der einzelnen Vorgänge untereinander und legen somit die zeitliche Abfolge der einzelnen Vorgänge fest. Generell unterscheidet man zwischen Normalfolgen, Anfangsfolgen, Endfolgen und Sprungfolgen.

5.6.2 Planung von Eigenleistungen

Für die Planung von Eigenleistungen steht Ihnen der Steuerschlüssel SM01 zur Verfügung. *Eigenleistung* heißt, Sie greifen für die Durchführung einer Servicemaßnahme gezielt auf eine oder mehrere interne Ressourcen zu. Gehen Sie bei der Planung wie folgt vor:

1. Hinterlegen Sie auf der Registerkarte VORGÄNGE im Serviceauftrag die Anzahl von Vorgängen, die zur Ausführung einer anstehenden Servicemaßnahme benötigt werden. Ordnen Sie pro Vorgang einen ausführenden Arbeitsplatz zu, und hinterlegen Sie eine Vorgangsbeschreibung mittels Kurztext bzw. einen weiterführenden Langtext.

2. Für die Kalkulation und Planung von Kapazitäten bzw. für die Terminierung eines Vorgangs hinterlegen Sie eine Dauer mitsamt der Anzahl benötigter Kapazitäten.

Alternativ zu dieser manuellen Pflege von Vorgängen können Sie aber auch auf bereits im Vorfeld angelegte Arbeitspläne zugreifen. Das System bietet Ihnen hier die Möglichkeit, einen Arbeitsplan direkt zu dem im Auftrag hinterlegten Bezugsobjekt einzubinden. Sie können aber auch ganz allgemein eine Anleitung zum Serviceauftrag selektieren. Dabei springen Sie im Menü über ZUSÄTZE • ARBEITSPLANSELEKTION • ANLEITUNGEN ALLGEMEIN in die Listanzeige für Arbeitspläne ab. Eine weitere Option an dieser Stelle ist, wie auch

Abbildung 5.8 zeigt, den Arbeitsplan direkt in einem Pop-up einzugeben und so im Auftrag einbinden zu lassen.

Abbildung 5.8 Direkteingabe Arbeitsplan (Transaktion IW31)

5.6.3 Materialplanung und Verfügbarkeitsprüfung

Zu jedem Arbeitsvorgang können benötigte Komponenten hinterlegt werden. Welche Komponenten zu welchem Vorgang gehören, geht aus der Registerkarte KOMPONENTEN hervor, da bei jedem Materialeintrag die Vorgangsnummer mit angegeben werden muss. Hat zu einem Vorgang eine Komponentenzuordnung stattgefunden, wird auf der Registerkarte VORGÄNGE automatisch das Kennzeichen für KOMPONENTEN ZUGEORDNET im jeweiligen Vorgang gesetzt.

Es stehen Ihnen mehrere Möglichkeiten zur Verfügung, um Komponenten zu planen und im Serviceauftrag einzubinden. Dazu gehören neben der manuellen Pflege folgende Alternativen:

- **Selektion aus der Strukturliste**
  Selektieren Sie aus der Stückliste zum Bezugsobjekt die Komponenten, die Sie für die anstehende Servicemaßnahme benötigen.

- **Übernahme aus dem Arbeitsplan**
  Binden Sie einen Arbeitsplan in den Serviceauftrag ein, in dem Komponentenzuordnungen vorhanden sind, werden diese automatisch in den Auftrag kopiert.

- **Anbindung von Katalogen**
  Sie können aus Hersteller- und Internetkatalogen die entsprechenden Komponenten selektieren und dem Vorgang zuweisen.

- **Selektion aus dem Materialverwendungsnachweis**
  Existieren zum eingegebenen Bezugsobjekt ältere Serviceaufträge und sind in diesen Komponenten eingebunden, können Sie sich über den gleichnamigen Button die Komponenten anzeigen lassen und sie in den aktuellen Auftrag übernehmen.

Bei der Komponentenzuordnung wird über den Positionstyp festgelegt, ob es sich z. B. um eine Lager- oder um eine Nichtlagerkomponente handelt.

Lagerkomponente

Handelt es sich um eine *Lagerkomponente* (Positionstyp L), in deren Materialstamm eine Prüfgruppe hinterlegt ist, kann zum Zeitpunkt der Auftragseröffnung, zum Zeitpunkt der Auftragssicherung oder für einen freigegebenen Auftrag eine Verfügbarkeitsprüfung durchgeführt werden. Bei der Verfügbarkeitsprüfung wird die benötigte Menge mit der bestätigten Menge verglichen. Befindet sich genügend Material auf Lager, wird die entsprechende Menge zum Auftrag reserviert. Die Reservierung kann entweder sofort, also bei der Eröffnung des Auftrags, oder bei dessen Freigabe erfolgen.

Generell wird die Verfügbarkeitsprüfung im Customizing pro Werk, Auftragsart und Vorgang eingerichtet (Transaktion OIOI: Steuerung Aufträge). Mögliche Vorgänge können sein: Auftrag eröffnet, Auftrag freigeben bzw. Auftrag freigegeben. Neben der im Materialstamm befindlichen Prüfgruppe spielt auch die sogenannte *Prüfregel*, die pro Werk und Auftragsart zugeordnet wird, eine wichtige Rolle. Prüfregel und Prüfgruppe regeln in Kombination den sogenannten *Prüfungsumfang* bei der Verfügbarkeitsprüfung. Der Prüfungsumfang legt unter anderem fest, welche Bestandsarten in die Prüfung mit einfließen (z. B. mit Sicherheitsbeständen, mit Qualitätsprüfbeständen), welche Zu- und Abgänge zu berücksichtigen sind (z. B. Reservierungen, Bestellanforderungen, Bestellungen) oder auf welcher Organisationsebene, konkret Werks- oder Lagerortebene, die Verfügbarkeitsprüfung vom System durchgeführt wird.

Haben Sie eine Materialverfügbarkeitsprüfung durchgeführt, können Sie sich das Ergebnis mit der Transaktion IWBK (Materialverfügbarkeitsinformation) anzeigen lassen (siehe auch Abbildung 5.9):

- Materialien, die nicht auf Lager verfügbar sind und beschafft werden müssen, werden mit einer roten Ampel dargestellt. Das System setzt dann automatisch den Systemstatus FMAT (Fehlmaterial) im Serviceauftrag.
- Eine grüne Ampel dagegen weist darauf hin, dass das Material auf Lager verfügbar ist und zum gewünschten Zeitpunkt entnommen werden kann. Der Systemstatus MABS (Material bestätigt) wird dann im Serviceauftrag gesetzt.

5.6 Vorgangsplanung im Serviceauftrag

	Auftrag	Vrg	Früh.Start	Spät.Start	Pos.	WE	Bestellung	Material	Materialkurztext	BedMenge	Entn.Mng	Menge	WE-Menge	BME
☑ ●○○	502820	0010	11.02.2011	11.02.2011	0010			YR-1001	Maxitec-R 3100 Personal Computer	1	0	0		ST
☐ ●○○	* 502820									1	0	0		ST
☐ ○○■	502829	0020	03.03.2011	03.03.2011	0010			YT-FP999	Pumpe normalsaugend SIHI 200-200	2	2	2		ST
☐ ○○■	* 502829									2	2	2		ST
☐ ○○■	502830	0010	03.03.2011	03.03.2011	0010			YT-FP999	Pumpe normalsaugend SIHI 200-200	1	0	1		ST
☐ ○○■	* 502830									1	0	1		ST
☐ ○○■	502831	0010	03.03.2011	03.03.2011	0010			YT-FP999	Pumpe normalsaugend SIHI 200-200	1	1	1		ST
☐ ○○■	* 502831									1	1	1		ST
☐ ○○■	502833	0010	08.03.2011	08.03.2011	0010			Y100-210	Rohling für Laufrad	2	2	2		ST
☐ ○○■	* 502833									2	2	2		ST
☐ ○○■	502845	0010	24.03.2011	24.03.2011	0010			YT-FP999	Pumpe normalsaugend SIHI 200-200	2	2	2		ST
☐ ○○■	502845	0010	24.03.2011	24.03.2011	0020			Y100-400	Steuerelektronik	2	2	2		ST
☐ ○○■	502845	0020	24.03.2011	24.03.2011	0010			YT-FP999	Pumpe normalsaugend SIHI 200-200	1	1	0		ST
☐ ●○○	502845	0030	24.03.2011	24.03.2011	0010			YT-FP999	Pumpe normalsaugend SIHI 200-200	1	0	0		ST
☐ ●○○	* 502845									6	5	4		ST
☐ ●○○	502857	0010	23.03.2011	23.03.2011	0000			Y5010	Akku x2y	1	0	0		ST
☐ ●○○	* 502857									1	0	0		ST
☐ ●○○	502859	0010	24.03.2011	24.03.2011	0000			Y5010	Akku x2y	1	0	0		ST
☐ ●○○	* 502859									1	0	0		ST
☐ ○○■	502864	0050	17.05.2011	17.05.2011	0010			Y100-300	Welle	2	0	2		ST
☐ ○○■	502864	0060	17.05.2011	17.05.2011	0020			YKR117185	Distanzring	4	0	4		ST
☐ ○○■	* 502864									6	0	6		ST

Abbildung 5.9 Verfügbarkeitsinformation Material (Transaktion IWBK)

Nichtlagerkomponente

Handelt es sich um eine Nichtlagerkomponente (Positionstyp N), die in den Auftrag eingebunden wird, löst das System entweder direkt bei der Auftragseröffnung oder bei der Freigabe eine Bestellanforderung aus. Die Nichtlagerkomponente kann mittels einer Materialnummer oder anhand eines Kurztextes im Auftrag eingegeben werden. Die automatisch erzeugte Bestellanforderung ist auf den Serviceauftrag kontiert und kann regulär im Einkauf weiterbearbeitet werden. Alternativ hierzu können Sie auch mithilfe einer Textposition (Positionstyp T) eine Komponente für die Auftragsdurchführung anfordern.

Vorabversand von Komponenten

Wenn Sie das für die durchzuführende Servicemaßnahme benötigte Material vorab Ihrem Kunden zuschicken möchten, können Sie den in der Komponentenübersicht angebotenen *Vorabversand* nutzen. Für einen Vorabversand wird aus dem Serviceauftrag heraus ein Kundenauftrag erzeugt. Abhängig von der gewählten Verkaufsbelegart wird der Kundenauftrag entweder als Ersatzteilauftrag oder als Konsignationsbeschickung angelegt. Der Kundenauftrag übernimmt dabei alle im Serviceauftrag markierten Komponenten.

Weiterführende Informationen hierzu sowie eine praktische Anwendung für den Vorabversand mit Kundenkonsignation finden Sie in Kapitel 11 dieses Buches.

5.6.4 Terminierung und Kapazitätsplanung

Lassen Sie einen Serviceauftrag durch das System terminieren, bedeutet dies, dass die Start- und Endtermine der einzelnen Auftragsvorgänge durch das System berechnet werden. Legen Sie hierfür pro Vorgang eine Dauer fest, und tragen Sie diese im gleichnamigen Feld ein. Das System setzt daraufhin die Dauer in Relation zu dem im Auftrag eingegebenen Start- bzw. Endtermin.

Die *Terminierung* bietet Ihnen verschiedene Terminierungsarten an. Bei der Vorwärtsterminierung z. B. werden die einzelnen Vorgangstermine, ausgehend von dem im Auftrag hinterlegten Starttermin, berechnet. Bei der Rückwärtsterminierung dagegen werden die einzelnen Vorgangstermine, ausgehend vom Endtermin, bestimmt. Welche Terminierungsart im Serviceauftrag als Vorschlagswert angezeigt wird, hängt davon ab, welche Einstellung Sie im Customizing zu Werk und Auftragsart vorgenommen haben. Sie können den vorgeschlagenen Wert im Serviceauftrag ändern.

Generell sind folgende Einstellungen notwendig, um eine automatische Terminierung durch das System durchführen zu lassen:

- Sie haben pro Werk und Auftragsart die Terminierungsparameter im Customizing gepflegt und somit festgelegt, welche Terminierungsart im Serviceauftrag zur Ausführung kommen soll (z. B. Vorwärtsterminierung oder Rückwärtsterminierung).
- Sie haben den Steuerschlüssel des Vorgangs als terminierungsrelevant gekennzeichnet.
- Sie haben den einzelnen Vorgängen eine Dauer zugewiesen.
- Sie haben den einzelnen Vorgängen einen Arbeitsplatz zugeordnet, in dessen Stammsatz im Standard die Formel SAP004 (Dauer Eigenbearbeitung) zu finden ist.

Das System berechnet daraufhin die Termine auf Kopf- und auf Vorgangsebene des Serviceauftrags und weist diese entsprechend aus. Treten Warnungen oder Fehler zur Terminierung auf, werden diese im Terminierungsprotokoll gesammelt.

Mit der *Kapazitätsplanung* stellt Ihnen SAP ein Instrument zur Verfügung, mit dem Sie Kapazitätsangebote und Kapazitätsbedarfe ermitteln und einen Kapazitätsabgleich zur Auftragsdurchführung anstoßen können.

Ein *Kapazitätsangebot* stellt dabei die Arbeitszeit dar, die von einem Arbeitsplatz im Werk pro Arbeitstag erbracht werden kann. Das Kapazitätsangebot wird in den Stammdaten des jeweiligen Arbeitsplatzes in den Kopfdaten zur Arbeitsplatzkapazität gepflegt. Hinterlegen Sie Daten zu Arbeitsbeginn und Arbeitsende, Pausendauer oder Daten zur Anzahl der Einzelkapazitäten (d. h. zur Anzahl der Arbeitskräfte pro Arbeitsplatz). Achten Sie auch darauf, dass zur Kapazitätsart auf der Registerkarte KAPAZITÄTEN im Stammsatz eine Formel zur Ermittlung des Kapazitätsbedarfs bei Eigenbearbeitung gepflegt ist (im Standard Formel SAP008). Dieser Eintrag gehört zu den Voraussetzungen für eine aktive Kapazitätsplanung im SAP-System. Zusätzlich muss im Vorgangssteuerschlüssel der Parameter für TERMINIERUNG gesetzt und der Auftrag bereits terminiert worden sein. Weitere Informationen zum Arbeitsplatz finden Sie auch in Kapitel 2, »Stammdaten«, dieses Buches.

Der *Kapazitätsbedarf* leitet sich aus jedem einzelnen Vorgang des Serviceauftrags ab. Er gibt an, welche Kapazität bzw. Leistung einer bestimmten Kapazitätsart (z. B. einer Person oder einer Maschine) zu einem durch den jeweiligen Auftrag bestimmten Zeitpunkt benötigt wird. Die Kapazitätsart finden Sie, wie bereits im vorangegangenen Abschnitt erwähnt, in den Stammdaten des Arbeitsplatzes.

Beim *Kapazitätsabgleich* werden Kapazitätsangebote und Kapazitätsbedarfe einander gegenübergestellt und miteinander abgeglichen. Auf diese Weise können Sie erkennen, ob zu einem Arbeitsplatz eine Über- oder Unterlast vorliegt, und entsprechende Maßnahmen ergreifen. Zum Beispiel können Sie einen Servicetechnikereinsatz verschieben und zu einem späteren Zeitpunkt einplanen. Oder Sie entschließen sich dazu, die Ausführung eines Vorganges als Fremdleistung zu vergeben. Das heißt, Sie beauftragen eine Fremdfirma mit der Durchführung einzelner Vorgänge.

Wie Sie Fremdleistungen planen können und welche Möglichkeiten Ihnen das SAP-System dazu anbietet, erfahren Sie in Abschnitt 5.6.5.

Kapazitätsabgleiche können Sie sich mithilfe von Kapazitätsübersichten anzeigen lassen. Dabei stehen Ihnen grafische oder tabellarische Kapazitätsübersichten zur Verfügung. Im SAP-Menü finden Sie die einzelnen Transaktionen dazu unter dem Pfad LOGISTIK • KUNDENSERVICE • SERVICE-

ABWICKLUNG • AUFTRAG • KAPAZITÄTSPLANUNG. Ein Beispiel für eine grafische Kapazitätsübersicht sehen Sie in Abbildung 5.10.

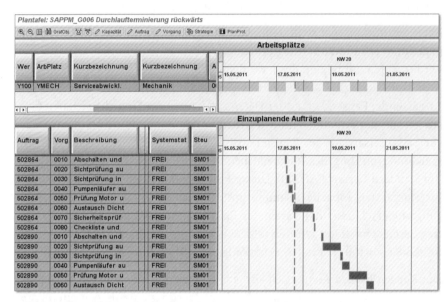

Abbildung 5.10 Abgleich des Arbeitsplatzes YMECH – grafisch (Transaktion CM33)

5.6.5 Planung von Fremdleistungen

Möchten Sie im Serviceauftrag mit Fremdleistungen arbeiten, stehen Ihnen hierfür die Steuerschlüssel SM02 (Service – Fremd) und SM03 (Service – Fremd Dienstleistung) zur Verfügung.

[+] **Fremdleistung**

Fremdleistung heißt, Sie greifen für die Durchführung einer Servicemaßnahme gezielt auf eine oder mehrere externe Ressourcen zu. Der Einsatz einer externen Ressource kann verschiedene Gründe haben. Er kann z. B. dann nötig sein, wenn ein Kapazitätsengpass vorliegt oder wenn der Zugriff auf spezielles Know-how gefordert ist (z. B. die Wartung eines Aufzugs).

Abbildung 5.11 zeigt Ihnen, welche genauen Charakteristika sich aus den beiden Steuerschlüsseln SM02 und SM03 ergeben. Beide Steuerschlüssel weisen den jeweiligen Vorgang zunächst als einen fremdbearbeiteten Vorgang aus. Während Steuerschlüssel SM02 die angeforderte Fremdleistung nur über einen Text beschreibt, gibt Steuerschlüssel SM03 konkret die jeweiligen extern zu erbringenden Serviceleistungen vor. Man spricht in diesem Zusammenhang auch von zu erbringenden *Dienstleistungen*.

Vorgangsplanung im Serviceauftrag | 5.6

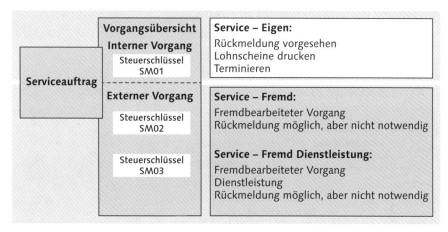

Abbildung 5.11 Übersicht der Steuerschlüssel im Serviceauftrag

Über die Nutzung der Dienstleistungsabwicklung im Service ergibt sich eine Schnittstelle vom Modul CS zum MM-Service. Beim MM-Service handelt es sich um einen Teilbereich des Moduls »Materialwirtschaft«, der sich ausschließlich mit der Dienstleistungsabwicklung beschäftigt (siehe auch die Überschrift »Exkurs: Dienstleistungsabwicklung« in diesem Kapitel).

Wenden wir uns aber zunächst noch einmal dem Steuerschlüssel SM02 zu und listen die einzelnen Prozessschritte, die auch in Abbildung 5.12 dargestellt sind, etwas genauer auf. Diese lauten im Einzelnen wie folgt:

1. **Hinterlegung eines Vorgangs im Serviceauftrag mit dem Steuerschlüssel SM02**
   Der Steuerschlüssel SM02 weist den Vorgang im Serviceauftrag als fremdbearbeiteten Vorgang aus. Die auszuführende Leistung wird über einen Text beschrieben.

2. **Automatische Erzeugung einer Bestellanforderung durch den Steuerschlüssel SM02**
   Die Bestellanforderung ist auf den Serviceauftrag kontiert. Die Daten des Fremdbearbeitungsvorgangs werden aus dem Serviceauftrag in die Bestellanforderung übernommen. Die angeforderte Leistung wird auch hier über einen Text beschrieben.

3. **Umsetzen der Bestellanforderung in eine Bestellung**
   Die Bestellung ist ebenfalls auf den Serviceauftrag kontiert, noch fehlende Daten und eventuell weiterführende Texte werden in der Bestellung durch den Einkauf ergänzt.

4. **Buchung des Wareneingangs zur Bestellung**
Wurde der Fremdbearbeitungsvorgang ausgeführt, wird der Wareneingang mit Bezug zur Bestellung gebucht.

5. **Buchung des Rechnungseingangs**
Die entstandenen Kosten werden dem Serviceauftrag belastet.

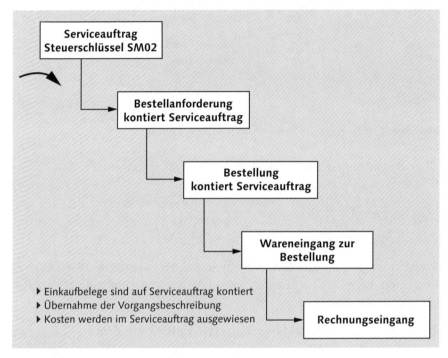

Abbildung 5.12 Ablauf eines Serviceauftrags mit Steuerschlüssel SM02

Im Serviceauftrag müssen Sie für den Steuerschlüssel SM02 Fremdbearbeitungsdaten mitgeben. Zu diesen Daten gehören z. B. die Vorgangsmenge und die Mengeneinheit, die Warengruppe und die Kostenart oder die Einkäufergruppe. In der Bestellanforderung, die automatisch aus dem Serviceauftrag heraus erzeugt wird und auch auf diesen kontiert ist, sind die zuvor eingegebenen Daten hinterlegt (siehe auch Abbildung 5.13).

Der im Serviceauftrag hinterlegte Preis für den Fremdbearbeitungsvorgang wird in der Bestellanforderung als Bewertungspreis ausgewiesen. Ebenso wird der Kreditor sowohl als Wunschlieferant als auch als feststehender Lieferant aus dem Fremdbearbeitungsvorgang des Serviceauftrags in die Bestellanforderung kopiert.

Vorgangsplanung im Serviceauftrag | 5.6

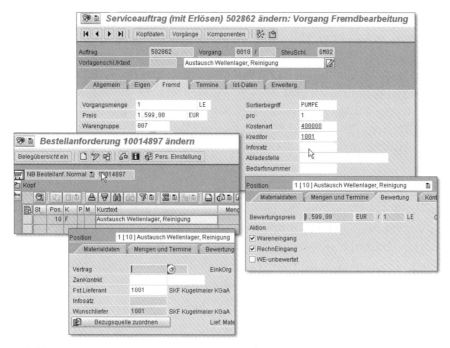

Abbildung 5.13 Steuerschlüssel SM02 im Serviceauftrag (Transaktion IW32)

Die Bestellanforderung kann nun weiterbearbeitet werden. In der Regel wird die Bestellanforderung vom Einkauf in eine Bestellung umgewandelt und durch noch fehlende Daten oder auch weiterführende Texte ergänzt. Stand der Preis für die externe Beauftragung zum Zeitpunkt der Serviceauftragsanlage noch nicht fest, wird dieser vom Einkauf beim externen Dienstleister erfragt bzw. mit diesem ausgehandelt und in der Bestellung hinterlegt. Die Buchung des Wareneingangs entspricht der Rückmeldung der erbrachten Fremdleistung durch den Dienstleister. Mit der abschließenden Erfassung und Buchung der Rechnung werden die einzelnen Prozessschritte zum Steuerschlüssel SM02 komplettiert.

Das System dokumentiert das Anlegen der Bestellung sowie die Erfassung des Wareneingangs im Serviceauftrag mit. Existiert eine Bestellung, wird Ihnen auf der Registerkarte IST-DATEN zum Fremdbearbeitungsvorgang durch automatisches Setzen des Häkchens für BESTELLUNG VORHANDEN angezeigt, dass eine Bestellung durch den Einkauf erzeugt wurde. Die konkrete Bestellnummer können Sie dem Belegfluss des Serviceauftrags entnehmen. Ebenso wird Ihnen durch das automatische Anzeigen der Wareneingangsmenge – ebenfalls auf der Registerkarte IST-DATEN im Serviceauftrag – mitgeteilt, dass die Fremdleistung erbracht worden ist.

Exkurs: Dienstleistungsabwicklung im Service

In diesem Abschnitt möchten wir Ihnen den Steuerschlüssel SM03 vorstellen. Die Steuerschlüssel SM02 und SM03 haben gemeinsam, dass der jeweilige Vorgang im Serviceauftrag als Fremdbearbeitungsvorgang ausgewiesen wird. Der eigentliche Unterschied zwischen beiden besteht nun darin, dass über den Steuerschlüssel SM03 nicht nur »pauschal« eine Fremdleistung geordert wird, sondern dass die Fremdleistung dem Dienstleister konkret mit einzelnen Leistungsangaben und Leistungsmengen zur Ausführung vorgegeben wird.

Um einzelne Leistungen konkret vorgeben zu können, kann, wie bereits in Abschnitt 5.6.5 erwähnt, die Dienstleistungsabwicklung (Komponente MM-Service) im SAP-System genutzt werden. Hier können Sie mithilfe von Leistungsstammsätzen gezielt Leistungen im System anlegen und, falls erforderlich, in Leistungsverzeichnissen gliedern und nach Gewerken trennen. Hierfür stehen Ihnen dann die sogenannten *Musterleistungsverzeichnisse* oder *Standardleistungsverzeichnisse* zur Verfügung.

Abbildung 5.14 zeigt Ihnen exemplarisch die Verwendung des Steuerschlüssels SM03 im Serviceauftrag unter Einbeziehung der Dienstleistungsabwicklung (MM-Service). Der Prozessablauf umfasst dabei die folgenden Schritte:

1. **Hinterlegung eines Vorgangs im Serviceauftrag mit dem Steuerschlüssel SM03**
   Der Steuerschlüssel SM03 weist den Vorgang im Serviceauftrag als fremdbearbeiteten Vorgang aus und bezieht gleichzeitig die Dienstleistungsabwicklung mit ein. Die auszuführenden Leistungen werden konkret geplant, die Leistungen einzeln aufgeführt.

2. **Automatische Erzeugung einer Dienstleistungsbestellanforderung durch den Steuerschlüssel SM03**
   Die Bestellanforderung ist auf den Serviceauftrag kontiert (Kontierungstyp F) und enthält den Positionstyp D. Der Positionstyp D steht für »Dienstleistung« und zeigt Ihnen an, dass in der Bestellanforderung Leistungen oder Limits enthalten sind – oder gar beides.

3. **Umsetzen der Dienstleistungsbestellanforderung in eine Dienstleistungsbestellung**
   Die Dienstleistungsbestellung enthält in der Position, wie die Bestellanforderung auch, den Kontierungstyp F und den Positionstyp D (Dienstleistung). Leistungen und Limits werden aus der Bestellanforderung übernommen.

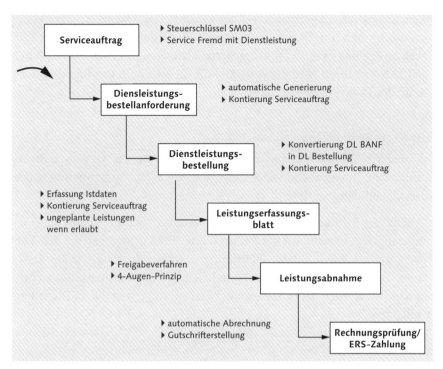

Abbildung 5.14 Ablauf eines Serviceauftrags mit Steuerschlüssel SM03

4. **Erfassung der durchgeführten Leistungen im System mittels Leistungserfassungsblatt**
   Die Leistungserfassung können Sie entweder selbst nach Rückmeldung der Tätigkeiten vornehmen oder vom Dienstleister mittels Internet-Leistungserfassung durchführen lassen. Die Leistungserfassung entspricht dabei der Buchung eines Wareneingangs in der Bestandsführung. Bei der Leistungserfassung können sowohl geplante als auch ungeplante Leistungen – mithilfe eines Limits – erfasst werden. Um ein Leistungserfassungsblatt anlegen zu können, muss der Serviceauftrag den Systemstatus FREI besitzen.

5. **Leistungsabnahme**
   Die Leistungsabnahme erfolgt über das Vier-Augen-Prinzip. Die im Leistungserfassungsblatt hinterlegten Leistungen werden vor der Freigabe (und somit Abnahme) auf inhaltliche Richtigkeit geprüft.

6. **Bezahlung des Lieferanten**
   Die Bezahlung des Lieferanten wird in der Regel über das Gutschriftsverfahren angestoßen (auch bekannt als ERS-Verfahren; ERS = *Evaluated Receipt Settlement*). Gutschriftsverfahren heißt, dass die abgenommenen

Leistungen automatisch abgerechnet werden. Das System erzeugt bei der automatischen Abrechnung eine Nachricht, die dem Dienstleister mitteilt, welche Zahlung er für seine erbrachten Leistungen zu erwarten hat. Durch das ERS-Verfahren wird der Aufwand für die »Rechnungsprüfung« auf die Seite des Dienstleisters verlagert.

Beispiel zur Dienstleistungsabwicklung

Um unseren Exkurs zur Dienstleistungsabwicklung zu vervollständigen, möchten wir Ihnen abschließend noch anhand eines Systembeispiels den Prozessablauf demonstrieren.

In Abbildung 5.15 sehen Sie einen Serviceauftrag, der zur Reparatur einer Pumpe angelegt wurde. Auf der Registerkarte VORGÄNGE sehen Sie den Vorgang PUMPENREPARATUR unter Zuordnung des Steuerschlüssels SM03. Da es sich bei diesem Vorgang um eine Fremdleistung mit Dienstleistungsabwicklung handelt, werden die Leistungen konkret spezifiziert und dem Dienstleister mitgeteilt.

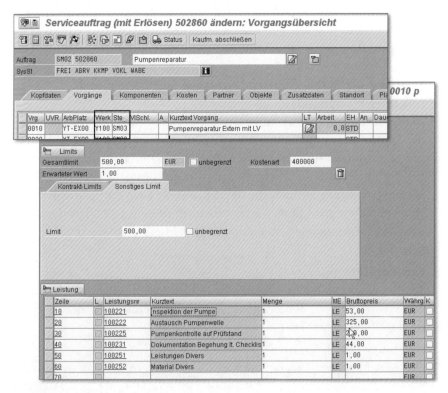

Abbildung 5.15 Steuerschlüssel SM03 im Serviceauftrag (Transaktion IW32)

Vorgangsplanung im Serviceauftrag | **5.6**

In unserem Beispiel werden die Leistungen mithilfe von Leistungsstammsätzen geplant, wie auch Abbildung 5.15 zeigt (der Leistungsstammsatz befindet sich in der Spalte LEISTUNGSNR). Pro Leistung muss die jeweils benötigte Menge geplant und im Serviceauftrag eingetragen werden. Der dazugehörige BRUTTOPREIS stammt aus einem Leistungsverzeichnis für Pumpenreparaturen, das im Vorfeld angelegt wurde und die mit dem Dienstleister ausgehandelten Preise enthält.

Abbildung 5.16 verdeutlicht Ihnen die Leistungsselektion im Serviceauftrag. Bedingt durch den Steuerschlüssel SM03, finden Sie unter den Detaildaten zum Vorgang die zusätzliche Registerkarte LEISTUNGEN. Diese ermöglicht Ihnen über den Button LEISTUNGSSEL. den Absprung in das zuvor angelegte Musterleistungsverzeichnis (Transaktion ML10: Hinzufügen Muster-Leistungsverzeichnis).

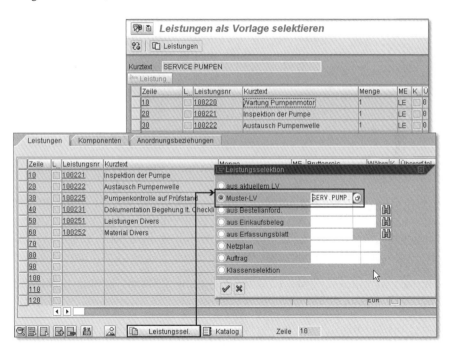

Abbildung 5.16 Leistungsselektion im Serviceauftrag (Transaktion IW32)

Das Musterleistungsverzeichnis bietet Ihnen alle darin enthaltenen Leistungen zur Selektion an. Die Leistungen, die zur Ausführung des Vorgangs benötigt werden, müssen markiert und in den Serviceauftrag übernommen werden. Im Auftrag haben Sie dann die Möglichkeit, die einzelnen Leistungen hinsichtlich Mengen anzupassen. Darüber hinaus können Sie ein zusätzliches Limit für ungeplante Leistungen hinzufügen.

Durch den Fremdbearbeitungsvorgang wird automatisch eine Bestellanforderung im Hintergrund generiert. Diese enthält, wie Ihnen auch Abbildung 5.17 zeigt, den Positionstyp D und eine Kontierung auf den Serviceauftrag.

Abbildung 5.17 Dienstleistungsbestellanforderung (Transaktion ME53N)

Die im Serviceauftrag geplanten Leistungen und Limits werden in die Bestellanforderung übernommen. Beachten Sie dabei, dass Leistungen und Limits, vergleichbar dem Serviceauftrag, auf zwei verschiedenen Registerkarten abgelegt werden – nämlich auf den Registerkarten LEISTUNGEN und LIMITS.

Die Bestellanforderung wird in der Regel vom Einkauf in eine Bestellung umgesetzt und an den Dienstleister übermittelt.

Nach Ausführung der Leistungen durch den Dienstleister werden diese im System zurückgemeldet. Dabei kann die Rückmeldung entweder über eine Internet-Anwendung durch den Dienstleister selbst erfolgen, oder Sie erfassen selbst auf Basis von Tätigkeitsberichten die Leistungen im System. Für die Erfassung stehen dabei Leistungserfassungsblätter zur Verfügung (Transaktion ML81N: Erfassungsblatt & hinzufügen). Im Leistungserfassungsblatt wird, wie aus Abbildung 5.18 hervorgeht, Bezug auf die zugrunde liegende Dienstleistungsbestellung genommen.

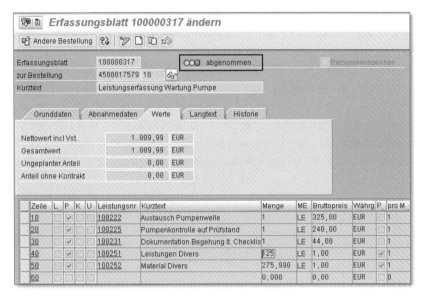

Abbildung 5.18 Leistungserfassungsblatt (Transaktion ML81N)

Das System prüft dabei bei jeder eingegebenen Leistung, wie groß die eingegebene und somit zurückgemeldete Menge ist, und setzt diese in Relation zu der in der Bestellung vorhandenen Menge. Überschreitet die zurückgemeldete Leistungsmenge die in der Bestellung angegebene Menge und sind keine Toleranzen zugelassen, gibt das System eine Fehlermeldung aus. Das heißt, die Leistung darf so nicht im Erfassungsblatt eingegeben werden, es muss zwingend eine Korrektur erfolgen. Liegt die Mehrmenge jedoch innerhalb festgelegter Toleranzbereiche, lässt das System die Eingabe zu (wie auch in Abbildung 5.18 für Zeile 40 und 50 zu sehen ist). Werden ungeplante Leistungen zurückgemeldet, werden diese in Relation zu dem im Einkaufsbeleg vorhandenen Limit gesetzt. Liegen die ungeplanten Leistungen innerhalb des Limits, kann die Erfassung vorgenommen werden. Übersteigen die ungeplanten Leistungen das Limit, wird auch in diesem Fall eine Fehlermeldung ausgegeben, und es muss eine Korrektur der Eingabewerte erfolgen. Der Wert der ungeplanten Leistungen wird im Einkaufsbeleg auf der Registerkarte Limits fortgeschrieben.

Das Leistungserfassungsblatt muss in einem separaten Schritt abgenommen werden. Dabei kann es von Vorteil sein, nach dem Vier-Augen-Prinzip zu verfahren. Eine erfolgreiche Abnahme können Sie an dem in Abbildung 5.18 dargestellten grünen Ampelsymbol erkennen.

5 | Serviceaufträge

Abgenommene Leistungserfassungsblätter können – je nach Firmenfestlegung – z. B. am Ende eines jeden Monats automatisch abgerechnet werden. Für die automatische Abrechnung stellt Ihnen das System die Transaktion MRRL (Automatische Wareneingangsabrechnung (ERS) mit Logistik-Rechnungsprüfung) zur Verfügung, die Sie auch als Hintergrundjob einplanen können. Anhand verschiedener Selektionskriterien starten Sie die automatische Abrechnung, z. B. für einen bestimmten Lieferanten in einem bestimmten Buchungskreis oder Werk. Die automatische Abrechnung erzeugt, wie Sie auch in Abbildung 5.19 sehen können, eine Gutschriftsanzeige. Diese teilt dem Dienstleister die zu erwartende Zahlung mit.

```
Automat. Wareneingangsabrechnung (ERS) mit Logistik-Rechnungsprüfung

Belegauswahl
  Buchungskreis                Y100        bis
  Werk                                     bis
  Buchungsdatum Wareneingang               bis
  Wareneingangsbeleg                       bis
  Geschäftsjahr Wareneingang               bis
  Lieferant                    1001        bis
  Einkaufsbeleg                            bis
  Position                                 bis
```

```
00002  Leistungserfassung  Wartung Pumpe
       5000002596        /  06.04.2011       100000317
       4500017579        /  00010
       0000000010           Austausch Pumpenwelle
       100222
                    1       LE                                   325,00
       0000000020           Pumpenkontrolle auf Prüfstand
       100225
                    1       LE                                   240,00
       0000000030           Dokumentation Begehung lt. Checkliste
       100231
                    1       LE                                    44,00
       0000000040           Leistungen Divers
       100251
                  125       LE                                   125,00
       0000000050           Material Divers
       100252
              275,990       LE                                   275,99
                                              VA               1.009,99
       Summe Nettowert                                          1.062,99
       Vorsteuer Inland 19% (VA)            1.062,99              201,97

       Endbetrag                                                1.264,96
```

Abbildung 5.19 Automatische Wareneingangsabrechnung (Transaktion MRRL)

Exkurs: Lohnbearbeitungsmonitor

Auch die Lohnbearbeitung ist ein integraler Bestandteil des Servicemanagements. Sie können die Lohnbearbeitung für Instandsetzungen bzw. Reparaturen oder für die Wartung von Teilen durch externe Lieferanten (Lohnbearbeiter) nutzen.

Im Serviceauftrag können Sie für jeden einzelnen Vorgang separat steuern, ob Sie die Lohnbearbeitung nutzen möchten. Setzen Sie die Lohnbearbeitung ein, steht Ihnen für die Bearbeitung der Folgeprozesse der sogenannte *Lohnbearbeitungsmonitor* zur Verfügung. Dabei handelt es sich um ein Werkzeug, das Ihnen einen Überblick über alle an der Lohnbearbeitungsabwicklung beteiligten Komponenten, inklusive Bestandsübersicht, bietet. Abbildung 5.20 gibt Ihnen eine erste Übersicht über den Ablauf der Lohnbearbeitung im Service und die am Prozessablauf beteiligten Rollen Kunde, Dienstleister und Lohnbearbeiter.

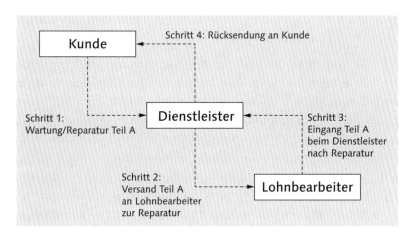

Abbildung 5.20 Rollen im Lohnbearbeitungsprozess

Ihr Kunde schickt Ihnen Teil A zur Wartung bzw. zur Reparatur aufgrund eines Defekts zu. Sie, als Dienstleister, buchen Teil A zunächst in Ihren Bestand. Aus Ihrem Bestand heraus versenden Sie Teil A an einen externen Dritten, den Lohnbearbeiter, zur Wartung bzw. Reparatur. Nach erfolgter Arbeit erhalten Sie vom Lohnbearbeiter Teil A zurück, das Sie wiederum in Ihren Bestand übernehmen. In einem letzten Schritt erhält Ihr Kunde Teil A in einem gewarteten bzw. reparierten Zustand zurück.

Damit der oben beschriebene Ablauf im SAP-System umgesetzt werden kann, sind neben dem Servicemanagement noch das Materialwirtschafts- und Vertriebsmodul, speziell mit der Versandkomponente, im Einsatz.

5 | Serviceaufträge

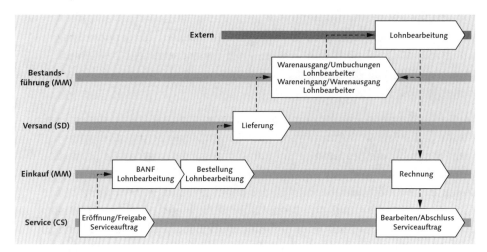

Abbildung 5.21 Prozessablauf Lohnbearbeitung

Der in Abbildung 5.21 dargestellte Prozessablauf zeigt Ihnen, welche Schritte in welchem Modul durchlaufen werden:

1. Nachdem Sie von Ihrem Kunden ein Teil zur Wartung bzw. Reparatur erhalten haben, legen Sie im Servicemanagement einen Serviceauftrag an. Sie planen die einzelnen Vorgänge und legen fest, welcher Lohnbearbeiter den Service für die Wartung bzw. Reparatur ausführen soll. Den Vorgang für die Lohnbearbeitung steuern Sie über den Steuerschlüssel SM02 im Serviceauftrag.

2. Je nach Ihrer Systemeinstellung wird entweder beim Sichern des Serviceauftrags oder bei dessen Freigabe eine Lohnbearbeitungsbestellanforderung in der Materialwirtschaft erzeugt (Positionstyp L). Die Bestellanforderung weist dabei pro externem Vorgang des Serviceauftrags das zu wartende bzw. zu reparierende Teil in der Komponentenübersicht aus. Dieses wird zu einem späteren Zeitpunkt von Ihrem Versand an den Lohnbearbeiter geschickt. Der Lohnbearbeiter, der im Service bestimmt wurde, ist als feste Bezugsquelle in der Bestellanforderung hinterlegt.

3. Die Lohnbearbeitungsbestellanforderung wird durch Ihren Einkauf in eine Lohnbearbeitungsbestellung umgesetzt, die Komponenten werden dabei übernommen. Sowohl die Bestellanforderung als auch die Bestellung sind auf den Serviceauftrag kontiert.

4. Um die Komponente an den Lohnbearbeiter ausliefern zu können, muss eine Lieferung im Vertriebsmodul angelegt werden. Ihr Versand bearbeitet die Lieferung und sendet das zu wartende bzw. zu reparierende Teil an

den Lohnbearbeiter. Beim Buchen des Warenausgangs erfolgt eine Umbuchung der Komponente in den Lohnbearbeiterbestand. Der Lohnbearbeiterbestand wird in der Bestandsübersicht mit ausgewiesen.

5. Der Lohnbearbeiter führt die von Ihnen bestellten Tätigkeiten aus. Er schickt anschließend das reparierte bzw. gewartete Teil an Sie als Dienstleister des Kunden zurück. Im System wird dieser Schritt durch eine Wareneingangsbuchung mit Bezug zur Lohnbearbeitungsbestellung abgebildet. Gleichzeitig wird der Lohnbearbeiterbestand durch eine Warenausgangsbuchung reduziert.

6. Sie erhalten vom Lohnbearbeiter eine Rechnung über die ausgeführten Tätigkeiten. Sie bearbeiten den Serviceauftrag weiter bzw. schließen ihn ab.

7. In einem letzten Schritt senden Sie das reparierte bzw. gewartete Teil an Ihren Kunden zurück.

Beispiel zum Lohnbearbeitungsmonitor

Für die Prozessschritte von der Bearbeitung der Bestellanforderung bis zur Wareneingangsbuchung können Sie den Lohnbearbeitungsmonitor nutzen (Transaktion ADSUBCON). Diesen möchten wir Ihnen in den nächsten Abschnitten anhand eines Beispiels etwas näher erläutern.

Ausgangssituation

Betrachten wir zunächst Abbildung 5.22. In der Vorgangsübersicht des Serviceauftrags ist zur Vereinfachung lediglich ein Vorgang enthalten. Diesem sind der Arbeitsplatz YT-EX00 und der Steuerschlüssel SM02 zugeordnet.

Der Steuerschlüssel SM02 weist den Vorgang als Fremdbearbeitungsvorgang aus. Darüber hinaus verlangt der Steuerschlüssel SM02 nach Einkaufsdaten zum Fremdbearbeitungsvorgang. Dazu gehören Angaben zur Einkäufergruppe, zur Warengruppe, zum Preis – soweit zu diesem Zeitpunkt schon bekannt – oder die Zuordnung eines Kreditors.

Auf der Registerkarte FREMD im Serviceauftrag finden Sie das Kennzeichen für die Lohnbearbeitung. Wird das Kennzeichen gesetzt, hat dies folgende Konsequenzen:

▶ Die in der Bestellanforderung enthaltene Position wird gemäß dem Vorgang des Serviceauftrags als Lohnbearbeitungsposition ausgewiesen (Positionstyp L, Kontierungstyp F).

▶ Etwaige zusätzliche, mit dem Vorgang verknüpfte Komponenten werden in der Bestellanforderung als Lohnbearbeitungskomponenten ausgewiesen.

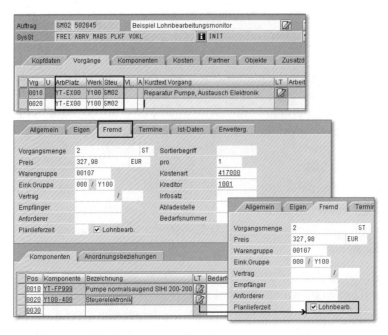

Abbildung 5.22 Schnittstelle zur Lohnbearbeitung im Serviceauftrag

In unserem Beispiel sind zwei Komponenten auf der Registerkarte KOMPONENTEN zu finden. Die Detaileinstellungen zu jeder einzelnen Komponente finden Sie unter den ALLG. DATEN zur Position bzw. sehen Sie in Abbildung 5.23.

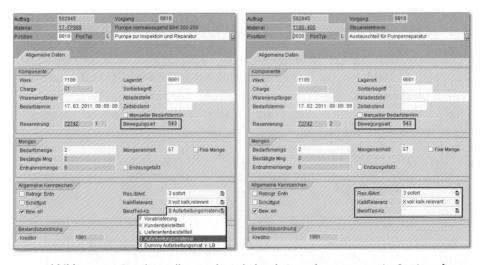

Abbildung 5.23 Detaileinstellungen der Lohnbearbeitungskomponenten im Serviceauftrag

Für beide Komponenten wird die BEWEGUNGSART 543 angezeigt. Das Beistellteilkennzeichen spielt in diesem Zusammenhang eine wichtige Rolle, denn es gibt an, wie mit den in der Positionsübersicht eingegebenen Komponenten verfahren werden soll. Für die Komponenten unseres Beispiels wurde das Beistellteilkennzeichen folgendermaßen gewählt:

- Die Hauptkomponente YT-FP999 erhält das Beistellteilkennzeichen AUFARBEITUNGSMATERIAL (Indikator S). Indikator S bedeutet, dass die Komponente gemäß Kundenwunsch vom Lohnbearbeiter aufgearbeitet, also instandgesetzt bzw. repariert, wird und unter der gleichen Materialnummer nach ausgeführter Tätigkeit wieder dem Kunden zurückgegeben wird.

- Zur Komponente Y100-400 wird keine Angabe zum Beistellteilkennzeichen gemacht. Das heißt, die Komponente wird aus Ihrem Bestand mit an den Lohnbearbeiter geschickt (also beigestellt) und gleichzeitig als Verbrauchsmaterial behandelt.

Je nach Einstellung erzeugt das System beim Sichern oder bei Freigabe des Serviceauftrags automatisch eine Lohnbearbeitungsbestellanforderung. Die Weiterbearbeitung der Lohnbearbeitungsbestellanforderung erfolgt nun mit dem Lohnbearbeitungsmonitor.

Lohnbearbeitungsmonitor
Sie rufen den Lohnbearbeitungsmonitor mit der Transaktion ADSUBCON auf. Geben Sie im Einstiegsbild entsprechende Selektionskriterien mit, und führen Sie die Selektion aus. Sie gelangen auf das in Abbildung 5.24 gezeigte Bildschirmbild LOHNBEARBEITUNGSMONITOR.

Der Bildschirm gliedert sich in drei Bereiche. Am linken Rand finden Sie die Belegübersicht für die selektierten Belege. Die Belegauflistung erfolgt dabei pro Materialnummer (bzw. pro Komponente). Am oberen Rand sehen Sie die Bestandsübersicht zu den in den Belegen selektierten Materialien. Dabei werden auch die Materialien angezeigt, die als Verbrauchskomponenten eingebunden sind. Unterhalb der Bestandsübersicht finden Sie die Informationen, die in den einzelnen Belegen enthalten sind. Dabei wird zwischen den Belegen BESTELLANFORDERUNG, BESTELLUNG, LIEFERUNG und MATERIALBELEG unterschieden. Die Aufbereitung der Daten findet jeweils auf separaten Registerkarten statt. Möchten Sie sich z. B. die Daten zu einer Bestellanforderung anzeigen lassen, müssen Sie lediglich auf die entsprechende Bestellanforderungsnummer in der Belegübersicht klicken. Die Daten werden daraufhin auf der korrespondierenden Registerkarte angezeigt.

5 | Serviceaufträge

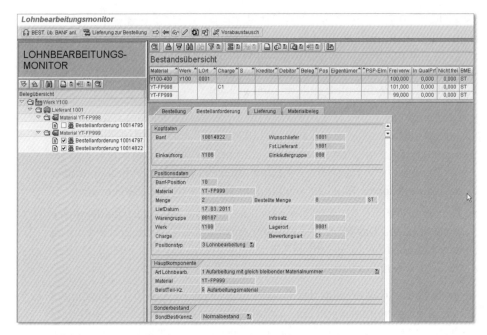

Abbildung 5.24 Lohnbearbeitungsmonitor (Transaktion ADSUBCON)

Weitere Folgefunktionen, die Ihnen der Lohnbearbeitungsmonitor anbietet, sind unter anderem:

- Anlegen einer Bestellung zur selektierten Bestellanforderung
- Anlegen einer Lieferung zur selektierten Bestellung
- Buchen eines Wareneingangs zur Bestellung

Lohnbearbeitungsbestellung

Kehren wir nun zu unserem Beispiel zurück und wandeln die Bestellanforderung, die durch den Serviceauftrag erzeugt wurde, mit der im Lohnbearbeitungsmonitor angebotenen Funktion in eine Bestellung um. Das System springt dabei direkt in die Transaktion ME21N (Bestellung anlegen Lieferant bekannt) ab. Wie Abbildung 5.25 zeigt, werden alle Daten aus der Lohnbearbeitungsbestellanforderung in die anzulegende Lohnbearbeitungsbestellung übernommen.

In der Positionsübersicht finden Sie die Hauptkomponente, die – durch den Lohnbearbeiter instandgesetzt – an Sie zurückgesandt wird. Die Position ist auf den Serviceauftrag kontiert (Kontierungstyp F) und enthält den Positionstyp L (Lohnbearbeitung). Dadurch wird gesteuert, dass auf der Registerkarte MATERIALDATEN der Button KOMPONENTEN erscheint.

Vorgangsplanung im Serviceauftrag | **5.6**

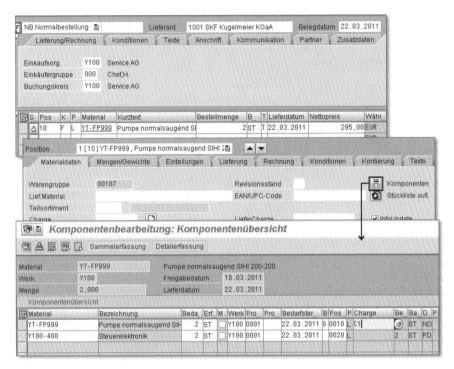

Abbildung 5.25 Lohnbearbeitungsbestellung (Transaktion ME21N)

Hierüber können Sie in die KOMPONENTENÜBERSICHT der Bestellung abspringen, die zwei Materialien enthält: zum einen die Hauptkomponente, die durch den Lohnbearbeiter instandgesetzt wird (und somit dem Material in der Positionsübersicht entspricht), und zum anderen die Beistellkomponente, die aus Ihrem Lager entnommen und mit an den Lohnbearbeiter versandt und als Verbrauchskomponente verbucht wird. Dass es sich bei dem Material YT-FP999 der Komponentenübersicht um das gleiche Material wie in der Positionsübersicht handelt, geht auch aus der Information hervor, die auf der Registerkarte LOHNBEARBEITUNG in der Bestellung zu finden ist (siehe auch Abbildung 5.26).

Auf der Registerkarte sehen Sie, dass die Art der Lohnbearbeitung als AUFARBEITUNG MIT GLEICH BLEIBENDER MATERIALNUMMER erfolgt. Sichern Sie nun die Bestellung, springen Sie zurück in den Lohnbearbeitungsmonitor. Durch ein Auffrischen des Bildschirms wird die Bestellnummer mit in die Belegübersicht aufgenommen.

183

5 | Serviceaufträge

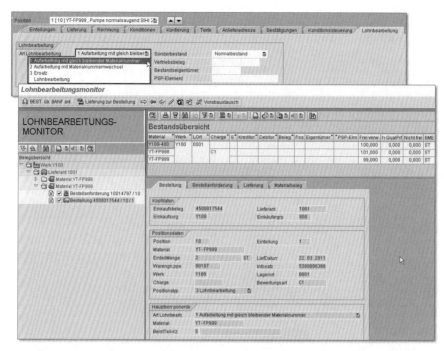

Abbildung 5.26 Bestellung im Lohnbearbeitungsmonitor (Transaktion ADSUBCON)

Lieferung zur Bestellung anlegen

Auf der Registerkarte BESTELLUNG werden die wichtigsten Informationen zur Lohnbearbeitungsbestellung in komprimierter Form angezeigt (siehe auch Abbildung 5.27). Eine Lieferung zur Bestellung lässt sich über den Button LIEFERUNG ZUR BESTELLUNG anlegen. Selektieren Sie dazu in der Belegübersicht des Lohnbearbeitungsmonitors das entsprechende Einkaufsdokument.

Abbildung 5.27 Lieferung im Lohnbearbeitungsmonitor (Transaktion ADSUBCON)

Im nun erscheinenden Pop-up LIEFERUNG ANLEGEN, das Ihnen auch Abbildung 5.28 zeigt, schlägt Ihnen das System Material und Mengen sowie weitere Parameter wie z.B. die Versandstelle vor, die für die Generierung der Lieferung im Hintergrund unerlässlich sind. Beachten Sie an dieser Stelle, dass für die in der Lieferung enthaltenen Materialien die Vertriebsdaten im Materialstamm gepflegt sein müssen. Ebenso muss das Versand-Customizing korrekt eingestellt sein. Bestätigen Sie die Daten, legt das System im Hintergrund eine Auslieferung an und zeigt Ihnen die Lieferungsnummer in einem weiteren Pop-Up an. Ebenso wird die Lieferungsnummer nach einem erneuten Auffrischen in der Belegübersicht des Lohnbearbeitungsmonitors angezeigt.

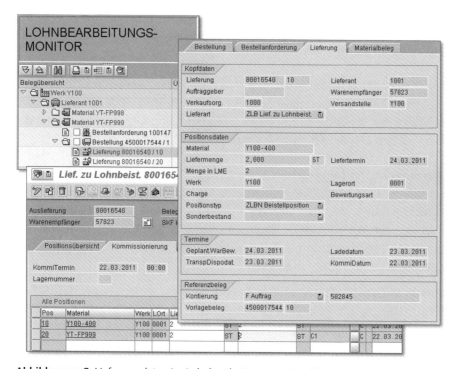

Abbildung 5.28 Lieferungsdaten im Lohnbearbeitungsmonitor (Transaktion ADSUBCON)

Auch für die Lieferung werden, wie in Abbildung 5.28 gezeigt, die wichtigsten Daten komprimiert auf der gleichnamigen Registerkarte des Lohnbearbeitungsmonitors dargestellt. Die Lieferung muss im Versand weiterbearbeitet und Warenausgang gebucht werden. Danach stellt sich die Bestandsübersicht im Lohnbearbeitungsmonitor wie in Abbildung 5.29 dar.

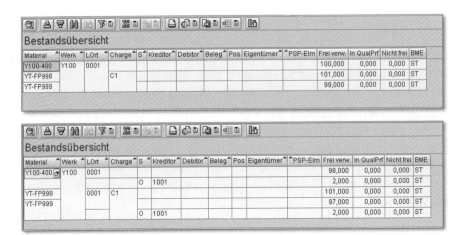

Abbildung 5.29 Bestandsübersicht im Lohnbearbeitungsmonitor – vor und nach der Warenausgangsbuchung (Transaktion ADSUBCON)

Die Materialien, die Warenausgang gebucht wurden, werden jeweils in einer separaten Zeile der Bestandsübersicht ausgewiesen. Das Material befindet sich jetzt im Sonderbestand des angezeigten Lieferanten (Sonderbestandskennzeichen O = Beistellteile Lieferant).

Wareneingang zur Lohnbearbeitungsbestellung

Schickt der Lohnbearbeiter nach getaner Arbeit die Hauptkomponente an Sie zurück, können Sie den Wareneingang zur Lohnbearbeitungsbestellung buchen. Der Wareneingang lässt sich ebenfalls mithilfe des Lohnbearbeitungsmonitors durchführen. Dazu wird Ihnen der Button WARENEINGANG ZUR BESTELLUNG BUCHEN angeboten.

Buchen Sie den Wareneingang, springt das System in die Transaktion MB01 (Wareneingang zur Bestellung) ab und nicht, wie vielleicht an dieser Stelle erwartet, in die Enjoy-Transaktion MIGO (Wareneingang Bestellung).

In unserem Beispiel werden drei Positionen – siehe ❶ in Abbildung 5.30 gezeigt – verbucht.

- In Position 1 wird die aufbereitete Hauptkomponente »Wareneingang« gebucht.

- In Position 2 wird das Beistellteil mit der Bewegungsart 543 (WA ABGANG KDAUF BSTD) »Warenausgang« gebucht, aus dem Sonderbestand O in den Verbrauch.

- In Position 3 wird die Hauptkomponente ebenfalls mit der Bewegungsart 543 »Warenausgang« aus dem Sonderbestand O gebucht.

5.6 Vorgangsplanung im Serviceauftrag

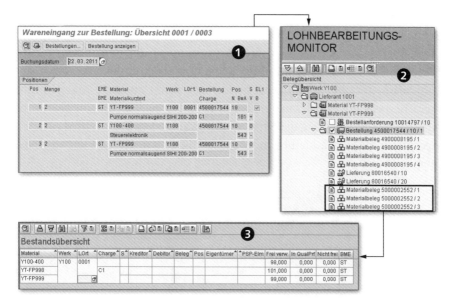

Abbildung 5.30 Wareneingang der Lohnbearbeitungsbestellung (Transaktion ADSUBCON)

Auch der durch die Wareneingangsbuchung erzeugte Materialbeleg wird pro Position in der Belegübersicht des Lohnbearbeitungsmonitors angezeigt ❷.

Schauen Sie sich die aktualisierte Bestandsübersicht ❸ genauer an, können Sie Folgendes erkennen:

- Die Sonderbestände wurden in unserem Fall auf 0 reduziert.
- Der Bestand der Beistellkomponente wurde um die entsprechende Menge reduziert.
- Der Bestand der Hauptkomponente hat sich um die entsprechende Menge erhöht.

Die instandgesetzte Hauptkomponente ist somit wieder auf Lager verfügbar und kann zeitnah an den Kunden zurückgesandt werden. Die Kosten, die durch die Lohnbearbeitung entstanden sind, werden dem Serviceauftrag belastet.

Der Prozess ist damit, was die Abwicklung im Lohnbearbeitungsmonitor betrifft, abgeschlossen. Frischen Sie den Bildschirm nun über den Button AKTUALISIEREN auf, werden alle Belege, die während des Prozessablaufs erzeugt wurden, aus der Belegübersicht entfernt.

Aufarbeitung mit Materialnummernwechsel

Bei unserem Beispiel wurde eine Hauptkomponente eingesetzt, die mit gleich bleibender Materialnummer aufgearbeitet und wieder dem Kunden zugeführt wurde. Wird während einer Reparatur die Komponente durch den Lohnbearbeiter aber modifiziert, ändert sich somit auch die Materialnummer. Hierbei kann es sich um eine geplante Änderung handeln, die sich schon während der Bearbeitung des Serviceauftrags zeigt. Der Unterschied zum Serviceauftrag mit gleich bleibender Materialnummer sieht dann wie in Abbildung 5.31 aus.

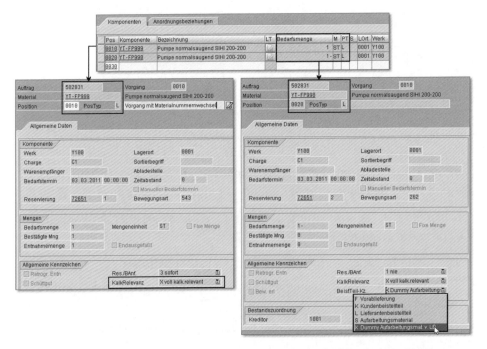

Abbildung 5.31 Lohnbearbeitung mit Materialnummernwechsel (Transaktion IW33)

Die Komponentenübersicht enthält zwei Hauptkomponenten.

- Die erste Hauptkomponente ist das vom Kunden eingesandte Teil, das repariert bzw. modifiziert wird. Die Darstellung der Bedarfsmenge ist positiv, das Beistellteilkennzeichen lautet S (Aufarbeitungsmaterial).
- Die zweite Hauptkomponente bildet das modifizierte Teil ab, das nach der Modifikation durch den Lohnbearbeiter Wareneingang gebucht und an den Kunden zurückgesandt wird. Die zweite Komponente wird mit einer negativen Bedarfsmenge dargestellt, das Beistellteilkennzeichen lautet in diesem Fall X (Dummy-Aufarbeitungsmaterial von Lohnbearbeiter).

Der Einkaufsbeleg beinhaltet nun die beiden im Serviceauftrag hinterlegten Komponenten, wie in Abbildung 5.32 gezeigt.

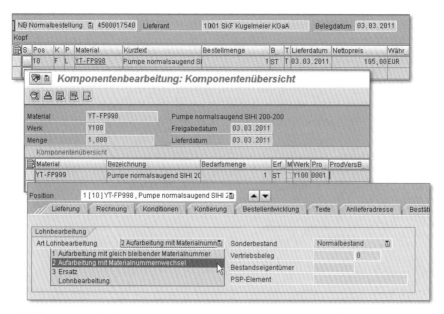

Abbildung 5.32 Lohnbearbeitungsbestellung mit Materialnummernwechsel (Transaktion ME23N)

Die Komponente, die im Serviceauftrag als Aufarbeitungsmaterial deklariert ist, wird in der Lohnbearbeitungsbestellung auf der Komponentenübersicht zur Position gezeigt. Das heißt, das Teil wird dem Lohnbearbeiter zwar beigestellt und an ihn per Lieferung versandt. Aber letztlich wird dieses Teil vom Lohnbearbeiter modifiziert und kommt als das in der Positionsübersicht der Bestellung ausgewiesene Material – mit einer abweichenden Materialnummer – zurück (im Serviceauftrag als *Dummy-Aufarbeitungsmaterial* bezeichnet). Auf der Registerkarte LOHNBEARBEITUNG wird diese Art der Lohnbearbeitung entsprechend mit 2, AUFARBEITUNG MIT MATERIALNUMMERNWECHSEL, ausgewiesen.

In dem Prozess »Lohnbearbeitungsbestellung mit Materialnummernwechsel« können Sie auch mit Serialnummern arbeiten. Im entsprechenden Materialstamm muss ein Serialnummernprofil vorhanden sein, das die Vorgänge POSL (Serialnummern in Bestellungen) und PRSL (Serialnummern in Bestellanforderungen) enthält.

5.7 Angebotserstellung im Service

Ihr Kunde möchte, bevor er eine Ihrer Dienstleistungen in Anspruch nimmt, wissen, welche Kosten für ihn entstehen. Daher erstellen Sie vor der Durchführung des Serviceauftrags ein Angebot für den Kunden. Angebote können auf zwei unterschiedlichen Wegen erzeugt werden.

Zum einen können Sie ein Angebot mit einem Serviceprodukt erfassen, aus dem dann automatisch ein Serviceauftrag angelegt wird. Zum anderen ist die umgekehrte Richtung möglich, d. h., aus dem Serviceauftrag wird ein Angebot für den Kunden angelegt.

Im zweiten Fall erfolgt die Angebotserstellung mithilfe des Dynamischen Postenprozessors. Dieser wird in Abschnitt 5.7.1, »Dynamischer Postenprozessor (DPP)«, zunächst kurz erklärt, bevor wir in den folgenden Abschnitten auf das Anlegen der Angebote eingehen.

5.7.1 Dynamischer Postenprozessor (DPP)

Die Erstellung eines Angebots zur Durchführung eines Serviceauftrags sowie die aufwandsbezogene Fakturierung eines Serviceauftrags werden über den sogenannten *Dynamischen Postenprozessor* abgewickelt. Eine ausführliche Beschreibung zum Dynamischen Postenprozessor finden Sie in SAP-Hinweis 301117 (Erweiterte Dokumentation zum DP-Prozessor). Wir werden in diesem Abschnitt lediglich die Grundeinstellungen für die Verwendung des Dynamischen Postenprozessors erklären. Der Dynamische Postenprozessor erzeugt aus den auf einen Serviceauftrag rückgemeldeten Zeiten und Materialien sogenannte *dynamische Posten* und überträgt diese danach in eine Fakturaanforderung. Zur erzeugten Fakturaanforderung wird dann in einem letzten Schritt eine Faktura angelegt.

Grundlage für Fakturierung, Ergebnisermittlung und Angebotserstellung ist die Findung eines sogenannten *DPP-Profils*. DPP-Profile können als Vorschlagswerte den Positionstypen im Vertrieb und den Auftragsarten im Service zugeordnet werden. Ein DPP-Profil wird über die Transaktion ODP1 (Sicht »Profil« ändern) definiert.

In Abbildung 5.33 sehen Sie das Einstiegsbild zur Pflege des DPP-Profils Y0000000.

Abbildung 5.33 Einstiegsbild des DPP-Profils (Transaktion ODP1)

Bei der Einstellung eines DPP-Profils müssen Sie dessen Verwendungszweck festlegen. Das heißt, Sie entscheiden, ob ein DPP-Profil zur Erstellung von Fakturen (und Fakturaanforderungen) oder zur Erstellung von Angeboten verwendet werden soll.

Stufen des DPP-Profils

Die Dialogstruktur des DPP-Profils besteht, wie auch Abbildung 5.33 zeigt, aus folgenden Stufen:

▶ **Profil (Kopf)**
Im Profilkopf legen Sie das Profil als maximal achtstelligen Schlüssel mit einem dazugehörigen Kurztext an. Der Schlüssel des Profils kann dabei sprechend aufgebaut sein.

▶ **Verwendung**
Mit der Verwendung steuern Sie den Einsatz des DPP-Profils. Hier legen Sie fest, ob das Profil für Fakturierung und Ergebnisermittlung (Verwendung 1) oder für Angebotserstellung und Verkaufspreisermittlung (Verwendung 11) oder für beide Verwendungsarten zum Einsatz kommen soll. Darüber hinaus können Sie pro Verwendung eine Verkaufsbelegart zuordnen. Ordnen Sie z. B. der Verwendung 11 die Verkaufsbelegart AE zu, bedeutet dies, dass bei der Erzeugung eines Angebots aus dem Serviceauftrag heraus automatisch ein Angebot mit der Angebotsart AE (AG aus Serviceauftrag) angelegt wird. Mithilfe des Kennzeichens GARANTIEPRÜFUNG stoßen Sie eine Überprüfung der Garantiedaten während der Fakturierung an. Ist das Häkchen für DP MIT MATERIAL gesetzt, hat dies zur Folge, dass nur dynamische Posten mit Materialzuordnung verarbeitet werden können. Findet das System dann zu einem dynamischen Posten keine Materialzuordnung, wird eine Fehlermeldung erzeugt.

- **Merkmale**
  In diesem Teil der Customizing-Einstellungen legen Sie fest, welche Merkmale für die Bildung eines dynamischen Postens gelesen und berücksichtigt werden. Mögliche Merkmale sind z. B. Berechnungsmotiv, Kostenart, Kostenstelle, Material oder Werk. Über die beiden BAdIs DIP_AD010003_DC und DIP_AD010003_DC können Sie eigene Merkmale definieren. Merkmale lassen sich verdichten und strukturieren.

- **Quellen**
  Die Quelle gibt an, aus welchen Daten die dynamischen Posten gelesen werden. Mögliche Quellen sind unter anderem: Istkosten Einzelposten, Plankosten Einzelposten oder Istkosten Summensätze. Über das BAdI DIP_AD010005 bietet Ihnen das System die Möglichkeit, eigene Quellen für die Bildung der dynamischen Posten zu hinterlegen.

- **Selektionskriterien**
  Mit den Merkmalen haben Sie die Felder festgelegt, die für die Bildung der dynamischen Posten herangezogen werden. Die Selektionskriterien helfen Ihnen nun dabei, die ausgewählten Merkmale mithilfe von Sets genauer zu spezifizieren. Zum Beispiel haben Sie das Merkmal KOSTENSTELLE ausgewählt. Zu diesem Merkmal legen Sie nun ein Set an, das die Kostenstellen von Wert 1000 bis Wert 1999 sowie den Einzelwert der Kostenstelle 4100 enthält. Bei der Bildung der dynamischen Posten werden jetzt nur die Werte des Intervalls sowie der angegebene Einzelwert berücksichtigt. Das Lesen der Daten bezieht sich hier immer auf die zuvor festgelegte Quelle.

- **Materialfindung**
  In der Materialfindung hinterlegen Sie die Materialien oder Leistungen, die während der Verarbeitung der dynamischen Posten zugeordnet werden (das Häkchen MATERIALFINDUNG ist für das jeweilige Merkmal gesetzt). Das hier eingetragene Material beschreibt dabei den zu leistenden oder bereits geleisteten Aufwand. Zum Beispiel haben Sie das Material YREPARATURSTUNDE in der Materialfindung hinterlegt (siehe auch Abbildung 5.34). Dieses wird bei der Bildung der dynamischen Posten nun zugeordnet und durch einen gültigen Konditionssatz bewertet. Existiert kein eigenes Material zur Materialfindung und ist das Häkchen für MATERIAL DIREKT gesetzt, wird dem dynamischen Posten die ursprünglich gefundene Materialnummer zugeordnet und nicht das Material, das Sie hier in der Materialfindung hinterlegt haben.

Angebotserstellung im Service | 5.7

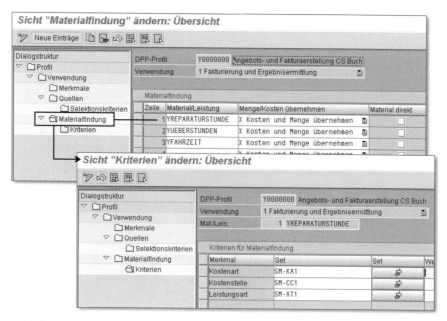

Abbildung 5.34 DPP-Profil (Transaktion ODP1)

- **Kriterien für die Materialfindung**
  Mit der Materialfindung haben Sie die Materialien festgelegt, die für die Bildung der dynamischen Posten herangezogen werden sollen. Die Kriterien für die Materialfindung helfen Ihnen nun dabei, die Merkmale, auch hier wieder mithilfe von Sets, festzulegen, die es Ihnen ermöglichen, die zuvor hinterlegten Materialien finden zu lassen. Zum Beispiel haben Sie das Merkmal LEISTUNGSART ausgewählt (siehe auch Abbildung 5.34). Zu diesem Merkmal legen Sie nun wiederum ein Set an, das die Leistungsarten von Wert 1000 bis Wert 1100 sowie den Einzelwert der Leistungsart 1410 enthält. Bei der Bildung der dynamischen Posten kommt die Materialfindung jetzt nur zum Tragen, wenn die hier definierten Intervallwerte bzw. Intervalleinzelwerte gefunden werden.

Beispiel zum Dynamischen Postenprozessor

Wir möchten Ihnen nun die Erstellung einer aufwandsbezogenen Faktura über den DPP anhand eines kleinen Beispiels erläutern.

In unserem Profil sind die Leistungsart und das Berechnungsmotiv als Merkmale definiert (siehe Tabelle 5.1). Die Leistungsart ist relevant für die Materialfindung. Wird für zwei unterschiedliche Leistungsarten dasselbe Material gefunden, sollen die dynamischen Posten zu einer Position verdichtet werden.

Merkmal	Merkmal relevant	Materialfindung	Keine Verdichtung
Leistungsart	ja	ja	
Berechnungsmotiv	ja		ja

Tabelle 5.1 Beispiel – Merkmale des DPP

Die dynamischen Posten werden aus der Quelle »Istkosten« ermittelt. Selektiert werden sollen dabei nur die Leistungsarten 1410, 1411, 1412 und 1413. Folgende Materialien werden in Abhängigkeit von der Leistungsart gefunden:

- Material YREPARATURSTUNDE, wenn die Leistungsart 1410 oder 1413 rückgemeldet wurde
- Material YUEBERSTUNDE, wenn die Leistungsart 1411 rückgemeldet wurde
- Material YFAHRZEIT, wenn die Leistungsart 1412 rückgemeldet wurde

Es erfolgt dann folgende Rückmeldung (siehe Tabelle 5.2):

Leistungsart	Berechnungsmotiv	Zeit
1410	K1	4 h
1410		5 h
1411		2 h
1412		3 h
1413		3,5 h

Tabelle 5.2 Beispiel – Rückmeldung zum DPP

Der DPP erzeugt die folgenden dynamischen Posten (siehe Tabelle 5.3). Wäre z. B. auch die Leistungsart 1415 rückgemeldet worden, würde sie nicht in den dynamischen Posten erscheinen, da sie nicht als Quelle vorgesehen ist.

Material	Berechnungsmotiv	Zeit
YREPARATURSTUNDE	K1	4 h
YREPARATURSTUNDE		5 h
YUEBERSTUNDE		2 h

Tabelle 5.3 Beispiel – dynamische Posten zum DPP

Material	Berechnungsmotiv	Zeit
YFAHRZEIT		3 h
YREPARATURSTUNDE		3,5 h

Tabelle 5.3 Beispiel – dynamische Posten zum DPP (Forts.)

In der Fakturaanforderung werden aus den dynamischen Posten die in Tabelle 5.4 gezeigten Positionen. Die Positionen ohne Berechnungsmotiv zu den Leistungsarten 1410 und 1413 werden verdichtet, da das Kennzeichen KEINE VERDICHTUNG nicht gesetzt ist.

Material	Berechnungsmotiv	Zeit
YREPARATURSTUNDE	K1	4 h
YREPARATURSTUNDE		8,5 h
YUEBERSTUNDE		2 h
YFAHRZEIT		3 h

Tabelle 5.4 Beispiel – Fakturaanforderungspositionen zum DPP

5.7.2 Angebotserstellung über den DPP

Der Angebotsprozess startet im Kundenservice. Es gibt eventuell bereits einen Serviceauftrag. Bevor dieser ausgeführt wird, möchte der Kunde zunächst ein Angebot einholen. Um ein Angebot zu einem Serviceauftrag zu erstellen, darf der Serviceauftrag noch nicht freigegeben sein.

Damit Sie den Prozess unter Einbeziehung des DPP nutzen können, muss ein DPP-Profil mit der Verwendung 11 (Angebotserstellung und Verkaufspreiskalkulation) im Customizing angelegt und der verwendeten Serviceauftragsart zugeordnet werden. Der Prozess setzt sich aus folgenden Teilschritten zusammen:

1. **Serviceauftrag anlegen**
   Es wird ein Serviceauftrag angelegt. Darin werden Plankosten ermittelt, und es ist ein DPP-Profil hinterlegt.

2. **Angebot erstellen**
   Über den Dynamischen Postenprozessor wird ein Angebot auf der Grundlage eines im Serviceauftrag hinterlegten Serviceprodukts (Festpreis) oder der Plankosten des Serviceauftrags (Aufwand) erstellt (Transaktion DP80:

Angebot anlegen). Im Standard wird hierzu die Angebotsart AE (Angebot aus Serviceauftrag) verwendet. Nach dem Anlegen des Angebots hat der Serviceauftrag den Status ANGEBOT ANGELEGT (ANAN). Durch diesen Status wird die Freigabe des Serviceauftrags verhindert.

3. **Angebot annehmen**
Mit der Annahme des Angebots (Transaktion IW32: Serviceauftrag ändern, Menüpfad AUFTRAG • FUNKTIONEN • ANGEBOT ANNEHMEN) bekommt der Serviceauftrag den Status ANGEBOT ANGENOMMEN (ANAK) und kann freigegeben werden.

Mit der Annahme des Angebots legt das System automatisch eine Fakturaanforderung an. Hintergrund der Anlage der Fakturaanforderung ist, dass aus Sicht des Verkaufs ein Angebot als angenommen gilt, wenn ein Kundenauftrag mit Bezug zum Angebot existiert.

Über die Fakturaanforderung wird dem Kunden nach Abschluss des Serviceauftrags der Festpreis in Rechnung gestellt. Die Fakturaanforderung enthält eine Fakturierungssperre, um eine zu frühe Fakturierung zu verhindern. Bei einer aufwandsbezogenen Fakturierung ist die Fakturaanforderung nicht relevant, sie dokumentiert lediglich, wie bereits erwähnt, die Annahme des Angebots durch den Kunden.

4. **Freigabe und Durchführung des Serviceauftrags**
Nach der Annahme des Angebots wird der Serviceauftrag freigegeben und durchgeführt. Zeiten und Materialien werden auf den Serviceauftrag rückgemeldet, und der technische Abschluss wird gesetzt.

5. **Fakturierung des Serviceauftrags**
Nach Abschluss des Serviceauftrags erfolgt die Fakturierung. Je nachdem, ob ein Festpreis oder eine aufwandsbezogene Fakturierung vereinbart wurde, entweder über die automatisch erzeugte Fakturaanforderung oder den Dynamischen Postenprozessor.

Sie kennen nun die Grundlagen der Angebotserstellung auf Basis von Serviceaufträgen. Im folgenden Abschnitt möchten wir abschließend noch kurz auf die manuelle Angebotserstellung eingehen.

5.7.3 Manuelle Angebotserstellung

Der Angebotsprozess startet aus dem Vertrieb. Der Kunde möchte ein Angebot für eine Serviceleistung. Dieser Prozess wird im Allgemeinen dann verwendet, wenn es sich um einen Festpreis handelt. Im Angebot wird eine Angebotsposition mit Serviceprodukt erfasst (Transaktion VA21: Angebot anlegen). Das verwendete Serviceprodukt muss in der Tabelle der Serviceprodukte hinterlegt sein. Die Bedarfsartenfindung ist so eingestellt, dass eine Bedarfsklasse gefunden wird, die automatisch einen Serviceauftrag anlegt. Im Standard handelt es sich dabei um die Bedarfsart SERA (Serviceaufträge), die der Bedarfsklasse 203 (Serviceauftrag) zugeordnet ist (siehe Abbildung 5.35).

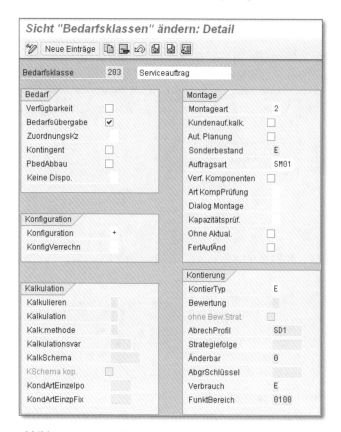

Abbildung 5.35 Bedarfsklasse 203 (Transaktion OVZG)

Beim Anlegen aus dem Angebot bekommt der Serviceauftrag den Status ANGEBOT ANGELEGT (ANAN). Nimmt der Kunde das Angebot an, wird ein Kundenauftrag mit Bezug zum Angebot angelegt (Transaktion VA01: Kundenauftrag anlegen). Als Folge daraus erhält der bereits zum Angebot existierende Serviceauftrag den Status ANGEBOT ANGENOMMEN (ANAK). Der Serviceauftrag wird auf den Kundenauftrag kontiert, d. h., die Abrechnung des Serviceauftrags erfolgt auf den Kundenauftrag. Die Rechnung wird im Vertrieb kundenauftragsbezogen erstellt (Transaktion VF01: Faktura anlegen).

5.8 Auftragsfreigabe und Auftragspapiere

Wenn Sie die Vorgangsplanung für einen Serviceauftrag abgeschlossen haben, können Sie mit der Durchführung der einzelnen Vorgänge beginnen. Ob ein Vorgang dabei von internem oder externem Personal ausgeführt wird, hängt vom Steuerschlüssel des Vorganges ab (siehe auch Abschnitt 5.6.1, »Steuerschlüssel zur Vorgangsplanung«).

Für die Ausführung eines Serviceauftrags werden Auftragspapiere benötigt, die Sie nach der Freigabe eines Auftrags erstellen können. Abbildung 5.36 zeigt Ihnen, welche Möglichkeiten das System an dieser Stelle anbietet, um einen Serviceauftrag in den Status FREI überführen zu können:

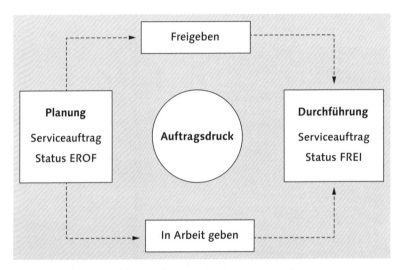

Abbildung 5.36 Möglichkeiten der Freigabe eines Serviceauftrags

5.8.1 Auftragsfreigabe

Sie befinden sich in der Transaktion IW32 (Serviceauftrag & ändern). Hier können Sie über den Button FREIGEBEN ( ) einen einzelnen Serviceauftrag freigeben. Der Systemstatus wird automatisch von EROF (eröffnet) auf FREI geändert. Das Sichern des Auftrags erfolgt im Anschluss, den Zeitpunkt zum Druck der Auftragspapiere legen Sie selbst fest.

Sie können einen Serviceauftrag aber auch über den Button IN ARBEIT GEBEN ( ) freigeben und sichern und dabei gleichzeitig den Druck der Auftragspapiere anstoßen (siehe auch Abbildung 5.37). Auch hier ändert das System automatisch den Systemstatus, wie im vorangegangenen Abschnitt beschrieben.

Bei der Freigabe eines Serviceauftrags führt das System unter anderem eine Verfügbarkeitsprüfung auf Material und Fertigungshilfsmittel durch. Lagermaterial und Fertigungshilfsmittel werden reserviert und können auf den Auftrag entnommen werden. Materialreservierungen gehen zudem mit in die Disposition ein. Wenn die Customizing-Einstellungen es vorsehen, werden Bestellanforderungen für Nichtlagermaterial und fremdbearbeitete Vorgänge erzeugt.

Diese und weitere Systemaktivitäten, die automatisch im Hintergrund während der Auftragsfreigabe durchgeführt werden, sind in einer kleinen Übersicht zusammengestellt (siehe Tabelle 5.5). Beachten Sie dabei, dass einzelne Aktivitäten wie z. B. die Ermittlung der Plankosten oder die Pflege der Abrechnungsvorschrift, auch manuell angestoßen bzw. durchgeführt werden können.

Auftrag freigeben ( )	Auftrag in Arbeit geben ( )
Änderung Systemstatus: von EROF zu FREI	Änderung Systemstatus: von EROF zu FREI
Übernahme Abrechnungsvorschrift	Übernahme Abrechnungsvorschrift
Ermittlung der Plankosten	Ermittlung der Plankosten
Erzeugung von Bestellanforderungen	Erzeugung von Bestellanforderungen
Papiere können gedruckt werden	Drucken mit/ohne Dialogfenster, ohne Druck
Verfügbarkeitsprüfung Material und FHM, Erzeugung von Reservierungen	Verfügbarkeitsprüfung Material und FHM, Erzeugung von Reservierungen
Auftrag wird nach Sichern freigegeben	Auftrag wird gesichert und freigegeben

Tabelle 5.5 Aktivitäten bei Freigabe eines Serviceauftrags

Neben der Einzelfreigabe von Serviceaufträgen können Sie auch die »Sammelfreigabe« per Listbearbeitung nutzen. Mittels der Transaktion IW72 (Serviceauftrag ändern: Selektion Aufträge) bietet Ihnen das System die Möglichkeit, mehrere Aufträge zu selektieren und gleichzeitig freizugeben. Bei dieser Art der Auftragsfreigabe ermittelt das System ebenfalls die Plankosten und übernimmt die Abrechnungsvorschrift.

Eine letzte Möglichkeit der Serviceauftragsfreigabe ist die automatische Freigabe direkt bei Auftragserzeugung. Diese Art der Freigabe können Sie z. B. bei Serviceaufträgen einsetzen, die direkt aus der Wartungsplanung heraus generiert (siehe Kapitel 7, »Geplanter Kundenservice«) oder aus einer Servicemeldung oder einem Kundenauftrag heraus im Hintergrund erstellt werden. Damit diese Aufträge direkt freigegeben werden können, muss im Customizing der Auftragsart (Transaktion OIOA, Sicht AUFTRAGSARTEN INSTANDHALTUNG ändern) das Kennzeichen für SOFORT FREIGEBEN gesetzt sein.

5.8.2 Auftragspapiere

Geben Sie einen Serviceauftrag in Arbeit, können Sie entscheiden, ob die Auftragspapiere mit oder ohne Dialogfenster gedruckt werden oder ob vielleicht gar kein Druck durchgeführt werden soll (siehe Abbildung 5.37). Welche Auftragspapiere generell beim Drucken ausgegeben werden können, hängt von den Customizing-Einstellungen ab.

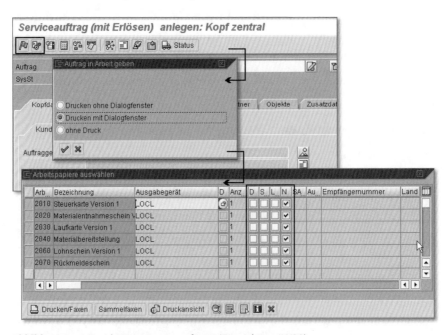

Abbildung 5.37 Druck eines Serviceauftrags (Transaktion IW32)

Im Customizing müssen Sie verschiedene Schritte durchlaufen, um den Auftragsdruck einzurichten. Zunächst definieren Sie alle Arbeitspapiere, die Sie einsetzen möchten (z. B. Laufkarte oder Materialentnahmeschein). Bei der Definition jedes einzelnen Arbeitspapiers legen Sie das Ausgabeprogramm, die Formroutine, den Formularnamen sowie eine genauere Formularbezeichnung fest. Danach müssen Sie entscheiden, wie Sie mit den einzelnen Steuerkennzeichen pro Arbeitspapier umgehen. Das heißt, Sie bestimmen, welches Steuerkennzeichen Sie pro Arbeitspapier aktivieren (siehe auch Abbildung 5.37). Im Einzelnen lauten die Steuerkennzeichen:

- **Delta-Druck**
  Hier können alle noch nicht ausgedruckten Auftragspapiere zu einem Serviceauftrag gedruckt werden. Die Funktion beinhaltet den Einzel- und den Sammeldruck von Serviceaufträgen.

- **Vorgangsstatus**
  Das Setzen dieses Kennzeichens steuert, dass ausgedruckte Vorgänge den Status GEDRUCKT erhalten. Ist das Kennzeichen nicht gesetzt, kann ein Vorgang nie den Status GEDRUCKT erhalten und wird somit wiederholt bei einem Delta-Druck mit ausgedruckt.

- **Materialstatus**
  Das Setzen dieses Kennzeichens steuert, dass ausgedruckte Komponenten eines Serviceauftrags den Status GEDRUCKT erhalten. Ist das Kennzeichen nicht gesetzt, können Komponenten im Auftrag nie den Status GEDRUCKT erhalten und werden somit wiederholt bei einem Delta-Druck mit ausgedruckt.

- **Lohnscheinkennzeichen**
  Das Arbeitspapier wird als Lohnschein gekennzeichnet.

- **Rückmeldeschein**
  Das Arbeitspapier wird als Rückmeldeschein gekennzeichnet.

Nachdem Sie nun die Einstellungen zu den einzelnen Arbeitspapieren vorgenommen haben, müssen Sie die Zuordnung der Arbeitspapiere zur Auftragsart festlegen. Das heißt, Sie bestimmen, welche Papiere bei welcher Serviceauftragsart gedruckt werden. Generell haben Sie die Möglichkeit, unter anderem die folgenden Arbeitspapiere auszudrucken (siehe Abbildung 5.37):

- **Steuerkarte**
  Die Steuerkarte weist alle Daten eines Serviceauftrags wie Auftraggeber, Warenempfänger, Vorgangsübersicht oder geplante Arbeitsdauer aus.

- **Materialentnahmeschein**
  Der Materialentnahmeschein enthält die zu einem Vorgang benötigten Komponenten inklusive Mengen und berechtigt zur Materialentnahme.

- **Laufkarte**
  Die Laufkarte zeigt alle Vorgänge eines Serviceauftrags an.

- **Materialbereitstellung**
  Über die Materialbereitstellung erhält der Lagerist einen Überblick über die pro Vorgang benötigten Materialien.
- **Lohnschein**
  Auf dem Lohnschein werden die benötigten Arbeitszeiten pro Vorgang und Arbeitsplatz notiert.
- **Rückmeldeschein**
  Auch der Rückmeldeschein kann genutzt werden, um die benötigten Arbeitszeiten pro Vorgang festzuhalten.

Der Lohn- bzw. der Rückmeldeschein wird nur dann ausgedruckt, wenn der Steuerschlüssel des Vorgangs dies explizit erlaubt.

In einem letzten Schritt legen Sie noch die Drucksteuerung des Auftrags fest. Über die Drucksteuerung bestimmen Sie, auf welchem Drucker die jeweiligen Papiere ausgedruckt werden sollen. Darüber hinaus können Sie den Empfänger oder auch die Anzahl der Ausdrucke bestimmen. Ebenfalls legen Sie hier fest, dass ein Druckauftrag entweder sofort ausgegeben oder lediglich als Spool-Auftrag eingestellt wird.

Wurde ein Serviceauftrag erfolgreich gedruckt, erhält er den Systemstatus DRUC. Zusätzlich zur Funktionalität des Druckens kann ein Serviceauftrag aber auch per Fax oder E-Mail versendet werden. Für die Druckfunktion bietet Ihnen das System auch die Transaktion IW3D (Drucken) an.

Ab Release ECC 6.0 besteht die Möglichkeit, interaktive Adobe-Formulare – SAP Interactive Forms by Adobe – anstelle der herkömmlichen Formulare im SAP-System einzusetzen (ein Beispiel finden Sie in Abbildung 5.38). Voraussetzung für einen aktiven Einsatz von Adobe-Formularen ist mindestens Support-Package-Stand 013 für die Druckformulare sowie mindestens Support-Package-Stand 016 für die interaktiven Formulare. Außerdem sollte mindestens die SAP NetWeaver-Version 7.0 vorhanden sein.

Wie Sie interaktive SAP Interactive Forms einsetzen können und was es generell mit der Formulargestaltung auf sich hat, möchten wir Ihnen im folgenden Abschnitt in einem kurzen Exkurs vorstellen.

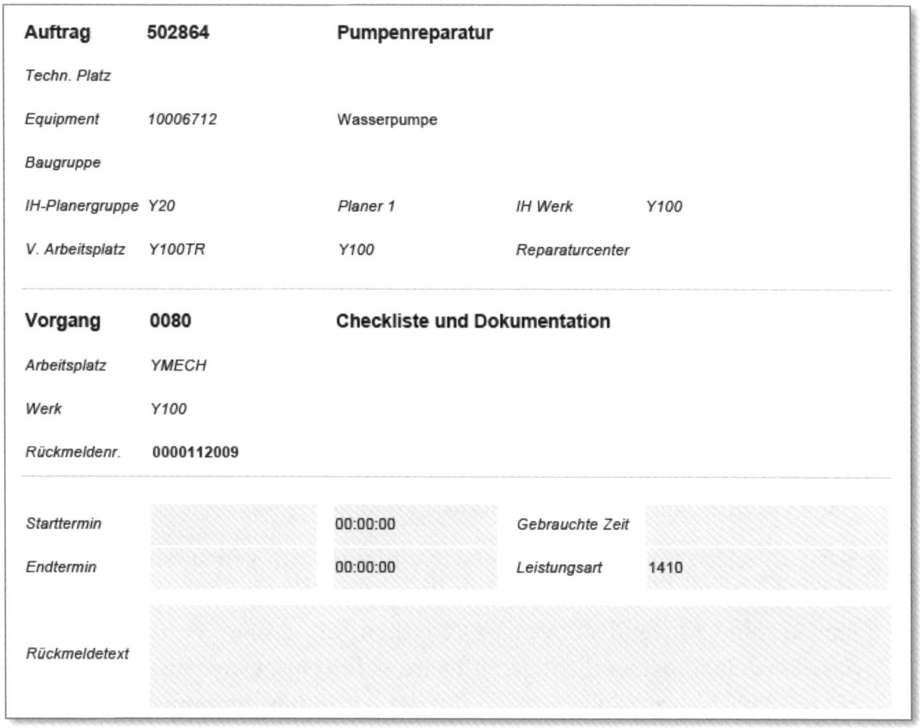

Auftrag	502864	Pumpenreparatur		
Techn. Platz				
Equipment	10006712	Wasserpumpe		
Baugruppe				
IH-Planergruppe	Y20	Planer 1	IH Werk	Y100
V. Arbeitsplatz	Y100TR	Y100	Reparaturcenter	
Vorgang	**0080**	**Checkliste und Dokumentation**		
Arbeitsplatz	YMECH			
Werk	Y100			
Rückmeldenr.	0000112009			
Starttermin		00:00:00	Gebrauchte Zeit	
Endtermin		00:00:00	Leistungsart	1410
Rückmeldetext				

Abbildung 5.38 Beispiel eines Rückmeldescheins als SAP Interactive Form

5.8.3 Exkurs: SAP Interactive Forms by Adobe

In diesem Abschnitt erhalten Sie einen Einblick in die Technologie *SAP Interactive Forms by Adobe* (SAP Interactive Forms). Zuerst werden wir die verschiedenen Szenarien und Möglichkeiten der SAP Interactive Forms zeigen. Anschließend vergleichen wir die SAP Interactive Forms mit den alten Formularlösungen der SAP und erläutern mögliche Anwendungsgebiete.

SAP Interactive Forms by Adobe

SAP Interactive Forms by Adobe (kurz SAP Interactive Forms) sind aus der Zusammenarbeit der beiden Unternehmen SAP und Adobe hervorgegangen.

Mit SAP Interactive Forms ergeben sich neue Möglichkeiten der Formulargestaltung im SAP-System. Nicht nur die Gestaltung der Formulare hat sich dadurch vereinfacht, auch komplette Prozesse lassen sich mit SAP Interactive Forms schlanker gestalten.

Viele Prozesse in Unternehmen basieren auch heute noch auf dem Austausch von Papieren zwischen den einzelnen Mitarbeitern. Dabei entstehen oft Brüche im Prozess, die Probleme verursachen. Hierzu zählen z. B. die höheren Durchlaufzeiten durch den manuellen Übertrag von Daten in das System oder das Entziffern von Hand erfasster Informationen auf Formularen. Aus all diesen Problemen ergeben sich natürlich auch zusätzlich anfallende Kosten.

Seit dem Release SAP ERP ECC 6.0 können diese Systembrüche mit SAP Interactive Forms unterbunden werden. Es ist nicht mehr länger nötig, die Formulare auszudrucken und an die Mitarbeiter zu verteilen. Die Formulare werden einfach im SAP-System erzeugt, vom Anwender direkt am PC bearbeitet und wieder ins SAP-System hochgeladen. Eine direkte Verbindung mit dem SAP-System ist dabei nicht zwingend notwendig, da die Formulare per E-Mail versendet und wieder empfangen werden können.

Das Formularlayout der SAP Interactive Forms kann genau dem Layout der bisher bestehenden papierbasierten Lösung entsprechen, wodurch Sie auch eine erhöhte Anwenderakzeptanz erreichen. Ein großer Vorteil ist zudem, dass Sie keine kostenpflichtige Software dafür einsetzen müssen. Sie brauchen lediglich den Adobe Reader, um die Formulare zu betrachten und alle notwendigen Eingaben darin vornehmen zu können.

Szenarien

Bei den interaktiven Formularen wird zwischen den folgenden Szenarien unterschieden:

- dem Formulardruck
- dem interaktiven Offline-Szenario
- dem interaktiven Online-Szenario

Der *Formulardruck* stellt die klassische Form der Formularverarbeitung dar. Die Daten aus dem SAP-System werden aufbereitet und Ihnen als Anwender in Form einer einfachen PDF-Datei zur Verfügung gestellt. Dabei kann das Formular auf verschiedenen Wegen zu Ihnen gelangen; z. B. als normaler Ausdruck aus einer Transaktion heraus, den Sie lokal auf dem PC speichern können. Es ist aber auch möglich, das Dokument automatisiert vom System an eine oder mehrere Personen versenden zu lassen.

Zur Weiterverarbeitung des Formulars steht Ihnen eine Reihe von Funktionen zur Verfügung. Sie können das Formular ausdrucken, per E-Mail versenden oder in einem Archiv, das sich auf einem Server befindet, ablegen. Welche Möglichkeit Sie nutzen möchten, bleibt ganz und gar Ihnen überlassen.

Das *interaktive Offline-Szenario* enthält alle Funktionen des Formulardrucks und zusätzlich die Möglichkeit der Interaktion mit dem Anwender. Das Formular kann auch hier, wie schon beim Formulardruck, auf unterschiedlichsten Wegen bereitgestellt werden. Nach der Bereitstellung können Sie als Anwender die Daten direkt im Formular hinterlegen, anstatt sie zunächst in Papierform festzuhalten.

Der im Namen enthaltene Begriff *Offline* resultiert daraus, dass in diesem Szenario keine direkte Verbindung zu einem SAP-System bestehen muss. Die Daten im Formular können am lokalen PC ohne Internet bzw. SAP GUI erfasst und gespeichert werden. Um den Anwender bei seinen Eingaben zu unterstützen, können auch statische Wertehilfen, Berechnungen und Validierungen vorgenommen werden. Dabei sollte man sich jedoch auf die wesentlichen Informationen beschränken, damit das PDF-Dokument nicht zu groß wird.

Das erfasste Formular kann zu einem späteren Zeitpunkt, z. B. per E-Mail, an das SAP-System zur Verarbeitung übergeben werden. Dadurch entfällt ein nochmaliges manuelles Erfassen der Daten im SAP-System.

Der Vorteil dieses Offline-Szenarios besteht darin, dass nicht jeder User, der mit dem Formular arbeitet, auch unbedingt eine SAP-Lizenz braucht. Eine zentral zu bestimmende Person kann den Upload der Formulare in das SAP-System übernehmen.

Das *interaktive Online-Szenario* gleicht dem Offline-Szenario. Der Unterschied zwischen beiden Szenarien besteht darin, dass beim interaktiven Online-Szenario eine ständige Verbindung mit dem SAP-System erforderlich ist. Das PDF-Formular ist in eine Web-Dynpro-Oberfläche integriert und wird über einen Webbrowser aufgerufen. Die Integration in ein Portal ist ebenfalls möglich.

Durch die ständige Verbindung mit dem SAP-System bringt dieses Szenario eine Menge Vorteile mit sich. Zum Beispiel kann jede Wertehilfe, die im SAP-System verfügbar ist, auch direkt in den Formularen dynamisch aufgerufen werden. Die Daten werden nicht wie beim Offline-Szenario im Formular, sondern direkt aus dem SAP-System bezogen. Auch eine Validierung der eingegebenen Werte ist hier, genau wie im SAP-System, realisierbar.

[+] **Formulardruck versus echte interaktive Formulare**

Hier muss erneut zwischen dem Formulardruck und den echten interaktiven Formularen unterschieden werden. Während der Formulardruck nur Daten ausgeben kann und nicht interaktiv ist, können die echten interaktiven Formulare mit zusätzlichen Informationen befüllt werden. Der reine Druck der Formulare bleibt lizenzkostenfrei.

Arbeitsweise

Bei den Interactive Forms sind Datenhaltung und Layout getrennt voneinander, daher gibt es zwei Objekte. Man unterscheidet zwischen der *Schnittstelle* und dem eigentlichen *Formular*, wobei das Formular zusätzlich noch den sogenannten *Kontext* enthält. Diese Komponenten möchten wir Ihnen im Folgenden etwas näher beschreiben (siehe auch Abbildung 5.39).

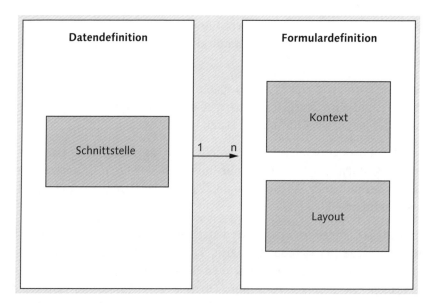

Abbildung 5.39 Arbeitsweise der Interactive Forms

Die Daten, die zwischen dem SAP-System und dem PDF-Formular ausgetauscht werden, müssen bei der Formulargestaltung in der *Schnittstelle* definiert werden. Die Schnittstellendefinition erfolgt anhand von Importparametern. Im Druckprogramm wird über einen Funktionsbaustein auf die Schnittstelle zugegriffen. Eine Schnittstelle kann in mehreren Formularen verwendet werden.

Der *Kontext* bildet zusammen mit dem Layout das zweite Objekt zur Gestaltung eines Formulars. Im Kontext werden die Daten aus der Schnittstelle dem

Layout zur Verfügung gestellt. Es müssen aber nicht zwingend alle Daten an das Layout übergeben werden, sondern Sie können eine genauere Auswahl an Tabellen, Strukturen oder einzelnen Feldern vornehmen. Dadurch behalten Sie einen besseren Überblick im Layout, und die Performance wird nicht zu stark beeinträchtigt.

Der Kontext bietet aber noch weit mehr Funktionen an als die bisher beschriebenen. So können z. B. Grafiken und Texte eingebunden werden. Darüber hinaus können Sie Auswahlalternativen und Bedingungen hinterlegen, sodass diese im Druckprogramm eingespart werden können.

Um das Formular letztlich so abzubilden wie gewünscht, erfolgt im Layout die Gestaltung zum Aussehen des PDFs. Für die Gestaltung wird der *Adobe LiveCycle Designer* bereitgestellt. Mit diesem grafischen Editor können verschiedenste Elemente, wie etwa Texte, Bilder, Checkboxen und Linien, im Formular abgebildet und mit den Daten aus dem SAP-System verbunden werden. So können Elemente aus dem Kontext z. B. ganz einfach per Drag & Drop in das Layout gezogen werden. Dadurch haben sie bereits die benötigte Bindung zu den Elementen im SAP-System. Eine weitere Möglichkeit ist, Skripte in das Formular einzubinden. Dazu stehen die beiden Sprachen JavaScript und die Adobe-eigene Sprache FormCalc zur Verfügung, mit denen Sie auch kleinere Berechnungen im Skript vornehmen können.

Vorteile gegenüber SAPscript und SAP Smart Forms

In den älteren Formularlösungen der SAP – SAPscript und Smart Forms – war die Entwicklung der Formulare recht kompliziert. Bei *SAPscript* wurde die Formulargestaltung in einem für den Anwender nicht unbedingt komfortablen Editor untergebracht. Es gab keine strikte Trennung zwischen der Logik zur Datenbeschaffung und der Logik des Formulars. Änderungen an einem Formular waren schwierig umzusetzen bzw. zogen an weiteren Stellen zusätzliche Anpassungen nach sich.

Auch der Nachfolger *SAP Smart Forms* war in der Bedienung nicht einfacher. Zwar wurden Formular- und Beschaffungslogik voneinander getrennt, das Layout jedoch war immer noch sehr starr und schwierig zu bearbeiten. Die Funktionalität konnte nicht so recht den Anforderungen an einen modernen Formularprozess genügen, denn es war z. B. nur das Ausdrucken von Formularen möglich.

Mit der Einführung der Technologie SAP Interactive Forms by Adobe wurden viele Neuerungen und Verbesserungen implementiert. So erfolgt die Formulargestaltung nun in einem benutzerfreundlichen WYSIWYG-Editor (WYSIWYG = *What You See Is What You Get*). Die spätere Formularausgabe entspricht dem, was im Formulardesigner entworfen wird. Auf diese Weise können auch Änderungen oder Anpassungen einfach realisiert werden. Auch besteht die Möglichkeit, auf einfache Art und Weise Grafiken, Bilder oder Rahmen einzubinden. Diese können im Editor per Drag & Drop an den entsprechenden Stellen eingefügt werden. Gleiches gilt für Barcodes und digitale Signaturen, die mit der neuen Technologie eingebunden werden können. Digitale Signaturen spielen dann eine wichtige Rolle, wenn die erstellten Formulare per E-Mail zurück an Sie versendet werden und die Identität des Absenders validiert werden soll. Dabei stellt die digitale Signatur die Unterschrift und somit den Identitätsnachweis der entsprechenden Person dar.

Anwendungsgebiete

Es gibt viele Anwendungsgebiete für die SAP Interactive Forms. Da der Anwender nicht zwingend eine SAP-Lizenz braucht, bietet sich das interaktive Offline-Szenario vor allem für externe Partner an. Dadurch wird verhindert, dass diese einen direkten Zugriff auf das SAP-System bekommen, sie können jedoch trotzdem alle Daten schnell und einfach erfassen. Für Anwender, die selten mit dem SAP-System arbeiten oder keinen direkten Bezug zu diesem haben, können die SAP Interactive Forms ebenfalls eine Lösung darstellen. Allerdings müsste für diese Anwender geprüft werden, ob die benötigten Transaktionen die Möglichkeit bieten, sich als Interactive Forms abbilden zu lassen. Bei komplexen Transaktionen ist das weniger sinnvoll. Die Akzeptanz des Anwenders kann um ein Vielfaches erhöht werden, wenn er sich nicht direkt am SAP-System anmelden muss, sondern ein einfaches PDF-Formular mit bereits vorgefüllten Feldern verwenden kann.

[zB] **Anwendung des interaktiven Offline-Szenarios**

Ein typisches Anwendungsgebiet ist der Fall eines Servicetechnikers oder Außendienstmitarbeiters. Der Servicetechniker besucht einen Kunden, der ein Problem gemeldet hat. Der Techniker hat unterwegs keinen direkten SAP-Systemzugang, kann die notwendigen Daten zur Reparatur aber über ein interaktives Formular erfassen und später übertragen.

Bevor der Techniker zum Kunden fährt, werden die benötigten Daten in einem Serviceauftrag erfasst und in einem PDF-Formular zur Rückmeldung generiert. Beim Kunden vor Ort muss der Techniker lediglich die geleistete Zeit und die benötigten Materialien zur Reparatur in das PDF-Formular eintragen. Zu einem späteren Zeitpunkt, wenn er wieder direkten Zugang zum SAP-System hat, kann er die Rückmeldung zur geleisteten Arbeit in das System laden.

5.8.4 Durchführung eines Serviceauftrags

Sobald der Serviceauftrag freigegeben ist und die Auftragspapiere gedruckt sind, kann mit der Durchführung der einzelnen Servicemaßnahmen begonnen werden.

Während der Durchführungsphase werden die einzelnen Vorgänge abgearbeitet und die dazugehörigen Komponenten entnommen. Dabei kann es neben geplanten auch zu ungeplanten Materialentnahmen kommen. Ungeplant heißt, der Servicetechniker stellt während der Durchführung fest, dass noch zusätzliche Ersatzteile zu einem Vorgang benötigt werden und dass dies zum Zeitpunkt der Planung so nicht abzusehen war.

Geplante wie auch ungeplante Materialentnahmen können direkt bei der Durchführung auf den Auftrag rückgemeldet werden. Alternativ hierzu können Sie geplante Komponenten auch retrograd entnehmen. Retrograd bedeutet, das System bucht die Entnahme des Materials erst bei der Rückmeldung des Vorgangs. Die geplanten Komponenten werden bei der Rückmeldung automatisch vorgeschlagen, und deren Entnahme wird ebenso automatisch gebucht (siehe Abbildung 5.40). Voraussetzung für eine retrograde Entnahme ist das Setzen des gleichnamigen Kennzeichens auf der Registerkarte KOMPONENTEN im Serviceauftrag.

Abbildung 5.40 Retrograde Entnahme von Komponenten (Transaktion IW32)

Sollen sowohl geplante als auch ungeplant entnommene Komponenten nicht erst bei der Rückmeldung, sondern schon direkt während der Auftragsdurchführung rückgemeldet werden, können Sie dies mit der Bestandsführungstransaktion MIGO (Warenbewegung) tun. Wählen Sie in der Transaktion den Vorgang WARENAUSGANG ZUM AUFTRAG, und prüfen Sie, ob die Bewegungsart 261 (WA FÜR AUFTRAG) angezeigt wird. Kontrollieren Sie die vorgeschlagenen Komponenten und die dazugehörigen Mengen, bzw. passen Sie die Mengen, falls nötig, an. Fügen Sie über den Button NEUE POSITIONEN ( )

die Komponenten hinzu, die ungeplant entnommen wurden, und buchen Sie die Entnahme.

Alle geplanten und ungeplanten Warenbewegungen werden zum jeweiligen Auftrag dokumentiert. Im Servicebeleg können Sie sich im Menü über ZUSÄTZE • BELEGE ZUM AUFTRAG • WARENBEWEGUNGEN eine Liste der erfolgten Warenbewegungen anzeigen lassen (siehe auch Abbildung 5.41).

A	Auftrag	Materialbeleg	Belegdatum	Material	Materialkurztext	Menge	BME	BwA	Reservierung
	502890	4900008352	18.05.2011	Y100-200	Antrieb	1	ST	261	
	502890	4900008353	18.05.2011	Y100-300	Welle	3	ST	261	72983
	502890	4900008353	18.05.2011	YKR117185	Distanzring	4	ST	261	72983
	502890	4900008353	18.05.2011	Y100-200	Antrieb	1	ST	261	
	502890	4900008354	18.05.2011	Y100-500	Lager	2	ST	261	

Abbildung 5.41 Liste der Warenbewegungen (Transaktion IW33)

5.9 Rückmeldung zum Serviceauftrag

Nur freigegebene Serviceaufträge können zurückgemeldet werden. Ebenso können nur solche Vorgänge zurückgemeldet werden, deren Vorgangssteuerschlüssel ausdrücklich eine Rückmeldung vorsieht. Mit einer Rückmeldung zum Serviceauftrag dokumentieren Sie den Bearbeitungsstand einzelner Vorgänge. Sie können unter anderem Folgendes dokumentieren:

- welcher Vorgang von welchem Arbeitsplatz ausgeführt wurde
- wie lange die Durchführung eines Vorgangs gedauert hat
- welche Ersatzteile (Komponenten) Sie für die Durchführung eines Vorgangs benötigt haben und in welcher Menge
- ob die Ersatzteile (Komponenten) geplant oder ungeplant entnommen wurden
- wer den Vorgang durchgeführt hat (basierend auf der Eingabe der Personalnummer)
- den Arbeitsbeginn und das Arbeitsende eines Vorgangs
- benötigte Restarbeitszeiten zum jeweiligen Vorgang
- ob durchgeführte Leistungen oder Ersatzteile als Kulanz oder Garantie angesehen werden (über die Eingabe eines Berechnungsmotivs)
- Messwerte und Zählerstände zu einem technischen Objekt, die während der Vorgangsausführung festgehalten werden müssen

Aufgrund der rückgemeldeten Istdaten ermittelt das System automatisch die Istkosten im Auftrag und stellt diese den Plankosten gegenüber. Sie können dann im Auftrag ablesen, welche Istkosten tatsächlich z. B. für Eigenleistungen oder Ersatzteile angefallen sind.

Bei der Erfassung von Rückmeldedaten bietet Ihnen das System zusätzlich die Möglichkeit, Daten zu der zum Auftrag gehörenden Servicemeldung zu erfassen (falls vorhanden). Zu diesen technischen Daten zählen unter anderem Aktionen, Ursachen oder auch Maßnahmen. Man spricht hier auch von einer sogenannten *technischen Rückmeldung*.

Es gibt zwei Arten von Rückmeldungen zu Serviceaufträgen, nämlich die Teilrückmeldungen sowie die Endrückmeldungen.

- Von einer *Teilrückmeldung* spricht man, wenn schon Rückmeldungen zu einzelnen Vorgängen eines Auftrags vorgenommen wurden, die Bearbeitung insgesamt aber noch nicht abgeschlossen ist. Das System setzt dann automatisch den Status TEILRÜCKGEMELDET (Systemstatus TRÜC).
- Von einer *Endrückmeldung* spricht man, wenn zu allen in einem Serviceauftrag vorhandenen Vorgängen eine Rückmeldung stattgefunden hat, sofern der Steuerschlüssel dies vorsieht. Ist jeder einzelne Vorgang rückgemeldet und somit abgeschlossen, erhält auch der Serviceauftrag im Ganzen den Status RÜCKGEMELDET (Systemstatus RÜCK).

Rückmeldungen zu Fremdleistungen, betroffen sind hiervon Vorgänge mit dem Steuerschlüssel SM02 und dem Steuerschlüssel SM03, finden durch das Buchen von Wareneingängen bzw. durch das Anlegen von Leistungserfassungsblättern statt.

Im Folgenden möchten wir Ihnen nun die einzelnen Erfassungsmöglichkeiten vorstellen, um eine Rückmeldung im System anzulegen. Jede der hier erwähnten Erfassungsmöglichkeiten kann entweder als Teilrückmeldung zum Serviceauftrag oder als Endrückmeldung zum Serviceauftrag ausführt werden.

Eine *Einzelzeitrückmeldung* zum Serviceauftrag legen Sie mit der Transaktion IW41 an. Dabei können Sie entweder mit der Auftragsnummer oder mit der Rückmeldenummer eines Vorgangs in die Transaktion einsteigen. Starten Sie die Transaktion mit einer Rückmeldenummer, können Sie zu genau einem Vorgang Rückmeldedaten erfassen. Steigen Sie jedoch mit der Auftragsnummer in die Rückmeldetransaktion ein und enthält dieser Auftrag mehrere Vorgänge, können Sie einen oder mehrere Vorgänge selektieren, um die Rückmeldedaten einzugeben.

Generell betrachtet, können Sie bei der Einzelzeitrückmeldung nicht nur detailliert Zeitrückmeldungen hinterlegen. Sie können z. B. weitere Daten wie verbrauchte Materialien zum Vorgang erfassen oder nachträglich eine Servicemeldung zum Auftrag anlegen, um technische Rückmeldedaten festzuhalten.

Im Serviceauftrag können Sie sich bereits erfasste Rückmeldedaten über das Menü unter ZUSÄTZE • BELEGE ZUM AUFTRAG • RÜCKMELDUNGEN anschauen.

Die *Sammelzeitrückmeldung* rufen Sie entweder mit der Transaktion IW44 (Sammelzeitrückmeldung: Ohne Selektion) oder mit der Transaktion IW48 (Sammelzeitrückmeldung: Mit Selektion) auf. Die zuletzt genannte Transaktion bietet Ihnen zusätzlich einen Selektionsbildschirm zum Einstieg in die Transaktion an. Im Gegensatz zur Einzelzeitrückmeldung können Sie mit einer Sammelzeitrückmeldung Rückmeldungen zu mehreren Aufträgen und den darin enthaltenen Vorgängen erfassen.

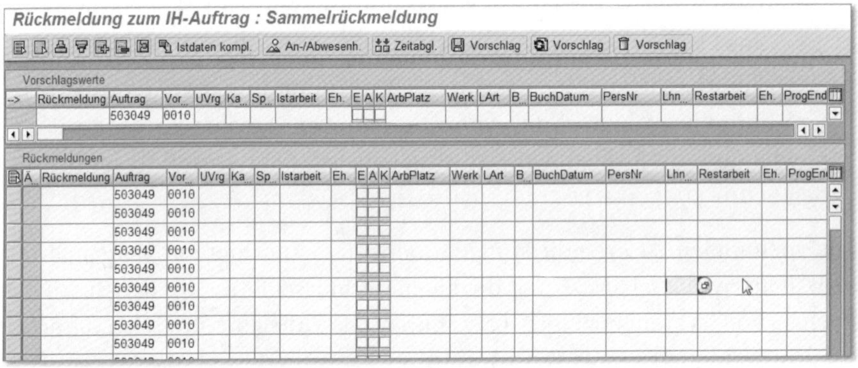

Abbildung 5.42 Übersicht zur Sammelzeitrückmeldung (Transaktion IW44)

Der Bildschirm der Sammelzeitrückmeldung ist in einen oberen und einen unteren Bildschirmbereich unterteilt, wie Sie auch in Abbildung 5.42 erkennen können. Im oberen Bereich können Sie Vorschlagswerte hinterlegen, die für alle zu erfassenden Vorgänge des unteren Bereichs Gültigkeit besitzen und in diesen übernommen werden. Die eingetragenen Werte können Sie als benutzerspezifische Vorschlagswerte sichern, die beim nächsten Aufruf der Sammelzeitrückmeldung erneut vorgeschlagen werden. Die dann noch fehlenden Daten, wie z. B. tatsächliche Istarbeitszeit oder verbleibende Restarbeitszeit pro Vorgang, müssen Sie dann im unteren Bildbereich noch ergänzen.

Mit der *Gesamtrückmeldung* (Transaktion IW42) melden Sie die Zeiten zu den einzelnen Serviceauftragsvorgängen zurück. Sie haben ebenso die Möglichkeit, die Gesamtrückmeldung zur Erfassung sowohl von geplanten als auch ungeplanten Warenbewegungen zu nutzen und, unter aktiver Einbeziehung der Dienstleistungsabwicklung, Leistungen zum Auftrag zurückzumelden. Darüber hinaus lassen sich Messwerte und Zählerstände sowie Maßnahmen, Ursachen oder Aktionen zu der im Auftrag integrierten Servicemeldung erfassen. In diesem Fall spricht man dann von der sogenannten *technischen Rückmeldung auf Meldungsebene*.

Ein Vorteil der Gesamtrückmeldung besteht darin, dass der Bildaufbau je nach Benutzeranforderung variabel gestaltet werden kann. Das heißt, im Customizing des Kundenservices können ein oder mehrere Rückmeldeprofile definiert werden. In der Anwendung können Sie über ZUSÄTZE • EINSTELLUNGEN dann dem eigenen User ein Profil zuordnen (unter der Voraussetzung, dass nicht mit dem ausgelieferten Default-Profil gearbeitet werden soll), das den eigenen Anforderungen zum Arbeiten mit der Rückmeldetransaktion genügt. Abbildung 5.43 zeigt exemplarisch ein solches Rückmeldeprofil.

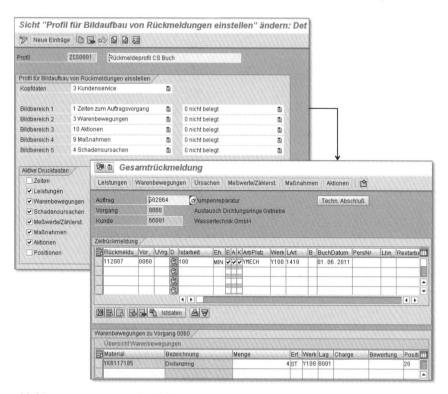

Abbildung 5.43 Gesamtrückmeldung (Transaktion IW42)

Das oben gezeigte Rückmeldeprofil ZCS0001 besteht aus fünf von insgesamt zehn möglichen Bildbereichen. Darüber hinaus sind als aktive Schaltflächen Rückmeldedaten zu LEISTUNGEN, WARENBEWEGUNGEN, SCHADENSURSACHEN, MESSWERTE/ZÄHLER, MASSNAHMEN und AKTIONEN vorgesehen.

Die Gesamtrückmeldung beinhaltet – im Gegensatz zur Einzelzeitrückmeldung beispielsweise – die Funktion des technischen Abschlusses. Das heißt, der Serviceauftrag kann, falls alle Vorgänge ausgeführt sind, aus der Gesamtrückmeldung heraus technisch abgeschlossen werden.

Rückmeldeliste

Mithilfe der Rückmeldeliste (Transaktion IW47) können Sie sich die im System bereits erfassten Rückmeldungen anzeigen lassen. Geben Sie im Einstiegsbildschirm Selektionskriterien mit, und führen Sie die Transaktion aus. Das Selektionsergebnis kann z. B. aussehen wie in Abbildung 5.44 gezeigt.

A	Auftrag	Rückmeld.	Zähler	Erstellt am	Σ	Istarbeit	Eh.Arbeit (Ist)	Arbeitsplatz (Ist)	Planergruppe
	502864	112002	1	01.06.2011		30	MIN	YMECH	Y20
	502864	112003	1	01.06.2011		30	MIN	YMECH	Y20
	502864	112004	1	01.06.2011		60	MIN	YMECH	Y20
	502864	112005	1	01.06.2011		120	MIN	YMECH	Y20
	502864	112006	1	01.06.2011		30	MIN	YMECH	Y20
	502864	112007	1	01.06.2011		100	MIN	YMECH	Y20
	502864	112007	2	01.06.2011		0	MIN	YMECH	Y20
	502864	112008	1	01.06.2011		30	MIN	YMECH	Y20
	502864	112009	1	01.06.2011		30	MIN	YMECH	Y20
	502890	112140	1	18.05.2011		60	MIN	YMECH	Y20
	502890	112141	1	18.05.2011		55	MIN	YMECH	Y20
	502890	112142	1	18.05.2011		60	MIN	YMECH	Y20
	502890	112143	1	18.05.2011		320	MIN	YMECH	Y20
	502890	112144	1	18.05.2011		30	MIN	YMECH	Y20
	502890	112145	1	18.05.2011		240	MIN	YMECH	Y20
	502890	112146	1	18.05.2011		60	MIN	YMECH	Y20
	502890	112147	1	18.05.2011		60	MIN	YMECH	Y20
	502892	112156	1	18.05.2011		120	MIN	YMECH	Y20
						1.435	MIN		

Abbildung 5.44 Rückmeldeliste (Transaktion IW47)

Aus der Liste heraus können Sie sich einzelne Rückmeldungen anzeigen lassen, in den dazugehörigen Serviceauftrag verzweigen oder einzelne bzw. mehrere Rückmeldungen gleichzeitig stornieren.

5.10 Technischer Abschluss des Serviceauftrags

Wenn alle Vorgänge eines Serviceauftrags ausgeführt wurden, kann der Auftrag technisch abgeschlossen werden. Mit dem technischen Abschluss dokumentieren Sie die Ausführung aller zuvor geplanten Arbeiten, der Serviceauftrag erhält automatisch den Status TABG (Technisch abgeschlossen).

Um einen Serviceauftrag technisch abschließen zu können, bedarf es einer Abrechnungsvorschrift. Eine Abrechnungsvorschrift legt fest, wie die auf dem Serviceauftrag angefallenen Istkosten abgerechnet werden. Nähere Informationen zur Abrechnungsvorschrift finden Sie in Kapitel 8, »Controlling von Serviceleistungen«.

Schließen Sie einen Serviceauftrag technisch ab, hat dies folgende Auswirkungen:

- alle noch offenen Kapazitätsbedarfe werden abgebaut
- alle noch offenen Reservierungen werden gelöscht
- alle noch nicht bearbeiteten Bestellanforderungen zum Serviceauftrag werden gelöscht

Beim technischen Abschluss können Sie Bezugsdaten in Form von Bezugsdatum und Bezugszeitpunkt hinterlegen (siehe auch Abbildung 5.45). Diese Daten werden in Kombination mit den Standort- und Kontierungsdaten des technischen Objekts in der Historie abgelegt.

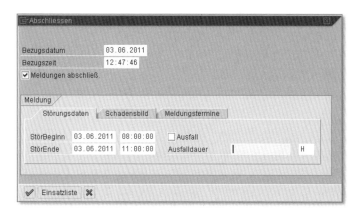

Abbildung 5.45 Technischer Abschluss des Serviceauftrags (Transaktion IW32)

Wareneingänge, Rechnungseingänge sowie Zeitrückmeldungen können Sie trotz des Status TABG weiterhin erfassen. Das heißt, anfallende Istkosten können weiterhin auf den Serviceauftrag gebucht werden.

Der technische Abschluss eines Serviceauftrags kann, falls irrtümlich gesetzt, auch wieder zurückgenommen werden. Eine Rücknahme bedingt, dass alle zuvor abgebauten und gelöschten Kapazitäten und Bedarfe wieder offen und somit vorhanden sind.

Gleichzeitig mit dem Abschluss eines Serviceauftrags kann auch die zugrunde liegende Servicemeldung abgeschlossen werden (Status MMAB: Meldung abgeschlossen). Möchten Sie die Servicemeldung jedoch zu einem späteren Zeitpunkt abschließen als den Serviceauftrag, müssen Sie das in Abbildung 5.45 gezeigte Häkchen für MELDUNGEN ABSCHLIESS entfernen. Beachten Sie, dass eine Meldung nur dann mit abgeschlossen werden kann, wenn keine offenen Meldungsmaßnahmen mehr vorhanden sind.

Nehmen Sie den technischen Abschluss in einem Serviceauftrag zurück, bleiben die mit dem Auftrag abgeschlossenen Meldungen von diesem Schritt unberührt. Das heißt, zuvor mit abgeschlossene Meldungen müssen in einem separaten Schritt wieder in Arbeit gesetzt werden.

Mehrere Aufträge gleichzeitig abschließen

Möchten Sie mehrere Serviceaufträge gleichzeitig abschließen, bietet Ihnen das System die Arbeit mit der sogenannten *Serviceauftragsliste* an.

Rufen Sie hierzu die Serviceauftragsliste mit der Transaktion IW72 (Serviceauftragsliste ändern) auf. Geben Sie im Einstiegsbildschirm Selektionskriterien mit, und führen Sie die Transaktion aus.

Als Ergebnis erhalten Sie eine Liste, die gemäß Ihren Selektionskriterien aufgebaut ist. Markieren Sie die Aufträge, die Sie technisch abschließen möchten, und wählen Sie den Button TECHN. ABSCHLIESSEN ( ).

5.11 Fakturierung

Die *Fakturierung* steht am Ende eines Serviceprozesses, wenn Sie Ihrem Kunden die entstandenen Kosten für erbrachte Leistungen und benötigte Materialien in Rechnung stellen. Generell können Sie bei der Fakturierung der entstandenen Istkosten unterscheiden zwischen:

- periodischer Fakturierung
- pauschaler Fakturierung
- aufwandsbezogener Fakturierung

Diese drei verschiedenen Möglichkeiten, um Leistungen und Materialien mithilfe des SAP-Systems zu fakturieren, möchten wir Ihnen nun im Folgenden kurz vorstellen. Das Hauptaugenmerk wird dabei auf der aufwandsbezogenen Fakturierung liegen.

5.11.1 Periodische Fakturierung

Die periodische Fakturierung können Sie z. B. bei der Abrechnung von Serviceverträgen einsetzen. Serviceverträge legen die Leistungen fest, die Sie in regelmäßigen Abständen für Ihre Kunden erbringen. Gleichzeitig regeln Serviceverträge auch die Fälligkeit der anstehenden Zahlungen. Nehmen Sie dabei einen sogenannten *Fakturierungsplan* zu Hilfe, werden im System automatisch die fälligen Fakturen zu bestimmten Zeitpunkten erzeugt. Die Erzeugung der Fakturen beruht auf im Fakturierungsplan hinterlegten Daten, zu denen unter anderem folgende gehören:

- **Horizont für die Fakturatermine**
  Sie legen einen Zeitraum fest, innerhalb dessen Fakturen erzeugt werden können; z. B. ausgehend vom Tagesdatum ein Jahr in die Zukunft reichend.

- **Beginndatum für den Fakturabeginn**
  Sie legen fest, ab welchem Zeitpunkt innerhalb des Horizonts zum ersten Mal eine Faktura durch das System erstellt werden soll; z. B. zum Vertragsbeginn.

- **Periodizität der Fakturatermine**
  Sie bestimmen, in welchen regelmäßigen Abständen Fakturen durch das System erzeugt werden; z. B. monatlich zum Ersten.

Diese und weitere Einstellungen zum Fakturierungsplan können Sie im Customizing des SAP-Systems vornehmen. Mit der Transaktion OVBI (Pflege Fakturierungsplanarten periodische Fakturierung) können Sie die Funktion direkt aufrufen.

5.11.2 Pauschale Fakturierung

Bei der *pauschalen Fakturierung* können Sie Ihrem Kunden Leistungen, die Sie für ihn erbracht haben, als Festpreis in Rechnung stellen. Der Festpreis kann dabei mithilfe eines Serviceprodukts im System abgelegt werden. Weitere Informationen zum Serviceprodukt finden Sie in Abschnitt 5.4.1, »Kopfdaten des Serviceauftrags«.

5.11.3 Aufwandsbezogene Fakturierung

Bei der *aufwandsbezogenen Fakturierung* stellen Sie Ihrem Kunden die erbrachten Leistungen nicht als Festpreis in Rechnung, sondern rechnen die tatsächlich ausgeführten Arbeiten inklusive aller benötigten Materialien ab. Auf der Grundlage dieser Aufwandsinformationen erstellt das System dann sogenannte *dynamische Posten* in einer Fakturaanforderung, auf deren Basis die eigentliche Faktura erstellt wird. Eine Fakturaanforderung können Sie über die Transaktion VA02 (Kundenauftrag ändern) bearbeiten bzw. über die Transaktion VA03 (Kundenauftrag anzeigen) anzeigen

Unter dynamischen Posten versteht man Daten aus Serviceaufträgen – oder auch aus Serviceverträgen, um ein weiteres Beispiel zu nennen –, die auf der Grundlage verschiedener Kriterien in verdichteter Form aufbereitet werden. Welche Kriterien dies sein können bzw. wie die Verdichtung der Daten funktioniert, hängt von den Einstellungen im Profil des Dynamischen Postenprozessors ab. Einzelheiten zum Profil und zur Verdichtung der Daten entnehmen Sie Abschnitt 5.7.1.

Das DPP-Profil wird im Customizing der Serviceauftragsart zugeordnet. Wählen Sie den Menüpfad INSTANDHALTUNG UND KUNDENSERVICE • INSTANDHALTUNGS- UND SERVICEABWICKLUNG • INSTANDHALTUNGS- UND SERVICEAUFTRÄGE • FUNKTIONEN UND EINSTELLUNGEN DER AUFTRAGSARTEN • KREDITLIMITPRÜFUNGEN, VERKAUFSBELEGARTEN FÜR SERVICEAUFTRÄGE oder einfach nur die Transaktion OIOL. Im gleichen Punkt des Customizings kann auch eine Verkaufsbelegart der Serviceauftragsart zugeordnet werden, die bei der aufwandsbezogenen Fakturierung verwendet wird.

Das Erstellen einer Fakturaanforderung können Sie als Einzel- oder als Sammelbearbeitung vornehmen. Eine Einzelbearbeitung nehmen Sie über die Transaktion DP90 vor, eine Sammelbearbeitung über die Transaktion DP95 oder DP97. Der Unterschied zwischen beiden Transaktionen ist, dass Sie in der Transaktion DP95 zusätzlich zu Serviceaufträgen noch Verkaufsbelege selektieren können, während Sie in der Transaktion DP97 ausschließlich auf Aufträge zugreifen.

Bei der Einzelbearbeitung bietet Ihnen das System die beiden folgenden Sichten zur Bearbeitung einer Fakturaanforderung an:

- Aufwandsicht
- Verkaufspreissicht

Sie können zwischen beiden Sichten hin- und herwechseln.

Einzelbearbeitung Aufwandssicht

Die *Aufwandsicht* setzt sich aus einem Strukturbaum und Tabelleninformationen zusammen, die auf den drei Registerkarten BETRAG, MENGE und PROZENT jeweils in unterschiedlicher Darstellung angezeigt werden (siehe auch Abbildung 5.46). Bei den Tabelleninformationen handelt es sich um die jeweiligen dynamischen Posten zu dem im Strukturbaum markiert angezeigten Servicebeleg.

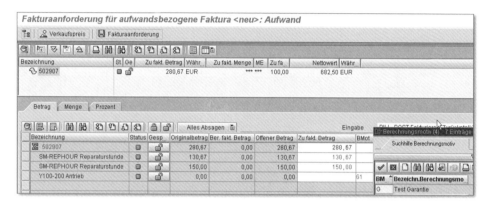

Abbildung 5.46 Aufwandsicht der Fakturaanforderung (Transaktion DP90)

Die dynamischen Posten werden auf der Registerkarte BETRAG mit dem zu fakturierenden Betrag für benötigtes Material und erbrachte Leistungen dargestellt, auf der Registerkarte MENGE mit der zu fakturierenden Material- und Leistungsmenge. Die Registerkarte PROZENT weist die gleichen Daten mit zu fakturierender Prozentzahl aus.

Wichtig ist an dieser Stelle, dass die Kosten der Aufwandsicht in bereits *verdichteter* Form angezeigt werden!

In der Aufwandsicht können Sie auch festlegen, welche der angezeigten Kosten komplett fakturiert, abgesagt oder zum gegenwärtigen Zeitpunkt vielleicht ganz oder in Teilen zurückgestellt werden. Abgesagte oder zurückgestellte Posten werden dann entsprechend nicht in die Fakturaanforderung übernommen. Nutzen Sie die Funktion der Sperre für einen dynamischen Posten, heißt das, dass der Wert unverändert in die Berechnung mit einfließt.

Fallen anstehende Kosten in eine noch gültige Garantiedauer oder haben Sie Leistungen unter Kulanzaspekten für Ihren Kunden erbracht, können Sie mittels des Berechnungsmotivs eine Kostenminderung bzw. einen generellen Einfluss auf die Berechnung der Kosten ausüben. Welche Voraussetzungen für die Einbeziehung des Berechnungsmotivs erfüllt sein müssen, schildern wir ausführlich in Abschnitt 5.4.1, »Kopfdaten des Serviceauftrags«.

Einzelbearbeitung Verkaufspreissicht

In der *Verkaufspreissicht* sehen Sie die zusammengefassten Positionen der Aufwandsicht. Finden Sie in unserem Beispiel in der Aufwandsicht noch zwei Einträge für die Reparaturstunden, werden diese in der Verkaufspreissicht zu einer einzigen Position zusammengefasst, wie auch Abbildung 5.47 zeigt.

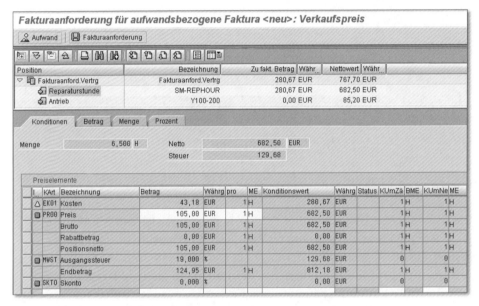

Abbildung 5.47 Verkaufssicht der Fakturaanforderung (Transaktion DP90)

Der Bildschirmaufbau ist analog der Aufwandsicht gestaltet. Auch hier gibt es eine Übersicht im oberen Bereich mit den bereits erwähnten, zusammengefassten SD-Positionen sowie weitere Tabelleninformationen auf verschiedenen Registerkarten. Zusätzlich zu den bereits bekannten drei Registerkarten der Aufwandsicht kommt hier noch eine vierte für die KONDITIONEN hinzu. Damit haben Sie die Möglichkeit, einzelne Konditionen der Fakturaanforderungspositionen manuell nachzubearbeiten. Die Preisfindung beruht generell auf der SD-Konditionstechnik des zugrunde liegenden Kalkulationsschemas und beinhaltet Funktionen wie z. B. Preisaktualisierung oder Preisanalyse, um nur zwei zu nennen.

Bei der Erzeugung einer Fakturaanforderung müssen Sie in der Transaktion DP90 Folgendes entscheiden:

- ob Sie diese im Modul SD (Vertrieb), als direkte Grundlage für die sich anschließende Faktura, erzeugen lassen möchten
- ob das System die Fakturaanforderung zunächst nur als Beleg sichern (»im System hinterlegen«) soll, weil Sie den Beleg zu einem späteren Zeitpunkt weiterbearbeiten müssen

Entscheiden Sie sich für die hier aufgeführte erste Möglichkeit, dann wählen Sie in der Transaktion DP90 den Button SICHERN FAKTURAANFORDERUNG. Diesen sehen Sie auch in Abbildung 5.48. Das System springt daraufhin in die Transaktion VA02 ab (Fakturaanforderung ändern). Prüfen Sie den Beleg hinsichtlich eventuell vorhandener Fakturasperren, und entfernen Sie diese, bevor Sie die Faktura im Einzel- oder Sammelgang anlegen. Möchten Sie den Beleg jedoch nur sichern, klicken Sie einfach auf den Button SICHERN.

Abbildung 5.48 Fakturasperre in der Fakturaanforderung (Transaktion VA02)

5.12 Serviceauftrag abrechnen

Die Kosten, die während der Durchführung einer Servicemaßnahme anfallen, werden zunächst auf dem Serviceauftrag gesammelt. Über die im Serviceauftrag hinterlegte Abrechnungsvorschrift wird bestimmt, an welche Abrechnungsempfänger die aufgelaufenen Istkosten weitergegeben werden. Generell werden erlaubte Abrechnungsempfänger in einem sogenannten *Abrechnungsprofil* zusammengefasst, das wiederum der Auftragsart im Customizing der Instandhaltungs- und Serviceabwicklung zugeordnet ist.

5 | Serviceaufträge

Schauen Sie sich das in Abbildung 5.49 dargestellte Beispiel etwas näher an.

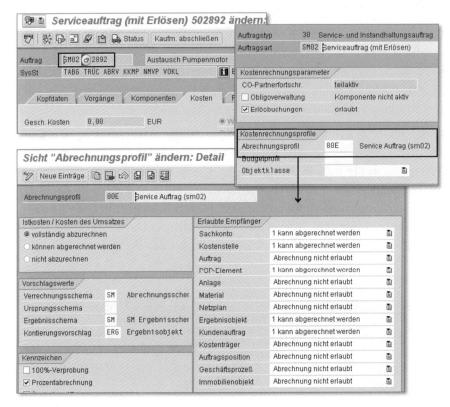

Abbildung 5.49 Einstellungen zum Abrechnungsprofil

Der Auftragsart SM02 ist das Abrechnungsprofil 80E (Service Auftrag SM02) im Standard zugeordnet. Das Abrechnungsprofil 80E weist wiederum die erlaubten Abrechnungsempfänger Sachkonto, Kostenstelle, PSP-Element, Ergebnisobjekt und Kundenauftrag aus. Alle weiteren möglichen Abrechnungsempfänger, wie z. B. Anlage oder Material, sind für die Abrechnung nicht erlaubt. Man spricht hier auch von sogenannten *Abrechnungsempfängertypen*. Ein Abrechnungsempfängertyp kann manuell im Serviceauftrag geändert werden.

Ein Serviceauftrag kann nur dann abgerechnet werden, wenn er neben einer Abrechnungsvorschrift noch folgende weitere Voraussetzungen erfüllt:

- Der Auftrag besitzt den Systemstatus FREI.
- Der Auftrag enthält nicht abgerechnete Istkosten.

Über den Zeitpunkt der Abrechnungsvorschrift, der ebenfalls im Customizing eingestellt wird, bestimmen Sie, wann die Abrechnungsvorschrift im Serviceauftrag ermittelt wird – z. B. kann dies der Zeitpunkt der Freigabe sein.

Eine Abrechnung kann beliebig oft vorgenommen werden und erfolgt in der Regel als Gesamtabrechnung oder als periodische Abrechnung (mit den Abrechnungsarten GES und PER).

Weitere, ausführliche Informationen zur Abrechnung von Serviceaufträgen sowie zur Schnittstelle in die Ergebnisrechnung (CO-PA) finden Sie in Kapitel 8, »Controlling von Serviceleistungen«.

5.13 Kaufmännischer Abschluss des Serviceauftrags

Unter dem *kaufmännischen Abschluss* versteht man, dass der Status ABGS (abgeschlossen) im Serviceauftrag gesetzt wird. Ein Serviceauftrag kann nur in folgenden Fällen kaufmännisch abgeschlossen werden:

- wenn im Vorfeld die Serviceauftragsabrechnung erfolgreich durchgeführt wurde und somit die Istkosten im Serviceauftrag einen Saldo von 0 aufweisen
- wenn der abzurechnende Serviceauftrag den Status TABG (Technisch abgeschlossen) besitzt

Generell wird der kaufmännische Abschluss im Prozessverlauf dann gesetzt, wenn alle anfallenden und zu erwartenden Kosten einer Servicemaßnahme auf den Auftrag gebucht wurden und man somit davon ausgehen kann, dass keine weiteren Kosten mehr gebucht werden müssen. Wurde der kaufmännische Status verfrüht gesetzt, kann dieser wieder zurückgenommen werden, und erneute Kostenbuchungen auf den Serviceauftrag sind wieder möglich. Soll der kaufmännische Abschluss dann erneut gesetzt werden, muss zwingend eine nochmalige Abrechnung des Auftrags erfolgen.

5.13.1 Einzelbearbeitung: Status »Abgeschlossen« setzen

Sie können für einen einzelnen Serviceauftrag den Status des kaufmännischen Abschlusses setzen. Rufen Sie hierfür den Serviceauftrag im Änderungsmodus mit der Transaktion IW32 (Auftrag ändern) auf. Wählen Sie anschließend im Menü den Eintrag AUFTRAG • FUNKTIONEN • ABSCHLIESSEN • KAUFM. ABSCHLIESSEN. Das System setzt daraufhin den Systemstatus ABGS automatisch.

Möchten Sie den Status ABGS wieder zurücknehmen, weil dieser verfrüht gesetzt wurde und noch weitere Kosten anfallen, dann gehen Sie wie zuvor beschrieben vor und wählen den Menüeintrag AUFTRAG • FUNKTIONEN • ABSCHLIESSEN • KAUFM. ABSCHL. ZURÜCKNEHMEN.

5.13.2 Sammelverarbeitung: Status »Abgeschlossen« setzen

Mithilfe der Transaktion CO99 (Auftragsabschluss) bietet Ihnen das System die Möglichkeit, für mehrere Serviceaufträge gleichzeitig den Status ABGS (abgeschlossen) zu setzen. Der Status wird pro Werk und Auftragsart gesetzt, wie aus Abbildung 5.50 hervorgeht.

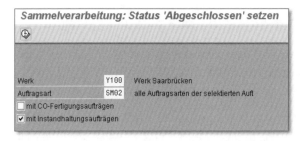

Abbildung 5.50 Sammelverarbeitung von Serviceaufträgen (Transaktion CO99)

Die Sammelverarbeitung kann zunächst auch nur als Testlauf eingeplant werden. Das SAP-System erzeugt bei aktivem Testlauf lediglich ein Protokoll, das Auskunft über zu erwartende Fehler oder über die Aufträge gibt, bei denen der angestrebte Status gesetzt werden kann. Die Daten werden dabei weder produktiv verändert noch auf der Datenbank fortgeschrieben.

5.13.3 Listbearbeitung: Status »Abgeschlossen« setzen

Eine dritte Möglichkeit, den Status ABGS im Serviceauftrag für mehrere Aufträge gleichzeitig zu setzen, bietet Ihnen die Transaktion IW72 (Serviceauftragsliste ändern). Analog dem technischen Abschluss müssen Sie auch hier die Aufträge, die Sie abschließen möchten, manuell selektieren. Das genaue Vorgehen hierzu entnehmen Sie dem Abschnitt »Mehrere Aufträge gleichzeitig abschließen« in Abschnitt 5.10.

Um den kaufmännischen Abschluss zu setzen, wählen Sie nach Ausführung der Selektion im Menü den Eintrag AUFTRAG • ABSCHLUSS • KAUFM. ABSCHLIESSEN. Im Gegensatz zur Transaktion CO99 (Auftragsabschluss) kann die hier erwähnte Transaktion IW72 (Serviceauftragsliste ändern) nicht als Hintergrundjob eingeplant werden. Auch um den Status ABGS zurückzunehmen, können Sie die Transaktion verwenden.

5.14 Änderungen im Auftrag

Der Serviceauftrag zeigt Ihnen mittels Action Log und Änderungsbelegen an, welche Änderungen im Auftrag vorgenommen wurden und auch durch wen. Wählen Sie im Serviceauftrag den Menüeintrag ZUSÄTZE • BELEGE ZUM AUFTRAG aus, um sich die jeweiligen Änderungen anzeigen zu lassen.

Voraussetzung für die Erzeugung von Änderungsbelegen in Serviceaufträgen ist die Aktivierung der Änderungsbelegschreibung im Customizing.

5.14.1 Belege zum Auftrag: Action Log

Das Action Log eines Serviceauftrags zeigt nicht alle Änderungen zu einem Serviceauftrag an. Unterstützt wird nur die begrenzte Auswahl von Feldern, die auch in der DDIC-Struktur ALORDER zu finden sind. Zu diesen Feldern gehören z. B. Änderungen am technischen Objekt oder den Standortdaten sowie Änderungen zum Status. Weitere Informationen hierzu finden Sie in den SAP-Hinweisen 530071 und 119767.

5.14.2 Belege zum Auftrag: Änderungen

Im Gegensatz zum Action Log zeigt die Änderungsübersicht zum Serviceauftrag alle Änderungen im Beleg an. Diese werden unter anderem mit Datum und Uhrzeit, Tabellenschlüssel, Feldnamen oder altem und neuem Wert festgehalten.

5.15 Listen und Belege zum Auftrag

Jedem Serviceauftrag werden die Belege zugeordnet, die aufgrund von vorgenommenen Rückmeldungen, gebuchten Warenbewegungen oder erfassten Messbelegen im System existieren. Wenn Sie im Serviceauftrag den Menüeintrag ZUSÄTZE • BELEGE zum Auftrag wählen, können Sie entscheiden, welche der zuvor erwähnten Belege Sie sich ansehen möchten oder vielleicht auch ansehen müssen. Während hier die Belege je nach Vorgang getrennt aufgelistet sind, werden sie im Belegfluss zum Auftrag in einer Gesamtübersicht angeboten (siehe auch Abbildung 5.51).

5 | Serviceaufträge

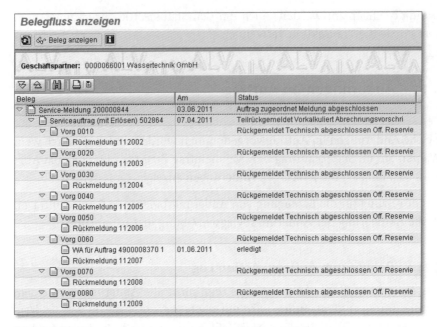

Abbildung 5.51 Belegfluss im Serviceauftrag (Transaktion IW33)

Aus dem Belegfluss heraus können Sie sich jeden einzelnen Beleg anzeigen lassen.

SAP bietet im Standard verschiedene Listen an, um Serviceaufträge mit den darin enthaltenen Daten und Vorgängen im Anzeige- oder Änderungsmodus zu selektieren. Zu den gängigsten Listen gehören folgende:

- **Serviceauftragsliste**
  Anhand verschiedener Selektionskriterien im Einstiegsbildschirm, darunter auch der Auftragsstatus, listet Ihnen das System alle Aufträge auf, die Ihren Selektionskriterien entsprechen. Weitere Informationen, wie z. B. Angaben zum eingebundenen technischen Objekt oder der Planergruppe, lassen sich zusätzlich einblenden. Weitere Funktionalitäten, die Ihnen das System hier anbietet, sind die Freigabe oder der technische Abschluss eines Serviceauftrags, die Verzweigung in die Vorgangsliste zum jeweiligen Auftrag, das Drucken der Auftragspapiere oder der Vorgang der Sammel- und Gesamtrückmeldung.

- **Vorgangsliste**
  Anhand verschiedener Selektionskriterien im Einstiegsbildschirm listet Ihnen das System hier alle Aufträge mit den darin enthaltenen Vorgängen auf, die Ihren Selektionskriterien entsprechen. Weitere Informationen,

wie z. B. Systemstatus oder Steuerschlüssel, lassen sich zusätzlich einblenden. Weitere Möglichkeiten, die Ihnen das System hier anbietet, sind der Absprung in die Einzel-, Sammel- oder Gesamtrückmeldung, sofern der Systemstatus dies zulässt.

▸ **Auftrags- und Vorgangsliste**
Anhand verschiedener Selektionskriterien im Einstiegsbildschirm, die auf verschiedenen Registerkarten zu finden sind (gemäß dem Registerkartenaufbau im Serviceauftrag im SAP-Standard), listet Ihnen das System hier alle Aufträge mit den darin enthaltenen Vorgängen auf, die Ihren Selektionskriterien entsprechen. Der Unterschied zur Vorgangsliste besteht darin, dass zu den Selektionskriterien verschiedene Auftragsstatus zählen. Bei der Anzeige des Selektionsergebnisses werden Ihnen vom System direkt mehr Informationen angeboten als z. B. in der Vorgangsliste (z. B. Kurztext zum Vorgang oder Systemstatus). Auch hier bietet Ihnen das System weitere Funktionalitäten an. Dazu gehören unter anderem die Freigabe oder der technische Abschluss eines Auftrags oder die Verzweigung in die verschiedenen Rückmeldetransaktionen.

▸ **Komponentenliste**
Hier werden lediglich die zu einem einzelnen Auftrag gehörenden Komponenten angezeigt.

Den *Materialverwendungsnachweis* können Sie mit der Transaktion IW13 oder im Serviceauftrag auf der Registerkarte KOMPONENTEN über den gleichnamigen Button aufrufen. Der Materialverwendungsnachweis zeigt Ihnen an, welche Aufträge bisher zu einem technischen Bezugsobjekt erfasst wurden bzw. welche Komponenten für bereits ausgeführte Servicemaßnahmen benötigt wurden (siehe Abbildung 5.52).

Material	Auftrag	Meldung	T	Equipment	Kunde	ArbPlatz	Σ reserviert	ME	Σ entnommen	ME	Σ Resv.bzg	ME	Σ ohne Resv.	ME	Buch.dat.	Bezeich	PTp
YKR117185	502864	200000844		10006712	66001	Y100TR	4	ST	4	ST	4	ST			01.06.2011	Distanzring	
	502868				66001	Y100TR	4	ST			0	ST				Distanzring	
	502890				66001	YMECH	4	ST	4	ST	4	ST			18.05.2011	Distanzring	
	502891			10006712	66001	YMECH	2	ST			0	ST				Distanzring	
	502903			10006712	66001	YMECH	4	ST			0	ST				Distanzring	
YKR117185							18	ST	8	ST	8	ST					
							18	ST	8	ST	8	ST					

Abbildung 5.52 Materialverwendungsnachweis (Transaktion IW13)

Alternativ können Sie aber auch mit der Eingabe der benötigten Komponente im Selektionsbildschirm die Transaktion starten. Das System listet Ihnen dann all die Serviceaufträge auf, in denen das Material auf der Komponentenübersicht zu finden ist.

5.16 Zusammenfassung

In diesem Kapitel haben Sie den Aufbau und die einzelnen Funktionen des Serviceauftrags kennengelernt. Ein Serviceauftrag dient der Planung, Durchführung und Rückmeldung einzelner Servicemaßnahmen und Technikereinsätze. Ein Serviceauftrag besteht aus Kopf- und Positionsdaten. Sie planen einzelne Vorgänge (Arbeitsschritte), die entweder durch internes Personal oder externe Ressourcen ausgeführt werden. Bei der Verwendung externer Ressourcen werden über die Schnittstelle zur Materialwirtschaft (Modul MM) Bestellanforderungen erzeugt, die vom Einkauf weiterbearbeitet werden.

Darüber hinaus legen Sie die Komponenten fest, die im Zuge von Servicemaßnahmen zur Beseitigung von Defekten benötigt werden. Alle dann tatsächlich ausgeführten Arbeiten werden in Form von Zeiten und entnommenen Materialien auf den Auftrag rückgemeldet. Ebenso werden alle extern eingekauften Kräfte und Materialien auf dem Auftrag sichtbar. Der Serviceauftrag dient damit als Kostensammler.

Die entstandenen Kosten werden Ihrem Kunden entweder aufwandsbezogen oder als Festpreis in Rechnung gestellt. Bei der Serviceauftragsabrechnung werden relevante Informationen ins CO-PA (Ergebnis- und Marktsegmentrechnung, Modul CO) fortgeschrieben und können dort über Berichte ausgewertet werden.

Dieses Kapitel erläutert Ihnen, wie Sie einen kombinierten Retouren- und Reparaturprozess im SAP-System abbilden können. Sie erfahren, wie die Abwicklung mithilfe eines SD-Kundenauftrags und eines CS-Serviceauftrags im System erfolgt.

6 Retouren und Reparaturen

Ihr Kunde stellt an einem Gerät (Material) einen Defekt fest und sendet das Gerät (Material) zur Reparatur ein. Das Gerät wird von Ihnen über eine Retoure angenommen, durch den Kundenservice repariert, zurück an den Kunden geliefert, und die Reparatur wird dem Kunden in Rechnung gestellt. Die Fakturierung der Reparatur kann pauschal oder nach Aufwand erfolgen. Der Retouren- und Reparaturprozess wird dabei ohne Systembrüche über alle beteiligten Module hinweg abgewickelt. Die angefallenen Kosten und die erzielten Erlöse sollen auswertbar sein.

Dieser Prozess ist auch unter der Bezeichnung *Return Material Authorization* (RMA) bekannt. Um ihn im SAP-Standard abzubilden, werden spezielle Verkaufsbelegarten bereitgestellt. Auf die Details dazu gehen wir in Abschnitt 6.3, »Customizing-Einstellungen«, ein. Zunächst beschreiben wir aber die zur Abbildung der Reparatur notwendigen Materialien und den Prozess. Ein ausführliches Beispiel zu diesem Prozess finden Sie in Kapitel 13, »Reparaturabwicklung«.

6.1 Gerätematerial und Serviceprodukt

Man unterscheidet im Reparaturkundenauftrag zwischen *Gerätematerial* und *Serviceprodukt*.

- **Gerätematerial**
  Das Gerätematerial ist das Material, das repariert werden soll. Dies kann etwa ein Wasserzähler sein.

- **Serviceprodukt**
  Das Serviceprodukt beschreibt die vom Kunden angeforderte Leistung. Im Fall des Wasserzählers kann das Serviceprodukt z. B. die Überprüfung der

Eichdaten oder eine Reparatur sein. Über das Serviceprodukt wird zum einen gesteuert, was dem Kunden für die Reparatur berechnet wird. Zum anderen wird der Arbeitsplan, der die Vorgänge und Komponenten des anzulegenden Serviceauftrags bestimmt, ermittelt.

Abhängig von der Reparaturkundenauftragsart werden nur das Gerätematerial oder das Gerätematerial und das Serviceprodukt im Kundenauftrag erfasst (siehe Abschnitt 6.3.1, »Reparaturbelegarten«).

Über die *Materialfindung* kann das Gerätematerial mit einem Serviceprodukt verknüpft werden. Wenn das Gerätematerial im Reparaturkundenauftrag erfasst wird, ermittelt das System automatisch das Servicematerial. In Abbildung 6.1 sehen Sie als Beispiel einen Konditionssatz zur Materialfindung. Erfasst der Anwender im Reparaturkundenauftrag das Material Y5000 (Wasserpumpe), wird automatisch das Material YSTANDARDREP als Serviceprodukt ermittelt. Die für das Material YSTANDARDREP hinterlegte Anleitung wird zur Erzeugung von Standardreparaturvorgängen verwendet.

Abbildung 6.1 Materialfindung (Transaktion VB12)

6.2 Prozessbeschreibung

In diesem Abschnitt erläutern wir Ihnen die einzelnen Schritte, aus denen sich die SAP-Retouren- und Reparaturabwicklung zusammensetzt. Welche Schritte durchlaufen werden können, hängt unter anderem von dem in Abschnitt 6.3.2 erläuterten Reparaturschema ab. Wir zeigen Ihnen zunächst den grundlegenden Ablauf des Prozesses und gehen dann auf mögliche Alternativen für einige Prozessschritte ein. Außerdem erläutern wir am Ende des Abschnitts den Status des Reparaturkundenauftrags.

6.2.1 Retouren- und Reparaturabwicklung

In diesem Abschnitt zeigen wir Ihnen, aus welchen Schritten der Prozess »Retouren- und Reparaturabwicklung« beim Einsatz von Servicemeldungen bestehen kann. In Abbildung 6.2 sehen Sie den Prozessablauf für eine Standardreparatur.

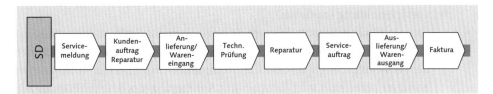

Abbildung 6.2 Prozess der Standardreparatur

Das zu reparierende Gerätematerial wird als sogenannte *Reparaturanforderungsposition* im Reparaturkundenauftrag erfasst. Die einzelnen Prozessschritte werden über Unterpositionen abgebildet. Abbildung 6.3 zeigt schematisch ein Beispiel für eine Reparaturanforderungsposition und ihre Unterpositionen.

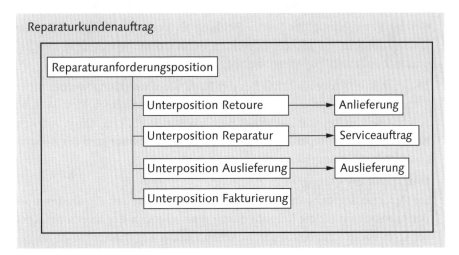

Abbildung 6.3 Aufbau der Reparaturanforderungsposition

Wir erläutern nun zunächst die Schritte, die bei einer »Standardreparatur« erfolgen müssen. Anschließend gehen wir auf die Schritte ein, die notwendig sind, wenn eine Reparatur nicht möglich ist oder der Kunde für die Zeit der Reparatur ein Leihgerät benötigt.

- **Prozessanstoß**
Der Kunde stellt einen Defekt an einem Gerät fest und kontaktiert Sie, um das Gerät reparieren zu lassen. Um den Reparaturwunsch des Kunden in Ihrem System zu erfassen, können Sie mit einer Servicemeldung und einem anschließenden Reparaturkundenauftrag oder direkt mit dem Reparaturkundenauftrag beginnen.

- **Servicemeldung (optional)**
Sie legen, wenn der Kunde einen Fehler bei einem Gerät meldet, eine Servicemeldung zu Ihrem Kunden und dem defekten Gerät an. Die Nummer der Servicemeldung wird als RMA-Nummer (*Return Material Authorization Number*) bezeichnet und dient bei der Anlieferung des defekten Geräts zur Identifizierung. Über die Aktivitätenleiste der Servicemeldung können Sie einen Reparaturkundenauftrag anlegen. Die Nummer der Servicemeldung wird als Bestellnummer in den Reparaturkundenauftrag übernommen.

- **Reparaturkundenauftrag**
Wenn Sie darauf verzichten, Servicemeldungen anzulegen, legen Sie den Reparaturkundenauftrag direkt an. Im Reparaturauftrag erfassen Sie den Kunden und geben das defekte Gerät als Position ein. Diese Position wird als *Reparaturanforderungsposition* bezeichnet (siehe Abbildung 6.3).

Bei der Verwendung der Servicemeldung als Vorgängerbeleg werden die Daten zum Kunden und dem defekten Gerät aus der Meldung in den Reparaturkundenauftrag übernommen.

Die einzelnen Prozessschritte bei der Reparaturabwicklung werden über Unterpositionen zur Reparaturanforderungsposition abgebildet. Welche Schritte bei der Reparaturabwicklung vorkommen können, hängt von den Einstellungen des Reparaturschemas ab, das dem Positionstyp der Reparaturanforderungsposition zugeordnet ist.

- **Unterposition »Retoure«**
Im Reparaturkundenauftrag wird eine Unterposition zur Reparaturanforderungsposition für die Retoure des zu reparierenden Geräts erzeugt. Dieser Schritt wird über das Reparaturschema in der Regel automatisch ausgelöst.

  - *Anlieferung und Wareneingang des Gerätematerials*
  Wenn das zu reparierende Gerät bei Ihnen eintrifft, wird eine Retourenanlieferung zur Unterposition »Retoure« des Reparaturkundenauftrags angelegt. Anschließend wird der Wareneingang zur Anlieferung gebucht. Das Gerät wird dabei in den Kundeneinzelbestand gebucht.

▶ *Technische Prüfung*
Nach der Buchung des Wareneingangs findet eine technische Prüfung des angelieferten Geräts statt. Dabei wird entschieden, ob und wie die Reparatur durchgeführt werden soll. Ergebnis der technischen Prüfung kann sein, dass das Gerät repariert wird, dass es verschrottet wird und der Kunde im Gegenzug eine Gutschrift erhält oder auch, dass der Kunde ein Austauschteil bekommt. Das Ergebnis der technischen Prüfung wird im Reparaturkundenauftrag erfasst und steuert die folgenden Schritte. Auf die Schritte, die durchlaufen werden, wenn eine Reparatur nicht möglich ist, gehen wir im Anschluss an diese diese Schrittfolge ein.

▶ **Unterposition »Reparatur«**
Wenn das Ergebnis der technischen Prüfung lautet, dass das Gerät repariert werden kann, wird eine weitere Unterposition zur Reparaturanforderungsposition erzeugt. Zu dieser Unterposition »Reparatur« wird über die gefundene Bedarfsart automatisch ein Serviceauftrag für die Reparatur angelegt. Die bei der Reparatur anfallenden Leistungen und Materialien werden auf den Serviceauftrag rückgemeldet.

▶ **Unterposition »Rücklieferung«**
Nachdem die Reparatur über den Serviceauftrag durchgeführt wurde, wird der Serviceauftrag technisch abgeschlossen. Der technische Abschluss des Serviceauftrags führt dazu, dass eine weitere Unterposition zur Reparaturanforderungsposition angelegt wird. Bei der Unterposition »Rücklieferung« wird das reparierte Gerät an den Kunden zurückgeliefert.

Zur Rücklieferungsunterposition wird eine Auslieferung angelegt und nach der Kommissionierung der Warenausgang gebucht.

▶ **Unterposition »Fakturierung«**
Je nach Einstellung der Reparaturanforderungsposition erfolgt die Fakturierung an den Kunden entweder aufwandsbezogen oder zum Festpreis. Bei der aufwandsbezogenen Fakturierung wird für die auf den Serviceauftrag rückgemeldeten Leistungen und Materialien über den Dynamischen Postenprozessor eine Fakturaunterposition im Reparaturauftrag angelegt.

▶ **Abrechnung**
Nach dem technischen Abschluss des Serviceauftrags wird dieser abgerechnet. Die auf dem Serviceauftrag und auf den Unterpositionen angefallenen Kosten werden an die Reparaturanforderungsposition des Kundenauftrags abgerechnet. Kosten und Erlöse können in CO-PA ausgewertet werden.

Mit der Abrechnung ist der »Standardreparaturprozess« abgeschlossen. Nun gehen wir auf die Prozessschritte ein, mit denen dem Kunden ein *Leihgerät* für die Zeit der Reparatur überlassen werden kann. Diese Schritte sind ggf. notwendig, falls sich bei der technischen Prüfung herausstellt, dass eine Reparatur möglich ist.

Dem Kunden kann für den Zeitraum der Reparatur ein Leihgerät zur Verfügung gestellt werden. Dies wird folgendermaßen abgewickelt:

- **Unterposition »Leihgutbeschickung«**
  Die Leihgutbeschickung wird über eine entsprechend erzeugte Unterposition zur Reparaturanforderungsposition ausgelöst. Zu dieser Unterposition wird eine Lieferung angelegt und ein Warenausgang gebucht.

- **Unterposition »Leihgutabholung«**
  Nach Abschluss der Reparatur kann eine Unterposition zur Leihgutabholung im Reparaturauftrag angelegt werden. Mit Bezug zu dieser Unterposition wird eine Anlieferung erzeugt und der Wareneingang des Leihgeräts gebucht.

Wird bei der technischen Prüfung festgestellt, dass das Gerät nicht repariert werden kann, wird das Gerät *verschrottet*. Der Kunde erhält eventuell im Gegenzug ein Austauschteil oder eine Gutschrift für das verschrottete Gerät. Der Vorgang der Verschrottung wird im Allgemeinen als manuell zu erfassender Vorgang eingestellt, da vor der Verschrottung eine Rücksprache mit dem Kunden erfolgen sollte. Die eigentliche Buchung zur Verschrottung in der Materialwirtschaft erfolgt nicht automatisch durch das System. Sie muss manuell mit der Bewegungsart 551 E durchgeführt werden.

Soll der Kunde eine *Gutschrift* aufgrund der Verschrottung erhalten, wird eine Gutschriftsanforderungsunterposition zur Reparaturanforderungsposition angelegt. Die Gutschrift kann dann über den Fakturavorrat oder auch manuell erstellt werden.

Ergab die technische Prüfung, dass eine Reparatur nicht möglich ist, kann dem Kunden ein *Austauschteil* geliefert werden. Zur Reparaturanforderungsposition wird in diesem Fall eine entsprechende lieferrelevante Unterposition über das Reparaturschema erzeugt. Zu dieser Unterposition wird eine Lieferung angelegt und nach der Kommissionierung der Warenausgang gebucht.

6.2.2 Alternative Schritte in der Retouren- und Reparaturabwicklung

Anstelle einer Servicemeldung kann der Prozess alternativ auch mit einer *QM-Meldung* (Qualitätsmeldung) beginnen.

Wenn für das Gerätematerial eine Prüflosabwicklung eingestellt ist, wird bei der Buchung des Wareneingangs zur Retoure automatisch ein *Prüflos* angelegt. Der weitere Verlauf der Reparaturabwicklung erfolgt in Abhängigkeit vom Verwendungsentscheid für dieses Prüflos.

In Kapitel 5, »Serviceaufträge«, haben Sie den *Lohnbearbeitungsmonitor* mit seinen verschiedenen Funktionen kennengelernt. Dieser kann ebenfalls bei der Reparaturabwicklung über den Serviceauftrag zur Nutzung externer Reparaturen eingebunden werden.

6.2.3 Status des Kundenauftrags

Anhand des Status einer Position sehen Sie, wie weit der Prozess bereits durchlaufen wurde, welche Folgevorgänge angelegt werden können oder ob ein manuelles Eingreifen durch den Anwender notwendig ist.

Der Vorgang der Verschrottung sollte z. B. als manuell gekennzeichnet werden. So wird die Unterposition zur Verschrottung nicht automatisch angelegt, sondern erst manuell durch einen Mitarbeiter nach Rücksprache mit dem betroffenen Kunden.

Eine Reparaturanforderungsposition kann, wenn keine QM-Meldung und keine Prüflose verwendet werden, einen der folgenden Status haben:

- **Kaufmännisch zu entscheiden (KZEN)**
  Der für einen Zeitpunkt der Reparaturabwicklung notwendige Vorgang ist noch nicht angelegt.
- **Kaufmännisch entschieden (KENT)**
  Der für einen Zeitpunkt der Reparaturabwicklung notwendige Vorgang ist angelegt.
- **In Reparatur (IREP)**
  Zur Reparaturanforderungsposition ist ein Serviceauftrag angelegt, aber dieser ist noch nicht technisch abgeschlossen.
- **Repariert (REPA)**
  Der zur Reparaturanforderungsposition angelegte Serviceauftrag ist technisch abgeschlossen.

Werden die QM-Meldung (anstelle einer Servicemeldung) und Prüflose genutzt, kommen folgende Status hinzu:

- **Prüflos zugeordnet**
  Wenn Sie für das Gerätematerial mit Prüflosen beim Wareneingang arbeiten, wird beim Buchen des Wareneingangs zur Retoure automatisch ein Prüflos erzeugt, und die Reparaturanforderungsposition bekommt den Status PRÜFLOS ZUGEORDNET.

- **Verwendungsentscheid getroffen**
  Dieser Status sagt aus, dass eine Entscheidung zum Prüflos in den Reparaturkundenauftrag rückgemeldet wurde und dass eine Rückmeldung der Entscheidung zum Prüflos in den Reparaturkundenauftrag erfolgt ist.

- **Meldung abgeschlossen**
  Dieser Status bedeutet, dass die QM-Meldung abgeschlossen wurde und nicht mehr weiterbearbeitet werden kann.

Über die Transaktion V.26 (Liste Verkaufsbelege nach Objektstatus) erhalten Sie eine Liste aller Reparaturanforderungspositionen, die den von Ihnen vorgegebenen Status haben. Aus der Liste haben Sie die Möglichkeit, direkt in den Reparaturkundenauftrag abzuspringen.

Zur Dokumentation der technischen Prüfung gibt es verschiedene Alternativen. Zum einen kann das Ergebnis der Prüfung manuell in den Reparaturauftrag geschrieben werden, zum anderen kann das Ergebnis bei Verwendung von Servicemeldungen über die Aktivitätenleiste der Meldung übernommen werden. Schließlich können Sie das Ergebnis beim Einsatz von Prüflosen durch den Verwendungsentscheid festschreiben.

Über den Report SDREPA01 (Reparaturabwicklung: Generieren Reparaturpositionen nach Wareneingang) können Sie im Fall der manuellen Prüfung alle Reparaturauftragsanforderungspositionen mit dem Status KAUFMÄNNISCH ZU ENTSCHEIDEN auf KAUFMÄNNISCH ENTSCHIEDEN setzen und Reparaturunterpositionen anlegen.

6.3 Customizing-Einstellungen

Die Abbildung des Reparaturprozesses im SAP-System wird über speziell eingestellte Verkaufsbelegarten, Positionstypen, Bedarfsarten und das zum Reparaturanforderungspositionstyp hinterlegte Reparaturschema gesteuert. Die Customizing-Einstellungen zu diesen Komponenten werden wir Ihnen in diesem Abschnitt vorstellen.

6.3.1 Reparaturbelegarten

Das SAP-System bietet die Möglichkeit, den Retouren- und Reparaturprozess mittels der beiden speziellen Kundenauftragsarten RA (Reparaturauftrag) und RAS (Reparatur-Service) abzuwickeln. Die beiden Auftragsarten unterscheiden sich darin, ob in der Kundenauftragsposition nur ein Gerätematerial oder ein Gerätematerial und ein Serviceprodukt erfasst werden. Der Anwender erfasst im Reparaturauftrag eine sogenannte *Reparaturanforderungsposition* als Hauptposition.

Das System erzeugt abhängig von den gewählten Prozessschritten Unterpositionen zur Reparaturanforderungsposition, über die der Gesamtprozess gesteuert wird. Dem Anwender steht auf der Ebene der Reparaturanforderungsposition die separate Registerkarte REPARATUR zur Verfügung. Über diese kann er sich eine Übersicht über den bisherigen Prozess verschaffen und manuell zu treffende Entscheidungen eingeben.

Über das Feld KENNZEICHNUNG im Customizing der Verkaufsbelegart wird gesteuert, dass es sich um eine Reparaturauftragsart handelt. Folgende Kennzeichnungen sind möglich:

F – Reparaturabwicklung: Gerätematerial führend

G – Reparaturabwicklung: Serviceprodukt führend

Abbildung 6.4 und Abbildung 6.5 zeigen Ausschnitte der beiden Retourenauftragsarten RA und RAS. Die Auftragsart RA hat die Kennzeichnung F, die für eine Reparaturabwicklung mit dem Gerätematerial als führendem Material steht (siehe Abbildung 6.4).

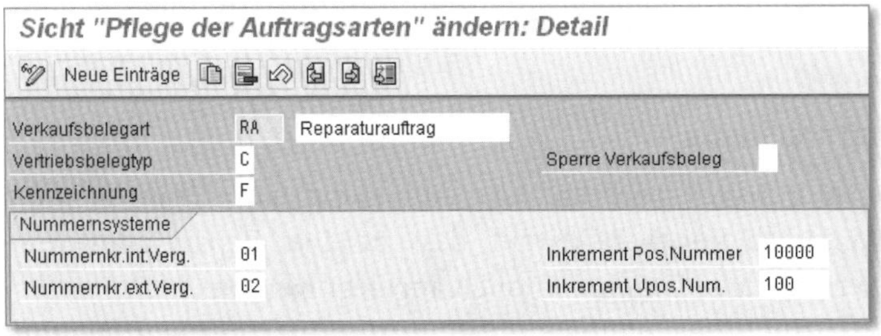

Abbildung 6.4 Customizing – Verkaufsbelegart RA

Im Vergleich dazu hat die Auftragsart RAS die Kennzeichnung G, die für Reparaturabwicklung mit dem Serviceprodukt als führendem Material steht. Abhängig von der Kennzeichnung ergibt sich bei der Auftragserfassung ein unterschiedlicher Bildschirmaufbau (siehe Abbildung 6.5).

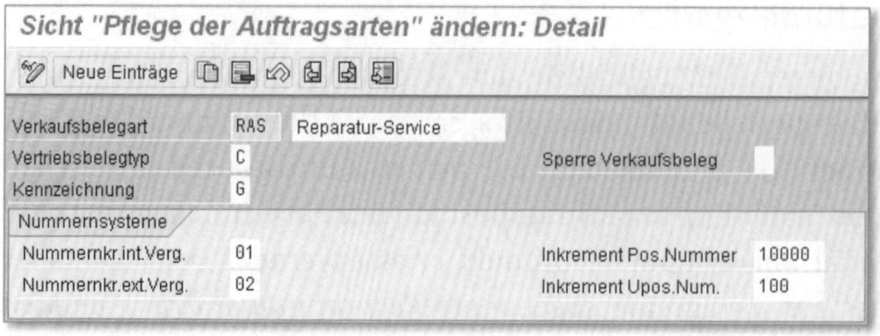

Abbildung 6.5 Customizing – Verkaufsbelegart RAS

Im Customizing der Verkaufsbelegart kann nur eine einzige Lieferart hinterlegt werden, die beim Erstellen von Lieferungen automatisch vorgeschlagen wird. Im Falle der Reparaturabwicklung gibt es aber mehrere Lieferungen. So wird bei der Retoure eine Anlieferung und bei der Rücklieferung des reparierten Geräts an den Kunden eine Auslieferung benötigt. Werden Leihgeräte zum Kunden geschickt, sind weitere Lieferungen notwendig. In der Verkaufsbelegart wird die Lieferart zur Auslieferung hinterlegt, die Lieferart für die Anlieferung muss beim Erstellen von Anlieferungen manuell mitgegeben werden.

In der Tabelle der Serviceprodukte (Tabelle OISD) werden die Informationen zu den einzelnen Materialien hinterlegt, die zur automatischen Anlage eines Serviceauftrags aus einer Kundenauftragsposition heraus notwendig sind. Ob das Gerätematerial in der Tabelle der Serviceprodukte hinterlegt werden muss, hängt von der verwendeten Reparaturauftragsart ab. Wird die Reparaturauftragsart RA genutzt, muss in der Tabelle ein Eintrag für das Gerätematerial hinterlegt werden. Bei Verwendung der Auftragsart RAS ist lediglich ein Eintrag für das Serviceprodukt notwendig.

6.3.2 Reparaturschema

Wie bereits erwähnt, beruht das Prinzip der Abbildung der einzelnen für die Reparatur notwendigen Vorgänge darauf, dass zu einer Reparaturanforderungsposition verschiedene Unterpositionen angelegt werden.

Der Prozess zur Retouren- und Reparaturabwicklung wird über das im Positionstyp der Reparaturanforderungsposition hinterlegte *Reparaturschema* gesteuert. Im Reparaturschema werden für Kombinationen von Zeitpunkten und Vorgängen Regeln hinterlegt, über die die Erzeugung von Unterpositionen zur Durchführung des Prozesses gesteuert wird.

Abbildung 6.6 zeigt ein mögliches Reparaturschema. Die Einträge werden im Folgenden erläutert.

Reparaturschema	Y001					
Zeitpunkte / Vorgänge						
Zeitpunkt	Bezeichnung	Vorgang	Bezeichnung	Rück	Manuell	Default
101	Reparaturannahme	101	Retoure		☐	☑
101	Reparaturannahme	104	Leihgerätebeschickung		☐	☐
102	Reparaturstart	102	Reparatur	01	☑	☐
102	Reparaturstart	103	Auslieferung	02	☑	☐
102	Reparaturstart	107	Verschrottung	03	☑	☐
102	Reparaturstart	108	Gutschrift		☐	☐
103	Reparaturrückmeldung	103	Auslieferung	04	☐	☑
103	Reparaturrückmeldung	105	Leihgerätabholung		☐	☐
103	Reparaturrückmeldung	107	Verschrottung	03	☑	☐
103	Reparaturrückmeldung	108	Gutschrift		☐	☐

Abbildung 6.6 Customizing des Reparaturschemas Y001

Es gibt drei mögliche *Zeitpunkte*, die ausdrücken, wie weit der Prozess der Reparaturabwicklung fortgeschritten ist.

1. **Reparaturannahme (101)**
   Der Reparaturkundenauftrag ist mit einer Reparaturanforderungsposition angelegt.

2. **Reparaturstart (102)**
   Die technische Prüfung ist durchgeführt.

3. **Reparaturrückmeldung (103)**
   Der Serviceauftrag ist technisch abgeschlossen.

Die *Vorgänge* stehen für die Aktionen, die durchgeführt werden können, um den Reparaturprozess abzuwickeln. Die folgenden Vorgänge können verwendet werden:

- Retoure
- Reparatur
- Auslieferung
- Leihgerätebeschickung
- Leihgeräteabholung
- Austauschteil
- Verschrottung
- Gutschrift
- Lastschrift

Die Vorgänge spiegeln sich als Unterpositionen zur Reparaturanforderungsposition wider.

Darüber hinaus finden Sie die drei Spalten RÜCK, MANUELL und DEFAULT in Abbildung 6.6. Die Spalte RÜCK (Rückmeldung) besagt, dass der Vorgang über das Reparaturkennzeichen in Meldungen, Prüflosen und Serviceaufträgen angelegt wird. Die Spalte MANUELL sagt aus, dass der Vorgang manuell in der Reparaturanforderungsposition eingetragen wird. Das Häkchen bei DEFAULT besagt, dass der Vorgang zu einem Zeitpunkt der Reparaturabwicklung automatisch vorgeschlagen wird.

6.3.3 Positionstypen und Ermittlung

In den Positionsdetails der Reparaturanforderungsposition wird Ihnen zusätzlich die Registerkarte REPARATUR angezeigt (siehe Abbildung 6.7). Auf dieser Registerkarte finden Sie alle relevanten Daten zur Reparatur.

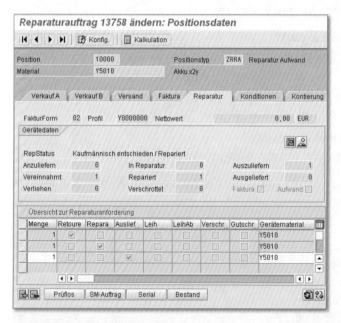

Abbildung 6.7 Registerkarte »Reparatur« der Reparaturanforderungsposition (Transaktion VA02)

[+] **Transaktionen in den Bildunterschriften**

In den Bildunterschriften sind die jeweiligen Transaktionen aufgeführt, die Sie aufrufen müssen, um zu dieser Ansicht zu gelangen. Die zu den Transaktionscodes passenden Menüpfade finden Sie im Anhang.

Sie erkennen z. B., ob das Material bereits angeliefert wurde, ob eine Entscheidung zur Reparatur gefallen ist und ob diese schon beendet ist. Zusammen mit dem Statusbild der Position (siehe Abbildung 6.8) erhalten Sie einen vollständigen Überblick über den Stand des Reparaturprozesses.

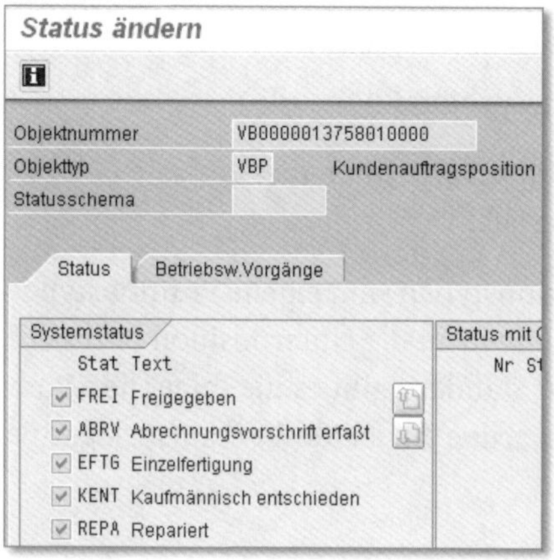

Abbildung 6.8 Status der Reparaturanforderungsposition (Transaktion VA02)

Eine ausführliche Beschreibung der Reparaturabwicklung finden Sie im Praxisbeispiel in Kapitel 13.

Zu jeder der beiden Reparaturverkaufsbelegarten sind Positionstypen für die Reparaturanforderungsposition (Hauptposition) vorhanden. Über diese wird gesteuert, ob die Fakturierung nach Aufwand oder pauschal erfolgt. Zusätzlich ist den Hauptpositionstypen ein Reparaturschema zugeordnet, mit dem die Erzeugung der Unterpositionen gesteuert wird.

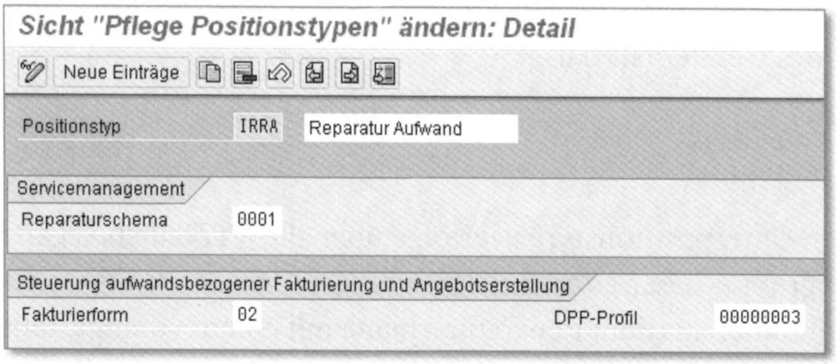

Abbildung 6.9 Customizing – Positionstyp der Reparaturanforderungsposition

Abbildung 6.9 zeigt als Beispiel einen Ausschnitt des Positionstyps IRRA für eine Reparaturanforderungsposition mit aufwandsbezogener Fakturierung

(Fakturierungsform 02) über das DPP-Profil 00000003 und mit dem zugeordneten Reparaturschema 0001.

Im Standard gibt es drei Positionstypen für die Anforderungsposition:

- IRRA – Reparatur Gerätematerial nach Aufwand
- IRRS – Reparatur mit Serviceprodukt nach Aufwand
- IRPA – Pauschale Reparatur mit Serviceprodukt

Die Ermittlung der Hauptpositionstypen erfolgt über die Verkaufsbelegart und die Positionstypengruppe des Materials.

Für die einzelnen benötigten Unterpositionstypen sind eigene Positionstypen eingestellt, entsprechend den Anforderungen an die Unterposition bezüglich der Lieferungs- und Fakturarelevanz. Im Standard gibt es die folgenden Positionstypen für Unterpositionen, diese werden für beide Verkaufsbelegarten genutzt:

- IRAL – Auslieferung des reparierten Geräts
- IRAT – Austauschmaterial
- IRGN – Gutschrift
- IRIN – fakturarelevante aufwandsbezogene Fakturaanforderungsunterposition
- IRLA – Leihgerätabholung
- IRLB – Leihgerätbeschickung
- IRLN – Lastschrift
- IRNI – nicht fakturarelevante aufwandsbezogene Fakturaanforderungsunterposition, rein statistisch
- IRRE – Retoure des Gerätematerials
- IRRP – Reparieren
- IRVE – Verschrottung

Die Ermittlung der Unterpositionstypen erfolgt über die Verkaufsbelegart, die Positionstypengruppe des Materials, den übergeordneten Positionstyp und die Vorgangsnummer aus dem Reparaturschema mit einem vorangestellten R. In Abbildung 6.10 sehen Sie die Ermittlung der Positionstypen für die Auftragsart RA.

Abbildung 6.10 Customizing – Positionstypenfindung

Die Entscheidung für die Reparatur entspricht dem Vorgang 102. Daraus ergibt sich die Positionstypenverwendung R102. Entsprechend Abbildung 6.10 wird also der Positionstyp IRRP (Reparieren) ermittelt.

6.3.4 Fakturierung

Die Fakturierung der Reparaturanforderungsposition erfolgt abhängig vom Positionstyp aufwandsbezogen oder pauschal. Der Anwender kann die durch den Positionstyp vorgegebene Fakturierungsform im Reparaturkundenauftrag auf der Registerkarte VERKAUF B ändern.

6.4 Zusammenfassung

Sie haben nun die Abbildung der Reparaturabwicklung mittels der Module CS und SD in der Theorie kennengelernt. In Kapitel 13, »Reparaturabwicklung«, finden Sie ein Praxisbeispiel dazu.

Dieses Kapitel erläutert Ihnen, wie Sie einen geplanten Kundenservice im SAP-System durchführen können. Sie erfahren, wie Sie mithilfe eines CS-Wartungsplans und eines SD-Servicevertrags Wartungsvorgänge im System abbilden und überwachen können.

7 Geplanter Kundenservice

Mithilfe von Wartungsplänen und Serviceverträgen bietet Ihnen das SAP-System die Möglichkeit des *geplanten Kundenservices*. Der geplante Kundenservice beinhaltet Leistungen und Dienste, die Sie in regelmäßigen Abständen von eigenem oder fremdem Fachpersonal für Ihre Kunden erbringen bzw. erbringen lassen. Sie gewährleisten damit eine möglichst lange Lebensdauer von Anlagen und technischen Objekten. Gleichzeitig erfüllen Sie gesetzliche Anforderungen, die die Sicherheit von Objekten oder Auflagen zum Arbeitsschutz regeln.

Regelmäßige Wartung bedeutet auch, dass die einzelnen Zeitabstände und der Umfang der auszuführenden Wartungsmaßnahmen im Voraus geplant und festgelegt werden können. Über Serviceverträge regeln Sie mit Ihrem Kunden, dass Sie Wartungsleistungen innerhalb eines definierten Zeitraums zu günstigen Konditionen für ihn erbringen. Um welche Leistungen es sich dabei konkret handelt, wird mittels eines Arbeitsplans oder einer Anleitung spezifiziert.

Beide Belege, sowohl Servicevertrag als auch Anleitung bzw. Arbeitsplan, fließen in die Erstellung von Wartungsplänen und Wartungsabrufen mit ein. Ein Wartungsplan beschreibt dabei die durchzuführenden Wartungsarbeiten an einem technischen Objekt. Er legt den Umfang der auszuführenden Arbeiten fest und bestimmt die dazugehörigen Termine. Wird das Fälligkeitsdatum eines Termins erreicht, erzeugt das System einen Wartungsabruf in Form einer Servicemeldung oder eines Servicevertrags. Dabei werden die einzelnen Wartungsabrufe mittels Terminierungsparametern gesteuert und erstellt.

Im Folgenden möchten wir Ihnen nun zwei Wartungsabrufobjekte vorstellen: zum einen den Wartungsplan mit Serviceauftrag und Vertrag, zum anderen den Wartungsplan mit Servicemeldung und Vertrag. Dabei gehen wir auch auf die möglichen Wartungsplanarten sowie die im Wartungsplan enthaltenen Terminierungsparameter und deren Bedeutung ein. Ein ausführliches Beispiel zu diesem Prozess finden Sie in Kapitel 16 dieses Buches.

7 Geplanter Kundenservice

7.1 Stammdaten im geplanten Kundenservice

Auch im geplanten Kundenservice spielen *Stammdaten* eine wichtige Rolle. Relevant sind, neben technischen Objekten oder Serviceprodukten, auch *Arbeitsplätze*. Diese werden im geplanten Service mit sogenannten *Arbeitsplänen* eingesetzt. Ein Arbeitsplatz kann dabei z. B. eine Maschine oder eine Person sein, die über ein bestimmtes Kapazitätsangebot verfügt. Generell betrachtet, beinhalten Arbeitspläne einzelne Arbeitsvorgänge, die im Zuge einer geplanten Servicemaßnahme durchgeführt werden müssen. Pro Vorgang muss ein Arbeitsplatz zur Durchführung der Maßnahme hinterlegt werden. Darüber hinaus können Sie Komponenten bzw. Ersatzteile, falls diese benötigt werden, einem oder mehreren Vorgängen zuordnen.

Im Folgenden möchten wir Ihnen nun den Inhalt und Aufbau von Arbeitsplänen näher erläutern.

7.1.1 Arbeitspläne im Service

Generell unterscheidet man zwischen Arbeitsplänen mit und ohne Objektbezug. *Arbeitspläne mit Objektbezug* werden entweder zu einem Technischen Platz oder zu einem Equipment angelegt (Technischer-Platz-Plan bzw. Equipmentplan, siehe Abbildung 7.1). Im Einstiegsbild muss in der Anlegetransaktion in beiden Fällen auf das technische Objekt Bezug genommen werden. Der Arbeitsplan besitzt dann nur für das jeweilige technische Objekt ab einem gewissen Zeitpunkt Gültigkeit.

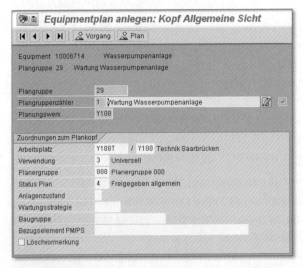

Abbildung 7.1 Anlegen eines Equipmentplans, Kopfdaten (Transaktion IA01)

Im Einstiegsbild muss in der Anlegetransaktion in beiden Fällen auf das technische Objekt Bezug genommen werden. Der Arbeitsplan besitzt dann nur für das jeweilige technische Objekt ab einem gewissen Zeitpunkt Gültigkeit.

> **Transaktionen in den Bildunterschriften** [+]
>
> In den Bildunterschriften sind die jeweiligen Transaktionen aufgeführt, die Sie aufrufen müssen, um zu dieser Ansicht zu gelangen. Die zu den Transaktionscodes passenden Menüpfade finden Sie im Anhang.

Arbeitspläne ohne Objektbezug besitzen keinerlei Referenz zu einem technischen Objekt und können daher universell eingesetzt werden. In diesem Fall spricht man auch von *Anleitungen*.

Beide Arten von Arbeitsplänen werden werksabhängig angelegt, wie die Abbildungen 7.1 und 7.2 zeigen.

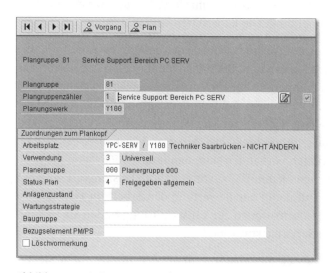

Abbildung 7.2 Anlegen einer Anleitung, Kopfdaten (Transaktion IA05)

Zu den *Kopfdaten* im Arbeitsplan gehört auch das Feld ARBEITSPLATZ. Der Arbeitsplatz ist im Werk für die Ausführung des Vorgangs verantwortlich. Über das Feld VERWENDUNG legen Sie fest, für welchen Bereich in Ihrem Unternehmen der Arbeitsplan eingesetzt werden soll; z. B. für die Fertigung, die Konstruktion oder die Instandhaltung – oder auch einfach universell, also für alle Bereiche. Im Feld PLANERGRUPPE geben Sie Auskunft darüber, wer für die Pflege des Arbeitsplans zuständig ist. Über das Feld STATUS PLAN legen Sie letztlich fest, ob sich der Arbeitsplan vielleicht noch in der Erstellungsphase befindet oder bereits freigegeben wurde.

Eine *Vorgangsübersicht*, wie in Abbildung 7.3 dargestellt, enthält einzelne Vorgänge, die im Zuge der Wartungsmaßnahme durchzuführen sind.

Plangruppe 81		Service Support: Bereich PC SERV			PlGrZ. 1									
Allgemeine Vorgangsübersicht														
Vrg	UVrg	ArbPlatz	Werk	Steu	Vorgangsbeschreibung	Ltx	Arbeit	Eh.	Anz	Dauer	Eh.	B	Prz	V Fkt	LstArt	VlSchl.
0010		YPC-SERV	Y100	SM01	Hardwareinstallation		2	H	1	2	H			1	1410	
0020		YPC-SERV	Y100	SM01	Softwareinstallation		4	H	1	4	H			1	1410	
0030		YPC-SERV	Y100	SM01	Einrichten Netzwerkverbindung		1	H	1	1	H			1	1410	
0040		YPC-SERV	Y100	SM01	Einrichten Drucker		1	H	1	1	H			1	1410	
0050		YPC-SERV	Y100	SM01												

Abbildung 7.3 Anlegen einer Anleitung, Vorgangsübersicht (Transaktion IA05)

Neben dem Vorgangstext und der Zeit, die für die Ausführung des betreffenden Vorgangs benötigt wird, kann die Anzahl der benötigten Kapazitäten eingegeben werden. Die Hinterlegung der einzelnen Leistungsarten pro Vorgang ist ein Muss. (Anmerkung: Die Kapazitäten sind *kein* Muss!)

Die Dauer eines Vorganges errechnet sich aus der benötigten Arbeit und der Anzahl der eingesetzten Kapazitäten. Benötigen Sie für einen Arbeitsvorgang acht Stunden und stehen Ihnen für diesen Vorgang zwei Servicetechniker zur Verfügung – ausgehend von einem Achtstundentag und 100 % Kapazität – errechnet das System eine Dauer von vier Stunden pro Servicetechniker. Generell müssen immer mindestens zwei der drei Angaben Arbeit, Dauer und Anzahl der Kapazitäten vorhanden sein, damit das SAP System die noch fehlende Angabe errechnen kann. Die zuvor erwähnte Leistungsart wird zur Ermittlung des Tarifs und damit zur Bewertung der Arbeit im Plan und Ist herangezogen. Nähere Informationen zur Tarifermittlung finden Sie in Kapitel 8, »Controlling von Serviceleistungen«.

Auch im Arbeitsplan müssen Sie, analog zum Serviceauftrag, einen Steuerschlüssel pro Vorgang angeben, der festlegt, ob der jeweilige Vorgang durch interne oder durch externe Ressourcen, die dann über den Einkauf angefordert werden, abgedeckt wird. Je nach den gewählten Einstellungen hat auch der Steuerschlüssel Einfluss auf Terminierung, Rückmeldung oder Abrechnung. Nähere Informationen zum Steuerschlüssel erhalten Sie in Kapitel 5, »Serviceaufträge«. Der Steuerschlüssel im Arbeitsplan kann sowohl in der Vorgangsübersicht als auch im Detailbild zum Vorgang gepflegt werden. Der Arbeitsplan wird innerhalb einer *Plangruppe* angelegt (siehe Abbildung 7.4).

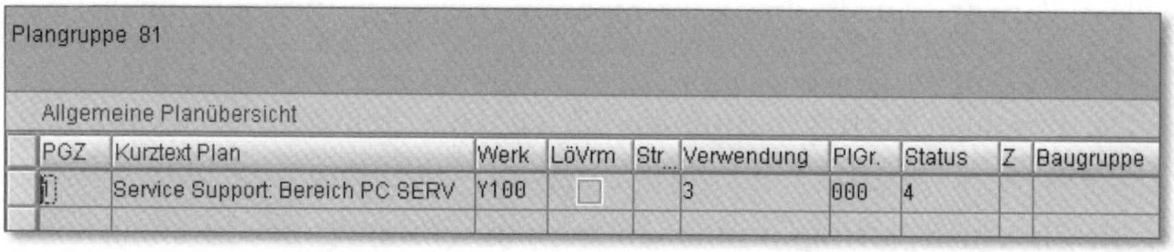

Plangruppe 81										
Allgemeine Planübersicht										
PGZ	Kurztext Plan		Werk	LöVrm	Str	Verwendung	PlGr.	Status	Z	Baugruppe
1	Service Support: Bereich PC SERV		Y100	☐		3	000	4		

Abbildung 7.4 Planübersicht mit Plangruppe und Plangruppenzähler (Transaktion IA05)

Eine Plangruppe beinhaltet Arbeitspläne bzw. Anleitungen zu einem technischen Objekt, die ähnliche Arbeitsvorgänge bzw. Arbeitsabläufe zusammenfassen. Zu einer Plangruppe können daher mehrere Anleitungen bzw. Arbeitspläne angelegt werden, die automatisch durch das System mit einer fortlaufenden Nummer versehen werden. Man spricht hier auch vom sogenannten *Plangruppenzähler*. Über den Plangruppenzähler wird innerhalb einer Plangruppe ein Arbeitsplan eindeutig identifiziert. Mehrere Arbeitspläne innerhalb einer Plangruppe können für unterschiedliche Verwendungen eingesetzt werden. Ein Plan wird z. B. in der Instandhaltung genutzt, ein anderer Plan in der Konstruktion. Beide Pläne gelten für dasselbe technische Objekt, weisen aber innerhalb der Vorgangsübersicht Unterschiede auf.

7.1.2 Serviceverträge in der Wartung

Wartungs- bzw. Serviceverträge werden eingesetzt, wenn Sie Wartungen an den beim Kunden befindlichen technischen Objekten durchführen bzw. durchführen lassen. Im Wartungsplan muss dann auf einen Servicevertrag mit einer darin enthaltenen Vertragsposition Bezug genommen werden.

Bedingungen des Servicevertrags

Ein Servicevertrag muss die folgenden Bedingungen erfüllen, um im geplanten Service eingesetzt werden zu können:

- Der Vertriebsbelegtyp des Vertrags entspricht einem *Kontrakt* (Typ G).
- Die Vertrags- bzw. Verkaufsbelegart des Belegs entspricht der Einstellung *Service und Wartung* (im Standard WV), die auch gleichzeitig den Vertriebsbelegtyp G enthält.
- Im Vertrag sind ein Vertragsbeginn und ein Vertragsende hinterlegt. Nur zu gültigen Verträgen können Sie einen Wartungsplan mit sich anschließenden Abrufen anlegen.

- Der Vertrag enthält eine oder mehrere Vertragspositionen mit Serviceprodukt.
- Die einzelnen Vertragspositionen dürfen weder teilweise noch ganz abgesagt sein.
- Die einzelnen Vertragspositionen müssen *vollständig* gepflegt sein sowie den Gesamtstatus OFFEN oder IN ARBEIT besitzen.
- Der Fakturierungsplan des Vertrags enthält einen Fakturierungsbeginn und ein Fakturierungsende.

Weitere Inhalte zu Serviceverträgen bzw. zu deren Aufbau entnehmen Sie Kapitel 3, »Serviceverträge«. Details zur Einbindung von Serviceverträgen in den Wartungsprozess finden Sie in den folgenden Abschnitten.

Serviceprodukte in der Wartung

Im Servicevertrag werden Serviceprodukte pro Position eingebunden, um die für einen Kunden zu erbringenden Leistungen zu beschreiben. Ein Serviceprodukt ist ein Material, das mit der Materialart DIEN (Dienstleistung) angelegt wird. Für das Serviceprodukt wird die Tabelle T399A, die Sie in Abbildung 7.5 sehen, über die Transaktion OISF (Generierung Aufträge aus dem WP) gepflegt.

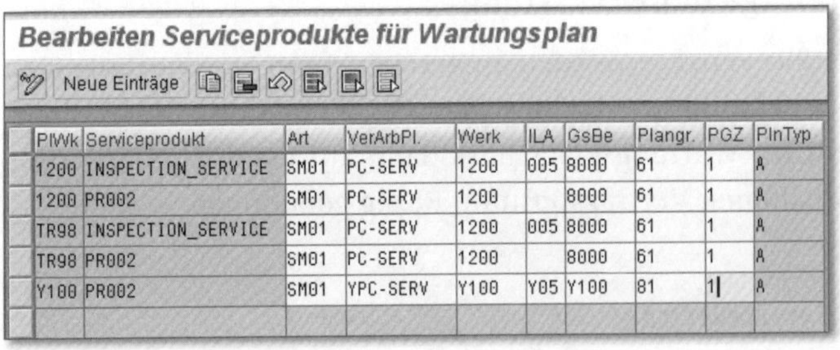
Bearbeiten Serviceprodukte für Wartungsplan

Neue Einträge

PlWk	Serviceprodukt	Art	VerArbPl.	Werk	ILA	GsBe	Plangr.	PGZ	PlnTyp
1200	INSPECTION_SERVICE	SM01	PC-SERV	1200	005	8000	61	1	A
1200	PR002	SM01	PC-SERV	1200		8000	61	1	A
TR98	INSPECTION_SERVICE	SM01	PC-SERV	1200	005	8000	61	1	A
TR98	PR002	SM01	PC-SERV	1200		8000	61	1	A
Y100	PR002	SM01	YPC-SERV	Y100	Y05	Y100	81	1	A

Abbildung 7.5 Serviceprodukte für Wartungsplan bearbeiten (Transaktion OISF)

In der Tabelle T399A hinterlegen Sie, in Abhängigkeit vom Planungswerk in Kombination mit dem Serviceprodukt, die folgenden Daten:

- **Auftragsart**
  Der Serviceauftrag, der automatisch bei der Wartungsplanterminierung erzeugt wird, wird mit der hier hinterlegten Auftragsart angelegt.
- **Verantwortlicher Arbeitsplatz**
  Der hier hinterlegte Arbeitsplatz ist verantwortlich für die Ausführung der Wartungsmaßnahme.

▶ **Werk**
Der verantwortliche Arbeitsplatz gehört zu dem hier hinterlegten Werk.

▶ **Instandhaltungsleistungsart**
Die Art der auszuführenden Tätigkeit wird über den hier eingegebenen Schlüssel eindeutig identifiziert.

▶ **Geschäftsbereich**
Werte, die aufgrund von Wartungsmaßnahmen anfallen, werden in dem hier angeführten Geschäftsbereich, falls produktiv im System eingesetzt, festgehalten.

▶ **Plangruppe, Plangruppenzähler und Plantyp**
Diese Eingaben dienen der eindeutigen Identifizierung und Zuweisung eines Arbeitsplans zur auszuführenden Wartungsmaßnahme.

Nachdem wir Ihnen nun die Voraussetzungen näher erläutert haben, um eine geplante Servicemaßnahme im System durchführen zu können, werden wir uns jetzt dem eigentlichen Prozessablauf zuwenden.

7.2 Prozessablauf im geplanten Service

Zunächst möchten wir Ihnen einen Überblick über die einzelnen Prozessschritte im geplanten Service geben. In Abbildung 7.6 sehen Sie einen Standardprozessablauf.

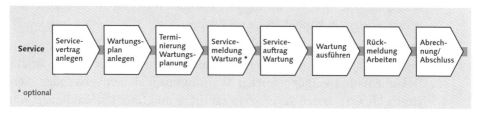

Abbildung 7.6 Wartungsprozess im Service

7.2.1 Prozessschritte

Die einzelnen Prozessschritte lauten wie folgt, die Reihenfolge der Schritte kann variieren:

▶ **Servicevertrag anlegen**
Sie haben sich vertraglich verpflichtet, die bei Ihrem Kunden befindlichen technischen Objekte in festgelegten zeitlichen Abständen zu warten. Um dieser Verpflichtung nachzukommen, legen Sie einen Servicevertrag an.

Dieser enthält eine Wartungsvertragsposition zum technischen Objekt. Die Wartungsleistung wird mittels eines Serviceprodukts (Dienstleistungsmaterial) abgebildet.

- **Wartungsplan anlegen**
Danach legen Sie für das technische Objekt einen Wartungsplan mit einer Wartungsposition an. Der Wartungsplanposition ordnen Sie die zuvor angelegte Wartungsvertragsposition zu. Über die Zuordnung eines Wartungsplantyps entscheiden Sie, ob als Abrufobjekt bei der Terminierung des Wartungsplans eine Servicemeldung oder ein Serviceauftrag erzeugt wird. Möchten Sie z. B. die ausgeführten Wartungsarbeiten dokumentieren, legen Sie eine Servicemeldung an und erzeugen danach den Serviceauftrag. Durch die Zuordnung der Wartungsplanposition werden sowohl das Serviceprodukt als auch die Fakturierungsform aus dem Wartungsvertrag in den Serviceauftrag übernommen. Die auf dem Serviceauftrag anfallenden Kosten werden auf den Wartungsvertrag abgerechnet, sodass dort jederzeit die Wirtschaftlichkeit analysiert werden kann.

- **Terminierung Wartungsplan**
Mittels der Wartungsplanterminierung erzeugen Sie Abrufe zum technischen Objekt, die maximal bis zum Ende der Vertragslaufzeit reichen können. Je nach Wartungsplantyp erzeugen Sie entweder Servicemeldungen oder Serviceaufträge. Bei der Terminierung von Wartungsplänen spielen die sogenannten *Terminierungsparameter*, wie z. B. das Abrufintervall oder der Eröffnungshorizont, eine wichtige Rolle. Auf die einzelnen Terminierungsparameter werden wir in den folgenden Abschnitten sukzessive eingehen, ebenso in Kapitel 16 dieses Buches.

- **Servicemeldung für Wartung (Option 1)**
Als Abrufobjekt können Sie Servicemeldungen erzeugen lassen, die Sie zur Dokumentation vorgenommener Wartungsmaßnahmen verwenden. Servicemeldungen setzen Sie in Serviceaufträge um. Über Listfunktionen, um nur eine Möglichkeit zu nennen, können Sie sich die erzeugten Meldungen zum Objekt anzeigen lassen.

- **Serviceauftrag für Wartung (Option 2)**
Als Abrufobjekt können Sie auch direkt Serviceaufträge erzeugen lassen. Bei der Erzeugung von Serviceaufträgen können Sie festlegen, ob diese direkt den Systemstatus FREI erhalten oder in einem separaten Schritt freigegeben werden sollen. Wurde im Wartungsplan eine Abrechnungsvorschrift angelegt, wird diese in das Abrufobjekt übernommen. Analog verhält es sich mit dem Serviceprodukt und der Fakturierungsform aus dem hinterlegten Wartungsvertrag.

- **Wartung durchführen**
  Nach Freigabe des Serviceauftrags können die einzelnen Vorgänge durch die zugeordneten Arbeitsplätze ausgeführt werden.
- **Rückmeldung Wartungsarbeiten**
  Die einzelnen Wartungsvorgänge müssen nach Erledigung von den Technikern mit Bezug zum Service- bzw. Wartungsauftrag zurückgemeldet werden. Zur Rückmeldung gehören sowohl Zeiten als auch eventuell benötigte Ersatzteile. Im Serviceauftrag werden die dadurch entstandenen Arbeits- und Materialkosten den Plankosten gegenübergestellt.
- **Abrechnung und Abschluss Wartung**
  Sind alle Rückmeldungen durchgeführt und fallen keine weiteren Kosten mehr an, kann der Serviceauftrag abgeschlossen werden. Wurde der Serviceauftrag aus einer Servicemeldung heraus angelegt, können Sie die Meldung, falls gewünscht, direkt mit abschließen. Die Kosten des Serviceauftrags rechnen Sie, gegebenenfalls nach der automatischen Ermittlung von Gemeinkostenzuschlägen, auf die Wartungs- bzw. Servicevertragsposition ab. Die Servicevertragsposition wiederum stellen Sie Ihrem Kunden in Rechnung.

7.2.2 Wartungsplantyp und Wartungsplanart

Wie Sie bereits dem vorangegangenen Abschnitt entnehmen konnten, können als Abrufobjekte entweder Servicemeldungen oder Serviceaufträge erzeugt werden. Welches Abrufobjekt erzeugt wird, ist vom sogenannten *Wartungsplantyp* abhängig, den Sie beim Anlegen eines Wartungsplans auswählen müssen (siehe Abbildung 7.7).

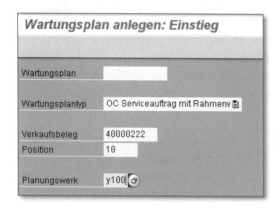

Abbildung 7.7 Wartungsplan anlegen, Einstiegsbild (Transaktion IP50)

Im Customizing können Sie unter WARTUNGSPLANTYP einstellen, ob pro Abruf eine MELDUNG oder ein INSTANDHALTUNGS- oder SERVICEAUFTRAG erzeugt werden soll.

In Abbildung 7.8 sehen Sie, dass der Wartungsplantyp OC einen Serviceauftrag, der Wartungsplantyp NC dagegen zunächst eine Servicemeldung als Abrufobjekt erzeugt.

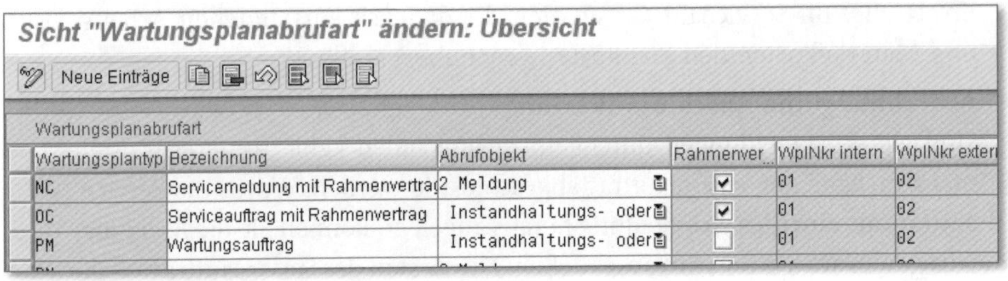

Wartungsplantyp	Bezeichnung	Abrufobjekt	Rahmenver.	WplNkr intern	WplNkr exter
NC	Servicemeldung mit Rahmenvertrag	2 Meldung	✓	01	02
OC	Serviceauftrag mit Rahmenvertrag	Instandhaltungs- oder	✓	01	02
PM	Wartungsauftrag	Instandhaltungs- oder	☐	01	02

Abbildung 7.8 Wartungsplanabrufart (Transaktion SPRO)

Darüber hinaus müssen Sie dem jeweiligen Wartungsplantyp ein Nummernkreisintervall zuordnen und die Festlegung treffen, ob Änderungen zu vom System vordefinierten Feldern in einem Änderungsbeleg aufgezeichnet werden sollen. Bei aktiver Änderungsaufzeichnung wird sowohl der Inhalt eines Feldes vor und nach der Änderung dokumentiert als auch der Name der Person, die die Änderung vorgenommen hat.

Einen Wartungsabruf erzeugen Sie zum Zeitpunkt der Terminierung des Wartungsplans. Dieser ist im jeweiligen Wartungsplan einsehbar. Ein Wartungsabruf kann in regelmäßigen Zeitabständen, sogenannten *Zyklen* – z. B. alle drei Monate –, durchgeführt werden. Ebenso kann ein Wartungsabruf dann erzeugt werden, wenn ein zu wartendes technischen Objekt eine bestimmte Leistung erbracht hat. Zum Beispiel muss eine Pumpe alle 500 Betriebsstunden gewartet werden, oder ein Auto muss alle 30.000 km zur Inspektion. Die jeweilige Leistung kann in unterschiedlich langen Zeiträumen erreicht werden.

In SAP können Sie zwischen zeit- bzw. leistungsabhängigen Wartungen unterscheiden. Diese bezeichnen im SAP-Sinn auch die sogenannte Wartungsplanart. Innerhalb einer Wartungsplanart kann darüber hinaus zwischen einfachen und komplexen Zyklen unterschieden werden.

> **Einfache und komplexe Wartungszyklen** [zB]
>
> Ein einfacher Zyklus erzeugt z. B. am Ende eines jeden Monats einen Abruf, die durchzuführenden Maßnahmen bleiben dabei unverändert. Bei einem komplexen Zyklus dagegen werden nur bestimmte Servicemaßnahmen zu bestimmten Zeitpunkten ausgeführt. Ein Beispiel hierfür ist die kleine bzw. große Inspektion beim Auto.

Zur Abbildung von komplexen Zyklen im System verwendet man sogenannte *Wartungsstrategien*. Diese können schon im Kopf des Arbeitsplans zugeordnet werden (Feld WARTUNGSSTRATEGIE in Abbildung 7.1).

Wartungsstrategien bestimmen also, in welchen Zyklen die einzelnen Arbeiten – leistungs- oder zeitabhängig – durchgeführt werden. Zyklen werden mithilfe von Wartungspaketen im System abgebildet. Wartungspakete beinhalten darüber hinaus Terminierungsparameter wie z. B. den Verschiebungsfaktor.

Im Folgenden möchten wir nun genauer auf die im Service verwendeten Wartungsplantypen eingehen.

7.3 Wartungsplan: Serviceauftrag und Rahmenvertrag

Durch einen Wartungsplan mit Bezug auf einen Rahmenvertrag können Sie die Abwicklung von Leistungen vereinfachen, die Sie in Rahmenverträgen für Serviceobjekte vereinbaren.

Stellen Sie sicher, dass die folgenden Voraussetzungen erfüllt sind, bevor Sie einen Wartungsplan mit Bezug auf einen Rahmenvertrag anlegen:

- Sie haben einen Rahmenvertrag angelegt, der die in Abschnitt 7.1.2, »Serviceverträge in der Wartung«, genannten Bedingungen erfüllt.
- Sie haben über die Transaktion OISF (Bearbeiten Serviceprodukte für Wartungsplan) ein Serviceprodukt in der Tabelle T399A hinterlegt.
- Sie wählen einen Wartungsplantyp beim Anlegen eines Wartungsplans aus, der als Abrufobjekt eine Servicemeldung oder einen Serviceauftrag generiert.

Bevor beschrieben wird, wie Sie einen Wartungsplan mit Serviceauftrag bzw. Servicemeldung und Rahmenvertrag anlegen, möchten wir Ihnen zunächst noch den Aufbau und Inhalt des Wartungsplans näher erläutern.

7.3.1 Aufbau eines Wartungsplans

Ein Wartungsplan beinhaltet Kopf- und Positionsdaten, wie aus Abbildung 7.9 hervorgeht.

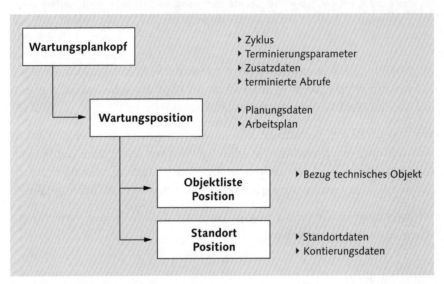

Abbildung 7.9 Aufbau des Wartungsplans

Zu den *Kopfdaten* des Wartungsplans gehören verschiedene Informationen, die Sie auf den folgenden Registerkarten finden:

- **Registerkarte »Zyklen Wartungsplan«**
  Hier legen Sie fest, in welchen Zyklen (bzw. Abständen) ein Abruf stattfinden soll.

- **Registerkarte »Terminierungsparameter Wartungsplan«**
  Mithilfe der Terminierungsparameter, die Sie in Abbildung 7.11 sehen, steuern Sie unter anderem, für welchen Zeitraum Abrufe erzeugt werden bzw. wie mit verfrühten oder verspäteten Erledigungen umgegangen werden soll.

- **Registerkarte »Zusatzdaten Wartungsplan«**
  Hier können Sie z. B. über eine Berechtigungsgruppe steuern, wer aktiv Daten im Wartungsplan bearbeiten darf und wer nicht.

- **Registerkarte »Terminierte Abrufe Wartungsplan«**
  Diese Registerkarte wird automatisch vom System eingeblendet, wenn der Wartungsplan terminiert wurde. Sie zeigt eine Übersicht zu terminierten und noch zu terminierenden Abrufen.

Auch die Informationen auf Positionsebene, die *Positionsdaten*, sind auf mehrere Registerkarten aufgeteilt. Dazu gehören folgende:

- **Registerkarte »Position«**
  Hier finden Sie Planungsdaten wie z. B. Planungswerk, Auftragsart des zu erzeugenden Serviceauftrags oder den verantwortlichen Arbeitsplatz. Darüber hinaus wird der Arbeitsplan mitgegeben, dessen Vorgänge aus dem Serviceauftrag ersichtlich sind.

- **Registerkarte »Objektliste Position«**
  Hier sind die technischen Objekte aufgelistet, die von einem Wartungsabruf betroffen sind. In der Regel wird das technische Objekt aus dem Servicevertrag in den Wartungsplan bzw. dann anschließend bei einem Abruf in den Serviceauftrag übernommen.

- **Registerkarte »Standort Position«**
  Hier finden Sie Angaben zu Standort- und Kontierungsdaten.

Haben Sie in der Tabelle T399A einen Arbeitsplan mit Bezug zu einem Serviceprodukt hinterlegt, das auch im Servicevertrag zu finden ist, wird dieser im Wartungsplan automatisch über den Servicevertrag ermittelt und übernommen. Sie können sich den Arbeitsplan auch aus dem Wartungsplan heraus anzeigen lassen bzw. ihn ändern. Ebenso können Sie die so getroffene Zuordnung vom Arbeitsplan zum Wartungsplan aufheben und einen neuen Arbeitsplan zuweisen.

7.3.2 Wartungsplan mit Serviceauftrag und Rahmenvertrag anlegen

Einen Wartungsplan mit Serviceauftrag und Rahmenvertrag legen Sie über die Transaktion IP50 (Wartungsplan anlegen) an. Wählen Sie einen Wartungsplantyp aus, der als Abrufobjekt einen Serviceauftrag erzeugt, und ordnen Sie einen Verkaufsbeleg (Servicevertrag) mit Positionsnummer zu. Die Eingabe eines Planungswerks rundet Ihre Eingaben ab (siehe auch Abbildung 7.7).

Registerkarte »Zyklen Wartungsplan«
Definieren Sie zunächst den Wartungszyklus, und legen Sie die Einheit fest, mit der anstehende Servicemaßnahmen durchgeführt werden sollen (siehe Abbildung 7.10).

7 | Geplanter Kundenservice

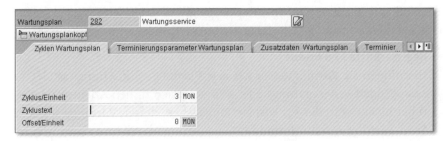

Abbildung 7.10 Zyklen des Wartungsplans (Transaktion IP02)

Registerkarte »Terminierungsparameter Wartungsplan«

Über die Terminierungsparameter können Sie die einzelnen Wartungsplanabrufe je nach Ihren Anforderungen beeinflussen. Die Pflege der Terminierungsparameter hängt von der Wartungsplanart ab. Bei einfachen Zyklusplänen werden die Terminierungsparameter direkt im Wartungsplan hinterlegt. Werden dagegen Strategiepläne eingesetzt, werden die Terminierungsparameter aus der jeweiligen Strategie in den Wartungsplan übernommen.

Im Folgenden möchten wir Ihnen nun die einzelnen Terminierungsparameter, die Sie auch in Abbildung 7.11 sehen, genauer vorstellen.

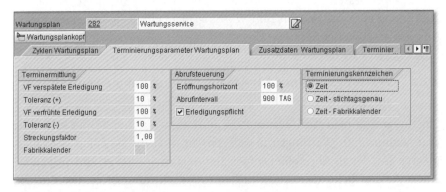

Abbildung 7.11 Terminierungsparameter (Transaktion IP02)

Bereich »Terminermittlung«

Betrachten wir zunächst die Verschiebungsfaktoren (VF). Über die Felder VF VERSPÄTETE ERLEDIGUNG und VF VERFRÜHTE ERLEDIGUNG sowie TOLERANZ (+) und TOLERANZ (–) wird festgelegt, um wie viel Prozent eine Servicemaßnahme bei verspäteter oder verfrühter Rückmeldung auf einen Folgetermin verschoben wird. Liegt eine verspätete bzw. verfrühte Rückmeldung innerhalb der im Wartungsplan definierten Toleranzen, werden nachfolgende

Wartungstermine nicht beeinflusst. Liegt eine Rückmeldung jedoch außerhalb der definierten Toleranzgrenzen, werden die Nachfolgetermine entsprechend angepasst und automatisch durch das System bei der nächsten Terminierung verschoben.

Verschiebefaktoren [zB]

In einem Wartungsplan wird ein Zyklus von drei Monaten festgelegt, die Verschiebungsfaktoren betragen jeweils 100 %. Die Toleranz für eine verspätete bzw. verfrühte Erledigung beträgt 10 % bzw. umgerechnet neun Tage bei einem dreimonatigen Zyklus mit 90 Tagen (siehe auch Abbildung 7.12).
Ausgehend von einem Zyklusstart zum 15.03., bedeutet dies, dass Plantermine zum 15.06., 15.09. etc. bei der Terminierung erzeugt werden. Zum Plantermin 15.06. muss innerhalb des Zeitraums 06.06. bis 24.06. die Erledigung der Servicemaßnahmen angezeigt werden, damit keine Verschiebung der Folgetermine erfolgt. In unserem Beispiel findet die Rückmeldung allerdings außerhalb der errechneten Toleranz zum 01.07. statt. Das bedeutet, dass das System bei einem Verschiebungsfaktor von 100 % einen neuen Plantermin zum 01.10. errechnet – ausgehend vom Rückmeldedatum.

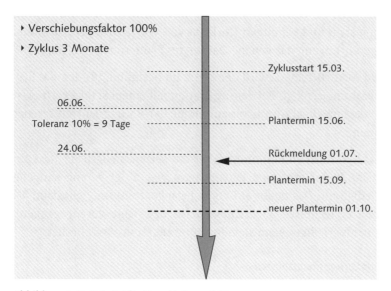

Abbildung 7.12 Beispiel für Verschiebungsfaktoren

Der STRECKUNGSFAKTOR ist ein Parameter, mit dem Sie eine Verkürzung oder Verlängerung eines Wartungszyklus erreichen. Dies kann z. B. dann sinnvoll sein, wenn Sie Servicemaßnahmen aufgrund von fehlenden Kapazitäten zeitweilig aussetzen müssen. Ein Streckungsfaktor größer 1 bedeutet eine Verlängerung des Wartungsintervalls, ein Streckungsfaktor kleiner 1 bedeutet eine

Verkürzung. Generell sind Werte von 0,01 bis 9,99 möglich. Für das in Abbildung 7.12 gezeigte Beispiel würde ein Streckungsfaktor von 1,5 bedeuten, dass die Zyklusdauer von 3 auf 4,5 Monate gestreckt, also verlängert, wird.

Die Hinterlegung eines Fabrikkalenders (Feld FABRIKKALENDER) im Wartungsplan ist nur dann möglich, wenn Sie als Terminierungskennzeichen ZEIT – STICHTAGSGENAU bzw. Zeit – FABRIKKALENDER auswählen. Im Fabrikkalender sind nur die Fabriktage relevant, das Wochenende und Feiertage sind frei. Sie können den Fabrikkalender z. B. abhängig vom Land, in dem er eingesetzt wird, definieren.

Bereich »Abrufsteuerung«
Über das Feld ERÖFFNUNGSHORIZONT geben Sie in Prozent an, wie groß eine Zeitspanne sein darf, bis das System für einen Wartungstermin (Plantermin) ein Abrufobjekt erstellt. Dabei geht das System vom letzten Rückmeldetermin aus. Ist kein aktueller Rückmeldetermin vorhanden, wird der letzte Plantermin als Basis für die Berechnung herangezogen. In unserem Beispiel beträgt die Zyklusdauer 90 Tage. Bei einem Eröffnungshorizont von 0 % wird ein sofortiger Abruf erzeugt, bei einem Eröffnungshorizont von 80 % findet der Abruf nach 72 Tagen statt, und bei einem Horizont von 100 % wird der Abruf erst dann durchgeführt, wenn das genaue Datum des Plantermins erreicht ist.

Über das Feld ABRUFINTERVALL wird der Zeitraum bestimmt, für den das System Wartungsabrufe erzeugt. Bei der Integration mit einem Servicevertrag ist zu beachten, dass maximal Abrufe bis zum Ende der Vertragslaufzeit erzeugt werden können.

Indem Sie das Kennzeichen ERLEDIGUNGSPFLICHT setzen, steuern Sie, dass ein neuer Abruf im Zyklus erst dann erzeugt wird, wenn der vorangegangene Abruf als erledigt gilt. Das heißt, ein vorangegangener Auftrag gilt dann als erledigt, wenn er technisch abgeschlossen ist, bzw. eine vorangegangene Meldung ist dann erledigt, wenn sie den Status ABGESCHLOSSEN besitzt.

Bereich »Terminierungskennzeichen«
Sie können zwischen folgenden Terminierungskennzeichen wählen:

- **Zeit**
  Wählen Sie das Terminierungskennzeichen ZEIT, bedeutet dies, dass, ausgehend von einem Tagesdatum, alle Kalendertage im Zyklus gezählt werden. Ein Monat besteht dabei immer aus 30 Tagen. Beispiel: Tagesdatum: 04.07., Berechnung: Tagesdatum + 30 Tage für einen Zyklus, errechnetes Plandatum: 03.08.

▶ **Zeit – stichtagsgenau**
Bei der stichtagsgenauen Terminierung wird immer vom Tagesdatum ausgegangen und die Zyklusdauer hinzugezogen. Beispiel: Tagesdatum: 04.07., Berechnung für einen Zyklus, errechnetes Plandatum: 04.08. Auch alle weiteren Termine werden immer am vierten Tag eines jeden Monats liegen.

▶ **Zeit – Fabrikkalender**
Bei der Terminierung mit Fabrikkalender werden arbeitsfreie Tage oder z. B. auch Feiertage mit in die Berechnung des nächsten Plantermins einbezogen. Der Fabrikkalender ist in der Regel von Land zu Land unterschiedlich definiert.

7.3.3 Wartungsplan mit Serviceauftrag und Rahmenvertrag anlegen – Positionsdaten

Nicht nur der in Tabelle T399A hinterlegte Arbeitsplan wird in den Wartungsplan übernommen, auch die weiteren Daten wie Auftragsart, verantwortlicher Arbeitsplatz oder Instandhaltungsleistungsart werden in den Beleg kopiert und auf der Registerkarte POSITION als Vorschlagswerte ausgewiesen (siehe Abbildung 7.13).

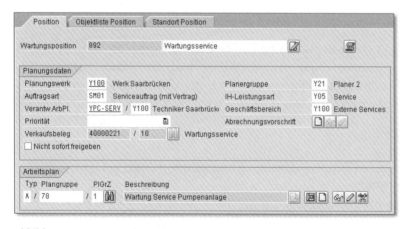

Abbildung 7.13 Positionsdaten des Wartungsplans (Transaktion IP02)

Freigabe von Serviceaufträgen

Serviceaufträge werden, wenn Sie sie aus Wartungsplanabrufen erzeugen lassen, vom System automatisch, d. h. sofort, freigegeben. (Wenn Sie einen Serviceauftrag aus einer Meldung im Hintergrund oder aus einem Kundenauftrag heraus – wie z. B. bei einer Reparatur – erzeugen lassen, wird auch dieser direkt freigegeben). Möchten Sie dieses Systemverhalten unterbinden, können Sie im Wartungsplan auf der Registerkarte POSITION das Kennzeichen für NICHT SOFORT FREIGEBEN setzen (siehe Abbildung 7.13). Durch Setzen dieses Häkchens wird der Systemstatus FREI im Auftrag übersteuert, und das Abrufobjekt erhält lediglich den Status EROF (eröffnet). Die Freigabe muss dann in einem separaten Schritt durchgeführt werden.

[+] **Kennzeichen »Nicht sofort freigeben«**
Beachten Sie, dass Ihnen diese Funktion nur dann zur Verfügung steht, wenn Sie die Enterprise Extension EA-PLM (PLM-Extension) aktiviert haben.

7.4 Wartungsplan: Servicemeldung und Rahmenvertrag

Als Abrufobjekt ist eine Servicemeldung anstelle eines Serviceauftrags vorgesehen. Wählen Sie beim Anlegen eines Wartungsplans (ebenfalls mit der Transaktion IP50: Wartungsplan anlegen) einen Wartungsplantyp aus, der als Abrufobjekt eine Servicemeldung generiert. Das System kopiert beim Anlegen des Wartungsplans den Vertragsbeginn des Rahmenvertrags, den Sie im Einstiegsbild eingeben, als Startdatum und schreibt dieses in das Feld ZYKLUSSTART auf der Registerkarte TERMINIERUNGSPARAMETER WARTUNGSPLAN. Der Wartungsplan enthält keine eigene Objektliste.

Während sich die Kopfdaten bei den beiden Wartungsplantypen (Serviceauftrag mit Rahmenvertrag bzw. Servicemeldung mit Rahmenvertrag) nicht unterscheiden, gibt es einen deutlichen Unterschied innerhalb der Positionsdaten. Auf diesen Unterschied werden wir im folgenden Abschnitt näher eingehen.

Wartungsplan mit Servicemeldung und Rahmenvertrag anlegen – Positionsdaten

In einem der vorangegangenen Abschnitte wurde bereits erwähnt, dass die Registerkarte OBJEKTLISTE POSITIONEN beim Abrufobjekt »Servicemeldung« nicht vorhanden ist.

Einen weiteren Unterschied zeigt sich bei den Planungsdaten. Anstelle einer Auftragsart muss hier die Meldungsart angegeben werden, mit der dann das nachfolgende Servicedokument erzeugt wird. Darüber hinaus können Sie festlegen, dass automatisch Maßnahmen in der Meldung erzeugt werden (siehe Abbildung 7.14).

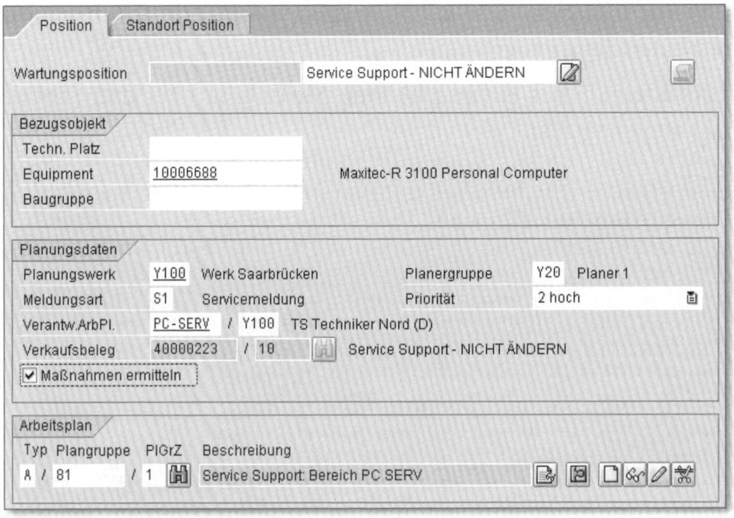

Abbildung 7.14 Positionsdaten zum Wartungsplan anlegen (Transaktion IP50)

Maßnahmen ermitteln

Ist das Häkchen MASSNAHMEN ERMITTELN im Wartungsplan gesetzt, bedeutet dies, dass das System im Hintergrund beim Erzeugen der Servicemeldung automatisch Maßnahmen zur Meldungsart ermittelt. Welche Maßnahmen bei diesem Vorgehen ermittelt werden, hängt von den Einstellungen zur Priorität ab.

Generell müssen Sie folgende Customizing Einstellungen vornehmen, damit die automatische Ermittlung von Maßnahmen reibungslos funktioniert:

- Definition von *Prioritäten* zu einer Prioritätsart. Die Prioritätsart muss der jeweiligen Meldungsart zugeordnet werden.
- In der *Reaktionsüberwachung* müssen Sie ein Reaktionsschema und ein Bereitschaftsschema definieren. Das Reaktionsschema enthält neben den Reaktionszeiten die einzelnen Maßnahmen pro Priorität, die automatisch durch das System beim Abruf ermittelt werden. Reaktionszeit bedeutet in diesem Zusammenhang die Zeitspanne, in der eine Maßnahme eingeleitet werden muss.
- Das *Bereitschaftsschema* enthält die generellen Bereitschaftszeiten pro Kalendertag. Das heißt, das Schema gibt genau an, zu welchen Zeiten Ihr Kunde Ihre Serviceleistungen in Anspruch nehmen kann. Sie legen z. B. fest, dass von Montag bis Freitag ab 8.00 Uhr morgens bis 12.00 Uhr mittags bzw. von 13.00 Uhr bis 17.00 Uhr nachmittags Ihre Serviceleistungen

abgerufen werden können. Das zuvor definierte Reaktionsschema wird dem Bereitschaftsschema zugeordnet.

► Schließlich ordnen Sie der entsprechenden Meldungsart für den Service das Bereitschaftsschema zu.

Abbildung 7.15 zeigt Ihnen nochmals den Zusammenhang zwischen den genannten Customizing-Einstellungen.

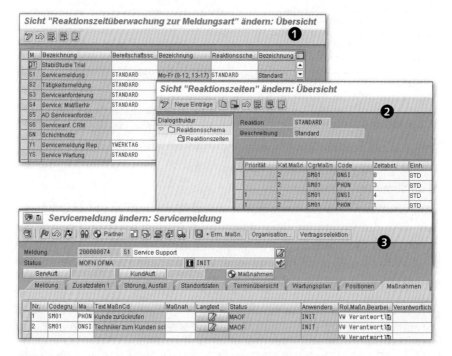

Abbildung 7.15 Maßnahmenermittlung zum Abrufobjekt »Servicemeldung«

Sie sehen die Zuordnung des Bereitschaftsschemas und des Reaktionsschemas zur Meldungsart ❶. Darüber hinaus sind die Reaktionszeiten im Reaktionsschema sowie die Maßnahmen, die pro Priorität und Reaktionszeit automatisch ermittelt werden können, dargestellt ❷. Schließlich sehen Sie die so ermittelten Maßnahmen im Abrufobjekt SERVICEMELDUNG ❸.

Sie haben nun erfahren, wie Sie einen Wartungsplan anlegen. Im folgenden Abschnitt geht es um das Thema »Terminüberwachung« bzw. »Terminierungsfunktionalität eines Wartungsplans«.

7.5 Wartungspläne terminieren

In der Regel erstellt das System für das im Wartungsplan festgelegte Abrufintervall automatisch Wartungsabrufe bei der Terminierung. Wartungsabrufe können entweder Serviceaufträge oder Servicemeldungen sein. Werden Serviceverträge mit in den Prozess einbezogen, prüft das System das Enddatum der jeweiligen Rahmenvertragsposition, und Abrufe werden nur bis zum Enddatum erstellt. Dieses Systemverhalten ist auch dann gegeben, wenn das Abrufintervall eine längere Laufzeit besitzt als die Vertragsposition selbst. Ist ein Vertrag abgelaufen, erzeugt das System keine neuen bzw. weiteren Wartungsabrufe mehr zu einem Wartungsplan. Passen Sie dagegen die Gültigkeitsdaten eines Servicevertrags an und wird dieser Servicevertrag aktiv in der Wartungsplanung verwendet, dann übernimmt das System diese Änderungen bei einer erneuten Terminierung des Wartungsplans.

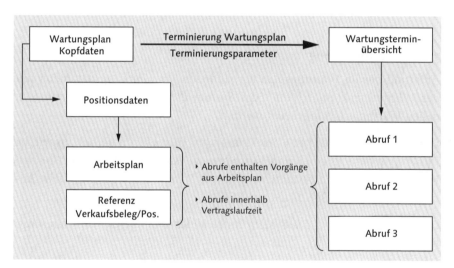

Abbildung 7.16 Terminierung des Wartungsplans

Abbildung 7.16 gibt Ihnen einen Überblick über die Zusammenhänge zwischen Wartungsplan, Terminierung und erzeugten Abrufen, die wir Ihnen als nächstes näher erläutern möchten.

- In den Kopfdaten des Wartungsplans sind die Terminierungsparameter gepflegt.
- Die Positionsdaten des Wartungsplans enthalten einen Arbeitsplan, dessen Vorgänge die auszuführenden Servicemaßnahmen widerspiegeln.

- Darüber hinaus wird auf Positionsebene der Servicevertrag ausgewiesen, der in den Wartungsprozess eingebunden ist. Die Vertragslaufzeit spielt eine wichtige Rolle für die Erzeugung von Wartungsabrufen.
- Wird der Wartungsplan terminiert, können die einzelnen Wartungsabrufe einer Wartungsterminübersicht entnommen werden.
- Abrufe werden maximal bis zum Ende der Vertragslaufzeit des Servicevertrags erzeugt.
- Das Abrufobjekt SERVICEAUFTRAG enthält die einzelnen Vorgänge des im Wartungsplan eingebundenen Arbeitsplans.
- Das Abrufobjekt SERVICEMELDUNG übernimmt ebenfalls die Arbeitsplandaten aus dem Wartungsplan. Diese werden bei einer Umsetzung der Meldung in einen Serviceauftrag übergeben. Die Vorgänge aus dem Arbeitsplan werden in den Serviceauftrag kopiert und dort auf der Registerkarte VORGÄNGE sichtbar gemacht.

7.5.1 Terminierung

Aufgrund der im Wartungsplan vorhandenen Terminierungsparameter und des Wartungszyklus errechnet das System die einzelnen Plantermine, zu denen Wartungsabrufe erzeugt werden.

Die Terminierung wird mit der Transaktion IP10 (Terminieren) ausgeführt. Das System berücksichtigt dabei auch etwaige Änderungen an Arbeitsplänen. Für eine fortlaufende Terminierung ist das Datum des Meldungs- bzw. Auftragsabschlusses maßgeblich.

Generell bietet Ihnen das System unter anderem folgende Terminierungsfunktionen an:

- **Starten**
  Die Funktion STARTEN können Sie nutzen, wenn Sie die Terminierung eines Wartungsplans initial starten. Dabei lösen Sie den Wartungszyklus aus, das System zieht die Terminierungsinformationen des jeweiligen Wartungsplans heran und errechnet die fälligen Plantermine.

- **Neustart**
  Mit der Funktion NEUSTART können Sie bereits bestehende Abrufe zu einem Wartungsplan löschen oder übergehen. In beiden Fällen erzwingen Sie eine Neuterminierung des Wartungsplans zu einem von Ihnen bestimmten Zyklusstart.

Wartungspläne terminieren | 7.5

▶ **Manueller Abruf**

Mit der Funktion MANUELLER ABRUF können Sie, zusätzlich zu den im Wartungszyklus existierenden Wartungsplanabrufen, zu einem von Ihnen gewünschten Datum einen weiteren Abruf erzeugen. Die normale Terminierung bleibt davon unbeeinflusst.

In Abbildung 7.17 sehen Sie einen Ausschnitt aus der Transaktion IP10 (Wartungsplan terminieren), die auch die oben beschriebenen Terminierungsfunktionen enthält. Der angezeigte Status TERMINIERT, WARTET weist auf kommende Abrufe zum Wartungsplan hin.

Abbildung 7.17 Terminierung des Wartungsplans (Transaktion IP10)

Aus der Transaktion können Sie in ein einzelnes Wartungsabrufobjekt verzweigen. Das System bietet Ihnen z. B. auch die Möglichkeit an, einzelne Abrufe zu übergehen oder als erledigt zu kennzeichnen.

Getrennte Erledigung des Abruftermins

Pro Wartungsplantyp können Sie im Customizing durch das Setzen des Häkchens für die ERLEDIGUNGSDATEN eine sogenannte *getrennte Erledigung* des Abruftermins erreichen. Das heißt, Sie können für ein Abrufobjekt, das aus einem Wartungsplan heraus erzeugt wurde, einen anderen Bezugszeitpunkt und eine andere Bezugszeit für den Abschluss erfassen als für den Wartungsplan selbst. Auf diese Weise können Sie Einfluss auf den nächsten Wartungsplanabruf nehmen. Beim Abschließen einer Meldung oder eines Auftrags stehen Ihnen dann die zusätzlichen, wartungsplanbezogenen Felder ERLEDIGUNGSDATUM und ERLEDIGUNGSUHRZEIT zur Verfügung, wie Abbildung 7.18 zeigt.

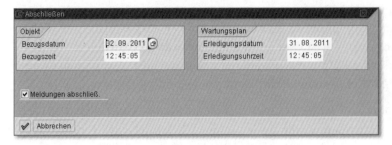

Abbildung 7.18 Getrennte Erledigung (Transaktion IW32)

Die Bezugszeit bzw. die Erledigungsuhrzeit werden mit der aktuellen Uhrzeit vorbelegt. Die weiteren Felder werden mit dem ursprünglichen Plandatum gefüllt. Liegt dieses in der Zukunft, wird das Systemdatum zugrunde gelegt.

Eine getrennte Erledigung von Abrufobjekt und Wartungsplan können Sie auch über die Nutzung der Listanzeige erreichen (Transaktion IW72: Listanzeige Serviceaufträge ändern), wie aus Abbildung 7.19 hervorgeht.

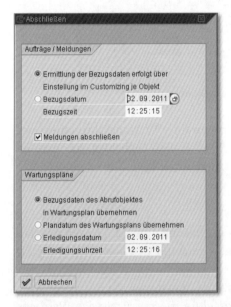

Abbildung 7.19 Getrennte Erledigung (Transaktion IW72)

In der Listbearbeitung wird Ihnen ein Dialogfenster angeboten. Hier können Sie zum einen Aufträge bzw. Meldungen mit Bezugsdatum und Bezugszeit abschließen, zum anderen haben Sie auch hier die Möglichkeit, für Wartungspläne getrennte Erledigungsdaten zu hinterlegen.

Beim Abschluss von Aufträgen und Meldungen können Sie die Bezugsdaten entweder frei wählen und eingeben oder über die Einstellungen im Customizing je Objekt, also je Meldungs- oder Auftragsart, automatisch ermitteln lassen.

Bei Erledigung des Wartungsplans können Sie entweder das Plandatum des Wartungsplans als Erledigungsdatum übernehmen oder die Bezugsdaten des Abrufobjekts bzw. das Erledigungsdatum und die Uhrzeit definieren.

7.5.2 Terminüberwachung

Mit der Terminüberwachung von Wartungsplänen stehen Ihnen zwei wichtige Funktionen zur Verfügung:

- Sie haben die Möglichkeit, alle fälligen Wartungsplantermine abzurufen und zu überwachen.
- Sie können Wartungspläne automatisch terminieren lassen.

Voraussetzung für die hier genannten Funktionen ist eine bereits einmal ausgeführte Terminierung des betreffenden Wartungsplans. Die Terminüberwachung funktioniert wie folgt:

Starten Sie die Terminierung. Das System wandelt alle noch anstehenden Abrufe, deren Plantermin vom Eröffnungshorizont her erreicht ist, in Abrufobjekte um. Das heißt, das System erzeugt je nach Vorgabe im Wartungsplan Serviceaufträge oder Meldungen. Die Terminierung eines Wartungsplans wird grundsätzlich mindestens einmal durchlaufen. Das System stellt dabei sicher, dass immer mindestens ein Abruf erzeugt wird, bzw. n Abrufe gemäß Abrufintervall bzw. Vertragslaufzeit.

Die Terminüberwachung können Sie mit der Transaktion IP30 (Terminüberwachung Wartungspläne) starten, wie Abbildung 7.20 zeigt.

Über den Gruppennamen, den das System automatisch auf dem Einstiegsbild vorschlägt, können Sie in Listanzeigen nach Serviceaufträgen suchen, die mittels der Terminüberwachung angelegt wurden. Geben Sie hierfür in den Listanzeigen den Gruppennamen im Feld ERFASSER ein. Im Serviceauftrag selbst finden Sie den Gruppennamen auf der Registerkarte STEUERUNG, auch hier im Feld ERFASSER. Geben Sie weitere Selektionskriterien, wie z. B. den Wartungsplantyp, mit, und führen Sie die Selektion aus. Das System gibt daraufhin eine Liste aller Wartungspläne aus, die durch die Transaktion IP30 nach Ihren Selektionskriterien terminiert wurden.

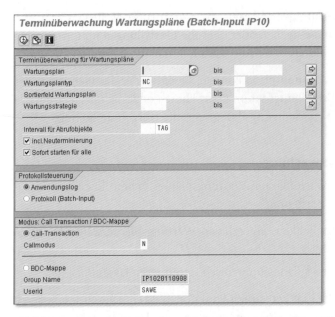

Abbildung 7.20 Terminüberwachung Wartungspläne (Transaktion IP30)

Mithilfe des Reports RISTRA20 können Sie auch die zuvor erwähnte Transaktion als Batch-Job einplanen. Abbildung 7.21 zeigt eine typische Protokollausgabe, die Sie über die Transaktion IBIPA (Terminierungsprotokoll) separat aufrufen können.

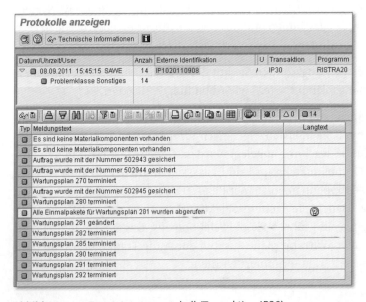

Abbildung 7.21 Terminierungsprotokoll (Transaktion IP30)

Eine weitere Funktion, die Ihnen das Wartungsplanmenü anbietet, ist die sogenannte *Wartungsplankalkulation*. Auf diese möchten wir im Folgenden etwas näher eingehen.

7.6 Wartungsplankalkulation

Die Wartungsplankalkulation weist Ihnen für einen von Ihnen festzulegenden Zeitrahmen die zu erwartenden Kosten von Wartungsplänen aus. Dabei können Sie die Kalkulation entweder online oder im Hintergrund ausführen.

Bei einer Online-Kalkulation müssen Sie die folgenden Punkte berücksichtigen:

- Sie können die Kalkulation nur für einen einzigen Wartungsplan durchführen.
- Das System speichert die Kalkulation nicht ab.
- Die Online-Kalkulation wird mithilfe der Transaktion IP31 (Wartungsplankalkulation) ausgeführt.

Ein Beispiel für eine Online-Kalkulation sehen Sie in Abbildung 7.22.

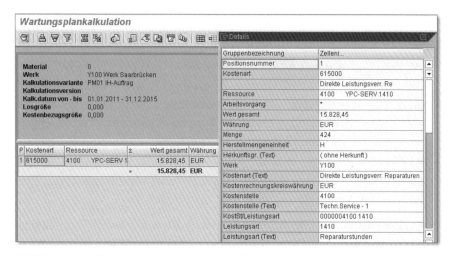

Abbildung 7.22 Wartungsplankalkulation (Transaktion IP31)

Bei einer Kalkulation im Hintergrund sollten Sie die folgenden Aspekte beachten:

- Die Kalkulation ist für einen oder mehrere Wartungspläne ausführbar.

- Das System speichert die Kalkulation benutzerspezifisch mit dem jeweiligen Tagesdatum ab. Wird eine neue Kalkulation ausgeführt, überschreibt das System benutzerspezifisch die vorhandene Datei.
- Die Kalkulation im Hintergrund wird als Batch-Job mit dem Report `RISTRA30` (Wartungsplankalkulation) durchgeführt.

Bei einer Kalkulation im Hintergrund bietet Ihnen das System noch folgende zusätzliche Funktionen an:

- Anzeige von Verwaltungsdaten, wie z. B. dem Datum der zuletzt gespeicherten Kalkulation
- Anzeige von Fehlerprotokollen, wie z. B. dem Fehlerprotokoll der letzten Kalkulation
- Anzeige der Kalkulation, also der vom System für einen bestimmten Zeitrahmen ermittelten Kosten für anstehende Servicemaßnahmen
- Anzeige der selektierten Wartungspläne, d. h., das System zeigt die Wartungspläne an, die bei der letzten Kalkulation berücksichtigt wurden

Damit eine Wartungsplankalkulation erfolgreich im SAP-System durchgeführt werden kann, müssen die folgenden Voraussetzungen erfüllt sein:

- Der bzw. die zu kalkulierenden Wartungspläne sind bereits terminiert.
- Als Abrufobjekt ist im Customizing ein Serviceauftrag definiert.
- Der Wartungsplan darf weder den Status INAKTIV noch LÖSCHVORMERKUNG besitzen.
- Für den im Wartungsplan eingebundenen Arbeitsplan sind Zeiten und bewertete Materialien zu den einzelnen Vorgängen gepflegt, bzw. die einzelnen Vorgänge enthalten Arbeitsplätze, denen je eine Leistungsart zugeordnet ist.
- Zur jeweiligen Leistungsart wiederum sind Tarife für die zugehörige Kostenstelle des Arbeitsplatzes im System hinterlegt.

Das System kalkuliert die zu erwartenden Kosten für bereits vorhandene Abrufe in dem von Ihnen festgelegten Zeitraum (also in diesem speziellen Fall für alle relevanten Serviceaufträge). Für nachfolgende Zeiträume kann das System anstehende Wartungsabrufe simulieren, um so die durch zukünftige Wartungsmaßnahmen anstehenden Kosten im Voraus aufzuzeigen.

[+] **Wartungsplankalkulation**
Bei der Wartungsplankalkulation werden vom System keine Gemeinkostenzuschläge berechnet!

7.7 Listanzeigen

Zum Abschluss dieses Kapitels möchten wir Ihnen noch zwei Listanzeigen vorstellen.

- **Wartungsterminübersicht**
  Sie rufen die Listanzeige der *Wartungsterminübersicht* mit der Transaktion IP24 (Listanzeige) auf. Die Terminübersicht zeigt Ihnen, zu welchem technischen Objekt wann welche Wartungstermine auszuführen sind bzw. zukünftig anstehen (Voraussetzung: Sie haben die Terminierung für Ihre Wartungspläne bereits online oder im Hintergrund ausgeführt). Der zugrunde liegende Wartungsplan wird zum Termin ebenso mit angezeigt wie die zugehörige Wartungsposition. Aus der Listanzeige heraus können Sie in den Wartungsplan und in die Wartungsposition verzweigen.

- **Listbearbeitung zum Wartungsplan**
  Die Listbearbeitung zum *Wartungsplan* können Sie entweder im Anzeige- oder im Änderungsmodus aufrufen (Transaktion IP15: Listbearbeitung Ändern, Transaktion IP16: Listbearbeitung Anzeigen). Im Einstiegsbild (siehe Abbildung 7.23) können Sie verschiedene Selektionskriterien mitgeben.

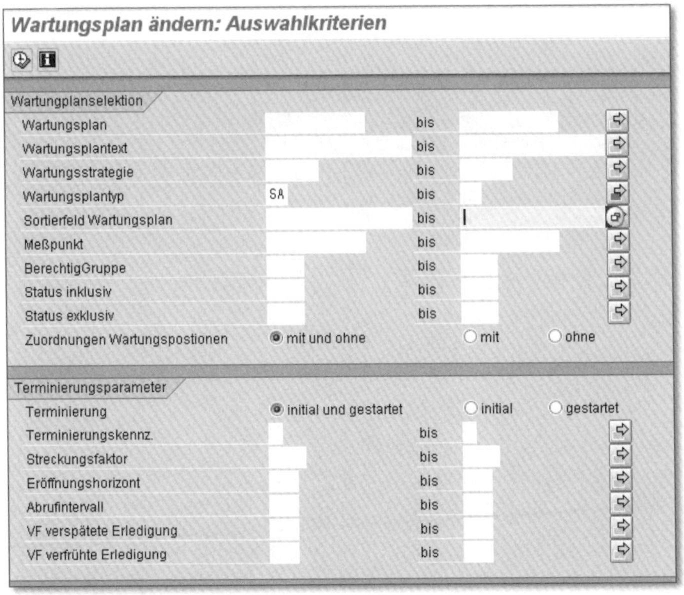

Abbildung 7.23 Listanzeige des Wartungsplans (Transaktion IP15)

Zum Beispiel können Sie die Selektion über den Wartungsplantyp einschränken, Sie können festlegen, dass bereits Wartungspositionen zugeordnet sind, oder Sie starten Ihre Selektion einfach über die Eintragung einzelner Terminierungsparameter.

Aus dem Selektionsergebnis heraus können Sie, wie bei der Wartungsterminübersicht auch, in die einzelnen Wartungspläne bzw. in die zum jeweiligen Wartungsplan gehörenden Wartungspositionen verzweigen.

7.8 Zusammenfassung

Sie haben nun die wichtigsten Eckpunkte des geplanten Kundenservices in der Anwendung und hinsichtlich vorzunehmender Customizing-Einstellungen in der Theorie kennengelernt. In Kapitel 16, »Wartungsplanung mit Servicevertrag«, finden Sie ein Praxisbeispiel hierzu.

Wann fallen Kosten und Erlöse an? Wie und von wem werden Kosten und Erlöse verursacht? Wie sieht ein sinnvolles Ergebnis-Controlling aus? In diesem Kapitel erhalten Sie einen Überblick über das Controlling von Serviceleistungen.

8 Controlling von Serviceleistungen

Nachdem in den vorangegangenen Kapiteln der Fokus auf die logistische Abwicklung des Servicegeschäfts gelegt wurde, werfen wir nun einen Blick auf das Controlling.

8.1 Betriebswirtschaftliche Grundlagen

Das Controlling dient der Koordination, der Überwachung und der Optimierung der Prozesse. Das Ziel des Controllings ist es, einen ganzheitlichen Überblick über die Wirtschaftlichkeit eines Unternehmens zu erlangen und die verschiedenen Unternehmensbereiche mit Informationen zu versorgen. Diese Informationen werden dann so aufbereitet, dass sie aussagekräftig sind und darauf basierend strategische Entscheidungen getroffen werden können.

Die Controlling-Komponente im SAP-System fasst alle Funktionen zusammen, die für ein effektives Controlling erforderlich sind. Dazu gehören z. B. die folgenden Bereiche mit den jeweiligen Fragestellungen:

- Kostenartenrechnung: Welche Kosten sind angefallen?
- Kostenstellenrechnung: Wo sind Kosten angefallen?
- Prozesskostenrechnung: Können die Prozessabläufe optimiert werden?
- Produktkosten-Controlling: Wie hoch sind die Herstellkosten für ein Produkt?
- Ergebnis- und Marktsegmentrechnung: In welchen Marktsegmenten ist das Unternehmen erfolgreich?
- Profit-Center-Rechnung: Welche Geschäftsbereiche sind am profitabelsten?

Diese Liste ist lediglich eine Auswahl möglicher Fragen. Diese einzelnen Teilbereiche können unabhängig voneinander eingesetzt werden.

Um Ihnen einen Überblick über das Controlling von Serviceleistungen geben zu können, werden zunächst einige grundlegende Begriffe erläutert. Zunächst einmal stellt sich die Frage, wie die Verbindung zwischen dem Controlling und dem Finanzwesen – im SAP-System zwei eigenständige Module – realisiert ist. Hier findet ein ständiger Datenaustausch statt, d. h., alle Daten, die kostenrechnerisch relevant sind, fließen vom Finanzwesen in das Controlling. Die Verknüpfung zwischen dem Finanzwesen und dem Controlling erfolgt über Sachkonten bzw. primäre Kostenarten.

In der Finanzbuchhaltung werden erfolgswirksame Buchungen auf GuV-Konten verbucht. Im Controlling spricht man dagegen von Kostenarten, wobei eine Unterscheidung zwischen primären und sekundären Kostenarten getroffen wird.

- **Primäre Kosten**
  Bei *primären Kosten* handelt es sich um Kosten der von außen bezogenen Wirtschaftsgüter. Beispiele für primäre Kosten sind Materialkosten, Personalkosten, aber auch eine Materialentnahme aus dem Lager. Primäre Kosten entstehen durch Buchungen in der Finanzbuchhaltung, sie spiegeln den Anfall von Kosten wider und haben immer einen Einfluss auf das Betriebsergebnis. Für primäre Kostenarten gibt es immer ein gleichnamiges Sachkonto im Finanzwesen. Somit wird sichergestellt, dass Buchungen auf dieses Sachkonto im FI-Modul auch gleichzeitig auf der Kostenart im CO-Modul fortgeschrieben werden. Die Module FI und CO sind also aufeinander abgestimmt.

- **Sekundäre Kosten**
  Sekundäre Kosten finden sich lediglich im Controlling und dienen dazu, Kosten innerhalb des Controllings weiterzuverrechnen. Ein Beispiel hierfür wäre die Umlage von Kosten von einer Kostenstelle auf verschiedene andere Kostenstellen. Da sekundäre Kosten keinen Einfluss auf die Gewinn- und Verlustrechnung des Gesamtunternehmens haben, sind sie in der Finanzbuchhaltung nicht bekannt.

Buchungen im Controlling erfolgen auf sogenannte *Kostenträger* oder *Kontierungsobjekte*. Dies können z. B. Kostenstellen, Innenaufträge, Serviceaufträge, Fertigungsaufträge oder PSP-Elemente sein. Bei jeder Buchung, die für das CO-Modul relevant ist, also immer dann, wenn es eine Kostenart gibt, muss ein Kontierungsobjekt erfasst werden. Im Servicegeschäft können Reparaturleistungen z. B. auf den Serviceauftrag gebucht werden.

Da durch das Servicegeschäft Kosten und Erlöse verursacht werden, ist es mit dem Controlling integriert. Hier kann es z. B. von Interesse sein, zu wissen, wie viel Umsatz mit dem Servicegeschäft gemacht wurde, welche Kosten entstanden sind und ob die Erbringung von Serviceleistungen überhaupt rentabel für das Unternehmen ist.

Das Controlling in der Kundenservice-Komponente kann auf zwei Ebenen erfolgen. Zum einen stehen Möglichkeiten zur Verfügung, Kosten und Erlöse einzelner Serviceaufträge oder Serviceverträge zu analysieren, zum anderen kann über die Ergebnis- und Marktsegmentrechnung eine aggregierte Betrachtung von Kosten und Erlösen erfolgen.

Auf diese und weitere Fragestellungen werden wir in den folgenden Abschnitten eingehen.

8.2 Kosten im Serviceprozess

Das Controlling von Serviceleistungen erfolgt auf Basis von Serviceaufträgen bzw. Serviceverträgen, die gleichzeitig die Kontierungsobjekte darstellen. Das heißt, auf diesen Objekten können Kosten geplant, erfasst und abgerechnet werden.

Betrachten wir zunächst die Kosten auf einem Serviceauftrag, die während der Abwicklung von Serviceleistungen zustande kommen.

8.2.1 Schätzkosten

Die erste Möglichkeit beim Anlegen eines Serviceauftrags besteht darin, *Schätzkosten* im Serviceauftrag zu erfassen. Die Schätzkosten dienen dazu, das voraussichtliche Kostenvolumen eines Auftrags zu spezifizieren. Hierbei handelt es sich um eine grobe Schätzung, die manuell im Serviceauftrag eingetragen wird. Man kann entweder eine Gesamtschätzung des Auftrags vornehmen oder die Schätzung nach verschiedenen Wertkategorien untergliedern.

Bei der Gesamtschätzung wird ein Gesamtwert erfasst, unabhängig davon, welche Ressourcen (Material, Eigenleistung, Fremdleistung) für die Serviceabwicklung benötigt werden. Abbildung 8.1 zeigt eine Gesamtschätzung im Serviceauftrag (Feld GESCH.KOSTEN).

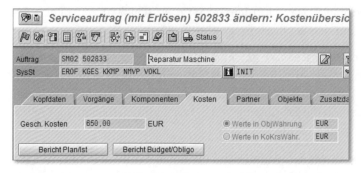

Abbildung 8.1 Gesamtschätzung im Serviceauftrag (Transaktion IW33)

Darüber hinaus können Sie, wie in Abbildung 8.2 dargestellt, Schätzkosten abhängig von einer Wertkategorie eingeben. Wertkategorien sind Intervalle von Kostenarten, die im Customizing definiert werden. Sie können z. B. verschiedene Wertkategorien für Material- und Personalkosten sowie für Gemeinkostenzuschläge, wie z. B. für Material- oder Produktionsgemeinkosten, definieren. Der Gesamtwert der Schätzkosten ist in dem Fall nicht änderbar, sondern ermittelt sich als Summe aus den einzelnen Werten der verschiedenen Wertkategorien.

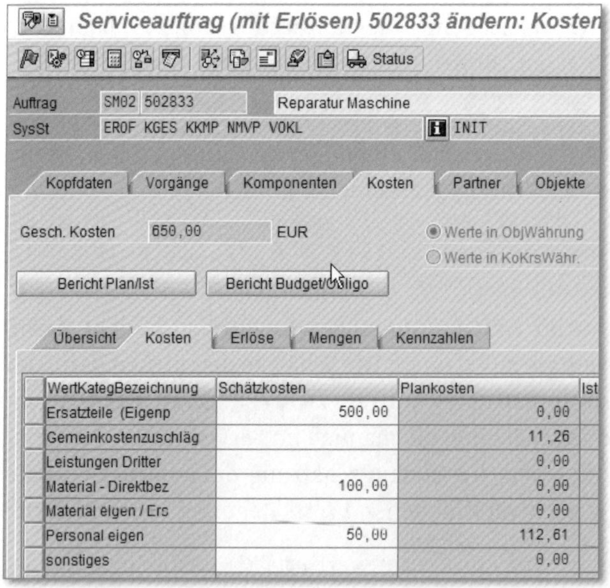

Abbildung 8.2 Darstellung der Kosten nach Wertkategorien (Transaktion IW32)

Kosten im Serviceprozess | 8.2

Um Schätzkosten nach Wertkategorien im Serviceauftrag eingeben zu können, sind bestimmte Customizing-Einstellungen notwendig. Zunächst müssen die benötigten Wertkategorien im Customizing definiert werden. Anschließend werden einzelne Kostenarten oder Kostenartengruppen, wie in Abbildung 8.3 dargestellt (Bereich INHALT), den Wertkategorien zugeordnet.

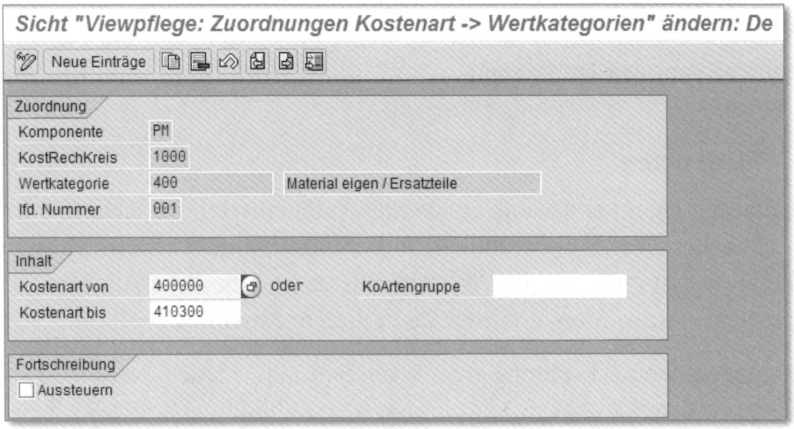

Abbildung 8.3 Zuordnung der Kostenarten/-gruppen zu Wertkategorien (Transaktion OIK2)

Darüber hinaus muss eine Version für die Kostenschätzung im Customizing definiert sein. Unter dieser Version werden die eingegeben Schätzkosten gespeichert. Hier ist genau ein Eintrag erforderlich, da es nur eine Version für die Kostenschätzung in Serviceaufträgen geben kann.

Im Controlling werden unterschiedliche Versionen dazu verwendet, Plandaten in mehreren Versionen zu erfassen. So ist es beispielsweise möglich, den ersten Entwurf einer Kostenplanung in einer Version zu speichern, diese Version »einzufrieren« und Anpassungen an dem ersten Planungsentwurf in einer zweiten Version vorzunehmen. Somit kann die ursprüngliche Planung jederzeit mit der aktuellen Planung verglichen werden.

Die in Abbildung 8.4 dargestellte Version 6 ist standardmäßig im SAP-System angelegt.

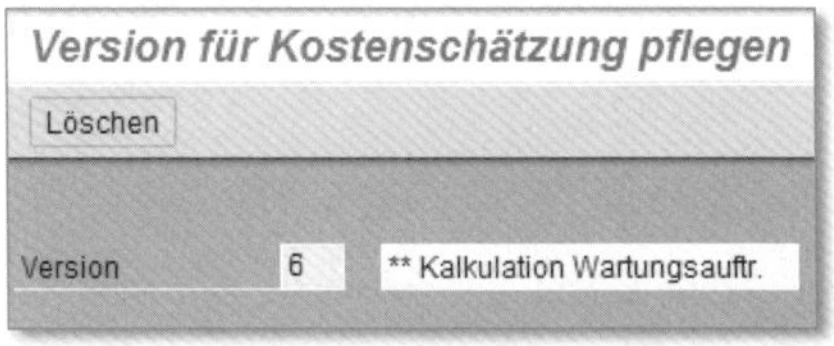

Abbildung 8.4 Version für die Kostenschätzung (Transaktion OIKS)

[+] Schätzkosten

Schätzkosten können nur bis zur Auftragsfreigabe eines Serviceauftrags erfasst werden. Sobald ein Auftrag freigegeben wurde, gilt die Kostenschätzung als abgeschlossen und kann nicht mehr geändert werden.

Die Kostenschätzung ist dann ein geeignetes Mittel, wenn in den Serviceaufträgen noch keine konkreten Kosten für die Komponenten oder die benötigten Zeiten geplant werden können.

8.2.2 Plankosten

Die Plankosten eines Serviceauftrags werden automatisch beim Sichern oder durch manuelles Anstoßen der Kalkulation ermittelt. Eine manuelle Eingabe von Plankosten ist nicht möglich. Welche Kosten im Einzelnen anfallen und wie diese ermittelt werden, erfahren Sie in diesem Abschnitt.

Die Leistungen, die zur Erfüllung eines Serviceauftrags erbracht werden, werden auf der Registerkarte VORGÄNGE erfasst (siehe Abbildung 8.5). Die einzelnen Vorgänge werden dabei entweder manuell eingegeben oder aus einem Arbeitsplan übernommen. Über den Vorgang wird Folgendes bestimmt:

- wo die Leistung erbracht wird (Arbeitsplatz)
- wie viel Zeit (Arbeit) für die Leistung benötigt wird[1]
- welche Leistung dabei erbracht wird (Leistungsart)

In Abbildung 8.5 sind zwei Vorgänge hinterlegt, die planmäßig zwei bzw. drei Stunden Arbeit benötigen und an verschiedenen *Arbeitsplätzen* verrichtet werden. Die *Leistungsart* klassifiziert die Art der Leistung, die erbracht wird. In unserem Beispiel handelt es sich bei der Leistungsart um Reparaturstunden.

Die Planstunden, die zur Erbringung der Leistungen benötigt werden, sind nun bestimmt. Nun stellt sich die Frage, wie die Stunden bewertet werden. Was kostet eine Reparaturstunde das Unternehmen?

---

[1] Im Arbeitsplatz ist eine Formel hinterlegt, über die die kalkulationsrelevante Zeit ermittelt wird. Im Normalfall wird zur Kalkulation immer die Arbeit, also die zu erbringende Leistung von Maschinen oder Personen für die Durchführung der Vorgänge, verwendet.

8.2 Kosten im Serviceprozess

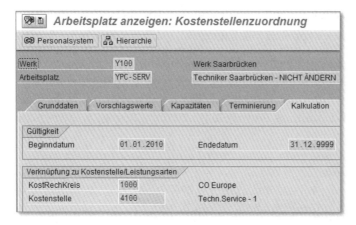

Abbildung 8.5 Erfassung von Vorgängen (Transaktion IW32)

Die Verbindung zur Kostenstellenrechnung, in der die Tarife hinterlegt sind, wird über den Arbeitsplatz vorgenommen. Im Stammsatz des Arbeitsplatzes erfolgt, wie in Abbildung 8.6 dargestellt, die Zuordnung zu einer Kostenstelle. Der Arbeitsplatz YPC-SERV ist in unserem Beispiel mit der Kostenstelle 4100 (Technischer Service) verknüpft.

Abbildung 8.6 Verknüpfung zwischen Arbeitsplatz und Kostenstelle (Transaktion CR03)

Wir wissen nun also, wer die Leistung (Kostenstelle) erbringt und um welche Leistung es sich handelt. Für die Kombination Kostenstelle/Leistungsart wird nun in der Kostenstellenrechnung mit der Transaktion KP26 (Planung Leistungen/Tarife) ein Tarif hinterlegt, mit dem die Stunden bewertet werden. In dem in Abbildung 8.7 gezeigten Beispiel kosten hundert Reparaturstunden, die vom technischen Service erbracht werden, insgesamt 3.751,19 EUR (fixer und variabler Anteil des Tarifs).

8 | Controlling von Serviceleistungen

Abbildung 8.7 Tarif für Kostenstelle/Leistungsart (Transaktion KP26)

[+] **Tarife errechnen**

Tarife können anhand der Kostenstellenplanung automatisch vom SAP-System errechnet oder wie im vorliegenden Beispiel manuell vorgegeben werden. In der Praxis wird die Tarifermittlung in der Regel automatisch durchgeführt, wobei sich der Tarif aus den geplanten Herstellkosten dividiert durch die geplante Leistungsmenge auf der Kostenstelle ergibt.

Hinter dem zweiten Arbeitsplatz Y100T verbirgt sich die Kostenstelle 4110, für die ein Tarif in Höhe von 53,37 EUR für eine Reparaturstunde hinterlegt ist.

Die zwei in Vorgang 0010 geplanten Stunden (siehe Abbildung 8.8) werden mit einem Tarif von 53,37 EUR/Stunde bewertet, während die drei Stunden des Vorgangs 0020 mit 37,15 EUR/Stunde etwas günstiger sind. In der Kostenanalyse des Serviceauftrags finden Sie genau diese Beträge wieder (siehe Abbildung 8.8).

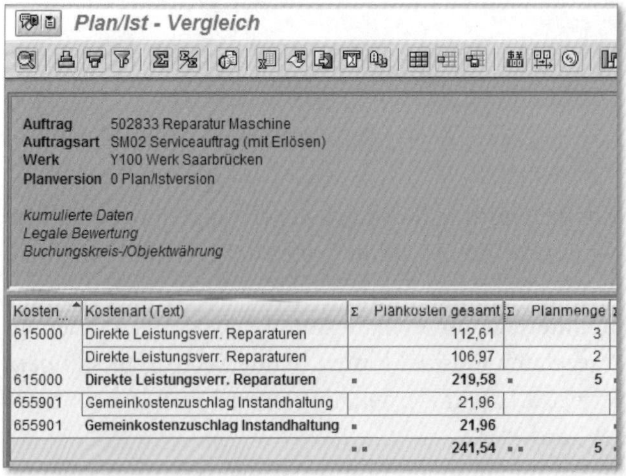

Abbildung 8.8 Kostenanalyse des Serviceauftrags (Transaktion IW33)

8.2 Kosten im Serviceprozess

Sie erreichen die Kostenanalyse über den Button BERICHT PLAN/IST auf der Registerkarte KOSTEN (siehe z. B. Abbildung 8.9) oder über den Menüpfad ZUSÄTZE • KOSTENBERICHTE • PLAN/IST VERGLEICH.

Die Plankosten können Sie sich – wie in Abbildung 8.9 dargestellt – auch über die Registerkarte KOSTEN im Serviceauftrag für die einzelnen Wertkategorien anzeigen lassen.

Abbildung 8.9 Plankosten nach Wertkategorien im Serviceauftrag (Transaktion IW33)

Die Leistungen wurden im Serviceauftrag geplant. Doch was ist mit den Materialien, die für die Reparatur benötigt werden? Auch diese Kosten können im Serviceauftrag auf der Registerkarte KOMPONENTEN erfasst werden. Im folgenden Beispiel (siehe Abbildung 8.10) werden zwei Rohlinge für die Reparatur benötigt.

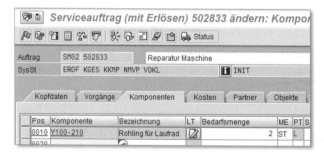

Abbildung 8.10 Erfassung benötigter Materialien (Transaktion IW32)

8 | Controlling von Serviceleistungen

Nach Eingabe der Komponenten und einer Kostenermittlung über den Menüpfad AUFTRAG • FUNKTIONEN • KOSTEN ERMITTELN NEU werden Kosten in Höhe von 69 EUR ermittelt (siehe Abbildung 8.11).

Abbildung 8.11 Plankosten für die Materialbeschaffung (Transaktion IW33)

Der Bewertungspreis (= Anschaffungs- bzw. Herstellkosten) eines Materials ist im Materialstamm hinterlegt (siehe Abbildung 8.12, Sicht BUCHHALTUNG 1). Da es sich in unserem Beispiel um einen Rohstoff handelt, wird das Material mit einem gleitenden Durchschnittspreis (Preissteuerung V) bewertet. Für eine Preiseinheit von einem Stück ist ein gleitender Durchschnittspreis von 34,50 EUR gesetzt. In der Summe ergeben sich also 69 EUR an geplanten Materialkosten.

Darüber hinaus können Gemeinkostenzuschläge während der Planung eines Serviceauftrags berücksichtigt werden. Gebräuchliche Zuschläge sind z. B. Materialgemeinkostenzuschläge, Verwaltungsgemeinkostenzuschläge und Vertriebsgemeinkostenzuschläge. Gemeinkostenzuschläge werden dann ermittelt, wenn im Serviceauftrag ein Kalkulationsschema hinterlegt ist. Der Serviceauftrag in Abbildung 8.13 weist das Kalkulationsschema COPM aus.

Das Kalkulationsschema wird im Customizing definiert und legt fest, welche Zuschläge (mengenmäßig/prozentual) ermittelt werden sollen, unter welcher Kostenart der Zuschlag gebucht wird, auf welcher Basis die Zuschläge berechnet werden sollen (Berechnungsbasis) und auf welchem CO-Objekt (z. B. Kostenstelle, Innenauftrag) die Entlastung gebucht wird.

Kosten im Serviceprozess | **8.2**

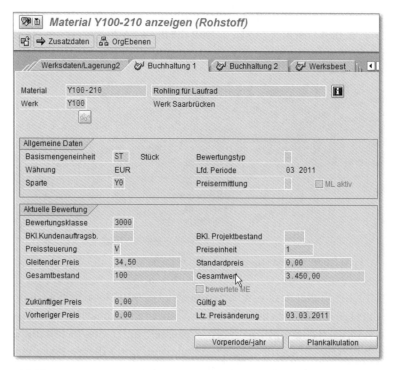

Abbildung 8.12 Preis für Rohling (Transaktion MM03)

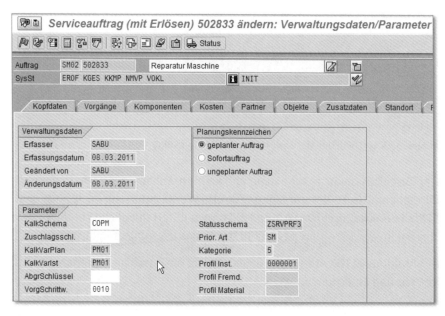

Abbildung 8.13 Kalkulationsschema zum Serviceauftrag (Transaktion IW32)

8 | Controlling von Serviceleistungen

Das in Abbildung 8.14 dargestellte Kalkulationsschema COPM (Instandhaltung) enthält z. B. den Zuschlag ELZU, der auf die Basis PMEL berechnet wird.

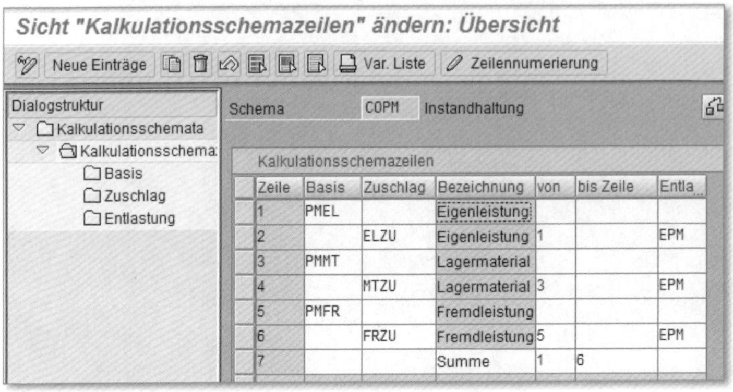

Abbildung 8.14 Kalkulationsschema (Transaktion SPRO)

Die Basis PMEL beinhaltet das Kostenartenintervall 600000 bis 619999 (siehe Abbildung 8.15). Es handelt sich hierbei um sekundäre Kostenarten vom Kostenartentyp 43 (Verrechnung Leistungen/Prozesse), unter denen Produktionsleistungen verrechnet werden. Sobald Plankosten unter diesen Kostenarten gebucht sind, wird ein Planzuschlag für Eigenleistung berechnet.

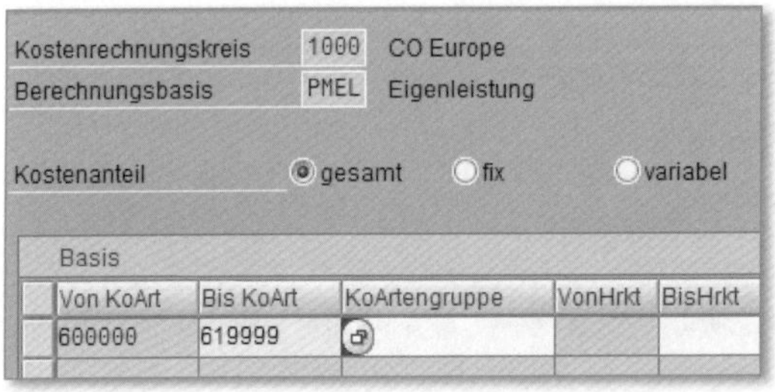

Abbildung 8.15 Definition der Basis PMEL (Transaktion SPRO)

Der Zuschlagssatz ist zeitabhängig und kann in Abhängigkeit von Organisationseinheiten (z. B. Kostenrechnungskreis, Werk) unterschiedlich hoch sein. In Plan und Ist (Zuschlagsart 1 und 2) können unterschiedliche Zuschlagssätze eingestellt werden – dies passiert in der Praxis allerdings so gut wie nie.

In Abbildung 8.16 wird für die Eigenleistung ein Zuschlag in Höhe von 10 % im Plan und Ist erhoben.

Abbildung 8.16 Festlegung der Zuschlagssätze (Transaktion SPRO)

Schauen Sie sich das Kalkulationsschema aus Abbildung 8.14 nochmals genauer an, stellen Sie fest, dass zwei weitere Zuschläge für Lagermaterial und Fremdleistungen definiert sind. Auf das Lagermaterial (Basis: Kostenarten 400000–499999 und 890000–895000) gilt sowohl im Plan als auch im Ist ein Zuschlag von 20 %. Für Fremdleistungen (Basis: Kostenarten 415000 und 417000) ist ebenfalls ein Zuschlag von 20 % im Plan und Ist definiert.

Schauen Sie sich nun noch einmal die Plankosten im Serviceauftrag an (siehe Abbildung 8.17): Das System hat einen Gemeinkostenzuschlag in Höhe von 35,76 EUR ermittelt.

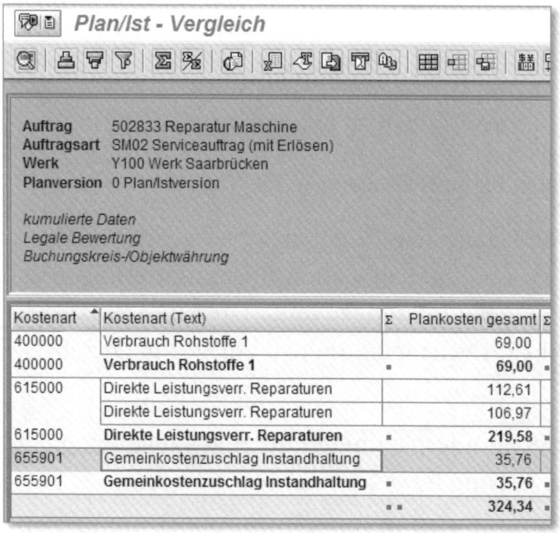

Abbildung 8.17 Kostenanalyse der Gemeinkostenzuschläge (Transaktion IW33)

Die Kostenart 655901, unter der der Zuschlag gebucht wird, wird ebenfalls aus dem Kalkulationsschema COPM ermittelt (siehe Abbildung 8.18).

Abbildung 8.18 Definition der Entlastung (Transaktion SPRO)

Darüber hinaus muss ein Entlastungsobjekt, z. B. eine Kostenstelle, ein Auftrag oder ein Geschäftsprozess, im Kalkulationsschema eingegeben werden. In unserem Beispiel wird zur Entlastung die Kostenstelle 4300 verwendet (siehe Abbildung 8.18). Das ist notwendig, weil die Gemeinkostenbezuschlagung eine Sekundärkostenverrechnung ist und somit Kosten zwischen zwei CO-Objekten verrechnet werden. Die Entlastung erfolgt üblicherweise auf den Kostenstellen, auf denen die Gemeinkosten, die über den Zuschlag verrechnet werden sollen, anfallen. Die Belastung erfolgt dementsprechend auf den Serviceauftrag.

Der Betrag setzt sich also wie folgt aus dem Kalkulationsschema zusammen:

- 20 % auf Lagermaterial: 20 % × 69 = 13,80 EUR
- 10 % auf Eigenleistungen: 10 % × 219,58 = 21,96 EUR

In der Summe ergeben sich also Planzuschläge von 35,76 EUR.

Damit haben wir die gesamten Plankosten für einen Serviceauftrag erläutert. Doch woher weiß das System, ob eine Kalkulation überhaupt erfolgen soll und welche Preise zur Bewertung der Leistungen und Materialien herangezogen werden? Oder ob vielleicht auch Gemeinkostenzuschläge mit einzubeziehen sind?

Antworten darauf geben die Steuerungsparameter für die Kalkulation, die im Customizing der Kalkulationsvariante festgelegt werden müssen.

Die *Kalkulationsvariante* kommt auch in vielen anderen Komponenten zum Tragen, z. B. im Produktkosten-Controlling für die Standardkalkulation von Materialien oder im auftragsbezogenen Controlling für die Kalkulation von

Fertigungsaufträgen. Sie enthält alle wichtigen Steuerungsparameter für die Kalkulation und wird im Customizing definiert. In der Kalkulationsvariante wird unter anderem festgelegt, welche Preise für die Bewertung der Materialien und Leistungen relevant sind und ob eine Gemeinkostenbezuschlagung stattfindet. Die Gemeinkostenbezuschlagung wird über das Kalkulationsschema gesteuert, das entweder über die Kalkulationsvariante automatisch ermittelt oder im Serviceauftrag manuell eingetragen werden kann.

Im Serviceauftrag können unterschiedliche Kalkulationsvarianten für Plan- und Istkosten hinterlegt werden, wobei typischerweise die gleiche Variante genutzt wird.

Die Kalkulationsvarianten werden automatisch anhand der Auftragsart und des Werks ermittelt.

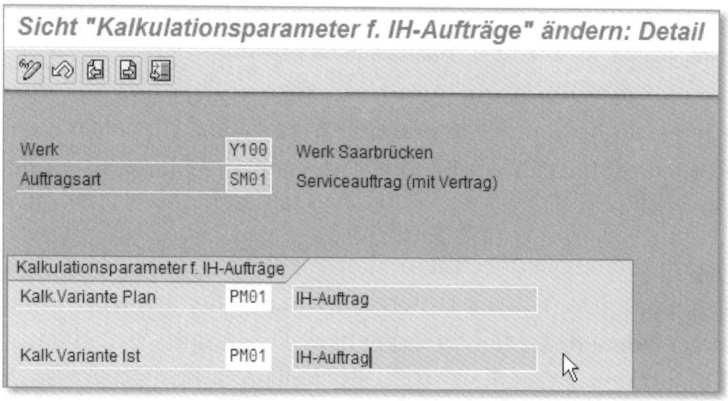

Abbildung 8.19 Zuordnung der Kalkulationsvariante zur Auftragsart (Transaktion OKP6)

Nachdem wir Ihnen die Ermittlung der Plankosten nun ausführlich beschrieben haben, werden wir Ihnen im nächsten Abschnitt die Istkosten des Serviceauftrags vorstellen.

8.2.3 Istkosten

Die Istkosten entsprechen den tatsächlich angefallenen Kosten und entstehen z. B. durch Rückmeldungen, Materialverbräuche, die Inanspruchnahme von Fremdleistungen und die Gemeinkostenbezuschlagung. Istkosten können erst dann auf einen Auftrag gebucht werden, wenn dieser freigegeben ist.

Sobald Istkosten auf den Serviceauftrag gebucht wurden, sind sie in der Kostenanalyse sichtbar (siehe Abbildung 8.20).

8 | Controlling von Serviceleistungen

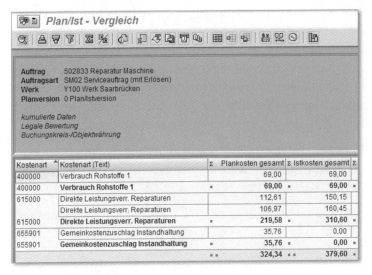

Abbildung 8.20 Kostenanalyse der Istkosten (Transaktion IW33)

Abbildung 8.20 zeigt die Kosten der benötigten Materialien, die verbraucht und mit dem Bewertungspreis aus der Buchhaltungssicht des Materialstamms bewertet wurden.

Auch die Leistungen, die der Servicemitarbeiter zur Reparatur benötigt hat, wurden zurückgemeldet. Hier ist eine Differenz zwischen den geplanten und den tatsächlich angefallenen Kosten zu erkennen. Dies ergibt sich daraus, dass im Ist mehr Stunden angefallen sind, als geplant waren (siehe auch Abbildung 8.5). Für Vorgang 0010 wurden drei anstelle von zwei Stunden zurückgemeldet und für Vorgang 0020 vier anstelle von zwei Stunden. Bewertet mit dem Tarif, der bereits in Abschnitt 8.2.2, »Plankosten«, genannt wurde, kommen die Istkosten zustande.

Was jetzt noch fehlt, sind die Gemeinkostenzuschläge im Ist. Die Bezuschlagung wird im Rahmen des Periodenabschlusses durchgeführt und kann per Sammellauf, also für alle relevanten Serviceaufträge, oder per Einzellauf erfolgen. Sie finden die Zuschlagsberechnung unter dem Menüpfad LOGISTIK • KUNDENSERVICE • SERVICEABWICKLUNG • ABSCHLUSS • ISTKOSTENZUSCHLÄGE (Transaktion KGI2: Ist-Zuschlagsberechnung: Auftrag (für den Einzellauf); Transaktion KGI4: Ist-Zuschlagsberechnung: Innen-/Instandhaltungsaufträge (für den Sammellauf)).

Abbildung 8.21 Zuschlagsermittlung im Serviceauftrag (Transaktion KGI2)

Die Zuschläge werden über das im Serviceauftrag hinterlegte Kalkulationsschema ermittelt (siehe Abbildung 8.21). In der Summe fallen, wie aus Abbildung 8.22 hervorgeht, Zuschläge in Höhe von 44,86 EUR an.

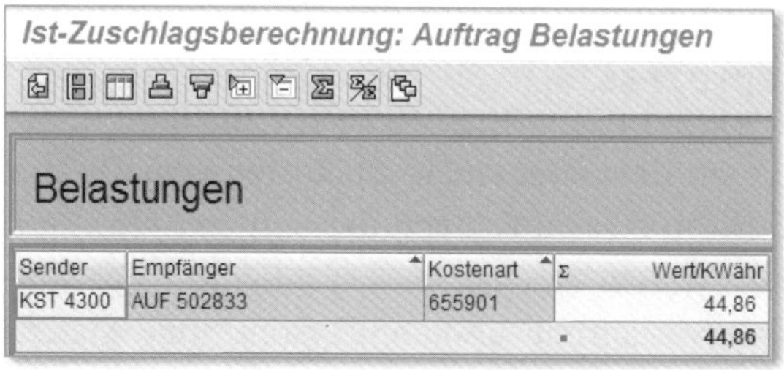

Abbildung 8.22 Zuschlagsermittlung (Transaktion KGI2)

Der Serviceauftrag wird mit den Kosten belastet, während die Kostenstelle 4300, die im Kalkulationsschema als Entlastungsobjekt hinterlegt ist, dementsprechend entlastet wird. Nach der Zuschlagsermittlung sind nun auch die Gemeinkostenzuschläge als Istkosten auf dem Serviceauftrag vorhanden (siehe Abbildung 8.23).

Wie Plan- und Istkosten zustande kommen, haben wir Ihnen nun ausführlich erläutert. Doch welcher Umsatz wird mit dem Serviceauftrag erzielt? Was können Sie dem Kunden für die erbrachte Leistung in Rechnung stellen? Mit diesen Fragen beschäftigt sich der folgende Abschnitt.

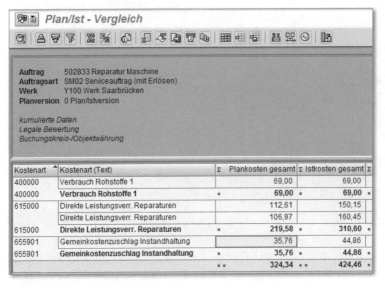

Abbildung 8.23 Istkosten nach Gemeinkostenbezuschlagung (Transaktion IW33)

8.3 Erlöse im Serviceprozess

Sobald die Leistungen erbracht wurden, können Sie die Kosten dem Kunden in Rechnung stellen. Man spricht in diesem Fall von der *aufwandsbezogenen Fakturierung* des Auftrags. Das System erzeugt hierbei aufgrund der Aufwandsinformationen aus dem Serviceauftrag, also den Personal- und Materialkosten, sogenannte *dynamische Posten*, aus denen die Positionen der Fakturaanforderung erzeugt werden. Die Fakturaanforderung wiederum dient als Basis für die Faktura. Beim Buchen der Faktura werden die Erlöse im Finanzwesen und im Controlling fortgeschrieben. Im Folgenden legen wir den Fokus auf den Prozess aus Sicht des Controllings. Hier gibt es verschiedene Szenarien, die wir näher betrachten. Zunächst einmal muss aber in der Kundenservice-Komponente die Entscheidung getroffen werden, ob es sich um einen erlöstragenden oder einen nicht erlöstragenden Serviceauftrag oder um einen Ersatzteilauftrag handelt.

Den Schwerpunkt werden wir dabei auf die Serviceaufträge legen, die Ersatzteilaufträge werden im Rahmen der Abrechnung nur kurz erwähnt, denn aus Controlling-Sicht unterscheiden sich Ersatzteilaufträge kaum von erlöstragenden und nicht erlöstragenden Serviceaufträgen.

Customizing des Serviceauftrags [+]

Im Customizing des Kundenservices können Sie bestimmen, ob ein Serviceauftrag erlöstragend ist. Dafür müssen Sie das Kennzeichen ERLÖSBUCHUNGEN in der Auftragsart setzen.

Erlöstragende Serviceaufträge

Erlöstragende Serviceaufträge werden im Kundenservice verwendet, wenn es keinen Bezug zu einem Servicevertrag gibt. In diesem Fall ist der Serviceauftrag dann das Kontierungsobjekt im Controlling, d. h., die Erlöse werden auf den Serviceauftrag gebucht. Damit können Kosten und Erlöse jederzeit auf dem Auftrag ausgewertet werden, die Marge ist pro Serviceauftrag sichtbar.

Schauen Sie sich noch einmal den Serviceauftrag 502833 in Abbildung 8.23 an, für den bereits Istkosten angefallen sind. Der Auftrag hat keinen Bezug zu einem Servicevertrag, es handelt sich also um einen erlöstragenden Serviceauftrag.

Im nächsten Schritt können Sie dem Kunden die erbrachte Leistung in Rechnung stellen. Dafür muss zunächst eine Fakturaanforderung erstellt werden, in der bestimmte Kostenpositionen, für die eine Materialfindung hinterlegt ist, vorgeschlagen werden (siehe Abbildung 8.24).

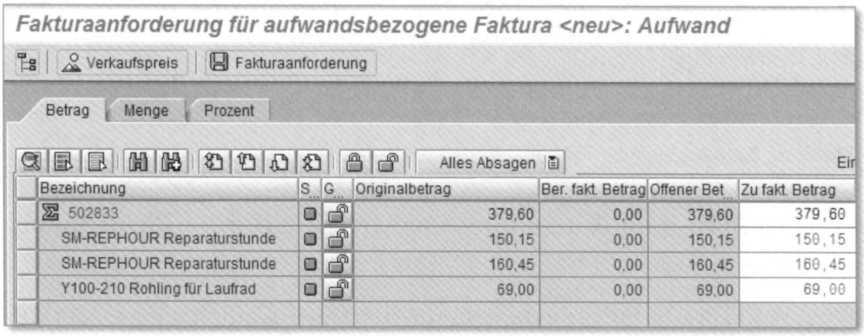
Fakturaanforderung für aufwandsbezogene Faktura <neu>: Aufwand
Verkaufspreis
Fakturaanforderung
Betrag
Menge
Prozent
Alles Absagen
Bezeichnung
S...
G...
Originalbetrag
Ber. fakt. Betrag
Offener Bet...
Zu fakt. Betrag
502833 379,60 0,00 379,60 379,60
SM-REPHOUR Reparaturstunde 150,15 0,00 150,15 150,15
SM-REPHOUR Reparaturstunde 160,45 0,00 160,45 160,45
Y100-210 Rohling für Laufrad 69,00 0,00 69,00 69,00

Abbildung 8.24 Erstellung der Fakturaanforderung (Transaktion DP90)

Für die Gemeinkostenzuschläge ist dies nicht der Fall, da diese nicht in Rechnung gestellt werden. Genauere Informationen zur Materialfindung erhalten Sie in Kapitel 5, »Serviceaufträge«.

Der Anwender kann in der Fakturaanforderung Folgendes durchführen:

- Positionen absagen (werden bei der nächsten aufwandsgerechten Fakturierung nicht mehr vorgeschlagen)
- Positionen zurückstellen (werden bei der nächsten aufwandsgerechten Fakturierung wieder vorgeschlagen)
- bei Positionen Mengen oder Preise ändern
- Positionen manuell hinzufügen

In Abbildung 8.25 werden zum einen die Leistungen, die unter der Materialnummer SM-REPHOUR zusammengefasst sind, und zum anderen die Materialkosten in die Fakturaanforderung übernommen.

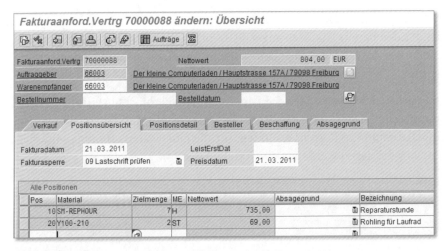

Abbildung 8.25 Anzeige der Fakturaanforderung (Transaktion VA03)

Die Mengen in der Fakturaanforderung werden aus den CO-Einzelposten übernommen.

Die Verkaufspreise für die ermittelten Materialien werden anhand der SD-Preisfindung ermittelt. Im SD-Kalkulationsschema wird der Verkaufspreis unter der Konditionsart PR00 hinterlegt, also der Preis, den Sie Ihrem Kunden in Rechnung stellen können (siehe Abbildung 8.26). Die Konditionsart EK01 zeigt hingegen die Kosten, die tatsächlich zur Erbringung der Leistung angefallen sind.

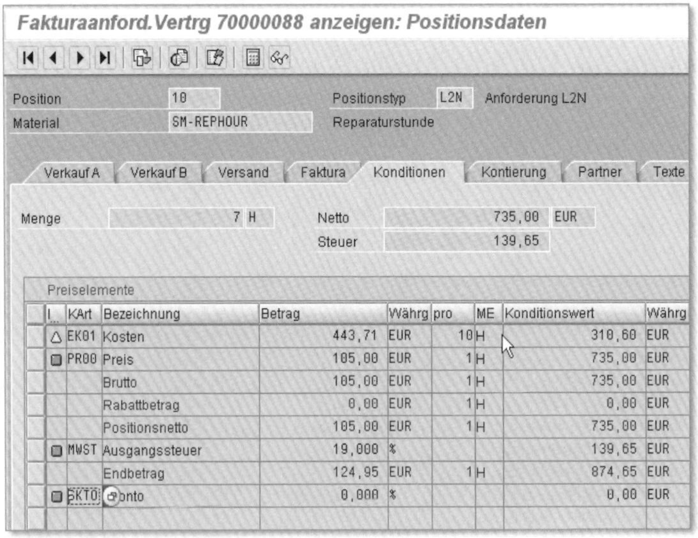

8.3 Erlöse im Serviceprozess

Abbildung 8.26 Kalkulationsschema der Fakturaanforderung (Transaktion VA03)

Basierend auf der Fakturaanforderung, können Sie nun die Faktura anlegen, mit der die Erlöse auf den Serviceauftrag gebucht werden. Die Faktura enthält die gleichen Positionen wie die Fakturaanforderung. Mit der Überleitung der Faktura ins Rechnungswesen wird gleichzeitig ein Buchhaltungsbeleg im Finanzwesen erzeugt, wie in Abbildung 8.27 dargestellt ist.

Abbildung 8.27 Buchhaltungsbeleg (Transaktion FB03)

Außerdem wurden die Umsatzerlöse im Controlling auf den Serviceauftrag gebucht und sind nun auch in dessen Kostenanalyse sichtbar (siehe Abbildung 8.28).

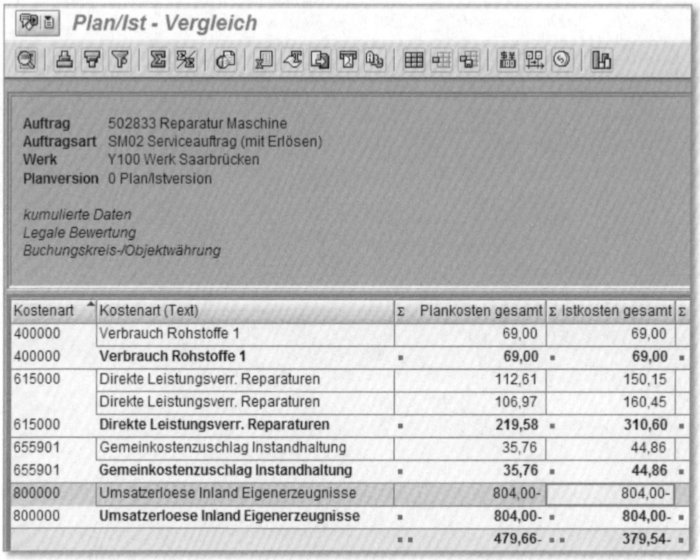

Kostenart	Kostenart (Text)	Σ	Plankosten gesamt	Σ	Istkosten gesamt	Σ
400000	Verbrauch Rohstoffe 1		69,00		69,00	
400000	**Verbrauch Rohstoffe 1**	▪	**69,00**	▪	**69,00**	▪
615000	Direkte Leistungsverr. Reparaturen		112,61		150,15	
	Direkte Leistungsverr. Reparaturen		106,97		160,45	
615000	**Direkte Leistungsverr. Reparaturen**	▪	**219,58**	▪	**310,60**	▪
655901	Gemeinkostenzuschlag Instandhaltung		35,76		44,86	
655901	**Gemeinkostenzuschlag Instandhaltung**	▪	**35,76**	▪	**44,86**	▪
800000	Umsatzerloese Inland Eigenerzeugnisse		804,00-		804,00-	
800000	**Umsatzerloese Inland Eigenerzeugnisse**	▪	**804,00-**	▪	**804,00-**	▪
		▪▪	**479,66-**	▪▪	**379,54-**	▪

Abbildung 8.28 Kostenanalyse des Serviceauftrags (Transaktion IW33)

Nach der Fakturierung ist eine Gegenüberstellung von Istkosten und Isterlösen möglich, und die Profitabilität des Serviceauftrags kann ermittelt werden. Erlöse werden auf dem Serviceauftrag mit negativem Vorzeichen und Kosten mit einem positiven Vorzeichen dargestellt. In unserem Beispiel in Abbildung 8.28 wird also ein Gewinn von 379,54 EUR realisiert.

Nicht erlöstragende Serviceaufträge

Existiert im Gegensatz zu dem oben beschriebenen Beispiel ein Servicevertrag für Leistungen, z. B. aufgrund eines mit dem Kunden abgeschlossenen Wartungsvertrags, kann der Serviceauftrag mit Bezug zum Servicevertrag angelegt werden. Der Serviceauftrag ist in diesem Fall nicht erlöstragend, hier stellt der Servicevertrag das Controlling-Objekt dar, auf dem die Erlöse gebucht werden. Auf dem Serviceauftrag fallen bei diesem Prozess lediglich Istkosten an. Dadurch ist eine Gegenüberstellung von Kosten und Erlösen auf dem Auftrag nicht möglich. Die Ermittlung der Marge muss in diesem Fall über den zugehörigen Servicevertrag erfolgen.

Das folgende Prozessbeispiel in Abbildung 8.29 zeigt eine Serviceabwicklung mit Servicevertrag. In einem ersten Schritt wurde erneut ein Serviceauftrag angelegt, der die Reparatur an einem Kundengerät abwickelt. Mit dem Kunden wurde ein Servicevertrag abgeschlossen, der im Serviceauftrag automatisch ermittelt wird.

8.3 Erlöse im Serviceprozess

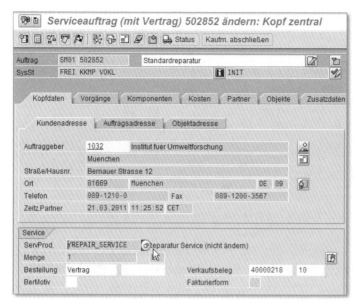

Abbildung 8.29 Zuordnung des Servicevertrags zum Serviceauftrag (Transaktion IW32)

Die Ermittlung der Plan- und Istkosten erfolgt analog zu erlöstragenden Serviceaufträgen. Daher werden wir an dieser Stelle nicht mehr näher darauf eingehen. Nachdem die Leistung erbracht wurde, können Sie sie auch hier dem Kunden in Rechnung stellen. Die Preisfindung erfolgt auch in diesem Fall über das SD-Kalkulationsschema (siehe Abbildung 8.30).

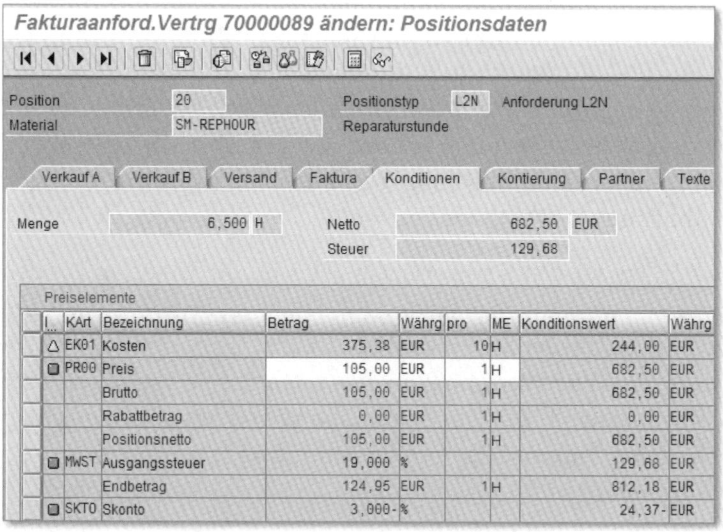

Abbildung 8.30 SD-Kalkulationsschema (Transaktion VA02)

297

8 | Controlling von Serviceleistungen

Basierend auf der Fakturaanforderung können Sie auch in diesem Fall die Faktura erzeugen, die die Erlöse im Finanzwesen bucht (siehe Abbildung 8.31).

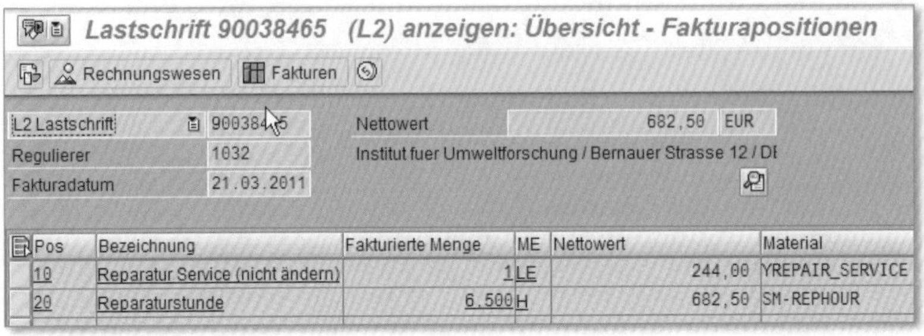

Abbildung 8.31 Faktura für nicht erlöstragende Serviceaufträge (Transaktion VF03)

In der Fakturierung ist nun der Unterschied im Prozessablauf beim erlöstragenden und nicht erlöstragenden Serviceauftrag erkennbar. Das Kontierungsobjekt im Controlling ist im vorliegenden Fall der Servicevertrag, was auch im Kostenrechnungsbeleg zu erkennen ist (siehe Abbildung 8.32).

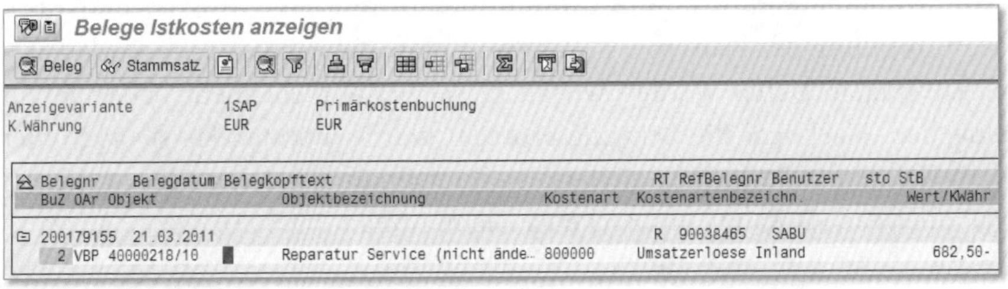

Abbildung 8.32 Kostenrechnungsbeleg zur Faktura (Transaktion KSB5)

Der Serviceauftrag trägt wie bisher lediglich die Istkosten. Die Erlöse, die auf den Servicevertrag gebucht wurden, können Sie sich über die Transaktion VA43 (Kontrakt anzeigen) im Menü über UMFELD • KOSTENBERICHT anzeigen lassen (siehe Abbildung 8.33).

Die Isterlöse wurden auf den Servicevertrag gebucht, die Istkosten auf den Serviceauftrag. Doch wie kann man beides in Relation zueinander stellen, um bestimmen zu können, ob der Serviceauftrag bzw. der Servicevertrag profitabel ist? Hier ist eine Weiterverrechnung von Kosten des Serviceauftrags auf den Servicevertrag sinnvoll. Die Frage, wie eine Weiterverrechnung gelingt und welche Voraussetzungen dabei erfüllt sein müssen, behandeln wir im Rahmen der Abrechnung.

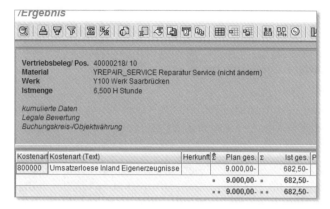

Abbildung 8.33 Kostenanalyse des Servicevertrags (Transaktion VA43)

8.4 Abrechnung

Die Weiterverrechnung von Kosten und Erlösen bezeichnet man im SAP-System als *Abrechnung*. Dabei können Kosten und Erlöse von einem CO-Objekt (z. B. Kundenauftrag, Projekt, Serviceauftrag, Innenauftrag oder Fertigungsauftrag) auf einen oder mehrere Empfänger (z. B. Abrechnung an ein Ergebnisobjekt im CO-PA-Modul oder an Kostenstelle) abgerechnet werden.

> **Abrechnung** [+]
>
> Erlöse können nur an erlöstragende Objekte, wie z. B. einen erlösführenden Innenauftrag, einen Kundenauftrag oder an ein Ergebnisobjekt abgerechnet werden.

Damit eine Abrechnung erfolgreich durchgeführt werden kann, müssen bestimmte Voraussetzungen erfüllt sein.

Zunächst muss das Objekt, also etwa der Serviceauftrag, der abgerechnet werden soll, eine Abrechnungsvorschrift aufweisen. Diese legt fest, welche Kosten abgerechnet werden und wohin. Eine Abrechnung kann entweder an genau einen Empfänger erfolgen oder an mehrere Abrechnungsempfänger.

Die Abrechnungsvorschrift umfasst Folgendes:

- eine oder mehrere Aufteilungsregeln
- die Abrechnungsparameter für den Sender

Die Aufteilungsregel bestimmt die Abrechnungsempfänger, den Abrechnungsanteil, die Abrechnungsart und den Gültigkeitszeitraum.

8 | Controlling von Serviceleistungen

- **Abrechnungsempfänger**
  Für jeden *Abrechnungsempfänger* wird eine Aufteilungsregel definiert. Möchten Sie die Abrechnung an zwei verschiedene Empfänger vornehmen, brauchen Sie zwei Aufteilungsregeln.

- **Abrechnungsanteil**
  Der *Abrechnungsanteil* bestimmt die Prozentsätze oder Äquivalenzziffern, nach denen die Kosten auf die verschiedenen Empfänger verteilt werden.

- **Abrechnungsart**
  Die *Abrechnungsart* legt fest, ob eine Gesamtrechnung oder eine periodische Abrechnung erfolgt. Bei der periodischen Abrechnung werden lediglich die Kosten weiterverrechnet, die in der aktuellen Abrechnungsperiode angefallen sind. Werte aus der Vergangenheit werden nicht berücksichtigt. Im Gegensatz dazu werden bei der Gesamtabrechnung alle bisher nicht abgerechneten Kosten aller Abrechnungsperioden berücksichtigt.

- **Gültigkeitszeitraum**
  Mit dem *Gültigkeitszeitraum* kann eine Aufteilungsregel zeitlich begrenzt werden. Ein GÜLTIG AB DATUM wird vom System automatisch gesetzt, wenn die Abrechnung das erste Mal ausgeführt wird.

Wie die Abrechnung letztlich erfolgt, wird über bestimmte Abrechnungsparameter gesteuert. Zu den Abrechnungsparametern gehören folgende:

- **Abrechnungsprofil**
  Das *Abrechnungsprofil* wird aufgrund der Customizing-Einstellungen vorgeschlagen. Bei Serviceaufträgen wird es aus der Auftragsart übernommen. Es bestimmt z. B., an welche Empfänger abgerechnet werden kann bzw. abgerechnet werden muss und an welche Empfänger eine Abrechnung nicht erlaubt ist. Darüber hinaus werden im Abrechnungsprofil bestimmte Vorschlagswerte für das Verrechnungsschema, das Ergebnisschema und das Ursprungsschema hinterlegt.

- **Verrechnungsschema**
  Das *Verrechnungsschema* dient dazu, die auf einem Sender angefallenen Kosten je nach Kostenart bzw. Kostenartengruppe zu verrechnen. Die Abrechnung der Kosten kann dabei unter einer oder mehreren Abrechnungskostenarten oder kostenartengerecht erfolgen.

- **Ergebnisschema**
  Das *Ergebnisschema* wird nur dann benötigt, wenn die Ergebnis- und Marktsegmentrechnung (Modul CO-PA) im Einsatz ist. Hier wird die Zuordnung der Kostenarten zu den einzelnen Mengen- und Wertfeldern der Ergebnis- und Marktsegmentrechnung festgelegt.

▶ **Ursprungsschema**
Die Verwendung des *Ursprungsschemas* ist nur dann notwendig, wenn die gesamten Kosten nach sogenannten *Ursprungszuordnungen* untergliedert werden sollen. Das heißt, es können Aufteilungsregeln definiert werden, die nur für bestimmte Kostenarten gelten. Damit könnte z. B. erreicht werden, dass bestimmte Kostenarten an ein Ergebnisobjekt abgerechnet werden und andere Kostenarten an eine Kostenstelle. Wird kein Ursprungsschema verwendet, gilt für alle Kostenarten die gleiche Logik.

Im Serviceauftrag können Sie die Abrechnungsparameter über SPRINGEN • ABRECHNVORSCHR • SPRINGEN • ABRECHNUNGSPARAMETER aufrufen.

Wir betrachten nun die Abrechnung von erlöstragenden und nicht erlöstragenden Serviceaufträgen und kehren dabei zu unserem Beispiel zurück.

Erlöstragende Serviceaufträge abrechnen

Die Kosten und Erlöse sind auf den Serviceauftrag gebucht und können nun im Rahmen des Periodenabschlusses weiterverrechnet werden. Doch wohin? Hier bietet es sich an, die Kosten und Erlöse an die Ergebnis- und Marktsegmentrechnung (Modul CO-PA) weiterzuverrechnen. In CO-PA ist eine multidimensionale Deckungsbeitragsanalyse nach verschiedenen Merkmalen und Kennzahlen möglich. So können z. B. der Umsatz pro Kunde oder die Herstellkosten pro Artikel ausgewertet werden. CO-PA bietet ein breites Spektrum an Analysemöglichkeiten, die in Abschnitt 8.5.1 näher erläutert werden.

Damit eine Abrechnung erfolgen kann, benötigt der Serviceauftrag eine Abrechnungsvorschrift. Im Serviceauftrag gelangen Sie über SPRINGEN • ABRECHNUNGSVORSCHRIFT in die Abrechnungsvorschrift, die vom System automatisch aufgrund des Abrechnungsprofils, das der Auftragsart zugeordnet ist, vorgeschlagen wird.

Hinweis zur Erzeugung der Abrechnungsvorschrift	[+]
Im Customizing können Sie definieren, zu welchem Zeitpunkt eine Abrechnungsvorschrift zwingend notwendig ist. Sie können z. B. festlegen, dass eine Abrechnungsvorschrift bei Freigabe oder bei Abschluss des Serviceauftrags vorhanden sein muss.	

Der folgende Auftrag – wie Abbildung 8.34 ihn zeigt – rechnet 100 % der Kosten und Erlöse an das CO-PA-Modul (Empfänger ERG) ab.

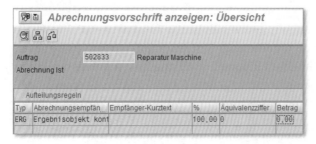

Abbildung 8.34 Beispiel einer Abrechnungsvorschrift (Transaktion IW33)

Die Abrechnung eines Auftrags erfolgt normalerweise am Monatsende und kann per Sammellauf (Transaktion CO88: Ist-Abrechnung: Fertigungs-/Prozessaufträge) oder Einzelabrechnung (Transaktion KO88: Ist-Abrechnung Auftrag) durchgeführt werden (siehe auch Abbildung 8.35).

Abbildung 8.35 Einzelabrechnung im Serviceauftrag (Transaktion KO88)

In der Detailliste der Abrechnung in Abbildung 8.36 sehen Sie, dass die Kosten und Erlöse vom Serviceauftrag an CO-PA übergeben wurden.

Abbildung 8.36 Anzeige der Abrechnung (Transaktion KO88)

Bei der Abrechnung eines Auftrags im Echtlauf werden verschiedene Belege erzeugt. Der Kostenrechnungsbeleg zeigt, wie die Daten im Controlling gebucht wurden – nämlich dass eine Entlastung des Serviceauftrags und eine Belastung des Ergebnisobjekts stattfanden. Darüber hinaus werden beim Einsatz der Ergebnis- und Marktsegmentrechnung sowie der Profit-Center-Rechnung ein Ergebnisbeleg und ein Profit-Center-Beleg erzeugt. Nähere Informationen hierzu finden Sie in Abschnitt 8.5.2.

Nach der Abrechnung hat der Serviceauftrag einen Saldo von 0, die Kosten und Erlöse wurden weiterverrechnet. Die Abrechnung ist auf dem Serviceauftrag unter einer eigenen sekundären Kostenart, die anhand des Verrechnungsschemas ermittelt wurde, zu erkennen. In unserem Beispiel ist dies die Kostenart 650000 (siehe Abbildung 8.37).

Auftrag	502833 Reparatur Maschine
Auftragsart	SM02 Serviceauftrag (mit Erlösen)
Werk	Y100 Werk Saarbrücken
Planversion	0 Plan/Istversion

kumulierte Daten
Legale Bewertung
Buchungskreis-/Objektwährung

Kostenart	Kostenart (Text)	Σ	Plankosten gesamt	Σ	Istkosten gesamt
400000	Verbrauch Rohstoffe 1		69,00		69,00
400000	Verbrauch Rohstoffe 1	∎	69,00	∎	69,00
615000	Direkte Leistungsverr. Reparaturen		112,61		150,15
	Direkte Leistungsverr. Reparaturen		106,97		160,45
615000	Direkte Leistungsverr. Reparaturen	∎	219,58	∎	310,60
650000	Auftragsabrechnung		0,00		379,54
650000	Auftragsabrechnung	∎	0,00	∎	379,54
655901	Gemeinkostenzuschlag Instandhaltung		35,76		44,86
655901	Gemeinkostenzuschlag Instandhaltung	∎	35,76	∎	44,86
800000	Umsatzerloese Inland Eigenerzeugnisse		804,00-		804,00-
800000	Umsatzerloese Inland Eigenerzeugnisse	∎	804,00-	∎	804,00-
		∎ ∎	479,66-	∎ ∎	0,00

Abbildung 8.37 Kostenanalyse des Serviceauftrags nach der Abrechnung (Transaktion IW33)

Customizing der Abrechnung [+]

Ob die Kosten und Erlöse kostenartengerecht oder unter einer Abrechnungskostenart verrechnet werden, hängt von den Einstellungen des Verrechnungsschemas ab, das im Customizing definiert wird. Dort kann pro Abrechnungsempfänger festgelegt werden, wie die Abrechnung erfolgen soll.

Sie können eine Abrechnung auch stornieren. Eine Stornierung ist jedoch für eine Abrechnungsperiode nur dann möglich, wenn in den Folgeperioden noch keine Abrechnung erfolgt ist. Wenn Sie also z. B. die Abrechnung in Periode 1 stornieren möchten, aber bereits eine Abrechnung für Periode 2 durchgeführt haben, müssen Sie zunächst Periode 2 stornieren, um auch für Periode 1 eine Stornierung buchen zu können.

Wenn davon ausgegangen werden kann, dass keine weiteren Kosten und Erlöse mehr anfallen, kann der Auftrag kaufmännisch abgeschlossen werden. SAP-technisch bedeutet dies, dass der Status ABGESCHLOSSEN über die Transaktion IW32 (Auftrag ändern) gesetzt wird. Damit wird vermieden, dass weitere Kosten und Erlöse auf den Serviceauftrag gebucht werden können.

> **[+] Hinweis zum Status des Serviceauftrags**
>
> Ein technischer Abschluss des Auftrags ist nur dann möglich, wenn er eine Abrechnungsvorschrift besitzt.

Nicht erlöstragende Serviceaufträge abrechnen

Bei nicht erlöstragenden Serviceaufträgen ist der Prozess der Abrechnung etwas komplexer. Wie Sie in unserem Beispiel gesehen haben, trägt der Serviceauftrag die Kosten, die Erlöse wurden auf den zugeordneten Servicevertrag gebucht. Gleiches gilt, wenn der Serviceauftrag durch einen Kundenauftrag ausgelöst wurde. In diesen Fällen ist es sinnvoll, den Serviceauftrag zunächst an den Kundenauftrag bzw. den Servicevertrag abzurechnen, um dort eine Margenbetrachtung durchführen zu können.

Zunächst muss wieder eine Abrechnungsvorschrift gepflegt werden. Dabei schlägt das System vor, den Serviceauftrag an den Servicevertrag abzurechnen (siehe Abbildung 8.38).

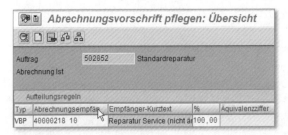

Abbildung 8.38 Erzeugung der Abrechnungsvorschrift (Transaktion IW32)

Die Abrechnung kann wiederum im Einzellauf (Transaktion KO88: Ist-Abrechnung Auftrag) oder Sammellauf (Transaktion CO88: Ist-Abrechnung: Fertigungs-/Prozessaufträge) durchgeführt werden. Eine Abrechnung im Einzellauf zeigt z. B. das folgende Ergebnis (siehe Abbildung 8.39).

Sender	Kurztext Sender	Empfänger	ΣWert/KW	Inform.
AUF 502852	Standardreparatur	VBP 40000218/10	268,40	
			▪ 268,40	

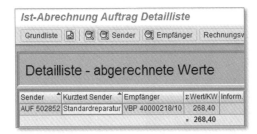

Abbildung 8.39 Ist-Abrechnung (Transaktion KO88)

Die bisher angefallenen Istkosten auf dem Serviceauftrag wurden an den Servicevertrag abgerechnet (siehe Abbildung 8.40).

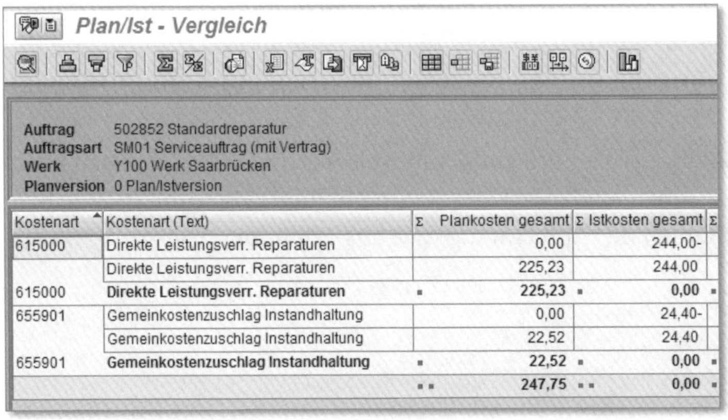

Kostenart	Kostenart (Text)	Σ	Plankosten gesamt	Σ	Istkosten gesamt	Σ
615000	Direkte Leistungsverr. Reparaturen		0,00		244,00-	
	Direkte Leistungsverr. Reparaturen		225,23		244,00	
615000	**Direkte Leistungsverr. Reparaturen**	▪	**225,23**	▪	**0,00**	▪
655901	Gemeinkostenzuschlag Instandhaltung		0,00		24,40-	
	Gemeinkostenzuschlag Instandhaltung		22,52		24,40	
655901	**Gemeinkostenzuschlag Instandhaltung**	▪	**22,52**	▪	**0,00**	▪
		▪▪	**247,75**	▪▪	**0,00**	▪

Abbildung 8.40 Kostenanalyse des Serviceauftrags nach der Abrechnung (Transaktion IW33)

Im Gegensatz zur Abrechnung des erlöstragenden Serviceauftrags erfolgt die Abrechnung in diesem Beispiel kostenartengerecht, d. h., die Kosten werden unter den Kostenarten weiterverrechnet, unter denen sie auch angefallen sind. Dies hat den Vorteil, dass in der Kostenanalyse des Servicevertrags nachvollzogen werden kann, welche Kosten (Material, GKZ, Personal) wirklich entstanden sind (siehe Abbildung 8.41).

Da Kosten und Erlöse jetzt auf dem Servicevertrag auswertbar sind, kann eine Marge ermittelt werden. Nun befindet sich ein Teil der Kosten und Erlöse der Serviceaufträge in CO-PA und ein anderer Teil auf den Serviceverträgen. Damit alle Kosten und Erlöse zusammen im CO-PA-Modul ausgewertet werden können und der Wertefluss vollständig ist, fehlt noch ein letzter Schritt.

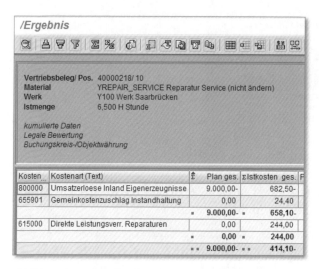

Abbildung 8.41 Kostenanalyse des Servicevertrags nach der Abrechnung (Transaktion VA43)

Die Kosten und Erlöse, die noch auf dem Servicevertrag stehen, müssen ebenfalls in die Ergebnis- und Marktsegmentrechnung gelangen. Dies erfolgt ebenfalls im Rahmen der Abrechnung, wie aus Abbildung 8.42 hervorgeht.

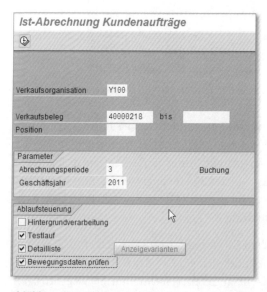

Abbildung 8.42 Abrechnung des Servicevertrags (Transaktion VA88)

Bei der Abrechnung wird der Servicevertrag entlastet, und die Werte werden an CO-PA übermittelt, wo sie ausgewertet werden können (siehe Abbildung 8.43).

Sender	Kurztext Sender	Empfänger	Σ Wert/KW	Inform.
VBP 40000218/10	Reparatur Service (nicht ändern)	ERG 0000137122	414,10-	
			▪ 414,10-	

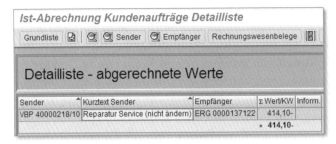

Abbildung 8.43 Abrechnung des Servicevertrags an CO-PA (Transaktion VA88)

Die Abrechnung wird im Kostenbericht des Servicevertrags unter der Abrechnungskostenart 650000 dargestellt (siehe Abbildung 8.44).

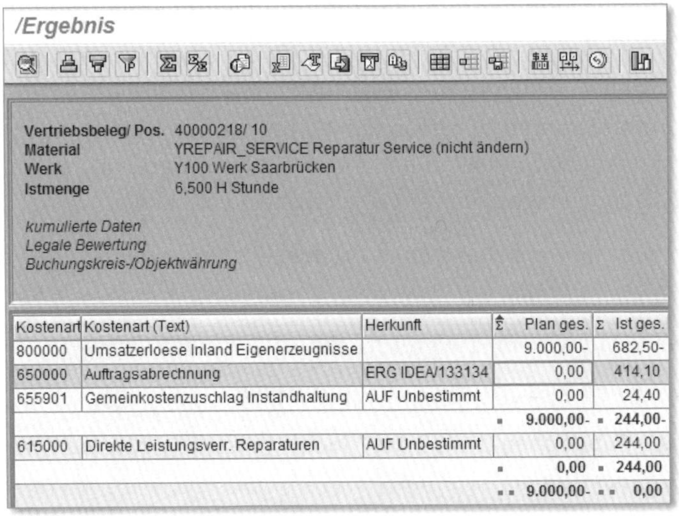

Kostenart	Kostenart (Text)	Herkunft	Σ Plan ges.	Σ Ist ges.
800000	Umsatzerloese Inland Eigenerzeugnisse		9.000,00-	682,50-
650000	Auftragsabrechnung	ERG IDEA/133134	0,00	414,10
655901	Gemeinkostenzuschlag Instandhaltung	AUF Unbestimmt	0,00	24,40
			▪ 9.000,00-	▪ 244,00-
615000	Direkte Leistungsverr. Reparaturen	AUF Unbestimmt	0,00	244,00
			▪ 0,00	▪ 244,00
			▪▪ 9.000,00-	▪▪ 0,00

Abbildung 8.44 Kostenanalyse des Servicevertrags nach der Abrechnung (Transaktion VA43)

Bei Ersatzteilaufträgen wird bereits bei der Fakturierung ein CO-PA-Beleg erzeugt. In diesem speziellen Fall werden die Werte also automatisch an CO-PA übergeben, wenn die Rechnung erstellt wird. Eine Abrechnung ist daher nicht notwendig.

Mit der Abrechnung ist der operative Serviceprozess nun beendet. Die verschiedenen Auswertungsmöglichkeiten in der Ergebnis- und Marktsegmentrechnung sowie in der Profit-Center-Rechnung stellen wir Ihnen im folgenden Abschnitt vor.

8.5 Ergebnis-Controlling

Wie wir bereits in den vorherigen Abschnitten dieses Kapitels beschrieben haben, ist es möglich, Kosten und Erlöse pro Serviceauftrag bzw. Servicevertrag/Kundenauftrag auszuwerten. Möchte man jedoch eine ganzheitliche Betrachtung aller Kosten und Erlöse, müssen die Werte zusammengeführt werden. Mit der *Ergebnis- und Marktsegmentrechnung* (CO-PA) und der *Profit-Center-Rechnung* (PCA) stehen zwei Werkzeuge für ein effizientes Ergebnis-Controlling zur Verfügung.

8.5.1 Ergebnis-Controlling in CO-PA

Mithilfe der Ergebnisrechnung können von Ihnen definierte Merkmale, wie z. B. Produkt, Kunde oder Artikel, ausgewertet werden. Der Fokus liegt dabei auf der Analyse von Deckungsbeiträgen und anderen ergebnisrelevanten Kennzahlen. Das Ziel besteht darin, die Geschäftsleitung, das Marketing und den Vertrieb mit Informationen zu versorgen und bei marktorientierten Entscheidungen zu unterstützen. Dabei können verschiedene Merkmale ausgewertet werden. Folgende Fragestellungen spielen dabei eine Rolle:

- Wie viel kostet uns die Herstellung eines Produkts?
- Mit welchen Kunden machen wir den meisten Umsatz?
- In welchem Land sind wir am erfolgreichsten?
- Sind alle Profit-Center (Geschäftsbereiche) profitabel?

Bevor wir Ihnen die Funktionen des CO-PA-Moduls vorstellen, möchten wir zunächst einige SAP-Begriffe definieren.

- **Ergebnisbereich**
  Der *Ergebnisbereich* ist die höchste organisatorische Einheit in der Ergebnis- und Marktsegmentrechnung. Einem Ergebnisbereich können ein oder mehrere Kostenrechnungskreise zugeordnet werden.

- **Ergebnisrechnungsarten**
  Man unterscheidet in CO-PA zwischen der kalkulatorischen und der buchhalterischen Ergebnisrechnung.
  - In der *kalkulatorischen Ergebnis- und Marktsegmentrechnung* können die Berichte, basierend auf Wertfeldern, angelegt und ausgewertet werden. Hier ist ein Ausweis von kalkulatorischen Werten, wie z. B. kalkulatorischen Frachtkosten, möglich.

▶ Im Gegensatz dazu basiert die *buchhalterische Ergebnis- und Marktsegmentrechnung* auf Kosten- und Erlösarten und kann direkt mit der Finanzbuchhaltung auf Kontenebene abgestimmt werden. Hier gibt es jedoch im Vergleich zur kalkulatorischen Ergebnisrechnung, die häufiger eingesetzt wird, funktionale Einschränkungen.

▶ **Merkmale**
Merkmale sind bestimmte Kriterien, nach denen man die Ergebnisse analysieren kann. Merkmale können z. B. das Land, der Kunde, das Profit-Center, die Sparte oder der Artikel sein.

▶ **Merkmalswerte**
Merkmalswerte sind dementsprechend die möglichen Ausprägungen, die ein Merkmal annehmen kann. Für das Merkmal »Land« könnten die Merkmalswerte z. B. *Deutschland*, *England* oder *Frankreich* sein.

▶ **Wertfelder**
Bei der *kalkulatorischen Ergebnisrechnung* werden die Daten in sogenannten *Wertfeldern* gespeichert. Wertfelder sind die Kennzahlen, die man analysieren möchte. Dabei kann es sich sowohl um Werte als auch um Mengen handeln, also etwa Erlöse, Herstellkosten oder fakturierte Mengeneinheiten.

▶ **Ergebnisobjekt**
Das *Ergebnisobjekt* stellt das Kontierungsobjekt in der Ergebnis- und Marktsegmentrechnung dar. Es setzt sich aus einer Kombination der verschiedenen Merkmalswerte zusammen und entspricht betriebswirtschaftlich gesehen einem Marktsegment.

▶ **Ergebnisdarstellung**
Im Gegensatz zur Profit-Center-Rechnung erfolgt die *Ergebnisdarstellung* in CO-PA nach dem Umsatzkostenverfahren.

Der Wertefluss im Ist in die Ergebnis- und Marktsegmentrechnung kommt aus den unterschiedlichen Modulen zustande, etwa durch Lieferungen und Fakturierung im Vertrieb, durch die Umlage von Kostenstellen in der Kostenstellenrechnung oder durch die Abrechnung bestimmter CO-Objekte (Serviceaufträge, Innenaufträge, Kundenaufträge u. a.). Es stehen auch verschiedene Möglichkeiten zur Verfügung, um Plandaten im CO-PA-Modul zu erfassen.

Die Verbindung zwischen dem Servicegeschäft und der Ergebnis- und Marktsegmentrechnung kommt dann zustande, wenn Kosten und Erlöse von Serviceaufträgen oder -verträgen abgerechnet oder Ersatzteilaufträge fakturiert werden.

Zur Auswertung der Daten, die im Modul CO-PA gesammelt wurden, stehen verschiedene Auswertungsmöglichkeiten im Informationssystem zur Verfügung.

Abbildung 8.45 zeigt exemplarisch, wie die Berichterstattung für Serviceleistungen in CO-PA aufgebaut sein könnte. In der Navigationsleiste stehen die Merkmale zur Verfügung, die in diesem Bericht ausgewertet werden können. In der Schlüsselspalte finden Sie die verschiedenen Kennzahlen. Die Werte werden in verschiedenen Wertfeldern dargestellt.

Abbildung 8.45 Beispiel für einen CO-PA-Bericht, Detailliste (Transaktion KE30)

Über die Definition einer Aufrissliste können Sie die Merkmalswerte analysieren. Zum Beispiel können Sie so feststellen, mit welchem Kunden der meiste Umsatz gemacht wurde (siehe Abbildung 8.46). Anschließend können die Umsätze z. B. absteigend sortiert werden (siehe Abbildung 8.47).

Ergebnis-Controlling | **8.5**

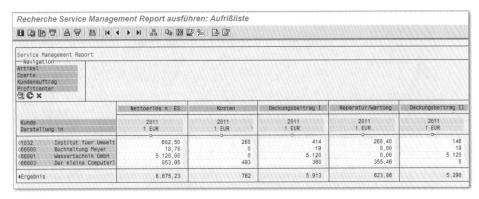

Abbildung 8.46 Aufrissliste nach Kunde im CO-PA-Bericht (Transaktion KE30)

Abbildung 8.47 Analyse des Nettoerlöses – absteigende Sortierung (Transaktion KE30)

| Wertfeldzuordnung | [+] |

In welchem Wertfeld die Kosten und Erlöse angezeigt werden, hängt davon ab, wie das Ergebnisschema im Customizing definiert ist. Dort wird festgelegt, welche Kostenart in welchem Wertfeld gezeigt wird.

Neben der Möglichkeit die Detail- und Aufrisslisten zur Analyse zu verwenden, gibt es die *Einzelpostenberichte*, in denen alle Buchungen erfasst sind und in denen verschiedene Auswertungsmöglichkeiten zur Verfügung stehen. Das System listet Ihnen alle Abrechnungen auf, die in dem selektierten Zeitraum vorgenommen wurden. Jede Buchung wird unter einer eigenen Belegnummer gespeichert (siehe Abbildung 8.48).

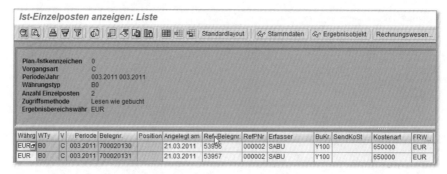

Abbildung 8.48 Einzelpostenanzeige (Transaktion KE24)

Über eine Änderung des Layouts können Sie die benötigten Merkmale und Wertfelder einblenden. Per Doppelklick auf eine einzelne Zeile gelangen Sie in den CO-PA-Beleg. Dieser enthält Daten, die auf vier Registerkarten aufgeteilt sind. Diese möchten wir Ihnen im Folgenden kurz vorstellen:

- **Registerkarte »Merkmale«** (siehe Abbildung 8.49)
  Hier werden die für die Organisations- und Kundendaten relevanten Merkmale angezeigt.

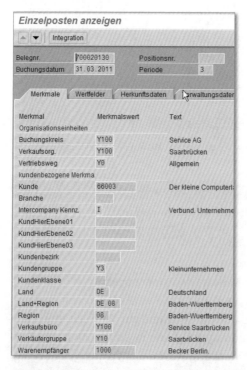

Abbildung 8.49 Merkmale im Ergebnisrechnungsbeleg (Transaktion KE24)

▶ **Registerkarte »Wertfelder«** (siehe Abbildung 8.50)
Relevante Kennzahlen, wie etwa die Erlöse, werden hier dargestellt.

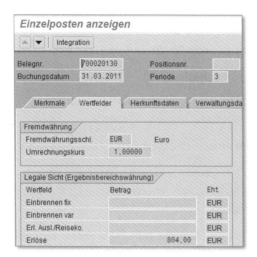

Abbildung 8.50 Wertfelder im Ergebnisrechnungsbeleg (Transaktion KE24)

▶ **Registerkarte »Herkunftsdaten«**
Hier werden Ihnen z. B. der Sender oder die Abrechnungskostenart angezeigt.

▶ **Registerkarte »Verwaltungsdaten«**
Hier wird die Information gespeichert, wann und von wem die Abrechnung ausgeführt wurde.

Die Einzelpostenberichte eignen sich vor allem dann zur Analyse, wenn man sich einzelne Buchungen anschauen möchte. Einen Gesamtüberblick erhält man am Besten über die Berichte der Transaktion KE30. Diese können kundenindividuell angepasst werden, so dass je nach Anforderung die benötigten Merkmale und Wertfelder ausgewertet werden können.

8.5.2 Ergebnis-Controlling in PCA

Die Profit-Center-Rechnung dient dazu, ein internes Betriebsergebnis auf Ebene der Profit-Center zu ermitteln. Ein *Profit-Center* stellt einen ergebnisverantwortlichen Teilbereich eines Unternehmens dar. Durch die Aufteilung des Unternehmens in unterschiedliche Profit-Center, also verschiedene »Unternehmen im Unternehmen«, können der Erfolg und die Rentabilität einzelner Verantwortungsbereiche gemessen und analysiert werden. Profit-Center können nach unterschiedlichen Kriterien, z. B. Regionen, Funktionen

8 | Controlling von Serviceleistungen

oder Produkten, gegliedert werden. Es wäre z. B. auch denkbar, die Servicesparte eines Unternehmens als Profit-Center abzubilden. In diesem Fall müssten alle Kostenstellen, Aufträge und Verträge der Servicesparte diesem Profit-Center zugeordnet werden.

Typische Fragestellungen in der Profit-Center-Rechnung sind:

- Wie ist das Betriebsergebnis eines Profit-Centers?
- Welche Kosten sind in den unterschiedlichen Bereichen entstanden?
- Wie hoch waren die Erlöse?
- Wurden Leistungen zwischen den einzelnen Profit-Centern ausgetauscht?

Die Ergebnisdarstellung in der Profit-Center-Rechnung erfolgt nach dem Gesamtkostenverfahren. Das Umsatzkostenverfahren kann mithilfe von Funktionsbereichen realisiert werden.

Damit im Ist Werte in der Profit-Center-Rechnung gebucht werden, müssen bestimmte Voraussetzungen erfüllt sein. Alle verwendeten Stammdaten, wie z. B. Kostenstellen, PSP-Elemente, Materialstämme oder Aufträge, müssen einem Profit-Center zugeordnet werden. Werden Buchungen auf eines dieser Objekte vorgenommen, wird automatisch ein Beleg in der Profit-Center-Rechnung erzeugt. Der Wertefluss in die Profit-Center-Rechnung kommt demnach automatisch zustande, da alle Geschäftsvorfälle, die kosten- und erlöswirksam sind, parallel zur Verarbeitung in der ursprünglichen Komponente in der Profit-Center-Rechnung fortgeschrieben werden. Plandaten können auch in der Profit-Center-Rechnung erfasst werden. Im Serviceauftrag ist das Profit-Center auf der Registerkarte ZUSATZDATEN zu finden (siehe Abbildung 8.51).

Abbildung 8.51 Profit-Center im Serviceauftrag (Transaktion IW33)

Das Profit-Center wird automatisch aus der Kostenstelle, die im Arbeitsplatz hinterlegt ist, abgeleitet.

Der Profit-Center-Beleg in Abbildung 8.52 zeigt die Abrechnung des Serviceauftrags an den Servicevertrag. Das Profit-Center, das entlastet wird, stammt aus dem Serviceauftrag, das Profit-Center, das belastet wird, aus dem Servicevertrag. Da Serviceauftrag und -vertrag das gleiche Profit-Center aufweisen, hat der Profit-Center-Beleg insgesamt einen Saldo von 0.

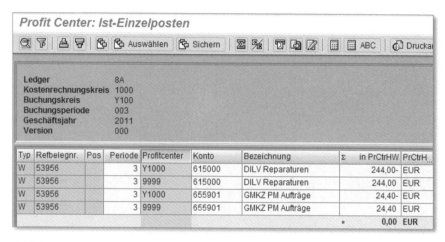

Abbildung 8.52 Profit-Center-Beleg der Abrechnung (Transaktion KO88)

In der Profit-Center-Rechnung stehen im Informationssystem verschiedene Berichte für die Analyse der Plan- und Istdaten zur Verfügung. Auch hier besteht, wie in Abbildung 8.53 dargestellt, die Möglichkeit, auf bereits vorhandene Standardberichte zurückzugreifen oder eigene Berichte zu definieren. Durch die Verwendung von Kontengruppen kann der Bericht in der gewünschten Struktur aufgebaut werden. Im vorliegenden Beispiel dient die Kontengruppe dazu, den Bericht übersichtlicher zu gestalten und Zwischensummen für die einzelnen Erlös- und Kostenarten bilden zu können.

Über einen Absprung vom Bericht bzw. über die Transaktion KE5Z (Profit-Center: Ist-Einzelposten) ist eine Einzelpostenanzeige möglich (siehe Abbildung 8.54). Auch hier können Sie eigene Berichte definieren, die auf die spezifischen Anforderungen Ihres Unternehmens zugeschnitten sind.

8 | Controlling von Serviceleistungen

```
Plan/Ist/Abw o. BUE           Stand:    06.06.2011      Seite:    2 / 4
Kostenrechnungskreis      :   1000      CO Europe
Profitcenter/Gruppe       :   Y1000     Service
Verantwortlicher          :   Maurer, Weber
Berichtszeitraum          :   1 - 12    2011
```

Ergebniskonten	Plan	Ist	Abw (abs)	Abw (%)
800000 Umsatzerloese Inland		217,50-	217,50-	
* Umsatzerlöse		217,50-	217,50-	
** Externe Erlöse		217,50-	217,50-	
892000 Verbrauch Fertigerzeugnisse		155,80	155,80	
* Bestandsveränderungen		155,80	155,80	
** Interne Erlöse		155,80	155,80	
*** Erlöse		61,70-	61,70-	
400000 Verbrauch Rohstoffe 1		2.983,62	2.983,62	
400020 Verbr. Rohstoffe 1		102,00-	102,00-	
* Rohstoffe		2.881,62	2.881,62	
** Verbrauch Roh- und Hilfsstoffe		2.881,62	2.881,62	
417000 Bezogene Leistungen		1.643,45	1.643,45	
* Sonstige Servicekosten		1.643,45	1.643,45	
** Sonstige primäre Kosten		1.643,45	1.643,45	
*** Primärkosten		4.525,07	4.525,07	
615000 DILV Reparaturen	50.000,00-	2.921,88	52.921,88	105,84-
* Direkte Leistungsverrechnung	50.000,00-	2.921,88	52.921,88	105,84-
** Innerbetr.Leistungsverrechnung	50.000,00-	2.921,88	52.921,88	105,84-
655901 GMKZ PM Aufträge		52,55	52,55	
* Gemeinkostenzuschläge		52,55	52,55	
** Sonstige Sekundärkosten		52,55	52,55	
*** Sekundärkosten	50.000,00-	2.974,43	52.974,43	105,95-
**** Summe	50.000,00-	7.437,80	57.437,80	114,88-

Abbildung 8.53 Beispiel eines Profit-Center-Berichts (Transaktion GRR3, Bibliothek 8A2, Standardbericht 8A26-001)

Profit Center: Ist-Einzelposten

```
Ledger               8A
Kostenrechnungskreis 1000
Buchungskreis        Y100
Buchungsperiode      003
Geschäftsjahr        2011
Version              000
```

Typ	Refbelegnr.	Pos	Periode	Profitcenter	PartnerPrctr	Konto	Bezeichnung	Σ	in PrCtr-Hauswährun	PrCtrH
W	53956		3	Y1000	9999	615000	DILV Reparaturen		244,00-	EUR
W	111559		3	Y1000	1400	615000	DILV Reparaturen		320,90	EUR
W	111699		3	Y1000	Y1000	615000	DILV Reparaturen		50,00-	EUR
W	111699		3	Y1000	Y1000	615000	DILV Reparaturen		50,00	EUR
W	111700		3	Y1000	Y1000	615000	DILV Reparaturen		112,50-	EUR
W	111700		3	Y1000	Y1000	615000	DILV Reparaturen		112,50	EUR
W	111847		3	Y1000	1600	615000	DILV Reparaturen		50,00-	EUR
W	111848		3	Y1000	1600	615000	DILV Reparaturen		200,00-	EUR
W	111849		3	Y1000	1600	615000	DILV Reparaturen		50,00-	EUR
W	111859		3	Y1000	1600	615000	DILV Reparaturen		75,08	EUR
W	111860		3	Y1000	1600	615000	DILV Reparaturen		187,69	EUR
W	111861		3	Y1000	1600	615000	DILV Reparaturen		18,77	EUR
W	111862		3	Y1000	1600	615000	DILV Reparaturen		75,08	EUR
W	111863		3	Y1000	1600	615000	DILV Reparaturen		150,15	EUR
W	111864		3	Y1000	1600	615000	DILV Reparaturen		18,77	EUR
									302,44	EUR

Abbildung 8.54 Einzelpostenanzeige (Transaktion KE5Z)

8.6 Zusammenfassung

In diesem Kapitel wurden die Zusammenhänge zwischen den Komponenten »Kundenservice« und »Controlling« betrachtet. Dabei sind wir auf die unterschiedlichen Möglichkeiten für das Controlling von Serviceleistungen eingegangen und haben Ihnen die Entstehung von Kosten und Erlösen anhand von Beispielen näher erläutert. Außerdem haben Sie die Abrechnung und schließlich die Auswertungsmöglichkeiten in der Profit-Center-Rechnung und der Ergebnis- und Marktsegmentrechnung kennengelernt.

In diesem Kapitel betrachten wir die Möglichkeiten der Datenhaltung und des Reportings in SAP NetWeaver Business Warehouse und SAP BusinessObjects. Zur Veranschaulichung werden Ihnen die Möglichkeiten anhand von Beispielen aus dem CS-Umfeld dargestellt.

9 SAP NetWeaver Business Warehouse und SAP BusinessObjects

In Unternehmen werden unterschiedliche Systeme zur Abbildung von Prozessen und Funktionen eingesetzt, wodurch die IT-Landschaft sehr heterogen und komplex werden kann. Daten, die für Analysen und Entscheidungen benötigt werden, sind über verschiedene Datenquellen verteilt: Data-Warehouse-Lösungen wie SAP NetWeaver Business Warehouse (BW) sind eigene Systeme, die Daten aus verschiedenen Quellen extrahieren und in eigenen Informationsstrukturen redundant abspeichern können. Auf Basis dieser Informationsstrukturen werden zielgruppenspezifische Berichte und Auswertungen ermöglicht. Mit dem Zukauf des Unternehmens Business Objects (ein Anbieter von Business-Intelligence-Software) und der Integration der Business-Objects-Lösungen in das SAP-Angebot hat SAP das Produktportfolio in diesem Bereich erheblich erweitert. Die Frontend-Reportingtools, die Business Objects sehr erfolgreich angeboten hat, sind nun im Portfolio von SAP BusinessObjects enthalten.

Anwender können heute die Vorteile beider Systeme – des SAP-Data-Warehouses SAP NetWeaver BW und der Frontend-Reportingtools von SAP BusinessObjects – zur Optimierung des Berichtswesens nutzen.

Ein grundsätzlicher Vorteil gegenüber den Analysewerkzeugen in SAP ERP besteht darin, dass in SAP NetWeaver BW inklusive SAP BusinessObjects Daten system- und komponentenübergreifend in *einer* Auswertung miteinander in Beziehung gesetzt und verglichen werden können. Dies ist in SAP ERP so nicht möglich, da hier nur ERP-Daten zur Verfügung stehen. Besonders betonen möchten wir auch, das SAP NetWeaver BW und SAP BusinessObjects Vorteile beim Aufbau von Auswertungen bieten. Dies gilt sowohl für die

Aufbereitung der Daten durch zusätzliche Berechnungen als auch für die grafische Darstellung in Form von Diagrammen.

Diese Vorteile führen dazu, dass immer mehr Unternehmen ihr Berichtswesen nicht mehr nur in SAP ERP abbilden, sondern auch in SAP NetWeaver BW. Für viele dieser Unternehmen stellt sich dabei die Frage, ob und gegebenenfalls welche SAP BusinessObjects-Produkte dabei eingesetzt werden sollen.

Wir geben Ihnen zunächst einen grundsätzlichen Überblick über SAP NetWeaver BW und SAP BusinessObjects. Dann erläutern wir Ihnen den Aufbau der Informationsstrukturen in beiden Systemen. Anschließend zeigen wir die Möglichkeiten, die der Business Explorer Analyzer (BEx Analyzer, SAP NetWeaver BW) und SAP Crystal Reports bei der Gestaltung von Berichten bieten.

9.1 Überblick

Abbildung 9.1 zeigt den grundsätzlichen Aufbau von SAP NetWeaver Business Warehouse (BW) im Zusammenspiel mit SAP BusinessObjects und SAP NetWeaver Portal.

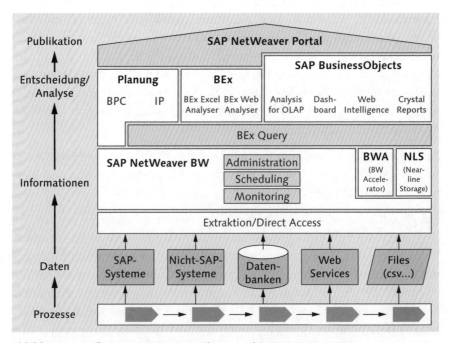

Abbildung 9.1 Aufbau von SAP BusinessObjects und SAP NetWeaver BW

Abbildung 9.1 ist in die Ebenen »Prozesse«, »Daten«, »Informationen«, »Entscheidungen/Analyse« und »Publikation« gegliedert. Im Rahmen der Prozessabwicklung werden Daten in unterschiedlichen Systemen erfasst. Mit der Data-Warehouse-Lösung und den Reportingtools der SAP werden daraus Informationen gewonnen, die Entscheidungsvorgänge unterstützen.

Benutzer erfassen unter anderem durch die Ausführung von Transaktionen Tag für Tag eine große Menge unterschiedlicher Daten. Es werden Stammdaten angelegt, Serviceaufträge erfasst, Buchungen vorgenommen und vieles mehr.

Diese Daten werden in den unterschiedlichsten Systemen (z. B. SAP ERP, SAP CRM, Nicht-SAP-Systemen, Datenbanken) erfasst und gespeichert. Innerhalb dieser Systeme können sie wieder in differenzierten Komponenten (SD, MM, PP etc.) verwaltet werden. Um nun komponentenübergreifende Auswertungen in SAP ERP gestalten zu können, müssen in der Regel aufwendige Eigenentwicklungen implementiert werden, denn komponentenübergreifende Auswertungen sind im Standard nicht vorgesehen. Oft ist zu beobachten, dass versucht wird, dieses Problem zu umgehen, indem Daten über einen Download nach Microsoft Excel geladen werden. Dort finden dann ein Datenabgleich (Mapping) und die weitere Aufbereitung der Daten statt. Um dies zufriedenstellend erledigen zu können, sind viele manuelle Schritte notwendig, die erheblichen Aufwand erfordern. Hinzu kommt das Problem, dass die Aufbereitung der Daten nicht nach unternehmensweit gültigen Regeln erfolgt. Häufig liegen dann letztlich unterschiedliche Informationen zum gleichen Sachverhalt vor.

Diese Lücke wird durch SAP Business Intelligence (BI) geschlossen. Hierbei handelt es sich um eine eigenständige Softwarelösung der SAP, in der Daten aus unterschiedlichen Quellsystemen in dem Data Warehouse SAP NetWeaver BW redundant abgespeichert werden. Die Daten werden zuvor aus den einzelnen Quellsystem extrahiert, über Transformationsregeln angepasst bzw. umgesetzt und anschließend in das Data Warehouse hochgeladen. Diesen Prozess fasst man auch unter der Abkürzung ETL (*Extract, Transform, Load*) zusammen. Für die Datenextraktion aus den Quellsystemen werden für SAP-Systeme (ERP, CRM, SRM etc.) bereits vordefinierte Programme ausgeliefert. Für Nicht-SAP-Systeme stehen unterschiedliche Konnektoren zur Verfügung. Es ist aber auch möglich, Daten zu laden, die in einfachen Dateien (Flat Files) zur Verfügung stehen.

Damit bietet SAP NetWeaver BW eine hohe Flexibilität bei der Datenbeschaffung. Für die Übertragung können spezifische Transformationsregeln definiert werden. Damit erfolgt der automatische Abgleich von Daten aus unterschiedlichen Systemen nach fest vorgegebenen Regeln, z. B. Mapping von Datenobjekten, die in unterschiedlichen Systemen mit andersartigen Schlüsselbegriffen verwaltet werden. Auf diese Weise existiert dann eine einheitliche Datenbasis, die valide Informationen zur Vorbereitung von Entscheidungen liefert. In der Data Warehousing Workbench von SAP NetWeaver BW können Sie zudem regelmäßige Ladeprozesse einrichten. Damit werden die Daten aus den Quellsystemen (bzw. aus Quelldateien) in einem definierten Rhythmus aktualisiert. Dies bedeutet natürlich, dass eine Auswertung immer nur so aktuell ist wie die Daten, die zuletzt geladen wurden, bewirkt aber auch eine stabile Datengrundlage während der Analysen. In Ausnahmefällen kann auch ein direkter Zugriff auf die Daten im Quellsystem eingerichtet werden. Innerhalb von SAP NetWeaver BW kommt der Gestaltung der Informationsstrukturen (InfoObjects, InfoProvider) eine große Bedeutung zu. Wir werden diese Strukturen in Abschnitt 9.2, »Informationsstrukturen in SAP NetWeaver BW«, genauer betrachten.

Der erste wesentliche Vorteil von SAP NetWeaver BW gegenüber SAP ERP besteht darin, dass Daten aus unterschiedlichen Quellsystemen (und SAP-Komponenten) in zentralen Datenstrukturen zusammengeführt werden. Damit werden system- und komponentenübergreifende Auswertungen ermöglicht. Ein weiterer Vorteil besteht in den unterschiedlichen Auswertungswerkzeugen, die aufbauend auf SAP NetWeaver BW verwendet werden können:

- SAP Business Explorer Analyzer (BEx Analyzer)
- SAP Crystal Reports
- SAP BusinessObjects Dashboards
- Web Reporting (BEx Web Application Designer, SAP BusinessObjects Web Intelligence etc.)

Bei dem Werkzeug *Business Explorer Analyzer* (BEx Analyzer) handelt es sich um eine Lösung, die auf Microsoft Excel beruht und komplexe Datenanalysen erlaubt. Die Reports (Queries) werden in Excel ausgeführt. Der Benutzer kann die Daten lokal speichern und alle Auswertungs- und Gestaltungsmöglichkeiten aus Excel nutzen. Da viele Anwender Excel bei der täglichen Arbeit nutzen, fällt ihnen die Verwendung dieser Berichte relativ leicht.

Crystal Reports ist ein Auswertungswerkzeug aus dem SAP BusinessObjects-Portfolio der SAP, mit dem sich formatierte pixelgenaue Berichte erstellen lassen, die auch den höchsten Ansprüchen genügen. Darüber hinaus bietet es

Interaktions- und Navigationsmöglichkeiten wie Filter oder Drilldown, die den Anwender bei seiner täglichen Arbeit unterstützen. Das Berichtsergebnis lässt sich in unterschiedliche Formate exportieren, wie z. B. PDF, Excel oder Word.

Mit *Crystal Dashboard Design* kann man Flash-basierte Kennzahlen-Cockpits erstellen, die Aufschluss über zentrale Unternehmenskennzahlen liefern. Neben der reinen Darstellung von Informationen bietet es dem Anwender mithilfe von Steuerelementen wie Schiebe- oder Drehreglern auch die Möglichkeit, sogenannte *Was-wäre-wenn-Analysen* durchzuführen. Damit lassen sich z. B. die Auswirkungen einer einzelnen Preiserhöhung auf den Gesamtumsatz unmittelbar und direkt simulieren. Ein solches Dashboard kann in Form eines Flash-Objekts in die verschiedenen Microsoft-Office-Programme (Word, Excel, PowerPoint) oder auch PDF-Dokumente eingebettet werden.

SAP BusinessObjects Web Intelligence deckt die Bedürfnisse an das Ad-hoc- und Self-Service-Reporting ab und spricht damit direkt die Endanwender aus den verschiedenen Fachbereichen an. Sofern eine einheitliche und verlässliche Datenbasis vorhanden ist, kann der Anwender völlig unabhängig von der IT schnell und unkompliziert eigene Berichte erstellen, die ihn in seiner täglichen Arbeit unterstützen. Web Intelligence ermöglicht den Export von Berichten in die Formate Excel und PDF. Dadurch können die Berichte z. B. an Entscheidungsträger versendet werden, die diese lokal mit Standardsoftware (z. B. Adobe Reader und Microsoft Excel) öffnen können.

Web Templates, die mithilfe des *Web Application Designers* erstellt werden, basieren auf den mit BEx erstellten Queries. Damit stehen alle Navigationsmöglichkeiten der vergleichbaren Excel-Berichte auch im Web zur Verfügung. Darüber hinaus ist es aber auch möglich, Webseiten mithilfe von Items wie Tabellen, Grafiken, Select-Boxen, Tabs etc. zielgruppenspezifisch aufzubereiten.

In SAP NetWeaver BW ist neben dem Reporting auch eine Planungskomponente (*Integrated Planning*) enthalten. Diese kann je nach Bedarf eine vollständige integrierte Unternehmensplanung oder eine reine Planung z. B. der Serviceaufträge umfassen. Dabei wird zunächst definiert, auf welchen Ebenen die Plandaten benötigt werden (z. B. auf der Ebene »Serviceauftrag/Kunde« oder »Serviceauftrag/Arbeitsplatz«). Basierend darauf können dann manuelle Eingaben in speziellen BW-Reports sowie maschinelle Berechnungen (Umwertungen, Top-down-Verteilungen etc.) erfolgen.

Alternativ zu den Planungsmöglichkeiten, die das Tool *Integrated Planning* bietet, kann auch das Tool *SAP BusinessObjects Planning and Consolidation* (BPC) eingesetzt werden. Die große Stärke von BPC liegt darin, dass Microsoft Excel als Oberfläche zur Verfügung steht. In Excel werden sowohl die Konfiguration des Systems als auch die Dateneingabe und -analyse durchgeführt. Zudem gibt es die Möglichkeit, auf einfache Weise eigene Prozessabläufe (sogenannte *Business Process Flows*) zu definieren, um den Benutzer durch jeden Schritt eines Planungs- oder Konsolidierungsprozesses zu leiten. Die Top-down- und Bottom-up-Planung im finanziellen und operativen Bereich wie auch die Unterstützung der Konsolidierungsprozesse gewährleisten eine zielsichere und schnelle Entscheidungsfindung. Dies alles führt, auch bedingt durch die bekannten Excel-Funktionalitäten, zu einer raschen Akzeptanz bei den Anwendern. BPC ist als reine Microsoft-Version verfügbar und als Version mit Integration in SAP NetWeaver BW.

Bislang haben Sie erfahren, wie Daten aus unterschiedlichen Quellsystemen extrahiert, in eigenen Informationsstrukturen gespeichert und in Auswertungen den unterschiedlichen Zielgruppen zu Analysezwecken verfügbar gemacht werden können. Diese Aspekte unterstützen gezielt die strategischen Unternehmensfunktionen. Dazu gehören die Abbildung von Balanced Scorecards sowie die Vorbereitung und Durchführung von Konsolidierungsprozessen (legale und Managementkonsolidierung). Auch in diesem Bereich bietet SAP BusinessObjects weitere Tools, die die Produktpalette abrunden. Es würde allerdings im Rahmen dieses Buches zu weit führen, die Produkte hier ebenfalls vorzustellen.

Mit der Einführung von SAP NetWeaver BW und SAP BusinessObjects ist die Zielsetzung verbunden, allen Benutzern die benötigten Informationen in Form von Auswertungen zur Verfügung zu stellen und diese gezielt für Entscheidungsprozesse aufzubereiten.

9.2 Informationsstrukturen in SAP NetWeaver BW

In SAP NetWeaver BW werden die relevanten Informationen für Reportingzwecke optimiert abgelegt. Die zentralen Objekte hierzu sind sogenannte *InfoObjects*, die kleinste Einheit in SAP NetWeaver BW. Dabei wird zwischen Merkmalen und Kennzahlen unterschieden:

- **Merkmale**
  Merkmale sind Kriterien, nach denen die Daten analysiert werden können, z. B. Monat, Jahr, Serviceauftrag, Kostenart, Kundengruppe, Kunde oder

Material. Sie können Attribute und Texte (wie Produktgruppe, Basismengeneinheit und Bezeichnung zum Material) sowie Hierarchien (z. B. Produkthierarchie) besitzen, die dann ebenfalls im Reporting zur Verfügung stehen.

- **Kennzahlen**
  Kennzahlen sind Datenfelder, die Werte, Mengen oder Zähler repräsentieren, z. B. Kosten, fakturierte Menge, Bestand oder Anzahl Aufträge.

In SAP NetWeaver BW stehen unterschiedliche Objekte als Datenbasis für die Auswertungen zur Verfügung. Diese werden als *InfoProvider* bezeichnet. Der wichtigste InfoProvider ist dabei der *InfoCube*. Seine Struktur wird mithilfe von InfoObjects durch eine Kombination konkreter Merkmale und Kennzahlen definiert (siehe Abbildung 9.2). Ein InfoCube des BW-Systems könnte somit die zeitlichen Serviceauftragsdaten, ein weiterer die Controlling-Sicht der Serviceauftragsdaten oder die Vorgangsdaten beinhalten.

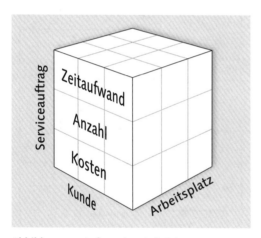

Abbildung 9.2 Aufbau eines InfoCubes

Technisch besteht jeder InfoCube aus mehreren Datenbanktabellen, die nach dem sogenannten *Sternschema* verknüpft sind. Ein Sternschema beinhaltet eine Faktentabelle, die die Kennzahlen des InfoCubes enthält, sowie mehrere sie umgebende Dimensionstabellen, in denen die Merkmale des InfoCubes abgelegt sind. In Abbildung 9.3 finden Sie den grafischen Nachbau eines im SAP-System generierten Sternschemas zu einem InfoCube aus einem BW-System.

Das Ziel dabei ist ein effizienter, d. h. schneller und gezielter, Lesezugriff auf die für einen Bericht relevanten Daten. Auf diese Art und Weise wird auch bei hohem Belegvolumen ein flexibles und schnelles Reporting gewährleistet.

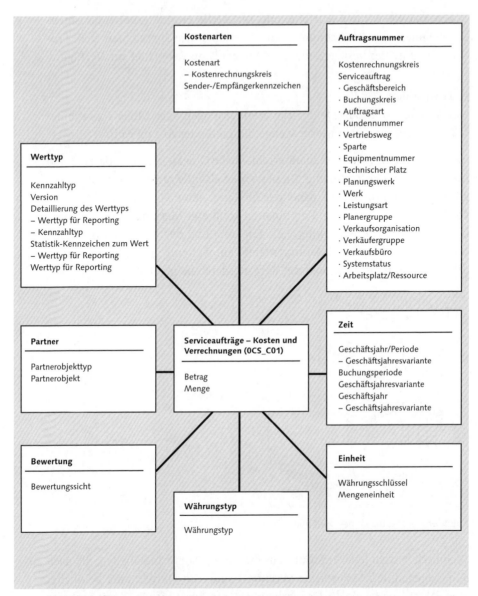

Abbildung 9.3 Aus dem SAP-System generierbares Sternschema (Nachbau als Schaubild)

Auf jedem einzelnen InfoProvider können anschließend Auswertungen erstellt und Analysen vorgenommen werden. Zusätzlich gibt es die Möglichkeit, MultiProvider anzulegen, um die Daten aus mehreren InfoProvidern zu verknüpfen. Hierdurch kann z. B. eine Analyse der Serviceaufträge um die Information des zeitlichen Aufwands ergänzt werden (siehe Abbildung 9.4). Ein MultiProvider beinhaltet keine Daten. Er greift während des Reportings direkt auf die einzelnen InfoProvider zu. Beim Aufbau eines BW-Systems können somit auch nach und nach weitere InfoProvider ergänzt und über MultiProvider verknüpft werden.

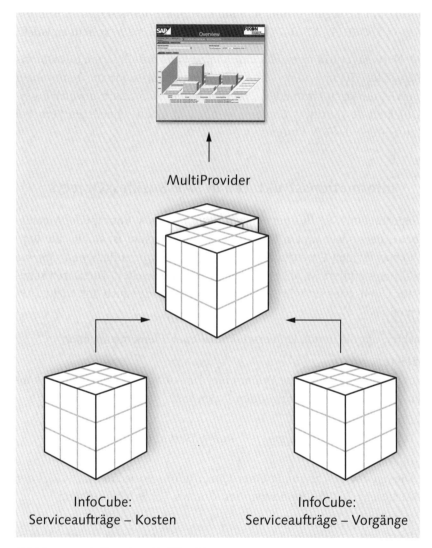

Abbildung 9.4 Aufbau eines MultiProviders

Um nicht alle InfoObjects und InfoProvider im System manuell anlegen zu müssen, liefert SAP den sogenannten *Business Content* aus. Dieser beinhaltet ein umfangreiches Sortiment an Objekten bis hin zu Auswertungen in Excel oder im Web. Je nach Bedarf können Sie die für Ihre eigenen Reportinganforderungen relevanten Teile dieses Business Contents aktivieren und nutzen oder als Kopiervorlage verwenden.

Der Business Content für die CS-Komponente von SAP ERP besteht aus Extraktoren, um Bewegungs- und Stammdaten zu Serviceaufträgen (z. B. DataSources 0CS_ORDER_ATTR & 0CS_OM_OPA_1) in das BW-System zu laden.

In SAP NetWeaver BW ist zudem eine Vielzahl an vordefinierten InfoObjects verfügbar, um Stammdaten, Texte und Hierarchien sowie die Kennzahlen von Serviceaufträgen abzubilden. Das vorhandene Repertoire an vordefinierten Objekten des Business Contents ermöglicht einen schnelleren Start bei der Einrichtung des BW-Systems.

9.3 Informationsstrukturen in SAP BusinessObjects

Das Reporting mit SAP BusinessObjects basiert auf dem Konzept der Metadatenebene, dem sogenannten *Universum*. Ein Universum ist somit eine logische Ebene für den Datenzugriff, die durch die darin enthaltenen Objekte und Klassen definiert ist, aber selbst keine Daten speichert. Die Daten stammen aus Quellsystemen wie SAP NetWeaver BW oder auch aus Nicht-SAP-Systemen.

Betrachten wir die in den Universen enthaltenen Elemente genauer:

- **Objekte**
  Diese Elemente stellen die Felder einer Datenbank dar. Die Objekte können von einem der drei folgenden Typen sein:
    - *Dimensionen*
      Parameter für die Analyse (z. B. Kunde, Serviceauftrag)
    - *Informationen*
      Dienen zur Beschreibung einer Dimension, sind jedoch nicht Ziel der Analyse (z. B. Telefonnummer des Kunden, Fehlerbeschreibung)
    - *Kennzahlen*
      Repräsentieren numerische Daten, die die Quantifizierung eines Dimensionsobjekts ermöglichen (z. B. Anzahl, Kosten)
- **Klassen**
  Klassen sind logische Gruppierungen von Objekten. Eine Klasse kann hierarchisch in Unterklassen gegliedert sein. Als Beispiel kann die Klasse »Kunde« aus den Objekten *Name*, *Straße*, *Postleitzahl* und *Ort* bestehen sowie aus der Unterklasse »Kundendetails«, die die Kundengruppe und den Rabatttyp beinhaltet.

Das Universum ist eine semantische Schicht, die dem Berichtersteller die Möglichkeit bietet, mit den typischen betriebswirtschaftlichen Terminologien auf die relevanten Geschäftsdaten zuzugreifen (siehe Abbildung 9.5).

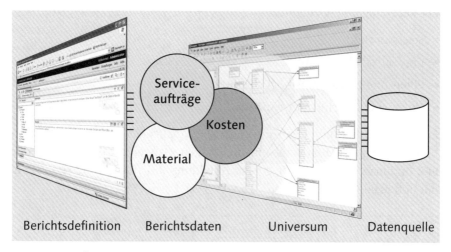

Abbildung 9.5 Überblick über die Datenbeschaffung (Universum)

Es kann dabei je nach Zielgruppe und Aufgabenbereich den Zugriff auf unterschiedliche Daten aus verschiedenen Datenquellen ermöglichen. Zur Ermittlung übergreifender Daten können ein oder mehrere Universen an ein anderes angebunden werden.

Die einzelnen Universen werden zentral von der IT-Abteilung erstellt und den Anwendern zur Verfügung gestellt. Dadurch erhält der Endanwender die Möglichkeit, unterschiedliche Datenbestände aus verschiedenen Applikationen selbstständig zu analysieren. Aufgrund der Trennung zwischen IT-bezogenen Aufgaben und dem Reporting in der Fachabteilung sind fundierte IT- und Programmierkenntnisse des Anwenders nicht erforderlich.

Mit der Einführung von SAP BusinessObjects 4.0 und SAP NetWeaver BW 7.0 EHP1 kann über die sogenannte *BICS-Schnittstelle* auch nativ auf BW-Datenquellen zugegriffen werden.

9.4 Beispiel: Business Explorer Analyzer/Web Reporting

Im Folgenden zeigen wir Ihnen am Beispiel einer einfachen Auswertung einige der Funktionen und Möglichkeiten des Business Explorer Analyzers. Die gezeigten Navigationsmöglichkeiten stehen für das Web Reporting (Web

Application Designer) analog zur Verfügung. Auch hierzu werden wir Ihnen am Ende dieses Abschnitts eine Auswertung als Beispiel vorstellen.

Eine Auswertung in SAP NetWeaver BW (auch Query genannt) beinhaltet in der Regel folgende Elemente:

- Selektionsbild
- Ergebnistabelle/Grafik
- Filter- und Navigationsmöglichkeiten
- allgemeine Berichtsinformationen

Ein Selektionsbild gibt dem Anwender die Möglichkeit, die in der Auswertung angezeigten Daten vorab einzuschränken. Dabei kann es verpflichtende und optionale Eingabefelder geben. Abbildung 9.6 zeigt ein Selektionsbild mit optionalen Eingabefeldern.

Abbildung 9.6 Selektionsbild beim Aufruf der Query

Bei der eigentlichen Query-Erstellung wird festgelegt, ob ein Selektionsbild bei Aufruf dieser Auswertung sinnvoll ist und welche Objekte (Variablen) enthalten sein sollen.

Im Anschluss an das Selektionsbild erscheint die gewählte Auswertung in Excel. In Abbildung 9.7 sehen Sie eine Query, in der Plan- und Istkosten der Serviceaufträge pro Kunde dargestellt werden. Das gezeigte Format entspricht dem von SAP bereitgestellten Template. Dieses können Sie natürlich an die Layoutvorgaben (Farben, Schriftarten, Grafiken, Buttons etc.) Ihres Unternehmens anpassen.

Am äußersten linken Bildrand (siehe Abbildung 9.7) sind zwei zusätzliche Symbolleisten dargestellt. Diese dienen der Kommunikation mit SAP NetWeaver BW und der Formatierung der Excel-Arbeitsmappe. Im Standard-Template sind die drei Buttons CHART, FILTER und INFORMATION enthalten. Der Button INFORMATION bietet zunächst technische Daten zur Query (wie

Name, Ersteller und Änderungsdatum) sowie die Aktualität der Daten im InfoProvider. Dort können dem Anwender auch wichtige Filterkriterien angezeigt werden.

Abbildung 9.7 Beispielauswertung

Der Button FILTER (siehe Abbildung 9.7) zeigt die Navigationsmöglichkeiten dieses Berichts. Betätigen Sie den Button FILTER, erscheint eine Liste von Merkmalen (siehe Abbildung 9.8), die zur Navigation und zusätzlichen Filterung vorgesehen sind, samt der Filterwerte.

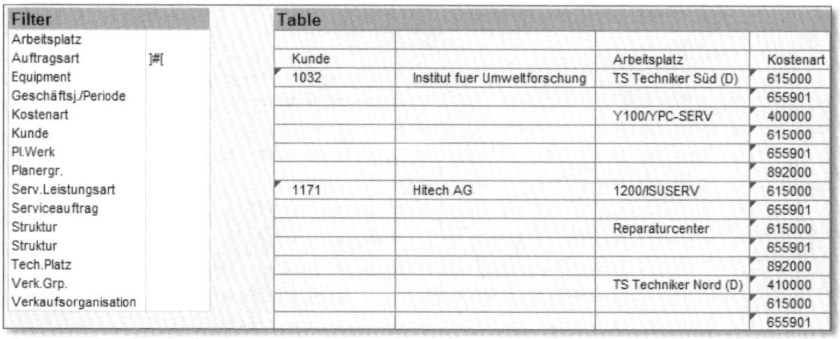

Abbildung 9.8 BEx – Filter

Navigationen in BEx sind grundsätzlich immer über das Kontextmenü der rechten Maustaste oder per Drag & Drop möglich. Einige Navigationsoptionen werden im Folgenden demonstriert.

9 | SAP NetWeaver Business Warehouse und SAP BusinessObjects

Zunächst zeigt der Bericht (siehe Abbildung 9.8) alle Kosten pro Kunde, Arbeitsplatz und Kostenart. Diese Information lässt sich leicht auf die Summen pro Kunde im Selektionszeitraum verdichten, indem Sie die Aufrisse nach ARBEITSPLATZ und KOSTENART entfernen (siehe Abbildung 9.9).

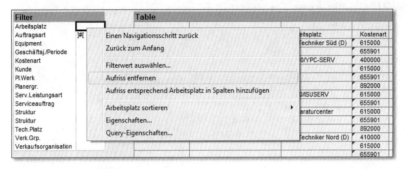

Abbildung 9.9 BEx – Aufriss entfernen

Abbildung 9.10 Filterwert auswählen

Sind vor allem die Kosten der Serviceaufträge bestimmter Monate im Jahr 2011 relevant, können Sie die Anzeige weiter einschränken (siehe Abbildung 9.10), indem Sie nur einzelne Monate oder Monatsintervalle der Selektion auf der rechten Fensterseite z. B. per Drag and Drop hinzufügen.

Das Ergebnis (siehe Abbildung 9.11) ist eine kompakte Übersicht über die Kunden im Selektionszeitraum.

Filter		Table					
Arbeitsplatz					Betrag		
Auftragsart		Kunde			Plan	Ist	Abweichung	Anteil
Equipment		1000	Becker Berlin.		502,04 EUR		-502,04 EUR	-100 %
Geschäftsj./Periode	002.2011..011.2011	1032	Institut fuer Umweltforschung		7.316,14 EUR	3.884,51 EUR	-3.431,63 EUR	-47 %
Kostenart		1171	Hitech AG		7.017,47 EUR	4.573,89 EUR	-2.443,58 EUR	-35 %
Kunde		66000	Buchhaltung Meyer		6.941,02 EUR	6.120,83 EUR	-820,19 EUR	-12 %
Pl.Werk		66001	Wassertechnik GmbH		8.608,32 EUR	6.747,21 EUR	-1.861,11 EUR	-22 %
Planergr.		66003	Der kleine Computerladen		612,49 EUR	774,60 EUR	162,11 EUR	26 %
Serv.Leistungsart		66005	Wasserwerk am Bach		5.242,85 EUR	967,36 EUR	-4.275,49 EUR	-82 %
Serviceauftrag		T-CSD00	Hitech AG		4.378,89 EUR	689,08 EUR	-3.689,81 EUR	-84 %
Struktur		Gesamtergebnis			40.619,28 EUR	23.757,48 EUR	-16.861,74 EUR	-42 %
Struktur								
Tech.Platz								
Verk.Grp.								
Verkaufsorganisation								

Abbildung 9.11 BEx – Ergebnis nach Filteranwendung

Neben Navigationsoptionen stehen Ihnen diverse Möglichkeiten der Datenaufbereitung zur Verfügung. So können Sie den Kunden z. B. auch ohne Nummer, aber mit Angabe des Ortes darstellen und die Summen unterdrücken (siehe Abbildung 9.12).

Filter		Table					
Arbeitsplatz				Betrag			
Auftragsart	]#[	Kunde	Ort	Plan	Ist	Abweichung	Anteil
Equipment		Becker Berlin.	Berlin	502,04 EUR		-502,04 EUR	-100 %
Geschäftsj./Periode	002.2011..011.201	Institut fuer Umweltforschung	Muenchen	7.316,14 EUR	3.884,51 EUR	-3.431,63 EUR	-47 %
Kostenart		Hitech AG	Hamburg	7.017,47 EUR	4.573,89 EUR	-2.443,58 EUR	-35 %
Kunde		Buchhaltung Meyer	Dudweiler	6.941,02 EUR	6.120,83 EUR	-820,19 EUR	-12 %
Pl.Werk		Wassertechnik GmbH	Hamburg	8.608,32 EUR	6.747,21 EUR	-1.861,11 EUR	-22 %
Planergr.		Der kleine Computerladen	Freiburg im Breisgau	612,49 EUR	774,60 EUR	162,11 EUR	26 %
Serv.Leistungsart		Wasserwerk am Bach	Heidelberg	5.242,85 EUR	967,36 EUR	-4.275,49 EUR	-82 %
Serviceauftrag		Hitech AG	Hamburg	4.378,89 EUR	689,08 EUR	-3.689,81 EUR	-84 %
Struktur		Gesamtergebnis		40.619,28 EUR	23.757,48 EUR	-16.861,74 EUR	-42 %
Struktur							
Tech.Platz							
Verk.Grp.							
Verkaufsorganisation							

Abbildung 9.12 BEx – Attribute anzeigen

All diese Einstellungen können in der Berichtsdefinition vordefiniert werden, sie können aber auch durch den Endanwender jederzeit im ausgeführten Bericht vorgenommen werden.

Über den Button CHART (siehe z. B. Abbildung 9.7) ist zusätzlich eine grafische Aufbereitung dieser Informationen möglich.

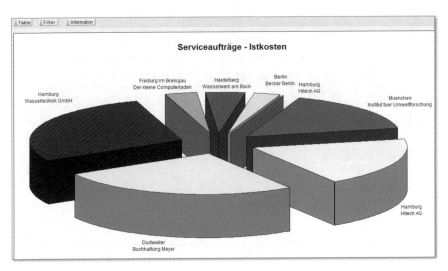

Abbildung 9.13 BEx – Chartanzeige

Hierbei handelt es sich um ein eingebundenes Excel-Diagramm (siehe Abbildung 9.13), für das alle Diagrammoptionen von Excel zur Verfügung stehen. Ist das Diagramm an die Query gekoppelt, was bei Aufruf standardmäßig der Fall ist, wirken sich Navigationsschritte sowohl auf die Tabelle als auch auf das Diagramm aus.

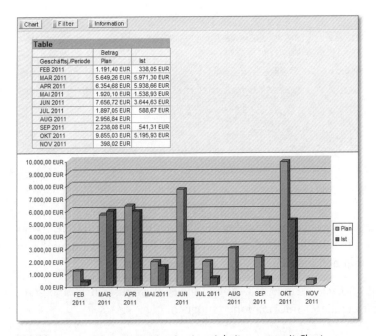

Abbildung 9.14 BEx – Navigation in einer Arbeitsmappe mit Chart

Beispiel: Business Explorer Analyzer/Web Reporting | **9.4**

In einer *Arbeitsmappe* in SAP NetWeaver BW/BEx Analyzer können die Daten aus einer oder mehreren Queries dargestellt werden. Damit können die benötigten Tabellen und Diagramme für eine spezielle Auswertung optimal arrangiert werden (siehe Abbildung 9.14). Die Arbeitsmappe wird anschließend komplett gespeichert. Bei erneutem Öffnen der Mappe bleiben alle vorgenommenen Navigationsschritte erhalten. Es erfolgt lediglich ein Nachlesen der aktuellen Daten vom BW-Server. So lässt sich auch z. B. ausgehend vom Arbeitsplatz darstellen, in welcher Periode welche Kosten geplant waren bzw. angefallen sind (siehe Abbildung 9.15).

Filter	
Arbeitsplatz	JTS Techniker Nord (I
Auftragsart	]#[
Equipment	
Geschäftsj./Periode	002.2011..011.201
Kostenart	
Kunde	
Pl.Werk	
Planergr.	
Serv.Leistungsart	
Serviceauftrag	
Struktur	
Struktur	,Plan,Ist
Tech.Platz	
Verk.Grp.	
Verkaufsorganisation	

Table				Betrag	
Arbeitsplatz			Geschäftsj./Periode	Plan	Ist
TS Techniker Nord (D)	Y100/PC-SERV		002.2011	781,10 EUR	37,34 EUR
			006.2011	170,54 EUR	174,42 EUR
			Ergebnis	951,64 EUR	211,76 EUR
	Technik Saarbrücken	Y100/Y100T	002.2011	123,21 EUR	218,76 EUR
			003.2011	2.212,59 EUR	1.591,11 EUR
			004.2011	3.321,21 EUR	3.324,64 EUR
			005.2011	611,30 EUR	533,69 EUR
			006.2011	511,62 EUR	618,20 EUR
			Ergebnis	6.779,93 EUR	6.286,40 EUR
	Reparaturcenter	Y100/Y100TR	004.2011	90,77 EUR	
			005.2011	102,76 EUR	
			006.2011	846,42 EUR	1.380,21 EUR
			007.2011	316,00 EUR	280,67 EUR
			Ergebnis	1.355,95 EUR	1.660,88 EUR
	Serviceabwickl. Mechanik - NICHT ÄNDERN	Y100/YMECH	002.2011	41,07 EUR	
			005.2011	1.206,04 EUR	1.005,24 EUR
			006.2011	2.632,20 EUR	925,31 EUR
			008.2011	328,54 EUR	
			009.2011	985,58 EUR	
			010.2011	88,04 EUR	102,73 EUR
			011.2011	398,02 EUR	
			Ergebnis	5.679,49 EUR	2.033,28 EUR

Abbildung 9.15 BEx – Aufriss Arbeitsplatz/Periode

Auf der anderen Seite lässt sich z. B. auch darstellen, welche Serviceaufträge durch den Kunden *Wassertechnik GmbH* im Jahr 2011 aufgelaufen sind (siehe Abbildung 9.16).

Filter	
Arbeitsplatz	
Auftragsart	]#[
Equipment	
Geschäftsj./Periode	002.2011..011.2011
Kostenart	
Kunde	66001 Wassertechnik GmbH
Pl.Werk	
Planergr.	
Serv.Leistungsart	
Serviceauftrag	
Struktur	
Struktur	,Plan,Ist
Tech.Platz	
Verk.Grp.	
Verkaufsorganisation	

Table				Betrag	
Kunde		Serviceauftrag		Plan	Ist
66001	Wassertechnik GmbH	Installation Satanlage	502821	106,79 EUR	
		Rep	502822	139,23 EUR	81,95 EUR
		Wasserpumpe	502834	82,59 EUR	82,59 EUR
		Standardreparaturservice Pauschal	502835	107,36 EUR	107,36 EUR
		Wasserpumpe	502836	107,36 EUR	107,36 EUR
			502837	154,00 EUR	162,50 EUR
		Pumpenreparatur	502860	798,00 EUR	1.062,99 EUR
		Pumpenreparatur Extern	502862	1.918,80 EUR	1.551,03 EUR
		Pumpenreparatur	502864	522,84 EUR	400,00 EUR
		Pumpenreparatur Intern	502865	213,17 EUR	232,55 EUR
		Pumpenreparatur Intern	502868	90,77 EUR	553,87 EUR
		Pumpenreparatur Pauschale	502870	213,17 EUR	193,79 EUR
		Reparatur Pumpe II	502890	853,84 EUR	898,51 EUR
		Sicherheitsprüfung Pumpe	502891	878,27 EUR	41,43 EUR
		Austausch Pumpenmotor	502892	1.324,47 EUR	990,61 EUR
		Aufzeichnung Änderungen	502903	781,66 EUR	
		Maschinenreparatur	502907	316,00 EUR	280,67 EUR
Gesamtergebnis				8.608,32 EUR	6.747,21 EUR

Abbildung 9.16 BEx – Aufriss Kunde/Serviceauftrag

Fehlt eine Berechnung in einer Query, kann sie spontan im ausgeführten Bericht ergänzt werden. Hierzu steht neben den bekannten Formeln in Excel auch eine BW-Funktionalität zur Verfügung. Der Vorteil von BW-Formeln ist, dass sie beim Navigieren dynamisch neu berechnet werden. So lassen sich in unserem Beispiel Plan- und Istkosten miteinander in Beziehung setzen (siehe Abbildung 9.17).

Table					Lokale Formel
Kunde		Betrag Plan	Ist	Differenz	Beschreibung
1032	Institut fuer Umweltforschung	7.316,14 EUR	3.884,51 EUR	3.431,63 EUR	Differenz
1171	Hitech AG	7.017,47 EUR	4.573,89 EUR	2.443,58 EUR	Formeln verwenden
66000	Buchhaltung Meyer	6.941,02 EUR	6.120,83 EUR	820,19 EUR	'Plan'-'Ist'
66001	Wassertechnik GmbH	8.608,32 EUR	6.747,21 EUR	1.861,11 EUR	
66003	Der kleine Computerladen	612,49 EUR	774,60 EUR	-162,11 EUR	
66005	Wasserwerk am Bach	5.242,85 EUR	967,36 EUR	4.275,49 EUR	
T-CSD00	Hitech AG	4.378,89 EUR	689,08 EUR	3.689,81 EUR	
Gesamtergebnis		40.117,18 EUR	23.757,48 EUR	16.359,70 EUR	

Abbildung 9.17 BEx – Formel

In jedem BW-Bericht lassen sich darüber hinaus Bedingungen definieren, um sich z. B. die zehn Serviceaufträge mit den höchsten Istkosten anzeigen zu lassen (siehe Abbildung 9.18).

Table			
Serviceauftrag		Betrag Ist	
Abwicklung mit Berechnungsmotiv	502746	38,76 EUR	Einen Navigationsschritt zurück
Wartungsservice	502800		Zurück zum Anfang
test maßnahmen 2	502820	37,34	In Formel umwandeln
Installation Satanlage	502821		
Rep	502822	81,95	Eigenschaften...
Test DPP	502823		Query-Eigenschaften...
Test	502824	218,76	Kennzahldefinition
Rep. Akku	502827	131,38	
Test Lohnbearbeitungsmonitor	502828		Bedingung anlegen ▶ Betrag / Ist <38.76
LB Monitor	502829	893,20	Springen ▶ Betrag / Ist <=38.76
LB Monitor 2	502830		Betrag / Ist >38.76
LB Monitor 3 MatNr Wechsel	502831	195,00	Betrag / Ist >=38.76
Reparatur Maschine	502833	424,46	
Wasserpumpe	502834	82,59	Betrag / Ist Top 10
Standardreparaturservice Pauschal	502835	107,36 EUR	Betrag / Ist Top 10%
Wasserpumpe	502836	107,36 EUR	Betrag / Ist Bottom 10
	502837	162,50 EUR	Betrag / Ist Bottom 10%
Akku x2y	502841	41,29 EUR	Schwellenwert festlegen
Akku x2y	502842	561,56 EUR	Durch Verwendung des Dialogfensters
Maxitec-R 3100 Personal Computer	502843	227,11 EUR	
Maxitec-R 3100 Personal Computer	502844	20,65 EUR	
Beispiel Lohnbearbeitungsmonitor	502845	885,00 EUR	
Maxitec-R 3100 Personal Computer	502846		
Akku x2y	502847	330,00 EUR	
Akku x2y	502848	225,23 EUR	
Standardreparatur	502849		

Abbildung 9.18 BEx – Bedingung aktivieren

Im Beispiel (siehe Abbildung 9.18) wird eine »Top-10«-Bedingung – bezogen auf die Istkosten – aktiviert. Diese bezieht sich jeweils auf das Merkmal im Aufriss, in diesem Fall den Serviceauftrag. Abbildung 9.19 zeigt als Folge daraus nur noch die Top-10-Serviceaufträge an.

Table		
Serviceauftrag		Betrag
		Ist
Vorabversand mit Kundenkonsignation	502983	1.936,76 EUR
Pumpenreparatur Extern	502862	1.551,03 EUR
Netzwerk-Installation	502984	1.160,18 EUR
Pumpenreparatur	502860	1.062,99 EUR
Austausch Pumpenmotor	502892	990,61 EUR
Vorabversand mit Kundenkonsignation	502982	955,98 EUR
Reparatur Pumpe II	502890	898,51 EUR
LB Monitor	502829	893,20 EUR
Beispiel Lohnbearbeitungsmonitor	502845	885,00 EUR
Akku x2y	502842	561,56 EUR

Abbildung 9.19 BEx – Top-10-Serviceaufträge

In der Query-Definition kann zusätzlich eine farbige Darstellung bestimmter Werte oder Werteintervalle, sogenannter *Exceptions*, definiert werden. Dadurch wird der Anwender direkt auf kritische Werte aufmerksam gemacht.

Table			
		Betrag	
Kunde		Plan	Ist
1032	Institut fuer Umweltforschung	7.316,14 EUR	3.884,51 EUR
1171	Hitech AG	7.017,47 EUR	4.573,89 EUR
66000	Buchhaltung Meyer	6.941,02 EUR	6.120,83 EUR
66001	Wassertechnik GmbH	8.608,32 EUR	6.747,21 EUR
66003	Der kleine Computerladen	612,49 EUR	774,60 EUR
66005	Wasserwerk am Bach	5.242,85 EUR	967,36 EUR
T-CSD00	Hitech AG	4.378,89 EUR	689,08 EUR
Gesamtergebnis		40.117,18 EUR	23.757,48 EUR

Abbildung 9.20 BEx – Exceptions

In Abbildung 9.20 wurden folgende Schwellenwerte als Exceptions für die Kennzahl BETRAG – ISTKOSTEN definiert:

- von 0 bis 1.000 EUR
- von 1.000 bis 4.000 EUR
- ab 4.000 EUR

Abhängig von den Schwellenwerten können bis zu neun Farben zugeordnet werden. Das System kann bei Bedarf auch so konfiguriert werden, dass in regelmäßigen Zyklen und basierend auf einer Exception über den BEx Broadcaster E-Mails an die verantwortlichen Personen versendet werden.

Um die vorgestellte Auswertung über SAP NetWeaver Portal Mitarbeitern verfügbar zu machen, können sie mit dem *Web Application Designer* in ein *Web Template* eingebunden werden. In ein solches Template können verschiedene Elemente aufgenommen werden, so z. B. auch mehrere Auswertungen auf einmal. Aber auch das Kombinieren von Auswertungen und Grafiken ist möglich (siehe Abbildung 9.21).

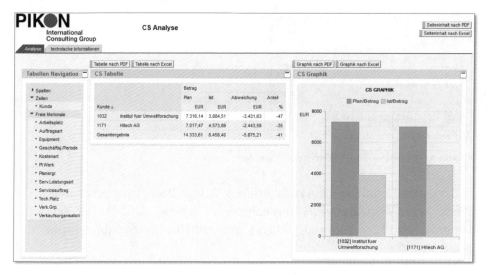

Abbildung 9.21 Web Template

Die vorgestellten Beispiele stellen nur einen kleinen Ausschnitt der Funktionalitäten im Business Explorer dar. Durch die vorhandenen Möglichkeiten lassen sich Berichte variabel anpassen.

9.5 Beispiel: SAP Crystal Reports

SAP Crystal Reports bietet eine intuitive Reportinglösung, mit deren Hilfe aussagekräftige und zuverlässige Berichte erstellt werden können. Der Einsatzbereich erstreckt sich von der pixelgenauen Darstellung bis hin zur Erstellung komplexer Berichte. Das Tool bietet die folgenden Features:

- leistungsfähiges Design
- anspruchsvolle Informationsvisualisierung
- Berichtsorganisation und Massenverteilung
- flexible Nutzungsmöglichkeiten

Mit diesen Funktionen lassen sich komplexe grafische und tabellarische Berichtsanforderungen professionell umsetzen. Crystal Reports bietet Schnittstellen zu den unterschiedlichsten Datenquellen wie z. B. SAP NetWeaver BW, SAP ERP und zu den unterschiedlichsten Nicht-SAP-Systemen. Die Reportinglösungen unterstützen Mitarbeiter in verschiedenen Bereichen und Abteilungen bei ihrer täglichen Arbeit.

Anhand des folgenden Beispiels wird die Verwendung von Crystal Reports zur Erstellung eines Plan-/Ist-Vergleichs nach Kunden und Kostenarten demonstriert. Als Datenquelle dient eine BW-Query.

Beim Start eines Berichts wird eine Selektionsmaske mit Parameterfeldern angezeigt. Im folgenden Beispiel können mehrere Kunden ausgewählt werden (siehe Abbildung 9.22).

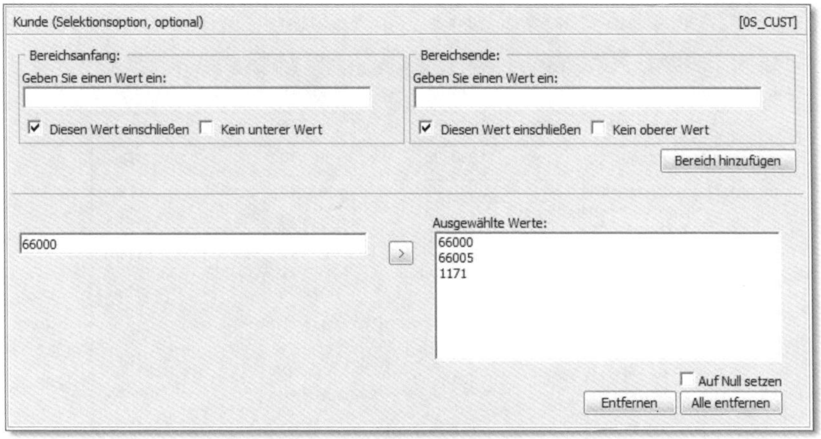

Abbildung 9.22 Selektionsmaske mit Parameterfeldern

Die Berichtserstellung kann mit folgenden Aufgaben fortgeführt werden:

- Formeln und Filter einfügen
- Formatierung vornehmen
- Grafikelemente hinzufügen
- Parameter festlegen

Für das vorliegende Beispiel besteht die Anforderung, einen Bericht unter Berücksichtigung des Corporate Designs zu erstellen. Der Reportinginhalt definiert sich aus einem Plan-/Ist-Vergleich pro Kostenart und Kunde. Darüber hinaus soll eine entsprechende Abweichung zwischen Plan- und Istwert ermittelt werden. Um diese Anforderungen erfüllen zu können, werden zunächst sowohl Filter als auch Formeln definiert. Es wird zunächst ein Filter für das aktuelle Geschäftsjahr angelegt, d. h., der Bericht soll abhängig vom aktuellen Geschäftsjahr die Informationen liefern. Die Abweichungen werden anhand einer einfachen Formel ermittelt (siehe Abbildung 9.23).

Plan-/ Istvergleich pro Kunde - in EUR

Änderungsdatum: 09.12.2011

PIKON International Consulting Group

		Plan €	Ist €	Abweichung €
Buchhaltung Meyer	DILV Reparaturen	6.149,71	5.502,85	-646,86
	GMKZ PM Aufträge	644,31	323,98	-320,33
	Verbr. Rohstoffe 1	147,00	294,00	147,00
	Summe	6.941,02	6.120,83	-820,19
Hitech AG	Bezogene Leistungen	390,00	1.357,30	967,30
	DILV Reparaturen	9.724,29	5.397,89	-4.326,40
	GMKZ PM Aufträge	1.239,75	101,78	-1.137,97
	Umsatzerloese Inland	-2.037,40	-2.037,40	0,00
	Verbr. Halbfabrikate	0,00	213,09	213,09
	Verbr. Handelswaren	614,00	0,00	-614,00
	Verbr. Rohstoffe 1	295,32	522,76	227,44
	Verbr.Fertigerz.	962,52	1.361,60	399,08
	Summe	11.188,48	6.917,02	-4.271,46
Wasserwerk am Bach	DILV Reparaturen	4.762,07	879,42	-3.882,65
	GMKZ PM Aufträge	476,98	87,94	-389,04
	Umsatzerloese Inland	-85,00	0,00	85,00
	Verbr. Rohstoffe 1	3,80	0,00	-3,80
	Summe	5.157,85	967,36	-4.190,49

Abbildung 9.23 Plan-/Ist-Vergleich nach Kunden

Einer der größten Vorzüge von Crystal Reports besteht in der Möglichkeit, Berichte optisch ansprechend und pixelgenau gestalten zu können. So lassen sich bei der Berichtsdefinition Farben, Textformatierung, Layout, Gestaltungsrichtlinien, Logos und Wasserzeichen festlegen, und – damit ist das Corporate Design des Unternehmens 1:1 in den Bericht übertragbar. Das Ergebnis eines Berichts kann in Formate wie z. B. PDF oder Excel exportiert oder über eine Webanwendung veröffentlicht werden. Auf diese Weise können unterschiedliche Designvorlagen angelegt werden, sodass z. B. das Layout eines Berichts mit den gleichen Daten sowohl vertikal als auch horizontal dargestellt werden kann.

In diesem Beispiel wird unter anderem eine sogenannte *bedingte Formatierung* verwendet. Falls eine Kennzahl im negativen Bereich liegt, wird diese durch die Schriftfarbe Rot und die Hintergrundfarbe Weiß visuell hervorgehoben (siehe Abbildung 9.23).

Für die optische Gestaltung und Aufbereitung von Informationen bietet Crystal Reports eine Vielzahl von unterschiedlichen Diagrammtypen, mit deren Hilfe die Aussagekraft des Berichts gesteigert werden kann. Hierzu gehören z. B. Balken-, Linien-, Kreis-, Ring-, Netz- und Gantt-Diagramme. Auf diese Art und Weise lassen sich unterschiedliche Kunden auf einen Blick miteinander vergleichen oder z. B. einzelne Kostentreiber schnell identifizieren. Im folgenden Beispiel wird ein Kreisdiagramm verwendet (siehe Abbildung 9.24).

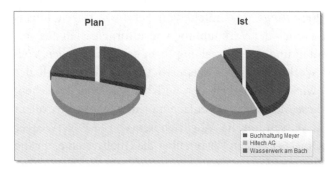

Abbildung 9.24 Kreisdiagramm für den Plan-/Ist-Vergleich nach Kunden

In Abbildung 9.24 werden die Plan- und Istwerte für die einzelnen Kunden grafisch dargestellt. Für dieses Beispiel wurden lediglich drei Kunden selektiert. Mit der geringen Anzahl ausgewählter Kunden bietet sich ein Kundenvergleich zwischen Plan- und Istwerten an. Bei der Auswahl mehrerer Kunden ändern sich die Diagramme dynamisch.

In einem weiteren Beispiel wird anhand eines Stapelbalkendiagramms sofort sichtbar, welche Kostenart die größten Planwerte liefert (siehe Abbildung 9.25). Die farbliche Hervorhebung erfolgt nach Kunden.

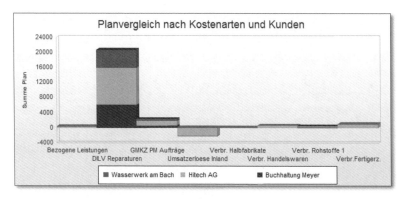

Abbildung 9.25 Stapelbalkendiagramm für den Planvergleich nach Kostenarten und Kunden

Der fertige Bericht lässt sich z. B. in statischer Form als PDF per E-Mail versenden oder als flexibler Crystal Report in SAP NetWeaver einbinden und damit anderen Mitarbeitern zur Verfügung stellen.

9.6 Zusammenfassung

Zusammenfassend lässt sich feststellen, dass SAP NetWeaver BW und SAP BusinessObjects viele Möglichkeiten bieten, die weit über den hier vorgestellten Bereich des Reportings im Umfeld von Serviceaufträgen hinaus gehen. Vor allem hinsichtlich der Verknüpfung von Informationen aus verschiedenen Komponenten und der Darstellungsform der Daten liegen Welten zwischen diesen Werkzeugen. Des Weiteren ist hier der Vorteil der Datenanreicherung sowie Verfügbarkeit der Berichte via Web zu sehen. Wenn Unternehmen diese Möglichkeiten nutzen möchten, wird es vor allem darauf ankommen, das Wissen um die Möglichkeiten von SAP NetWeaver BW und SAP BusinessObjects mit dem Wissen über die Quellsysteme, die die Daten liefern, zu kombinieren.

Dieses Kapitel gibt Ihnen einen kurzen Einblick in den mobilen Kundenservice. Im mobilen Kundenservice wickeln Sie Aufträge und deren Rückmeldungen über mobile Endgeräte ab. Sie haben darüber hinaus alle Daten zur Hand, die Sie zum technischen Objekt benötigen.

10 Mobile Serviceabwicklung

Mithilfe des mobilen Kundenservices können Sie manuell gesteuerte Arbeitsabläufe, wie z. B. Wartungsmaßnahmen, Ersatzteillieferungen oder die Erfassung von Störungen, mobil ins SAP-System integrieren. *Mobil* bedeutet in diesem Fall computerbasiert, etwa per PDA (*Personal Digital Assistant*) oder per RFID (*Radio Frequency Identification*). Anstelle von ausgedruckten Auftragspapieren oder eines Auftragsblocks hat der Servicetechniker nun für die Dauer seines Einsatzes ein mobiles Endgerät dabei, auf dem sämtliche benötigten Daten zu seinem Auftrag, dem betroffenen technischen Objekt sowie die Kundendaten verfügbar sind. Werden Ersatzteile benötigt, kann er die Lieferung direkt auslösen. Ist ein Auftrag erledigt, kann auch dies online zurückgemeldet werden, die Rechnungserstellung erfolgt zeitnah.

Ein Grund für dieses Vorgehen kann sein, eine manuelle und redundante Datenerfassung zu vermeiden und den Bereich des Kundendienstes transparenter und effizienter zu machen. Die zentrale Einsatzsteuerung weiß dann auch, was außerhalb des Unternehmens passiert; die Serviceabwicklung im zentralen ERP-System ist aktuell und auf dem neuesten Stand.

Nachfolgend wird dargestellt, welche Schritte bei einer mobilen Abwicklung anfallen und wie diese in Relation zu einer nicht mobilen Lösung zu sehen sind. Wir gehen kurz auf die Vorteile und den Nutzen einer mobilen Lösung ein und werfen einen Blick auf die mobile Infrastruktur.

10.1 Serviceabwicklung ohne mobile Integration

Zunächst gehen wir nochmals auf den Prozess der Serviceabwicklung ohne mobile Integration ein. Diesen sehen Sie in Abbildung 10.1, wir haben dort den einzelnen Prozessschritten auch Rollen zugeordnet.

10 | Mobile Serviceabwicklung

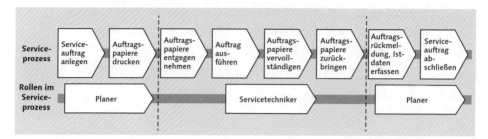

Abbildung 10.1 Einsatz eines Servicetechnikers ohne mobile Integration

Die einzelnen Prozessschritte in diesem Szenario lauten wie folgt:

- Anlegen eines Serviceauftrags im ERP-System
- Ausdruck der Auftragspapiere zum Serviceauftrag

Die beiden ersten Schritte werden im ERP-System durch die Serviceabteilung ausgeführt. Neben der Vorgangsplanung ist diese auch für die Koordination des Einsatzes der Servicetechniker verantwortlich.

Nachdem die Auftragspapiere ausgedruckt sind, führt der Servicetechniker, der für den Einsatz vorgesehen ist, die folgenden Schritte ohne Systemunterstützung aus:

- Entgegennahme der ausgedruckten Auftragspapiere
- Fahrt zum Kunden und Ausführung der einzelnen Arbeitsvorgänge des Serviceauftrags
- Vervollständigung der Arbeitspapiere nach Erledigung der einzelnen Arbeitsvorgänge. Hierbei handelt es sich um eine papierbasierte Rückmeldung, der Servicetechniker vermerkt Zeiten oder auch benötigte Ersatzteile auf den ausgedruckten Arbeitspapieren.
- Rückgabe der ausgefüllten Arbeitspapiere an den Planer

Benötigt der Servicetechniker zusätzliche, nicht auf den Arbeitspapieren vermerkte Angaben, muss er im Unternehmen nachfragen, um die benötigten Informationen einzuholen. Folglich verzögert sich auch die weitere Bearbeitung.

Hat der Servicetechniker die Auftragspapiere wieder zurückgebracht, kann der Planer die folgenden abschließenden Arbeiten durchführen:

- Erfassung und Übertragung der auf den Arbeitspapieren vermerkten Istdaten ins ERP-System (mit Bezug zum jeweiligen Auftrag) sowie Eingabe der zu den jeweiligen Vorgängen notierten Zeiten und benötigten Materialien

- Abschließen des Serviceauftrags nach erfolgter Rückmeldung. Der Serviceauftrag wird abgerechnet, die entstandenen Kosten können dem Kunden in Rechnung gestellt werden.

Unter Umständen kann es bei diesem Prozessablauf vorkommen, dass die Serviceabteilung Rücksprache mit dem Servicetechniker bezüglich der Rückmeldedaten halten muss, was eine zeitliche Verzögerung der Eingabe der Istdaten zur Folge hat. Zudem ist es möglich, dass eine zeitnahe Erfassung der Istdaten in das ERP-System nicht möglich ist, da der Servicetechniker durch Einsatzzeiten und Einsatzort die Auftragspapiere nicht zurückgeben kann

Um diese möglichen Verzögerungen im Prozessablauf auszuschließen, bietet das SAP-System die Integration einer mobilen Lösung an. Diesen Prozess möchten wir Ihnen nun vorstellen und mögliche Unterschiede aufzeigen.

10.2 Serviceabwicklung mit mobiler Integration

In Abbildung 10.2 sehen Sie den Prozess der Serviceabwicklung mit mobiler Integration. Auch hier haben wir den einzelnen Prozessschritten Rollen zugeordnet.

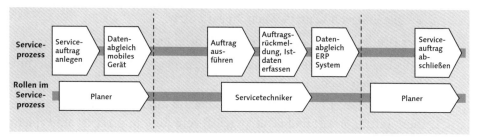

Abbildung 10.2 Einsatz eines Servicetechnikers mit mobiler Integration

Die einzelnen Prozessschritte in diesem zweiten Szenario lauten wie folgt:

- Anlegen eines Serviceauftrags im ERP-System
- Abgleich der Daten des ERP-Systems mit den Daten des mobilen Endgeräts. Gibt es im ERP-System Daten, die noch nicht auf dem mobilen Endgerät vorhanden sind, werden diese übertragen.

Auch hier werden die beiden ersten Schritte durch die Serviceabteilung ausgeführt. Neben der Vorgangsplanung ist diese auch hier für die Koordination des Servicetechnikereinsatzes verantwortlich.

Nachdem ein Update der Daten auf dem mobilen Endgerät des Servicetechnikers stattgefunden hat, führt dieser den für ihn geplanten Einsatz durch. Die einzelnen Schritte dabei lauten:

1. Fahrt zum Kunden und Ausführung der einzelnen Arbeitsvorgänge des Serviceauftrags
2. Direkte Auftragsrückmeldung und Erfassung der Istdaten mit einem mobilen Endgerät. Zu den Istdaten gehören Zeiten und benötigte Ersatzteile.
3. Nach Erfassung der Istdaten erfolgt zeitnah ein Datenabgleich mit dem ERP-System. Alle neu erfassten Daten werden vom mobilen Endgerät in das ERP-System übertragen.

Damit hat der Servicetechniker seine Arbeit abgeschlossen. Die Serviceabteilung kann nun noch die folgenden, abschließenden Schritte durchführen:

4. Abschluss und Abrechnung des Serviceauftrags. Die entstandenen Kosten werden dem Kunden in Rechnung gestellt. Die Abrechnung des Serviceauftrags erfolgt in diesem Szenario zeitnah.

Vergleicht man nun beide Szenarien miteinander, ergeben sich die folgenden Unterschiede:

- Es findet eine automatische Datenübertragung vom ERP-System an das mobile Endgerät beim mobilen Szenario statt.
- Der Druck der Auftragspapiere entfällt beim mobilen Szenario.
- Abholen und Zurückbringen der Auftragspapiere durch den Servicetechniker entfallen beim mobilen Szenario.
- Die Istdaten werden beim mobilen Szenario direkt vom Servicetechniker zum Auftrag erfasst und nicht losgelöst vom Auftrag zunächst auf Papier.
- Beim Einsatz des Servicetechnikers stehen mit der mobilen Lösung weitere Daten, wie z. B. Informationen zum technischen Objekt, zur Verfügung.
- Es findet eine automatische Datenübertragung vom mobilen Endgerät an das ERP-System statt.

10.3 Vorteile und Nutzen einer mobilen Lösung

Auch wenn Sie über den Einsatz von mobilen Endgeräten nur einen Teil des gesamten Serviceprozesses ausführen können, bietet Ihnen der Einsatz einer mobilen Lösung unter anderem die folgenden Vorteile:

- aktuelle und umfangreiche Informationen für die Servicetechniker
- schnelle Ersatzteilbeschaffung
- Transparenz der Technikereinsätze
- Erhöhung der Servicequalität, Reduzierung der Fehleranfälligkeit bei Rückmeldungen, korrekte Abrechnungen und weniger Reklamationen durch den Auftraggeber
- Erhöhung der Datenqualität, stichhaltigere Auswertungen
- Reduzierung der manuellen Datenerfassung
- kürzere Durchlaufzeiten, kein Ausdruck von Auftragspapieren, kein Abholen bzw. Zurückbringen der Papiere
- Imageverbesserung durch den Einsatz innovativer Techniken
- schnellere und kürzere Wege des Servicetechnikers, somit Reduzierung der Kosten

Im nächsten Abschnitt werden wir abschließend auf die Infrastruktur einer mobilen Lösung eingehen.

10.4 Mobile Infrastruktur

Eine mobile Anwenderlösung kann den in Abbildung 10.3 gezeigten Aufbau besitzen.

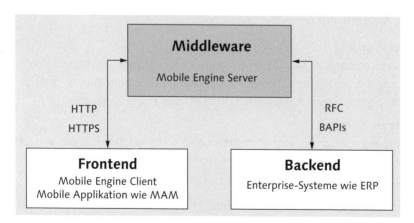

Abbildung 10.3 Mobile Infrastruktur

Auf einem mobilen Endgerät ist die Anwenderapplikation installiert. Als Basissoftware benötigt man einen sogenannten *Mobile Engine Client*, der für die Konfiguration des Endgeräts und dessen Kommunikation mit der Middleware zuständig ist. Zudem wird eine *Java Virtual Machine* (JVM) benötigt.

Die Middleware beinhaltet den sogenannten *Mobile Engine Server*. Dieser wird für den Kommunikationsaustausch zwischen dem mobilen Endgerät und dem Backend-System genutzt. Darüber hinaus beinhaltet der Mobile Engine Server eine Webkonsole, über die der Datenaustausch mit den Endgeräten vorgenommen wird. Sie können auch die Kommunikation zwischen dem mobilen Endgerät und dem Backend-System damit überwachen. Die Kommunikation zwischen dem Frontend und der Middleware erfolgt über HTTP- (*Hypertext Transfer Protocol*) oder HTTPS-Protokolle (*Hypertext Transfer Protocol Secure*), die Kommunikation zwischen dem Backend und der Middleware per RFC (*Remote Function Call*) oder BAPI (*Business Application Programming Interface*).

Auf dem Backend-System finden Sie die Business-Applikationen. Dazu gehören Enterprise-Systeme wie das SAP ERP.

Ein Beispiel für eine Anwenderapplikation auf einem mobilen Endgerät ist das *Mobile Asset Management* (MAM). Hier stehen dem Servicetechniker auf seinem mobilen Endgerät alle Daten und Informationen zur Verfügung, die er für seinen Einsatz braucht. Zu diesen Daten gehören u. a. Informationen zu technischen Objekten oder Geschäftspartnern.

Als mobile Endgeräte können z. B. PDAs (Pocket-PCs), Tablet-PCs, Notebooks oder Industrial Web Pads eingesetzt werden. Als mögliche Betriebsarten kommen folgende infrage:

- **Offline-Nutzung**
  Der Servicetechniker hat alle benötigten Informationen auf seinem mobilen Endgerät verfügbar. Die Synchronisation mit einem ERP-System erfolgt in regelmäßigen Abständen z. B. über eine Dockingstation.
- **Online on Demand**
  Verbindungsaufbau bei Bedarf mittels GPRS (*General Packet Radio Service*) oder GSM (*Global System for Mobile Communications*)
- **Online**
  Direkte Verbindung des mobilen Endgeräts mit dem Backend über Wireless LAN (WLAN) oder Herstellung einer permanenten Verbindung über GPRS oder GSM

10.5 Zusammenfassung

Sie haben nun einen kurzen Einblick in die mobile Serviceabwicklung erhalten. Diese bietet Ihnen als Basis eine erhöhte Transparenz von Abläufen und Kosten sowie einen schnelleren Durchlauf der auszuführenden Servicevorgänge. Durch zeitnahe und automatische Übertragungen von Rückmeldedaten entfallen manueller Erfassungsaufwand im ERP-System sowie damit einhergehende Rückfragen an den Servicetechniker. Darüber hinaus kann die Rechnungsstellung im SAP-System ohne größere Verzögerungen erfolgen.

TEIL II
Prozessbeispiele

In diesem Kapitel zeigen wir Ihnen ein praktisches Beispiel zum Vorabversand mit Kundenkonsignation. Dabei stellt Ihr Unternehmen dem Kunden Bestand zur Verfügung, der so lange in Ihrem Eigentum bleibt, bis beim Kunden vor Ort Bestand entnommen wird.

11 Vorabversand mit Kundenkonsignation

Den Prozess »Vorabversand mit Kundenkonsignation« können Sie im SAP-System über die Module »Kundenservice«, »Vertrieb«, »Materialwirtschaft«, »Finanzwesen« und »Controlling« hinweg abbilden. Dabei wird aus einem Serviceauftrag heraus ein Kundenauftrag für die Konsignationsbeschickung angelegt, um dem Kunden schon im Vorfeld benötigte Ersatzteile schicken zu können. Bis zur Entnahme bleiben die Ersatzteile im Eigentum des Serviceanbieters. Nach der Entnahme werden die tatsächlich entnommenen Teile in Rechnung gestellt.

Mit Bezug zum Kundenauftrag wird eine Lieferung angelegt, Materialien werden beim Warenausgang in den Kundenkonsignationsbestand umgebucht. Durch eine gezielte Konsignationsentnahme von Ersatzteilen wird der aufgebaute Kundenkonsignationsbestand reduziert. Gleichzeitig werden die durchgeführten Warenbewegungen im Serviceauftrag dokumentiert.

Der Serviceauftrag wird auftragsbezogen fakturiert, dem Kunden werden die tatsächlich entnommenen Ersatzteile in Rechnung gestellt.

11.1 Betriebswirtschaftliche Grundlagen

Beim Prozess »Vorabversand mit Kundenkonsignation« gibt es verschiedene am Prozess beteiligte Parteien. Zum einen gibt es den Kunden, zu dem die Ersatzteile vorab geschickt werden. Dadurch wird der Kundenkonsignationsbestand aufgebaut. Zum anderen gibt es den Serviceanbieter, der dem Kunden das Konsignationsmaterial zur Verfügung stellt. Je nach Vereinbarung mit dem Kunden muss noch ein zusätzlicher Servicetechnikereinsatz geplant werden. Der Servicetechniker entnimmt dann beim Kunden vor Ort die vorab verschickten Ersatzteile und tauscht die defekten Teile gegen diese aus.

11 | Vorabversand mit Kundenkonsignation

Die einzelnen Schritte des Prozesses *Vorabversand mit Kundenkonsignation* werden im System dokumentiert.

11.2 Beispiel

Wir erläutern Ihnen nun den Prozess der Kundenkonsignation mit Vorabversand anhand von PCs, die beim Kunden eingesetzt werden.

Um bei Problemen und Defekten an den eingesetzten PCs schnell reagieren zu können, hat sich Ihr Kunde dazu entschieden, einen Konsignationsbestand an Ersatzteilen für PCs bei sich aufzubauen. Dazu gehören z. B. Teile wie Festplatten oder Tastaturen.

Sie erfassen daher einen Serviceauftrag, um die vom Kunden gewünschten Ersatzteile zu planen und zu verschicken und um bei Kapazitätsengpässen benötigte Technikereinsätze zu planen. Anschließend erzeugen Sie aus dem Serviceauftrag heraus einen Kundenauftrag mit der Verkaufsbelegart KB (Konsi.beschickung). In einem nächsten Schritt legen Sie mit Bezug zum Kundenauftrag eine Lieferung an. Durch die Buchung des Warenausgangs wird ein Kundenkonsignationsbestand aufgebaut.

In Rechnung gestellt werden nur die tatsächlich entnommenen Ersatzteile, alle weiteren Teile bleiben bis zu ihrer Entnahme in Ihrem Eigentum. Die entnommenen Ersatzteile werden aufwandsbezogen fakturiert.

Um zu sehen, welche und vor allem wie viele Teile bei Ihrem Kunden im Konsignationsbestand liegen, bietet Ihnen SAP Listen zur Auswertung an.

11.2.1 Einstellungen zum Prozess

Welche Customizing-Einstellungen Sie im SAP-System vornehmen sollten, um den Prozess durchzuführen, möchten wir Ihnen nun in einem ersten Schritt zeigen. Danach kommen wir auf die einzelnen Prozessschritte zu sprechen.

In Abbildung 11.1 sehen Sie einen Ausschnitt der erlaubten Auftragsarten je Verkaufsorganisation.

Abbildung 11.1 Erlaubte Auftragsarten je Verkaufsorganisation (Transaktion SPRO)

Für unseren Beispielprozess ist die Verkaufsbelegart KB (Konsi.beschickung) von Bedeutung, die der Verkaufsorganisation Y100 zugeordnet ist.

Transaktionen in den Bildunterschriften	[+]
In den Bildunterschriften sind die jeweiligen Transaktionen aufgeführt, die Sie aufrufen müssen, um zu dieser Ansicht zu gelangen. Die entsprechenden Menüpfade finden Sie im Anhang.	

Für die Verkaufsbelegart KB ist der Positionstyp KBN von Bedeutung (Eintrag KONSI.BESCHICKUNG, siehe auch Abbildung 11.2). Dieser ist weder für die Preisfindung noch für die Faktura relevant.

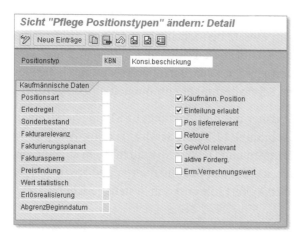

Abbildung 11.2 Ausschnitt aus den Einstellungen zum Positionstyp KBN (Transaktion SPRO)

Darüber hinaus führen Sie die beim Kunden im Einsatz befindlichen PCs als Equipments im System. Auf diese greifen Sie, wenn Sie einen Servicebeleg anlegen, zu.

11.2.2 Prozessablauf

Unser Prozess besteht aus den im Folgenden aufgeführten Schritten. Wir beginnen dabei mit der Erfassung einer Servicemeldung.

1. Anlegen einer Servicemeldung
2. Anlegen eines Serviceauftrags
3. Anlegen eines Kundenauftrags für die Konsignationsbeschickung
4. Anlegen der Lieferung
5. Anzeige des Konsignationsbestands

6. Rückmeldung des Serviceauftrags
7. Buchung der Konsignationsentnahme
8. Anzeige des Konsignationsbestands
9. Istkosten und technischer Abschluss des Serviceauftrags
10. Erzeugen der Lastschriftanforderungspositionen (DPP)
11. Erzeugen der Faktura
12. Abrechnung und kaufmännischer Abschluss
13. Anzeige der Istkosten in der Kostenrechnung

Wir gehen nun detaillierter auf die einzelnen Schritte ein.

Der Kunde INSTITUT FÜR UMWELTFORSCHUNG (Kundennummer 1032) möchte, um bei Problemen mit den im Einsatz befindlichen PCs schnell reagieren zu können, einen Konsignationsbestand an PC-Ersatzteilen aufbauen. Diese werden, je nach Problem und verfügbaren Kapazitäten, entweder durch eigenes IT-Personal oder durch einen Servicetechniker entnommen und eingebaut.

Im *ersten Schritt* erfassen Sie daher mit der Meldungsart S1 eine Servicemeldung im ERP-System (siehe Abbildung 11.3). Die Servicemeldung dient gleichzeitig als Dokument, um Störungen und Defekte, die durch einen angeforderten Servicetechniker behoben wurden, zu dokumentieren und auszuwerten. Sie wird unter der Nummer 200000915 in unserem System gesichert.

Abbildung 11.3 Servicemeldung anlegen (Transaktion IW51)

Im *zweiten Schritt* können Sie nun aus der Servicemeldung heraus einen Serviceauftrag mit der Auftragsart SM02 (Serviceauftrag mit Erlösen) anlegen (siehe Abbildung 11.4). Der Serviceauftrag besitzt zunächst noch den Status EROF (eröffnet).

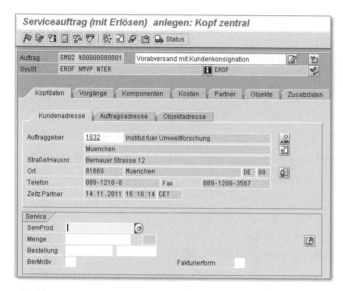

Abbildung 11.4 Serviceauftrag anlegen (Transaktion IW52)

Auf der Registerkarte KOMPONENTEN müssen die Komponenten, die vorab zum Kunden versandt werden, hinterlegt werden (siehe Abbildung 11.5). Der Anwender trägt die einzelnen Bedarfsmengen pro Komponente ein. Nach Vervollständigung der Angaben zu Lagerort und Werk pro Position kann, falls gewünscht, die Komponentenverfügbarkeit über den Button MATERIALVERFÜGBARKEIT PRÜFEN ( ) geprüft werden.

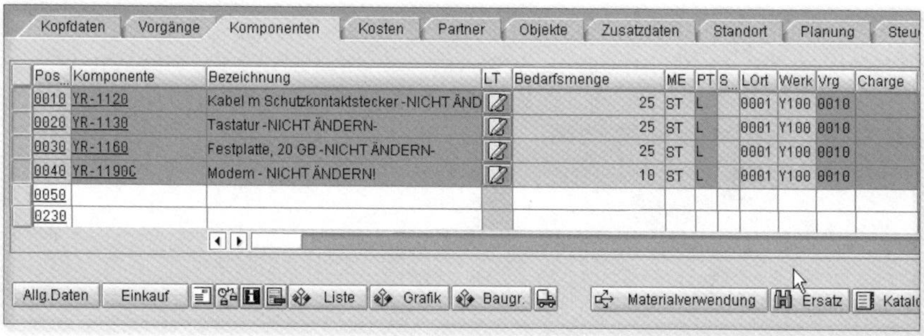

Abbildung 11.5 Komponentenübersicht im Serviceauftrag (Transaktion IW52)

Die Registerkarte KOSTEN weist die Plankosten des Serviceauftrags aus (siehe auch Abbildung 11.6). Dabei werden alle bis dato geplanten Kosten, wie z. B. Material oder Gemeinkostenzuschläge, berücksichtigt.

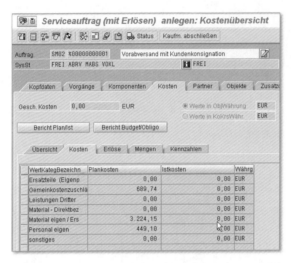

Abbildung 11.6 Serviceauftrag anlegen (Transaktion IW52)

Hat der Service alle notwendigen Daten im Auftrag gepflegt, kann dieser freigegeben werden. Das System prüft unter anderem die Abrechnungsvorschrift (Systemstatus ABRV). In unserem Beispiel wird der Serviceauftrag unter der Nummer 502983 im System angelegt.

Im *dritten Schritt* wird der Kundenauftrag für die Konsignationsbeschickung angelegt. Dies geschieht aus dem Serviceauftrag heraus. Der Kundenauftrag benötigt dabei die in Abbildung 11.7 dargestellten Organisationsdaten des Vertriebs. Diese werden in der Regel aus dem Stammsatz des Bezugsobjekts in den Servicebeleg übernommen. Um zu prüfen, welche Organisationsdaten bereits vorhanden sind bzw. welche Daten noch nachgepflegt werden müssen, wählen Sie im Menü des Serviceauftrags ZUSÄTZE • VERTRIEBSDATEN.

Abbildung 11.7 Vertriebsdaten im Serviceauftrag (Transaktion IW32)

Wie bereits beschrieben, wird der Kundenauftrag für die Konsignationsbeschickung aus dem Serviceauftrag heraus angelegt. Auf der Registerkarte KOMPONENTEN des Serviceauftrags (siehe Abbildung 11.5) finden Sie unterhalb der Komponentenübersicht den Button VORABVERSAND (🚚). Wenn Sie diesen anklicken, erscheint das in Abbildung 11.8 dargestellte Pop-up, das die Parameter für den Vorabversand enthält.

Wie Sie sehen, ist KB (Konsi.beschickung) die relevante Verkaufsbelegart für den Beispielprozess. Darüber hinaus übernimmt das System die Organisationsdaten des Vertriebs, die an dieser Stelle nicht geändert werden können.

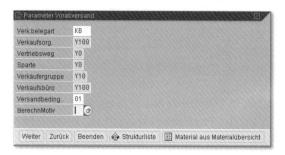

Abbildung 11.8 Parameter Vorabversand (Transaktion IW32)

Aus dem Serviceauftrag werden die einzelnen Komponenten mit den entsprechenden Mengen in den Kundenauftrag übernommen. Der zugehörige Positionstyp im Kundenauftrag lautet KBN (Konsi.beschickung).

Die Komponenten verbleiben so lange im Eigentum des eigenen Unternehmens, bis sie vor Ort entnommen und eingebaut werden. Aus diesem Grund kann der Kundenauftrag, wie auch Abbildung 11.9 zeigt, keinen Wert ausweisen.

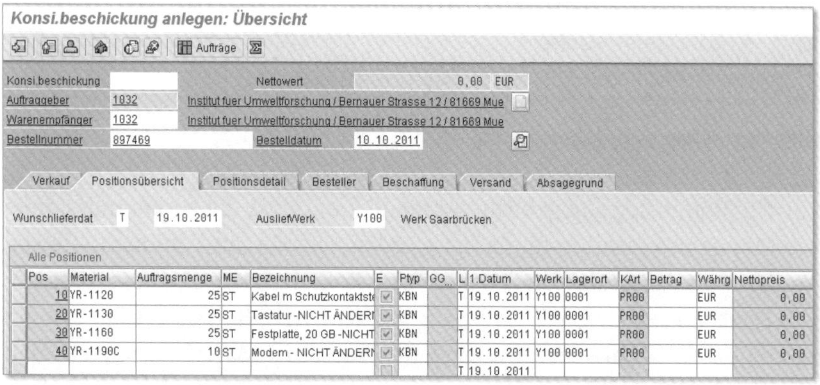

Abbildung 11.9 Kundenauftrag zur Konsignationsbeschickung anlegen (Transaktion VA01)

Der Kundenauftrag für die Konsignationsbeschickung wird unter der Nummer 14138 im System angelegt.

Sie sehen in Abbildung 11.10 den Belegfluss zur Servicemeldung. Alle bisher in unserem Prozess erzeugten Belege werden aufgelistet.

Abbildung 11.10 Belegfluss des Serviceauftrags (Transaktion IW33)

Mit Bezug zum Kundenauftrag 14138 legt der Versand im *vierten Schritt* eine Lieferung über die Transaktion VL01N (Lieferung anlegen) an. Diese sehen Sie auch in Abbildung 11.11.

Abbildung 11.11 Lieferung Kundenkonsignation (Transaktion VL01N)

Bevor der Warenausgang gebucht werden kann, muss die zu kommissionierende Menge pro Position hinterlegt werden. Der Gesamtkommissionierstatus ändert sich daraufhin von A (zu kommissionieren) auf C (voll kommissioniert). Danach kann der Warenausgang gebucht werden. Das System erzeugt dabei einen Materialbeleg. Dieser hält fest, dass Material vom eigenen Bestand in den Kundenkonsignationsbestand umgebucht wurde. Folgebelege ins Rechnungswesen enthält der Materialbeleg zu diesem Zeitpunkt des Prozesses noch nicht.

Die Lieferung zum Kundenauftrag wird unter der Nummer 80016761 im System angelegt. In Abbildung 11.12 können Sie den Materialbeleg, der zur Warenausgangsbuchung erzeugt wurde, im Belegfluss der Lieferung sehen.

Abbildung 11.12 Belegfluss der Lieferung (Transaktion VL02N)

Abbildung 11.13 zeigt den Materialbeleg 4900008717. Die Bewegungsart 631 weist zusammen mit dem Sonderbestandskennzeichen W einen Zugang in den Kundenkonsignationsbestand aus.

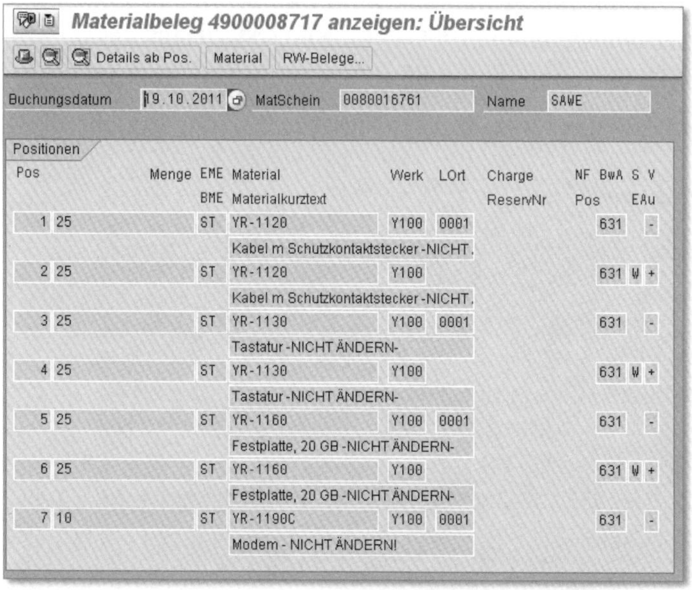

Abbildung 11.13 Anzeige des Materialbelegs (Transaktion MB03)

Der Kundenkonsignationsbestand lässt sich im *fünften Schritt* mithilfe der Transaktion MB58 (Kundenkonsignations- und Leihgutbestände) anzeigen. Abbildung 11.14 weist den Konsignationsbestand des Kunden 1032 (INSTITUT FÜR UMWELTFORSCHUNG) aus. Die Mengen der einzelnen Komponenten entsprechen dabei den Mengen der zuvor durchgeführten Warenausgangsbuchung.

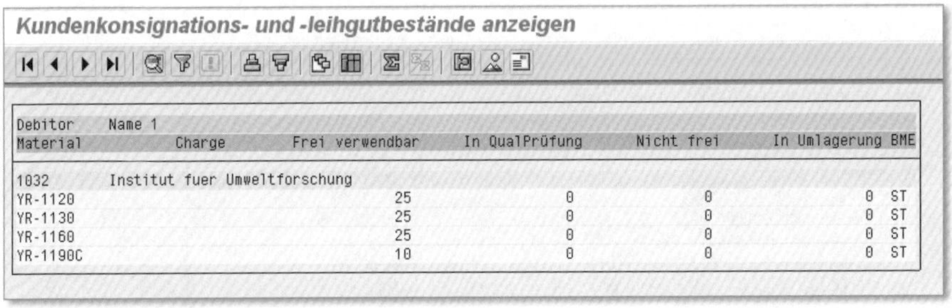

Abbildung 11.14 Anzeige des Kundenkonsignationsbestands (Transaktion MB58)

Im Beispielprozess wurden einzelne PC-Ersatzteile durch den eigenen Servicetechniker Ihres Unternehmens aus dem Konsignationsbestand entnommen und eingebaut. Die dafür benötigten Zeiten werden im *sechsten Schritt* durch die Serviceabteilung auf den Serviceauftrag rückgemeldet (siehe Abbildung 11.15). Die Serviceabteilung erhält dafür vom Servicetechniker einen Rückmeldeschein, auf dem er die relevanten Daten festgehalten hat.

Der technische Abschluss des zugehörigen Serviceauftrags wird, wenn keine weiteren offenen Arbeiten mehr anstehen, anschließend durchgeführt.

Abbildung 11.15 Rückmeldung des Serviceauftrags (Transaktion IW42)

Die Konsignationsentnahme der PC-Ersatzteile wird, wie Abbildung 11.16 zeigt, in einem separaten Schritt über die Transaktion MB1A (Warenausgang Sonstige) gebucht. Dies ist der *siebte Schritt*. Die Entnahme erfolgt mit der Bewegungsart 261 und dem Sonderbestandskennzeichen W (WA Auftrag aus Kundenkonsignation) auf den Serviceauftrag 502983.

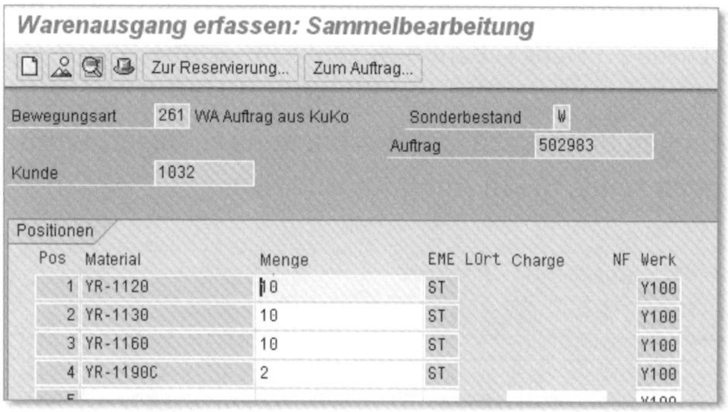

Abbildung 11.16 Warenausgang zum Serviceauftrag (Transaktion MB1A)

Durch die Entnahme und den Einbau der PC-Ersatzteile wird der Kundenkonsignationsbestand abgebaut. Gleichzeitig findet ein Übergang der Komponenten in das Eigentum des Kunden und somit eine Bewertung der einzelnen Materialien statt. Diesen Umstand zeigt auch Abbildung 11.17.

Abbildung 11.17 Anzeige des Materialbelegs (Transaktion MB03)

Der bei der Warenausgangsbuchung erzeugte Materialbeleg 4900008718 verweist auf die Folgebelege im Rechnungswesen – wie z. B. auf den Buchhaltungsbeleg oder den Kostenrechnungsbeleg. Eine Liste der Belege im Rechnungswesen erhalten Sie, wenn Sie auf den Button RW-BELEGE klicken.

Entnahme und Reduzierung des Kundenkonsignationsbestands lassen sich auch mithilfe der Transaktion MB58 (Kundenkonsignations- und Leihgutbestände) nachvollziehen. Diese Ansicht schauen Sie sich im *achten Schritt* an. In Abbildung 11.18 sehen Sie nochmals den Konsignationsbestand zum Kunden 1032, der um die Mengen der Warenausgangsbuchung reduziert wurde (die ursprünglichen Mengen sehen Sie in Abbildung 11.14).

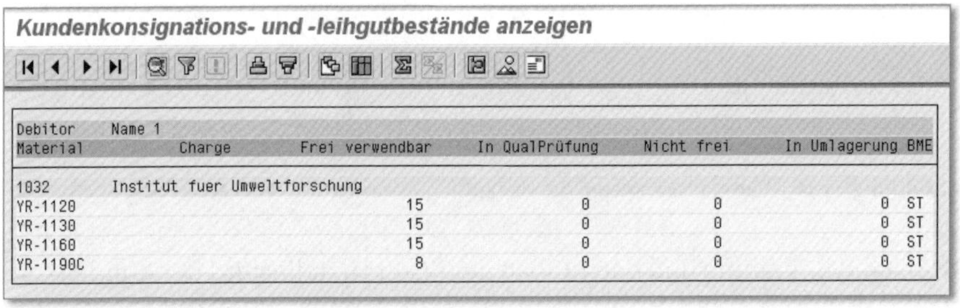

Kundenkonsignations- und -leihgutbestände anzeigen						
Debitor Material	Name 1 Charge	Frei verwendbar	In QualPrüfung	Nicht frei	In Umlagerung	BME
1032 YR-1120 YR-1130 YR-1160 YR-1190C	Institut fuer Umweltforschung	15 15 15 8	0 0 0 0	0 0 0 0	0 0 0 0	ST ST ST ST

Abbildung 11.18 Anzeige des Kundenkonsignationsbestands (Transaktion MB58)

Sowohl die Rückmeldung als auch die Entnahmebuchung der Konsignationskomponenten werden im Belegfluss des Serviceauftrags 502983 festgehalten. Dies zeigt Ihnen auch Abbildung 11.19.

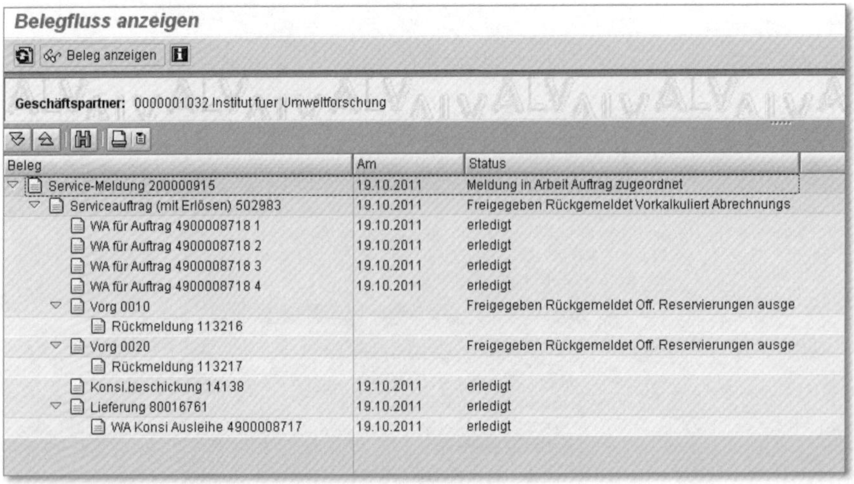

Belegfluss anzeigen		
Beleg	Am	Status
▽ Service-Meldung 200000915	19.10.2011	Meldung in Arbeit Auftrag zugeordnet
▽ Serviceauftrag (mit Erlösen) 502983	19.10.2011	Freigegeben Rückgemeldet Vorkalkuliert Abrechnungs
WA für Auftrag 4900008718 1	19.10.2011	erledigt
WA für Auftrag 4900008718 2	19.10.2011	erledigt
WA für Auftrag 4900008718 3	19.10.2011	erledigt
WA für Auftrag 4900008718 4	19.10.2011	erledigt
▽ Vorg 0010		Freigegeben Rückgemeldet Off. Reservierungen ausge
Rückmeldung 113216		
▽ Vorg 0020		Freigegeben Rückgemeldet Off. Reservierungen ausge
Rückmeldung 113217		
Konsi.beschickung 14138	19.10.2011	erledigt
▽ Lieferung 80016761	19.10.2011	erledigt
WA Konsi Ausleihe 4900008717	19.10.2011	erledigt

Abbildung 11.19 Belegfluss des Serviceauftrags (Transaktion IW32)

Die durch die Rückmeldung und durch die Konsignationsentnahme entstandenen Istkosten werden auf dem Serviceauftrag sichtbar. In Abbildung 11.20 sehen Sie den Ausweis der Istkosten für den Verbrauch der Rohstoffe und für die vom Servicetechniker zurückgemeldeten Zeiten. Die Istkosten betragen 1.167,98 EUR für den Materialeinsatz und 486,53 EUR für den Einsatz des Servicetechnikers.

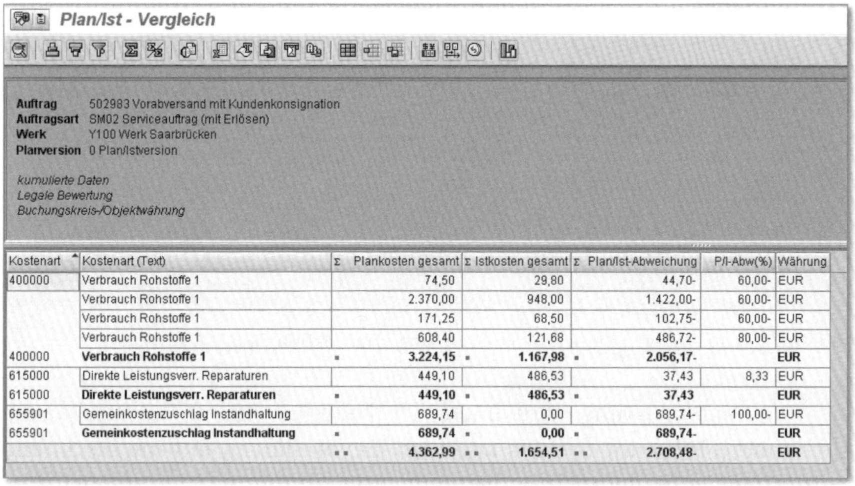
Plan/Ist - Vergleich

Auftrag 502983 Vorabversand mit Kundenkonsignation
Auftragsart SM02 Serviceauftrag (mit Erlösen)
Werk Y100 Werk Saarbrücken
Planversion 0 Plan/Istversion

kumulierte Daten
Legale Bewertung
Buchungskreis-/Objektwährung

Kostenart	Kostenart (Text)	Σ Plankosten gesamt	Σ Istkosten gesamt	Σ Plan/Ist-Abweichung	P/I-Abw(%)	Währung
400000	Verbrauch Rohstoffe 1	74,50	29,80	44,70-	60,00-	EUR
	Verbrauch Rohstoffe 1	2.370,00	948,00	1.422,00-	60,00-	EUR
	Verbrauch Rohstoffe 1	171,25	68,50	102,75-	60,00-	EUR
	Verbrauch Rohstoffe 1	608,40	121,68	486,72-	80,00-	EUR
400000	**Verbrauch Rohstoffe 1**	▪ **3.224,15**	▪ **1.167,98**	▪ **2.056,17-**		**EUR**
615000	Direkte Leistungsverr. Reparaturen	449,10	486,53	37,43	8,33	EUR
615000	**Direkte Leistungsverr. Reparaturen**	▪ **449,10**	▪ **486,53**	▪ **37,43**		**EUR**
655901	Gemeinkostenzuschlag Instandhaltung	689,74	0,00	689,74-	100,00-	EUR
655901	**Gemeinkostenzuschlag Instandhaltung**	▪ **689,74**	▪ **0,00**	▪ **689,74-**		**EUR**
		▪▪ **4.362,99**	▪▪ **1.654,51**	▪▪ **2.708,48-**		**EUR**

Abbildung 11.20 Kostenübersicht des Serviceauftrags (Transaktion IW32)

Der Serviceauftrag wird nun technisch abgeschlossen *(neunter Schritt)*. Die zugrunde liegende Servicemeldung wird gleichzeitig mit abgeschlossen. Datum und Uhrzeit werden dabei festgehalten (siehe Abbildung 11.21).

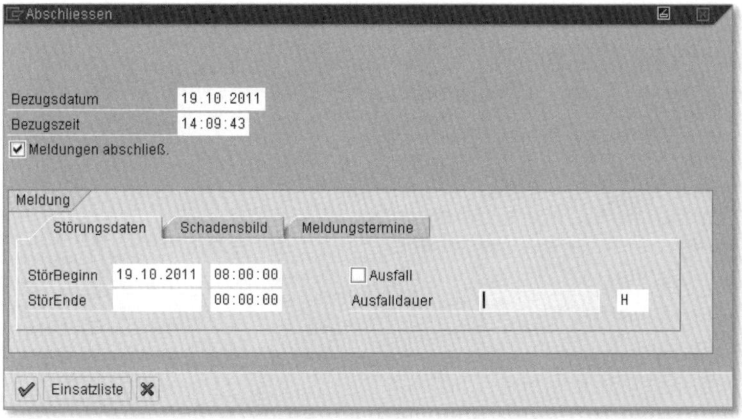

Abbildung 11.21 Technischer Abschluss des Serviceauftrags (Transaktion IW32)

Über den Dynamischen Postenprozessor (DPP) wird eine Fakturaanforderung erstellt. In Abbildung 11.22 sehen Sie die Aufwandssicht des DPP. Diese zeigt die angefallenen Kosten des Serviceauftrags auf Basis der zurückgemeldeten Zeiten und entnommenen Komponenten. Die durch den Servicetechniker zurückgemeldeten Zeiten werden dabei in verdichteter Form dargestellt.

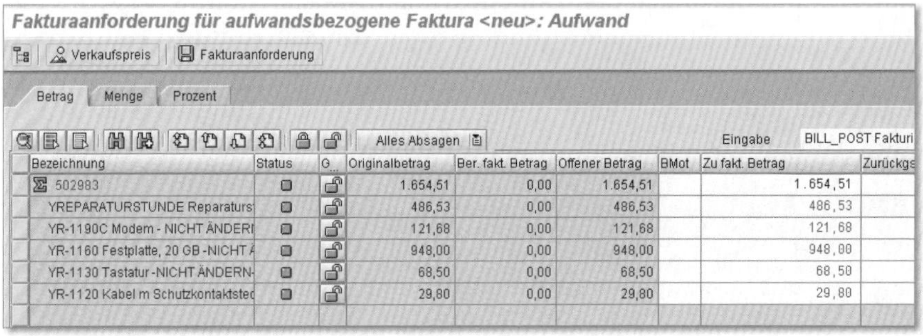

Abbildung 11.22 Anlegen der Fakturaanforderung (Transaktion DP90)

Die Fakturaanforderung wird unter der Nummer 70000096 (siehe auch Abbildung 11.23) im System angelegt. Bevor die eigentliche Rechnung erzeugt wird, prüft der Sachbearbeiter die Fakturaanforderung auf inhaltliche Richtigkeit und entfernt die Fakturasperre (LASTSCHRIFT PRÜFEN).

Abbildung 11.23 Anlegen der Fakturaanforderung (Transaktion VA02)

Nach Erzeugung der Fakturaanforderung wird die eigentliche Rechnung erstellt. Dies geschieht im *zehnten Schritt*. Abbildung 11.24 zeigt die Anlage der Faktura mit der Belegart L2 (Lastschrift). In Rechnung gestellt werden die Zeiten des eingesetzten Servicetechnikers sowie die aus dem Kundenkonsignationsbestand entnommenen Ersatzteile.

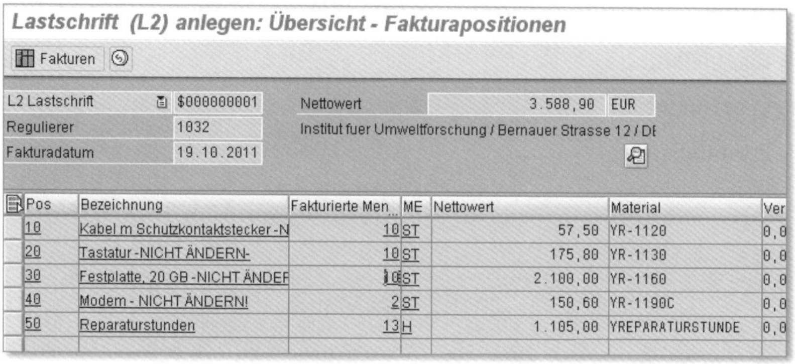

Abbildung 11.24 Anlegen der Faktura (Transaktion VF01)

Die Faktura wird unter der Nummer 90038637 in unserem System angelegt. Auch das Erzeugen der Fakturaanforderung sowie die Erstellung der Lastschrift werden im Belegfluss des Serviceauftrags dokumentiert (siehe Abbildung 11.25).

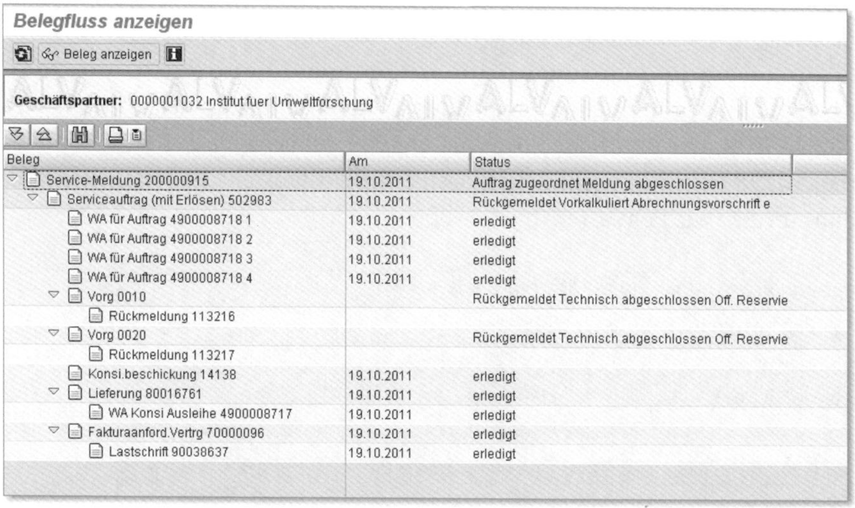

Abbildung 11.25 Belegfluss des Serviceauftrags (Transaktion IW32)

11 | Vorabversand mit Kundenkonsignation

Die noch ausstehende Berechnung der Gemeinkostenzuschläge zum Serviceauftrag wird mit der Transaktion KGI2 (Ist-Zuschlagsberechnung Auftrag) durchgeführt. Die Abrechnung und der anschließende kaufmännische Abschluss sind der *elfte Schritt* in diesem Beispielprozess.

In Abbildung 11.26 können Sie erkennen, aus welchen einzelnen Preiselementen sich der Gemeinkostenzuschlag zusammensetzt:

- 10 % Eigenleistung
- 20 % Lagermaterial
- 20 % Fremdleistung

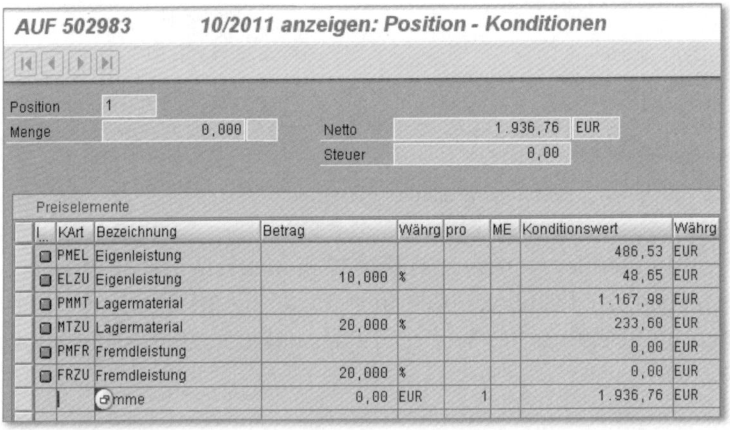

Abbildung 11.26 Ist-Zuschlagsberechnung des Serviceauftrags (Transaktion KGI2)

Als Ergebnis ermittelt das System einen Gemeinkostenzuschlag in Höhe von 282,25 EUR, der unter der Kostenart 655901 gebucht wird. Der Serviceauftrag 502983 wird entsprechend belastet, die Kostenstelle 4300 (siehe Abbildung 11.27) wird entlastet.

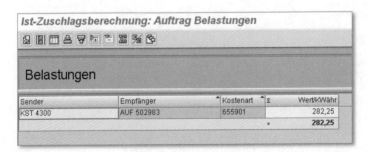

Abbildung 11.27 Ist-Zuschlagsberechnung des Serviceauftrags (Transaktion KGI2)

Beispiel | 11.2

Der ermittelte Gemeinkostenzuschlag in Höhe von 282,25 EUR wird auch im Plan-/Ist-Vergleich des empfangenden Serviceauftrags 502983 ausgewiesen (siehe Abbildung 11.28).

Plan/Ist - Vergleich

Auftrag 502983 Vorabversand mit Kundenkonsignation
Auftragsart SM02 Serviceauftrag (mit Erlösen)
Werk Y100 Werk Saarbrücken
Planversion 0 Plan/Istversion

kumulierte Daten
Legale Bewertung
Buchungskreis-/Objektwährung

Kostenart	Kostenart (Text)	Σ Plankosten gesamt	Σ Istkosten gesamt	Σ Plan/Ist-Abweichung	P/I-Abw(%)	Währung
400000	Verbrauch Rohstoffe 1	74,50	29,80	44,70-	60,00-	EUR
	Verbrauch Rohstoffe 1	2.370,00	948,00	1.422,00-	60,00-	EUR
	Verbrauch Rohstoffe 1	171,25	68,50	102,75-	60,00-	EUR
	Verbrauch Rohstoffe 1	608,40	121,68	486,72-	80,00-	EUR
400000	**Verbrauch Rohstoffe 1**	**3.224,15**	**1.167,98**	**2.056,17-**		**EUR**
615000	Direkte Leistungsverr. Reparaturen	449,10	486,53	37,43	8,33	EUR
615000	**Direkte Leistungsverr. Reparaturen**	**449,10**	**486,53**	**37,43**		**EUR**
655901	Gemeinkostenzuschlag Instandhaltung	689,74	282,25	407,49-	59,08-	EUR
655901	**Gemeinkostenzuschlag Instandhaltung**	**689,74**	**282,25**	**407,49-**		**EUR**
800000	Umsatzerloese Inland Eigenerzeugnisse	3.588,90-	3.588,90-	0,00		EUR
800000	**Umsatzerloese Inland Eigenerzeugnisse**	**3.588,90-**	**3.588,90-**	**0,00**		**EUR**
		774,09	1.652,14-	2.426,23-		EUR

Abbildung 11.28 Plan-/Ist-Vergleich des Serviceauftrags (Transaktion IW32)

Die Abrechnung des Serviceauftrags erfolgt an die Ergebnis- und Marktsegmentrechnung (CO-PA). Daher ist in der Abrechnungsvorschrift des Serviceauftrags das Ergebnisobjekt 140618 als Empfänger der Kosten zu finden. Zur Abrechnung der Kosten wird die Transaktion KO88 (Ist-Abrechnung Auftrag) genutzt.

Das System ermittelt, wie auch Abbildung 11.29 zeigt, einen Gesamtwert von 1.652,14 EUR, der auf das oben angeführte Ergebnisobjekt abgerechnet wird.

Ist-Abrechnung Auftrag Detailliste

Grundliste | Sender | Empfänger | Rechnungswesenbelege | AbrechnVors

Detailliste - abgerechnete Werte

Sender	Kurztext Sender	Empfänger	Σ Wert/KW	Inform.
AUF 502983	Vorabversand mit Kundenkonsignation	ERG 0000140618	1.652,14-	
			1.652,14-	

Abbildung 11.29 Ist-Abrechnung des Serviceauftrags (Transaktion KO88)

Nach der Abrechnung hat der Serviceauftrag einen Saldo von 0. Diese Kostensituation sehen Sie auch in Abbildung 11.30.

11 | Vorabversand mit Kundenkonsignation

Auftrag	502983 Vorabversand mit Kundenkonsignation
Auftragsart	SM02 Serviceauftrag (mit Erlösen)
Werk	Y100 Werk Saarbrücken
Planversion	0 Plan/Istversion

kumulierte Daten
Legale Bewertung
Buchungskreis-/Objektwährung

Kostenart	Kostenart (Text)	Σ	Plankosten gesamt	Σ Istkosten gesamt	Σ Plan/Ist-Abweichung	P/I-Abw(%)	Währung
400000	Verbrauch Rohstoffe 1		74,50	29,80	44,70-	60,00-	EUR
	Verbrauch Rohstoffe 1		2.370,00	948,00	1.422,00-	60,00-	EUR
	Verbrauch Rohstoffe 1		171,25	68,50	102,75-	60,00-	EUR
	Verbrauch Rohstoffe 1		608,40	121,68	486,72-	80,00-	EUR
400000	**Verbrauch Rohstoffe 1**	■	**3.224,15** ■	**1.167,98** ■	**2.056,17-**		EUR
615000	Direkte Leistungsverr. Reparaturen		449,10	486,53	37,43	8,33	EUR
615000	**Direkte Leistungsverr. Reparaturen**	■	**449,10** ■	**486,53** ■	**37,43**		EUR
650000	Auftragsabrechnung		0,00	2.820,12	2.820,12		EUR
	Auftragsabrechnung		0,00	29,80-	29,80-		EUR
	Auftragsabrechnung		0,00	948,00-	948,00-		EUR
	Auftragsabrechnung		0,00	68,50-	68,50-		EUR
	Auftragsabrechnung		0,00	121,68-	121,68-		EUR
650000	**Auftragsabrechnung**	■	**0,00** ■	**1.652,14** ■	**1.652,14**		EUR
655901	Gemeinkostenzuschlag Instandhaltung		689,74	282,25	407,49-	59,08-	EUR
655901	**Gemeinkostenzuschlag Instandhaltung**	■	**689,74** ■	**282,25** ■	**407,49-**		EUR
800000	Umsatzerloese Inland Eigenerzeugnisse		3.588,90-	3.588,90-	0,00		EUR
800000	**Umsatzerloese Inland Eigenerzeugnisse**	■	**3.588,90-** ■	**3.588,90-** ■	**0,00**		EUR
		■ ■	**774,09** ■ ■	**0,00** ■ ■	**774,09-**		EUR

Abbildung 11.30 Kostenübersicht des Serviceauftrags (Transaktion IW32)

Der Serviceauftrag kann nach der Abrechnung kaufmännisch abgeschlossen werden und erhält den Status ABGS (abgeschlossen).

In der Kostenrechnung können mithilfe der Transaktion KOB1 (Aufträge Einzelposten Istkosten anzeigen) (siehe Abbildung 11.31), die einzelnen Belege zu den entstandenen Istkosten eingesehen werden. Dies ist der letzte und *zwölfte Schritt* in unserem Prozess.

[+] Konsignationsabholung

Es gibt zwei Möglichkeiten, um Komponenten eines Kundenkonsignationsbestands wieder dem eigenen Bestand zuzuführen.

- Im SAP-System wird ein Kundenauftrag mit der Belegart KA (Konsignationsabholung) angelegt. Mit Bezug zum Kundenauftrag wird eine Lieferung mit – um nur eine Möglichkeit zu nennen – der Belegart LR (Retourenanlieferung) erzeugt, die eine Wareneingangsbuchung mit der Bewegungsart 632 (W) nach sich zieht.
- Im Lager wird eine manuelle Buchung mithilfe der Transaktion MB1B (Umbuchung erfassen) durchgeführt.

Aufträge Einzelposten Istkosten anzeigen							

```
Anzeigevariante        /ZIAS_LIBE
Auftrag                502983      Vorabversand mit Kundenkonsign
K.Währung              EUR         Euro
```

Belegnummer	Kostenart	Kostenartenbezeichn.	Σ	Wert/BWähr	GME	G	Gegenkonto
200180485	400000	Verbr. Rohstoffe 1		29,80	ST	M	300000
200180485		Verbr. Rohstoffe 1		948,00	ST	M	300000
200180485		Verbr. Rohstoffe 1		68,50	ST	M	300000
200180485		Verbr. Rohstoffe 1		121,68	ST	M	300000
900063387	615000	DILV Reparaturen		374,25	STD		
900063388		DILV Reparaturen		112,28	STD		
600055570	650000	AABR Auftragsabr.		29,80-			
600055570		AABR Auftragsabr.		948,00-			
600055570		AABR Auftragsabr.		68,50-			
600055570		AABR Auftragsabr.		121,68-			
600055570		AABR Auftragsabr.		3.588,90			
600055570		AABR Auftragsabr.		768,78-			
700004717	655901	GMKZ PM Aufträge		282,25			
200180486	800000	Umsatzerloese Inland		57,50-	ST	D	1032
200180486		Umsatzerloese Inland		175,80-	ST	D	1032
200180486		Umsatzerloese Inland		2.100,00-	ST	D	1032
200180486		Umsatzerloese Inland		150,60-	ST	D	1032
200180486		Umsatzerloese Inland		1.105,00-	H	D	1032
Auftrag 502983 Vorabversand mit Kundenkonsignation			▪	0,00			
			▪▪	0,00			

Abbildung 11.31 Anzeige der Einzelposten der Istkosten (Transaktion KOB1)

11.3 Zusammenfassung

Sie haben in diesem Kapitel ein Beispiel für den Prozess »Vorabversand mit Kundenkonsignation« kennengelernt. Sie haben erfahren, welche Customizing-Einstellungen Sie verwenden müssen und welche Vertriebsparameter vorhanden sein müssen, damit der Prozess reibungslos im System abgebildet werden kann. Ebenso konnten Sie einen Einblick in die Abbildung der Kosten gewinnen.

In diesem Kapitel zeigen wir Ihnen ein praktisches Beispiel zu einer Ersatzteillieferung. Der Kunde meldet Ihnen ein beschädigtes Equipment, Sie erfassen daraufhin eine Servicemeldung zum gemeldeten Schaden und liefern die Ersatzteile an Ihren Kunden.

12 Ersatzteillieferung

SAP bietet Ihnen die Möglichkeit, Ihrem Kunden Ersatzteile zum Selbsteinbau zu schicken. Die Disposition eines Servicetechnikers ist hierbei nicht immer erforderlich; Sie liefern lediglich die Ersatzteile und stellen diese anschließend Ihrem Kunden in Rechnung.

Der Prozess der Ersatzteillieferung wird über die Module »Kundenservice«, »Vertrieb«, »Finanzwesen« und »Controlling« hinweg abgebildet.

12.1 Betriebswirtschaftliche Grundlagen

Am Prozess der Ersatzteillieferung sind verschiedene Parteien beteiligt. Zum einen gibt es den Kunden, der bei Ihnen anruft, um ein defektes Gerät zu melden. Zum anderen disponieren oder beschaffen Sie mögliche Ersatzteile und liefern diese an Ihren Kunden aus. Dann gibt es unter Umständen noch das Unternehmen, das Ihrem Kunden das technische Objekt verkauft hat.

Der Ersatzteilversand ohne Technikereinsatz wird ohne Serviceauftrag abgebildet, dafür allerdings mit Servicemeldung und Kundenauftrag. Sie verschicken Ersatzteile an Ihren Kunden und fakturieren diese. Die Faktura wird im SAP-System mit Bezug zur Lieferung angelegt. Schickt der Kunde eventuell Teile zurück, muss dies über eine Gutschrift im System abgebildet werden. Kosten und Erlöse, die während des Prozesses anfallen, werden über den SD-Auftrag in die Ergebnisrechnung, also nach CO-PA, überführt.

12.2 Beispiel

Wir zeigen Ihnen nun den Prozess der Ersatzteillieferung ohne Servicetechnikereinsatz. Für einen bei Ihnen als defekt gemeldeten PC möchten Sie Ihrem Kunden Ersatzteile zum Selbsteinbau liefern. Da keine Servicetechniker zu disponieren sind, müssen Sie lediglich die Teile liefern und in Rechnung stellen.

Sie erfassen hierfür eine Servicemeldung zu dem als defekt gemeldeten Equipment. Aus der Servicemeldung heraus legen Sie einen Kundenauftrag mit der Verkaufsbelegart ZERS (Ersatzteilauftrag) an. Anschließend generieren Sie eine Lieferung zum Ersatzteilauftrag, kommissionieren die Lieferung und buchen schließlich den Warenausgang. Mit der Erstellung der Faktura und dem Abschluss der Meldung im Service runden Sie schließlich den Prozess ab.

12.2.1 Einstellungen im Customizing

Um einen Kundenauftrag aus der Servicemeldung heraus anlegen zu können, müssen Sie folgende Einstellungen im Customizing des Kundenservices und des Vertriebs vornehmen.

Sie ordnen im Kundenservice eine SD-Verkaufsbelegart der CS-Meldungsart zu. In diesem Fall ist dies die Verkaufsbelegart ZERS (Ersatzteilauftrag), die der Meldungsart S1 (Servicemeldung) zugeordnet ist (siehe Abbildung 12.1).

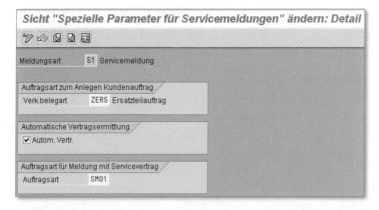

Abbildung 12.1 Zuordnung der Verkaufsbelegart zur Meldungsart (Transaktion OIM9)

> **Transaktionen in den Bildunterschriften** [+]
>
> In den Bildunterschriften sind die jeweiligen Transaktionen aufgeführt, die Sie aufrufen müssen, um zu dieser Ansicht zu gelangen. Die zu den Transaktionscodes passenden Menüpfade finden Sie im Anhang.

Die Verkaufsbelegart ZERS (Ersatzteilauftrag) muss im Customizing des Vertriebs dem Vertriebsbereich zugeordnet sein, in dem sie verwendet wird. Diese Zuordnung sehen Sie auch in Abbildung 12.2.

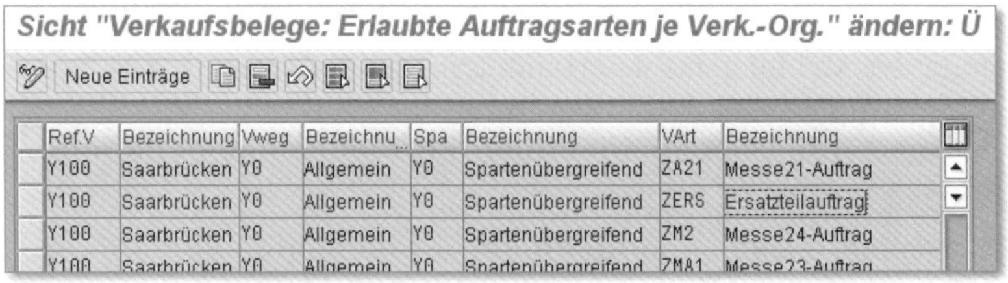

Abbildung 12.2 Erlaubte Auftragsarten je Vertriebsbereich (Transaktion SPRO)

Darüber hinaus müssen zur Verkaufsbelegart Positionstypen definiert werden. Diese steuern, ob eine Position lieferrelevant bzw. relevant für die Faktura ist.

12.2.2 Prozessablauf

Der Prozess besteht aus den im Folgenden aufgeführten Schritten: Der erste Schritt stellt die Ausgangslage des Prozesses dar. Sie erfassen in einer Servicemeldung das vom Kunden als defekt gemeldete Gerät, das in Ihrem System als Equipment abgebildet ist. Da der Kunde die Ersatzteile selbst einbauen möchte, verzichten Sie auf das Anlegen eines Serviceauftrags. Stattdessen generieren Sie einen Kundenauftrag aus der Meldung heraus und hinterlegen die benötigten Ersatzteile. Mithilfe der im Anschluss generierten Lieferung buchen Sie den Warenausgang der Ersatzteile und legen die Lieferpapiere bei. Die Faktura, mit der Sie dem Kunden die Ersatzteile in Rechnung stellen, bildet das Ende der logistischen Kette. Im Einzelnen sind für die Ersatzteillieferung also folgende Schritte notwendig:

1. Erfassen der Servicemeldung
2. Anlegen des Kundenauftrags zur Servicemeldung
3. Anlegen der Ersatzteillieferung
4. Kommissionierung der Ersatzteillieferung

5. Buchen des Warenausgangs
6. Fakturierung der Ersatzteillieferung
7. Anzeige Einzelposten-Ist
8. Abschluss der Servicemeldung

Schaut man sich diese Schritte etwas genauer an, stellt sich folgender Ablauf dar. Im *ersten Schritt* erfassen Sie die Servicemeldung: Der Kunde HITECH AG (Kundennummer 1171) meldet einen seiner PCs als defekt. Sie erfassen daraufhin eine Servicemeldung mit der Meldungsart S1 und hinterlegen den defekten PC als Equipment (siehe Abbildung 12.3). Das System ergänzt weitere Daten in der Meldung aus dem Stammsatz des Equipments, z. B. Standort- oder Kontierungsdaten.

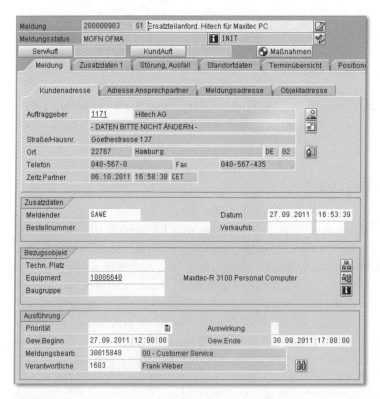

Abbildung 12.3 Servicemeldung anlegen (Transaktion IW51)

Aufgrund des zugeordneten Berichtsschemas im Stammsatz des Equipments besteht die Möglichkeit, über einen Code das defekte Objektteil sowie mögliche Ursachen oder Maßnahmen näher zu beschreiben.

Die Strukturliste, in die Sie aus der Meldung heraus über den gleichnamigen Button verzweigen können, zeigt Ihnen den Aufbau des Equipments und somit die möglichen Ersatzteile an (siehe Abbildung 12.4).

```
Ändern Servicemeldung: Strukturliste

Equipment       10006640                                Gültig ab       27.09.2011
Bezeichnung     Maxitec-R 3100 Personal Computer
▽ 10006640      Maxitec-R 3100 Personal Computer
  ▽ YR-1001     Maxitec-R 3100 Personal Computer                     1 ST
    YR-1111     Hauptplatine M-3100 -NICHT ÄNDERN-        L          1 ST
    YR-1120     Kabel m Schutzkontaktstecker -NICHT ÄND-  L          1 ST
    YR-1130     Tastatur, englisch -NICHT ÄNDERN-         L          1 ST
    YR-1140     TFT Bildschirm, 17"1 -NICHT ÄNDERN-       L          1 ST
    YR-1150     Disketten Laufwerk, 3,5", HD                         1 ST
    YR-1160     Festplatte, 20 GB -NICHT ÄNDERN-          L          1 ST
    YR-1170     Slimline PC-Gehäuse -NICHT ÄNDERN-        L          1 ST
    YR-1180C    CD-ROM-Laufwerk mit Label   NICHT ÄNDERN! L          1 ST
    YR-1190C    Modem - NICHT ÄNDERN!                                1 ST
```

Abbildung 12.4 Strukturliste zum Equipment (Transaktion IW52)

Um einen Kundenauftrag aus der Servicemeldung heraus anlegen zu können, müssen Organisationsdaten zum Vertrieb zwingend vorhanden sein. Wählen Sie im Menü der Servicemeldung ZUSÄTZE • ORGANISATION, um zu prüfen, ob die benötigten Daten vorhanden sind.

Es erscheint dann das in Abbildung 12.5 dargestellte Pop-up. Wurden die Organisationsdaten bereits im Stammsatz des Equipments gepflegt, werden diese automatisch in die Servicemeldung übernommen.

Abbildung 12.5 Organisationsdaten der Servicemeldung (Transaktion IW52)

Die Servicemeldung wird anschließend unter der Belegnummer 200000903 in unserem System gesichert.

Im *zweiten Schritt* wird der Kundenauftrag zur Servicemeldung angelegt: Über den Button KUNDAUFT im Kopf der Servicemeldung (siehe Abbildung

12.3) legen Sie für den Vertrieb den benötigten Ersatzteilauftrag an. Die Positionsübersicht ALLE POSITIONEN auf der Registerkarte VERKAUF enthält die Ersatzteile, die Ihr Kunde angefordert hat (siehe Abbildung 12.6).

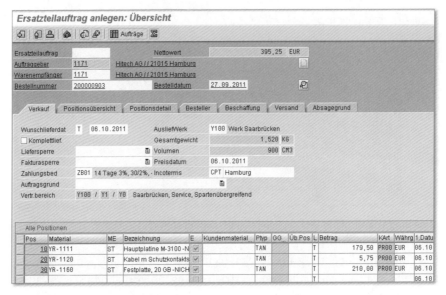

Abbildung 12.6 Ersatzteilauftrag anlegen (Transaktion VA01)

Der Ersatzteilauftrag wird unter der Belegnummer 14106 in unserem System gesichert.

Der Belegfluss in der Servicemeldung bzw. dem Kundenauftrag sieht nun folgendermaßen aus (siehe Abbildung 12.7). Der Ersatzteilauftrag 14106 wurde der Servicemeldung 200000903 zugeordnet.

Abbildung 12.7 Belegfluss des Kundenauftrags (Transaktion VA02)

Im *dritten Schritt* wird die Ersatzteillieferung vom Versand angelegt, dies geschieht mit Bezug zum Ersatzteilauftrag 14106 und mithilfe der Transaktion VL01N (Lieferung anlegen, siehe Abbildung 12.8). Die Lieferung hat die Belegnummer 80016742.

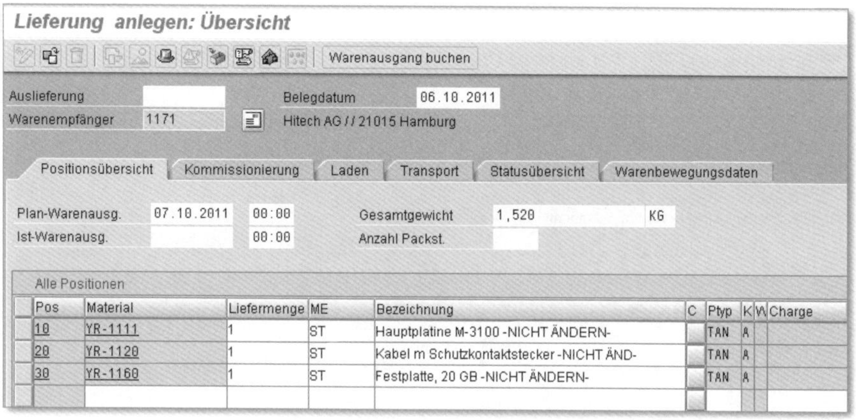

Abbildung 12.8 Ersatzteillieferung anlegen (Transaktion VL01N)

Die Lieferung ist relevant für die Kommissionierung. Die Kommissionierung wird im *vierten Schritt* durchgeführt. Sind die Ersatzteile auf Lager verfügbar, können im Versand die Kommissioniermengen im Lieferbeleg eingetragen und die Versandpapiere erzeugt werden.

Nachdem die kompletten Kommissioniermengen eingetragen wurden, weist das Feld GESSTATKOMMISS (für Gesamtstatus Kommissionierung) den Status C (voll kommissioniert) aus (siehe Abbildung 12.9).

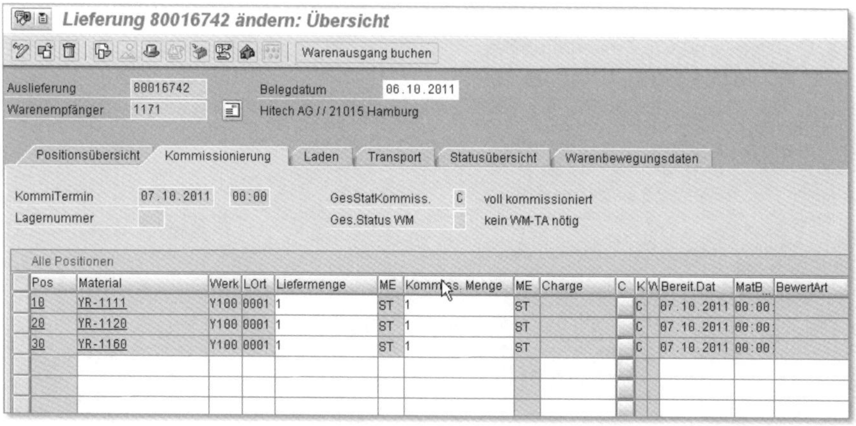

Abbildung 12.9 Kommissionierung der Ersatzteillieferung (Transaktion VL02N)

Anschließend wird der Warenausgang für die Ersatzteile gebucht, das geschieht im *fünften Schritt*. Die Statusübersicht in der Lieferung sieht nach der Buchung des Warenausgangs wie folgt aus (siehe Abbildung 12.10).

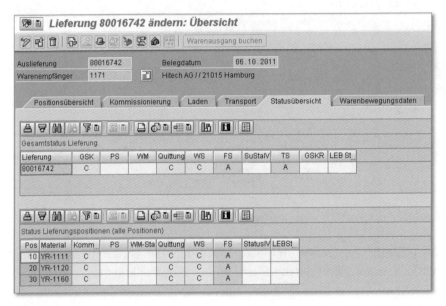

Abbildung 12.10 Statusübersicht der Lieferung (Transaktion VL02N)

Für alle drei Lieferungspositionen stehen der Kommissionierstatus (Spalte KOMM.) und der Warenbewegungsstatus (Spalte WS) auf C, für VOLLSTÄNDIG BEARBEITET.

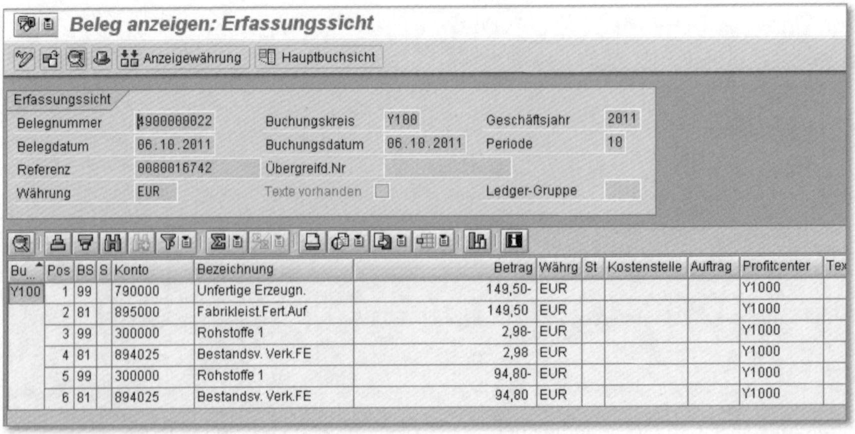

Abbildung 12.11 Anzeige des Buchhaltungsbelegs im Warenausgang (Transaktion MB03)

Dass die Faktura noch nicht erzeugt wurde, sehen Sie am Fakturastatus A (für NICHT BEARBEITET) in der Spalte FS auf der Registerkarte STATUSÜBERSICHT. Abbildung 12.11 zeigt den zugehörigen Buchhaltungsbeleg zum Warenausgang. Die einzelnen Komponenten werden mit dem Bewertungspreis des zugehörigen Materialstamms ausgewiesen.

Lassen Sie sich den Belegfluss zur Servicemeldung nochmals anzeigen, sehen Sie, dass die Belege für Lieferung und Warenausgang hinzugekommen sind (siehe Abbildung 12.12).

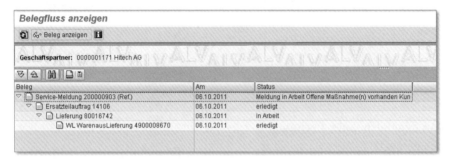

Abbildung 12.12 Belegfluss zur Servicemeldung (Transaktion IW52)

Im *sechsten Schritt* erfolgt die Fakturierung der Ersatzteillieferung. Abbildung 12.13 zeigt die Anlage der lieferbezogenen Faktura mit der Belegart F2 (RECHNUNG). Es werden alle drei Ersatzteilkomponenten in Rechnung gestellt, die Sie Ihrem Kunden haben zukommen lassen.

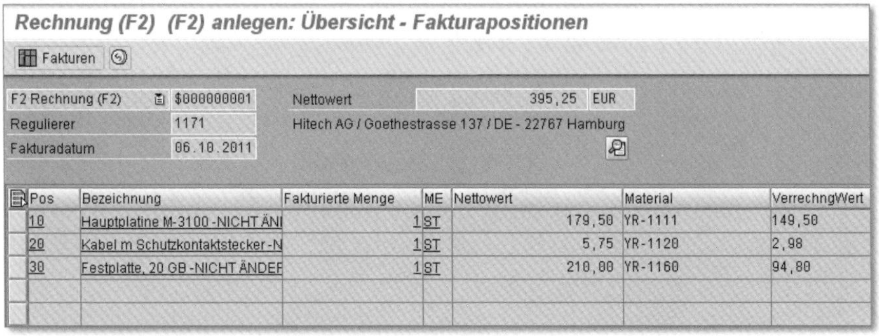

Abbildung 12.13 Faktura anlegen (Transaktion VF01)

Die Faktura wird unter der Belegnummer 90038624 in unserem System angelegt.

12 | Ersatzteillieferung

Wenn Sie sich jetzt wieder den Belegfluss zur Servicemeldung anzeigen lassen (siehe Abbildung 12.14), sehen Sie, dass nun auch die Rechnungsnummer mit ausgewiesen wird.

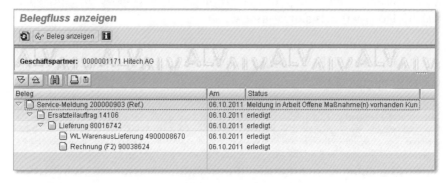

Abbildung 12.14 Belegfluss zur Servicemeldung (Transaktion IW52)

Mit dem Buchen der Rechnung werden gleichzeitig Belege im Rechnungswesen erzeugt.

- Zu diesen Belegen gehört zum einen der Buchhaltungsbeleg, den wir Ihnen in Abbildung 12.15 zeigen.
- Zum anderen werden bei der Erzeugung der Faktura aber auch Belege in der Ergebnisrechnung generiert. Ein Beispiel hierfür finden Sie in Abbildung 12.16.

Abbildung 12.15 Anzeige des Buchhaltungsbelegs in der Faktura (Transaktion VF03)

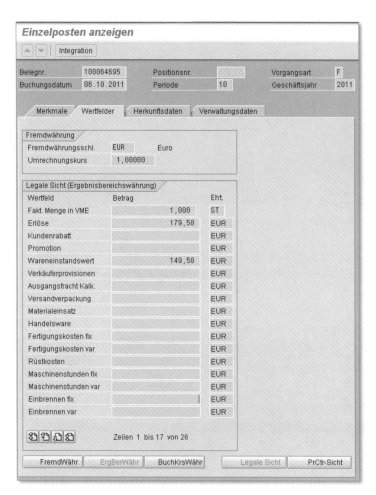

Abbildung 12.16 Anzeige des Belegs in der Ergebnisrechnung (Transaktion VF03)

In Abbildung 12.16 sehen Sie neben der fakturierten Menge auch die erzielten Erlöse bzw. den Wareneinstandswert. Zu den Merkmalen für die Ergebnisermittlung in CO-PA zählen Kunden oder Artikel ebenso wie die Verkaufsorganisation oder die Produkthierarchie. Alle weiteren Merkmale finden Sie auf der Registerkarte MERKMALE.

Mithilfe der Liste der Ist-Einzelposten können Sie im *siebten Schritt* alle Buchungen auswerten, die in die Ergebnisrechnung übergeleitet werden. Das System listet Ihnen alle Abrechnungen auf, die in dem von Ihnen selektierten Zeitraum vorgenommen wurden (siehe Abbildung 12.17). Jede Buchung wird unter einer eigenen Belegnummer gespeichert.

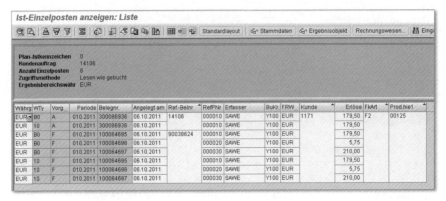

Abbildung 12.17 Anzeige der Ist-Einzelposten (Transaktion KE24)

Nach Lieferung der Ersatzteile und erfolgter Fakturierung können Sie im letzten und *achten Schritt* auch die Servicemeldung abschließen (siehe Abbildung 12.18).

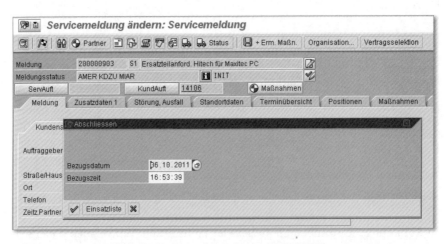

Abbildung 12.18 Abschluss der Servicemeldung (Transaktion IW52)

Sollten in der Servicemeldung allerdings noch offene Maßnahmen vorhanden sein, müssen Sie diese zunächst noch abschließen, bevor Sie die komplette Meldung abschließen können. Ebenso können Sie in der Servicemeldung durchgeführte Aktionen zu Dokumentations- und Auswertungszwecken hinterlegen. Der Abschluss einer Meldung erfolgt immer mit Bezugszeit und Bezugsdatum.

12.3 Zusammenfassung

Wir haben Ihnen in diesem Kapitel ein Beispiel für eine Ersatzteillieferung vorgestellt. Dieses Beispiel zeigt aber nicht alle Möglichkeiten, die Ihnen das SAP-System an dieser Stelle bietet. Sie können, wenn zusätzlich noch ein oder mehrere Servicetechniker zum Einsatz kommen, zur besseren Planung und Ausführung der einzelnen Vorgänge einen Serviceauftrag in den Prozessablauf integrieren. Der Serviceauftrag muss dann rückgemeldet und abgeschlossen werden. Darüber hinaus dient der Serviceauftrag dann der Ausweisung der Plan- und Istkosten und fungiert als Kostensammler.

In diesem Kapitel zeigen wir Ihnen ein praktisches Beispiel zur Reparaturabwicklung. Der Kunde reklamiert ein defektes Gerät, das Sie annehmen, prüfen bzw. reparieren und dann wieder an den Kunden zurückschicken.

13 Reparaturabwicklung

SAP bietet Ihnen mit den Einstellungen zur Reparaturabwicklung die Möglichkeit, Ihren Reparaturprozess über die Module »Kundenservice«, »Qualitätsmanagement«, »Vertrieb«, »Einkauf«, »Finanzwesen« und »Controlling« hinweg abzubilden. Wir zeigen Ihnen im Folgenden, wie Sie dazu vorgehen könnten.

13.1 Betriebswirtschaftliche Grundlagen

Bei der Reparaturabwicklung gibt es mehrere Beteiligte. Zum einen gibt es den Kunden, der ein defektes Gerät reklamiert, zum anderen das Unternehmen, das dem Kunden das reklamierte Gerät verkauft hat. Eventuell gibt es auch noch den Lieferanten, der das reklamierte Gerät an das verkaufende Unternehmen geliefert hat. Ansprechpartner des Kunden ist das Unternehmen, das dem Kunden das Gerät verkauft hat.

Reklamiert ein Kunde ein defektes Gerät, müssen in Ihrem Unternehmen mehrere Abteilungen koordiniert zusammenarbeiten, um das Gerät anzunehmen, eine Entscheidung über die Reparatur zu treffen, das reparierte Gerät an den Kunden zurückzusenden und die erbrachte Reparaturleistung dem Kunden in Rechnung zu stellen. Die einzelnen Schritte der Reparatur müssen im System dokumentiert werden.

13.2 Beispiel

Wir erklären Ihnen nun die Reparaturabwicklung mit Gerätematerial und Serviceprodukt anhand einer Wasserpumpe. Aus Kapitel 6, »Retouren und Repa-

13 | Reparaturabwicklung

raturen«, wissen Sie, dass das *Gerätematerial* das Material ist, das repariert werden soll. Das *Serviceprodukt* ist die vom Kunden angeforderte Leistung.

Nehmen wir an, Sie verkaufen Ihrem Kunden eine Wasserpumpe. Nach einiger Zeit meldet sich der Kunde bei Ihrem Kundenservice, da die Pumpe nicht mehr funktioniert. Sie erfassen eine Servicemeldung und geben die Nummer der Meldung als RMA-Nummer (*Return Material Authorization*) an Ihren Kunden weiter. Zur Servicemeldung legen Sie einen Reparaturauftrag mit der Verkaufsbelegart RAS (Reparatur-Service) an. Anschließend führen Sie alle zur Reparatur notwendigen Schritte durch und senden die reparierte Wasserpumpe an Ihren Kunden zurück. Sie stellen dem Kunden die Reparatur aufwandsbezogen in Rechnung. Die Wasserpumpe ist serialnummernpflichtig und wird über ein Equipment in Ihrem System verwaltet.

In Kapitel 6, »Retouren und Reparaturen«, haben wir erklärt, dass die im Reparaturprozess möglichen Schritte vom Reparaturschema abhängen, das dem Positionstyp der Reparaturanforderungsposition zugeordnet ist. In Abbildung 13.1 sehen Sie das Reparaturschema Y001 für unseren Beispielprozess (siehe auch Abbildung 6.6).

Zeitpunkt	Bezeichnung	Vorgang	Bezeichnung	Rück	Manuell	Default
101	Reparaturannahme	101	Retoure		☐	☑
101	Reparaturannahme	104	Leihgerätbeschickung		☐	☐
102	Reparaturstart	102	Reparatur	01	☑	☐
102	Reparaturstart	103	Auslieferung	02	☑	☐
102	Reparaturstart	107	Verschrottung	03	☑	☐
102	Reparaturstart	108	Gutschrift		☐	☐
103	Reparaturrückmeldung	103	Auslieferung	04	☐	☑
103	Reparaturrückmeldung	105	Leihgerätabholung		☐	☐
103	Reparaturrückmeldung	107	Verschrottung	03	☑	☐
103	Reparaturrückmeldung	108	Gutschrift		☐	☐

Abbildung 13.1 Customizing – Reparaturschema (Transaktion SPRO)

Der verwendete Positionstyp YRRS der Reparaturanforderungsposition sieht eine aufwandsbezogene Fakturierung vor. Die Kosten und Erlöse der Reparatur werden auf dieser Position verwaltet.

Die vom Kunden zur Reparatur angelieferten Geräte werden als Kundenauftragsbestand zu dieser Position im System geführt. In Abbildung 13.2 sehen Sie einen Ausschnitt des Customizings für den Positionstyp YRRS (Rep. Service Aufwand).

Auf die Einstellungen der Positionstypen für die Unterpositionen zur Reparaturanforderungsposition werden wir bei den einzelnen Schritten eingehen.

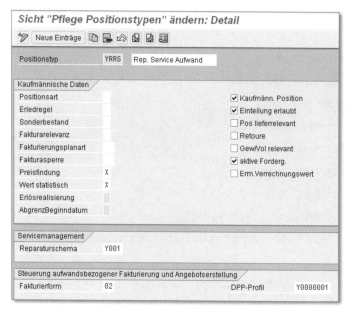

Abbildung 13.2 Customizing – Positionstyp Reparaturanforderungsposition

Anzeigeumfang des Reparaturauftrags [+]

Wenn Sie einen Reparaturauftrag aufrufen, wird Ihnen nur die Reparaturanforderungsposition angezeigt, wenn der Anzeigeumfang der Verkaufsbelegart auf UHAU (Hauptpositionen) steht. Die Unterpositionen zur Reparaturanforderungsposition müssen Sie dann explizit über das Menü einblenden (über den Menüeintrag BEARBEITEN • ANZEIGEUMFANG • ALLE POSITIONEN).
Alternativ dazu können Sie den Anzeigeumfang im Customizing der Verkaufsbelegart auf UALL (alle Positionen) setzen. Diese Einstellung bewirkt, dass neben der Reparaturanforderungsposition auch automatisch alle Unterpositionen im Auftrag angezeigt werden, ohne dass diese über das Menü separat eingeblendet werden müssen.

Unser Prozess besteht aus den folgenden Schritten. Die Schritte 1 bis 6 dienen zur Vorbereitung des Systembeispiels zur Reparaturabwicklung. Die Reparaturabwicklung beginnt in Schritt 7 mit der Erfassung einer Servicemeldung.

1. Erfassen des Kundenauftrags
2. Anlegen der Lieferung

3. Kommissionierung und Vergabe der Serialnummer
4. Buchen des Warenausgangs
5. Anzeige des Equipments
6. Fakturierung
7. Anlegen der Servicemeldung
8. Anlegen des Kundenreparaturauftrags
9. Retourenposition
10. Anlegen der Retourenanlieferung
11. Erfassen der Serialnummer
12. Buchen des Wareneingangs
13. Technische Prüfung
14. Reparaturunterposition und Serviceauftrag
15. Rückmeldung, technischer Abschluss und Rücklieferungsposition
16. Rücklieferung
17. Erzeugung der Lastschriftanforderungsposition (DPP)
18. Fakturierung der Lastschriftanforderungsposition
19. Abrechnung und kaufmännischer Abschluss
20. Abschluss der Servicemeldung

Die Schritte 1 bis 6 werden in Abschnitt 13.2.1, »Verkauf von Wasserpumpen«, die Schritte 7 bis 20 werden in Abschnitt 13.2.2, »Reparaturabwicklung«, erläutert.

13.2.1 Verkauf von Wasserpumpen

Die ersten in diesem Abschnitt dargestellten Schritte bilden den Verkauf von Wasserpumpen an einen Kunden ab. Der Verkauf bildet die Basis für eine spätere Reparaturabwicklung. Die verkauften Wasserpumpen werden als Equipment im System abgebildet. Eine der Pumpen wird später vom Kunden zur Reparatur eingeschickt.

▸ **Schritt 1: Erfassen des Kundenauftrags**
Der Kunde WASSERWERK AM BACH (Kundennummer 66005) bestellt fünf Wasserpumpen mit der Materialnummer Y5000 zum Stückpreis von 2.200,50 EUR. Wir erfassen einen Kundenauftrag, wie in Abbildung 13.3 gezeigt, mit der Auftragsart TA und der Materialnummer Y5000 im System. Das Material Y5000 ist als Lagermaterial in unserem System angelegt.

Der Kundenauftrag wird unter der Belegnummer 13849 in unserem System gesichert.

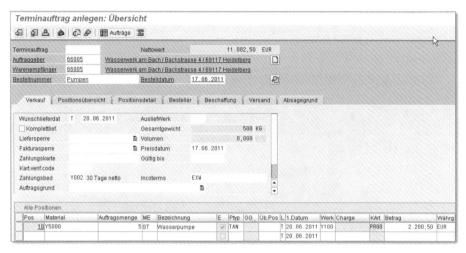

Abbildung 13.3 Kundenauftrag anlegen (Transaktion VA01)

▶ **Schritt 2: Anlegen der Lieferung**
Mit Bezug zum Kundenauftrag 13849 legt der Versand eine Lieferung über die Transaktion VL01N (Lieferung anlegen) an (siehe Abbildung 13.4). Die Lieferung hat die Belegnummer 80016609.

Abbildung 13.4 Lieferung anlegen (Transaktion VL01N)

▶ **Schritt 3: Kommissionierung und Vergabe der Serialnummern**
Das Serialnummernprofil der Wasserpumpe sieht eine Serialnummernpflicht beim Warenausgang vor. Daher werden nach der Pflege der kommissionierten Menge die auszuliefernden Serialnummern im Lieferschein

erfasst (siehe Abbildung 13.5). Das System ist so eingestellt, dass zur Kombination aus Material- und Serialnummer ein Equipmentstammsatz angelegt wird.

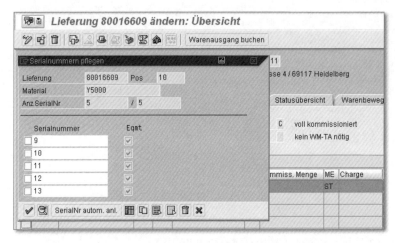

Abbildung 13.5 Serialnummernauswahl der Lieferung (Transaktion VL02N)

▶ **Schritt 4: Buchen des Warenausgangs**
Nachdem die Serialnummern erfasst wurden, wird der Warenausgang für die Wasserpumpen gebucht.

▶ **Schritt 5: Anzeige des Equipments**
Zu den in der Lieferung gepflegten Materialnummern wurden Equipmentstammsätze im System erzeugt. Abbildung 13.6 zeigt das Equipment 10006721 zum Material Y5000 und der Serialnummer 12.

Abbildung 13.6 Anzeige des Equipments (Transaktion IE03)

Beispiel | 13.2

▶ **Schritt 6: Fakturierung**
Nach dem Buchen des Warenausgangs wird die Lieferung fakturiert. Abbildung 13.7 zeigt die manuelle Anlage der Faktura mit der Belegart F2 (Rechnung).

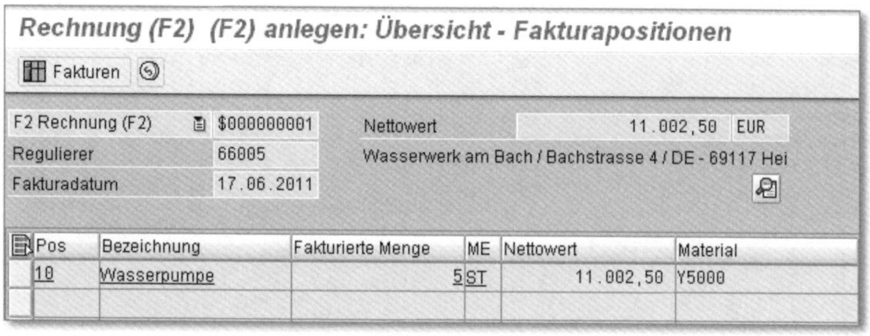

Rechnung (F2) (F2) anlegen: Übersicht - Fakturapositionen			
F2 Rechnung (F2)	$000000001	Nettowert	11.002,50 EUR
Regulierer	66005	Wasserwerk am Bach / Bachstrasse 4 / DE - 69117 Hei	
Fakturadatum	17.06.2011		

Pos	Bezeichnung	Fakturierte Menge	ME	Nettowert	Material
10	Wasserpumpe	5	ST	11.002,50	Y5000

Abbildung 13.7 Faktura anlegen (Transaktion VF01)

Damit ist der Verkaufsprozess für die Wasserpumpen aus Vertriebssicht beendet. Abbildung 13.8 zeigt noch den zugehörigen Buchhaltungsbeleg.

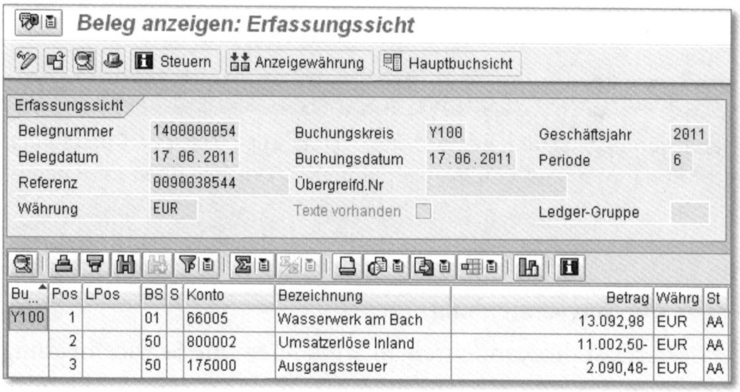

Beleg anzeigen: Erfassungssicht					
Belegnummer	1400000054	Buchungskreis	Y100	Geschäftsjahr	2011
Belegdatum	17.06.2011	Buchungsdatum	17.06.2011	Periode	6
Referenz	0090038544	Übergreifd.Nr			
Währung	EUR	Texte vorhanden		Ledger-Gruppe	

Bu...	Pos	LPos	BS	S	Konto	Bezeichnung	Betrag	Währg	St
Y100	1		01		66005	Wasserwerk am Bach	13.092,98	EUR	AA
	2		50		800002	Umsatzerlöse Inland	11.002,50-	EUR	AA
	3		50		175000	Ausgangssteuer	2.090,48-	EUR	AA

Abbildung 13.8 Buchhaltungsbeleg (Transaktion VF03)

In Abbildung 13.9 sehen Sie den Belegfluss zum Kundenauftrag. Auf die Auszifferung des Buchhaltungsbelegs wird an dieser Stelle verzichtet.

Abbildung 13.9 Belegfluss zum Verkaufsauftrag (Transaktion VA03)

13.2.2 Reparaturabwicklung

Der Kunde hat die Wasserpumpen in seinen Bestand aufgenommen. Beim Einbau einer der fünf gelieferten Wasserpumpen in einem seiner Werke zeigt sich ein Defekt am Motor der Pumpe. Der Motor läuft nicht an. Der Kunde reklamiert die defekte Wasserpumpe telefonisch bei Ihrem Kundenservice. Daraufhin leitet dieser die Reparaturabwicklung in die Wege.

[+] **Hinweis zur folgenden Darstellung**

Wie eingangs angekündigt, ist der Verkauf des Geräts auch Teil der Darstellung (siehe Abschnitt 13.2.1, »Verkauf von Wasserpumpen«). Wir beginnen im Folgenden also bei Schritt 7.

Schritt 7: Anlegen der Servicemeldung

Der Kundenservice erfasst die Kundenreklamation über eine Servicemeldung im System (siehe Abbildung 13.10). Die Nummer der Servicemeldung wird dem Kunden als RMA-Nummer am Telefon mitgeteilt. Der Kunde fügt diese RMA-Nummer seiner Rücksendung bei, damit die Rücklieferung mit Bezug zu dieser Nummer erfasst werden kann.

Beispiel | **13.2**

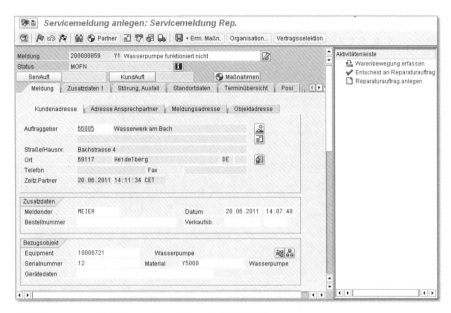

Abbildung 13.10 Meldung anlegen (Transaktion IW51)

Der Anwender im Kundenservice kann direkt beim Anlegen der Servicemeldung einen Reparaturkundenauftrag über die Aktivitätenleiste anlegen. Er kann die Meldung aber auch zuerst sichern und den Reparaturauftrag anschließend anlegen. Die Servicemeldung wird unter der Nummer 200000859 gespeichert.

Schritt 8: Anlegen des Kundenreparaturauftrags

Der Anwender legt aus der Servicemeldung heraus den Reparaturauftrag an. Nach der Auswahl des Punkts REPARATURAUFTRAG ANLEGEN in der Aktivitätenleiste (siehe Abbildung 13.11) öffnet sich ein Pop-up-Fenster, in dem der Anwender die notwendigen Daten zur Reparaturanforderungsposition einpflegen muss.

13 | Reparaturabwicklung

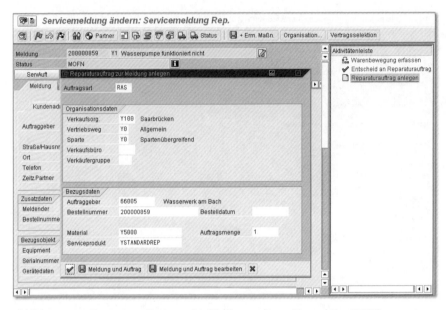

Abbildung 13.11 Reparaturauftrag aus der Meldung anlegen (Transaktion IW52)

Der Anwender erfasst die Reparaturauftragsart RAS (für Reparatur-Service, Feld AUFTRAGSART) und gibt in das Feld SERVICEPRODUKT »YSTANDARDREP« ein. Mit dem Sichern der Servicemeldung (Button [Meldung und Auftrag]) wird der Reparaturkundenauftrag angelegt. Die Nummer der Servicemeldung wird dabei in das Feld BESTELLNUMMER des Reparaturauftrags übernommen. Der Reparaturkundenauftrag wird in unserem Beispiel mit der Belegnummer 13850 angelegt.

Im Belegfluss der Servicemeldung wird der erzeugte Reparaturkundenauftrag angezeigt (siehe Abbildung 13.12).

Abbildung 13.12 Belegfluss der Servicemeldung (Transaktion IW53)

Die Anlage des Reparaturauftrags wird automatisch als Maßnahme in der Servicemeldung hinterlegt (siehe Abbildung 13.13).

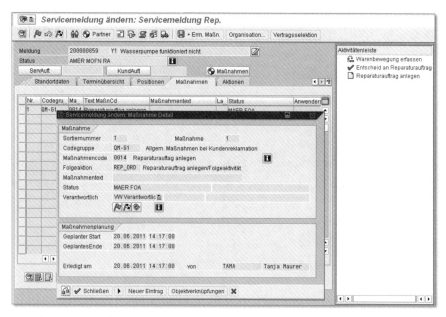

Abbildung 13.13 Maßnahme der Servicemeldung (Transaktion IW53)

Schritt 9: Retourenposition

Laut dem Reparaturschema aus Abbildung 13.1 wird nach dem Anlegen der Reparaturanforderungsposition (Zeitpunkt REPARATURANNAHME) automatisch eine Unterposition für die Retoure erzeugt. Der gefundene Positionstyp ist IRRE (Retoure Reparatur).

Im Auftrag wird beim Einstieg zunächst nur die Hauptposition angezeigt, wie Sie auch in Abbildung 13.14 sehen können.

Abbildung 13.14 Reparaturauftrag ändern (Transaktion VA02)

Die Unterpositionen können Sie sich über BEARBEITEN • ANZEIGEUMFANG • ALLE POSITIONEN einblenden.

Gemäß Reparaturschema wird zunächst Unterposition 10100 mit Positionstyp IRRE (Retoure Reparatur) angezeigt (siehe Abbildung 13.15). Dass die Retourenposition 10100 eine Unterposition zur Reparaturanforderungsposition 10000 ist, erkennen Sie am Eintrag in der Spalte ÜB.POS (Übergeordnete Position).

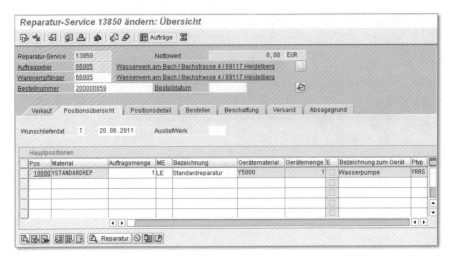

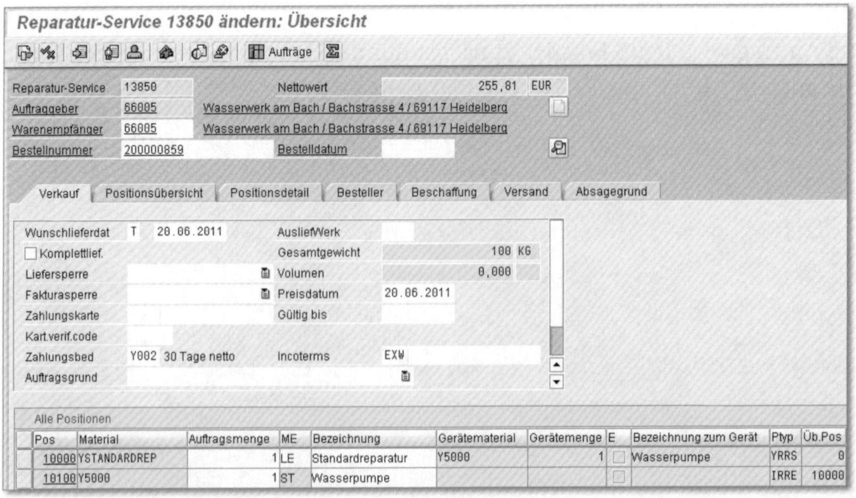

Abbildung 13.15 Auftragspositionen nach der Entscheidung für die Retoure (Transaktion VA02)

Auf der Registerkarte REPARATUR (siehe Abbildung 13.16) können Sie den Fortschritt der Reparatur nachvollziehen. Sie sehen, dass eine Wasserpumpe anzuliefern ist (Bereich GERÄTEDATEN, Feld ANZULIEFERN).

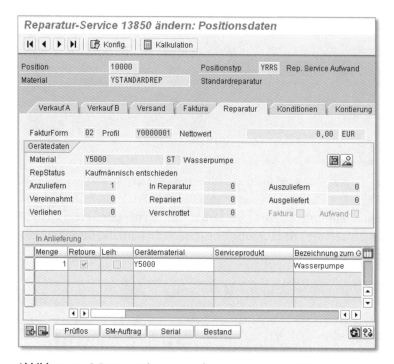

Abbildung 13.16 Reparaturdaten im Auftrag (Transaktion VA02)

Schritt 10: Anlegen der Retourenanlieferung

Nachdem der Kunde Ihnen das zu reparierende Material angeliefert hat, erfassen Sie eine Lieferung mit Bezug zum Reparaturauftrag Um die Lieferung anzulegen, haben Sie zwei Möglichkeiten:

- Transaktion VL01N (Lieferung anlegen)
- Transaktion VRRE (Retourenanlieferung erfassen zum Reparaturauftrag, siehe Abbildung 13.17)

In beiden Transaktionen müssen Sie explizit die Lieferart LR (Retourenanlieferung) manuell eingeben. In der Auftragsart kann immer nur eine Lieferart vorgegeben werden, im Fall der Reparaturauftragsarten ist dies die Lieferart LF zur Auslieferung des reparierten Produkts an den Kunden.

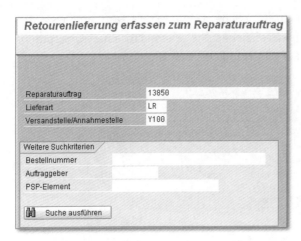

Abbildung 13.17 Einstiegsbildschirm zur Retourenlieferung (Transaktion VRRE)

Die Retourenanlieferung enthält die Daten des Reparaturauftrags (siehe Abbildung 13.18). Unsere Anlieferung erhält beim Sichern die Belegnummer 84000097.

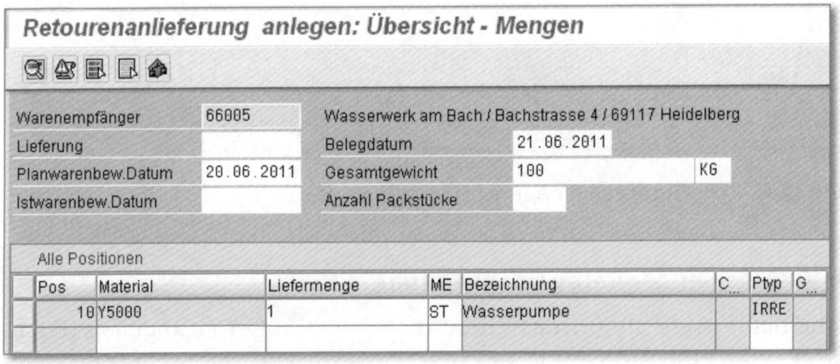

Abbildung 13.18 Anlegen der Retourenanlieferung (Transaktion VRRE)

Schritte 11 und 12: Erfassen der Serialnummer und Buchen des Wareneingangs

Der Versandmitarbeiter kontrolliert die angelieferte Wasserpumpe und erfasst die Serialnummer in der Anlieferung über die Transaktion VL02N im gleichnamigen Feld (siehe Abbildung 13.19).

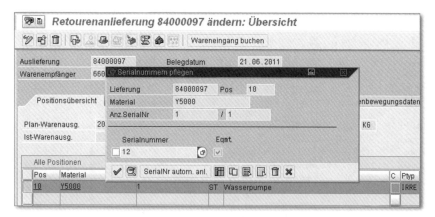

Abbildung 13.19 Erfassen der Serialnummer (Transaktion VL02N)

Nachdem Sie die Serialnummer erfasst haben, können Sie den Wareneingang buchen. Das Material befindet sich danach im Kundenauftragsbestand und wird einer technischen Prüfung unterzogen. Abbildung 13.20 zeigt die Bedarfs-/Bestandsliste zum angelieferten Material.

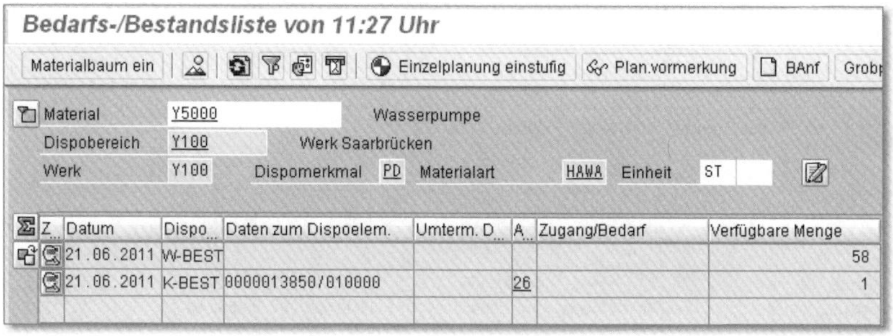

Abbildung 13.20 Bedarfs-/Bestandsliste nach dem Wareneingang (Transaktion MD04)

Schritt 13: Technische Prüfung

Das Ergebnis der technischen Prüfung wird im Kundenauftrag auf der Registerkarte REPARATUR zur Anforderungsposition erfasst. In unserem Fall handelt es sich um die Entscheidung, dass die Wasserpumpe repariert werden soll (siehe Abbildungen 13.21 und 13.22, Tabelle unter KAUFMÄNNISCHE ENTSCHEIDUNG: REPARATURSTART).

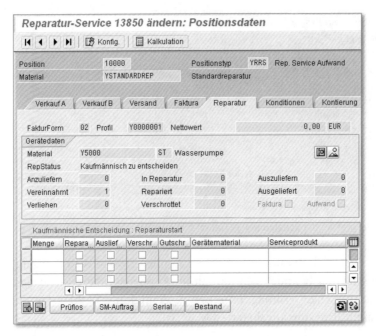

Abbildung 13.21 Bildschirm vor Erfassung des Ergebnisses der technischen Prüfung (Transaktion VA02)

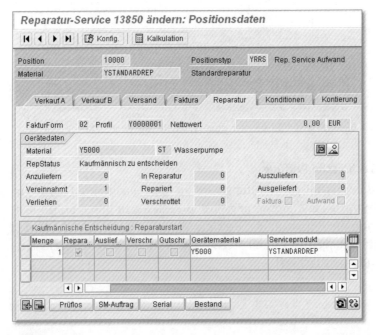

Abbildung 13.22 Bildschirm nach Erfassung des Ergebnisses der technischen Prüfung (Transaktion VA02)

Schritt 14: Reparaturunterposition und Serviceauftrag

Der Zeitpunkt REPARATURSTART wird durch die Entscheidung zur Reparatur erreicht. Beim Rücksprung aus dem Reparaturbild (Registerkarte REPARATUR) in die Auftragsübersicht (Registerkarte VERKAUF) wird die Unterposition STANDARDREPARATUR angelegt. Diese löst über die ermittelte Bedarfsklasse den Serviceauftrag aus (siehe Abbildung 13.23).

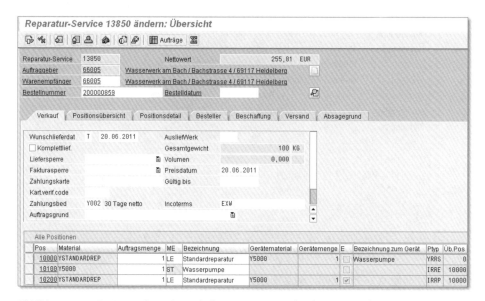

Abbildung 13.23 Positionsübersicht nach der Reparaturentscheidung (Transaktion VA02)

Auf dem Reparaturbild erkennen Sie im Bereich GERÄTEDATEN nun, dass eine Wasserpumpe vom Kunden zurückgeschickt (Feld VEREINNAHMT) wurde und sich in Reparatur befindet (Feld IN REPARATUR in Abbildung 13.24).

Der Serviceauftrag wird durch die für die Unterposition ermittelte Bedarfsart erzeugt. Abbildung 13.25 zeigt den erzeugten Serviceauftrag im Belegfluss des Reparaturauftrags.

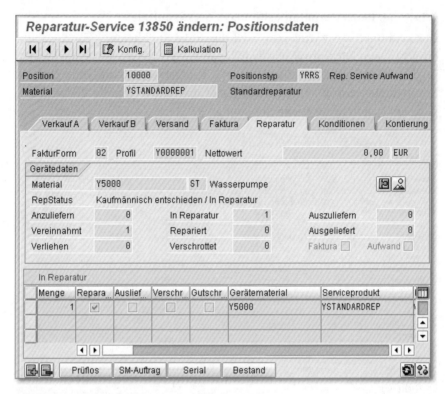

Abbildung 13.24 Reparaturdetails (Transaktion VA02)

Abbildung 13.25 Belegfluss (Transaktion IW53)

Den Serviceauftrag 502902 selbst zeigt Abbildung 13.26, er wurde mit der Auftragsart SM03 angelegt.

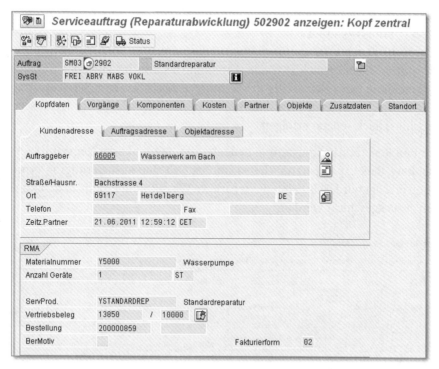

Abbildung 13.26 Anzeige des Serviceauftrags (Transaktion IW33)

Der Serviceauftrag weist Plankosten in einer Gesamthöhe von 255,81 EUR aus (siehe Abbildung 13.27). Diese setzen sich aus 232,55 EUR Personalkosten und 23,26 EUR für Gemeinkostenzuschläge zusammen.

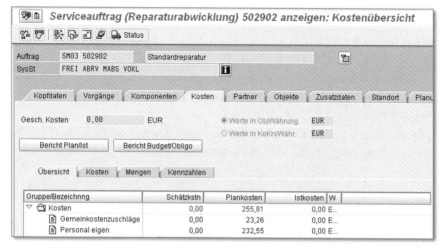

Abbildung 13.27 Plankosten des Serviceauftrags (Transaktion IW33)

Schritt 15: Rückmeldung, technischer Abschluss und Rücklieferungsposition

Wurde die Reparatur ausgeführt, werden die geleisteten Stunden auf den Serviceauftrag zurückgemeldet (siehe Abbildung 13.28). Im Zuge der Gesamtrückmeldung kann gleichzeitig der technische Abschluss zum Serviceauftrag gesetzt werden (Button TECHN. ABSCHLUSS). Alternativ kann der technische Abschluss auch separat erfolgen.

Für den Reparaturkundenauftrag bedeutet der Zeitpunkt der Reparaturrückmeldung, dass laut Reparaturschema automatisch eine Auslieferungsunterposition erzeugt wird. Das heißt, die reparierte Wasserpumpe kann an den Kunden zurückgeschickt werden.

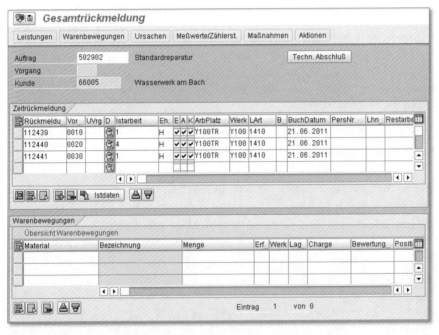

Abbildung 13.28 Rückmeldung des Serviceauftrags (Transaktion IW42)

Es fielen mehr Stunden als geplant an, was auch der Ausweis der Istkosten im Serviceauftrag zeigt (siehe Abbildung 13.29).

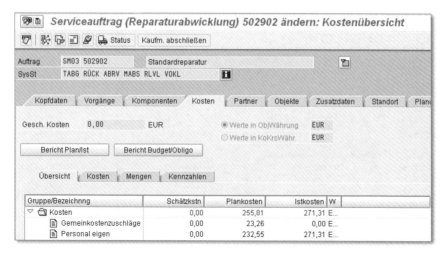

Abbildung 13.29 Kosten des Serviceauftrags (Transaktion IW32)

Im Reparaturkundenauftrag wird automatisch eine Unterposition zur Auslieferung der reparierten Wasserpumpe erzeugt. Dieser Unterposition ist der Positionstyp IRAL (Ausliefern Reparatur) zugeordnet (siehe Abbildung 13.30).

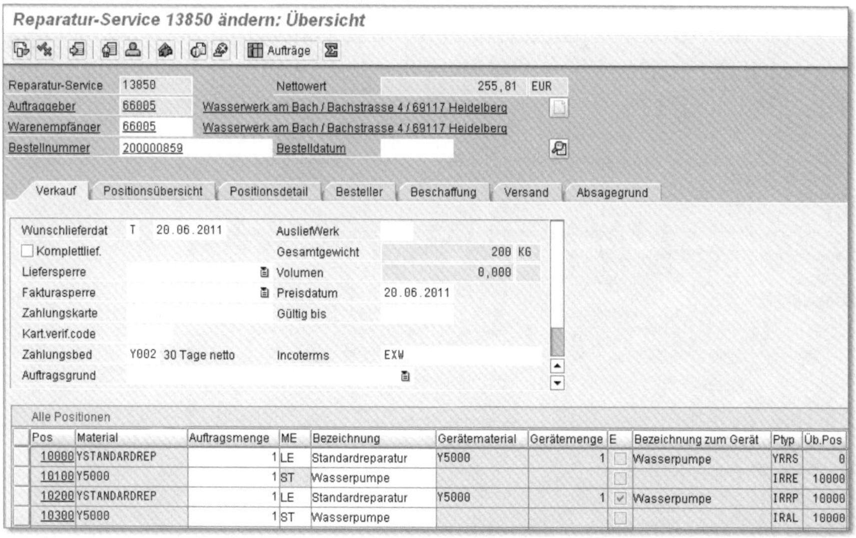

Abbildung 13.30 Reparaturauftragspositionen nach der Rückmeldung (Transaktion VA02)

Auf der Registerkarte REPARATUR können Sie im Bereich GERÄTEDATEN ebenfalls erkennen, dass eine Wasserpumpe repariert wurde und dass diese auszuliefern ist (Feld AUSZULIEFERN in Abbildung 13.31).

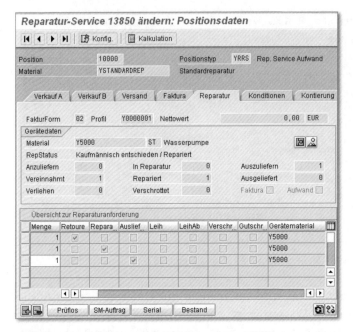

Abbildung 13.31 Reparaturübersicht (Transaktion VA02)

Der Systemstatus im Reparaturkundenauftrag lautet nach der Rückmeldung bzw. nach dem technischen Abschluss des Serviceauftrags REPA (REPARIERT, siehe Abbildung 13.32).

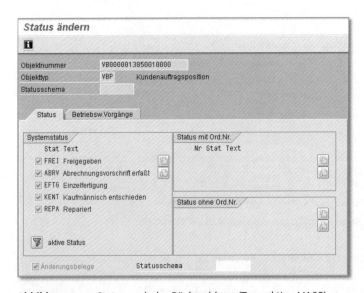

Abbildung 13.32 Status nach der Rückmeldung (Transaktion VA02)

Schritt 16: Rücklieferung

Die über das Reparaturschema erzeugte Auslieferungsposition kann nun über die Transaktion VL01N (Auslieferung mit Auftragsbezug anlegen) an den Kunden geliefert werden. Dabei wird die Serialnummer der Wasserpumpe automatisch in die Lieferung mit übernommen (siehe Abbildung 13.33).

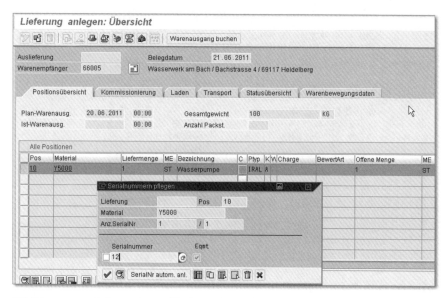

Abbildung 13.33 Anlegen der Rücklieferung (Transaktion VL01N)

Nach der Kommissionierung (Gesamtstatus C: VOLL KOMMISSIONIERT) wird der Warenausgang der Wasserpumpe gebucht. Der auf diese Weise erzeugte Materialbeleg wird, wie alle anderen Belege auch, im Belegfluss des Reparaturkundenauftrags ausgewiesen (siehe Abbildung 13.34).

Abbildung 13.34 Belegfluss der Rücklieferung (Transaktion VA03)

Auch auf dem Reparaturbild können Sie im Bereich GERÄTEDATEN ablesen, dass die Wasserpumpe ausgeliefert wurde (siehe Abbildung 13.35). Die entstandenen Kosten werden nach Aufwand abgerechnet.

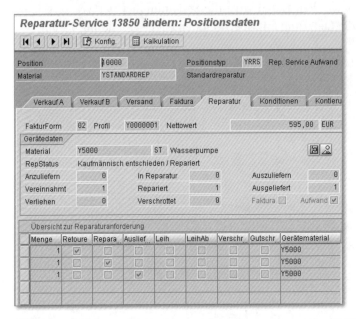

Abbildung 13.35 Reparaturübersicht nach Auslieferung (Transaktion VA02)

Schritt 17: Erzeugung der Lastschriftanforderungsposition (DPP)

Über den Dynamischen Postenprozessor (DPP) wird auf Basis der zurückgemeldeten Stunden zum Serviceauftrag eine Fakturaanforderung erstellt. Im Einstiegsbild zur Transaktion DP90 muss die entsprechende Belegnummer eingegeben werden (siehe Abbildung 13.36).

Die Fakturaanforderung besitzt eine Aufwands- und eine Verkaufspreissicht. Beim Einstieg in die Transaktion DP90 wird zunächst die Aufwandssicht aufgerufen. Diese zeigt in verdichteter Form die Kosten des Serviceauftrags aufgrund sieben zurückgemeldeter Stunden an (siehe Abbildung 13.37).

Die Verkaufspreissicht zeigt die nach SD-Positionen zusammengefassten Posten der Aufwandssicht (siehe Abbildung 13.38).

Abbildung 13.36 Anlegen der Fakturaanforderung (Transaktion DP90)

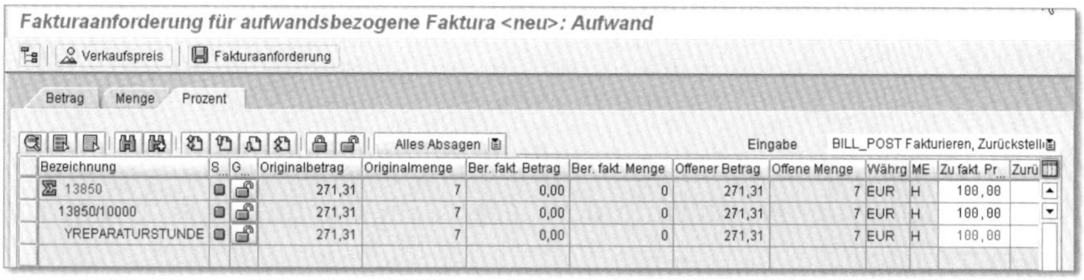

Abbildung 13.37 Aufwandssicht in der Fakturaanforderung (Transaktion DP90)

Abbildung 13.38 Verkaufspreissicht in der Fakturaanforderung (Transaktion DP90)

Die Fakturaanforderung wird über den Button FAKTURAANFORDERUNG in Abbildung 13.38 erstellt. Im Reparaturkundenauftrag wird daraufhin eine neue Unterposition erzeugt. Diese enthält den Positionstyp IRIN (Dynamischer Posten Faktura), wie Abbildung 13.39 zeigt.

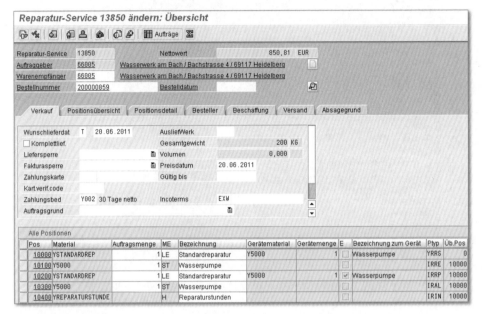

Abbildung 13.39 Reparaturauftragspositionen nach Erzeugung der Fakturaanforderung (Transaktion VA02)

Schritt 18: Fakturierung der Lastschriftanforderungsposition

Nach Erzeugung der Fakturaanforderung wird die eigentliche Rechnung zur Reparatur erstellt.

Abbildung 13.40 zeigt, wie die auftragsbezogene Faktura mit der Belegart FR (Rechnung Reparatur) angelegt wird. Dem Kunden werden sieben Stunden in Rechnung gestellt. Die Faktura wird unter der Belegnummer 90038545 angelegt.

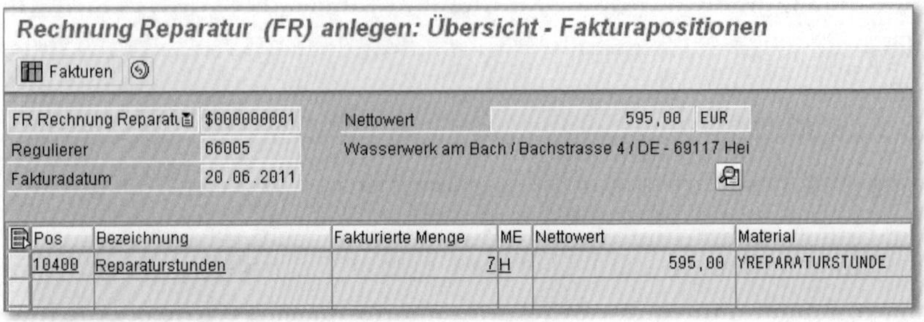

Abbildung 13.40 Faktura anlegen (Transaktion VF01)

Die einzelnen Schritte zur Reparatur wurden im Belegfluss dokumentiert. In Abbildung 13.41 sehen Sie den Belegfluss zum Reparaturkundenauftrag.

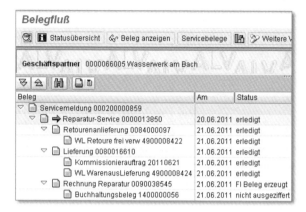

Abbildung 13.41 Belegfluss zum Reparaturkundenauftrag (Transaktion VA03)

Schritt 19: Abrechnung und kaufmännischer Abschluss

Im Reparaturkundenauftrag wird das Ergebnis des ausgeführten Geschäftsprozesses dokumentiert. Der in Abbildung 13.42 dargestellte Kostenbericht zum Auftrag weist die Umsatzerlöse auf der Kostenart 800000 aus.

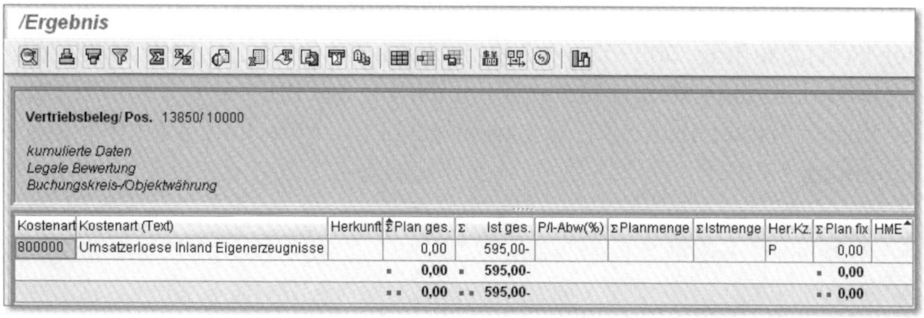

Abbildung 13.42 Kostenbericht zum Kundenauftrag (Transaktion VA02)

Die noch ausstehende Berechnung des Gemeinkostenzuschlags zum Serviceauftrag erfolgt mithilfe der Transaktion KGI2 (Ist-Zuschlagsberechnung: Auftrag), die Sie in Abbildung 13.43 sehen.

Als Ergebnis ermittelt das System einen Zuschlag von 27,13 EUR auf der Kostenart 655901. Der Serviceauftrag 502902 wird durch die Bezuschlagung belastet, die Kostenstelle 4300 wird entlastet (siehe Abbildung 13.44).

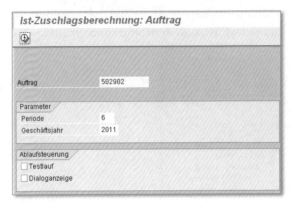

Abbildung 13.43 Berechnung des Gemeinkostenzuschlags (Transaktion KGI2)

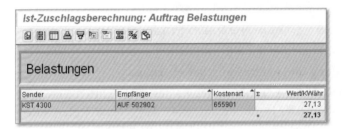

Abbildung 13.44 Ergebnis der Berechnung des Gemeinkostenzuschlags (Transaktion KGI2)

Der Serviceauftrag 502902 enthält in seiner Abrechnungsvorschrift den Reparaturkundenauftrag 13850 als Empfänger der Kosten. Die Abrechnung der Kosten erfolgt über die Transaktion KO88 (Ist-Abrechnung Auftrag, siehe Abbildung 13.45).

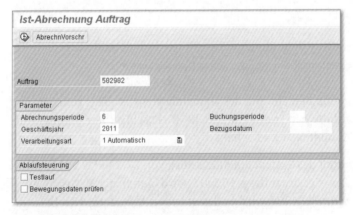

Abbildung 13.45 Abrechnung des Auftrags (Transaktion KO88)

Das System ermittelt einen Gesamtwert von 298,44 EUR, der an den Reparaturkundenauftrag 13850 abgerechnet wird. Dieser Wert setzt sich aus dem Gemeinkostenzuschlag von 27,13 EUR sowie den Kosten der Reparatur von 271,31 EUR zusammen (siehe Abbildung 13.46).

Abbildung 13.46 Detailliste der Abrechnung (Transaktion KO88)

Der Serviceauftrag kann nach der Abrechnung kaufmännisch abgeschlossen werden (Status ABGS).

Der Reparaturkundenauftrag wurde durch die Abrechnung mit den Kosten belastet. Die Kostensituation stellt sich nun dar, wie in Abbildung 13.47 gezeigt.

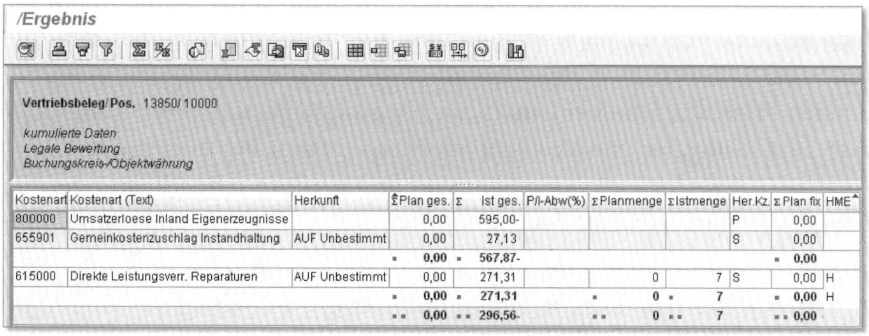

Abbildung 13.47 Kostenbericht zum Reparaturkundenauftrag (Transaktion VA02)

Nach Abzug des Gemeinkostenzuschlags und der entstandenen Kosten für die Reparatur der Wasserpumpe bleibt ein Gewinn von 296,56 EUR.

Schritt 20: Abschluss der Servicemeldung

Nach dem erfolgreichen Ende der Reparatur können Sie auch die Servicemeldung abschließen (siehe Abbildung 13.48).

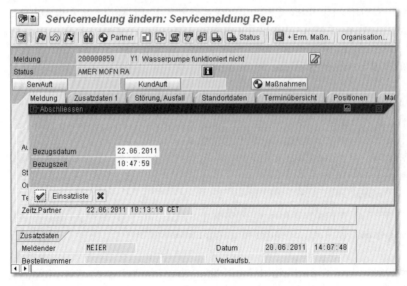

Abbildung 13.48 Abschluss der Servicemeldung (Transaktion IW52)

13.3 Zusammenfassung

Sie haben in diesem Kapitel ein praktisches Beispiel für die Reparaturabwicklung kennengelernt. Dieses Beispiel zeigt aber nicht alle Möglichkeiten, die Ihnen das SAP-System in der Reparaturabwicklung zur Verfügung stellt. Sie können Ihren Kunden über Unterpositionen zur Reparaturanforderungsposition auch Leihgüter zur Verfügung stellen, Materialien verschrotten oder Gutschriftsanforderungen erstellen. Was im Einzelnen möglich ist, legen Sie über das Reparaturschema fest.

In diesem Kapitel zeigen wir Ihnen, wie Sie aus einem Kundenauftrag heraus einen Serviceauftrag anlegen. Der Kunde beauftragt Sie mit der Installation eines Netzwerkes; den Technikereinsatz sowie das notwendige Material planen Sie im Serviceauftrag.

14 Serviceauftrag aus einem Kundenauftrag heraus erzeugen

Das SAP-System bietet Ihnen die Möglichkeit, aus dem Vertrieb heraus in den Kundenservice zu verzweigen. Dies kann z. B. dann sinnvoll sein, wenn der Kunde eine Leistung bestellt und der dazugehörige Preis über Variantenkonditionen und Merkmalsbewertung ermittelt wird. Die auszuführende Leistung wird über einen Serviceauftrag geplant und von einem oder mehreren Servicetechnikern ausgeführt. Anschließend werden die Leistungen zurückgemeldet. Der Prozess wird über die Module Vertrieb, Kundenservice, Finanzwesen und Controlling hinweg abgebildet.

14.1 Betriebswirtschaftliche Grundlagen

In unserem Beispielprozess gibt es mehrere Beteiligte. Zum einen gibt es den Kunden, der eine Netzwerkinstallation anfordert. Zum anderen gibt es das Unternehmen, das den Auftrag zur Installation des Netzwerks annimmt und den Einsatz eines oder mehrerer Servicetechniker plant, um die bestellte Aufgabe auszuführen. Am Ende des Prozesses steht das Controlling, das die eingesetzten Kosten den erwirtschafteten Erlösen gegenüberstellt und somit feststellen kann, ob der Auftrag rentabel war. Die einzelnen Schritte werden dabei im System dokumentiert.

14.2 Beispiel

Wir zeigen Ihnen nun, wie Sie einen Serviceauftrag aus einem Kundenauftrag heraus erzeugen können. Dabei wird das folgende Szenario zugrunde gelegt:

Sie bieten, neben Verkauf und Wartung von Hardware, auch die Installation von Netzwerken an. Basierend auf Ihrem Angebot, fordert einer Ihrer Kunden die Installation eines solchen Netzwerks an. Ihr Kunde gibt Ihnen einzelne Eckdaten, wie z. B. das zu verwendende Betriebssystem oder den Netzwerktyp, vor; alle weiteren Merkmale legen Sie fest. Das heißt, Sie bestimmen, welchen Kabeltyp Sie verwenden oder welche Kabellänge für das Netzwerk benötigt wird.

Den Technikereinsatz und das zu verwendende Material planen Sie im Serviceauftrag. Dieser wird automatisch bei der Anlage des Kundenauftrags erzeugt. Die Netzwerkinstallation beim Kunden wird auf Basis des Serviceauftrags ausgeführt. Die durch die Rückmeldung des Servicetechnikers entstehenden Istkosten werden auf den Kundenauftrag abgerechnet. Die auf dem Kundenauftrag gesammelten Kosten stellen Sie Ihrem Kunden in Rechnung.

14.2.1 Voraussetzungen

Bevor wir näher auf unseren Beispielprozess eingehen, möchten wir Ihnen zunächst noch zeigen, welche Voraussetzungen erfüllt sein müssen, damit ein reibungsloser Prozessablauf gewährleistet ist.

[+] **Transaktionen in den Bildunterschriften**

In den Bildunterschriften sind die jeweiligen Transaktionen aufgeführt, die Sie aufrufen müssen, um zu dieser Ansicht zu gelangen. Die entsprechenden Menüpfade finden Sie im Anhang des Buches aufgelistet. In Abbildung 14.1 sehen Sie, dass das Serviceprodukt YSM-NETINST in Tabelle T399A für unseren Beispielprozess eingetragen ist. Über das Serviceprodukt wird die vom Kunden angeforderte Leistung beschrieben. In unserem Fall bildet das Serviceprodukt YSM-NETINST die angeforderte Netzwerkinstallation ab.

PlWk	Serviceprodukt	ArbPlatz	Werk	GsBe	IH-Anltg	PZ	T	BArt	BObj	Musterequipment
Y100	YREPAIR_SERVICE	YPC-SERV	Y100	Y100				01	02	
Y100	YSERVICE002	YPC-SERV	Y100	Y100	74	1	A			
Y100	YSM-NETINST	YPC-SERV	Y100	Y100	72	1	A		01	
Y100	YSTANDARDREP	Y100T	Y100	Y100	75	1	A			

Abbildung 14.1 Serviceprodukt anlegen (Transaktion OISD)

Das Serviceprodukt YSM-NETINST ist in unserem System als konfigurierbares Dienstleistungsmaterial angelegt (siehe auch Abbildung 14.2).

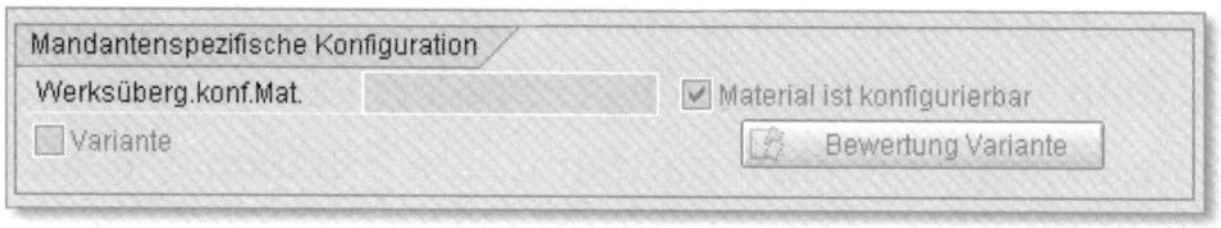

Abbildung 14.2 Materialstammsatz anzeigen, Sicht »Grunddaten 2« (Transaktion MM03)

Generell kann ein Material nur dann konfiguriert werden, wenn es mindestens ein Konfigurationsprofil für das Material gibt. Das Konfigurationsprofil enthält die Zuordnung zu einer Klasse sowie deren Klassenart (siehe Abbildung 14.3). Diese wird dann, wie aus Abbildung 14.4 hervorgeht, über den Materialstammsatz in der Sicht KLASSIFIZIERUNG ausgewählt und zugewiesen.

Abbildung 14.3 Konfigurationsprofil ändern (Transaktion CU42)

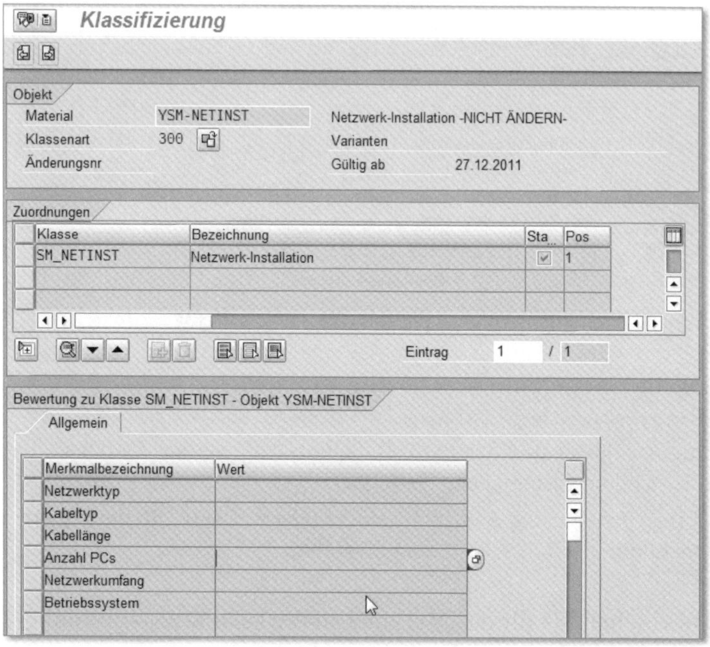

Abbildung 14.4 Materialstammsatz anzeigen, Sicht »Klassifizierung« (Transaktion MM03)

14 | Serviceauftrag aus einem Kundenauftrag heraus erzeugen

Konfigurierbar bedeutet aber auch, dass ein Material mit verschiedenen Ausprägungen, sprich Varianten, im System abgelegt werden kann. Über die Zuordnung einer Variantenklasse im Materialstammsatz erhalten Sie alle benötigten Merkmale zur Auswahl. Die eigentliche Merkmalsbewertung erfolgt dann im Beleg (z. B. in einem Kundenauftrag). Über Beziehungswissen lassen sich einzelne Merkmale und Merkmalswerte ableiten. Es kann z. B. festgelegt werden, welche Merkmale und Merkmalswerte ausgewählt werden dürfen und welche in einer bestimmten Ausprägung nicht erlaubt sind.

Abbildung 14.4 zeigt das Material YSM-NETINST. Diesem wurde im Materialstammsatz die Klasse SM_NETINST der KLASSENART 300 (VARIANTEN) zugeordnet. Diese Klasse enthält unter anderem die Merkmale NETZWERKTYP, KABELTYP oder NETZWERKUMFANG.

Auch der Preis kann im Rahmen der Konfiguration beeinflusst werden. Über Variantenkonditionen können Preise ermittelt werden, die von den Werten konfigurierbarer Merkmale abhängig sind. Um die Abhängigkeit zwischen konfigurierbarem Merkmal und Preis herzustellen, setzt man sogenannte *Variantenkonditionsschlüssel* ein.

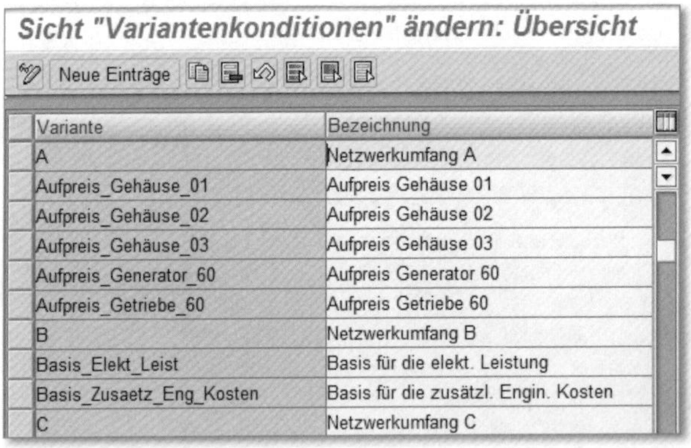

Variante	Bezeichnung
A	Netzwerkumfang A
Aufpreis_Gehäuse_01	Aufpreis Gehäuse 01
Aufpreis_Gehäuse_02	Aufpreis Gehäuse 02
Aufpreis_Gehäuse_03	Aufpreis Gehäuse 03
Aufpreis_Generator_60	Aufpreis Generator 60
Aufpreis_Getriebe_60	Aufpreis Getriebe 60
B	Netzwerkumfang B
Basis_Elekt_Leist	Basis für die elekt. Leistung
Basis_Zusaetz_Eng_Kosten	Basis für die zusätzl. Engin. Kosten
C	Netzwerkumfang C

Abbildung 14.5 Variantenkonditionsschlüssel pflegen (Transaktion VK30)

[+] **Variantenkonditionsschlüssel**

Variantenkonditionsschlüssel sind nach SAP-Definition mehrwertige Merkmale im Zeichenformat. Sie sind im System global verfügbar.
Abbildung 14.5 zeigt Ihnen einen Ausschnitt aus Tabelle V_TVARC, in der die einzelnen Variantenkonditionsschlüssel hinterlegt werden.

In Abbildung 14.6 sehen Sie für das Merkmal NETZWERKUMFANG drei mögliche Variantenkonditionen. Diese werden, in Abhängigkeit vom Umfang des

Netzwerks, für die Verkaufsorganisation Y100 und den Vertriebsweg Y0 angelegt:

- Bei Variante A wird ein Konditionsbetrag in Höhe von 767,00 EUR ermittelt.
- Variante B geht mit 1.534,00 EUR in die Preisfindung ein.
- Variante C weist einen Betrag von 2.556,00 EUR aus.

Abbildung 14.6 Anzeige der Variantenkonditionen (Transaktion VK13)

Die einzelnen Arbeitsschritte zur Installation des Netzwerks sind in einem Arbeitsplan hinterlegt. In Abbildung 14.7 sehen Sie die Kopfdaten des Arbeitsplans NETZWERK-INSTALLATION. Dieser gehört zur Plangruppe 72.

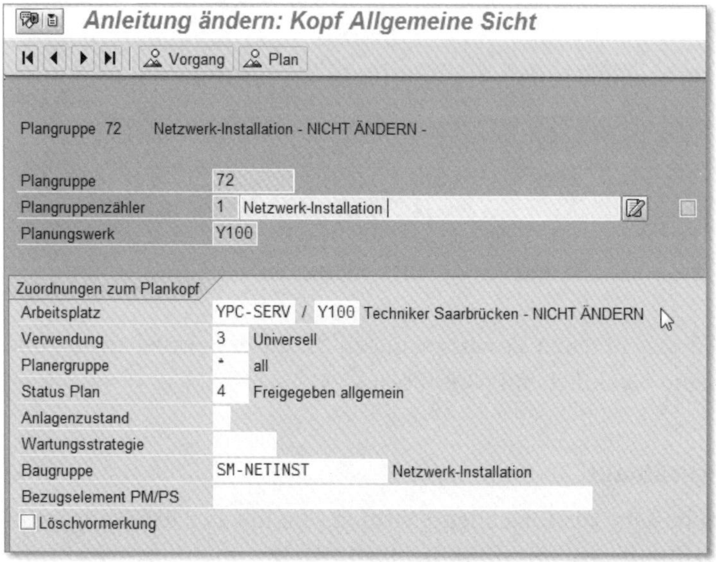

Abbildung 14.7 Anleitung ändern (Transaktion IA06)

14 | Serviceauftrag aus einem Kundenauftrag heraus erzeugen

Die Vorgangsübersicht weist die einzelnen Tätigkeiten aus, die im Rahmen einer Netzwerkinstallation auszuüben sind. Abbildung 14.8 zeigt neben den einzelnen Vorgängen auch die zugehörigen Arbeitszeiten sowie den ausführenden Arbeitsplatz an.

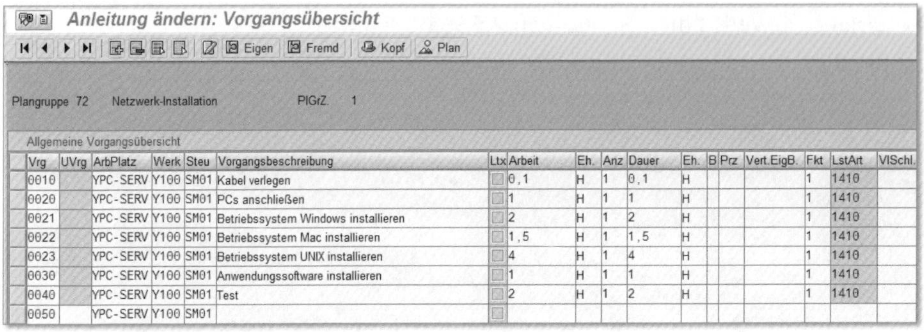

Abbildung 14.8 Anleitung ändern: Vorgangsübersicht (Transaktion IA06)

Im Arbeitsplan ist zu einzelnen Arbeitsvorgängen sogenanntes *Beziehungswissen* hinterlegt. Dieses steuert die Abhängigkeit der einzelnen Arbeitsvorgänge untereinander. Abbildung 14.9 zeigt exemplarisch das Beziehungswissen zu Vorgang 0010.

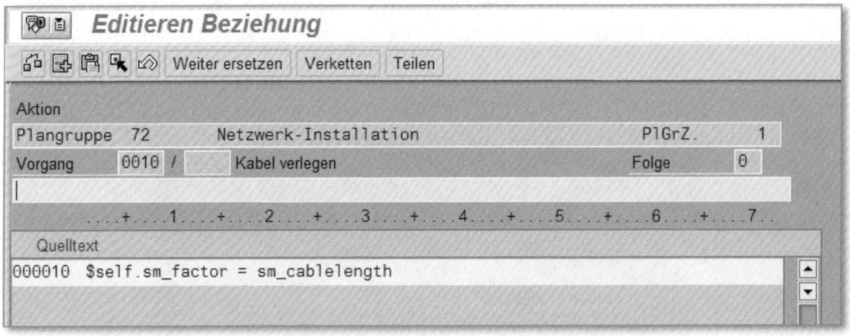

Abbildung 14.9 Beziehungseditor zu Vorgang 10 im Arbeitsplan (Transaktion IA06)

Damit sind alle wesentlichen Voraussetzungen für unser Beispiel erfüllt, und wir kommen zum eigentlichen Prozessablauf.

14.2.2 Prozessablauf

Unser Prozess besteht aus folgenden Schritten, die mit der Erfassung eines Kundenauftrags beginnen.

1. Anlegen von Kundenauftrag und Serviceauftrag
2. Ändern des Kundenauftrags
3. Serviceauftrag in Arbeit geben
4. Serviceauftrag rückmelden
5. Kostenübersicht des Serviceauftrags
6. Technischer Abschluss des Serviceauftrags
7. Abrechnung des Serviceauftrags und kaufmännischer Abschluss
8. Kundenauftrag in Rechnung stellen
9. Anzeige des Kostenberichts zum Kundenauftrag
10. Kundenauftrag abrechnen
11. Anzeige des Kostenberichts zum Kundenauftrag
12. Anzeige der Einzelposten in der Ergebnisrechnung

Die einzelnen Schritte werden im Folgenden detailliert dargestellt.

Schritt 1: Anlegen von Kundenauftrag und Serviceauftrag

Der Kunde *Hitech AG* (Kundennummer 1171) bestellt eine Netzwerkinstallation. Sie erfassen einen Kundenauftrag mit der Auftragsart TA und der Materialnummer YSM-NETINST im System (siehe Abbildung 14.10). Bei dem Material handelt es sich um ein Dienstleistungsmaterial. Auch der Positionstyp TAD weist die Position als Dienstleistungsposition aus.

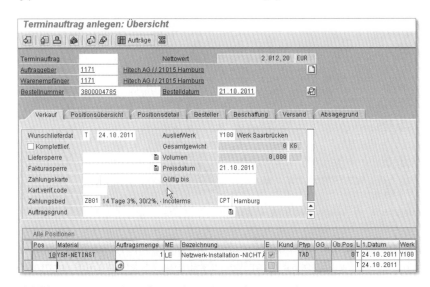

Abbildung 14.10 Kundenauftrag anlegen (Transaktion VA01)

Die Netzwerkinstallation soll beim Kunden vor Ort in der Verwaltung durchgeführt werden. Die Verwaltung des Kunden ist im System als Technischer Platz 1171-YADM abgebildet (siehe Abbildung 14.11).

Abbildung 14.11 Zuordnung des Technischen Platzes im Kundenauftrag (Transaktion VA01)

Da es sich beim Material YSM-NETINST um ein konfigurierbares Material handelt, müssen im Kundenauftrag die Merkmalswerte hinterlegt werden. Das in Abbildung 14.12 gezeigte Dynpro wird automatisch prozessiert.

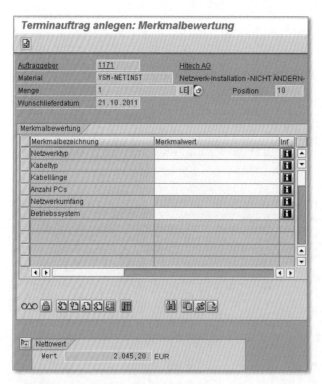

Abbildung 14.12 Merkmalsbewertung im Kundenauftrag (Transaktion VA01)

Der Basispreis für die Netzwerkinstallation beträgt 2.045,20 EUR. Dieser wird über einen Konditionssatz für die Verkaufsorganisation Y100 ermittelt.

Bei der anschließenden Merkmalsbewertung wird die Anzahl der im Netzwerk zu installierenden PCs mit 15 angegeben (siehe auch Abbildung 14.13). Das System leitet daraufhin den NETZWERKUMFANG 10 BIS 20 PCS ab, was dem Merkmalswert A entspricht.

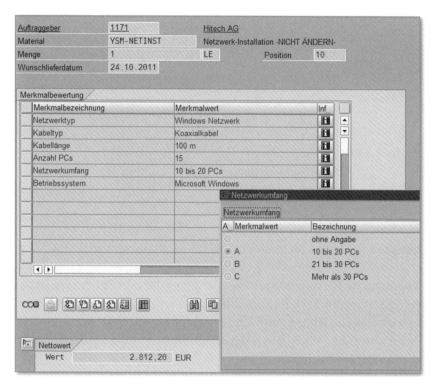

Abbildung 14.13 Merkmalsbewertung im Kundenauftrag (Transaktion VA01)

Der abgeleitete Netzwerkumfang, der, wie beschrieben, der Variantenkondition A entspricht, wird mit einem Zuschlag in Höhe von 767,00 EUR bewertet. Daraus resultiert ein neuer Gesamtwert von 2.812,20 EUR.

Auf der Registerkarte KONDITIONEN, die Sie in Abbildung 14.14 sehen, wird die Zusammensetzung des Gesamtpreises transparent dargestellt. Die Konditionsart PR00 – PREIS weist den Grundpreis aus, die Variantenkondition VA00 den Zuschlag für den abgeleiteten NETZWERKUMFANG A.

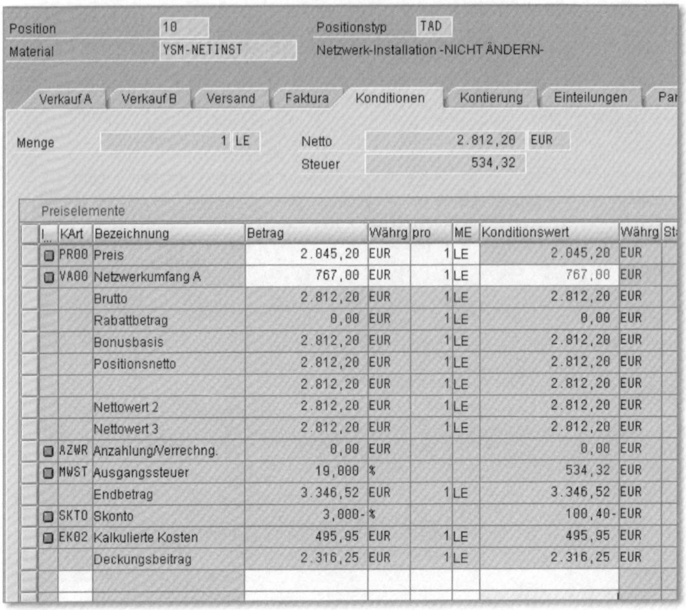

Abbildung 14.14 Konditionsübersicht des Kundenauftrags (Transaktion VA01)

Die Registerkarte BESCHAFFUNG (siehe Abbildung 14.15) zeigt die Bedarfsart SERA (für Serviceaufträge). Das heißt, beim Sichern des Kundenauftrags wird auch gleichzeitig im Hintergrund ein Serviceauftrag angelegt. Im Serviceauftrag wird dann die Arbeit des technischen Services geplant, der auch die Installation des Netzwerks durchführt.

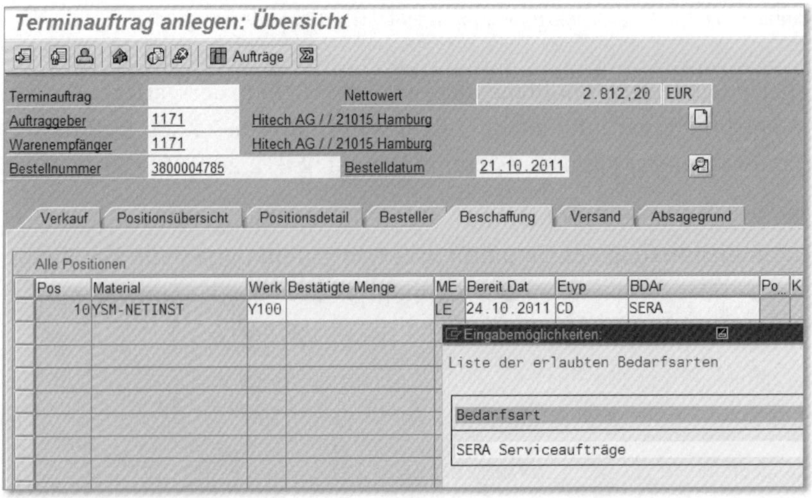

Abbildung 14.15 Bedarfsart im Kundenauftrag (Transaktion VA01)

Der Kundenauftrag wird unter der Belegnummer 14143 im System gesichert.

Schritt 2: Ändern des Kundenauftrags

Mit dem Sichern des Kundenauftrags wird gleichzeitig ein Serviceauftrag angelegt. Im Kundenauftrag finden Sie auf der Registerkarte BESCHAFFUNG auf Einteilungsebene die Integration zum Kundenservice.

In diesem Fall wurde der Serviceauftrag unter der Auftragsnummer 502986 im System angelegt. Aus dem Kundenauftrag heraus können Sie über den Button ANZEIGEN in den Serviceauftrag verzweigen (siehe auch Abbildung 14.16).

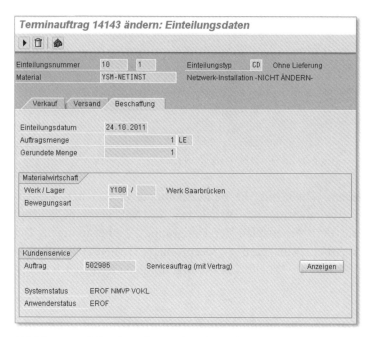

Abbildung 14.16 Kundenauftrag ändern (Transaktion VA02)

Schritt 3: Serviceauftrag in Arbeit geben

Im Serviceauftrag 502986 wird auf der Registerkarte KOPFDATEN in der Box SERVICE der Bezug zum Kundenauftrag 14143 ersichtlich (siehe Abbildung 14.17). Ebenso werden die Bestellnummer und das Dienstleistungsmaterial YSM-NETINST als Serviceprodukt aus dem Kundenauftrag übernommen.

Im Serviceauftrag müssen Sie die Angaben zur Planergruppe oder zum verantwortlichen Arbeitsplatz prüfen bzw. ergänzen.

14 | Serviceauftrag aus einem Kundenauftrag heraus erzeugen

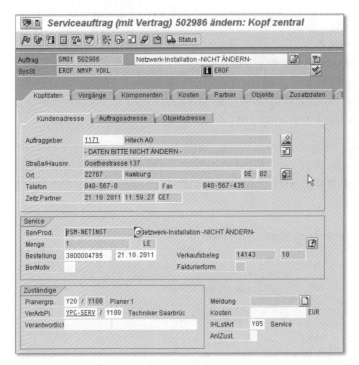

Abbildung 14.17 Serviceauftrag ändern (Transaktion IW32)

Auf der Registerkarte VORGÄNGE, die Sie in Abbildung 14.18 sehen, werden die benötigten Arbeitsschritte zur Installation des Netzwerks aufgelistet. Diese werden aus dem Arbeitsplan der Plangruppe 72 übernommen. Die Zuordnung des Arbeitsplans zum Serviceprodukt YSM-NETINST wurde bereits im Vorfeld über die Tabelle T399A vorgenommen (siehe auch Abbildung 14.1).

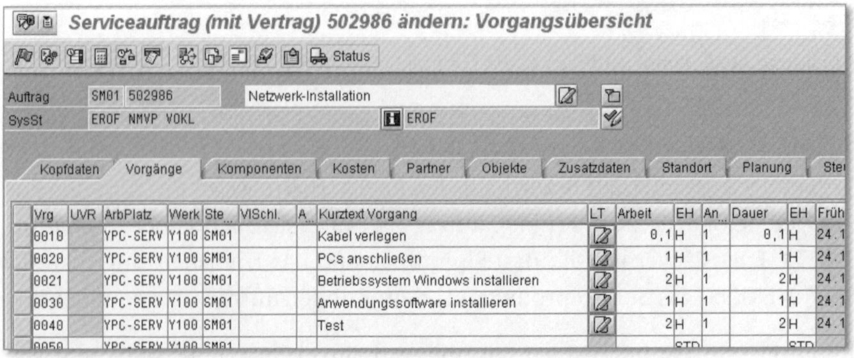

Abbildung 14.18 Serviceauftrag ändern, Vorgangsübersicht (Transaktion IW32)

Zu Arbeitsvorgang 10 wurde die Komponente YC-1032, die Sie auch in Abbildung 14.19 sehen, zugeordnet.

Abbildung 14.19 Serviceauftrag ändern, Komponentenübersicht (Transaktion IW32)

Der Serviceauftrag wird über den Button IN ARBEIT GEBEN ( ) freigegeben; die Auftragspapiere werden gedruckt und dem technischen Service an die Hand gegeben. Der Auftrag selbst weist Plankosten in Höhe von 312,45 EUR aus. Diese sehen Sie auch in Abbildung 14.20.

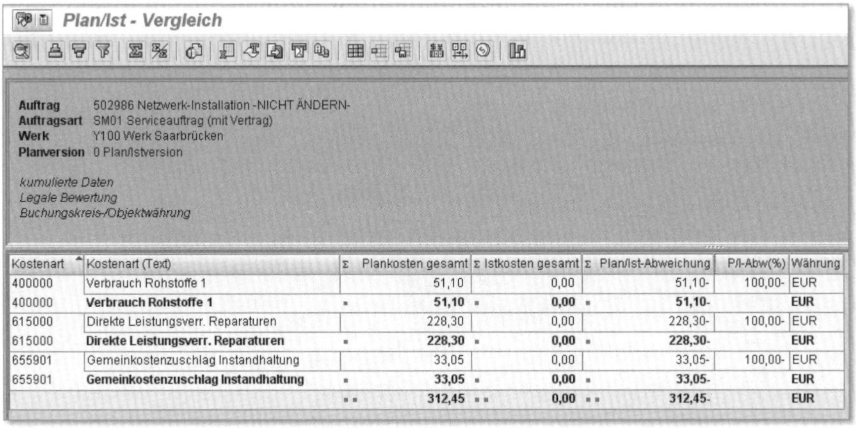

Abbildung 14.20 Anzeige der Plankosten zum Serviceauftrag (Transaktion IW33)

Schritt 4: Serviceauftrag rückmelden

Wurde die Netzwerkinstallation ausgeführt, werden die geleisteten Stunden sowie die benötigten Materialien zurückgemeldet. In Abbildung 14.21 sehen Sie das Einstiegsbild zur Einzelzeitrückmeldung.

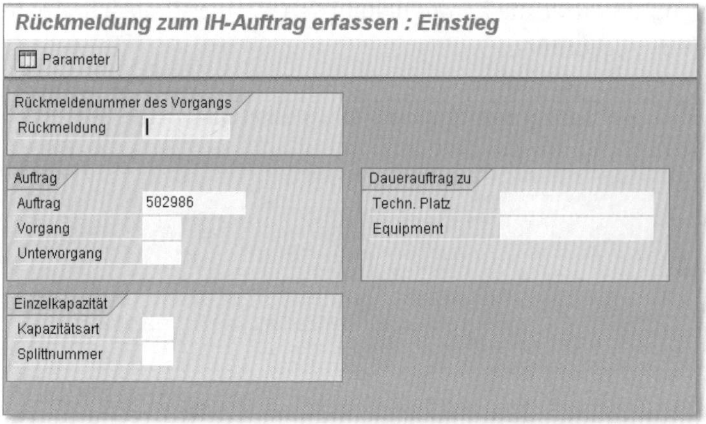

Abbildung 14.21 Rückmeldung des Serviceauftrags (Transaktion IW41)

Der Erfasser erhält vom technischen Service die ausgefüllten Rückmeldescheine und überträgt diese mit Bezug zum Serviceauftrag ins System. Dabei werden die Istarbeitszeiten hinterlegt (siehe auch Abbildung 14.22). Stehen keine weiteren Arbeiten mehr zur Ausführung an, kann der jeweilige Vorgang als ENDRÜCKMELDUNG gekennzeichnet werden.

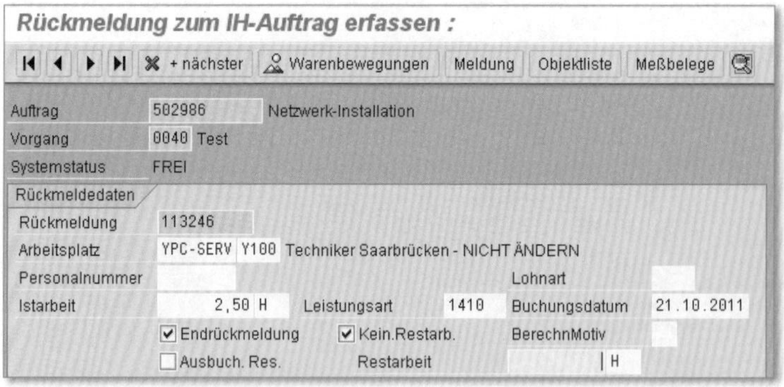

Abbildung 14.22 Rückmeldung des Serviceauftrags, Erfassung der Istarbeitszeit (Transaktion IW41)

Beim Rückmeldevorgang werden Materialien, die in der Komponentenübersicht des Serviceauftrags mit dem Kennzeichen RETROGRAD versehen wurden, automatisch ausgebucht.

Die Bewegungsart für die Warenbewegung lautet 261 (WA FÜR AUFTRAG). In unserem Beispiel wird das Material YC-1032 aus dem Lagerort 0001 im Werk Y100 ausgebucht (siehe Abbildung 14.23).

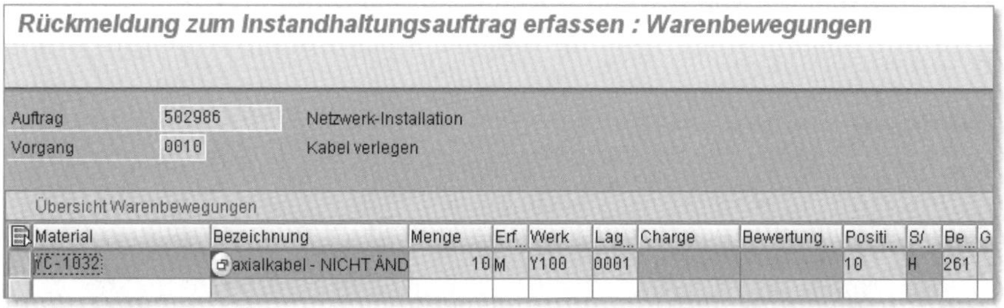

Abbildung 14.23 Rückmeldung des Serviceauftrags, automatische Warenbewegung (Transaktion IW41)

Schritt 5: Kostenübersicht des Serviceauftrags

Im Serviceauftrag werden die Istkosten den Plankosten gegenübergestellt. Über die Rückmeldung wurden Personalkosten sowie durch die Warenentnahme verursachte Kosten auf den Serviceauftrag gebucht. Wie Abbildung 14.24 zeigt, wurden mehr Personalkosten verursacht, als ursprünglich geplant. Die entstandene Differenz (im Beispiel 17,21 EUR) wird als Plan-/Ist-Abweichung ausgewiesen.

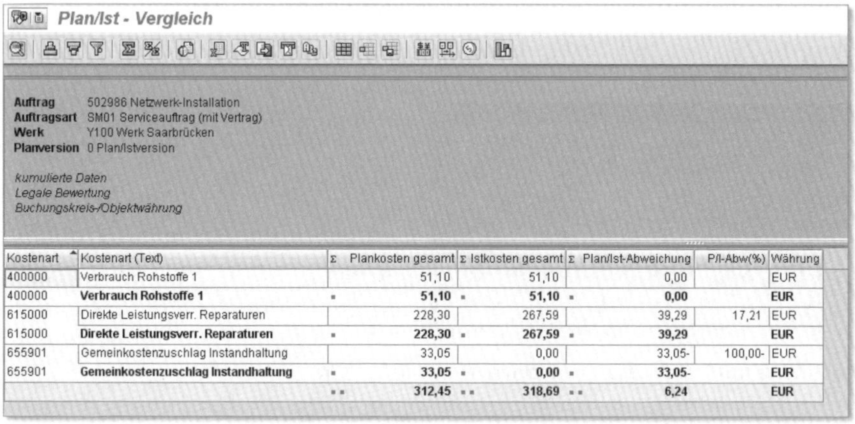

Kostenart	Kostenart (Text)	Σ Plankosten gesamt	Σ Istkosten gesamt	Σ Plan/Ist-Abweichung	P/I-Abw(%)	Währung
400000	Verbrauch Rohstoffe 1	51,10	51,10	0,00		EUR
400000	**Verbrauch Rohstoffe 1**	**51,10**	**51,10**	**0,00**		**EUR**
615000	Direkte Leistungsverr. Reparaturen	228,30	267,59	39,29	17,21	EUR
615000	**Direkte Leistungsverr. Reparaturen**	**228,30**	**267,59**	**39,29**		**EUR**
655901	Gemeinkostenzuschlag Instandhaltung	33,05	0,00	33,05-	100,00-	EUR
655901	**Gemeinkostenzuschlag Instandhaltung**	**33,05**	**0,00**	**33,05-**		**EUR**
		312,45	**318,69**	**6,24**		**EUR**

Abbildung 14.24 Anzeige der Plan-/Istkosten des Serviceauftrags (Transaktion IW33)

Im Belegfluss des Serviceauftrags, dargestellt in Abbildung 14.25, sehen Sie den Bezug zum Kundenauftrag 14143 sowie die auf den Auftrag vorgenommenen Rückmeldungen.

14 | Serviceauftrag aus einem Kundenauftrag heraus erzeugen

Abbildung 14.25 Belegfluss des Serviceauftrags (Transaktion IW33)

Schritt 6: Technischer Abschluss des Serviceauftrags

Wurden alle geplanten Tätigkeiten ausgeführt, kann der Serviceauftrag technisch abgeschlossen werden. Der technische Abschluss wird, wie auch Abbildung 14.26 zeigt, mit Bezugsdatum und Bezugszeit festgehalten.

Abbildung 14.26 Serviceauftrag technisch abschließen (Transaktion IW32)

Schritt 7: Abrechnung des Serviceauftrags und kaufmännischer Abschluss

Die Berechnung des Gemeinkostenzuschlags zum Serviceauftrag erfolgt mithilfe der Transaktion KGI2 (Ist-Zuschlagsberechnung Auftrag). Wie Sie in Abbildung 14.27 sehen, werden verschiedene Zuschläge erhoben:

- für Eigenleistungen (Konditionsart ELZU) ein Zuschlag von 10 %
- für Lagermaterial (Konditionsart MTZU) ein Zuschlag von 9 %
- für Fremdleistungen (Konditionsart FRZU) ein Zuschlag von 20 %

Daraus ergibt sich in der Summe für unseren Beispielprozess ein Gesamtzuschlag in Höhe von 36,98 EUR.

AUF 502986	10/2011 anzeigen: Position - Konditionen							
Position	1							
Menge		0,000		Netto		355,67	EUR	
				Steuer		0,00		
Preiselemente								
I...	KArt	Bezeichnung	Betrag	Währg	pro	ME	Konditionswert	Währg Sta
	PMEL	Eigenleistung					267,59	EUR
	ELZU	Eigenleistung	10,000	%			26,76	EUR
	PMMT	Lagermaterial					51,10	EUR
	MTZU	Lagermaterial	20,000	%			10,22	EUR
	PMFR	Fremdleistung					0,00	EUR
	FRZU	Fremdleistung	20,000	%			0,00	EUR
		Summe	0,00	EUR		1	355,67	EUR

Abbildung 14.27 Zusammensetzung der Ist-Zuschlagsberechnung des Serviceauftrags (Transaktion IW33)

Auch der Istkostenzuschlag wird in der Kostenübersicht des Serviceauftrags ausgewiesen. Insgesamt belaufen sich die Kosten auf 355,67 EUR. Dieser Betrag setzt sich aus Personalkosten, Materialkosten sowie dem Gemeinkostenzuschlag zusammen (siehe Abbildung 14.28).

	Plan/Ist - Vergleich					
Auftrag	502986 Netzwerk-Installation					
Auftragsart	SM01 Serviceauftrag (mit Vertrag)					
Werk	Y100 Werk Saarbrücken					
Planversion	0 Plan/Istversion					
kumulierte Daten						
Legale Bewertung						
Buchungskreis-/Objektwährung						
Kostenart	Kostenart (Text)	Σ Plankosten gesamt	Σ Istkosten gesamt	Σ Plan/Ist-Abweichung	P/I-Abw(%)	Währung
400000	Verbrauch Rohstoffe 1	51,10	51,10	0,00		EUR
400000	**Verbrauch Rohstoffe 1**	**51,10**	**51,10**	**0,00**		**EUR**
615000	Direkte Leistungsverr. Reparaturen	228,30	267,59	39,29	17,21	EUR
615000	**Direkte Leistungsverr. Reparaturen**	**228,30**	**267,59**	**39,29**		**EUR**
655901	Gemeinkostenzuschlag Instandhaltung	33,05	36,98	3,93	11,89	EUR
655901	**Gemeinkostenzuschlag Instandhaltung**	**33,05**	**36,98**	**3,93**		**EUR**
		312,45	**355,67**	**43,22**		**EUR**

Abbildung 14.28 Kostenübersicht des Serviceauftrags (Transaktion IW33)

Der Serviceauftrag gibt in seiner Abrechnungsvorschrift, die Sie auch in Abbildung 14.29 sehen, den Kundenauftrag 14143 als Abrechnungsempfänger an.

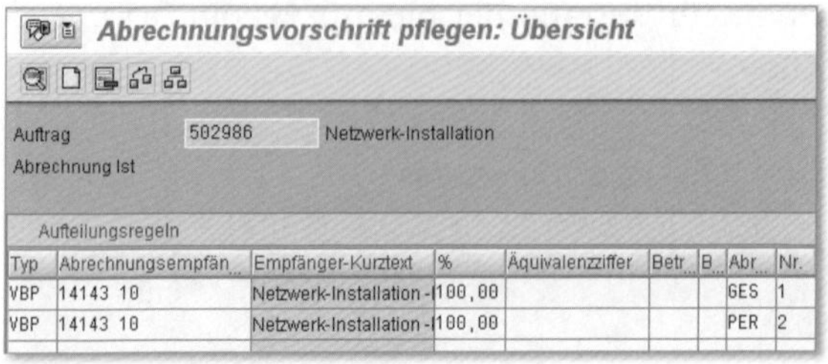

14 | Serviceauftrag aus einem Kundenauftrag heraus erzeugen

Abbildung 14.29 Abrechnungsvorschrift

Zur Abrechnung der Kosten wird die Transaktion KO88 (Ist-Abrechnung Auftrag) verwendet. Das System ermittelt einen Gesamtwert in Höhe von 355,67 EUR, der auf den Kundenauftrag 14143 abgerechnet wird (siehe auch Abbildung 14.30).

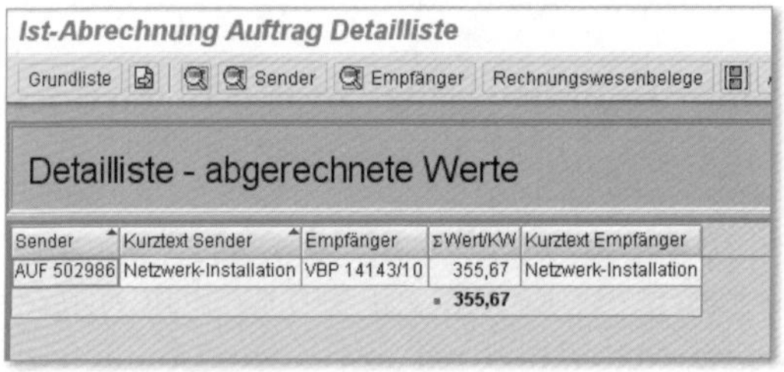

Abbildung 14.30 Abrechnung des Serviceauftrags (Transaktion KO88)

Der Serviceauftrag kann nach der Abrechnung kaufmännisch abgeschlossen werden (Status ABGS). Im Kundenauftrag stellt sich die Kostensituation nach der Abrechnung des Serviceauftrags wie folgt dar (siehe auch Abbildung 14.31): Zusätzlich zu den Umsatzerlösen werden jetzt auch die Material- und Lohnkosten sowie der im Service ermittelte Gemeinkostenzuschlag ausgewiesen.

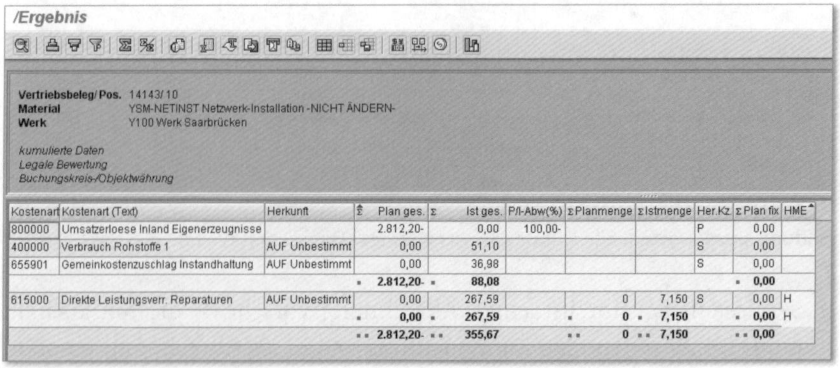

Abbildung 14.31 Kostenbericht des Kundenauftrags (Transaktion VA03)

434

Schritt 8: Kundenauftrag in Rechnung stellen

Die erbrachten Leistungen werden dem Kunden in Rechnung gestellt. Abbildung 14.32 zeigt das Anlegen der auftragsbezogenen Faktura mit der Belegart F2 (RECHNUNG). In Rechnung gestellt werden 2.812,20 EUR.

Abbildung 14.32 Faktura zum Kundenauftrag (Transaktion VF01)

Zu den Positionsdaten, die Sie über den Button DETAILS ZU POSITION ANZEIGEN nach dem Markieren der Position erreichen, gehört die Registerkarte POSITIONSDETAIL (siehe Abbildung 14.33). Diese weist als Vorlagebeleg unseren Kundenauftrag 14143 aus.

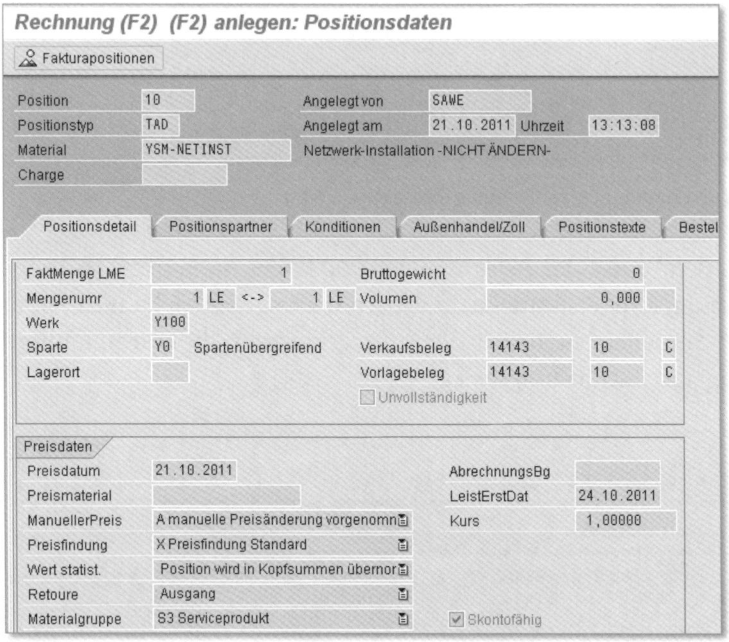

Abbildung 14.33 Positionsdetaildaten Faktura (Transaktion VF01)

14 | Serviceauftrag aus einem Kundenauftrag heraus erzeugen

Die Zusammensetzung des Rechnungswertes wird auf der Registerkarte KONDITIONEN nochmals verdeutlicht (siehe auch Abbildung 14.34). Hier können Sie, wie auch schon im Kundenauftrag, erkennen, dass sich der Gesamtwert aus zwei Preisteilen addiert, nämlich aus einem Grundbetrag und einem Zuschlag.

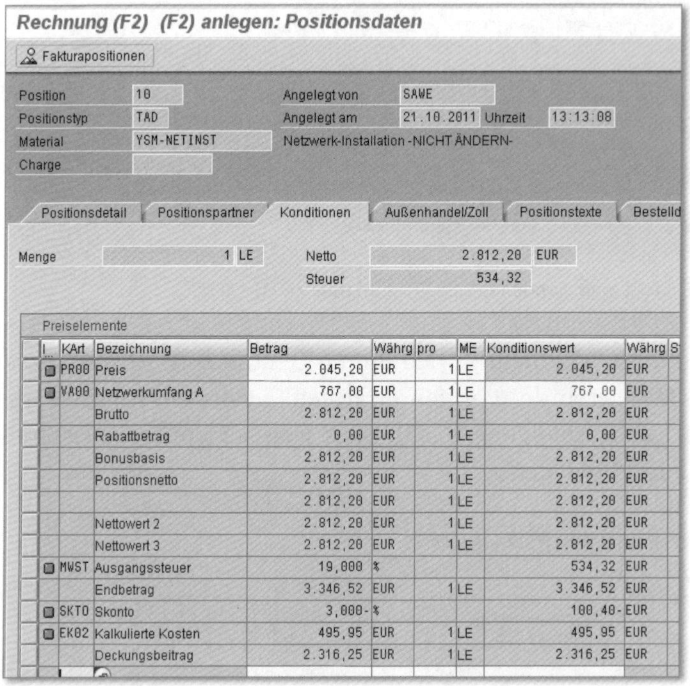

Abbildung 14.34 Konditionen der Faktura (Transaktion VF01)

Die Faktura wird unter der Belegnummer 90038639 im System gesichert. Der Belegfluss im Kundenauftrag sieht danach wie folgt aus (siehe auch Abbildung 14.35). Sie sehen, zusätzlich zur Auftragsnummer, die Belegnummern für Rechnung und Buchhaltungsbeleg.

Abbildung 14.35 Belegfluss des Kundenauftrags (Transaktion VA03)

Schritt 9: Anzeige des Kostenberichts zum Kundenauftrag

Im Kundenauftrag stehen sich Kosten und Erlöse gegenüber. Die Kosten haben ihren Ursprung in der Abrechnung des Serviceauftrags auf den Kundenauftrag, die Erlöse werden mit Rechnungserstellung zum Kundenauftrag fortgeschrieben (siehe Abbildung 14.36).

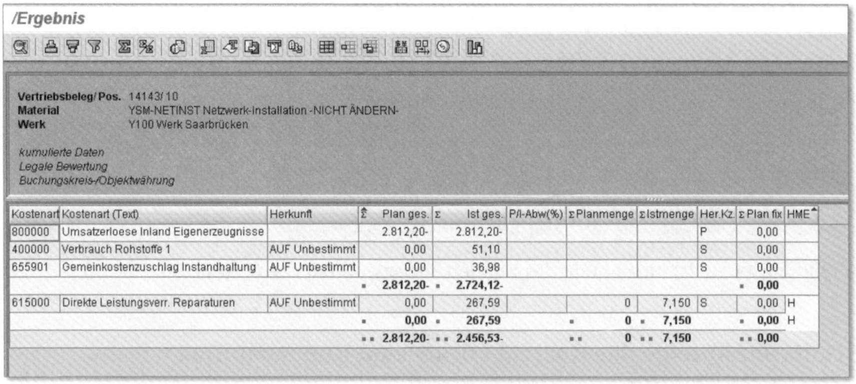

Kostenart	Kostenart (Text)	Herkunft	Σ	Plan ges.	Σ	Ist ges.	P/I-Abw(%)	Σ Planmenge	Σ Istmenge	Her.Kz.	Σ Plan fix	HME
800000	Umsatzerloese Inland Eigenerzeugnisse			2.812,20-		2.812,20-				P	0,00	
400000	Verbrauch Rohstoffe 1	AUF Unbestimmt		0,00		51,10				S	0,00	
655901	Gemeinkostenzuschlag Instandhaltung	AUF Unbestimmt		0,00		36,98				S	0,00	
			▪	**2.812,20-**	▪	**2.724,12-**					▪ **0,00**	
615000	Direkte Leistungsverr. Reparaturen	AUF Unbestimmt		0,00		267,59		0	7,150	S	0,00	H
			▪	**0,00**	▪	**267,59**		▪ **0**	▪ **7,150**		▪ **0,00**	H
			▪▪	**2.812,20-**	▪▪	**2.456,53-**		▪▪ **0**	▪▪ **7,150**		▪▪ **0,00**	

Abbildung 14.36 Kostenbericht zum Kundenauftrag (Transaktion VA03)

Schritt 10: Kundenauftrag abrechnen

Um den Kundenauftrag in die Ergebnisrechnung abzurechnen, wird die Transaktion VA88 (Ist-Abrechnung Kundenaufträge) verwendet. Im Einstiegsbild, das Sie auch in Abbildung 14.37 sehen, müssen Sie neben der Verkaufsorganisation und dem Verkaufsbeleg auch Parameter zur Abrechnungs- bzw. Buchungsperiode sowie dem Geschäftsjahr hinterlegen (Box PARAMETER).

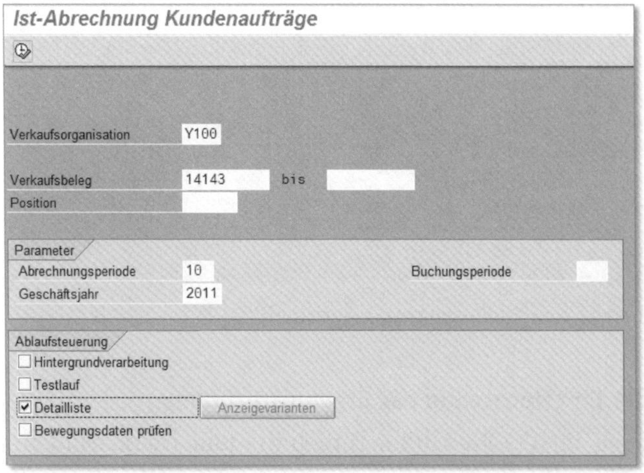

Abbildung 14.37 Istabrechnung des Kundenauftrags, Einstiegsbild (Transaktion VA88)

Über das Aktivieren der DETAILLISTE steuern Sie die anschließende Listausgabe. Das heißt, die verbuchten Datensätze werden angezeigt.

Das System ermittelt einen Gesamtwert in Höhe von 2.456,53 EUR, der auf das Ergebnisobjekt ERG 140720 abgerechnet wird (siehe auch Abbildung 14.38).

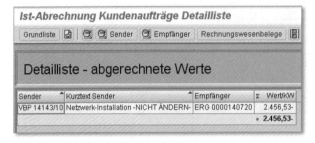

Abbildung 14.38 Istabrechnung des Kundenauftrags, Detailliste (Transaktion VA88)

Schritt 11: Anzeige des Kostenberichts zum Kundenauftrag

Nach der Abrechnung des Kundenauftrags in die Ergebnisrechnung sieht der Kostenbericht im Auftrag aus, wie in Abbildung 14.39 dargestellt: Abgerechnet wurden die Erlöse in Höhe von 2.812,20 EUR und Kosten in Höhe von 355,65 EUR, die sich aus dem Rohstoffverbrauch, dem Gemeinkostenzuschlag und den Leistungen zusammensetzen.

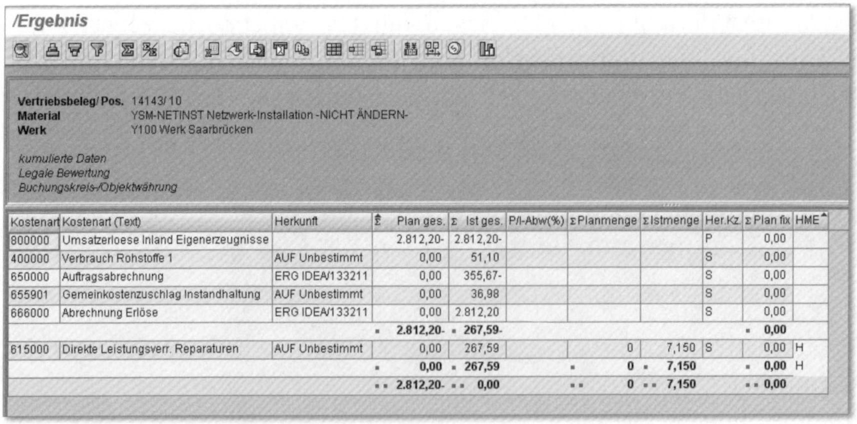

Abbildung 14.39 Kostenbericht zum Kundenauftrag (Transaktion VA03)

Schritt 12: Anzeige der Einzelposten in der Ergebnisrechnung

Die Einzelpostenanzeige im CO-PA-Modul (Ergebnis- und Marktsegmentrechnung) können Sie mithilfe der Transaktion KE24 (Ist-Einzelposten anzeigen) aufrufen. Durch die Abrechnung des Kundenauftrags sind die Kosten und Erlöse in die Ergebnisrechnung übertragen worden. Abbildung 14.40 zeigt Ihnen die Registerkarte WERTFELDER. Der Materialeinsatz wurde, um nur ein Beispiel zu nennen, mit einem Betrag von 51,10 EUR nach CO-PA übertragen.

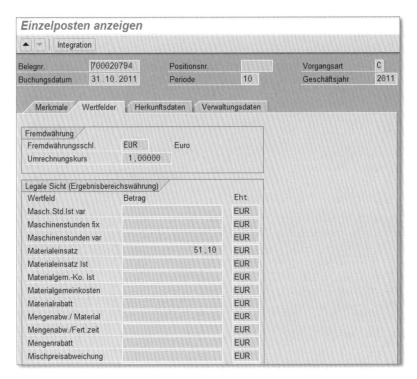

Abbildung 14.40 Anzeige der Einzelposten in CO-PA (Transaktion KE24)

14.3 Zusammenfassung

Sie haben in diesem Kapitel ein Beispiel kennengelernt, bei dem aus dem Kundenauftrag heraus ein Serviceauftrag erzeugt wurde. Der Serviceauftrag hat hierbei die Funktion des Planungstools übernommen und als Kostensammler fungiert. Nach der Abrechnung des Serviceauftrags auf den Kundenauftrag wurde dieser ebenfalls abgerechnet. Das Resultat ist in der Ergebnisrechnung einsehbar.

In diesem Kapitel zeigen wir Ihnen ein Beispiel zur Serviceabwicklung mit aufwandsbezogener Fakturierung und Servicevertrag.
Im Anschluss daran lernen Sie die Bearbeitung eines Servicevertrags mit periodischer Fakturierung kennen.

15   Serviceabwicklung mit aufwandsbezogener Fakturierung und Servicevertrag

In diesem Kapitel erfahren Sie, wie Sie für Ihre Kunden Reparaturarbeiten ausführen können.

Sie haben mit einem Kunden einen Servicevertrag über auszuführende Reparaturarbeiten abgeschlossen. Der Prozess beinhaltet das Anlegen eines Serviceauftrags aus einer Servicemeldung heraus sowie die automatische Ermittlung des Vertrags. Der Serviceauftrag wird aufwandsbezogen mit Bezug auf den Servicevertrag fakturiert. Abgerundet wird der Prozess mit der periodischen Fakturierung des Servicevertrags.

Das SAP-System bietet Ihnen hier die Möglichkeit, den oben beschriebenen Prozess über folgende Module: Kundenservice, Vertrieb, Finanzwesen und Controlling hinweg abzubilden.

15.1   Betriebswirtschaftliche Grundlagen

Bei dem oben beschriebenen Prozess gibt es mehrere Beteiligte. Zunächst gibt es den Kunden, der den Ausfall eines Geräts meldet. Dann ist da das Unternehmen, das den vom Kunden gemeldeten Ausfall aufnimmt und einen Servicetechniker bereitstellt, um den Defekt zu beheben.

Meldet der Kunde den Ausfall eines Geräts, kann die Wiederherstellung der Funktionstüchtigkeit mittels eines Serviceauftrags geplant werden. Die auf den Auftrag anfallenden Kosten werden auf einen Servicevertrag abgerechnet, der spezielle Preisvereinbarungen hinsichtlich der verwendeten Materialien und Ersatzteile enthält. Darüber hinaus fällt für den Servicevertrag eine monatliche Servicegebühr für den mit dem Kunden vereinbarten Service an, der periodisch in Rechnung gestellt wird. Die einzelnen Schritte werden im SAP-System dokumentiert.

15.2 Beispiel

Wir stellen Ihnen nun die Serviceabwicklung mit aufwandsbezogener Fakturierung anhand eines Beispiels vor. Nehmen wir an, Sie verkaufen Ihrem Kunden einen PC. Der PC ist als Equipment in Ihrem SAP-System abgebildet. Nach einiger Zeit ruft Ihr Kunde bei Ihnen an und meldet eine Funktionsbeeinträchtigung.

Sie planen den Einsatz eines Servicetechnikers, um die Funktionsbeeinträchtigung zu beseitigen. Um mögliche Reparaturen kostengünstig durchführen zu können, hat Ihr Kunde im Vorfeld einen Servicevertrag mit Ihnen abgeschlossen. Dieser enthält, neben dem abgeschlossenen Servicepaket, das monatlich zu fakturieren ist, ausgehandelte Preisvereinbarungen für die während einer Reparatur bzw. eines Materialaustauschs einzusetzenden Materialien.

Sie legen einen Serviceauftrag im System an. Über das im Auftrag eingebundene Equipment wird automatisch der zugrunde liegende Servicevertrag gefunden. Sie hinterlegen darüber hinaus die für einen Austausch benötigten Ersatzteile im Auftrag und ordnen diese einem Arbeitsvorgang zu.

Nach Ausübung der einzelnen Tätigkeiten werden Materialeinsatz sowie benötigte Zeiten für den Austausch durch die Serviceabteilung auf den Serviceauftrag zurückgemeldet. Mittels der aufwandsbezogenen Faktura wird eine Fakturaanforderung zum Serviceauftrag erstellt. Dabei werden die im Servicevertrag hinterlegten Preisvereinbarungen berücksichtigt. Die Fakturaanforderung wird weiterbearbeitet und im Rechnungswesen in eine Faktura umgesetzt. Das im Servicevertrag enthaltene Servicepaket wird periodisch abgerechnet.

In Kapitel 3 dieses Buches haben Sie bereits den Aufbau und Inhalt von Serviceverträgen kennengelernt. Für den Ablauf unseres Prozesses sind folgende Customizingeinträge von Bedeutung.

Um Serviceverträge automatisch durch das System ermitteln zu lassen, muss die automatische Vertragsermittlung pro Meldungsart aktiviert sein (siehe Abbildung 15.1).

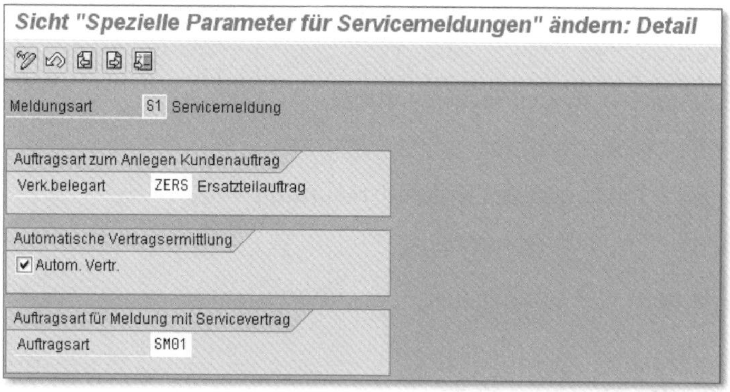

Abbildung 15.1 Automatische Vertragsermittlung (Transaktion OIM9)

Um einen nicht erlöstragenden Serviceauftrag (Auftragsart SM01) mit vorangegangener Meldung aufwandsbezogen fakturieren zu können, muss im Auftrag ein DPP-Profil zugeordnet sein. Dieses wird, wenn eine automatische Vertragsselektion vorausgeht, aus dem ermittelten Servicevertrag in den Auftrag übernommen. Im Servicevertrag wird das DPP-Profil aus dem Positionstypen übernommen. Im Customizing wird pro Positionstyp bestimmt, welche Art der Fakturierung eingesetzt wird (siehe Abbildung 15.2).

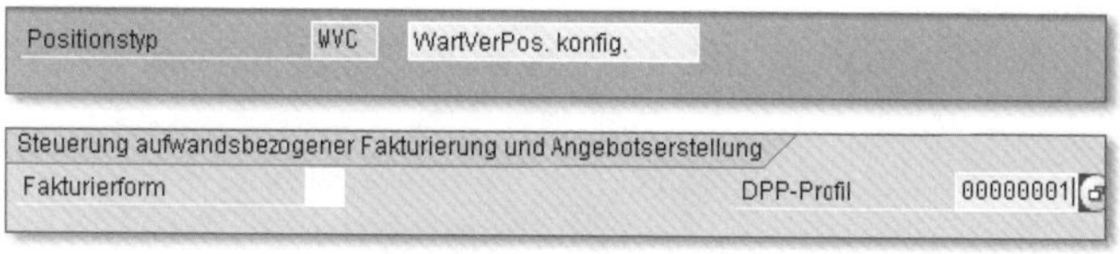

Abbildung 15.2 Zuordnung des DPP-Profils zum Positionstyp (Transaktion SPRO)

Unser Prozess besteht aus den folgenden Schritten, die wir mit der Erfassung einer Servicemeldung starten wollen:

1. Erfassen der Servicemeldung
2. Anzeige des Servicevertrags
3. Anlegen des Serviceauftrags
4. Freigabe des Serviceauftrags
5. Rückmeldung des Serviceauftrags
6. Erzeugen der Lastschriftsanforderungsposition (DPP)
7. Anlegen der Lastschrift
8. Technischer Abschluss des Serviceauftrags mit gleichzeitigem Abschluss der Servicemeldung

9. Abrechnung des Serviceauftrags auf den Servicevertrag und kaufmännischer Abschluss
10. Periodische Fakturierung des Servicevertrags
11. Abrechnung des Servicevertrags
12. Anzeige der Einzelposten in der Ergebnisrechnung
13. CS-Bericht in der Ergebnisrechnung

Diese Schritte erläutern wir nun genauer.

Schritt 1: Erfassen der Servicemeldung

Der Kunde *Institut für Umweltforschung* (Kundennummer 1032) meldet eine Funktionsbeeinträchtigung an einem seiner Bildschirme, der als Equipment unter der Nummer 10006724 in Ihrem System angelegt ist. Sie erfassen eine Servicemeldung, wie in Abbildung 15.3 dargestellt, mit der Meldungsart S1 und hinterlegen das vom Kunden gemeldete Equipment. Das System ermittelt automatisch den Technischen Platz (1033-ADMI-001; INSTITUT F. UMWELTFORSCHUNG – EINKAUF), an dem das Equipment eingebaut ist, sowie den Verkaufsbeleg (Servicevertrag) 40000233.

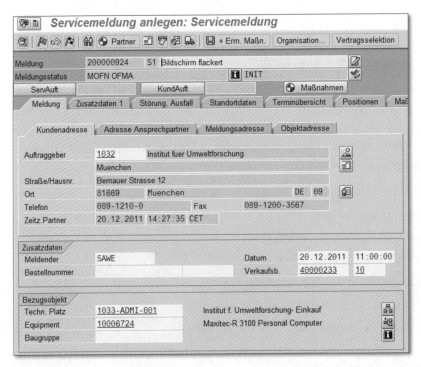

Abbildung 15.3 Erfassen der Servicemeldung (Transaktion IW51)

Die Meldung wird unter der Nummer 200000924 im System gesichert.

Schritt 2: Anzeige des Servicevertrags

Über einen Doppelklick auf die Verkaufsbelegnummer 40000233 in der Servicemeldung (Feld VERKAUFSB. in Abbildung 15.3) können Sie in den vom System ermittelten Vertrag abspringen und die Vertragsdaten einsehen (siehe Abbildung 15.4).

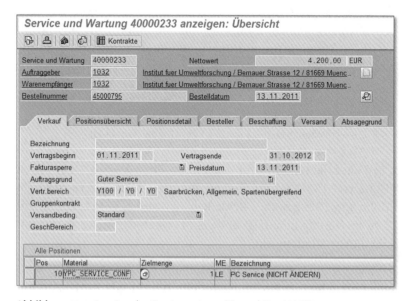

Abbildung 15.4 Anzeige des Servicevertrags (Transaktion VA43)

Der mit dem Kunden vereinbarte PC-Service wird mithilfe des Servicematerials YPC_SERVICE_CONF beschrieben (siehe Abbildung 15.4). Über den Menüeintrag ZUSÄTZE • TECHNISCHE OBJEKTE können Sie prüfen, für welches Equipment bzw. welchen Technischen Platz der vereinbarte Vertrag angelegt wurde (siehe auch Abbildung 15.5). Im vorliegenden Fall wurde der Vertrag für Equipment 10006724 angelegt.

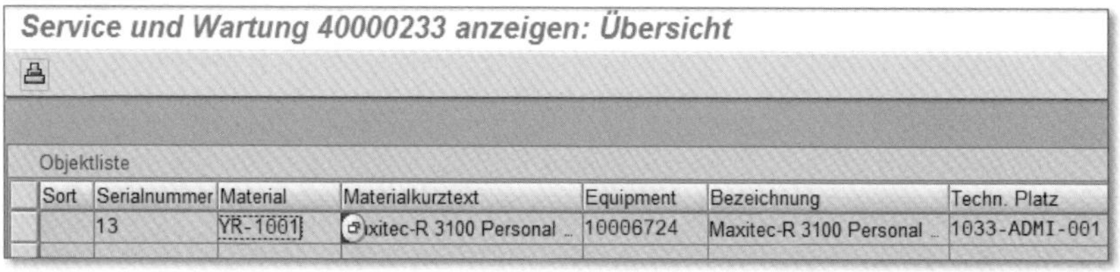

Abbildung 15.5 Anzeige des Servicevertrags, Zuordnung des technischen Objekts (Transaktion VA43)

Mit dem Kunden wurden für die Materialien, die während eines Servicetechnikereinsatzes verwendet werden, spezielle Preisvereinbarungen getroffen. Diese Preisvereinbarungen können Sie sich, wie Abbildung 15.6 zeigt, am Bildschirm anzeigen lassen, indem Sie die Serviceposition markieren und den Button [Preisvereinb.] anklicken. Diesen finden Sie unterhalb der Positionsübersicht.

Abbildung 15.6 Preisvereinbarungen des Servicevertrags (Transaktion VA43)

In diesem Fall wird dem Kunden für den Einsatz des Materials YR-1111 ein Rabatt in Höhe von 15 % und für die Entnahme des Materials YR-1120 ein Rabatt in Höhe von 10 % gewährt. Beide Rabatte werden mittels der Konditionsart ZZDC im Vertrag hinterlegt und gehen, wenn das Material entnommen wird, in die Preisfindung ein.

Die im Servicevertrag vereinbarte Servicegebühr für den PC-Service wird Ihrem Kunden periodisch in Rechnung gestellt. Hierfür gibt es zur Position einen Fakturierungsplan, den Sie auch auf der Registerkarte FAKTUR.PLAN finden. Markieren Sie die Serviceposition, die Sie bereits aus Abbildung 15.4 kennen, und klicken Sie anschließend auf den Button [Faktur.Plan]. Der Button befindet sich unterhalb der Positionsübersicht.

In unserem Beispiel beträgt der monatliche Rechnungsbetrag, der jeweils zum Monatsletzten zu entrichten ist, 350,00 EUR. Die einzelnen Abrechnungstermine besitzen den Status A, was »noch nicht bearbeitet« bedeutet (siehe auch Abbildung 15.7).

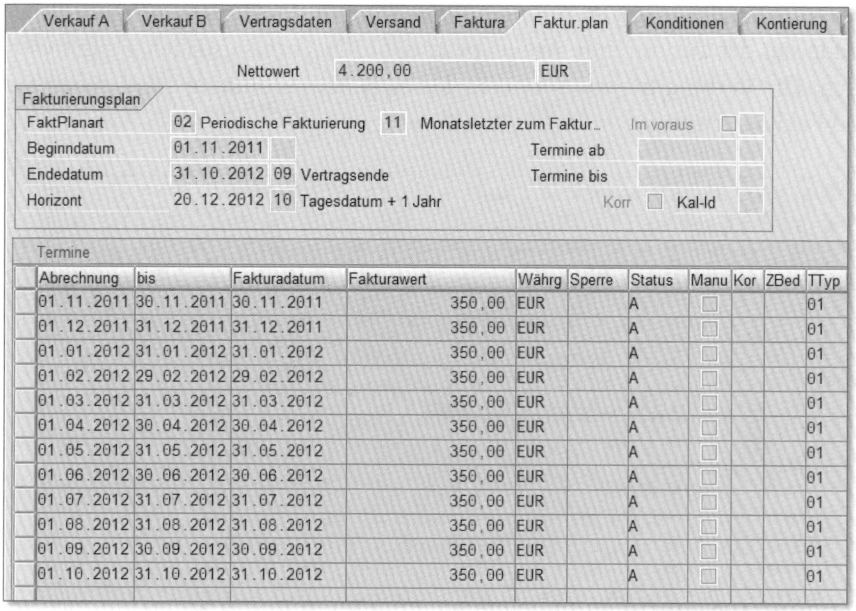

Beispiel | **15.2**

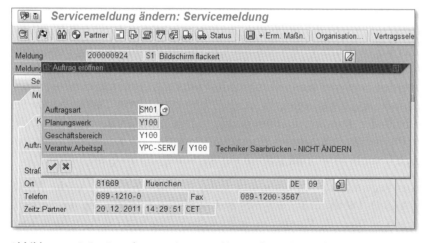

Abbildung 15.7 Anzeige des Fakturierungsplans zum Servicevertrag (Transaktion VA43)

Schritt 3: Anlegen des Serviceauftrags

Der Anwender legt nun aus der Servicemeldung heraus den Serviceauftrag an. Über den Button SERVAUFT erhält der Anwender ein Pop-up-Fenster (siehe Abbildung 15.8), in dem er die Vorschlagsdaten zu Auftragsart, Planungswerk, Geschäftsbereich und dem verantwortlichen Arbeitsplatz prüfen bzw. anpassen und anschließend bestätigen muss.

Abbildung 15.8 Serviceauftrag aus Servicemeldung anlegen (Transaktion IW52)

Anschließend können im Serviceauftrag weitere Daten, dazu gehören unter anderem der ausführende Arbeitsplatz oder die Vorgangsdauer, erfasst werden. Die Verbindung zur Servicemeldung (siehe Abbildung 15.9) sehen Sie im Feld MELDUNG.

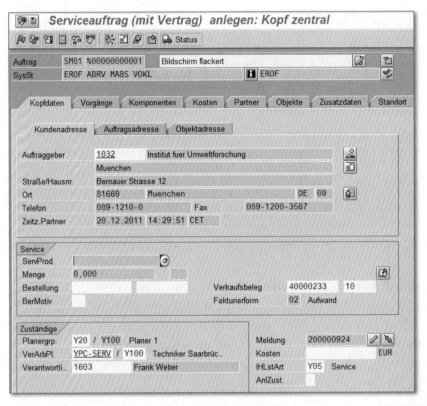

Abbildung 15.9 Serviceauftrag anlegen (Transaktion IW52)

Auf der Registerkarte KOMPONENTEN werden die für den Auftrag benötigten Materialien durch den Sachbearbeiter hinterlegt. Die einzelnen Komponenten werden entweder manuell zugeordnet oder mittels der Strukturliste über den Button Liste selektiert (siehe Abbildung 15.10). Diesen finden Sie unterhalb der Komponentenübersicht. Indem das Kennzeichen RETROGR. ENTN (Retrograde Entnahme) gesetzt wird, werden die Komponenten automatisch beim Erfassen und Sichern der Rückmeldung ausgebucht.

Auf der Registerkarte STEUERUNG befindet sich das DPP-Profil (siehe Abbildung 15.11). Dieses sieht eine aufwandsbezogene Fakturierung des Serviceauftrags vor (Bereich STEUERUNG AUFWANDSBEZOGENER FAKTURIERUNG UND ANGEBOTSERSTELLUNG).

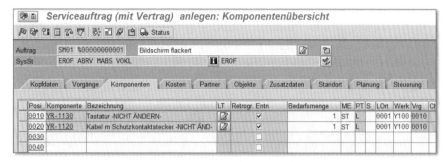

Abbildung 15.10 Zuordnung von Komponenten im Auftrag (Transaktion IW32)

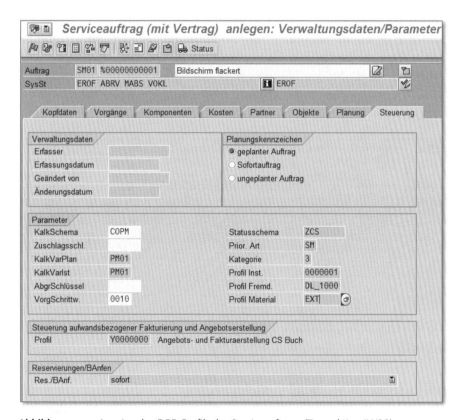

Abbildung 15.11 Anzeige des DPP-Profils des Serviceauftrags (Transaktion IW32)

Der Serviceauftrag wird unter der Belegnummer 503000 im System gesichert.

Im Belegfluss der Servicemeldung wird der erzeugte Serviceauftrag aufgenommen, wie auch Abbildung 15.12 zeigt. Ebenso wird der Bezug der Servicemeldung zum Servicevertrag deutlich.

Abbildung 15.12 Belegfluss der Servicemeldung (Transaktion IW52)

Schritt 4: Freigabe des Serviceauftrags

Sind alle Daten im Serviceauftrag hinterlegt und geprüft, wird dieser in Arbeit gegeben. Es erscheint das in Abbildung 15.13 dargestellte Pop-up. Der Druck der Arbeitspapiere wird in unserem Beispiel ohne Dialogfenster prozessiert. Der Servicetechniker erhält die Arbeitspapiere und nimmt diese mit zu seinem Einsatzort.

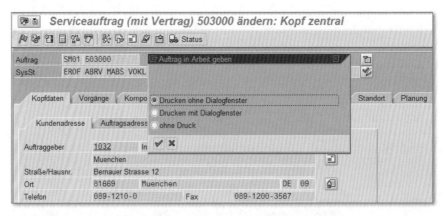

Abbildung 15.13 Serviceauftrag freigeben (Transaktion IW32)

Schritt 5: Rückmeldung des Serviceauftrags

Nach der Ausführung der Arbeiten werden die geleisteten Zeiten zurückgemeldet (siehe Abbildung 15.14). Der Servicemitarbeiter erhält vom Servicetechniker die ausgefüllten Rückmeldescheine und überträgt diese, mit Bezug zum Serviceauftrag, ins System. Dabei werden die Istarbeitszeiten zu den einzelnen Vorgängen erfasst (Bereich RÜCKMELDEDATEN).

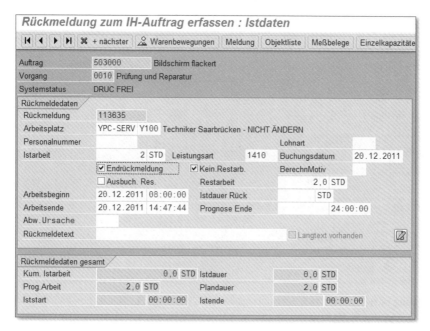

Abbildung 15.14 Rückmeldung zum Serviceauftrag (Transaktion IW41)

Über den Button WARENBEWEGUNGEN (siehe Abbildung 15.14) verzweigen Sie in der Rückmeldetransaktion auf die Sicht WARENBEWEGUNGEN. Wurde im zugrunde liegenden Serviceauftrag festgelegt, dass die einzelnen Komponenten retrograd entnommen werden, werden diese automatisch in diese Übersicht aufgenommen (siehe Abbildung 15.15). Die einzelnen Materialien werden beim Sichern der Rückmeldung über die Bewegungsart 261 (WA FÜR AUFTRAG) aus dem angegebenen Lagerort ausgebucht.

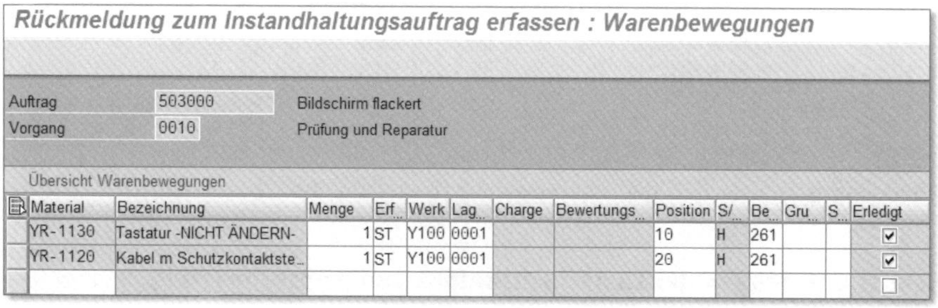

Abbildung 15.15 Automatische Warenbewegungen in der Rückmeldung zum Serviceauftrag (Transaktion IW41)

Der Serviceauftrag weist die Istkosten, die aufgrund der Rückmeldung entstanden sind, aus und stellt diese den Plankosten gegenüber (siehe Abbildung

15.16). Die Istkosten entsprechen den verbrauchten Materialien und den benötigten Reparaturstunden. Die Berechnung des Gemeinkostenzuschlags erfolgt im Anschluss.

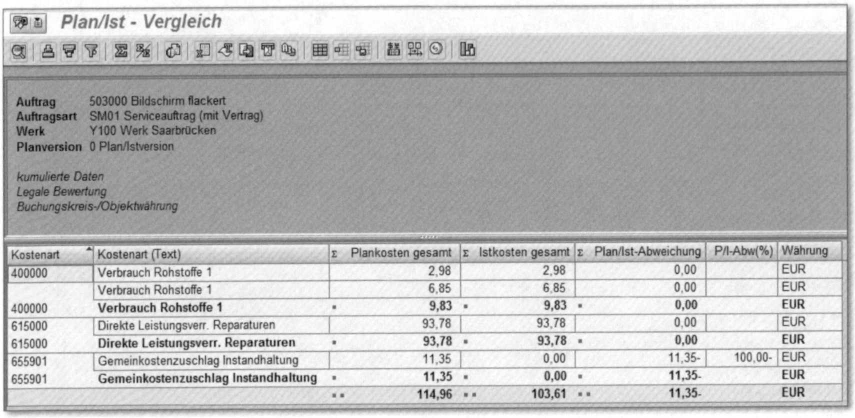

Kostenart	Kostenart (Text)	Σ Plankosten gesamt	Σ Istkosten gesamt	Σ Plan/Ist-Abweichung	P/I-Abw(%)	Währung
400000	Verbrauch Rohstoffe 1	2,98	2,98	0,00		EUR
	Verbrauch Rohstoffe 1	6,85	6,85	0,00		EUR
400000	**Verbrauch Rohstoffe 1**	**9,83**	**9,83**	**0,00**		**EUR**
615000	Direkte Leistungsverr. Reparaturen	93,78	93,78	0,00		EUR
615000	**Direkte Leistungsverr. Reparaturen**	**93,78**	**93,78**	**0,00**		**EUR**
655901	Gemeinkostenzuschlag Instandhaltung	11,35	0,00	11,35-	100,00-	EUR
655901	**Gemeinkostenzuschlag Instandhaltung**	**11,35**	**0,00**	**11,35-**		**EUR**
		114,96	**103,61**	**11,35-**		**EUR**

Abbildung 15.16 Kosten des Serviceauftrags im Plan-/Ist-Vergleich (Transaktion IW32)

Im Belegfluss der Servicemeldung werden der bei der Rückmeldung erzeugte Materialbeleg sowie die Rückmeldenummern der einzelnen Vorgänge aufgenommen (siehe Abbildung 15.17).

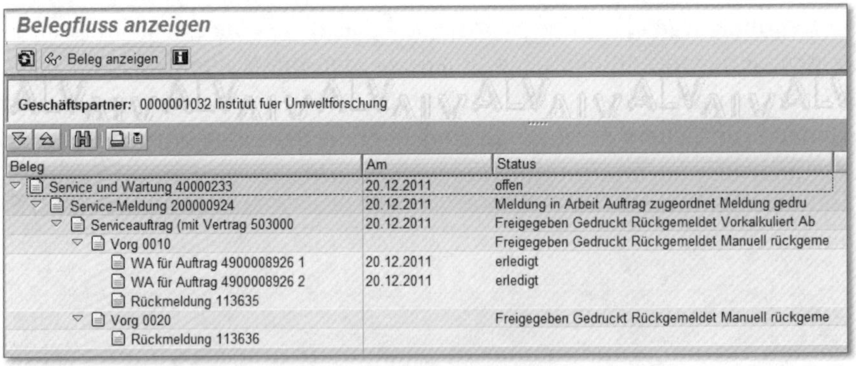

Beleg	Am	Status
Service und Wartung 40000233	20.12.2011	offen
Service-Meldung 200000924	20.12.2011	Meldung in Arbeit Auftrag zugeordnet Meldung gedru
Serviceauftrag (mit Vertrag 503000	20.12.2011	Freigegeben Gedruckt Rückgemeldet Vorkalkuliert Ab
Vorg 0010		Freigegeben Gedruckt Rückgemeldet Manuell rückgeme
WA für Auftrag 4900008926 1	20.12.2011	erledigt
WA für Auftrag 4900008926 2	20.12.2011	erledigt
Rückmeldung 113635		
Vorg 0020		Freigegeben Gedruckt Rückgemeldet Manuell rückgeme
Rückmeldung 113636		

Abbildung 15.17 Belegfluss der Servicemeldung (Transaktion IW52)

Schritt 6: Erzeugen der Lastschriftsanforderungsposition (DPP)

Über den Dynamischen Postenprozessor (DPP) wird eine Fakturaanforderung mit Bezug zum Serviceauftrag erstellt.

Beim Einstieg in die Transaktion DP90 wird zunächst die Aufwandssicht aufgerufen, die Sie auch in Abbildung 15.18 sehen. Die Aufwandssicht zeigt die

Kosten des Serviceauftrags für das entnommene Material und die geleisteten Stunden an.

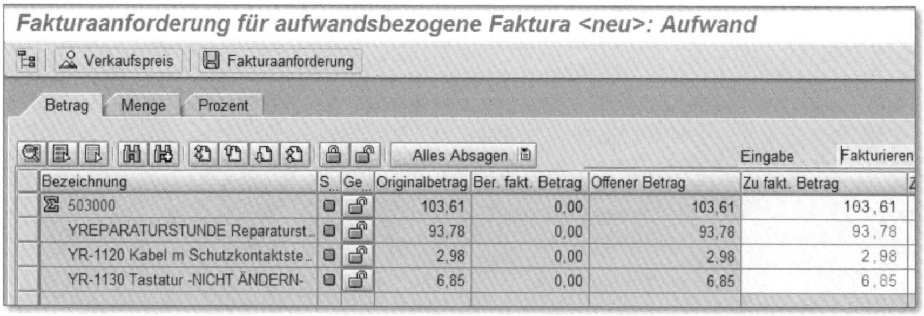

Abbildung 15.18 Fakturaanforderung – Sicht »Aufwand« (Transaktion DP90)

Die Verkaufspreissicht – zu erreichen über den Button VERKAUFSPREIS in Abbildung 15.18 – weist Kosten, Preise und mögliche Rabatte aufgrund des im Customizing zugeordneten SD-Kalkulationsschemas aus. In Abbildung 15.19 sehen Sie die für Material YR-1120 vorgenommene Preisfindung. Dabei wird der im Servicevertrag ausgehandelte Rabatt von 10 %, abgebildet mittels der Konditionsart ZZDC, bei der Preisfindung berücksichtigt.

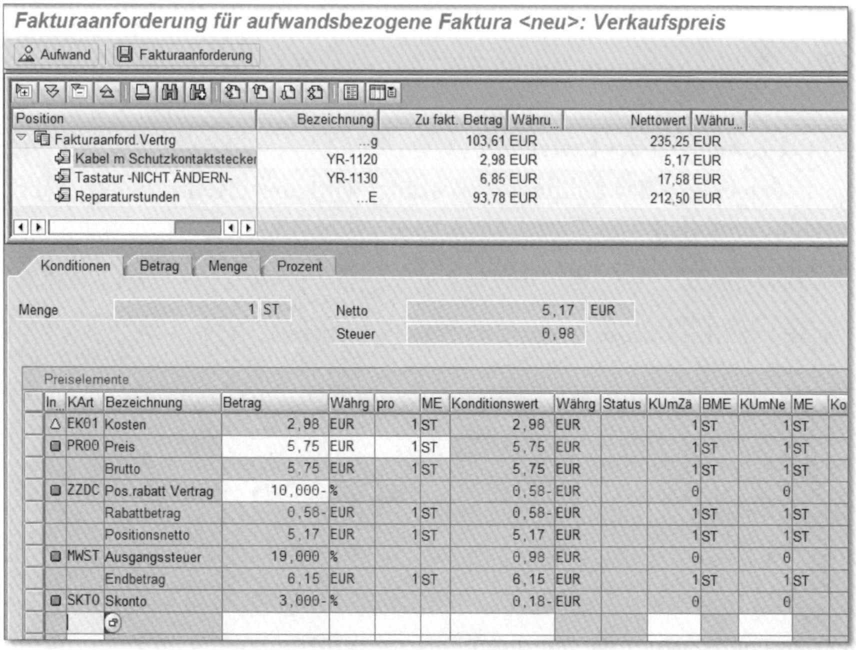

Abbildung 15.19 Fakturaanforderung – Verkaufspreissicht (Transaktion DP90)

Die Fakturaanforderung wird über den Button FAKTURAANFORDERUNG in Abbildung 15.19 erstellt. Bevor jedoch die eigentliche Faktura erstellt werden kann, muss die Fakturasperre, die Sie auch in Abbildung 15.20 sehen, entfernt werden.

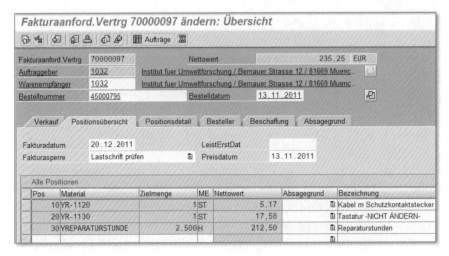

Abbildung 15.20 Positionsübersicht zur Fakturaanforderung (Transaktion VA02)

Die Fakturaanforderung wird unter der Nummer 70000097 im System angelegt.

Schritt 7: Anlegen der Lastschrift

Nach Erzeugung der Fakturaanforderung wird die eigentliche Rechnung erstellt. Abbildung 15.21 zeigt die Anlage der Faktura mit der Belegart LASTSCHRIFT (L2) sowie die Übersicht über die Fakturapositionen.

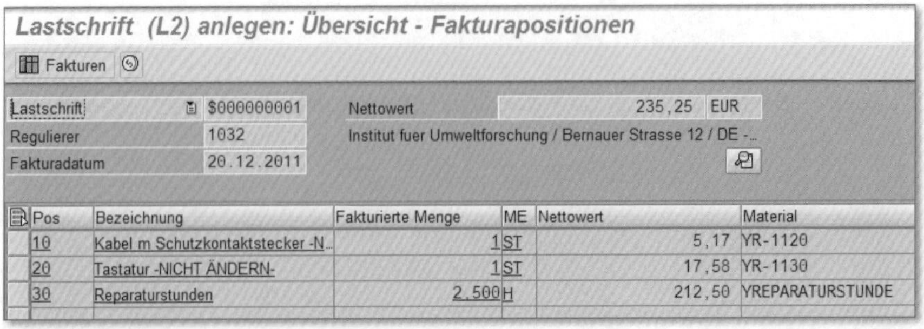

Abbildung 15.21 Anlegen der Lastschrift (Transaktion VF01)

Auch in der Konditionsübersicht der Faktura wird der gewährte Rabatt von 10 % mittels der Konditionsart ZZDC (POS.RABATT VERTRAG) ausgewiesen (siehe auch Abbildung 15.22).

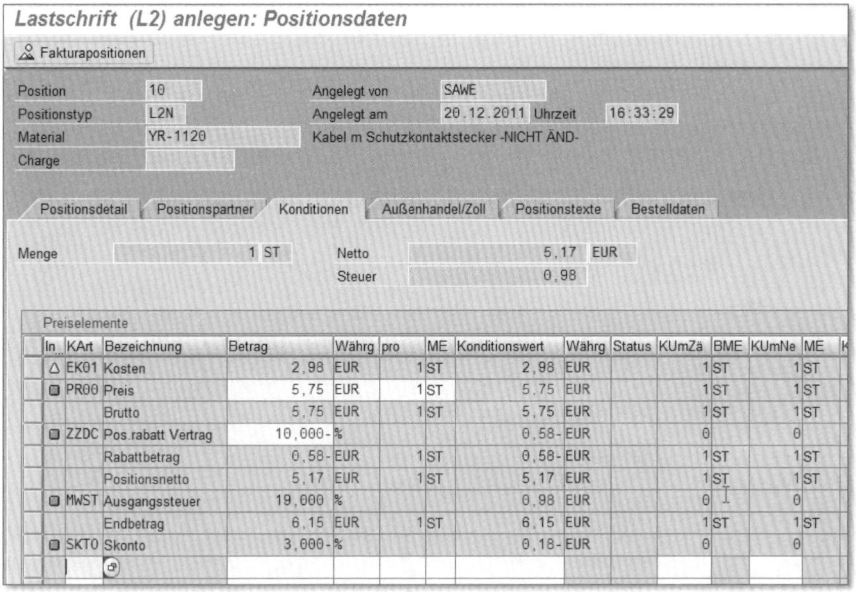

Abbildung 15.22 Konditionen der Lastschrift (Transaktion VF01)

Die Lastschrift wird unter der Nummer 90038716 im System angelegt. Sowohl die Fakturaanforderung als auch die Lastschrift werden in den Belegfluss der Servicemeldung aufgenommen (siehe Abbildung 15.23).

Abbildung 15.23 Belegfluss der Servicemeldung (Transaktion IW53)

Schritt 8: Technischer Abschluss des Serviceauftrags mit gleichzeitigem Abschluss der Servicemeldung

Nachdem alle im Auftrag geplanten Tätigkeiten durchgeführt worden sind, wird der Serviceauftrag technisch abgeschlossen (siehe Abbildung 15.24). Der Meldungsabschluss wird gleichzeitig mit ausgeführt.

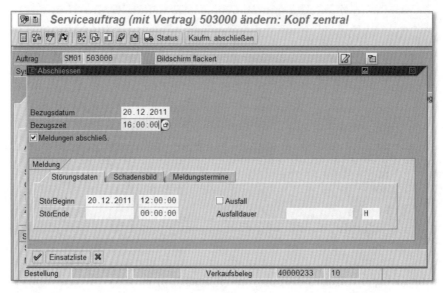

Abbildung 15.24 Technischer Abschluss des Serviceauftrags (Transaktion IW32)

Beim technischen Abschluss werden das Bezugsdatum sowie die Bezugszeit festgehalten.

Schritt 9: Abrechnung des Serviceauftrags auf den Servicevertrag und kaufmännischer Abschluss

Die noch ausstehende Berechnung des Gemeinkostenzuschlags zum Serviceauftrag erfolgt mithilfe der Transaktion KGI2. Das Einstiegsbild zur Transaktion sehen Sie in Abbildung 15.25. Einzugeben sind die Serviceauftragsnummer und die Parameter für die Periode und das Geschäftsjahr. Bei der Ablaufsteuerung entfernen Sie das Häkchen bei TESTLAUF.

Als Ergebnis ermittelt das System einen Zuschlag in Höhe von 11,35 EUR. Der Serviceauftrag 503000 wird mit den Zuschlägen belastet, die im Customizing hinterlegte Kostenstelle 4300 wird entsprechend entlastet (siehe Abbildung 15.26).

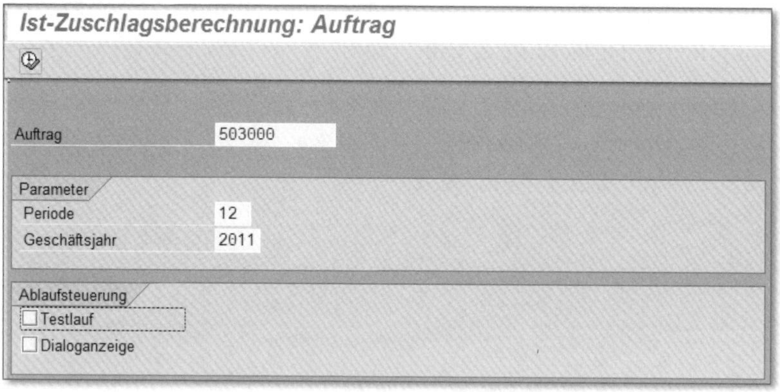

Ist-Zuschlagsberechnung: Auftrag

Auftrag: 503000

Parameter
Periode: 12
Geschäftsjahr: 2011

Ablaufsteuerung
☐ Testlauf
☐ Dialoganzeige

Abbildung 15.25 Ist-Zuschlagsberechnung: Auftrag (Transaktion KGI2)

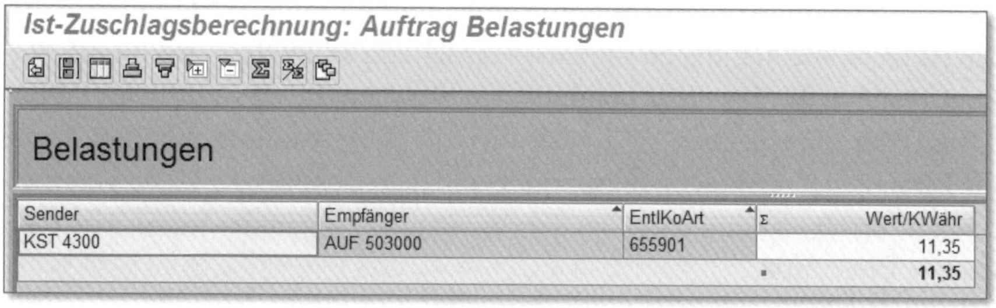

Ist-Zuschlagsberechnung: Auftrag Belastungen

Belastungen

Sender	Empfänger	EntlKoArt	Σ	Wert/KWähr
KST 4300	AUF 503000	655901		11,35
				11,35

Abbildung 15.26 Ist-Zuschlagsberechnung: Auftrag Belastungen (Transaktion KGI2)

Abbildung 15.27 zeigt die Abrechnungsvorschrift des Serviceauftrags 503000. Die Abrechnung erfolgt auf den Servicevertrag. Daher ist in der Abrechnungsvorschrift des Serviceauftrags der Servicevertrag 40000233 mit Servicevertragsposition 10 als Empfänger der Kosten angegeben.

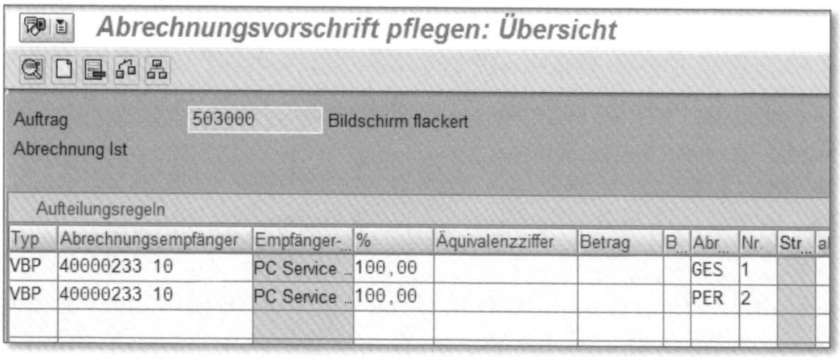

Abrechnungsvorschrift pflegen: Übersicht

Auftrag: 503000 Bildschirm flackert
Abrechnung Ist

Aufteilungsregeln

Typ	Abrechnungsempfänger	Empfänger-	%	Äquivalenzziffer	Betrag	B	Abr.	Nr.	Str	a
VBP	40000233 10	PC Service	100,00				GES	1		
VBP	40000233 10	PC Service	100,00				PER	2		

Abbildung 15.27 Abrechnungsvorschrift zum Serviceauftrag (Transaktion IW32)

15 | Serviceabwicklung mit aufwandsbezogener Fakturierung und Servicevertrag

Abbildung 15.288 zeigt den Kostenbericht des Servicevertrags 40000233 vor der Abrechnung des Serviceauftrags an.

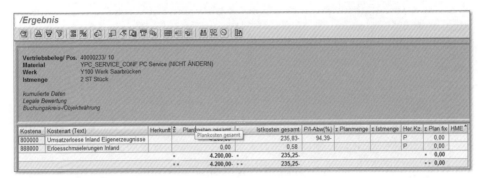

Abbildung 15.28 Kostenbericht zum Servicevertrag (Transaktion VA43)

Zur Abrechnung der Kosten kann die Transaktion KO88 (Ist-Abrechnung Auftrag) genutzt werden. In Abbildung 15.29 sehen Sie das Einstiegsbild zur Transaktion. Einzugeben sind auch hier die Serviceauftragsnummer sowie die Parameter zur Abrechnungsperiode und dem Geschäftsjahr. Die Verarbeitungsart erfolgt automatisch. Bei der Ablaufsteuerung entfernen Sie das Häkchen bei TESTLAUF.

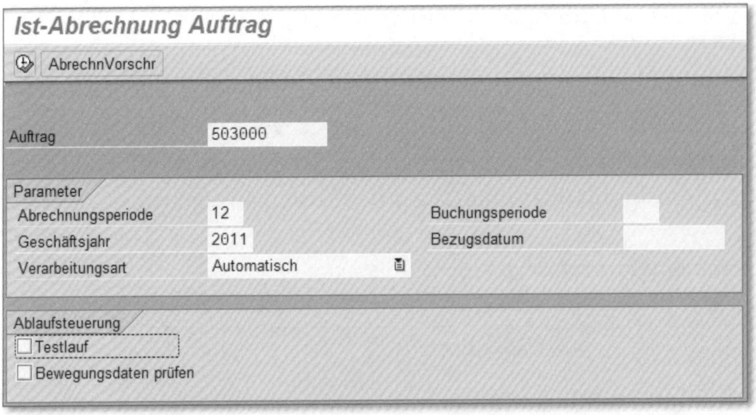

Abbildung 15.29 Ist-Abrechnung zum Auftrag (Transaktion KO88)

Das System ermittelt einen Gesamtwert in Höhe von 114,96 EUR, der auf den Servicevertrag 40000233 abgerechnet wird. Dieser Wert setzt sich zusammen aus dem ermittelten Gemeinkostenzuschlag von 11,35 EUR sowie den Personal- und Materialkosten in Höhe von 103,61 EUR (siehe Abbildung 15.30).

458

Abbildung 15.30 Abrechnung des Serviceauftrags (Transaktion KO88)

Der Serviceauftrag hat nach der Abrechnung einen Saldo von Null und kann kaufmännisch abgeschlossen werden (Status ABGS). Kaufmännisch abgeschlossen bedeutet auch, dass keine weiteren Kostenbuchungen mehr erwartet werden.

Im Servicevertrag stellt sich die Kostensituation nun wie in Abbildung 15.31 gezeigt dar. Die Kosten wurden durch die Abrechnung von dem Serviceauftrag an den Servicevertrag weiterverrechnet. Somit sind neben den Erlösen nun auch die Material- und Lohnkosten sowie die Gemeinkostenzuschläge auf dem Servicevertrag sichtbar.

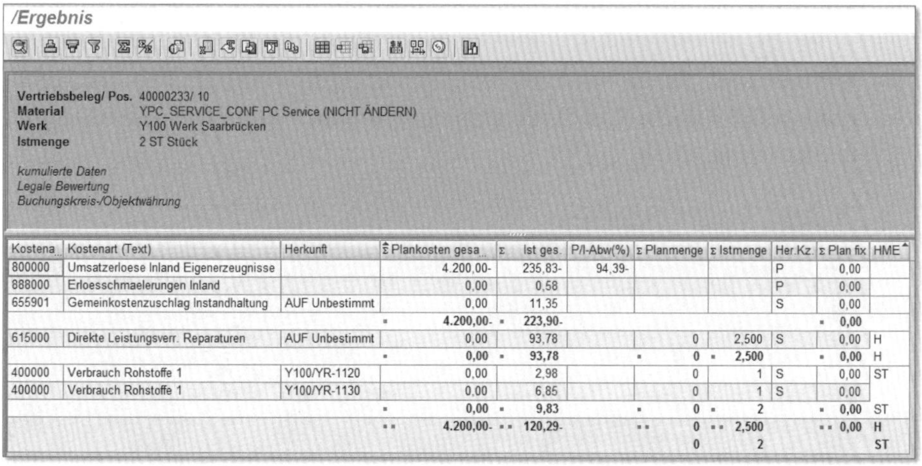

Abbildung 15.31 Kostenbericht des Servicevertrags (Transaktion VA43)

Schritt 10: Periodische Fakturierung des Servicevertrags

Das im Servicevertrag enthaltene Servicepaket wird monatlich an den Kunden fakturiert. Diese Vertragsvereinbarung ist auf der Registerkarte FAKTUR.PLAN im Servicevertrag ersichtlich (siehe Abbildung 15.32).

Service und Wartung 40000233 anzeigen: Positionsdaten

Konfig. | Kalkulation

Position 10 — Positionstyp WVC WartVerPos. konfig.
Material YPC_SERVICE_CONF — PC Service (NICHT ÄNDERN)

Verkauf A | Verkauf B | Vertragsdaten | Versand | Faktura | Faktur.plan | Konditionen | Kontierung | Partner

Nettowert 4.200,00 EUR

Fakturierungsplan
FaktPlanart 02 Periodische Fakturierung 11 Monatsletzter zum Faktur... Im voraus
Beginndatum 01.11.2011 — Termine ab
Endedatum 31.10.2012 09 Vertragsende — Termine bis
Horizont 20.12.2012 10 Tagesdatum + 1 Jahr — Korr — Kal-Id

Termine

Abrechnung	bis	Fakturadatum	Fakturawert	Währg	Sperre	Status	Manu	Kor	ZBed	TTyp	Faktu
01.11.2011	30.11.2011	30.11.2011	350,00	EUR		A				01	
01.12.2011	31.12.2011	31.12.2011	350,00	EUR		A				01	
01.01.2012	31.01.2012	31.01.2012	350,00	EUR		A				01	
01.02.2012	29.02.2012	29.02.2012	350,00	EUR		A				01	
01.03.2012	31.03.2012	31.03.2012	350,00	EUR		A				01	
01.04.2012	30.04.2012	30.04.2012	350,00	EUR		A				01	
01.05.2012	31.05.2012	31.05.2012	350,00	EUR		A				01	
01.06.2012	30.06.2012	30.06.2012	350,00	EUR		A				01	
01.07.2012	31.07.2012	31.07.2012	350,00	EUR		A				01	
01.08.2012	31.08.2012	31.08.2012	350,00	EUR		A				01	
01.09.2012	30.09.2012	30.09.2012	350,00	EUR		A				01	
01.10.2012	31.10.2012	31.10.2012	350,00	EUR		A				01	

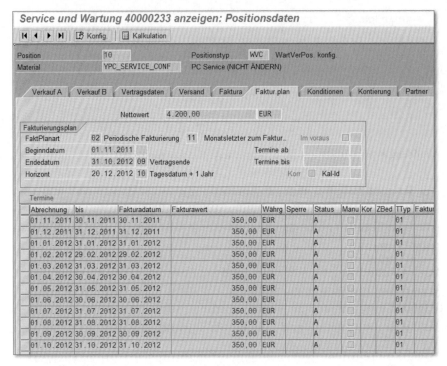

Abbildung 15.32 Fakturierungsplan des Servicevertrags (Transaktion VA43)

Der monatlich fällige Grundpreis der Serviceposition wird mittels der Konditionsart PPSV (Preis Pos. Service) im System hinterlegt. Diese sehen Sie auch in Abbildung 15.33.

anzeigen: Position - Konditionen

Position 10 — Material YPC_SERVICE_CONF
Menge 1 LE — Netto 350,00 EUR
Steuer 66,50

Preiselemente

In	KArt	Bezeichnung	Betrag	Währg	pro	ME	Konditionswert	Währg	Status	KUmZä	BME	KUmNe	ME	Kon
	PPSV	Preis Pos. Service	350,00	EUR	1	LE	350,00	EUR		1	LE	1	LE	
		Brutto	350,00	EUR	1	LE	350,00	EUR		1	LE	1	LE	
		Rabattbetrag	0,00	EUR	1	LE	0,00	EUR		1	LE	1	LE	
		Positionsnetto	350,00	EUR	1	LE	350,00	EUR		1	LE	1	LE	
	MWST	Ausgangssteuer	19,000	%			66,50	EUR		0		0		
		Endbetrag	416,50	EUR	1	LE	416,50	EUR		1	LE	1	LE	
	SKTO	Skonto	3,000-	%			12,50-	EUR		0		0		

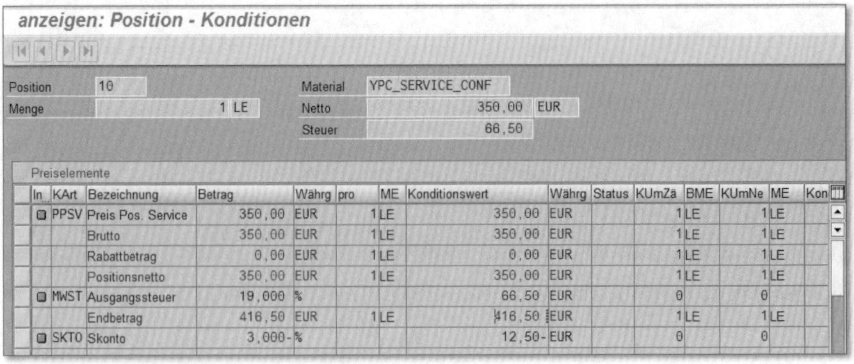

Abbildung 15.33 Konditionsart PPSV im Servicevertrag (Transaktion VA43)

Um den fälligen Grundpreis zu fakturieren, können Sie die Transaktion VF04 (Fakturavorrat bearbeiten) verwenden. In Abbildung 15.34 sehen Sie das Einstiegsbild zur Transaktion.

Über die Eingabe des FAKTURADATUMS, der FAKTURAART sowie der VERKAUFS-ORGANISATION und des AUFTRAGGEBERS können Sie die Selektion starten.

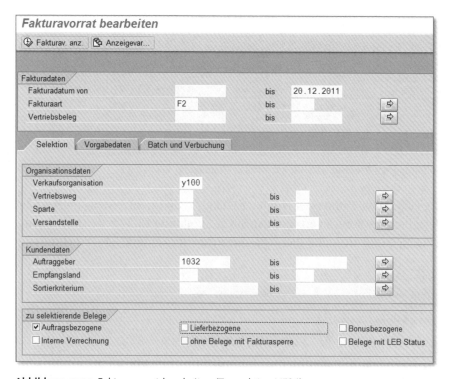

Abbildung 15.34 Fakturavorrat bearbeiten (Transaktion VF04)

Abbildung 15.35 zeigt das Ergebnis der Selektion. Die Zeile, die den Servicevertrag 40000233 enthält, wird markiert und zur Einzelfaktura vorgesehen.

S	FkTyp	VkOrg	Fakturadatum	Auftr.geb.	FkArt	ELnd	Vertr.Bel.	VWeg	SP	VBTyp	Adress	Name des Auftraggebers	Ort des AG	SortKri
X	A	Y100	30.04.2011	1032	F2	DE	40000218	Y0	Y1	G	6666	Institut fuer Umweltforschung	Muenchen	
X	A	Y100	31.05.2011	1032	F2	DE	40000218	Y0	Y1	G	6666	Institut fuer Umweltforschung	Muenchen	
X	A	Y100	31.07.2011	1032	F2	DE	40000218	Y0	Y1	G	6666	Institut fuer Umweltforschung	Muenchen	
X	A	Y100	31.08.2011	1032	F2	DE	40000218	Y0	Y1	G	6666	Institut fuer Umweltforschung	Muenchen	
X	A	Y100	30.09.2011	1032	F2	DE	40000218	Y0	Y1	G	6666	Institut fuer Umweltforschung	Muenchen	
X	A	Y100	31.10.2011	1032	F2	DE	40000218	Y0	Y1	G	6666	Institut fuer Umweltforschung	Muenchen	
X	A	Y100	30.11.2011	1032	F2	DE	40000218	Y0	Y1	G	6666	Institut fuer Umweltforschung	Muenchen	
X	A	Y100	30.11.2011	1032	F2	DE	40000228	Y0	Y0	G	6666	Institut fuer Umweltforschung	Muenchen	
X	A	Y100	30.11.2011	1032	F2	DE	40000233	Y0	Y0	G	6666	Institut fuer Umweltforschung	Muenchen	

Abbildung 15.35 Fakturavorrat bearbeiten (Transaktion VF04)

15 | Serviceabwicklung mit aufwandsbezogener Fakturierung und Servicevertrag

Das System springt, nach Drücken des Buttons EINZELFAKTURA, automatisch in die Transaktion VF01 (Rechnung anlegen), die Sie auch in Abbildung 15.36 sehen, ab. Die Faktura wird mit der Belegart RECHNUNG (F2) angelegt. In Rechnung gestellt wird eine Leistungseinheit für das monatlich vereinbarte Servicepaket.

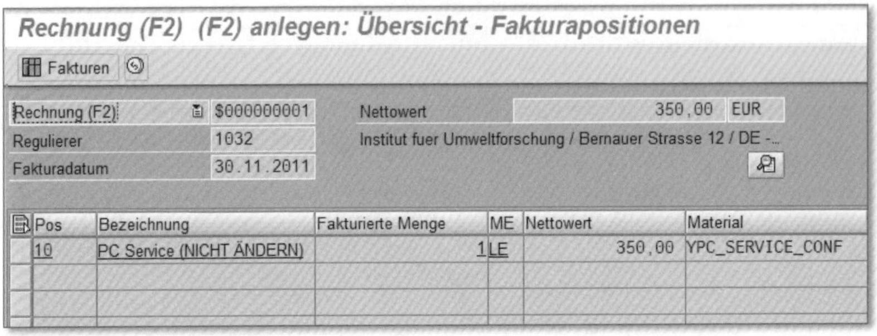

Abbildung 15.36 Faktura des Servicevertrags (Transaktion VF01)

Die Faktura wird unter der Nummer 90038717 in Ihrem System angelegt. Im Belegfluss des Servicevertrags, den Sie in Abbildung 15.37 sehen, werden die einzelnen Schritte – und damit das Erzeugen der Faktura – dokumentiert.

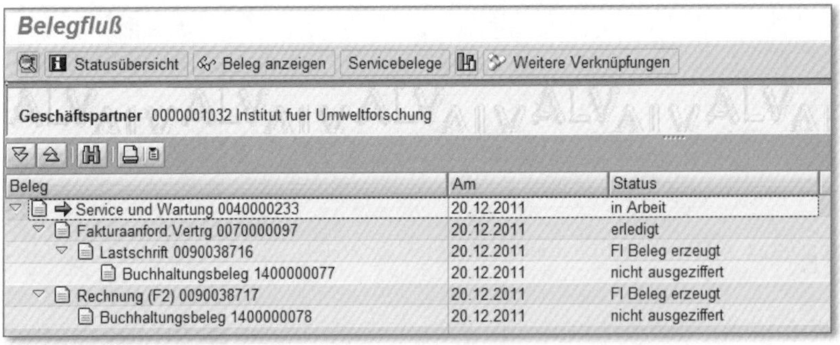

Abbildung 15.37 Belegfluss des Servicevertrags (Transaktion VA43)

Im Fakturierungsplan selbst – siehe Abbildung 15.38 – ändert sich der Status der Fakturaposition von A (nicht fakturiert) auf C (komplett bearbeitet).

Im Kostenbericht des Servicevertrags, den Sie in Abbildung 15.39 sehen, ergeben sich die geplanten Erlöse aus der Laufzeit des Fakturaplans. Die Isterlöse entsprechen dem, was dem Kunden bisher in Rechnung gestellt wurde. Den Isterlösen in Höhe von 585,83 EUR stehen die vom Serviceauftrag abgerechneten Istkosten in Höhe von 114,96 EUR sowie der Rabatt von 0,58 EUR gegenüber, sodass der Servicevertrag zu diesem Zeitpunkt eine Marge von 470,29 EUR aufweist.

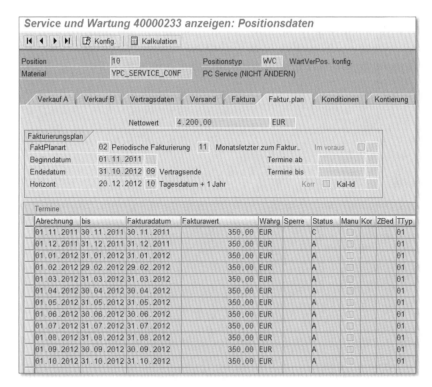

Abbildung 15.38 Fakturierungsplan des Servicevertrags (Transaktion VA42)

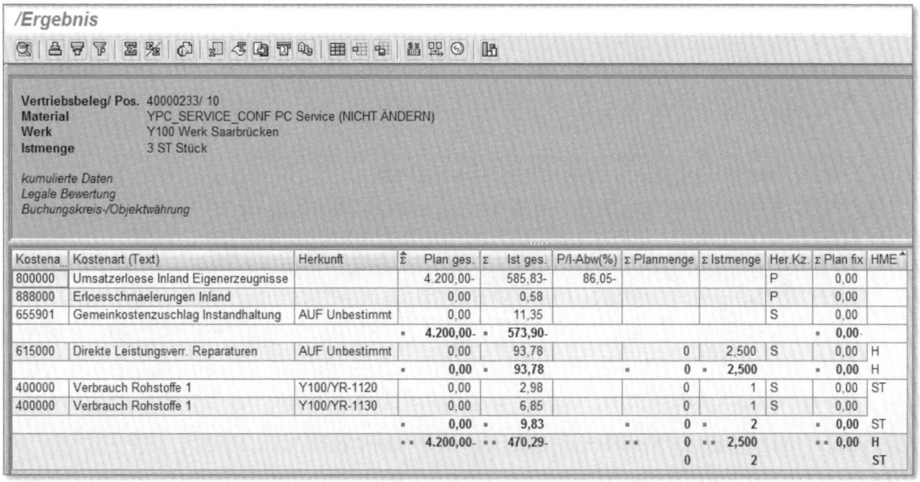

Abbildung 15.39 Kostenbericht zum Servicevertrag (Transaktion VA42)

Schritt 11: Servicevertrag abrechnen

Zur Abrechnung des Servicevertrags können Sie die Transaktion VA88 (Ist-Abrechnung Kundenaufträge) nutzen. Das Einstiegsbild zur Transaktion sehen Sie in Abbildung 15.40. Hier müssen Sie Daten zur VERKAUFSORGANISATION bzw. die abzurechnenden VERKAUFSBELEGE hinterlegen. Bei der Ablaufsteuerung entfernen Sie das Häkchen bei TESTLAUF.

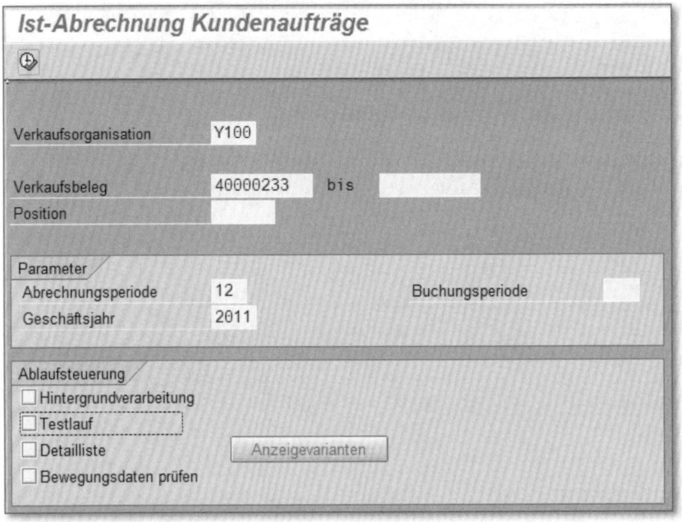

Abbildung 15.40 Ist-Abrechnung zum Servicevertrag (Transaktion VA88)

Das System ermittelt bei der Abrechnung den verbleibenden Saldo zwischen Isterlösen und Istkosten in Höhe von 470,29 EUR auf dem Servicevertrag und rechnet diesen an die Ergebnis- und Marktsegmentrechnung (CO-PA), in unserem Beispiel auf Ergebnisobjekt ERG 0000141730, ab. Die Detailliste zur Abrechnung sehen Sie in Abbildung 15.41.

Abbildung 15.41 Ist-Abrechnung zum Servicevertrag (Transaktion VA88)

Im Kostenbericht des Servicevertrags stellt sich die Situation nach der Abrechnung nun wie folgt dar (siehe auch Abbildung 15.42): Der Vertrag wurde bei der Vertragsabrechnung entlastet und hat nun einen Saldo von Null. Die Kosten und Erlöse können nun in der Ergebnisrechnung genauer analysiert werden. Mit der Abrechnung des Servicevertrags endet der operative Serviceprozess.

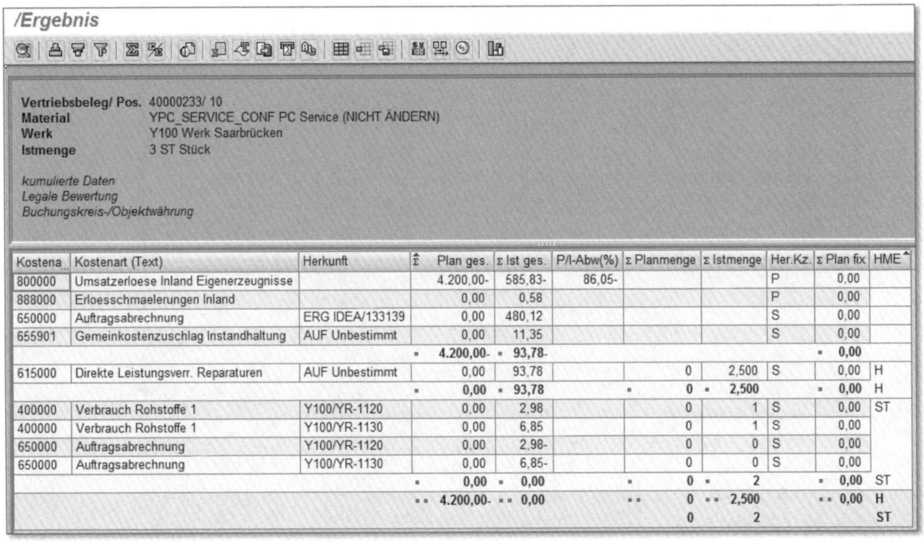

/Ergebnis

Vertriebsbeleg/ Pos. 40000233/ 10
Material YPC_SERVICE_CONF PC Service (NICHT ÄNDERN)
Werk Y100 Werk Saarbrücken
Istmenge 3 ST Stück

kumulierte Daten
Legale Bewertung
Buchungskreis-/Objektwährung

Kostena...	Kostenart (Text)	Herkunft	Σ Plan ges.	Σ Ist ges.	P/I-Abw(%)	Σ Planmenge	Σ Istmenge	Her.Kz.	Σ Plan fix	HME
800000	Umsatzerloese Inland Eigenerzeugnisse		4.200,00-	585,83-	86,05-			P	0,00	
888000	Erloesschmaelerungen Inland		0,00	0,58				P	0,00	
650000	Auftragsabrechnung	ERG IDEA/133139	0,00	480,12				S	0,00	
655901	Gemeinkostenzuschlag Instandhaltung	AUF Unbestimmt	0,00	11,35				S	0,00	
			▪ **4.200,00-**	▪ **93,78-**					▪ **0,00**	
615000	Direkte Leistungsverr. Reparaturen	AUF Unbestimmt	0,00	93,78		0	2,500	S	0,00	H
			▪ **0,00**	▪ **93,78**		▪ **0**	▪ **2,500**		▪ **0,00**	H
400000	Verbrauch Rohstoffe 1	Y100/YR-1120	0,00	2,98		0	1	S	0,00	ST
400000	Verbrauch Rohstoffe 1	Y100/YR-1130	0,00	6,85		0	1	S	0,00	
650000	Auftragsabrechnung	Y100/YR-1120	0,00	2,98-		0	0	S	0,00	
650000	Auftragsabrechnung	Y100/YR-1130	0,00	6,85-		0	0	S	0,00	
			▪ **0,00**	▪ **0,00**		▪ **0**	▪ **2**		▪ **0,00**	ST
			▪▪ **4.200,00-**	▪▪ **0,00**		▪▪ **0**	▪▪ **2,500**		▪▪ **0,00**	H
						0	**2**			ST

Abbildung 15.42 Kostenbericht zum Servicevertrag (Transaktion VA43)

Schritt 12: Anzeige der Einzelposten in der Ergebnisrechnung

Durch die Abrechnung des Servicevertrags sind die Kosten und Erlöse unter der Vorgangsart C (Auftrags- und Projektabrechnung) in die Ergebnisrechnung übertragen worden. Abbildung 15.43 zeigt Ihnen die Registerkarte WERTFELDER im CO-PA Beleg. Die Kosten und Erlöse werden in unterschiedlichen Wertfeldern angezeigt und können über verschiedene Berichte in der Ergebnisrechnung analysiert werden. Der Erlös in Höhe von 585,83 EUR setzt sich aus der Vertragsfakturierung und der Fakturierung des Serviceauftrags zusammen und wird im CO-PA in dem Wertfeld ERLÖSE angezeigt.

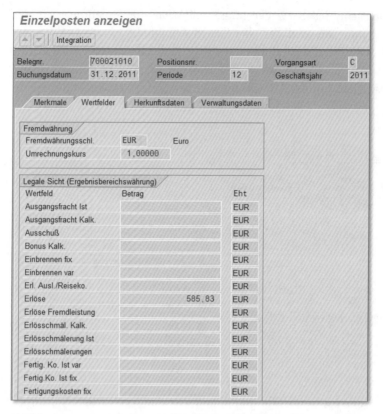

Abbildung 15.43 Einzelpostenanzeige (Transaktion KE24)

Schritt 13: CS-Bericht in der Ergebnisrechnung

Im letzten Schritt wird ein Bericht ausgeführt, der allgemein die bisherigen Daten und Ergebnisse im Bereich Service auswertet. Diesen Bericht sehen Sie in Abbildung 15.44. Als Kennzahlen finden Sie den Nettoerlös, die Kosten, den Deckungsbeitrag I und II sowie die Kosten für Reparatur und Wartung für das Jahr 2011.

Die einzelnen Kennzahlen können nach verschiedenen Merkmalen, wie zum Beispiel Sparte, Kunde, Profitcenter und Kundenauftrag ausgewertet werden. Ist eine genauere Analyse für eines dieser Merkmale gewünscht, muss das Merkmal im Feld NAVIGATION ausgewählt werden. Abbildung 15.44 zeigt einen Aufriss nach dem Merkmal ARTIKEL.

Artikel		Nettoerlös n. ES 2011 1 EUR	Kosten 2011 1 EUR	Deckungsbeitrag I 2011 1 EUR	Reparatur/Wartung 2011 1 EUR	Deckungsbeitrag II 2011 1 EUR
Darstellung in						
◇INSPECTION_SERVICE	Inspektions-Service	1.003,75	9,34	994,41	9,34	985,07
◇PR002	Service Support - NI	3.060,00	308,00	2.752,00	308,00	2.444,00
◇Y5000	Wasserpumpe	24.424,50	0,00	24.424,50	0,00	24.424,50
◇Y5010	Akku x2y	751,23	244,00	507,23	0,00	507,23
◇YPC_SERVICE_CONF	PC Service (NICHT AN	2.634,79	1.007,46	1.627,33	591,68	1.035,65
◇YR-1111	Hauptplatine M-3100	298,40	299,00	0,60-	0,00	0,60-
◇YR-1120	Kabel m Schutzkontak	22,16	0,00	22,16	0,00	22,16
◇YR-1160	Festplatte, 20 GB -N	405,02	0,00	405,02	0,00	405,02
◇YREPAIR_SERVICE	Reparatur Service (n	0,00	0,00	0,00	0,00	0,00
◇YSM-NETINST	Netzwerk-Installatio	2.812,20	406,77	2.405,43	0,00	2.405,43
◇	nicht zugeordnet	5.458,90	5.350,83	108,07	1.283,57	1.175,50-
♦Ergebnis		40.870,95	7.625,40	33.245,55	2.192,59	31.052,96

Abbildung 15.44 CS-Bericht in der Ergebnisrechnung (Transaktion KE30)

15.3 Zusammenfassung

Sie haben in diesem Kapitel ein Beispiel für eine aufwandsbezogene Fakturierung in Kombination mit einer periodischen Fakturierung eines Servicevertrags kennengelernt. Dieses Beispiel zeigt sicher nicht alle Möglichkeiten, die das SAP-System an dieser Stelle zu bieten hat. Welche Einstellungen Sie im Einzelnen wählen müssen, hängt auch vom Prozessverlauf ab, der in Ihrem Unternehmen zum Einsatz kommt.

In diesem Kapitel zeigen wir Ihnen ein praktisches Beispiel zur Wartungsplanung mit Servicevertrag. Sie haben mit Ihrem Kunden einen Vertrag über die regelmäßige Wartung einer Pumpe abgeschlossen.

16 Wartungsplanung mit Servicevertrag

In diesem Kapitel möchten wir Ihnen zeigen, wie Sie einen Servicevertrag mit einem Wartungsplan verknüpfen können, um regelmäßig anfallende Wartungsaufgaben zu erledigen. Sie erfahren darüber hinaus, wie Sie regelmäßige Wartungen für ein bestimmtes technisches Objekt über einen Servicevertrag für Ihre Kunden abwickeln können.

Der Prozess beinhaltet die Eröffnung und Terminierung eines Wartungsplans sowie die daraus folgende automatische Erzeugung eines Serviceauftrags, dessen Ausführung, Abschluss und Abrechnung. Der Prozess endet mit der periodischen Fakturierung der Vertragsleistung und der Auswertung des Ergebnisses in der Ergebnisrechnung (CO-PA). Die Abbildung des Prozesses erfolgt über die Module »Kundenservice«, »Finanzwesen« und »Controlling«.

16.1 Betriebswirtschaftliche Grundlagen

Auch beim Prozess der Wartungsplanung gibt es mehrere Beteiligte bzw. Abteilungen in Ihrem Unternehmen, die koordiniert zusammenarbeiten müssen. Zum einen gibt es den Kunden, mit dem Sie über einen Servicevertrag die regelmäßige Wartung eines oder mehrerer seiner technischen Objekte vereinbart haben. Zum anderen sind da die Servicetechniker, deren Einsatz innerhalb einer bestimmten Reaktionszeit hinsichtlich auszuführender Wartungstätigkeiten geplant und bestimmt werden muss.

Der eingesetzte Servicetechniker meldet die Zeiten der ausgeführten Wartungsarbeiten im System zurück und auch, ob er Ersatzteile für die Wartung benötigt hat. Durch den Abschluss des Serviceauftrags, der automatisch als Abrufobjekt bei der Terminierung eines Wartungsplans erzeugt wird, nimmt der Servicetechniker Einfluss auf weitere anstehende Abrufe. Die einzelnen Schritte der Wartungsabwicklung werden im System dokumentiert.

16.2 Beispiel

Wir erklären Ihnen nun die Wartungsplanung mit Servicevertrag anhand eines Beispiels. Nehmen wir an, Sie haben mit Ihrem Kunden einen Servicevertrag abgeschlossen, über den die regelmäßige Wartung einer Pumpe abgerechnet wird. Die Pumpe ist als Equipment in Ihrem SAP-System abgebildet.

Mittels Wartungsplanterminierung werden monatlich, vierteljährlich bzw. jährlich Wartungsplanabrufe in Form von Serviceaufträgen erzeugt. Diese enthalten Vorgänge aus einem Arbeitsplan. Welche Vorgänge jeweils in die automatisch erzeugten Serviceaufträge übernommen werden, ist abhängig von der Zuordnung der einzelnen Wartungspakete zum Vorgang im Arbeitsplan. Ein Wartungspaket enthält unter anderem eine Zyklusdauer (damit ist der zeitliche Abstand eines auszuführenden Vorgangs gemeint) sowie die Einheit zu einem Zyklus, wie z. B. Monat, und weitere Terminierungsparameter, wie z. B. Vorlauf- oder Nachlaufpuffer.

[+] **Vorlauf- und Nachlaufpuffer**

Unter *Vorlauf-* bzw. *Nachlaufpuffern* versteht man die Zeitspanne, innerhalb derer mit der Ausführung eines Vorgangs vor bzw. nach der Fälligkeit eines Wartungspakets begonnen werden muss, um so die zeitliche Verschiebung der folgenden Arbeitspakete zu vermeiden.

Nach Ausführung der einzelnen Wartungsvorgänge durch einen oder mehrere Servicetechniker werden die Einsatzzeiten und eventuell benötigte Ersatzteile zurückgemeldet. Der Serviceauftrag kann abgeschlossen und auf den Servicevertrag abgerechnet werden. Der Servicevertrag selbst enthält spezielle Preisvereinbarungen für die durchzuführenden Leistungen. Somit wird gewährleistet, dass anstehende Wartungen kostengünstig für Ihren Kunden durchgeführt werden können.

Durch den im Wartungsplan eingebundenen Servicevertrag wird automatisch das zugrunde liegende Equipment, in diesem Fall die Pumpe, gefunden. Das im Servicevertrag enthaltene Servicepaket wird monatlich, also periodisch, abgerechnet. Aufbau und Inhalt von Serviceverträgen haben Sie bereits in Kapitel 3 dieses Buches kennengelernt.

Zum Zeitpunkt des technischen Abschlusses des Serviceauftrags können Sie auch bestimmen, ob Sie gleichzeitig den Wartungsplanabruf mit erledigen möchten, denn der Zeitpunkt der Erledigung eines Wartungsplanabrufs hat Einfluss auf die Erzeugung der folgenden Abrufe.

Um einen Wartungsplan mit Servicevertrag anlegen zu können, muss die in Abbildung 16.1 dargestellte Zuordnung getroffen werden: Dem Serviceprodukt, das auch im Servicevertrag zu finden ist, sind in Tabelle T399A der einzubindende Arbeitsplan pro Werk sowie die für den Abruf vorgesehene Auftragsart zugeordnet. Durch die Einbindung des Servicevertrags in den Wartungsplan und das darin enthaltene Serviceprodukt wird automatisch der Arbeitsplan mit den darin befindlichen Vorgängen zum Zeitpunkt eines Abrufs gefunden.

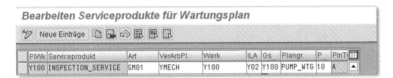

Abbildung 16.1 Serviceprodukte für Wartungspläne (Transaktion OISF)

> **Transaktionen in den Bildunterschriften** [+]
>
> In den Bildunterschriften sind die jeweiligen Transaktionen aufgeführt, die Sie aufrufen müssen, um zu dieser Ansicht zu gelangen. Die entsprechenden Menüpfade finden Sie Anhang des Buches aufgelistet.

Im Kopf des Arbeitsplans, der pro Werk gültig ist, wird die Wartungsstrategie zugeordnet, die die einzelnen Wartungspakete enthält und somit die Abfolge der geplanten Wartungsmaßnahmen bestimmt. In Abbildung 16.2 wird die KALENDERGENAUE TERMINIERUNG (A) als Wartungsstrategie zugeordnet.

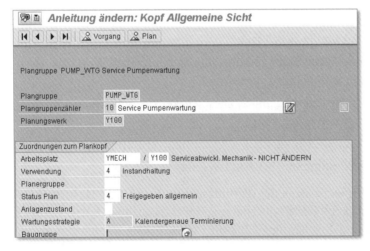

Abbildung 16.2 Kopfdaten der Anleitung (Transaktion IA06)

Eine Wartungsstrategie kann mithilfe der Transaktion IP11 (Wartungsstrategie ändern) angelegt werden. Die Wartungsstrategie A (Kalendergenaue Terminierung) enthält, wie in Abbildung 16.3 dargestellt, die Terminierungsparameter VERSCHIEBEFAKTOR BEI VERSPÄTETER bzw. VERFRÜHTER ERLEDIGUNG 100 %, darüber hinaus die Strategieeinheit MON (Monat) sowie als Terminierungskennzeichen ZEIT. Diese Angaben werden beim Anlegen des Wartungsplans übernommen.

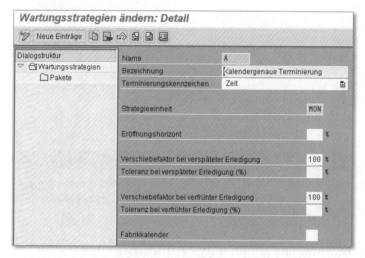

Abbildung 16.3 Terminierungsparameter der Wartungsstrategie (Transaktion IP11)

In Abbildung 16.4 sehen Sie die in der Wartungsstrategie A enthaltenen Wartungspakete. Insgesamt enthält Strategie A drei Wartungspakete:

- Paket 1 weist eine Zyklusdauer von einem Monat aus, mit einem Vor- bzw. Nachlaufpuffer von je zwei Tagen.
- Paket 2 ist eine Zyklusdauer von drei Monaten mit einem Vor- bzw. Nachlaufpuffer von je fünf Tagen zugeordnet.
- Paket 3 wird jährlich ausgeführt. Dieses Paket übergibt einen Vor- bzw. Nachlaufpuffer von je zehn Tagen.

Allen drei Paketen ist eine Hierarchie zugeordnet. Über die Hierarchie eines Wartungspakets bestimmen Sie dessen Wertigkeit.

In unserem Beispiel besitzen die Wartungspakete 1 und 2 die Hierarchie H1, und Wartungspaket 3 besitzt die Hierarchie H2. Das bedeutet, dass die Wartungspakete 1 und 2 gleichzeitig fällig sind, beide Pakete werden zum selben Zeitpunkt ausgeführt.

Abbildung 16.4 Wartungspakete zur Wartungsstrategie A (Transaktion IP11)

Wartungspaket 3 dagegen wird, aufgrund der unterschiedlichen bzw. höheren Hierarchie, separat ausgeführt. Bei Fälligkeit übersteuert es die Pakete niederer Hierarchie. Diesen Umstand sehen Sie auch nochmals in Abbildung 16.5.

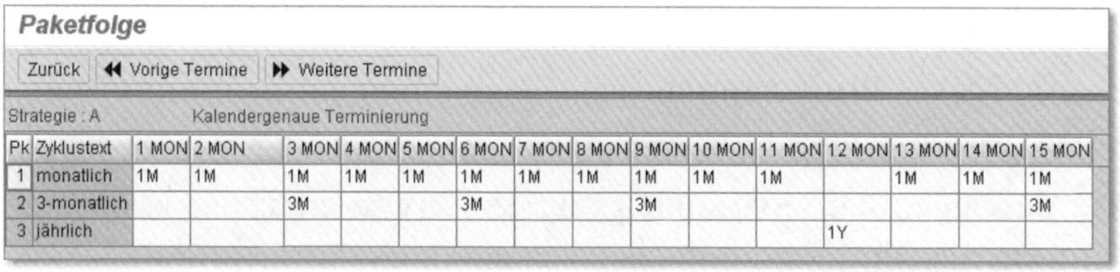

Abbildung 16.5 Paketfolge zur Wartungsstrategie A (Transaktion IP11)

Im Arbeitsplan selbst müssen noch die einzelnen Arbeitsvorgänge den Wartungspaketen zugeordnet werden. Pro Vorgang kann, wie auch Abbildung 16.6 zeigt, mehr als ein Wartungspaket ausgewählt werden.

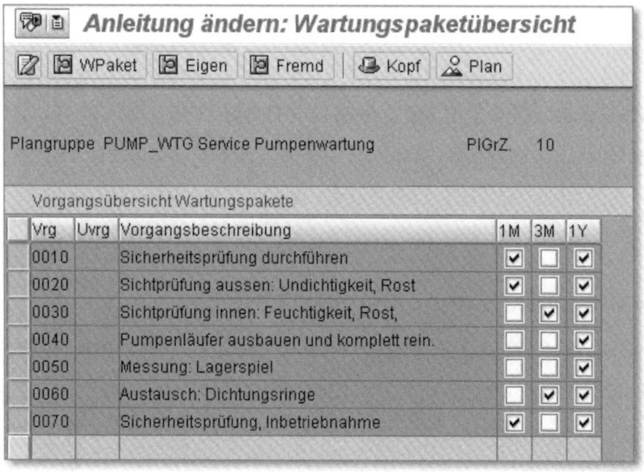

Abbildung 16.6 Zuordnung von Wartungspaketen zu Anleitungsvorgängen (Transaktion IA06)

Unser Prozess besteht aus den im Folgenden aufgeführten Schritten. Sie bilden die Wartungsmaßnahmen ab, die für den Kunden zu erbringen sind. Beim Anlegen des Wartungsplans wird Bezug auf einen Servicevertrag genommen. Als Abrufobjekt wird ein Serviceauftrag generiert.

1. Anlegen des Wartungsplans mit Servicevertrag
2. Wartungsplan terminieren
3. Serviceauftrag anzeigen und freigeben
4. Rückmeldung des Serviceauftrags
5. Kostenübersicht über Serviceauftrag und Belegfluss
6. Erzeugen der Lastschriftsanforderungsposition (DPP)
7. Anlegen der Lastschrift
8. Technischer Abschluss des Serviceauftrags mit gleichzeitiger Erledigung des Wartungsplanabrufs
9. Anzeige des Wartungsplans
10. Folgeterminierung des Wartungsplans
11. Abrechnung des Serviceauftrags auf den Servicevertrag und kaufmännischer Abschluss Serviceauftrag
12. Periodische Fakturierung des Servicevertrags
13. Abrechnung des Servicevertrags
14. Anzeige der Einzelposten in der Ergebnisrechnung

Diese Schritte erläutern wir im Folgenden wie gewohnt genauer. Der Kunde *Wasserwerk am Bach* (Kundennummer 66005) hat einen Servicevertrag (40000229) über die Inspektion einer Wasserpumpenanlage abgeschlossen. Diese Anlage wird im System über die Equipmentnummer 10006714 abgebildet. Da der Vorgang der Inspektion eine immer wiederkehrende Maßnahme ist, die in gleichen zeitlichen Abständen ausgeführt werden muss, wird ein Wartungsplan zur Abbildung der Tätigkeiten eingesetzt.

Schritt 1: Anlegen des Wartungsplans mit Servicevertrag

Sie legen einen Wartungsplan, wie in Abbildung 16.7 gezeigt, mit dem Wartungsplantyp SA (Serviceauftrag mit Vertrag) an. Darüber hinaus ordnen Sie einen im Vorfeld angelegten Verkaufsbeleg, das heißt einen Servicevertrag, mit relevanter Positionsnummer zu.

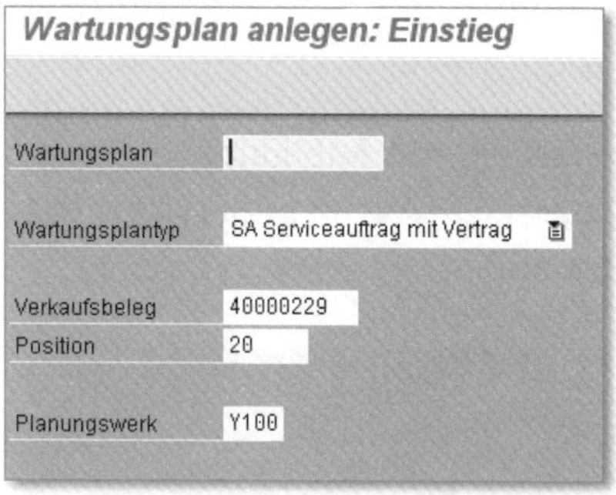

Abbildung 16.7 Wartungsplan anlegen (Transaktion IP50)

Wie in Abbildung 16.8 zu sehen ist, übernimmt das System die Terminierungsparameter aus der Wartungsstrategie in den Wartungsplan. Auch der relevante Arbeitsplan, hinterlegt in Tabelle T399A zum Serviceprodukt, wird eingebunden. Durch die Eingabe eines Zyklusstarts definieren Sie den Zeitpunkt, zu dem das System den Wartungsplan »starten« soll. Dieser wird in Relation zu den im Servicevertrag hinterlegten Vertragsdaten gebracht.

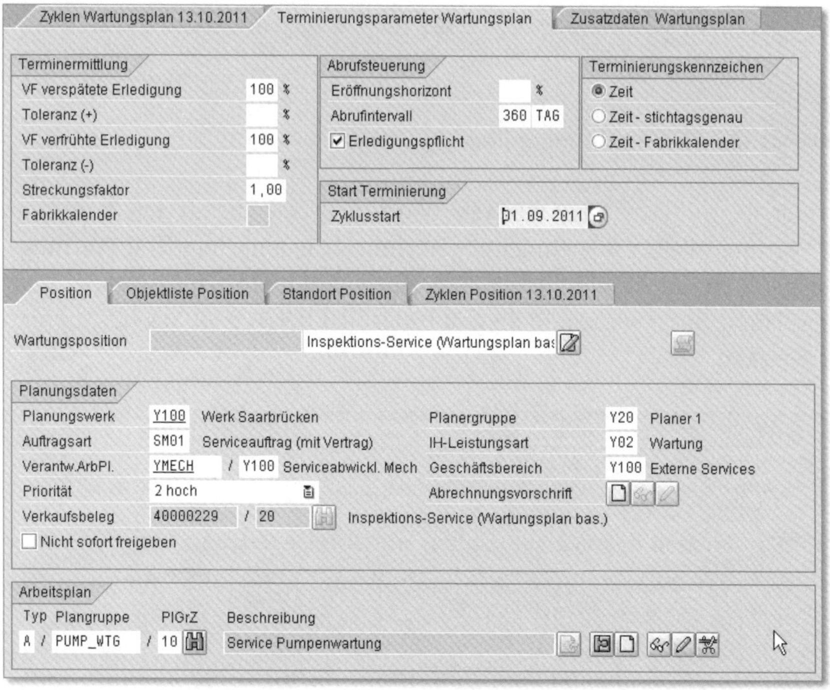

Abbildung 16.8 Wartungsplan anlegen (Transaktion IP50)

16 | Wartungsplanung mit Servicevertrag

Der Wartungsplan wird unter der Belegnummer 300 in unserem System angelegt.

Nachdem der Wartungsplan gesichert ist, werden, wie Abbildung 16.9 zeigt, die einzelnen Zyklen im Wartungsplan angezeigt. Aus dem Servicevertrag wird das dort hinterlegte Equipment übernommen.

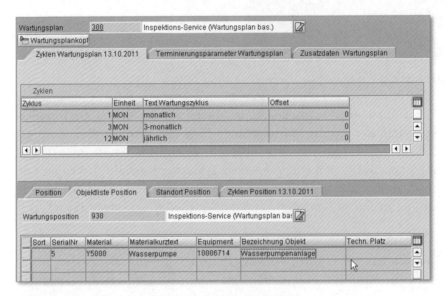

Abbildung 16.9 Zyklen des Wartungsplans (Transaktion IP02)

Auf der Registerkarte ZUSATZDATEN WARTUNGSPLAN, die zu den Kopfdaten des Wartungsplans zählt, finden Sie nochmals die eingebundene Wartungsstrategie (siehe auch Abbildung 16.10). Auch wird hier noch einmal der Wartungsplantyp ausgewiesen, in diesem Fall ist das der Typ SA SERVICEAUFTRAG MIT VERTRAG.

Abbildung 16.10 Zusatzdaten Wartungsplan (Transaktion IP02)

Beispiel | 16.2

Aus dem Wartungsplan heraus können Sie sich den Servicevertrag anzeigen lassen. Zum Beispiel können Sie die Daten des Fakturierungsplans aufrufen.

In unserem Szenario wird das Fakturadatum, wie auch Abbildung 16.11 zeigt, jeweils zum Monatsende bei einer periodischen Fakturierung ausgewiesen. Der Fakturawert beträgt pro monatlicher Abrechnung 855,00 EUR, Status A bedeutet NICHT BEARBEITET.

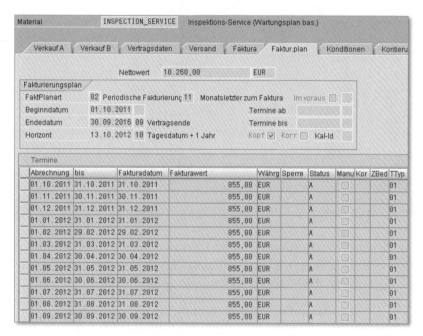

Abbildung 16.11 Servicevertrag zur Wartung (Transaktion VA43)

Schritt 2: Wartungsplan terminieren

Der angelegte Wartungsplan 300 wird über die Transaktion IP10 terminiert. Das bereits im Wartungsplan hinterlegte Zyklusstartdatum wird als Basis für die Terminierung herangezogen (siehe auch Abbildung 16.12).

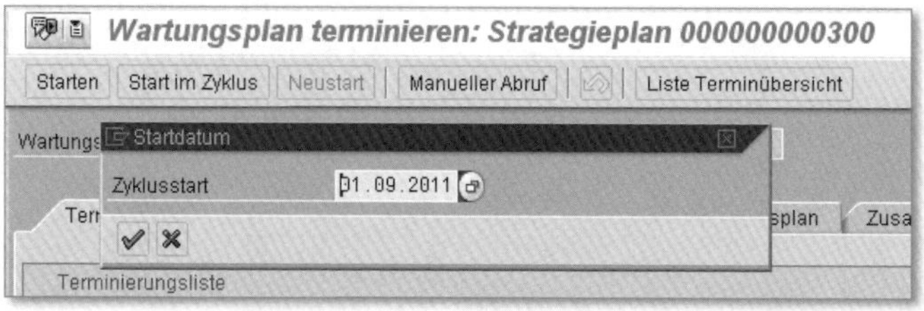

Abbildung 16.12 Wartungsplan terminieren (Transaktion IP10)

477

Das System erzeugt automatisch Abrufe zum Wartungsplan. Für fällige Pakete wird direkt ein Wartungsabruf erzeugt, künftige Abrufe erhalten den Status TERMINIERT,WARTET (siehe Abbildung 16.13).

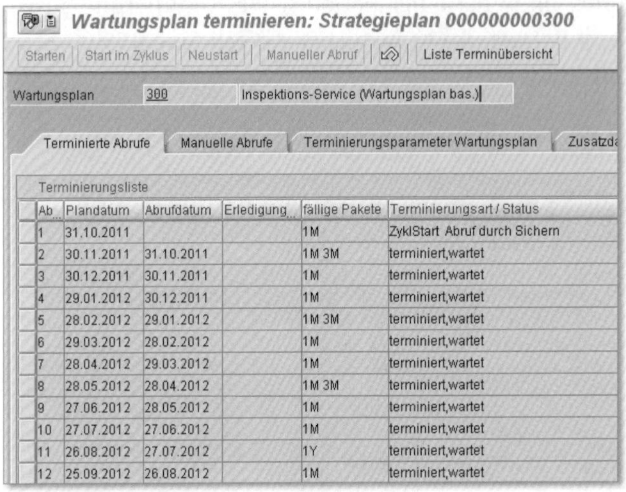

Ab	Plandatum	Abrufdatum	Erledigung	fällige Pakete	Terminierungsart / Status
1	31.10.2011			1M	ZyklStart Abruf durch Sichern
2	30.11.2011	31.10.2011		1M 3M	terminiert,wartet
3	30.12.2011	30.11.2011		1M	terminiert,wartet
4	29.01.2012	30.12.2011		1M	terminiert,wartet
5	28.02.2012	29.01.2012		1M 3M	terminiert,wartet
6	29.03.2012	28.02.2012		1M	terminiert,wartet
7	28.04.2012	29.03.2012		1M	terminiert,wartet
8	28.05.2012	28.04.2012		1M 3M	terminiert,wartet
9	27.06.2012	28.05.2012		1M	terminiert,wartet
10	27.07.2012	27.06.2012		1M	terminiert,wartet
11	26.08.2012	27.07.2012		1Y	terminiert,wartet
12	25.09.2012	26.08.2012		1M	terminiert,wartet

Abbildung 16.13 Manuell terminierter Wartungsplan (Transaktion IP10)

Werden die terminierten Abrufe gesichert, erhält der erste fällige Abruf den Status ZYKLSTART ABGERUFEN (siehe Abbildung 16.14). In unserem Fall bedeutet dies, dass ein Serviceauftrag als Abrufobjekt erzeugt wurde.

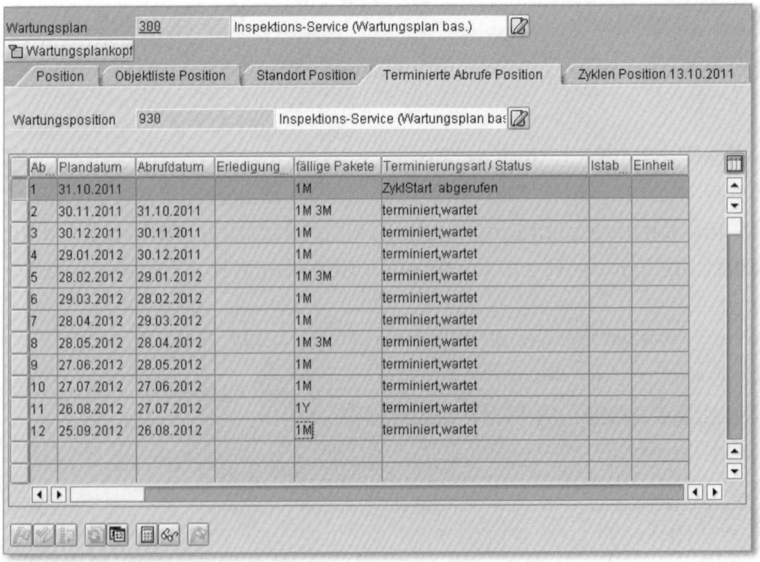

Ab	Plandatum	Abrufdatum	Erledigung	fällige Pakete	Terminierungsart / Status	Istab	Einheit
1	31.10.2011			1M	ZyklStart abgerufen		
2	30.11.2011	31.10.2011		1M 3M	terminiert,wartet		
3	30.12.2011	30.11.2011		1M	terminiert,wartet		
4	29.01.2012	30.12.2011		1M	terminiert,wartet		
5	28.02.2012	29.01.2012		1M 3M	terminiert,wartet		
6	29.03.2012	28.02.2012		1M	terminiert,wartet		
7	28.04.2012	29.03.2012		1M	terminiert,wartet		
8	28.05.2012	28.04.2012		1M 3M	terminiert,wartet		
9	27.06.2012	28.05.2012		1M	terminiert,wartet		
10	27.07.2012	27.06.2012		1M	terminiert,wartet		
11	26.08.2012	27.07.2012		1Y	terminiert,wartet		
12	25.09.2012	26.08.2012		1M	terminiert,wartet		

Abbildung 16.14 Terminierte Abrufe zur Position (Transaktion IP02)

Schritt 3: Serviceauftrag anzeigen und freigeben

Der Serviceauftrag lässt sich aus dem Wartungsplan heraus aufrufen. Er wurde unter der Nummer 502980 mit der Auftragsart SM01 im System angelegt (siehe Abbildung 16.15).

Abbildung 16.15 Serviceauftrag anzeigen (Transaktion IW33)

Der Serviceauftrag weist einen Bezug zu Verkaufsbeleg 40000229 aus, der bereits dem Wartungsplan 300 zugrunde gelegt wurde. Darüber hinaus können Sie auf der Registerkarte VORGÄNGE die einzelnen auszuführenden Vorgänge ablesen (siehe Abbildung 16.16). Diese entsprechen den Arbeitsvorgängen, die im Arbeitsplan dem Einmonatspaket zugeordnet wurden.

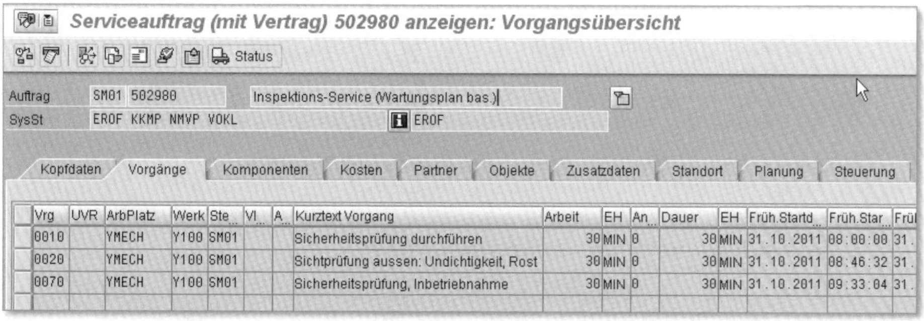

Abbildung 16.16 Vorgangsübersicht des Serviceauftrags (Transaktion IW33)

Darüber hinaus gibt es im Serviceauftrag, wenn dieser im Zuge einer Wartungsmaßnahme erzeugt wurde, einen Eintrag auf der Registerkarte PLANUNG. Hier wird nochmals deutlich gemacht (siehe Abbildung 16.17), dass der Auftrag aus einem Wartungsplan heraus erzeugt wurde. Auch wird der eingebundene Arbeitsplan aufgelistet.

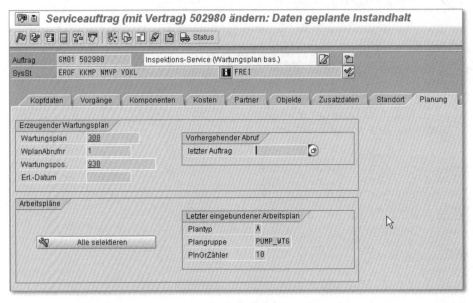

Abbildung 16.17 Planungsdaten des Serviceauftrags (Transaktion IW32)

Der Serviceauftrag besitzt zunächst den Status EROF (eröffnet). Um benötigte Papiere ausdrucken und die Wartungsmaßnahmen ausführen zu können, wird der Auftrag über den Button freigegeben. Der Auftrag erhält daraufhin den Systemstatus FREI (siehe Abbildung 16.18).

Abbildung 16.18 Freigabe des Serviceauftrags (Transaktion IW32)

Schritt 4: Rückmeldung des Serviceauftrags

Nachdem der Servicetechniker die Wartungsmaßnahmen ausgeführt hat, müssen die geleisteten Arbeitszeiten zurückgemeldet werden (siehe Abbildung 16.19). Die im Serviceauftrag enthaltenen Zeiten werden bei der Rückmeldung pro Vorgang zunächst als Istarbeitszeiten vorgeschlagen. Diese werden, anhand des Rückmeldescheins, von der Serviceabteilung geprüft, eingegeben und gegebenenfalls angepasst. Die durch die Rückmeldung entstehenden Istkosten sind auf dem Serviceauftrag sichtbar.

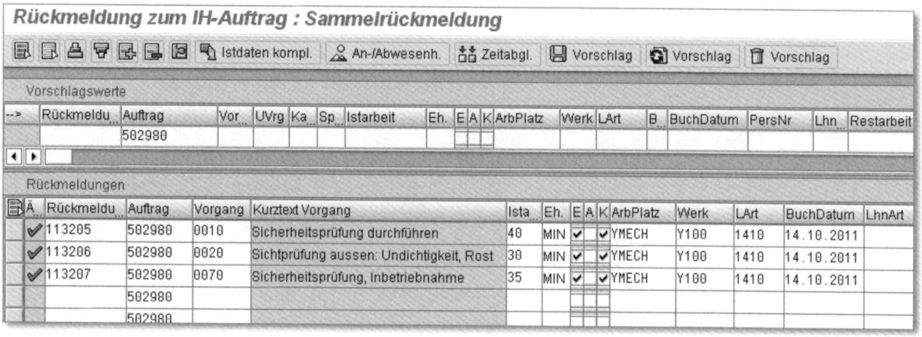

Rückmeldu	Auftrag	Vorgang	Kurztext Vorgang	Ista	Eh.	E	A	K	ArbPlatz	Werk	LArt	BuchDatum	LhnArt
✓ 113205	502980	0010	Sicherheitsprüfung durchführen	40	MIN	✓		✓	YMECH	Y100	1410	14.10.2011	
✓ 113206	502980	0020	Sichtprüfung aussen: Undichtigkeit, Rost	30	MIN	✓		✓	YMECH	Y100	1410	14.10.2011	
✓ 113207	502980	0070	Sicherheitsprüfung, Inbetriebnahme	35	MIN	✓		✓	YMECH	Y100	1410	14.10.2011	
	502980												
	502980												

Abbildung 16.19 Sammelrückmeldung zum Serviceauftrag (Transaktion IW44)

Schritt 6: Kostenübersicht über Serviceauftrag und Belegfluss

Die Ausführung der Wartungsmaßnahme hat in diesem Fall länger gedauert, als ursprünglich geplant. Die Istkosten im Serviceauftrag übersteigen daher folgich die Plankosten, wie auch Abbildung 16.20 zeigt.

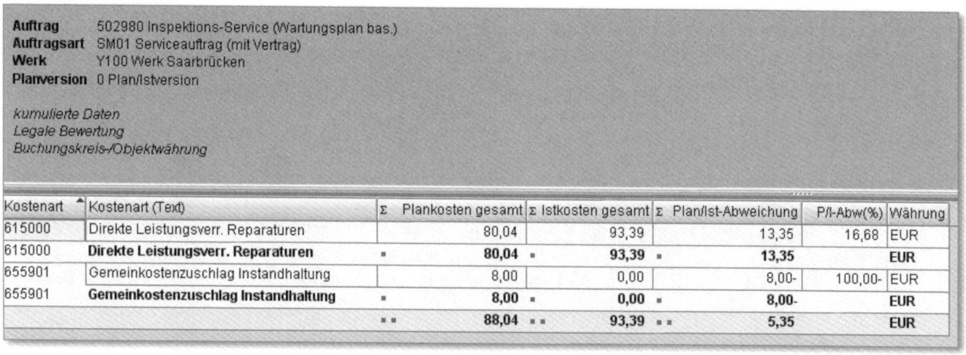

Kostenart	Kostenart (Text)	Σ Plankosten gesamt	Σ Istkosten gesamt	Σ Plan/Ist-Abweichung	P/I-Abw(%)	Währung
615000	Direkte Leistungsverr. Reparaturen	80,04	93,39	13,35	16,68	EUR
615000	**Direkte Leistungsverr. Reparaturen**	80,04	93,39	13,35		EUR
655901	Gemeinkostenzuschlag Instandhaltung	8,00	0,00	8,00-	100,00-	EUR
655901	**Gemeinkostenzuschlag Instandhaltung**	8,00	0,00	8,00-		EUR
		88,04	93,39	5,35		EUR

Abbildung 16.20 Kosten des Serviceauftrags im Plan-/Ist-Vergleich (Transaktion IW32)

Der Belegfluss des Serviceauftrags, dargestellt in Abbildung 16.21, zeigt auch die im System erfassten Rückmeldungen zu Auftrag 502980.

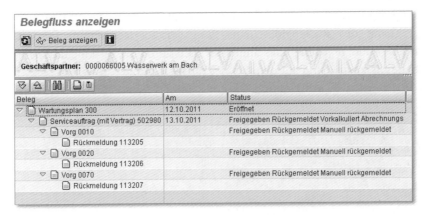

Abbildung 16.21 Belegfluss des Serviceauftrags (Transaktion IW32)

Schritt 6: Erzeugen der Lastschriftsanforderungsposition (DPP)

Über den Dynamischen Postenprozessor (DPP) wird, auf Basis der zurückgemeldeten Zeiten zum Serviceauftrag, eine Fakturaanforderung erstellt.

Die Verkaufspreissicht zeigt in verdichteter Form die Kosten des Serviceauftrags aufgrund der zurückgemeldeten Zeiten an (siehe Abbildung 16.22).

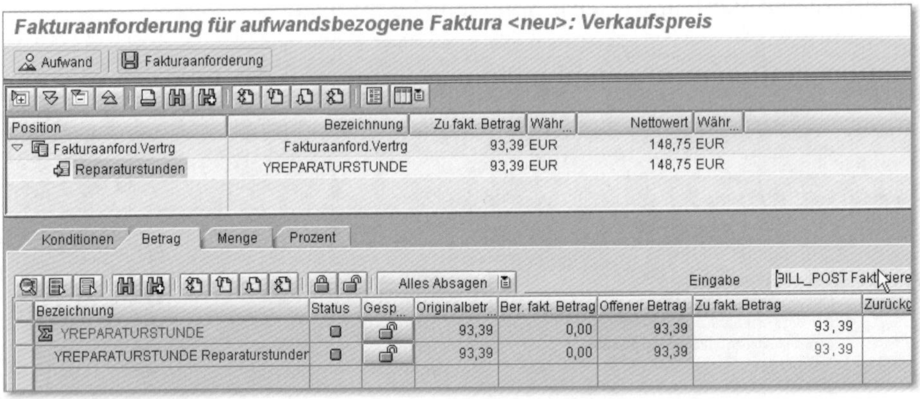

Abbildung 16.22 Fakturaanforderung – Verkaufspreissicht (Transaktion DP90)

Die Fakturaanforderung wird über den gleichnamigen Button erstellt. Wie in Abbildung 16.23 zu sehen ist, enthält die Fakturaanforderung zunächst eine Fakturasperre (Registerkarte VERKAUF). Nach nochmaliger Überprüfung der Daten muss, bevor die eigentliche Faktura erstellt wird, die Sperre durch den zuständigen Sachbearbeiter entfernt werden.

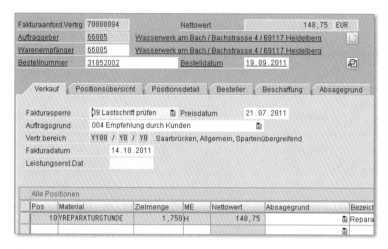

Abbildung 16.23 Bearbeiten der Fakturaanforderung (Transaktion VA02)

Die Fakturaanforderung wird unter der Nummer 70000094 in unserem System gesichert.

Schritt 7: Anlegen der Lastschrift

Nach Erzeugung der Fakturaanforderung wird die eigentliche Rechnung für die ausgeführten Wartungsmaßnahmen erstellt. Diese hat die Belegart L2 (Lastschrift). Abbildung 16.24 zeigt einen Ausschnitt zum Positionsdetail des Servicematerials YREPARATURSTUNDE. Es werden eine zu fakturierende Menge von 1,75 Stunden sowie der Bezug zum Servicevertrag 40000229 ausgewiesen.

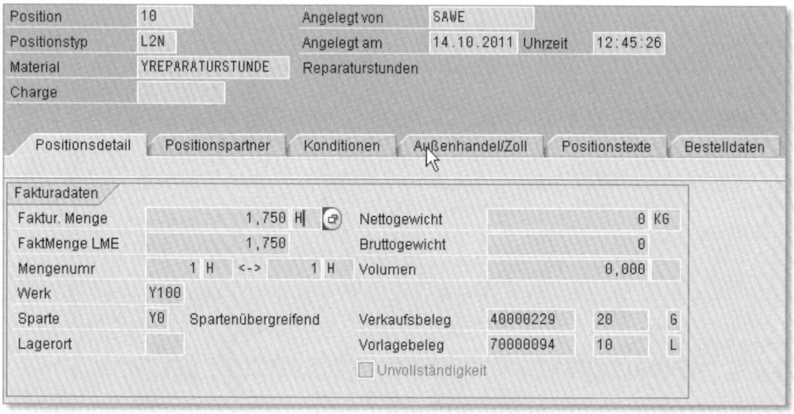

Abbildung 16.24 Anlegen der Lastschrift (Transaktion VF01)

Die Lastschrift wird unter der Nummer 90038634 in unserem System angelegt. Sowohl die Lastschriftanforderung als auch die Lastschrift werden im Belegfluss des Serviceauftrags, wie in Abbildung 16.25 dargestellt, aufgenommen.

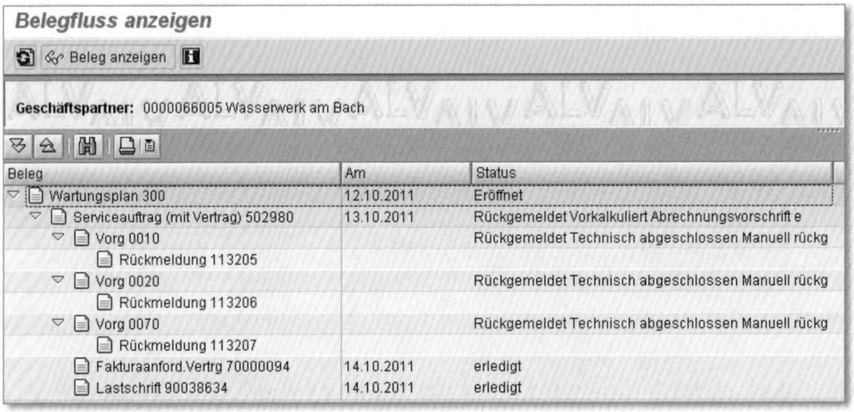

Abbildung 16.25 Belegfluss des Serviceauftrags (Transaktion IW33)

Schritt 8: Technischer Abschluss des Serviceauftrags mit gleichzeitiger Erledigung des Wartungsplanabrufs

Mit dem technischen Abschluss des Serviceauftrags kann auch gleichzeitig der Abschluss des zugrunde liegenden Wartungsplanabrufs vorgenommen werden (siehe Abbildung 16.26). Das Erledigungsdatum des Wartungsplanabrufs hat Einfluss auf die folgenden Abrufe.

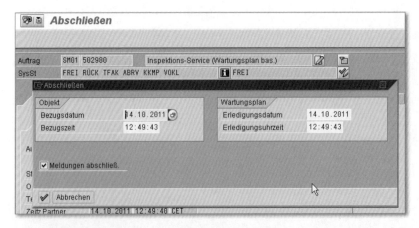

Abbildung 16.26 Technischer Abschluss des Serviceauftrags mit Erledigung des Wartungsplanabrufs (Transaktion IW32)

Schritt 9: Anzeige des Wartungsplans

Mithilfe der Transaktion IP03 (Wartungsplan anzeigen) können Sie sich den Wartungsplan sowie die terminierten Abrufe anzeigen lassen. Der zu frühe Abschluss des ersten Wartungsplanabrufs wird mit einer Istabweichung von 17 Tagen in unserem Wartungsplan 300 festgehalten, wie aus Abbildung 16.27 hervorgeht.

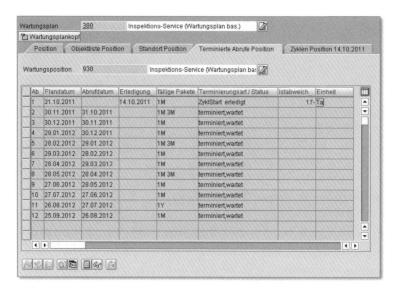

Abbildung 16.27 Anzeige des Wartungsplans (Transaktion IP03)

Schritt 10: Folgeterminierung des Wartungsplans

Der Wartungsplan 300 wird erneut mithilfe der Transaktion IP10 terminiert. Beim zweiten Abruf sind das Einmonats- sowie das Dreimonatspaket der Strategie A zur Ausführung fällig. Diesen Umstand zeigt auch Abbildung 16.28.

Abbildung 16.28 Terminierung des Wartungsplans (Transaktion IP10)

16 | Wartungsplanung mit Servicevertrag

Der zweite Wartungsplanabruf erhält den Status TERMINIERT, ABGERUFEN. Der erste Wartungsplanabruf besitzt den Status ERLEDIGT.

Wie Abbildung 16.29 zeigt, enthält die Vorgangsübersicht des neuen Abrufs die einzelnen Arbeitsvorgänge, die im Arbeitsplan dem Ein- bzw. Dreimonatspaket zugeordnet sind.

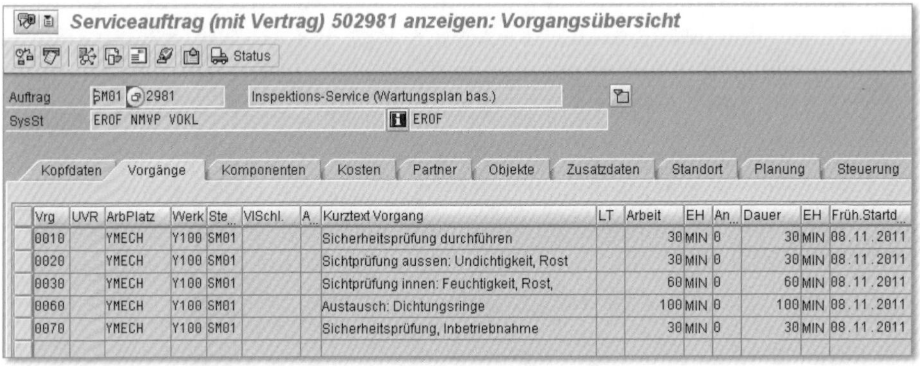

Abbildung 16.29 Serviceauftrag anzeigen (Transaktion IW33)

Im Wartungsplan selbst haben Sie die Möglichkeit, über den Button ALGORITHMUS DES ABRUFS ( ) in den sogenannten *Terminierungsalgorithmus* des Wartungsplans zu verzweigen. Ein Beispiel für solch einen Algorithmus sehen Sie in Abbildung 16.30.

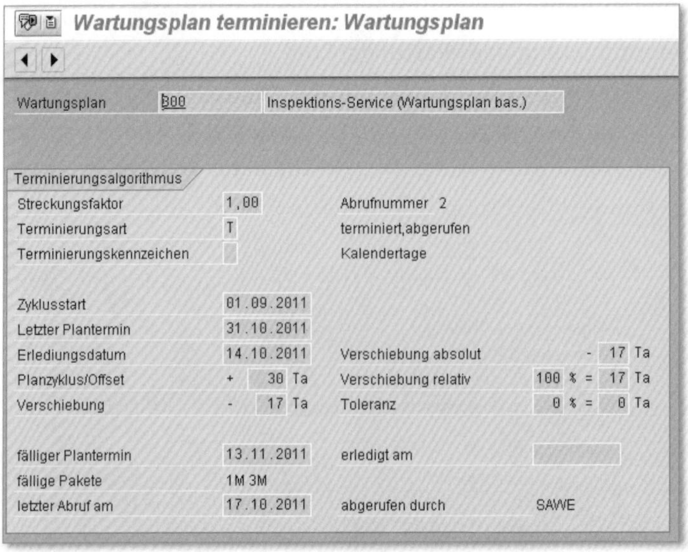

Abbildung 16.30 Algorithmus des Abrufs (Transaktion IP10)

Der erste Abruf wurde mit dem Erledigungsdatum 14.10.2011 als erledigt gemeldet. Damit liegt das Erledigungsdatum 17 Tage vor dem eigentlich ermittelten Plantermin 31.10.2011. Darüber hinaus liegt das Erledigungsdatum außerhalb des in der Strategie angegebenen Vorlaufpuffers.

Damit verschieben sich alle folgenden Abrufe um je einen Monat (Terminierungskennzeichen Zeit = Kalendertage) – gemäß dem in den Terminierungsparametern angegebenen Verschiebungsfaktor von 100 %. Der nächste vom System nun ermittelte bzw. fällige Plantermin ist der 13.11.2011.

Schritt 11: Abrechnung des Serviceauftrags auf den Servicevertrag und kaufmännischer Abschluss des Serviceauftrags

Im nächsten Schritt erfolgt die Abrechnung des Serviceauftrages auf den Servicevertrag. Zuvor ist jedoch eine Berechnung der Gemeinkostenzuschläge notwendig, damit auch diese mit an den Servicevertrag abgerechnet werden können.

Die noch ausstehende Berechnung des Gemeinkostenzuschlags zum Serviceauftrag erfolgt mithilfe der Transaktion KGI2 (Ist-Zuschlagsberechnung: Auftrag). Dabei ermittelt das System als Ergebnis einen Zuschlag in Höhe von 9,34 EUR, der unter der Kostenart 655901 verbucht wird. Den ermittelten Zuschlag sehen Sie auch in Abbildung 16.31.

Preiselemente							
In	KArt	Bezeichnung	Betrag	Währg	pro	ME	Konditionswert	Währg
	ELZU	Eigenleistung	10,000	%			9,34	EUR
	PMMT	Lagermaterial					0,00	EUR

Abbildung 16.31 Anzeige Gemeinkostenzuschlag (Transaktion KGI2)

Um die Kosten an den Servicevertrag abrechnen zu können, muss im Serviceauftrag 502980 eine Abrechnungsvorschrift hinterlegt sein. Der Auftrag 502980 enthält in der Abrechnungsvorschrift, die Sie auch in Abbildung 16.32 sehen, den Servicevertrag 40000229 mit der Position 20 als Empfänger der entstandenen Kosten bzw. Zuschläge.

Zur Abrechnung der Kosten können Sie die Transaktion KO88 (Ist-Abrechnung Auftrag) nutzen.

Abbildung 16.32 Abrechnungsvorschrift zum Serviceauftrag (Transaktion IW32)

Abbildung 16.33 zeigt die Abrechnung des Serviceauftrages. Der Serviceauftrag wird in Höhe der abgerechneten Kosten entlastet, der Servicevertrag entsprechend belastet.

Abbildung 16.33 Abrechnung der Kosten des Serviceauftrages (Transaktion KO88)

Der vom System ermittelte Gesamtwert von 102,73 EUR wird an den Servicevertrag 40000229 abgerechnet. Der Wert setzt sich zusammen aus dem Gemeinkostenzuschlag in Höhe von 9,34 EUR sowie den Kosten der Wartung von 93,39 EUR.

Abbildung 16.34 zeigt die abgerechneten Istkosten unseres Serviceauftrags 502980. Der Serviceauftrag hat nach der Abrechnung einen Saldo von Null.

Abbildung 16.34 Anzeige der Plan-/Ist-Kosten des Serviceauftrags nach der Abrechnung (Transaktion IW33)

Der Serviceauftrag kann nach der Abrechnung kaufmännisch abgeschlossen werden (Status ABGS). Im Servicevertrag wird die Kostensituation aktualisiert. Diese sehen Sie auch in Abbildung 16.35.

Material	INSPECTION_SERVICE Inspektions-Service (Wartungsplan bas.)							
Werk	Y100 Werk Saarbrücken							

kumulierte Daten
Legale Bewertung
Buchungskreis-/Objektwährung

Kostena	Kostenart (Text)	Herkunft	Σ	Plan ges.	Σ	Ist ges.	P/I-Abw(%)	Σ Planmenge	Σ Istm
800000	Umsatzloese Inland Eigenerzeugnisse			11.400,00-		0,00	100,00-		
615000	Direkte Leistungsverr. Reparaturen	AUF Unbestimmt		0,00		93,39			
655901	Gemeinkostenzuschlag Instandhaltung	AUF Unbestimmt		0,00		9,34			
888000	Erloesschmaelerungen Inland			1.140,00		0,00	100,00-		
			•	10.260,00-	•	102,73			
			••	10.260,00-	••	102,73			

Abbildung 16.35 Kostensituation Servicevertrag nach Abrechnung Serviceauftrag (Transaktion VA43)

Schritt 12: Periodische Fakturierung des Servicevertrags

Wie bereits in Schritt 1 erwähnt, beträgt der Fakturawert pro monatlicher Abrechnung 855,00 EUR für unseren Servicevertrag 40000229. Dieser Wert setzt sich zusammen aus einem Grundpreis für die Serviceposition abzüglich eines Kundenrabatts von 10%. Skonto wird nicht gewährt. Ausgewiesen werden die einzelnen Preisteile auf der Registerkarte KONDITIONEN auf Positionsebene im Servicevertrag, wie auch Abbildung 16.36 zeigt.

Verträge Service 40000229 ändern: Positionsdaten

Position	20	Positionstyp	WVC	WartVerPos. konfig.
Material	INSPECTION_SERVICE	Inspektions-Service (Wartungsplan bas.)		

Verkauf A | Verkauf B | Vertragsdaten | Versand | Faktura | Faktur.plan | Konditionen | Ko

Menge	1 LE	Netto	855,00 EUR
		Steuer	162,45

Preiselemente

I...	KArt	Bezeichnung	Betrag	Währg	pro	ME	Konditionswert	Währg	Stat
	PPSV	Preis Pos. Service	950,00	EUR	1	LE	950,00	EUR	
		Brutto	950,00	EUR	1	LE	950,00	EUR	
	K007	Kundenrabatt	10,000-	%			95,00-	EUR	
		Rabattbetrag	95,00-	EUR	1	LE	95,00-	EUR	
		Positionsnetto	855,00	EUR	1	LE	855,00	EUR	
	MWST	Ausgangssteuer	19,000	%			162,45	EUR	
		Endbetrag	1.017,45	EUR	1	LE	1.017,45	EUR	
	SKTO	Skonto	0,000	%			0,00	EUR	

Abbildung 16.36 Konditionen des Servicevertrags (Transaktion VA42)

16 | Wartungsplanung mit Servicevertrag

Um die periodische Fakturierung des Servicevertrags durchzuführen, wird die Transaktion VF04 (Fakturavorrat bearbeiten) verwendet. Das Einstiegsbild zur Transaktion sehen Sie in Abbildung 16.37. Die zu selektierenden Belege sind auftragsbezogen. Darüber hinaus ist die Selektion auf unseren Kunden 66005 (Wasserwerk am Bach) eingeschränkt (siehe Abbildung 16.37).

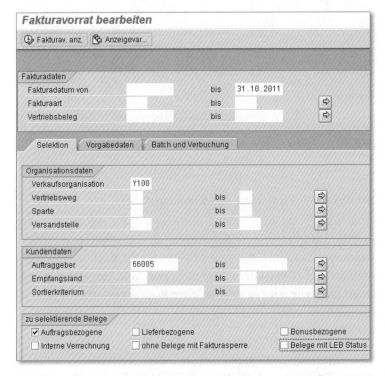

Abbildung 16.37 Einstiegsbild »Fakturavorrat bearbeiten« (Transaktion VF04)

Das Ergebnis der Selektion sehen Sie in Abbildung 16.38. Es werden alle zur Faktura fälligen Vertriebsbelege bis zum Stichtag, im vorliegenden Fall bis Ende Oktober, aufgelistet.

S	FkTyp	VkOrg	Fakturadatum	Auftr.geb.	FkArt	ELnd	Vertr.Bel.	Nettowert	WWeg	SP	VBTyp	Adresse	Auftraggebername	Ort des AG
X	A	Y100	20.05.2011	66005	L2	DE	70000090	85,00	Y0	Y0	L	84898	Wasserwerk am Bach	Heidelberg
X	A	Y100	31.07.2011	66005	F2	DE	40000221	1.350,00	Y0	Y0	G	84898	Wasserwerk am Bach	Heidelberg
X	A	Y100	31.08.2011	66005	F2	DE	40000221	1.350,00	Y0	Y0	G	84898	Wasserwerk am Bach	Heidelberg
X	A	Y100	30.09.2011	66005	F2	DE	40000221	1.350,00	Y0	Y0	G	84898	Wasserwerk am Bach	Heidelberg
X	A	Y100	31.10.2011	66005	F2	DE	40000221	1.350,00	Y0	Y0	G	84898	Wasserwerk am Bach	Heidelberg
X	A	Y100	31.10.2011	66005	F2	DE	40000229	855,00	Y0	Y0	G	84898	Wasserwerk am Bach	Heidelberg

Abbildung 16.38 Fakturavorrat bearbeiten (Transaktion VF04)

Aus dem Fakturavorrat heraus findet die weitere Bearbeitung des Vertriebsbelegs 40000229 in Form einer Einzelfaktura statt. Das System verzweigt aus dem Fakturavorrat in die Transaktion VF01 (Faktura anlegen), wie in Abbildung 16.39 dargestellt ist. Die Faktura wird mit der Belegart F2 (RECHNUNG) angelegt.

Abbildung 16.39 Faktura des Servicevertrags (Transaktion VF01)

Sie sehen in der Übersicht die zu fakturierende Position aus dem Servicevertrag. Fakturiert wird der Inspektionsservice mit einer Leistungseinheit zu einem Nettowert von 855,00 EUR.

Die Faktura wird unter der Nummer 90038635 in unserem System angelegt. Im Belegfluss des Servicevertrags werden die einzelnen Schritte zur Wartungsmaßnahme dokumentiert. In Abbildung 16.40 sehen Sie den Belegfluss, der auch die zuvor erzeugte Rechnung enthält.

Abbildung 16.40 Belegfluss des Servicevertrags (Transaktion VA43)

Nachdem die Faktura im System erzeugt wurde, ändert sich der Status des ersten fälligen Plantermins im Fakturierungsplan von A (nicht bearbeitet) auf C (vollständig bearbeitet). Diesen Umstand sehen Sie auch in Abbildung 16.41.

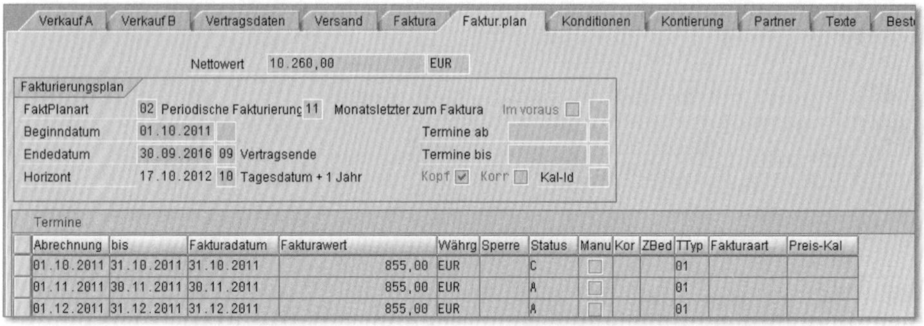

Abbildung 16.41 Fakturierungsplan des Servicevertrags (Transaktion VA42)

Schritt 13: Abrechnung des Servicevertrags

Der Servicevertrag kann nun in die Ergebnisrechnung abgerechnet werden. Zur Abrechnung der Kosten können Sie die Transaktion VA88 (Ist-Abrechnung Kundenaufträge) nutzen, die Sie auch in Abbildung 16.42 sehen.

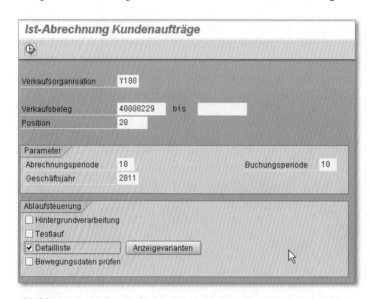

Abbildung 16.42 Abrechnung des Serviceauftrags (Transaktion VA88)

Nehmen Sie im Einstiegsbild Bezug auf den abzurechnenden Servicevertrag. Hinterlegen Sie die Werte zur Abrechnungs- bzw. Buchungsperiode und geben Sie die Verkaufsorganisation mit, innerhalb der der Servicevertrag Gültigkeit besitzt.

Der vom System ermittelte Gesamtwert wird an das Ergebnisobjekt ERG140522 abgerechnet (siehe Abbildung 16.43). In der Abbildung können Sie aber auch die Merkmale bzw. Merkmalswerte erkennen, die im CO-PA-Modul durch die vorgenommene Abrechnung fortgeschrieben werden. Dazu gehören unter anderem der Kunde oder die Artikelnummer.

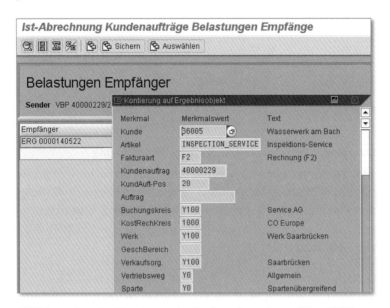

Abbildung 16.43 Ist-Abrechnung des Serviceauftrags (Transaktion VA88)

Der Servicevertrag hat nach der Abrechnung, die unter einer Abrechnungskostenart erfolgt, einen Saldo von Null. Empfänger der Kosten ist in dem Fall das Ergebnisobjekt, das durch die Abrechnung an die Ergebnis- und Marktsegmentrechnung (CO-PA) erzeugt wird.

Der Kostenbericht im Servicevertrag stellt sich daher nach der Abrechnung wie folgt dar (siehe Abbildung 16.44). Insgesamt wird ein Erlös in Höhe von 1.098,75 EUR ausgewiesen. Diesen Betrag finden Sie auch in der Ergebnisrechnung wieder.

Kostenart	Kostenart (Text)	Herkunft	Σ Plan ges.	Σ Ist ges.	P/I-Abw(%)	Σ Planmenge	Σ Istmenge	Her.Kz.	Σ Plan fix	HME
800000	Umsatzerloese Inland Eigenerzeugnisse		11.400,00-	1.098,75-	90,36-			P	0,00	
650000	Auftragsabrechnung	ERG IDEA/140521	0,00	994,41				S	0,00	
655901	Gemeinkostenzuschlag Instandhaltung	AUF Unbestimmt	0,00	9,34				S	0,00	
888000	Erloesschmaelerungen Inland		1.140,00	95,00	91,67-			P	0,00	
			▪ 10.260,00-	▪ 0,00					▪ 0,00	
615000	Direkte Leistungsverr. Reparaturen	AUF Unbestimmt	0,00	93,39		0	1,750	S	0,00	H
			▪ 0,00	▪ 93,39		▪ 0	▪ 1,750		▪ 0,00	H
			▪▪ 10.260,00-	▪▪ 93,39		▪▪ 0	▪▪ 1,750		▪▪ 0,00	

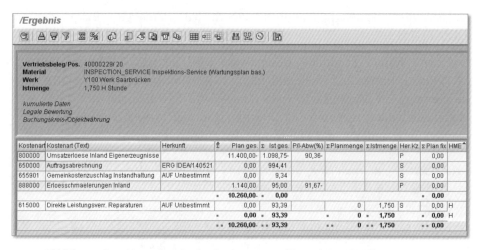

Abbildung 16.44 Kostenbericht des Servicevertrags (Transaktion VA43)

Schritt 14: Anzeige der Einzelposten in der Ergebnisrechnung

In der Einzelpostenanzeige über die Transaktion KE24 (Einzelposten anzeigen) können Sie durch Eingabe der Servicevertragsnummer den CO-PA-Beleg aufrufen. Auf der Registerkarte WERTFELDER sind die Kosten und Erlöse zu finden. So wird hier der bislang erzielte Erlös in Höhe von 1.098,75 EUR angezeigt (siehe Abbildung 16.45).

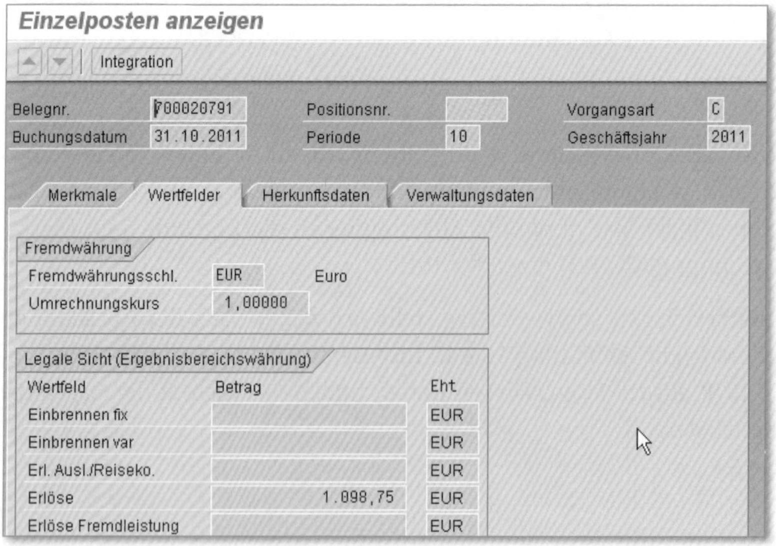

Abbildung 16.45 Einzelpostenanzeige (Transaktion KE24)

16.3 Zusammenfassung

Sie haben in diesem Kapitel ein praktisches Beispiel für die Wartungsplanabwicklung mit Servicevertrag kennengelernt. Dieses Beispiel zeigt aber nicht alle Möglichkeiten, die Ihnen das SAP-System hier zur Verfügung stellt. Sie können z. B. anstelle eines Serviceauftrags auch eine Servicemeldung generieren lassen, um diese dann weiterzubearbeiten. Oder Sie können den Serviceauftrag bei dessen Erzeugung direkt freigeben lassen. Wie der Prozessablauf letztlich aussieht, ist aber immer davon abhängig, wie die Wartung in Ihrem Unternehmen ausgeführt wird.

Fazit

In diesem Fazit möchten wir Ihnen abschließend eine kurze Zusammenfassung über die im Service genutzten Abläufe sowie über die in diesem Buch verwendeten Prozesse und deren Integration in den Vertrieb geben.

In Abbildung 1 sehen Sie den Standardprozess im Service sowie dessen Integration in den Vertrieb. Auslöser für den Start eines Serviceprozesses kann ein Bedarf an einer bestimmten Serviceleistung, ein technisches Problem, eine Störung oder gar ein Ausfall an einem technischen Objekt sein. Das technische Objekt, das Sie in der Regel auch Ihrem Kunden verkauft haben, befindet sich in dessen Besitz.

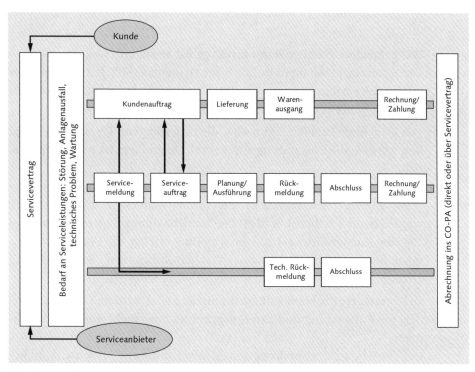

Abbildung 1 Überblick über den Standardprozess im Service mit Integration in den Vertrieb

Mit dem Kunden vereinbarte Serviceleistungen – etwa über Wartungen oder Inspektionen, die über einen längeren Zeitraum hinweg erbracht werden – werden in einem sogenannten *Servicevertrag* hinterlegt. Der Servicevertrag ist somit das Bindeglied zwischen Kunde und Serviceanbieter. Erbrachte Serviceleistungen können entweder direkt ins CO-PA abgerechnet werden oder, wenn ein Servicevertrag mit im Prozess involviert ist, über den Servicevertrag in die Ergebnisrechnung.

Lassen Sie uns nochmals kurz auf mögliche Servicesszenarien zu sprechen kommen. Ihr Kunde ist der Leistungsempfänger. Ebenso ist Ihr Kunde gleichzeitig der Auftraggeber, wenn es um die Anforderung einer Leistung, z. B. zur Behebung eines technischen Problems oder einer Störung, durch den Serviceanbieter geht.

Über eine *Servicemeldung*, die sowohl der Dokumentation als auch der Aufnahme eines Problems dient, kann der Serviceprozess angestoßen werden. Je nach Ausgangslage kann der Serviceprozess einen der folgenden Abläufe nehmen:

- **Das gemeldete Problem kann direkt gelöst werden.**
  Die Servicemeldung dient lediglich zur Dokumentation der Lösung (technische Rückmeldung), z. B. werden durchgeführte Maßnahmen in der Meldung hinterlegt. Die Servicemeldung wird abgeschlossen.

- **Das gemeldete Problem kann über die Lieferung von Ersatzteilen behoben werden, die Entsendung eines Servicetechnikers ist nicht erforderlich.**
  Aus der Servicemeldung heraus wird ein Kundenauftrag im Modul »Vertrieb« angelegt. Alle Ersatzteile, die an den Kunden verschickt werden, werden in der Positionsübersicht des Kundenauftrags eingetragen. Mit Bezug zum Kundenauftrag wird eine Lieferung erzeugt, die Ware wird kommissioniert und nach Buchung des Warenausgangs versendet. Der Kunde erhält für die ihm überlassenen Teile eine Rechnung.

- **Das gemeldete Problem kann nicht direkt gelöst werden, sondern erfordert die Entsendung und den Einsatz eines oder mehrerer Servicetechniker.**
  Um den Einsatz des Servicepersonals sowie anstehende Arbeiten und benötigte Komponenten sorgfältig planen zu können, wird mit Bezug zur Servicemeldung ein Serviceauftrag angelegt. Der Serviceauftrag dient als zentrales Planungselement und Kostensammler. Existiert ein gültiger Arbeitsplan zum eingebundenen technischen Objekt oder eine allgemeingültige Anleitung zur Durchführung der Servicemaßnahme, kann diese im

Serviceauftrag eingebunden werden. Ist nichts dergleichen im System vorhanden, müssen die einzelnen Arbeitsvorgänge manuell hinterlegt werden. Dabei muss auch festgelegt werden, ob der Arbeitsvorgang durch eigenes oder fremdes Servicepersonal ausgeführt wird. Die Zeiten der einzelnen Arbeitsvorgänge sowie geplante Komponenten weisen Plankosten auf dem Auftrag aus. Diese werden den Istkosten, die durch die Rückmeldung der geleisteten Servicearbeiten sichtbar werden, gegenübergestellt. Die Istkosten werden dem Kunden in Rechnung gestellt, und der Serviceauftrag sowie die Servicemeldung werden zu gegebener Zeit abgeschlossen. Kosten und Erlöse werden in die Ergebnisrechnung abgerechnet. Dies kann entweder direkt aus einem Serviceauftrag heraus erfolgen oder, wenn ein Serviceauftrag den ausgeführten Serviceleistungen zugrunde liegt, vom Serviceauftrag über den Servicevertrag ins CO-PA.

Der Serviceprozess muss nicht zwingend mit dem Anlegen einer Servicemeldung beginnen. Wenn es sich z. B. um die im Vertrieb angesiedelte Retouren- und Reparaturabwicklung handelt, wird aus dem Kundenauftrag heraus in den Service verzweigt und ein Serviceauftrag erzeugt. Dieser durchläuft dann ebenfalls die hier beschriebenen Schritte, angefangen bei der Planung bis hin zur Abrechnung des Serviceauftrages auf den Kundenauftrag. Auch in unserem Beispiel zur vom Kunden angeforderten Netzwerkinstallation haben wir den Prozess mit dem Anlegen eines Kundenauftrags begonnen und den Serviceauftrag aus diesem erzeugen lassen. Das im Kundenauftrag eingebundene technische Objekt wurde dabei als Bezugsobjekt in den Serviceauftrag übernommen.

Auch im Zuge geplanter Servicemaßnahmen (Wartungsplanung) kann bei Terminfälligkeit über die im System hinterlegte Terminierungsfunktion direkt ein Serviceauftrag als Abrufobjekt erzeugt werden (alternativ ist als Abrufobjekt auch eine Servicemeldung möglich). Bei diesem Prozessablauf müssen Sie zwingend auf die Einbindung eines Servicevertrags achten. Das heißt, der Serviceauftrag erfüllt zum einen seine Aufgabe als Planungselement und Kostensammler. Zum anderen werden bei der Abrechnung die aufgelaufenen Istkosten vom Serviceauftrag über den Servicevertrag in die Ergebnisrechnung abgerechnet.

Anhang

A **Transaktionen und Menüpfade** 503
B **Literaturhinweise** 527
C **Die Autorin** 529

A Transaktionen und Menüpfade

Um Ihnen die Möglichkeit zu geben, die im Buch erläuterten Systembeispiele und Customizing-Einstellungen nachzuvollziehen, haben wir Ihnen im Buchtext Hinweise auf die Transaktionscodes gegeben. Über diese können Sie die entsprechenden Funktionen direkt ausführen. An dieser Stelle erläutern wir Ihnen, wie Sie die Transaktionen über das SAP-Menü erreichen können.

A.1 Anwendung

A.1.1 Modul CS

Logistik • Kundenservice

Technischer Platz (Transaktionen IL08/IL02/IL03/IH01): Verwaltung technischer Objekte • Tech. Platz • Anlegen/Ändern/Anzeigen/Strukturdarstellung

Liste Technischer Platz (Transaktion IL04): Verwaltung technischer Objekte • Tech. Platz • Listbearbeitung • Anlegen

Referenzplatz (Transaktionen IL11/IL12/IL13/IH02): Verwaltung technischer Objekte • Tech. Platz • Referenzplatz • Anlegen/Ändern/Anzeigen/Strukturdarstellung

Liste Referenzplatz (Transaktion IL14): Verwaltung technischer Objekte • Tech. Platz • Referenzplatz • Listbearbeitung • Anlegen

Meßbelege Technischer Platz (Transaktionen IK11/IK12/IK13): Verwaltung technischer Objekte • Tech. Platz • Meßbelege • Anlegen • Ändern/Anzeigen

Equipment (Transaktionen IE08/IE02/IE03/IE4N): Verwaltung technischer Objekte • Equipment • Anlegen/Ändern/Anzeigen/Ausbau/Einbau mit Warenbewegungen

Liste Equipment (Transaktion IE10): Verwaltung technischer Objekte • Equipment • Listbearbeitung • Anlegen

Meßbelege Equipment (Transaktionen IK11/IK12/IK13): Verwaltung technischer Objekte • Equipment • Meßbelege • Anlegen/Ändern/Anzeigen

Serialnummern (Transaktionen IQ01/IQ02/IQ03): Verwaltung technischer Objekte • Serialnummern • Anlegen/Ändern/Anzeigen

Liste Serialnummern (Transaktionen IQ04/IQ08/IQ09): Verwaltung technischer Objekte • Serialnummern • Listbearbeitung • Anlegen/Ändern/Anzeigen

Serviceabwicklung (Transaktion ADSUBCON): Serviceabwicklung • Umlaufteileabwicklung • Lohnbearbeitungsmonitor

Material (Transaktionen MM01/MM02/MM03): Verwaltung technischer Objekte • Material • Anlegen allgemein/Ändern/Anzeigen

Bestandsübersicht (Transaktion MMBE): Verwaltung technischer Objekte • Material • Bestandsübersicht

Technischer Platz Stückliste (Transaktionen IB11/IB12/IB13): Verwaltung technischer Objekte • Stückliste • Techn. Platz Stückliste • Anlegen/Ändern/Anzeigen

Equipmentstückliste (Transaktionen IB01/IB02/IB03): Verwaltung technischer Objekte • Stückliste • Equipmentstückliste • Anlegen/Ändern/Anzeigen

Meßpunkte (Transaktionen IK01/IK02/IK03): Verwaltung technischer Objekte • Umfeld • Meßpunkte • Anlegen/Ändern/Anzeigen

Meßpunkte zum Objekt (Transaktionen IK04/IK05/IK06): Verwaltung technischer Objekte • Umfeld • Meßpunkte • Meßpunkte zum Objekt • Anlegen/Ändern/Anzeigen

Merkmalverwaltung (Transaktion CT04): Verwaltung technischer Objekte • Umfeld • Meßpunkte • Merkmalverwaltung

Meßwerteerfassungsliste (Transaktionen IK31/IK32/IK33): Verwaltung technischer Objekte • Umfeld • Meßpunkte • Meßwerteerfassungsliste • Anlegen/Ändern/Anzeigen

Referenzmesspunkte (Transaktionen IK01R/IK02R/IK03R): Verwaltung technischer Objekte • Umfeld • Referenzmesspunkte • Anlegen/Ändern/Anzeigen

Meldung allgemein (Transaktionen IW51/IW52/IW53): Serviceabwicklung • Meldung • Anlegen allgemein/Ändern/Anzeigen

Meldung anlegen speziell (Transaktionen IW54/IW55/IW56): Serviceabwicklung • Meldung • Anlegen speziell • Kundenmeldung/Tätigkeitsmeldung • Serviceanforderung

Listbearbeitung (Transaktionen IW58/IW59/IW30): Serviceabwicklung • Meldung • Listbearbeitung • Ändern/Anzeigen/Anzeigen (mehrst.)

Liste Maßnahmen (Transaktionen IW66/IW67): Serviceabwicklung • Meldung • Liste Maßnahmen • Ändern/Anzeigen

Liste Positionen (Transaktionen IW68/IW69): Serviceabwicklung • Meldung • Liste Positionen • Ändern/Anzeigen

Liste Aktionen (Transaktionen IW64/IW65): Serviceabwicklung • Meldung • Liste Aktionen • Ändern/Anzeigen

Serviceauftrag allgemein (Transaktionen IW31/IW32/IW33/IW3D): Serviceabwicklung • Auftrag • Serviceauftrag • Anlegen allgemein/Ändern/Anzeigen/Drucken

Serviceauftrag anlegen speziell (Transaktionen IW34/IW36): Serviceabwicklung • Auftrag • Serviceauftrag • Anlegen speziell • Auftrag zur Meldung/Unterauftrag

Serviceauftragsliste (Transaktionen IW72/IW73/IW40): Serviceabwicklung • Auftrag • Serviceauftrag • Serviceauftragsliste • Ändern/Anzeigen/Anzeigen (mehrst.)

Vorgangsliste (Transaktionen IW37/IW49): Serviceabwicklung • Auftrag • Serviceauftrag • Vorgangsliste • Ändern/Anzeigen

Auftrags- und Vorgangsliste (Transaktionen IW37N/IW49N): Serviceabwicklung • Auftrag • Serviceauftrag • Auftrags- und Vorgangsliste • Ändern/Anzeigen

Komponentenliste (Transaktionen IW3K/IW3L): Serviceabwicklung • Auftrag • Serviceauftrag • Komponentenliste • Ändern/Anzeigen

Genehmigungsliste (Transaktion DP80): Serviceabwicklung • Auftrag • Serviceauftrag • Angebot erstellen

Kundenreparatur (Transaktionen VA01/VA02/VA03/VRRE): Serviceabwicklung • Auftrag • Kundenreparatur • Anlegen/Ändern/Anzeigen/Retourenlieferung

Rückmeldung (Transaktionen IW41/IW42/IW44): Serviceabwicklung • Rückmeldung • Erfassung • Einzelzeitrückmeldung/Gesamtrückmeldung/Sammelzeitrückmeldung ohne Selektion

Leistungen (Transaktion ML81N): Serviceabwicklung • Rückmeldung • Leistungen

Fakturaanforderung (Transaktion DP90): Serviceabwicklung • Abschluss • Fakturaanforderung • Einzeln bearbeiten

Faktura (Transaktionen VF01/VF02/VF03): Serviceabwicklung • Abschluss • Faktura • Anlegen/Ändern/Anzeigen

Istkostenzuschläge (Transaktionen KGI2/KGI4): Serviceabwicklung • Abschluss • Istkostenzuschläge • Einzeln bearbeiten/Gesammelt bearbeiten

Auftragsabrechnung (Transaktionen KO88/KO8G): Serviceabwicklung • Abschluss • Auftragsabrechnung • Einzeln bearbeiten/Gesammelt bearbeiten

Auftragsabschluss (Transaktion CO99): Serviceabwicklung • Abschluss • Auftragsabschluss

Liste Belegfluss (Transaktion IW12): Serviceabwicklung • Historie • Liste Belegfluss

Materialverwendung (Transaktion IW13): Serviceabwicklung • Historie • Materialverwendung

Kontrakt (Transaktionen VA41/VA42/VA43): Servicevereinbarungen • Verträge • Kontrakt • Anlegen/Ändern/Anzeigen

Mustergarantie (Transaktionen BGM1/BGM2/BGM3): Servicevereinbarungen • Garantien • Mustergarantie • Anlegen/Ändern/Anzeigen

Wartungsplan zur Vertragsposition (Transaktion IP50): Servicevereinbarungen • Wartungsplanung • Wartungspläne • Anlegen • Zur Vertragsposition

Wartungsplanung allgemein (Transaktionen IP02/IP03): Servicevereinbarungen • Wartungsplanung • Wartungspläne • Ändern/Anzeigen

Terminplanung für Wartungspläne (Transaktionen IP10/IP30/IBIPA): Servicevereinbarungen • Wartungsplanung • Terminierung für Wartungspläne • Terminieren/Terminüberwachung/Terminierungsprotokoll

Wartungsstrategien (Transaktionen IP11/IP12/IP13): Servicevereinbarungen • Wartungsplanung • Wartungsstrategien • Ändern/Anzeigen/Paketfolge

Lösungsdatenbank (Transaktion IS01): Lösungsdatenbank • Symptom/Lösung anlegen/anzeigen/ändern

Textindex (Transaktion IS02): Lösungsdatenbank • Textindex anlegen

Codegruppen und Codes (Transaktion QS41/QS42/QS49): Lösungsdatenbank • Umfeld • Codegruppen und Codes für Katalogarten • Definieren/Anzeigen/Verzeichnis anlegen

A.1.2 Modul SD

Logistik • Vertrieb

Debitoren (Transaktionen XD01/XD02/XD03): Stammdaten • Geschäftspartner • Kunde • Anlegen (Gesamt)/Ändern (Gesamt)/Anzeigen (Gesamt)

Debitoren (Transaktionen VD01/VD02/VD03): Stammdaten • Geschäftspartner • Kunde • Anlegen (Vertrieb)/Ändern (Vertrieb)/Anzeigen (Vertrieb)

Konditionssätze Preisfindung (Transaktionen VK11/VK12/VK13): Stammdaten • Konditionen • Selektion über Konditionsart • Anlegen/Ändern/Anzeigen

Konditionssätze Materialfindung (Transaktionen VB11/VB12/VB13): Stammdaten • Produkte • Materialfindung • Anlegen/Ändern/Anzeigen

Angebot (Transaktionen VA21/VA22/VA23): Verkauf • Angebot • Anlegen/Ändern/Anzeigen

Wertkontrakt (Transaktionen VA41/VA42/VA43): Verkauf • Kontrakt • Anlegen/Ändern/Anzeigen

Auftrag (Transaktionen VA01/VA02/VA03): Verkauf • Auftrag • Anlegen/Ändern/Anzeigen

Lieferung (Transaktionen VL01N/VL02N/VL03N): Versand und Transport • Auslieferung • Anlegen/Ändern/Anzeigen

Faktura (Transaktionen VF01/VF02/VF03): Fakturierung • Faktura • Anlegen/Ändern/Anzeigen

Fakturavorrat (Transaktion VF04): Fakturierung • Faktura • Fakturavorrat bearbeiten

A.1.3 Modul MM

Logistik • Materialwirtschaft

Lieferanten (Transaktionen XK01/XK02/XK03): Einkauf • Stammdaten • Lieferant • Zentral • Anlegen/Ändern/Anzeigen

Lieferanten (Transaktionen MK01/MK02/MK03): Einkauf • Stammdaten • Lieferant • Einkauf • Anlegen/Ändern (Aktuell)/Anzeigen (Aktuell)

Material (Transaktionen MM01/MM02/MM03): Materialstamm • Material • Anlegen allgemein (Sofort)/Ändern (Sofort)/Anzeigen (Anzeigen akt. Stand)

Bestellanforderung (Transaktionen ME51N/ME52N/ME53N): Einkauf • Banf • Anlegen/Ändern/Anzeigen

Bestellung (Transaktionen ME21N/ME22N/ME23N): Einkauf • Bestellung • Anlegen/Ändern/Anzeigen

Warenbewegung (Transaktion MIGO): Bestandsführung • Warenbewegung • Warenbewegung (MIGO)

Eingangsrechnung (Transaktion MIRO): Logistik-Rechnungsprüfung • Belegerfassung • Eingangsrechnung hinzufügen

Bestandsübersicht (Transaktion MMBE): Bestandsführung • Umfeld • Bestand • Bestandsübersicht

A.1.4 Modul PP

Logistik • Produktion

Aktuelle Bedarfs- und Bestandsliste (Transaktion MD04): Bedarfsplanung • Auswertungen • Bedarfs-/Bestandsliste

A.1.5 Modul FI

Rechnungswesen

Buchhaltungbeleg (Transaktionen FB02/FB03): Finanzwesen • Hauptbuch • Beleg • Ändern/Anzeigen

Debitoren Einzelpostenliste (Transaktion FBL5N): Finanzwesen • Debitoren • Konto • Posten anzeigen/ändern

A.1.6 Modul CO

Rechnungswesen • Controlling

Einzelposten anzeigen (Transaktion KE24): Ergebnis- und Marktsegmentrechnung • Istbuchungen • Einzelposten anzeigen

Ergebnisbericht (Transaktion KE30): Ergebnis- und Marktsegmentrechnung • Infosystem • Bericht ausführen

Aufträge Einzelposten Istkosten anzeigen (Transaktion KOB1): Innenaufträge • Infosystem • Berichte zu Innenaufträgen • Einzelposten • Aufträge Einzelposten Ist

Konditionssätze (Transaktionen KE41/KE42/KE43): Ergebnis- und Marktsegmentrechnung • Stammdaten • Konditionssätze/Preise • Anlegen/Ändern/Anzeigen

Ist-Kosten-Abrechnung (Transaktion VA88): Produktkosten-Controlling • Kostenträgerrechnung • Kundenauftrags-Controlling • Periodenabschluss • Einzelfunktionen • Abrechnung

A.2 Customizing

Im Customizing stehen nicht für alle Funktionen eigene Transaktionscodes zur Verfügung. In diesem Fall muss das Customizing-Menü über die Transaktion SPRO aufgerufen werden. Die weitere Navigation erfolgt über die im Folgenden beschriebenen Menüpfade. Wenn für eine Transaktion ein Transaktionscode vorhanden ist, haben wir diesen wie bei den Anwendungstransaktionen angefügt.

A.2.1 Modul CS

SPRO • Instandhaltung und Kundenservice

Anwenderstatus definieren (Transaktion OIBS): Stammdaten in Instandhaltung und Kundenservice • Grundeinstellungen • Anwenderstatus definieren

Meßpunkttypen definieren: Stammdaten in Instandhaltung und Kundenservice • Grundeinstellungen • Meßpunkte, Zähler und Meßbelege • Meßpunkttypen definieren

Garantietypen prüfen (Transaktion GM01): Stammdaten in Instandhaltung und Kundenservice • Grundeinstellungen • Garantien • Garantietypen prüfen

Garantiearten festlegen: Stammdaten in Instandhaltung und Kundenservice • Grundeinstellungen • Garantien • Garantiearten festlegen

Nummernkreise für Garantiearten festlegen (Transaktion BG00): Stammdaten in Instandhaltung und Kundenservice • Grundeinstellungen • Garantien • Nummernkreise für Garantiearten festlegen

Vorschlagswerte Transaktionseinstieg Mustergarantien pflegen: Stammdaten in Instandhaltung und Kundenservice • Grundeinstellungen • Garantien • Vorschlagswerte Transaktionseinstieg Mustergarantien pflegen

Garantiezähler definieren (Transaktion GM04): Stammdaten in Instandhaltung und Kundenservice • Grundeinstellungen • Garantien • Garantiezähler definieren

Partnerschema und Partnerrolle definieren (Transaktion VOP2): Stammdaten in Instandhaltung und Kundenservice • Grundeinstellungen • Partner • Partnerschema und Partnerrolle definieren

Partnerrollen in Stamm- und Bewegungsdaten übernehmen: Stammdaten in Instandhaltung und Kundenservice • Grundeinstellungen • Partner • Partnerrollen in Stamm- und Bewegungsdaten übernehmen

Objektinformationsschlüssel definieren (Transaktion OIMD): Stammdaten in Instandhaltung und Kundenservice • Grundeinstellungen • Objektinformationsschlüssel definieren

Arten von technischen Objekten festlegen: Stammdaten in Instandhaltung und Kundenservice • Technische Objekte • Allgemeine Daten • Arten von technischen Objekten festlegen

Betriebsbereiche festlegen: Stammdaten in Instandhaltung und Kundenservice • Technische Objekte • Allgemeine Daten • Betriebsbereiche festlegen

Planergruppen festlegen: Stammdaten in Instandhaltung und Kundenservice • Technische Objekte • Allgemeine Daten • Planergruppen festlegen

Sichtenprofile für technische Objekte einstellen: Stammdaten in Instandhaltung und Kundenservice • Technische Objekte • Allgemeine Daten • Sichtenprofile für technische Objekte einstellen

Objektinformationsschlüssel definieren (Transaktion OIMD): Stammdaten in Instandhaltung und Kundenservice • Technische Objekte • Allgemeine Daten • Objektinformationsschlüssel definieren

Objektinformationsschlüssel definieren (Transaktion OIPK): Stammdaten in Instandhaltung und Kundenservice • Technische Objekte • Technische Plätze • Strukturkennzeichen für Referenzplätze/Techn. Plätze anlegen

Typ Referenzplatz festlegen: Stammdaten in Instandhaltung und Kundenservice • Technische Objekte • Technische Plätze • Typ Referenzplatz festlegen

Strukturdarstellung Technische Referenzplätze festlegen (Transaktion OIWR): Stammdaten in Instandhaltung und Kundenservice • Technische Objekte • Technische Plätze • Strukturdarstellung für Technische Referenzplätze festlegen

Typ Technische Plätze festlegen: Stammdaten in Instandhaltung und Kundenservice • Technische Objekte • Technische Plätze • Typ Technische Plätze festlegen

Feldauswahl Technische Referenzplätze festlegen (Transaktion OIAJ): Stammdaten in Instandhaltung und Kundenservice • Technische Objekte • Technische Plätze • Feldauswahl Datenbild Technische Referenzplätze festlegen

Strukturdarstellung Technische Plätze festlegen (Transaktion OIWP): Stammdaten in Instandhaltung und Kundenservice • Technische Objekte • Technische Plätze • Strukturdarstellung für Technische Plätze festlegen

Feldauswahl Technische Plätze festlegen (Transaktion OIAE/OIAF): Stammdaten in Instandhaltung und Kundenservice • Technische Objekte • Technische Plätze • Feldauswahl für Technische Plätze festlegen

Equipmenttyp pflegen: Stammdaten in Instandhaltung und Kundenservice • Technische Objekte • Equipments • Equipmenttypen • Equipmenttyp pflegen

Zusätzliche betriebswirtschaftliche Sichten für Equipmenttypen festlegen: Stammdaten in Instandhaltung und Kundenservice • Technische Objekte • Equipments • Equipmenttypen • Zusätzliche betriebswirtschaftliche Sichten für Equipmenttypen festlegen

Nummernkreise festlegen (Transaktion OIEN): Stammdaten in Instandhaltung und Kundenservice • Technische Objekte • Equipments • Equipmenttypen • Nummernkreise festlegen

Fortschreibung Einsatzhistorie: Stammdaten in Instandhaltung und Kundenservice • Technische Objekte • Equipments • Equipmenteinsatz • Fortschreibung Einsatzhistorie

Historienrelevante Felder definieren (Transaktion OIEZ): Stammdaten in Instandhaltung und Kundenservice • Technische Objekte • Equipments • Equipmenteinsatz • Historienrelevante Felder definieren

Einbau am Technischen Platz definieren: Stammdaten in Instandhaltung und Kundenservice • Technische Objekte • Equipments • Equipmenteinsatz • Einbau am Technischen Platz definieren

Feldauswahl Einsatzliste (Transaktion OIUB): Stammdaten in Instandhaltung und Kundenservice • Technische Objekte • Equipments • Equipmenteinsatz • Feldauswahl Einsatzliste

Anwenderstatusschema Equipmenttyp zuordnen: Stammdaten in Instandhaltung und Kundenservice • Technische Objekte • Equipments • Anwenderstatusschema Equipmenttyp zuordnen

Partnerschema Equipmenttyp zuordnen (Transaktion OIEV): Stammdaten in Instandhaltung und Kundenservice • Technische Objekte • Equipments • Partnerschema Equipmenttyp zuordnen

Feldauswahl für den Equipmentstammsatz festlegen (Transaktionen OIAD/OIAF): Stammdaten in Instandhaltung und Kundenservice • Technische Objekte • Equipments • Feldauswahl für den Equipmentstammsatz festlegen

Serialnummernprofile festlegen (Transaktion OIS2): Stammdaten in Instandhaltung und Kundenservice • Technische Objekte • Serialnummernverwaltung • Serialnummernprofile festlegen

Serialisierungseigenschaften für Bewegungsarten festlegen: Stammdaten in Instandhaltung und Kundenservice • Technische Objekte • Serialnummernverwaltung • Serialisierungseigenschaften für Bewegungsarten festlegen

Vorschlagsequipmenttyp für Serialnummern festlegen: Stammdaten in Instandhaltung und Kundenservice • Technische Objekte • Serialnummernverwaltung • Vorschlagsequipmenttyp für Serialnummern festlegen

Betriebsbereiche festlegen: Wartungspläne, Arbeitsplätze, Arbeitspläne und FHM • Grundeinstellungen • Betriebsbereiche festlegen

Instandhaltungs-Planergruppen festlegen: Wartungspläne, Arbeitsplätze, Arbeitspläne und FHM • Grundeinstellungen • Instandhaltungs-Planergruppen festlegen

Wartungsplantypen einstellen: Wartungspläne, Arbeitsplätze, Arbeitspläne und FHM • Wartungspläne • Wartungsplantypen einstellen

Feldauswahl für Wartungsplan festlegen (Transaktion OIW0): Wartungspläne, Arbeitsplätze, Arbeitspläne und FHM • Wartungspläne • Feldauswahl für Wartungsplan festlegen

Arbeitsplatzarten festlegen und mit Plananwendung verknüpfen (Transaktion OIZA): Wartungspläne, Arbeitsplätze, Arbeitspläne und FHM • Arbeitsplätze • Allgemeine Daten • Arbeitsplatzarten festlegen und mit Plananwendung verknüpfen

Feldauswahl festlegen (Transaktion OPFA): Wartungspläne, Arbeitsplätze, Arbeitspläne und FHM • Arbeitsplätze • Allgemeine Daten • Feldauswahl festlegen

Parameter einstellen (Transaktion OP7B): Wartungspläne, Arbeitsplätze, Arbeitspläne und FHM • Arbeitsplätze • Allgemeine Daten • Parameter einstellen

Vorgabewertschlüssel definieren (Transaktion OIZ2): Wartungspläne, Arbeitsplätze, Arbeitspläne und FHM • Arbeitsplätze • Allgemeine Daten • Vorgabewertschlüssel definieren

Verantwortliche für Arbeitsplätze festlegen: Wartungspläne, Arbeitsplätze, Arbeitspläne und FHM • Arbeitsplätze • Allgemeine Daten • Verantwortliche für Arbeitsplätze festlegen

Planverwendungsschlüssel definieren (Transaktion OIZD): Wartungspläne, Arbeitsplätze, Arbeitspläne und FHM • Arbeitsplätze • Arbeitsplandaten • Planverwendungsschlüssel definieren

Steuerschlüssel pflegen: Wartungspläne, Arbeitsplätze, Arbeitspläne und FHM • Arbeitsplätze • Arbeitsplandaten • Steuerschlüssel pflegen

Eignungen festlegen: Wartungspläne, Arbeitsplätze, Arbeitspläne und FHM • Arbeitsplätze • Arbeitsplandaten • Eignungen festlegen

Bildfolge Arbeitsplatz einrichten (Transaktion OIZU): Wartungspläne, Arbeitsplätze, Arbeitspläne und FHM • Arbeitsplätze • Bildfolge Arbeitsplatz einrichten

Arbeitsplanstatus pflegen (Transaktion OIL1): Wartungspläne, Arbeitsplätze, Arbeitspläne und FHM • Arbeitspläne • Allgemeine Daten • Arbeitsplanstatus pflegen

Planverwendung festlegen: Wartungspläne, Arbeitsplätze, Arbeitspläne und FHM • Arbeitspläne • Allgemeine Daten • Planverwendung festlegen

Planergruppe einrichten: Wartungspläne, Arbeitsplätze, Arbeitspläne und FHM • Arbeitspläne • Allgemeine Daten • Planergruppe einrichten

Nummernkreise für Instandhaltungsanleitungen festlegen (Transaktion OIL4): Wartungspläne, Arbeitsplätze, Arbeitspläne und FHM • Arbeitspläne • Steuerungsdaten • Nummernkreise für Instandhaltungsanleitungen festlegen

Nummernkreise für Equipmentpläne festlegen (Transaktion OIL5): Wartungspläne, Arbeitsplätze, Arbeitspläne und FHM • Arbeitspläne • Steuerungsdaten • Nummernkreise für Equipmentpläne festlegen

Nummernkreise für Pläne zum Technischen Platz festlegen (Transaktion OIL0): Wartungspläne, Arbeitsplätze, Arbeitspläne und FHM • Arbeitspläne • Steuerungsdaten • Nummernkreise für Pläne zum Technischen Platz festlegen

Betriebsbereiche festlegen (Transaktion OIAB): Instandhaltungs- und Serviceabwicklung • Grundeinstellungen • Allgemeine Daten • Betriebsbereiche festlegen

Planergruppen festlegen: Instandhaltungs- und Serviceabwicklung • Grundeinstellungen • Allgemeine Daten • Planergruppen festlegen

Arbeitspapiere, Formulare und Ausgabeprogramme festlegen (Transaktionen OID1/OID2): Instandhaltungs- und Serviceabwicklung • Grundeinstellungen • Drucksteuerung • Arbeitspapiere, Formulare und Ausgabeprogramme festlegen

Drucker festlegen (Transaktionen OID3/OID4/OID5): Instandhaltungs- und Serviceabwicklung • Grundeinstellungen • Drucksteuerung • Drucker festlegen

Abrechnungsprofile pflegen: Instandhaltungs- und Serviceabwicklung • Grundeinstellungen • Auftragsabrechnung allgemein

Verrechnungsschemata pflegen: Instandhaltungs- und Serviceabwicklung • Grundeinstellungen • Auftragsabrechnung allgemein • Verrechnungsschemata pflegen

Ergebnisschemata pflegen (Transaktion KEI1): Instandhaltungs- und Serviceabwicklung • Grundeinstellungen • Auftragsabrechnung allgemein • Ergebnisschemata pflegen

Wertfelder zuordnen: Instandhaltungs- und Serviceabwicklung • Grundeinstellungen • Auftragsabrechnung allgemein • Wertfelder zuordnen

Wertkategorien pflegen: Instandhaltungs- und Serviceabwicklung • Grundeinstellungen • Einstellungen für die Darstellung von Kosten • Wertkategorien pflegen

Kostenarten Wertkategorien zuordnen (Transaktion OIK2): Instandhaltungs- und Serviceabwicklung • Grundeinstellungen • Einstellungen für die Darstellung von Kosten • Kostenarten Wertkategorien zuordnen

Profile für Angebotserstellung, Fakturierung, Ergebniserm. (Transaktion ODP1): Instandhaltungs- und Serviceabwicklung • Grundeinstellungen • Angebotserstellung und Fakturierung für Serviceaufträge • Profile für Angebotserstellung, Fakturierung, Ergebniserm.

Konditionen Vertriebsbelegarten zuordnen (Transaktion ODP4): Instandhaltungs- und Serviceabwicklung • Grundeinstellungen • Angebotserstellung und Fakturierung für Serviceaufträge • Konditionen Vertriebsbelegarten zuordnen

Überblick zur Meldungsart: Instandhaltungs- und Serviceabwicklung • Instandhaltungs- und Servicemeldungen • Überblick zur Meldungsart

Meldungsarten definieren: Instandhaltungs- und Serviceabwicklung • Instandhaltungs- und Servicemeldungen • Meldungseröffnung • Meldungsarten • Meldungsarten definieren

Bildschirmmasken zur Meldungsart einstellen: Instandhaltungs- und Serviceabwicklung • Instandhaltungs- und Servicemeldungen • Meldungseröffnung • Meldungsarten • Bildschirmmasken zur Meldungsart einstellen

Langtextsteuerung für Meldungsarten festlegen: Instandhaltungs- und Serviceabwicklung • Instandhaltungs- und Servicemeldungen • Meldungseröffnung • Meldungsarten • Langtextsteuerung für Meldungsarten festlegen

Feldauswahl Meldungen einstellen (Transaktionen OIAL/OIAO): Instandhaltungs- und Serviceabwicklung • Instandhaltungs- und Servicemeldungen • Meldungseröffnung • Meldungsarten • Feldauswahl Meldungen einstellen

Nummernkreise festlegen (Transaktion IW20): Instandhaltungs- und Serviceabwicklung • Instandhaltungs- und Servicemeldungen • Meldungseröffnung • Meldungsarten • Nummernkreise festlegen

Transaktionsstartwerte festlegen: Instandhaltungs- und Serviceabwicklung • Instandhaltungs- und Servicemeldungen • Meldungseröffnung • Meldungsarten • Transaktionsstartwerte festlegen

Standardtexte für Kurznachrichten Meldungsarten zuordnen: Instandhaltungs- und Serviceabwicklung • Instandhaltungs- und Servicemeldungen • Meldungseröffnung • Meldungsarten • Standardtexte für Kurznachrichten Meldungsarten zuordnen

Erlaubte Wechsel der Meldungsart: Instandhaltungs- und Serviceabwicklung • Instandhaltungs- und Servicemeldungen • Meldungseröffnung • Meldungsarten • Erlaubte Wechsel der Meldungsart

Meldungsarten Auftragsarten zuordnen: Instandhaltungs- und Serviceabwicklung • Instandhaltungs- und Servicemeldungen • Meldungseröffnung • Meldungsarten • Meldungsarten Auftragsarten zuordnen

Auftragsarten und spezielle Meldungsparameter definieren (Transaktion OIM9): Instandhaltungs- und Serviceabwicklung • Instandhaltungs- und Servicemeldungen • Meldungseröffnung • Meldungsarten • Auftragsarten und spezielle Meldungsparameter definieren

Kataloge pflegen (Transaktion QS41): Instandhaltungs- und Serviceabwicklung • Instandhaltungs- und Servicemeldungen • Meldungseröffnung • Meldungsinhalt • Kataloge pflegen

Katalogverzeichnis mit allen Unterpunkten anzeigen (Transaktion QS49): Instandhaltungs- und Serviceabwicklung • Instandhaltungs- und Servicemeldungen • Meldungseröffnung • Meldungsinhalt • Katalogverzeichnis mit allen Unterpunkten anzeigen

Berichtsschema definieren (Transaktion OQN9): Instandhaltungs- und Serviceabwicklung • Instandhaltungs- und Servicemeldungen • Meldungseröffnung • Meldungsinhalt • Berichtsschema definieren

Kataloge und Berichtsschema zur Meldungsart ändern (Transaktion OQN9): Instandhaltungs- und Serviceabwicklung • Instandhaltungs- und Servicemeldungen • Meldungseröffnung • Meldungsinhalt • Kataloge und Berichtsschema zur Meldungsart ändern

Partnerschema und Partnerrolle definieren (Transaktion VOP2): Instandhaltungs- und Serviceabwicklung • Instandhaltungs- und Servicemeldungen • Meldungseröffnung • Partner • Partnerschema und Partnerrolle definieren

Prioritäten definieren: Instandhaltungs- und Serviceabwicklung • Instandhaltungs- und Servicemeldungen • Meldungsbearbeitung • Reaktionsüberwachung • Prioritäten definieren

Reaktionsüberwachung definieren (Transaktion OIMF): Instandhaltungs- und Serviceabwicklung • Instandhaltungs- und Servicemeldungen • Meldungsbearbeitung • Reaktionsüberwachung • Reaktionsüberwachung definieren

Aktivitätenleiste definieren (Transaktion BS33): Instandhaltungs- und Serviceabwicklung • Instandhaltungs- und Servicemeldungen • Meldungsbearbeitung • Zusätzliche Funktionen • Aktivitätenleiste definieren

Folgeaktionen zu Maßnahmen definieren (Transaktion BS33): Instandhaltungs- und Serviceabwicklung • Instandhaltungs- und Servicemeldungen • Meldungsbearbeitung • Zusätzliche Funktionen • Folgeaktionen zu Maßnahmen definieren

Arbeitspapiere, Formular, Ausgabeprogramme festlegen (Transaktionen OIDA/OIDB): Instandhaltungs- und Serviceabwicklung • Instandhaltungs- und Servicemeldungen • Meldungsbearbeitung • Drucksteuerung Meldungen • Arbeitspapiere, Formular, Ausgabeprogramme festlegen

Drucker festlegen (Transaktionen OIDC/OIDD/OIDE): Instandhaltungs- und Serviceabwicklung • Instandhaltungs- und Servicemeldungen • Meldungsbearbeitung • Drucksteuerung Meldungen • Drucker festlegen

Statusschema definieren (Transaktion OIBS): Instandhaltungs- und Serviceabwicklung • Instandhaltungs- und Servicemeldungen • Meldungsbearbeitung • Anwenderstatus für Meldungen • Statusschema definieren

Objektinformationsschlüssel definieren (Transaktion OIMD): Instandhaltungs- und Serviceabwicklung • Instandhaltungs- und Servicemeldungen • Meldungsbearbeitung • Objektinformationen • Objektinformationsschlüssel definieren

Objektinformationsschlüssel Meldungsarten zuordnen (Transaktion OIMD): Instandhaltungs- und Serviceabwicklung • Instandhaltungs- und Servicemeldungen • Meldungsbearbeitung • Objektinformationen • Objektinformationsschlüssel Meldungsarten zuordnen

Workflow für Servicemeldungen einstellen (Transaktion OIM2): Instandhaltungs- und Serviceabwicklung • Instandhaltungs- und Servicemeldungen • Meldungsbearbeitung • Workflow für Servicemeldungen einstellen

Auftragsarten einrichten (Transaktion OIOA): Instandhaltungs- und Serviceabwicklung • Instandhaltungs- und Serviceaufträge • Funktionen und Einstellungen der Auftragsarten • Auftragsarten einrichten

Kreditlimitprüfungen, Verkaufsbelegarten für Serviceaufträge (Transaktion OIOL): Instandhaltungs- und Serviceabwicklung • Instandhaltungs- und Serviceaufträge • Funktionen und Einstellungen der Auftragsarten • Kreditlimitprüfungen, Verkaufsbelegarten für Serviceaufträge

Auftragsarten für Aufarbeitungsabwicklung kennzeichnen: Instandhaltungs- und Serviceabwicklung • Instandhaltungs- und Serviceaufträge • Funktionen und Einstellungen der Auftragsarten • Auftragsarten für Aufarbeitungsabwicklung kennzeichnen

Nummernkreise einrichten (Transaktion OION): Instandhaltungs- und Serviceabwicklung • Instandhaltungs- und Serviceaufträge • Funktionen und Einstellungen der Auftragsarten • Nummernkreise einrichten

Auftragsarten den Planungswerken zuordnen (Transaktion OIOD): Instandhaltungs- und Serviceabwicklung • Instandhaltungs- und Serviceaufträge • Funktionen und Einstellungen der Auftragsarten • Auftragsarten den Planungswerken zuordnen

Prüfarten Instandhaltungs- u. Serviceauftragsarten zuordnen: Instandhaltungs- und Serviceabwicklung • Instandhaltungs- und Serviceaufträge • Funktionen und Einstellungen der Auftragsarten • Prüfarten Instandhaltungs- u. Serviceauftragsarten zuordnen

Vorschlagswert des Planungsknz. pro Auftragsart festlegen (Transaktion OIOS): Instandhaltungs- und Serviceabwicklung • Instandhaltungs- und Serviceaufträge • Funktionen und Einstellungen der Auftragsarten • Vorschlagswert des Planungsknz. pro Auftragsart festlegen

Vorschlagswertprofile für Fremdbeschaffung anlegen: Instandhaltungs- und Serviceabwicklung • Instandhaltungs- und Serviceaufträge • Funktionen und Einstellungen der Auftragsarten • Vorschlagswertprofile für Fremdbeschaffung anlegen

Zugriffsfolge für die Ermittlung von Adressdaten festlegen: Instandhaltungs- und Serviceabwicklung • Instandhaltungs- und Serviceaufträge • Funktionen und Einstellungen der Auftragsarten • Zugriffsfolge für die Ermittlung von Adressdaten festlegen

Vorschlagswertprofile für allgemeine Auftragsdaten anlegen: Instandhaltungs- und Serviceabwicklung • Instandhaltungs- und Serviceaufträge • Funktionen und Einstellungen der Auftragsarten • Vorschlagswertprofile für allgemeine Auftragsdaten anlegen

Vorschlagswerte für Arbeitsplandaten und Profilzuordnungen: Instandhaltungs- und Serviceabwicklung • Instandhaltungs- und Serviceaufträge • Funktionen und Einstellungen der Auftragsarten • Vorschlagswerte für Arbeitsplandaten und Profilzuordnungen

Abrechnungsvorschrift: Zeitpunkt und Bildung der Aufteilungsregel festlegen: Instandhaltungs- und Serviceabwicklung • Instandhaltungs- und Serviceaufträge • Funktionen und Einstellungen der Auftragsarten • Abrechnungsvorschrift: Zeitpunkt und Bildung der Aufteilungsregel festlegen

Vorschlag Bezugszeitpunkt für Technischen Abschluss festlegen: Instandhaltungs- und Serviceabwicklung • Instandhaltungs- und Serviceaufträge • Funktionen und Einstellungen der Auftragsarten • Vorschlag Bezugszeitpunkt für Technischen Abschluss festlegen

Vorschlagsauftragsarten für Wartungspositionen festlegen: Instandhaltungs- und Serviceabwicklung • Instandhaltungs- und Serviceaufträge • Funktionen und Einstellungen der Auftragsarten • Vorschlagsauftragsarten für Wartungspositionen festlegen

Meldungs- und Auftragsintegration definieren: Instandhaltungs- und Serviceabwicklung • Instandhaltungs- und Serviceaufträge • Funktionen und Einstellungen der Auftragsarten • Meldungs- und Auftragsintegration definieren

Steuerschlüssel pflegen: Instandhaltungs- und Serviceabwicklung • Instandhaltungs- und Serviceaufträge • Funktionen und Einstellungen der Auftragsarten • Steuerschlüssel • Steuerschlüssel pflegen

Vorschlagswerte für Steuerschlüssel Auftragsarten pflegen (Transaktion OIO6): Instandhaltungs- und Serviceabwicklung • Instandhaltungs- und Serviceaufträge • Funktionen und Einstellungen der Auftragsarten • Steuerschlüssel • Vorschlagswerte für Steuerschlüssel Auftragsarten pflegen

IH-Leistungsarten festlegen: Instandhaltungs- und Serviceabwicklung • Instandhaltungs- und Serviceaufträge • Funktionen und Einstellungen der Auftragsarten • IH-Leistungsart • IH-Leistungsarten festlegen

IH-Auftragsarten zulässige IH-Leistungsarten zuordnen (Transaktion OIO5): Instandhaltungs- und Serviceabwicklung • Instandhaltungs- und Serviceaufträge • Funktionen und Einstellungen der Auftragsarten • IH-Leistungsart • IH-Auftragsarten zulässige IH-Leistungsarten zuordnen

Vorschlagswerte IH-Leistungsart pro Auftragsart (Transaktion OIO4): Instandhaltungs- und Serviceabwicklung • Instandhaltungs- und Serviceaufträge • Funktionen und Einstellungen der Auftragsarten • IH-Leistungsart • Vorschlagswerte IH-Leistungsart pro Auftragsart

Kalkulationsschema pflegen: Instandhaltungs- und Serviceabwicklung • Instandhaltungs- und Serviceaufträge • Funktionen und Einstellungen der Auftragsarten • Kalkulationsdaten für Instandhaltungs- und Serviceaufträge • Kalkulationsschema pflegen

Kalkulationsvarianten pflegen (Transaktion OKP6): Instandhaltungs- und Serviceabwicklung • Instandhaltungs- und Serviceaufträge • Funktionen und Einstellungen der Auftragsarten • Kalkulationsdaten für Instandhaltungs- und Serviceaufträge • Kalkulationsvarianten pflegen

Bewertungsvarianten definieren (Transaktion OKP8): Instandhaltungs- und Serviceabwicklung • Instandhaltungs- und Serviceaufträge • Funktionen und Einstellungen der Auftragsarten • Kalkulationsdaten für Instandhaltungs- und Serviceaufträge • Bewertungsvarianten definieren

Kalkulationsparameter und Abgrenzungsschlüssel zuordnen (Transaktion OIOF): Instandhaltungs- und Serviceabwicklung • Instandhaltungs- und Serviceaufträge • Funktionen und Einstellungen der Auftragsarten • Kalkulationsdaten für Instandhaltungs- und Serviceaufträge • Kalkulationsparameter und Abgrenzungsschlüssel zuordnen

Änderungsbelege, Sammel-Banf, Disporelevanz definieren: Instandhaltungs- und Serviceabwicklung • Instandhaltungs- und Serviceaufträge • Funktionen und Einstellungen der Auftragsarten • Änderungsbelege, Sammel-Banf, Disporelevanz definieren

Workflow für Aufträge einstellen (Transaktion OOCU): Instandhaltungs- und Serviceabwicklung • Instandhaltungs- und Serviceaufträge • Funktionen und Einstellungen der Auftragsarten • Workflow für Aufträge einstellen

Prüfregeln definieren: Instandhaltungs- und Serviceabwicklung • Instandhaltungs- und Serviceaufträge • Funktionen und Einstellungen der Auftragsarten • Verfügbarkeitsprüfung für Materialien, FHM und Kapazitäten • Prüfregeln definieren

Prüfungsumfang definieren (Transaktion OPJJ): Instandhaltungs- und Serviceabwicklung • Instandhaltungs- und Serviceaufträge • Funktionen und Einstellungen der Auftragsarten • Verfügbarkeitsprüfung für Materialien, FHM und Kapazitäten • Prüfungsumfang definieren

Prüfungssteuerung definieren (Transaktion OIOI): Instandhaltungs- und Serviceabwicklung • Instandhaltungs- und Serviceaufträge • Funktionen und Einstellungen der Auftragsarten • Verfügbarkeitsprüfung für Materialien, FHM und Kapazitäten • Prüfungssteuerung definieren

Standardtexte für Kurznachrichten Auftragsarten zuordnen: Instandhaltungs- und Serviceabwicklung • Instandhaltungs- und Serviceaufträge • Funktionen und Einstellungen der Auftragsarten • Standardtexte für Kurznachrichten Auftragsarten zuordnen

Vorschlagswerte der Komponentenpositionstypen festlegen: Instandhaltungs- und Serviceabwicklung • Instandhaltungs- und Serviceaufträge • Allgemeine Daten • Vorschlagswerte der Komponentenpositionstypen festlegen

Bewegungsarten für Materialreservierungen festlegen: Instandhaltungs- und Serviceabwicklung • Instandhaltungs- und Serviceaufträge • Allgemeine Daten • Bewegungsarten für Materialreservierungen festlegen

Kontierungstyp und Belegart für Bestellanforderungen definieren: Instandhaltungs- und Serviceabwicklung • Instandhaltungs- und Serviceaufträge • Allgemeine Daten • Kontierungstyp und Belegart für Bestellanforderungen definieren

Berechnungsmotive definieren: Instandhaltungs- und Serviceabwicklung • Instandhaltungs- und Serviceaufträge • Allgemeine Daten • Berechnungsmotive definieren

Prioritäten definieren (Transaktion OIO2): Instandhaltungs- und Serviceabwicklung • Instandhaltungs- und Serviceaufträge • Allgemeine Daten • Prioritäten definieren

Vorschlagswert Tagesdatum als Ecktermin aktivieren: Instandhaltungs- und Serviceabwicklung • Instandhaltungs- und Serviceaufträge • Allgemeine Daten • Vorschlagswert Tagesdatum als Ecktermin aktivieren

Vorschlagswerte Einheiten für Arbeitsvorgang festlegen (Transaktion OIO9): Instandhaltungs- und Serviceabwicklung • Instandhaltungs- und Serviceaufträge • Allgemeine Daten • Vorschlagswerte Einheiten für Arbeitsvorgang festlegen

Partnerschema und Partnerrolle definieren (Transaktionen VOP2/OIOM): Instandhaltungs- und Serviceabwicklung • Instandhaltungs- und Serviceaufträge • Partner • Partnerschema und Partnerrolle definieren

Terminierungsarten pflegen (Transaktion OIOT): Instandhaltungs- und Serviceabwicklung • Instandhaltungs- und Serviceaufträge • Terminierung • Terminierungsarten pflegen

Terminierungsparameter einstellen (Transaktion OPU7): Instandhaltungs- und Serviceabwicklung • Instandhaltungs- und Serviceaufträge • Terminierung • Terminierungsparameter einstellen

Arbeitspapiere, Formulare und Ausgabeprogramme festlegen (Transaktionen OIDF/OIDG): Instandhaltungs- und Serviceabwicklung • Instandhaltungs- und Serviceaufträge • Drucksteuerung • Arbeitspapiere, Formulare und Ausgabeprogramme festlegen

Drucker festlegen (OIDH/OIDI/OIDJ): Instandhaltungs- und Serviceabwicklung • Instandhaltungs- und Serviceaufträge • Drucksteuerung • Drucker festlegen

Nachrichtensteuerung (Transaktionen OIDH/OIDI/OIDJ): Instandhaltungs- und Serviceabwicklung • Instandhaltungs- und Serviceaufträge • Nachrichtensteuerung

Objektinformationsschlüssel definieren (Transaktion OIMD): Instandhaltungs- und Serviceabwicklung • Instandhaltungs- und Serviceaufträge • Objektinformationen • Objektinformationsschlüssel definieren

Objektinformationsschlüssel Auftragsarten zuordnen (Transaktion OIOJ): Instandhaltungs- und Serviceabwicklung • Instandhaltungs- und Serviceaufträge • Objektinformationen • Objektinformationsschlüssel Auftragsarten zuordnen

Feldauswahl für Auftragskopfdaten (PM) festlegen (Transaktionen OIAZ/OIAN): Instandhaltungs- und Serviceabwicklung • Instandhaltungs- und Serviceaufträge • Feldauswahl für Auftragskopfdaten (PM) festlegen

Feldauswahl für Auftragskopfdaten (CS) festlegen (Transaktion OIAY): Instandhaltungs- und Serviceabwicklung • Instandhaltungs- und Serviceaufträge • Feldauswahl für Auftragskopfdaten (CS) festlegen

Feldauswahl für Auftragsvorgang (PM und CS) festlegen (Transaktionen OIOPD/OIOPL): Instandhaltungs- und Serviceabwicklung • Instandhaltungs- und Serviceaufträge • Feldauswahl für Auftragsvorgang (PM und CS) festlegen

Feldauswahl für Komponenten (PM und CS) festlegen (Transaktionen OICMPD/OICMPL): Instandhaltungs- und Serviceabwicklung • Instandhaltungs- und Serviceaufträge • Feldauswahl für Komponenten (PM und CS) festlegen

Steuerungsparameter für Rückmeldungen festlegen: Instandhaltungs- und Serviceabwicklung • Rückmeldungen • Steuerungsparameter für Rückmeldungen festlegen

Ursachen für Abweichungen definieren: Instandhaltungs- und Serviceabwicklung • Rückmeldungen • Ursachen für Abweichungen definieren

Bildschirmmasken für die Rückmeldung einstellen: Instandhaltungs- und Serviceabwicklung • Rückmeldungen • Bildschirmmasken für die Rückmeldung einstellen

Feldauswahl Rückmeldung einstellen (Transaktion OIZN): Instandhaltungs- und Serviceabwicklung • Rückmeldungen • Feldauswahl Rückmeldung einstellen

Feldwerte für Bezugselement PM/PS definieren: Instandhaltungs- und Serviceabwicklung • Rückmeldungen • Feldwerte für Bezugselement PM/PS definieren

A.2.2 Modul CS

SPRO • Kundenservice

Katalog pflegen (Transaktion QS41): Lösungsdatenbank • Allgemeine Daten • Katalogpflege und Einstellungen für das Berichtswesen • Katalog pflegen

Katalogverzeichnis mit allen Unterpunkten anzeigen (Transaktion QS49): Lösungsdatenbank • Allgemeine Daten • Katalogpflege und Einstellungen für das Berichtswesen • Katalogverzeichnis mit allen Unterpunkten anzeigen

Berichtsschemata pflegen: Lösungsdatenbank • Allgemeine Daten • Katalogpflege und Einstellungen für das Berichtswesen • Berichtsschemata pflegen

Prioritätsarten definieren: Lösungsdatenbank • Allgemeine Daten • Prioritäten • Prioritätsarten definieren

Prioritäten pro Prioritätsart definieren: Lösungsdatenbank • Allgemeine Daten • Prioritäten • Prioritäten pro Prioritätsart definieren

Symptomarten definieren: Lösungsdatenbank • Symptom • Symptomarten definieren

Symptomkategorien pro Symptomart festlegen: Lösungsdatenbank • Symptom • Symptomkategorien pro Symptomart festlegen

Objekttypen definieren (Transaktion ISCG): Lösungsdatenbank • Symptom • Objekttypen definieren

Applikation definieren: Lösungsdatenbank • Symptom • Applikation definieren

Lösungsarten definieren: Lösungsdatenbank • Lösung • Lösungsarten definieren

Lösungskategorien pro Lösungsart festlegen: Lösungsdatenbank • Lösung • Lösungskategorien pro Lösungsart festlegen

A.2.3 Modul SD

SPRO • Vertrieb

Auftragsarten definieren (Transaktion VOV8): Verkauf • Verkaufsbelege • Verkaufsbelegkopf • Verkaufsbelegarten definieren

Positionstypen definieren: Verkauf • Verkaufsbelege • Verkaufsbelegposition • Positionstypen definieren

Positionstyp zuordnen: Verkauf • Verkaufsbelege • Verkaufsbelegposition • Positionstypen zuordnen

Einteilungstypen definieren (Transaktion VOV6): Verkauf • Verkaufsbelege • Einteilungen • Einteilungstypen definieren

Einteilungstypen zuordnen: Verkauf • Verkaufsbelege • Einteilungen • Einteilungstypen zuordnen

Fakturaarten definieren (Transaktion VOFA): Fakturierung • Fakturen • Fakturaarten definieren

Schemaermittlung (Transaktion OVKK): Grundfunktionen • Preisfindung • Steuerung der Preisfindung • Kalkulationsschemata definieren und zuordnen • Kalkulationsschemaermittlung festlegen

Konditionsarten Preisfindung pflegen: Grundfunktionen • Preisfindung • Steuerung der Preisfindung • Konditionsarten definieren

Bedarfsklassen (Transaktion OVZG): Grundfunktionen • Verfügbarkeitsprüfung und Bedarfsübergabe • Bedarfsübergabe • Bedarfsklassen definieren

Zuordnung Bedarfsarten zum Vorgang: Grundfunktionen • Verfügbarkeitsprüfung und Bedarfsübergabe • Bedarfsübergabe • Ermittlung der Bedarfsart über den Vorgang

Materialfindungsschemas (Transaktion OV14): Grundfunktionen • Materialfindung • Schemata Verkaufsbelegarten zuordnen

Voraussetzungen für Materialfindung: Grundfunktionen • Materialfindung • Voraussetzungen für die Materialfindung pflegen (Schema pflegen)

Konditionsart für Materialfindung: Grundfunktionen • Materialfindung • Voraussetzungen für die Materialfindung pflegen • Konditionsarten definieren

Substitutionsgründe Materialfindung (Transaktion OVRQ): Grundfunktionen • Materialfindung • Substitutionsgründe definieren

Serialnummernprofile (Transaktion OIS2): Grundfunktionen • Serialnummern • Serialnummernprofile festlegen

A.2.4 Logistics Execution

SPRO • Logistics Execution

Lieferarten definieren (Transaktion 0VLK): Versand • Lieferungen • Lieferarten definieren

Positionstypen Lieferungen definieren (Transaktion 0VLP): Versand • Lieferungen • Positionstypen Lieferungen definieren

A.2.5 Modul MM

SPRO • Materialwirtschaft

Versanddaten für Werke einstellen: Einkauf • Bestellung • Umlagerungsbestellung einstellen • Versanddaten für Werke einstellen

Kontierungstypen: Einkauf • Kontierung • Kontierungstypen pflegen

Kontenfindung (Transaktion OBYC): Bewertung und Kontierung • Kontenfindung • Kontenfindung ohne Assistent • Automatische Buchungen einstellen • Abbrechen • Kontierung

Bewegungsarten (Transaktion OMJJ): Bestandsführung und Inventur • Bewegungsarten • Bewegungsarten kopieren, ändern

A.2.6 Modul PP

SPRO • Produktion

Bedarfsklassen pflegen (Transaktion OMPO): Produktionsplanung • Programmplanung • Planprimärbedarf • Bedarfsarten/Bedarfsklassen • Bedarfsklassen pflegen

Planungsstrategie: Produktionsplanung • Programmplanung • Planprimärbedarf • Planungsstrategie • Strategie festlegen

A.2.7 Modul CO

SPRO • Controlling

COPA-Wertfelder zurücksetzen (Transaktion KE4W): Ergebnis- und Marktsegmentrechnung • Werteflüsse im Ist • Fakturen übernehmen • Wert-/Mengenfelder zurücksetzen

Bewertungsstrategie (Transaktion KE4U): Ergebnis- und Marktsegmentrechnung • Stammdaten • Bewertung • Bewertungsstrategien • Bewertungsstrategie definieren und zuordnen

Zurücksetzen von Wertfeldern in CO-PA: Ergebnis- und Marktsegmentrechnung • Werteflüsse im Ist • Fakturen übernehmen • Wert-/Mengenfelder zurücksetzen

Merkmalsableitung definieren (Transaktion KEDR): Ergebnis- und Marktsegmentrechnung • Stammdaten • Merkmalsableitung definieren

Bedarfsklassen definieren: Produktkosten-Controlling • Kostenträgerrechnung • Kundenauftrags-Controlling • Steuerung Kundenauftragsfertigung/Kundenauftrags-Controlling • Bedarfsklassen überprüfen

B   Literaturhinweise

- Jochen Scheibler, Tanja Maurer: Praxishandbuch Vertrieb mit SAP, 656 S., 3., aktualisierte und erweiterte Auflage, SAP PRESS 2010
- Manfred Hirn, Werner Herhuth: Preisfindung und Konditionstechnik in SAP ERP, 531 S., SAP PRESS 2010
- Stefan Kauf, Viktoria Papadopoulou: Formulargestaltung in SAP ERP HCM: 231 S., SAP PRESS 2009

C Die Autorin

Sabine Weber arbeitet seit 2000 bei der PIKON Deutschland AG und ist dort als Seniorberaterin im Bereich ERP beschäftigt. Sie unterstützt die Kunden der PIKON bei der Gestaltung von Geschäftsprozessen auf Basis von SAP ERP. Ihr Spezialgebiet sind die Komponenten MM, EAM/PM und CS und deren Integration in die Logistik (Vertrieb, Produktion) und das Rechnungswesen. Im Rahmen ihrer Tätigkeiten in internationalen SAP-Einführungs- und Roll-out-Projekten hat sie zahlreiche Konzepte zur Optimierung von Prozessen erarbeitet und erfolgreich umgesetzt.

Index

A

Abrechnung 299
   Abrechnungsbelege 303
   kostenartengerechte 305
   Kundenauftrag 437
   Serviceauftrag 346
   Storno 303
Abrechnungsempfänger 221, 222, 300
Abrechnungsempfängertyp 222
Abrechnungsparameter
   Abrechnungsprofil 300
   Ergebnisschema 300
   Ursprungsschema 301
   Verrechnungsschema 300
Abrechnungsprofil 144, 221, 300
Abrechnungsvorschrift 215, 222, 299, 304, 413, 433, 457, 487
   Abrechnungsanteil 300
   Abrechnungsart 300
   Abrechnungsempfänger 221, 222, 300
   Abrechnungsparameter 300, 301
   Aufteilungsregel 299
   Gesamtabrechnung 300
   periodische Abrechnung 300
   Pflege 301
Abrufobjekt
   Serviceauftrag 255
   Servicemeldung 262
Action Log 139, 225
Aktion 111
Aktivitätenleiste 123, 124, 395
Angebotsart AE 196
Angebotserstellung 190
   manuelle 196
   über DPP 195
Angebotsprozess 195, 196
Anleitung 247
Anordnungsbeziehung 160
Arbeitsplan 246, 421, 428
   Dauer eines Vorganges 248
   Kapazität 248
   Kopfdaten 247
   Leistungsart 248
   Planergruppe 247

Arbeitsplan (Forts.)
   Plangruppe 249
   Plangruppenzähler 249
   Status 247
   Steuerschlüssel 248
   Verwendung 247
   Vorgangsübersicht 248
Arbeitsplatz 28, 40, 281
   Arbeitsplatzart 40
   Sichten 41
   Tarife 281
Aufarbeitungsmaterial 181, 188
Auftrag in Arbeit geben 199
Auftraggeber 82
Auftragsart 142
Auftragsfreigabe 198, 199
Auftragspapier 344
aufwandsbezogene Fakturierung 218, 388
automatische Vertragsermittlung 442
automatische Wareneingangsabrechnung 176

B

Bautyp 63
Bedarfsart 197, 426
Bedarfsklasse 197
Beistellteilkennzeichen 181, 188
Belegfluss, Kundenauftrag 436
Berechnungsmotiv 152, 153, 155, 193, 195
Bereitschaftsschema 89, 134, 263, 264
Berichtsschema 117, 132, 139
   Code 119
   Codegruppen 118, 119
   Katalog 118
   Listanzeigen 120
   Zuordnung 119
Bestelladresse 85
Bestellanforderung 167, 168, 169, 174, 179
Bestellung 167, 169, 174
Betriebsbereich 28
Bewegungsart 261 451

Bewegungsart 543   181
Beziehungswissen   66
Buchungskreis   24
Buchungskreisdaten   81, 84
Business Content   327
Business Explorer (BEx)   322

C

Controlling   275

D

Datenabgleich: ERP – mobiles Endgerät   346
Datenbanktabelle   325
Datenweitergabe   49, 55
Dauerauftrag   142
Deckungsbeitrag   466
Delta-Druck   201
Dienstleistung   166
Dienstleistungsabwicklung   167, 170
  Beispiel   172
  Dienstleistungsbestellanforderung   170
  Dienstleistungsbestellung   170
  Gutschriftsverfahren   171
  Leistungsabnahme   171
  Leistungserfassung   171
  Leistungserfassungsblatt   171, 174, 175
  Leistungsselektion   173
  Prozessablauf   170
  Steuerschlüssel SM03   170
Dienstleistungsmaterial   423, 427
Dokument   77
Dokumentenstammsatz   77
DPP   147, 156, 190, 233, 452
  Aufwandsicht   452
  Verkaufspreissicht   453
DPP-Profil   190, 218, 443, 448
  Materialfindung   192, 193
  Merkmal   192
  Profilkopf   191
  Quelle   192
  Selektionskriterien   192
  Verwendung   191
Drucksteuerung   202
dynamischer Posten, Fakturaanforderung   292
Dynamischer Postenprozessor → DPP

E

Eigenbearbeitungsvorgang   158
Eigenbeschaffung   37
Eigenleistung   160
Einkäufergruppe   33
Einkaufsorganisation   32
Einzelfreigabe   199
Einzelpostenanzeige   438, 465
Einzelzeitrückmeldung   429
Endrückmeldung   211
Equipment   49
  Action Log   54
  Einsatzhistorie   54
  Nummernvergabe   52
  Typ   51
Equipmenthierarchie   50
Equipmentplan   246
Equipmentstammsatz   59
Ergebnis- und Marktsegmentrechnung   300, 301, 308
Ergebnisbereich   33, 308
Ergebnis-Controlling   308
Ergebnis-Controlling, Deckungsbeitrag   308
Ergebnisrechnung
  CS-Bericht   466
  Ergebnisdarstellung   309
  Ergebnisobjekt   309
  kalkulatorische, buchhalterische   308
  Merkmal   309
  Merkmalswert   309
  Wertefluss   309
  Wertfeld   309
Ergebnisschema   311
Erledigungsdaten   267
Erlös   292
erlöstragender Serviceauftrag
  Faktura   295
  Fakturaanforderung   293
Ersatzteilauftrag   307, 374
Ersatzteillieferung   373
  Abschluss Servicemeldung   384
  Belegfluss   378, 381, 382
  Customizing   374
  Ergebnisermittlung CO-PA   383
  Faktura   381
  Ist-Einzelposten   383
  Kommissionierung   379

Ersatzteillieferung (Forts.)
  Kundenauftrag 377
  Lieferung anlegen 378
  ohne Servicetechnikereinsatz 374
  Organisationsdaten Vertrieb 377
  Servicemeldung 376
  Statusübersicht Lieferung 380
  Strukturliste 377
  Warenausgang 380
ERS-Verfahren, Gutschriftsverfahren 172

F

Faktura 392, 435, 436, 454
Fakturaanforderung 190, 195, 196, 218, 221, 452, 454
  Aufwandsicht 219, 409
  Einzelbearbeitung 218
  Fakturasperre 454, 482
  Sammelbearbeitung 218
  Verkaufspreissicht 220, 409
Fakturasperre 454, 482
Fakturavorrat 461
Fakturierung 216
  aufwandsbezogene 105
  periodische 103
Fakturierungsplan 103, 217, 446, 462
Folgeaktivitäten 123, 125
Fremdbearbeitungsvorgänge 158
Fremdleistung 166

G

Garantie 73, 87
Garantie, Mustergarantie 87
Garantieart 74
Garantietyp 74
Garantiezähler 74
  leistungsabhängiger 75
  zeitabhängiger 75
Gemeinkostenzuschlag 284, 412, 432, 434, 456, 458, 487
Gemeinkostenzuschlag Ist 290
  Einzellauf 290
  Sammellauf 290
Gerätematerial 229, 238, 387
Gesamtabrechnung 223

getrennte Erledigung 267
Gutschriftsverfahren, ERS-Verfahren 171

I

InfoCube 325
InfoObject 324
  Kennzahl 325
  Merkmal 324
InfoProvider 325
Informationssystem 310
  Einzelpostenbericht 311
  Profit-Center-Rechnung 315
Instandhaltungsplanungswerk 26
Integrated Planning 323
interaktive Formulare
  Anwendungsgebiet 208
  Arbeitsweise 206
  Kontext 206
  Layout 207
  Schnittstelle 206
  Vorteile 207
interaktives Online-Szenario 205
Isterlös 464

K

Kalkulation 288
Kalkulationsschema
  Entlastungsobjekt 288
  Zuschlag 291
Kalkulationsvariante 288
Kalkulationsvariante, Steuerungsparameter 289
Kapazitätsplanung 165
  Kapazitätsabgleich 165
  Kapazitätsangebot 165
  Kapazitätsbedarf 165
  Kapazitätsübersicht 165
Kennzeichen 262
Klasse 65
Klassenart 65
Klassifizierung 63, 66
Kommissionierlagerort 32
Komponentenzuordnung 162
Konditionsart
  KBM1 154
  PPSV 91, 460

Konditionsart (Forts.)
    VA00, VA01   92
    ZZDC   453, 455
Konditionssatz   155
Konfigurationsprofil   419
konfigurierbares Dienstleistungsmaterial   418
Konsignationsabholung   370
Konsignationsbeschickung   353, 354, 359
Konsignationsbestand   354, 364
Konsignationsmaterial   353
Kontengruppe   82, 85
Kontraktdaten   99
Kostenanalyse, Istkosten   289
Kostenrechnungskreis   33, 34
Kostenschätzung, Version   279
Kostenträger   276
Kreditlimitprüfung   130
Kreditlimitprüfung, Customizing   131
Kreditor   80
Kreditorennummer   80
Kreditorenstamm   83
Kundenauftrag   129, 423
Kundenkonsignationsbestand   360, 361, 362
Kundenmeldung   110
Kundenstamm   79
    allgemeine Daten   79
    Buchhaltungsdaten   79
    Vertriebsdaten   79

L

Lagerkomponente   162
Lagerort   26
Lastschrift   454
Laufkarte   201
Leihgerät   234
Leihgutbeschickung   234
Leistungsart   193
Lieferant   85
Lieferart LR   398
Listen
    Auftrags- und Vorgangsliste   227
    Komponentenliste   227
    Materialverwendungsnachweis   227
    Serviceauftragsliste   226
    Vorgangsliste   226

Login   24
Lohnbearbeiterbestand   179
Lohnbearbeitungsbestellanforderung   178, 181
Lohnbearbeitungsbestellung   178, 189
    Hauptkomponente   182
    Komponentenübersicht   183
    Lieferung   185
    Serialnummer   189
    Warenausgang   186
    Wareneingang   186
Lohnbearbeitungsmonitor   177, 181, 187
    ADSUBCON   181
    Aufarbeitung mit gleich bleibender Materialnummer   183
    Aufarbeitung mit Materialnummernwechsel   188, 189
    Beispiel   179
    Bestandsübersicht   185, 187
    Bildschirmaufbau   181
    Lieferung   184
    Lohnbearbeitungsbestellung   182
    Materialbeleg   187
    Prozessablauf   178
    Rolle   177
    Warenausgang   185
    Wareneingang zur Bestellung   186
Lohnschein   202
Lösungsdatenbank   123, 126
    indizieren   127
    Lösung   123, 127
    Lösungsart   128
    Symptom   123, 126, 127
    Symptomart   127

M

Mandant   24
Maßnahmenermittlung   134, 263
Maßnahmenkatalog   134
Material, konfigurierbares   424
Materialarten   39
Materialentnahmeschein   201
Materialfindung   230
Materialstamm   35
    Arbeitsvorbereitung   38
    Bestand   39
    Buchhaltung   38

Materialstamm (Forts.)
  Disposition 37
  Einkauf 37
  gleitender Durchschnittspreis 284
  Grunddaten 37
  Hauptdaten 36
  Kalkulation 38
  Klassifizierung 37
  Lagerung 38
  Lagerverwaltung 38
  Nebendaten 36
  Preissteuerung V 284
  Prognose 37
  Qualitätsmanagement 38
  Serviceprodukt 40
  Vertrieb 37
Materialstammsatz
  Klassifizierung 419
  Variantenklasse 420
Materialverfügbarkeitsprüfung 162
Materialverwendungsnachweis 161, 227
Meldungsabschluss 138, 384
Meldungsart 110
  benutzereigene 112
  Kundenmeldung 110
  Nummernvergabe 112
  Serviceanforderung 112
  Tätigkeitsmeldung 111
Meldungsdruck 136
Meldungspapier 136
Meldungspriorität 133
Merkmal 65
Messbeleg 70, 131
Messpunkt 68
Messwert 70
Messwerterfassungsliste 72
Mobile Asset Management 348
mobile Infrastruktur 347
  Anwenderapplikation 347
  Business-Applikationen 348
  Middleware 348
mobile Lösung 343
  Vergleich nicht mobile Lösung 346
  Vorteile und Nutzen 346
mobile Serviceabwicklung 343
mobiler Kundenservice 343
mobiles Endgerät 343
mobiles Endgerät, Betriebsarten 348

MultiProvider 326
Mustergarantie 75
Musterleistungsverzeichnis 170, 173

N

nicht erlöstragender Serviceauftrag
  Faktura 298
  Istkosten 296
Nichtlagerkomponente 163
Nummernvergabe 157

O

Objektinformationsschlüssel 116
Objektverknüpfung 78
Ordnungsnummer 152
Organisationseinheit 23

P

Partnerrolle 82, 123, 150
Partnerschema 123, 150
pauschale Fakturierung 217
periodische Abrechnung 223
periodische Fakturierung 217, 490
Planergruppe 28
Plankosten 429
Plankosten, Planzuschlag 286
Planungswerk 27
Planzuschlag 288
Positionstyp D 174
Preisfindung 91
Preisvereinbarung 96
Preisvereinbarung, Customizing 96
primäre Kosten 276
Produkthierarchie 39
Profit-Center, Serviceauftrag 314
Profit-Center-Rechnung 308, 313
  Ergebnisdarstellung 314
  Gesamtkostenverfahren 314
  Profit-Center 313
  Umsatzkostenverfahren 314
  Wertefluss 314

R

Reaktionsschema 89, 134, 263, 264
Reaktionszeiten 264
Rechnungsempfänger 82
Rechnungssteller 85
Referenzmesspunkt 73
Regulierer 82
Reparatur
   Austauschteil 234
   Fakturierung 243
   Gutschrift 234
   Positionstypen 241
   Verschrottung 234
Reparaturabwicklung 387
   Auslieferung 406
   Dynamischer Postenprozessor 409
   Faktura 411
   Fakturaanforderung 409, 410
   Gemeinkostenzuschlag 412
   Gesamtrückmeldung 405
   Istkosten 405
   Kommissionierung 408
   Reparaturauftrag 395
   Retourenanlieferung 398
   Rücklieferung 408
   Schritte 389
   Serviceauftrag 402
   Servicemeldung abschließen 414
   Servicemeldung anlegen 394
   technische Prüfung 400
   technischer Abschluss 405
   Wareneingang 400
Reparaturanforderungsposition 232
   Status der Prüflose 235
   Unterposition 232
Reparaturauftrag, Anzeigeumfang 389
Reparaturauftragsart RAS 395
Reparaturbelegarten 237
Reparaturkundenauftrag 230
Reparaturschema 232, 238, 388, 397
Reparaturschema, Vorgang 239
Report
   RISTRA20 270
   RISTRA30 272
   SDREPA01 236
Residenzzeit1 144
Residenzzeit2 145

Retouren- und Reparaturabwicklung 231
retrograde Entnahme 209, 448
Return Material Authorization 229, 232, 388
RMA-Nummer 388, 394
Rückmeldeart 211
Rückmeldeschein 202
Rückmeldung 210
   Einzelzeitrückmeldung 211
   Gesamtrückmeldung 213, 214
   Rückmeldeliste 214
   Rückmeldeprofil 214
   Sammelzeitrückmeldung 212
Rückwärtsterminierung 164

S

Sammelfreigabe 199
SAP Interactive Forms by Adobe 203
   Arbeitsweise 206
   Formulardruck 204
   Formulargestaltung 203
   Formularlayout 204
   interaktive Formulare 204
   interaktives Offline-Szenario 205
   interaktives Online-Szenario 205
   Sprache FormCalc 207
   WYSIWYG-Editor 208
SAP Smart Forms 207
SAPscript 207
sekundäre Kosten 276
Serialnummer 55, 391, 399, 408
Serialnummernprofil 57, 391
Serviceabwicklung
   mit aufwandsbezogener Fakturierung 443
   mit aufwandsbezogener Fakturierung und Servicevertrag 441
   mit mobiler Integration 345
   ohne mobile Integration 343
Serviceanforderung 112
Serviceauftrag 110
   abrechnen 221
   Abrechnungsvorschrift 299
   Action Log 225
   Änderung 225
   Änderungsbeleg 225
   Anwenderstatus 151

Serviceauftrag (Forts.)
  Auftragseröffnung 157
  Auftragsfreigabe 198
  Auftragspapier 198, 200
  aus Kundenauftrag 417
  Belegfluss 431
  benutzereigene Auftragsart 143
  Berechnungsmotiv 153
  Durchführung 209
  Durchführung Abrechnung 302
  erlöstragender 142, 293
  Funktion 148
  Gesamtschätzung 277
  in Arbeit geben 450
  Istkosten 289, 431, 451
  Kalkulationsschema 284
  kaufmännischer Abschluss 223, 304, 414, 459
  kaufmännischer Abschluss Einzelverarbeitung 223
  kaufmännischer Abschluss Sammelverarbeitung 224
  Komponenten 155, 161, 283
  Kopfdaten 149
  Kosten 150, 283
  Kostenanalyse 282
  Kostenschätzung 279
  Liste und Beleg 225
  nicht erlöstragender 143, 296, 304
  Nummernvergabe 144
  Objekt 150
  Objektinformationsschlüssel 150
  Partnerdaten 150
  Plankosten 280, 431
  Planung 156
  Positionsdaten 155
  retrograde Entnahme 209
  Rückmeldung 210, 290, 450
  Schätzkosten 277
  Standardliste 226
  Standortdaten 156
  Steuerkennzeichen Formulardruck 201
  Steuerschlüssel 158
  Steuerung 156
  Steuerungsfunktion 144
  Systemstatus 151
  technischer Abschluss 215, 432, 456
  Vorgang 155
  Vorgangsplanung 158

Serviceauftrag (Forts.)
  Vorschlagswert 145
  Warenbewegungen 210
  Wertkategorie 278
  Zusatzdaten 156
Serviceauftragsbearbeitung 146
Serviceauftragsliste 216, 224
Serviceleistung 87
Servicemeldung 109, 444
  Abschluss 216
  Action Log 139
  Aktion 117
  Aktivitätstyp 114
  Änderung 138
  Anwenderstatus 116
  Arbeitsschritt 131
  Belegfluss 455
  Bildaufbau 113
  in Arbeit geben 135
  Inhalt 114
  Klassifizierung 122
  Kopfdaten 115
  Listbearbeitung 137
  Maßnahme 117
  Maßnahmenermittlung 134
  Meldungsabschluss 136
  Meldungsbearbeitung 133
  Meldungserfassung 132
  Meldungshistorie 137, 138
  Objektinformationsschlüssel 115
  Partnerdaten 123
  Positionsdaten 117
  Registerkarten 122
  Status »abgeschlossen« 137
  Statusschema 116
  Systemstatus 116
  Transaktion 132
Serviceprodukt 88, 152, 153, 217, 229, 387, 418, 471
  Bezugsart 153
  Bezugsobjekttyp 153
  konfigurierbares 88
  konfiguriertes 90
  nicht konfigurierbares 88
Servicevertrag 97, 129, 249, 445
  Abrechnung 464
  Abrechnungsprofil 106
  anlegen 251
  automatische Vertragsselektion 129

Servicevertrag (Forts.)
  Bedingungen 249
  Belegfluss 462
  Belegstruktur 98
  Isterlös 298
  Kostenanalyse 305
  Kostenbericht 307, 458, 462, 465
  Kostensituation 459
  Kündigungsschema 100
  Marge 305
  periodische Fakturierung 441, 459
  Preisvereinbarung 96
  Serviceprodukt 250
  Vertragsdaten 100
  Vertragskopf 98
  Vertragsposition 98
  Vertragsprofil 100
Sichten (Materialstamm)
  Arbeitsvorbereitung 36
  Bestand 36
  Buchhaltung 36
  Einkauf 36
  Grunddaten 36
  Kalkulation 36
  Klassifizierung 36
  Lagerung 36
  Lagerverwaltung 36
  Prognose 36
  Qualitätsmanagement 36
  Vertrieb 36
Sparte 29
Stammdaten 35
Standardleistungsverzeichnis 170
Standardreparatur 231
Standort 28
Standortwerk 28
Status ABGS 147, 223, 224
Status DRUC 202
Status FREI 198
Status TABG 147, 215, 223
Sternschema 325
Steuerkarte 201
Steuerschlüssel 158, 159, 198
  SM01 160
  SM02 166, 167
  SM03 166, 170
Strukturkennzeichen, Editionsmaske 45
Stückliste 62
  Equipment 62

Stückliste (Forts.)
  Material 62
  Technischer Platz 62

T

Tabelle
  399A 261
  OISD 238
  T399A 153, 250, 255, 257, 428, 471, 475
Tarifermittlung 281
  Leistungsart 281
  Tarif 281
Tätigkeitsmeldung 111
Technische-Platz-Hierarchie 43
technischer Abschluss 147, 215, 216
Technischer Platz 42
  Strukturkennzeichen 45
  Typ 46
Technischer Referenzplatz 44
Technischer-Platz-Plan 246
technisches Objekt 42
Teilrückmeldung 211
Terminierung 164
Terminierungsart 164
Terminierungsfunktion 266
  manueller Abruf 267
  Neustart 266
  starten 266
Terminierungsparameter 164, 252, 266
  Abrufintervall 260
  Erledigungspflicht 260
  Eröffnungshorizont 260
  Fabrikkalender 260
  Streckungsfaktor 259
  Verschiebungsfaktor 258
Terminierungsprotokoll 270
Terminüberwachung 269
Transaktion
  IP10 266
  IP30 269
  IP31 271
  IP50 262
  KE30 467
  KO88 458
  VA88 464
  VF01 462
  VF04 461

Index

U

Unternehmensplanung 323

V

Variantenkondition 92, 420
   Konditionsschlüssel 93
   SDCOM-VKOND 92
Verfügbarkeitsprüfung 162
Verkäufergruppe 30
Verkaufsbelegart
   KB 354, 355
   RAS 388
   ZERS 374, 375
Verkaufsbüro 30, 31
Verkaufsorganisation 29
Versandstelle 32
Verschiebefaktor 472
Vertriebsbereich 29, 30
Vertriebsweg 29
Vorabversand 163
Vorabversand Kundenkonsignation
   Abrechnung Serviceauftrag 369
   Belegfluss Serviceauftrag 364, 367
   Faktura 367
   Fakturaanforderung 366
   Gemeinkostenzuschlag 368, 369
   Gesamtkommissionierstatus 360
   Istkosten 365, 370
   kaufmännischer Abschluss 368
   Komponenten 357
   Konsignationsentnahme 363
   Kundenauftrag 358
   Lieferung 360
   Parameter Vorabversand 359
   Plankosten 358
   Rückmeldung 362
   Serviceauftrag 357
   Servicemeldung 356
   technischer Abschluss 365
Vorabversand mit Kundenkonsignation 353
Vorgang, Leistungsart 280
Vorgangsausführung 147
Vorgangsplanung 147
Vorwärtsterminierung 164

W

Warenbewegungen 451
Wareneingang 168, 169
Warenempfänger 82
Wartung, Prozessablauf 251
Wartungspaket 470
Wartungspaket, Hierarchie 472
Wartungsplan 245
   anlegen 252
   Arbeitsplan 246
   Arbeitsplatz 246
   Aufbau 256
   Erledigungspflicht 260
   Ermittlung Maßnahmen 263
   Kopfdaten 256
   Listbearbeitung 273
   Positionsdaten 257
   Stammdaten 246
   Terminierung 252, 265, 470
   Terminierungskennzeichen 260
   Terminierungsparameter 258
   Zyklus 254
Wartungsplanabruf, Istabweichung 485
Wartungsplanart 254
Wartungsplankalkulation 271
   Gemeinkostenzuschlag 272
   im Hintergrund 271
   Online-Kalkulation 271
   Voraussetzungen 272
Wartungsplantyp 252, 253, 474, 476
Wartungsplanung mit Servicevertrag 469
   Abrechnung Serviceauftrag auf Servicevertrag 487
   Abrechnung Servicevertrag 492
   Anlegen der Lastschrift 483
   Belegfluss Servicevertrag 491
   Einzelpostenanzeige 494
   Ergebnisobjekt 493
   Erledigungsdatum 487
   Faktura 491
   Fakturaanforderung 482
   Fakturavorrat 491
   Folgeterminierung 485
   Gemeinkostenzuschlag 488
   Istkosten Serviceauftrag 481
   kaufmännischer Abschluß 489

Wartungsplanung mit Servicevertrag
(Forts.)
periodische Fakturierung Servicevertrag
489
Rückmeldung 480
Schritte 474
Serviceauftrag 479
technischer Abschluss Serviceauftrag
484
Terminierung 477
Terminierungsalgorithmus 486
Wartungsplan anlegen 474

Wartungsstrategie 255, 471, 472, 476
Wartungsterminübersicht 273
Wartungszyklus 257
Web Reporting 322
Werk 25
Werteweitergabe 73
Wertkategorie 277

Z

Zähler 70
Zugriffsfolge 154

www.sap-press.de

Elemente der Konditionstechnik, Stammdaten u.v.m.

Customizing der Preisfindung, Konditionssätze und -arten, Kundenauftrag, Gruppenkonditionen

Ablauflogiken, Bedingungen, Formeln, User Exits in SD, Druckaufbereitung, Performance u.v.m.

Manfred Hirn, Werner Herhuth

Preisfindung und Konditionstechnik in SAP ERP

Mit unserem Buch gelangen Sie zu einer optimalen Preisfindung im Vertriebsprozess: Sie lernen zunächst detailliert die Konditionstechnik kennen, die als Grundlage für viele Findungsaufgaben dient. Im Anschluss werden Sie mit dem Standard-Customizing der Preisfindung und mit Konditionsarten vertraut gemacht, bevor Sie noch tiefer in die Materie einsteigen: Ablauflogiken, Formeln, User-Exits u.v.m. machen Sie – als Logistik-Berater, Key-User und/oder Projektteam-Mitglied – auch für kundenindividuelle Anforderungen fit.

531 S., 2010, 69,90 Euro
ISBN 978-3-8362-1628-9

>> www.sap-press.de/2408

www.sap-press.de

Alle Geschäftsprozesse in der Beschaffung verständlich erklärt

Funktionen, Prozesse und Customizing der SAP-Materialwirtschaft

Inkl. Referenzkarte mit den wichtigsten Transaktionen

3., aktualisierte und erweiterte Auflage

Torsten Hellberg

Praxishandbuch Einkauf mit SAP ERP

Das Standardwerk in dritter Auflage: So bewältigen Sie Ihre Aufgaben im Einkauf mit der SAP-Materialwirtschaft (MM)! Von der Bestellanforderung bis zur Rechnungsprüfung erläutert Ihnen Torsten Hellberg in diesem Buch alle relevanten Funktionen und Prozesse, Schritt für Schritt und anhand vieler Beispiele und Abbildungen. Dabei erfahren Sie auch, wie Sie Customizing-Einstellungen und Auswertungen vornehmen. Eine spürbare Erleichterung Ihrer täglichen Arbeit!

432 S., 3. Auflage 2012, mit Referenzkarte, 59,90 Euro
ISBN 978-3-8362-1742-2

>> www.sap-press.de/2835

www.sap-press.de

Mit SAP ERP und SAP SCM Bestände optimieren und Bestandskosten senken

Prognosegenauigkeit und Planung verbessern

3., aktualisierte und erweiterte Auflage zu SAP SCM 7.0 und SAP ERP 6.0

Marc Hoppe

Bestandsoptimierung mit SAP

Sie möchten Ihre Bestände sinnvoll reduzieren und Ihre Lieferfähigkeit sicherstellen? Dann sollten Sie bei diesem Buch zugreifen! Sie lernen die verschiedenen Prozesse und Funktionalitäten detailliert kennen, die Ihnen SAP ERP und SAP SCM für die Bestandsoptimierung zur Verfügung stellen: Von der Bestandsanalyse über den Servicegrad bis hin zum Bestandsmonitoring werden alle Faktoren behandelt, mit denen Sie auf Ihre Bestände Einfluss nehmen können. Kurzum: Hier erfahren Sie, welche Möglichkeiten Ihnen für ein effektives Bestandsmanagement zur Verfügung stehen.

ca. 750 S., 3. Auflage, 69,90 Euro
ISBN 978-3-8362-1841-2, Juni 2012

\>\> www.sap-press.de/2986

www.sap-press.de

Schnell und zuverlässig
mit SAP arbeiten

Die wichtigsten SAP-Module
verständlich erklärt

Schritt für Schritt und mit vielen
Beispielen und Abbildungen

Keine Vorkenntnisse erforderlich!

Olaf Schulz

Der SAP-Grundkurs
für Einsteiger und Anwender

So einfach kann SAP sein! Mit diesem Grundkurs lernen Sie das SAP-System kennen und bedienen: Klick für Klick führt das Buch Sie durch die Software und zeigt Ihnen alle Funktionen, die Sie in Ihrer täglichen Arbeit benötigen. Auch die zentralen SAP-Module MM, SD, FI, CO und HR/HCM werden verständlich erklärt. Mit zahlreichen Übungsaufgaben können Sie Ihr Wissen überprüfen und festigen.

398 S., 2011, 29,90 Euro
ISBN 978-3-8362-1682-1

>> www.sap-press.de/2488

Sagen Sie uns Ihre Meinung und gewinnen Sie einen von 5 SAP PRESS-Buchgutscheinen, die wir jeden Monat unter allen Einsendern verlosen. Zusätzlich haben Sie mit dieser Karte die Möglichkeit, unseren aktuellen Katalog und/oder Newsletter zu bestellen. Einfach ausfüllen und abschicken. Die Gewinner der Buchgutscheine werden persönlich von uns benachrichtigt. Viel Glück!

MITMACHEN & GEWINNEN!

▶ **Wie lautet der Titel des Buches, das Sie bewerten möchten?**

▶ **Wegen welcher Inhalte haben Sie das Buch gekauft?**

▶ **Haben Sie in diesem Buch die Informationen gefunden, die Sie gesucht haben? Wenn nein, was haben Sie vermisst?**
- ☐ Ja, ich habe die gewünschten Informationen gefunden.
- ☐ Teilweise, ich habe nicht alle Informationen gefunden.
- ☐ Nein, ich habe die gewünschten Informationen nicht gefunden. Vermisst habe ich:

▶ **Welche Aussagen treffen am ehesten zu?** (Mehrfachantworten möglich)
- ☐ Ich habe das Buch von vorne nach hinten gelesen.
- ☐ Ich habe nur einzelne Abschnitte gelesen.
- ☐ Ich verwende das Buch als Nachschlagewerk.
- ☐ Ich lese immer mal wieder in dem Buch.

▶ **Wie suchen Sie Informationen in diesem Buch?** (Mehrfachantworten möglich)
- ☐ Inhaltsverzeichnis
- ☐ Marginalien (Stichwörter am Seitenrand)
- ☐ Index/Stichwortverzeichnis
- ☐ Buchscanner (Volltextsuche auf der Galileo-Website)
- ☐ Durchblättern

▶ **Wie beurteilen Sie die Qualität der Fachinformationen nach Schulnoten von 1 (sehr gut) bis 6 (ungenügend)?**
☐ 1 ☐ 2 ☐ 3 ☐ 4 ☐ 5 ☐ 6

▶ **Was hat Ihnen an diesem Buch gefallen?**

▶ **Was hat Ihnen nicht gefallen?**

▶ **Würden Sie das Buch weiterempfehlen?**
☐ Ja ☐ Nein
Falls nein, warum nicht?

▶ **Was ist Ihre Haupttätigkeit im Unternehmen?**
(z.B. Management, Berater, Entwickler, Key-User etc.)

▶ **Welche Berufsbezeichnung steht auf Ihrer Visitenkarte?**

▶ **Haben Sie dieses Buch selbst gekauft?**
- ☐ Ich habe das Buch selbst gekauft.
- ☐ Das Unternehmen hat das Buch gekauft.

KATALOG & NEWSLETTER

Ja, bitte senden Sie mir kostenlos den neuen **Katalog**. Für folgende SAP-Themen interessiere ich mich besonders: (Bitte Entsprechendes ankreuzen)

- ■ Programmierung
- ■ Administration
- ■ IT-Management
- ■ Business Intelligence
- ■ Logistik
- ■ Marketing und Vertrieb
- ■ Finanzen und Controlling
- ■ Personalwesen
- ■ Branchen und Mittelstand
- ■ Management und Strategie

▶ Ja, ich möchte den SAP PRESS-Newsletter abonnieren. Meine E-Mail-Adresse lautet:

_____

www.sap-press.de

Absender

Firma

Abteilung

Position

Anrede   Frau ☐   Herr ☐

Vorname

Name

Straße, Nr.

PLZ, Ort

Telefon

E-Mail

Datum, Unterschrift

Teilnahmebedingungen und Datenschutz:
Die Gewinner werden jeweils am Ende jeden Monats ermittelt und schriftlich benachrichtigt. Mitarbeiter der Galileo Press GmbH und deren Angehörige sind von der Teilnahme ausgeschlossen. Eine Barablösung der Gewinne ist nicht möglich. Der Rechtsweg ist ausgeschlossen. Ihre freiwilligen Angaben dienen dazu, Sie über weitere Titel aus unserem Programm zu informieren. Falls sie diesen Service nicht nutzen wollen, genügt eine E-Mail an **service@galileo-press.de**. Eine Weitergabe Ihrer persönlichen Daten an Dritte erfolgt nicht.

Antwort

SAP PRESS
c/o Galileo Press
Rheinwerkallee 4
53227 Bonn

Bitte freimachen!

SAP PRESS

In unserem Webshop finden Sie das aktuelle Programm zu allen SAP-Themen, kostenlose Leseproben und dazu die Möglichkeit der Volltextsuche in allen Büchern.

Gerne informieren wir Sie auch mit unserem monatlichen Newsletter über alle Neuerscheinungen.

www.sap-press.de

SAP-Wissen aus erster Hand.